NOUVEAU GUIDE DU TOURISTE EN ESPAGNE ET PORTUGAL

ITINÉRAIRE ARTISTIQUE

NOUVEAU

GUIDE DU TOURISTE

EN

ESPAGNE ET PORTUGAL

ITINÉRAIRE ARTISTIQUE.

NOUVEAU GUIDE DU TOURISTE

EN

ESPAGNE ET PORTUGAL

ITINÉRAIRE ARTISTIQUE

PAR A. ROSWAG.

MADRID.
J. LAURENT ET Cⁱᵉ·
39, CARRERA DE SAN JERÓNIMO, 39.

Paris: *Rue de Richelieu*, 90.

1879.
Droits de propriété et de traduction réservés.

MADRID.—Establecimiento tipográfico de Álvarez Hermanos, San Pedro, 16.

AU LECTEUR.

En venant offrir au public ce nouveau *Guide du Touriste en Espagne et Portugal*, nous avons été animés du désir de mettre aux mains des voyageurs un itinéraire qui fut, avant tout, en harmonie avec les nouveaux moyens de communication qui desservent ces contrées. Le réseau des chemins de fer, aujourd'hui presque terminé, comme il est facile de s'en rendre compte en jetant un coup d'œil sur la petite carte qui accompagne notre livre, a rendu accessibles nombre de localités, de villes curieuses, pittoresques, riches en monuments, qui n'étaient visitées jadis qu'au prix de certaines fatigues, et par les seuls privilégiés de la fortune.

Grâce aux voies ferrées, il est facile actuellement, dans un rapide voyage, d'embrasser dans son ensemble tout ce que la Péninsule Ibérique renferme d'intéressant, à la condition, toutefois, d'être convenablement guidé et exactement renseigné.

Nous n'avons pas la prétention de venir prendre la place des nombreux Itinéraires, en toutes langues, parus jusqu'à ce jour: aussi avons-nous laissé de côté les renseignements sur les productions territoriales, sur l'administration du pays, et sur ce qui concerne le côté matériel de la vie en voyage.

Nous nous sommes attachés, par contre et de préférence, au côté artistique et pittoresque des voyages à travers la Péninsule, sans négliger de développer soigneusement le côté historique; loin de là, nous avons ressuscité la légende, quand elle constitue un intérêt pour le monument étudié; mais nous ne l'avons fait qu'au moment opportun, en la plaçant dans le cadre qui lui est propre, et sur la scène même où les événements se sont passés.

Ces récits, toujours fort courts, aideront à rendre plus agréables certains parcours monotones, en même temps qu'ils compléteront le point de vue auquel il faut réellement se placer, pour connaître le monument ou le pays que l'on visite, et pour en apprécier plus exactement le caractère.

Quant à la division de notre livre elle était tracée naturellement et d'avance, par la configuration même du réseau des chemins de fer.

Sous ce double rapport donc, notre livre vient occuper une place à part. Aux touristes en général, et aux artistes en particulier, nous leur offrons un ouvrage nouveau et spécialement conçu au point de vue de leurs besoins; tout ce qui peut les intéresser dans chaque ville a été groupé, analysé, résumé, de manière à permettre à chacun de se rendre compte, par avance, de la somme d'intérêt qu'une halte dans telle ou telle ville pourra lui offrir.

Mais, pour suppléer à ce qu'un arrêt trop peu prolongé dans chaque localité offrirait d'incomplet pour l'étude, dans le but, en même temps, d'enrichir notre *Guide* d'une source inépuisable de renseignements sur l'Espagne et le Portugal, nous nous sommes assurés le concours d'une publication bien connue dans le monde des artistes et des touristes. Ce concours nous a permis d'annexer à notre livre (et dans sa seconde partie), l'immense inventaire des richesses artistiques de l'Espagne et du Portugal, dressé par M. Laurent, qui, dans une suite de *cinq mille* planches photographiques, a résumé à peu près tout ce que la Péninsule offre d'intéressant au point de vue artistique ou pittoresque.

En s'appliquant à reproduire partout les monuments de l'art, la photographie rend un service éminent en ce qu'elle permet de réunir, en les groupant pour la comparaison et l'étude, les éléments historiques et artistiques épars dans les Musées et collections du monde entier. Peut-on nier que bien des œuvres étaient restées inconnues du plus grand nombre, bien empêché de se livrer à un voyage complet autour du monde artistique, avant que la photographie ne les ait répandues, vulgarisées, multipliées? Et n'est-ce pas elle, qui a permis aux écrivains de reconstruire, avec ces nouveaux matériaux, l'histoire de l'art, d'en redresser les erreurs, de donner enfin à chacun le moyen d'en tirer parti ou profit?

On a souvent fait des tentatives pour reproduire, par la gravure et la lithographie, les richesses d'art accumulées dans les collections; mais ces moyens d'expression n'ont donné que d'assez infidèles et médiocres résultats; l'inexactitude, et le coût excessif de ces productions, n'en étaient pas, au surplus, les moindres défauts. Leur insuffisance est restée surtout trop démontrée en ce qui concerne la reproduction des merveilles de l'architecture, précieux legs des siècles écoulés, et qui sont pour nous autant de témoins irrécusables de leur génie, de leur civilisation, de leurs mœurs, en même temps que de leur magnificence.

Grâce au contraire à la photographie, tout document nécessaire à l'historien, à l'artiste, ou à l'amateur, leur devient facilement accessible. Il faut bien enfin, reconnaître à ce mode de reproduction, la part équitable qui lui revient dans l'élévation du niveau général de l'éducation, dans la diffusion du goût pour les arts, chaque jour plus étendu et plus répandu dans toutes les classes sociales, où la vue des productions photographiques a exercé une influence incontestable.

A une époque comme la nôtre, où toutes les nations font tant d'efforts, soit pour enrichir leurs collections, soit pour chercher à en assurer la transmission à la postérité, on est étonné de ne pas voir s'accomplir partout un dernier progrès, comme l'est celui de faire reproduire par la photographie, tout ce que l'on juge digne de figurer dans les collections publiques et privées.

Dans ces précieuses *Archives photographiques*, qui sont encore à créer presque partout, on lirait l'histoire du passé, d'après les monuments conservés jusqu'à notre temps: l'avenir y trouverait des moyens précieux pour la reproduction exacte des objets et ils constitueraient de tels éléments de certitude, qu'ils pourraient, au besoin, servir aux restaurations futures.

C'est qu'en effet les clichés photographiques forment des archives uniques, qui sauvent de toute éventualité de complète destruction et d'oubli, ces précieuses reliques du passé pour les transmettre, intactes, aux générations futures.

Les événements politiques qui, depuis dix ans, ont ébranlé tant de nations, sont venus malheureusement prouver qu'il est utile, qu'il est urgent de cataloguer, pour ainsi dire, dans des inventaires *parlants*, les richesses artistiques qu'elles possèdent, et de les mettre ainsi à l'abri, soit de l'invasion, soit de la guerre civile. Et quel plus sûr et plus pratique moyen que la reproduction photographique?

Ces événements et d'autres causes encore, pourraient, même dans le siècle que nous traversons, livrer un jour ces richesses à la destruction, au pillage des armées, au désordre, au vol même; c'est donc une nécessité qui s'impose, que de s'efforcer de sauvegarder tant et de si précieux monuments du génie des temps écoulés, richesses que nous possédons à titre d'usufruitiers, et dont nous sommes responsables devant les générations à venir.

Vingt ans avant que l'idée ne fût venue à quelques gouvernements de faire reproduire par la photographie les trésors de leurs Musées, M. Laurent l'avait fait pour l'Espagne. Si l'on s'arrête à considérer ce qu'il lui a fallu, avec ses seules ressources et sans appui officiel, de sacrifices et de persévérance, pour ne pas se rebuter contre les obstacles que la routine, l'ignorance, ne manquent pas de créer, quand il s'agit d'attirer un rayon de lumière sur ce qui appartient au domaine de l'intelligence, on ne peut qu'admirer son esprit d'initiative et sa constance à élever un tel monument à la gloire artistique de l'Espagne! M. Laurent a donc été le précurseur et l'initiateur de la pensée qui a créé les ateliers photographiques officiels; le jour où l'Espagne comprendra à son tour qu'elle doit imiter ce mouvement, elle trouvera donc toute organisée, par l'initiative privée, et sur la plus large base, ces *Archives photographiques nationales,* qui n'achèveront d'acquérir tout leur développement chez les autres peuples, que dans quelques années.

C'est donc une véritable bonne fortune pour ceux qui, notre *Guide* en main, visiteront l'Espagne et le Portugal, que nous ayons pu compléter les renseignements, forcément succincts, que nous donnons sur chaque monument, sur chaque ville, par l'adjonction, à titre de supplément, de la nomenclature développée de tous les tableaux de maîtres, de tous les chefs-d'œuvre de sculpture, de ciselure et d'architecture, qui ont été reproduits par la photographie, et que nous ayons mis le touriste, l'érudit, l'artiste, à même de consulter à son aise les vastes Archives artistiques de la maison Laurent. Tous ces renseignements sont classés méthodiquement dans la seconde partie de ce livre, et dans l'ordre même des divers itinéraires, indiqués par notre *Guide*, avec les renseignements nécessaires pour se procurer les divers spécimens photographiques que l'on pourra désirer.

Si l'on considère finalement que les reproductions photographiques sont, en quelque sorte, le complément nécessaire des excursions forcément rapides et hâtives, qui laissent à peine au voyageur le temps d'emporter autre chose que l'impression fugitive des merveilles entrevues comme en courant, on conviendra que c'est encore rendre service à ces mêmes visiteurs, à ces excursionnistes pressés par le temps, que de les mettre à même de se procurer ces précieuses reproductions. Dans les mains du touriste, elles réveilleront et préciseront en lui, même après des années écoulées, le souvenir du monument, du tableau, du site qui l'aura frappé; dans celles de l'artiste, elles serviront de sujets d'étude, d'éléments de recherche ou de comparaison, et comme de documents vivants; chacun, enfin, est assuré d'y trouver l'enseignement, le profit que l'on tire toujours de la contemplation des chefs-d'œuvre de l'art.

Tel est le but de ce *Guide*. Un séjour de vingt-cinq ans en Espagne est peut être un titre qu'il nous sera permis d'invoquer pour l'avoir écrit. Puisse donc ce livre contribuer à rendre plus faciles et plus attrayants les voyages dans la Péninsule, en aidant le touriste à en étudier le passé, les mœurs, les coutumes, le caractère et, surtout, à en mieux connaître les beautés pittoresques, les merveilleux monuments et les immenses richesses d'art!

A. R.

Madrid, Octobre 1879.

DIVISION DE L'ITINÉRAIRE.

Iᴱ RÉGION.

D'Irun à Madrid.

Irun..................page	1	Venta de Baños........page	7
Fontarabie, Saint Sébastien, et Tolosa...............	2	Valladolid	8
		Medina del Campo, Avila...	10
Vitoria, Miranda de Ebro...	3	Escurial...................	13
Burgos...................	4		

IIᴱ RÉGION.

Madrid.

Palais royal..........page	22	Musée du Prado......page	37
» » Musée des armures.	23	» Ecoles espagnoles...	38
» » Ecuries et remises..	25	» Ecoles italiennes.,..	44
» » Tapisseries du palais	26	» Ecoles du Nord......	45
Musée naval...............	30	» Artistes modernes...	47
Musée archéologique.......	33	» Sculptures..........	48
Académie de St Ferdinand.	35	» Gemmes et Joyaux..	49
Palais des Cortès..........	37	Promenades. Eglise d'Atocha	51
		Musées d'artillerie et du génie.....................	52

IIIᴱ RÉGION.

Excursions aux environs de Madrid.

Carabanchel. Alameda de Osuna............page	57	La Granja............page	81
Tolède...................	59	Ségovie.................	82
Aranjuez.................	76	Alcalà de Henarès........	86
Cuenca...................	77	Guadalajara..............	87
El Pardo. Riofrio.........	80	Cogolludo................	88

IVᴱ RÉGION.

Andalousie.

Jaen. Martos..........page	90	Vejer. Tarifa. Algéciras. Gibraltar........page 127 et	285
Cordoue..................	91	Ronda...............128 et	286
Séville..................	100	Malaga...................	130
» Palais de San Telmo..	102	Antequera................	132
» Musée provincial......	103	Santa Fé.................	133
» La Caridad. La Cathédrale...............	107	Grenade..................	134
» Alcazar...............	113	» La Cathédrale.........	136
» Casa de Pilatos.......	118	» Alhambra..............	142
De **Séville** à **Huelva**.......	122	» El Généralife..........	149
La Rábida. Port de Palos.	123	» Silla del Moro. Albaycin...................	150
De **Séville** à **Cadiz**.........	123	» El Triunfo. La Cartuja.	151
Utrera. Ecija. Osuna....	286	» San Jerónimo..........	153
Jerez de la Frontera 123 et	284	» Musée provincial......	154
San Lucar et Cadiz....124 et	284	» La Zubia..............	155
De **Chiclana** à **Gibraltar** 126 et	285	» Las Alpujarras........	156

Vᴱ RÉGION.

Littoral de la Méditerranée.

Murcie..............page	157	Elche. Alicante........page	163
Lorca. Almeria...........	160	Almansa..................	164
Carthagène. Orihuela.....	162		

VIᴱ RÉGION.

Valence, Catalogne, Iles Baléares, Aragon et Navarre.

Jativa............ page	165
Valence................	166
Murviedro (Sagonte).......	170
Teruel................	171
Castellon, Tortosa, Tarragone............	172
Poblet, Santas Creus.......	174
Barcelone.............	175
Montserrate...........	178
Iles Baléares...........	180
» Ile Majorque. Palma.	181
» Ile Minorque. Mahon.	184
» Iles Cabrera et d'Iviça.	185
De **Barcelone** à **Cerbère** (France).......... page	186
Gerona. Figueras.......	187
De **Barcelone** à **Saragosse**.	187
Lérida.............	188
Barbastro. Huesca......	188
Saragosse............	190
De **Saragosse** à **Madrid**...	198
Calatayud. Alhama. Piedra................	198
Siguenza.............	199
De **Siguenza** à **Soria**.......	200
De **Saragosse** à **Pampelune** et **Alsasua**............	201

VIIᴱ RÉGION.

La Rioja, Biscaye, Castille, Les Asturies et la Galice.

Castejon. Logroño.... page	205
Bilbao..............	207
Durango. Vergara. Tolosa..	208
Azpeitia. Loyola...........	209
De **Venta de Baños** à **Palencia**.............	210
Aguilar del Campo......	215
Reinosa.............	216
Santander.............	217
De **Palencia** à **Léon**......	218
Léon...............	219
De **Léon** à **Oviedo**........	226
Oviedo.............	227
De **Oviedo** à **Covadonga**...	232
De **Oviedo** à **Gijon**........	235
De **Gijon** à **Oscura**. Aviles. Pravia.............	236
De **Léon** à **Lugo**. Astorga..	237
De **Lugo** à la **Coruña**. page	239
Betanzos. Ferrol. Rivadeo................	240
La Coruña............	241
De la **Coruña** à **Santiago de Compostela**..........	242
De **Santiago** à **Pontevedra**.	245
De **Pontevedra** à **Vigo**....	246
De **Vigo** à **Tuy** (frontre du Portugal)...........	247
De **Tuy** à **Orense**..........	248
De **Medina del Campo** à **Zamora**. Villalar........	249
Toro. Tordesillas.......	250
Simancas. Zamora......	251
De **Medina del Campo** à **Salamanque**............	255

VIIIᴱ RÉGION.

Manche et Estrémadure.

De **Madrid** à **Malpartida**.		Alcantara...........page	276
Talavera........page	263	De **Madrid** à **Tolède** et **Ciudad-Real**............	278
Plasencia...............	264		
Coria....................	265	Ciudad-Real.............	279
Las Batuecas............	266	Mérida..................	281
Yuste...................	267	De **Mérida** à **Séville**. Zafra.	282
Trujillo.................	272	De **Mérida** à **Badajoz** (frontière du Portugal) ...	283
Guadalupe...............	274		
Caceres.................	275		

IXᴱ RÉGION.

Portugal.

Court résumé historique du Portugal.... ...page	288	Obidos. Peniche. Alcobaça............page	343
I. De **Badajoz** à **Lisbonne**	310	Aljubarrota.............	346
Abrantès...............	311	Batalha.................	347
Santarem...............	312	Leiria. Porto de Moz....	352
II. Lisbonne...............	313	**VI.** De **Entroncamento** à **Porto**................	353
III. Environs de Lisbonne.	330		
Cintra..................	330	Thomar. Pombal........	353
La Penha.............. ...	333	Coïmbre......	355
Monserrate. Collares....	334	Bussaco. Vizeu..........	359
Mafra...................	335	Aveiro. Feira. Porto....	360
IV. Sud du Portugal. Setubal.................	337	**VII.** De **Porto** à **Povoa** et **Famalicao**..........	363
Evora...................	338	**VIII.** Chemins de fer du **Douro** e **Minho**......	363
Vidigueira. Beja........	339		
Faro. Távira.	340	Lamego	363
Sylves. Lagos...........	341	Caminha (front.ʳᵉ de Galice).................	364
Sagres.................	342		
V. De **Lisbonne** à **Pombal**.		Braga. Guimaraens......	364
Caldas da Reinha....	342	Chaves. Bragança......	365

TABLE ALPHABÉTIQUE.

	Pages.		Pages.
Abadiano	208	Aljubarrota (Portugal)	346
Abrantès (Portugal)	311	Almaden	279
Adra	162	Almadenejos	279
Aguadulce	287	Almagro	278
Aguilar del Campo	215	Almansa	164
Aguilas	160	Almaraz	272
Alameda	278	Almazan	200
Alameda de Osuna	57	Almeida (Portugal)	360
Alar del Rey	215	Almendralejo	282
Albacete	157	Almeria	160
Albergarias (Portugal)	353	Almodovar	100
Albufera (Lac de l')	166	Almodovar (Portugal)	340
Alcaçobas (Portugal)	339	Almonacid	278
Alcalà de Henares	86	Almorchon	280
Alcañizo	264	Alora	132
Alcantara	276	Alpujarras (Las)	156
Alcazar de San Juan.. 89 et	157	Alsasua 3 et	204
Alcira	166	Alverça (Portugal)	313
Alcobaça (Portugal).. 342 et	343	Alvito (Portugal)	339
Alcolea	91	Amarante (Portugal)	363
Alcudia (Baléares)	184	Amorim (Portugal)	363
Alemquer (Portugal). 313 et	342	Amurrio	207
Alfaro	205	Amusco	215
Algatocin	286	Ancora (Portugal)	364
Algéciras 127 et	285	Antequera	132
Algodor	278	Anzuola	208
Alhama de Aragon	198	Apeadero de la Zarza	281
Alhandra (Portugal)	313	Arahal	286
Alhos Vedros (Portugal)	337	Aramil	232
Alicante	163	Aranjuez	76

	Pages		Pages
Archena	157	Bragança (Portugal)	365
Archidona	133	Brañuelas	238
Aregos (C. d') Portugal	363	Briones	207
Arentim (Portugal)	364	Briviesca	3
Arenys de Mar	186	Brozas	276
Arévalo	10	Bubierca	198
Argamasilla de Calatrava	279	Bucellas (Portugal)	313
Arrigorriaga	207	Burgo (El)	241
Arroyo del Puerco	276	Burgos	4
Arta (Baléares)	183	Busdongo	226
Assumar (Portugal)	311	Bussaco (Portugal)	359
Astorga	237	Buxadell	187
Atajate	286	Buyeres de Nava	232
Atarfé	133	Cabañas	215
Ateca	198	Cabañas (Toledo)	263
Aveiro (Portugal)	360	Cabeza del Buey	280
Avila	10	Cabezon	8
Avilés	237	Cabrera (Ile)	185
Azambuja (Portugal)	312	Cacem (Portugal)	331
Azaña	263	Caceres	275
Azaruja (Portugal)	339	Cadiz 124 et	285
Azpeitia	209	Caide (Portugal)	363
Azurara (Portugal)	363	Calahorra	205
Badajoz 283 et	310	Calatayud	198
Bahamonde	239	Caldas da Reinha (Portugal) 313 et	342
Baléares (Iles)	180		
Baleizao (Portugal)	339	Caldas de Reyes	246
Baños	7	Caldas de San Pedro do Sal (Portugal)	360
Barbastro	188		
Barcellos (Portugal)	363	Caldelas	248
Barqueiros (Portugal)	363	Calera	264
Barreiro (Portugal)	337	Calzada	218
Barrosellas (Portugal)	363	Calzada de Oropesa (La)	264
Batalha (Portugal) 342 et	347	Cambre	241
Batuecas (Las)	266	Caminha (Portugal)	364
Bayona	246	Campamento de Gibraltar	285
Beasain	3	Campanario	280
Beja (Portugal)	339	Campanas	201
Belalcazar	280	Campanillas	132
Belmez	280	Campillo	255
Belpuig	188	Campo de Gibraltar	127
Bemfica (Portugal)	331	Cañada (La)	279
Bemposta (Portugal) 311 et	330	Cangas de Onis	233
Benadalid	286	Cantalapiedra	255
Benicasim	172	Caparroso	201
Betanzos 239 et	241	Carabanchel	57
Bilbao	207	Caracollera	279
Bobadilla	132	Caracuel	279
Boó	217	Carbagin	236
Braga (Portugal)	364	Carcagente	166

Cardona	187	Coïmbre (Portugal)	355
Carolina	255	Collado del Otero	232
Carpio (El)	255	Collado-Hermoso	86
Carregado (Portugal). 312 et	342	Collares (Portugal)	334
Carregueiro (Portugal)	339	Conil	127
Carril (El)	245	Cordoue	91
Cartama	132	Coria	265
Carthagène	162	Correses	251
Casa-Branca (Portugal)	338	Corte Figueira (Portugal)	340
Casal	245	Coruña (La)	241
Casarabonela	130	Covadonga	232
Casatejada	264	Crato (Portugal)	311
Cascaes (Portugal)	330	Crevillente	163
Casevel (Portugal)	339	Cuba (Portugal)	339
Castejon 201 et	205	Cuenca	77
Castellon de la Plana	172	Curtis	239
Castel-Rodrigo (Portugal)	360	Custoias (Portugal)	363
Castilleja de la Cuesta	122	Daimiel	278
Castro del Rey	238	Darque (Portugal)	363
Castromarim (Portugal)	341	Despeñaperros	89
Castro-Nuño	250	Don Alvaro	281
Castuera	280	Don Benito	280
Catoira	245	Dueñas	8
Caudete	164	Durango	208
Caxarias (Portugal)	353	Ecija	286
Cazalla	283	El Burgo (Galicia)	241
Celorica (Portugal)	360	El Burgo (Leon)	218
Cenicero	207	El Burgo (Malaga)	130
Centellas	186	El Carpio	255
Cerbère	187	El Carril	245
Cervatos	216	Elche	163
Cervera	188	Elda	164
Cestona	210	Elgueta	208
Cesures 239 et	245	Elorrio	208
Cette (Portugal)	363	Elvas (Portugal) 284 et	310
Chanca (Portugal)	311	Emperador	278
Chao de Macas (Portugal) 342 et	353	Entroncamento (Portugal) 312 et	342
Chaves (Portugal)	365	Ermezinde (Portugal)	363
Chiclana 126 et	285	Erustes	263
Chinchilla	157	Esclavitud	245
Chipiona 124 et	285	Escurial	13
Cies (Iles)	247	Esmoriz (Portugal)	360
Cieza	157	Espiel	280
Cintra (Portugal)	330	Espinho (Portugal)	360
Cisneros	218	Espinosa de Villagonzalo	215
Ciudadela (Baléares)	184	Esquivias	278
Ciudad-Real	279	Estarreja (Portugal)	360
Coca	86	Estepar	7
Cogolludo	88	Evora (Portugal)	338

Extremoz (Portugal)	339
Famalicao (Portugal)	363
Faro (Portugal)	340
Feira (Portugal)	360
Fernan-Caballero	278
Ferrol (El)	240
Figueirinha (Portugal)	339
Figueras	187
Fontainhas (Portugal)	363
Fontarabie	1
Formentera (Ile)	186
Formista	215
Formoselha (Portugal)	355
Fuenlabrada	263
Fuente la Higuera	165
Garrobilla (La)	283
Gaucin	129 et 286
Gaytan	132
Gerona	187
Getafe	278
Gibraltar	127 et 285
Gijon	235
Gobantès	132 et 286
Gomecello	255
Goyan	247
Grajal	218
Granja ó San Ildefonso (La)	81
Granja (Portugal)	360
Granollers	186
Grenade	134
Grijota	218
Griñon	263
Guadalajara	87
Guadalupe	274
Guarda (Portugal)	360
Guardia (La)	247
Guareña	280
Guarnizo	217
Guimaraens (Portugal)	364
Guitiriz	239
Haro	207
Hernani	2
Herrera	215
Horcal-Overa	160
Hostalrich	186
Huelva	122
Huesca	189
Huete	77
Humanes	263
Ile des Faisans	1
Iles Baléares	180
Illan Cebolla	263
Illescas	263
Inca (Baléares)	183
Infiesto	232
Irun	1
Irurzun	204
Iviça (île d')	185
Izárra	207
Jaca	189
Jaen	90
Jaraicejo	272
Jaraiz	268
Jarandilla	268
Játiva	165
Jerez de la Frontera	123 et 284
Jerez de los Caballeros	282
Juncal (Portugal)	363
La Cañada (Avila)	12
La Cañada (Ciudad-Real)	279
La Carraca	124
La Coruña	241
La Encina (Venta de)	164
La Florida	236
La Garriga	186
La Garrovilla	283
Lagos (Portugal)	341
La Granja ou San Ildefonso	81
La Guardia (Logroño)	206
La Guardia (Pontevedra)	247 et 364
La Linea (Gibraltar)	285
Lamego (Portugal)	363
Lanhellas (Portugal)	364
La Palma	122
La Penha (Portugal)	333
La Penha verde (Portugal)	334
La Pizarra	130 et 132
La Pola de Gordon	226
La Pola de Lena	227
La Puda	187
La Rábida	123
Larangeiras (Portugal)	330
La Robla	226
La Roda	123 et 286
Las Alpujarras	156
Las Arenas	208
Las Batuecas	266
Las Caldas de Besaya	216
Las Caldas de Priorio	231

	Pages.		Pages.
Las Casetas......... 198 et	201	Matapozuelos.............	10
Las Fraguas...............	216	Mataró...................	186
Las Navas................	12	Mato de Miranda (Portugal).	312
Las Segadas..............	227	Matosinhos (Portugal)......	362
Laundos (Portugal)........	363	Mave....................	215
Lavradio (Portugal)........	337	May-Gualde (Portugal).....	360
La Zubia.................	155	Mealhada (Portugal).......	359
Lebrija...................	123	Medellin.................	280
Leganès..................	263	Medina del Campo... 10 et	249
Leiria (Portugal)...........	352	Medina-Sidonia............	126
Léon.....................	219	Mendelos (Portugal).......	362
Lérida...................	188	Mengibar.................	90
Lezama..................	207	Mérida...................	281
Lieres...................	232	Mieres...................	227
Linares..................	90	Miguelturra...............	278
Lisbonne (Portugal)	313	Minorque (île)............	184
Llamés de Parrès..........	232	Miranda de Ebro......3 et	207
Llerena..................	283	Miravalles................	207
Logroño	205	Mindello (Portugal)........	363
Logrosan	275	Modivas (Portugal)........	363
Loja.....................	133	Mogente.................	165
Lorca....................	160	Mogofores (Portugal)......	360
Los Corrales..............	216	Moguer..................	122
Los Ojuelos...............	287	Moita (Portugal)..........	337
Loule (Portugal)...........	340	Moledo (C. de) (Portugal)...	363
Lugo (Asturies)............	235	Molins de Rey............	175
Lugo (Galice).............	239	Molledo-Portolin...........	216
Lugones	235	Mondoñedo...............	240
Lumiar (Portugal)..........	330	Monforte.................	238
Madrid...................	21	Monistrol.................	187
Mafra (Portugal)..........	335	Monovar.................	164
Magacela.................	280	Monserrate (Portugal).....	334
Magaz...................	7	Montblanch...............	174
Mahon (Baléares)..........	184	Monteagudo..............	162
Majorque (Ile).............	181	Monte Aragon............	263
Malaga	130	Monte de Muro (Portugal)..	363
Malagon.................	278	Montedor (Portugal).......	364
Malpartida.. .... 263 et	264	Montemor ó Novo (Portugal)	338
Manacor (Baléares)........	183	Montesa.................	165
Manresa.................	187	Montijo..................	283
Mansilla de las Mulas	218	Montserrate (Barcelone)...	178
Manzanarès	278	Montuyri (Baléares).......	183
Manzaneque..............	278	Monzon (Huesca)..........	188
Marchena........... 123 et	286	Monzon (Palencia).........	215
Marcilla..................	201	Mora....................	278
Marco (Portugal)..........	363	Moriscos.................	255
Marinha-Grande (Portugal).	352	Moron..............123 et	286
Martorell.................	175	Mosteiro (Portugal)........	363
Martos...................	90	Murcie	157
Mascarrasque.............	278	Murviedro (Sagonte).......	170

	Pages.		Pages.
Nágera	206	Paredes de Nava	218
Nava del Rey	249	Pardo (El)	80
Navalmoral de la Mata 264 et	267	Parga	239
Navalperal	12	Parla	278
Niebla	122	Passages	2
Nine (Portugal) 363 et	364	Payalvo (Portugal)	353
Noain	201	Pedras Rubras (Portugal)	363
Noreña	236	Pedrera	287
Novelda	164	Pedroches	280
Nules	172	Pedroso	255
Obidos (Portugal)	343	Pedrouços (Portugal)	330
Oeiras (Portugal)	330	Pegoes (Portugal)	338
Ojuelos (Los)	287	Peñafiel (Portugal)	363
Olesa	187	Penha (La) (Portugal)	333
Olite	201	Penha verde (La) (Portugal)	334
Olivaes (Portugal)	313	Peña del Ciervo	127
Oliveira do Barro (Portugal)	360	Peniche (Portugal)	343
Olivenza	284	Peñiscola	172
Olloniego	227	Piedra	498
Oporto (Portugal)	360	Piña de Campos	215
Orduña	207	Pinhal Novo (Portugal)	337
Orense	248	Pinhel (Portugal)	360
Orgaz	278	Plasencia	264
Orihuela	162	Pobes	207
Ormaistéguy	3	Poblet	174
Oropesa (La Calzada de)	264	Poço do Bispo (Portugal) 313 et	330
Oropesa (Valence)	172
Oscura	237	Pombal (Portugal) 352 et	353
Osebe	245	Ponferrada	238
Osquia	203	Ponte de Carrengue (Portugal)	331
Osuna 123 et	287
Ourique (Portugal)	339	Ponte de Sor (Portugal)	311
Outeiro (Portugal)	339	Ponte do Lima (Portugal)	364
Ovar (Portugal)	360	Ponte Reguengo (Portugal)	312
Oviedo	227	Pontevedra 245 et	246
Oza	239	Porcalhota (Portugal)	331
Paço de Arcos (Portugal)	330	Porriño (El)	247
Paço de Souza (Portugal)	363	Portalegre (Portugal)	311
Padron	245	Portas de Rego (Portugal)	331
Palanquinos	218	Portbou	187
Palencia 210 et	218	Porto (Portugal)	360
Palma (Baléares)	181	Porto de Moz (Portugal)	352
Palmella (Portugal)	337	Portugal	288
Palos	122	Portugalete	208
Pamplona	201	Povoa (Portugal)	313
Pancorbo	3	Povoa da Varzim (Portugal)	363
Panticosa	189	Pozaldez	10
Pantoja	278	Pozazal	216
Paradas	286	Praia (Portugal)	312
Paredes (Portugal)	363	Pravia	237

	Pages.		Pages.
Puebla de Tribes	238	San Andres de Palomar	186
Puente de los Fierros	227	San Bartolome de Nava	232
Puentedeume	240	San Bento (Portugal)	363
Puente San Payo	246	San Felipe de Játiva	165
Puerto de Martinez (El)	130	San Feliu de Canovellas	186
Puerto de Santa Maria	124	San Fernando	124
Puertollano	279	San Gervasio	175
Puerto Real	124	San Ildefonso	81
Puigcerdá	187	San Juan de las Abadesas	186
Quacos	268	San Juan del Puerto	122
Queluz (Portugal)	331	San Lucar de Barrameda	124 et 284
Quintana (Burgos)	7		
Quintana (Léon)	237	San Lúcar la mayor	122
Quintanapalla	4	San Miguel de Fay	186
Quintanilleja	7	San Pedro	236
Quintos (Portugal)	339	San Pedro da Torre (Portugal)	364
Quiroga	238		
Rábade	239	San Pedro de Villanueva	232
Ramalhão (Portugal)	330	San Roman	250
Ranholas (Portugal)	331	San Romao (Portugal)	363
Rates (Portugal)	363	San Roque	127 et 285
Recarei (Portugal)	363	Sans	175
Redondela	246	Santander	217
Regaleira (Portugal)	334	Sant'Anna (Portugal)	312
Regoa (Portugal)	363	Santa Cruz	216
Reinosa	216	Santa Eulalia (Portugal)	311
Renedo	217	Santa Fé	133
Rentería	2	Santa Olalla (Burgos)	4
Reus	188	Santa Olalla (Toledo)	263
Rezende (Portugal)	363	Santarem (Portugal)	312
Ricla	198	Santas Creus	174
Rielves	263	Santas Martas	218
Riofrio	80	Santiago de Compostela	242
Rio do Mouro (Portugal)	331	Santibañez	226
Rio Tinto	363	Santillana	217
Ripoll	186	Santullano	227
Rivadavia	248	Saragosse	190
Rivadeo	240	Sardinero (El)	217
Robledo de Chavela	12	Sarria	238
Roda (La)	123 et 286	Sax	164
Ronda	128 et 286	Ségovie	82
Sabadell	187	Seixal (Portugal)	337
Sacavem (Portugal)	313	Senhora da Hora (Portugal)	363
Sagonte	170	Serin	235
Sagres (Portugal)	342	Serpa (Portugal)	339
Sahagun	218	Sete-Rios (Portugal)	331
Saint-Sébastien	2	Setiaes (Portugal)	334
Salamanca	255	Setubal (Portugal)	337
Salvatierra	3	Séville	100
Sama de Langreo	236	Siguenza	199

	Pages.
Silla	166
Simancas............ 10 et	251
Sobral (Portugal)	313
Sorbas	160
Soria	200
Soto	233
Soure (Portugal)	355
Souzella (Portugal)	359
Subiza	201
Sylves (Portugal)	341
Tadim (Portugal)	364
Tafalla	201
Talavera la Real	283
Talavera de la Reina	263
Tamel (Portugal)	363
Tarancon	77
Tardienta	188
Tarifa.............. 127 et	285
Tarragone	172
Tarrasa	187
Taveiro (Portugal)	353
Tavira (Portugal)	340
Teigeiro	239
Teruel	171
Tesorillo (El)	286
Thomar (Portugal)	353
Tocina	283
Tolède............ 59 et	278
Tolosa................ 2 et	208
Tordesillas	250
Torneros	218
Toro	250
Torquemada	7
Torredembarra	175
Torrejon de Velasco	278
Torrelavega	217
Torres Novas (Portugal)	312
Torres Vedras (Portugal)	313
Torrijos	263
Tortosa	172
Totana	160
Trafalgar	127
Tramagal (Portugal)	312
Trocadero (El)...... 124 et	285
Trocifal (Portugal)	337
Trofa (Portugal)	363
Trubia	231
Trujillo	272
Tudela	201
Turégano	86

	Pages.
Tuy................247 et	364
Uclès	77
Urda	278
Utrera..............123 et	286
Vadollano	90
Valdestillas	10
Valença do Minho (Portugal)	364
Valence	166
Valladares (Portugal)	360
Valladolid	8
Valdemosa (Baléares)	183
Valle de Figueira (Portugal)	312
Vallongo (Portugal)	363
Vega................236 et	238
Veguellina	237
Veger de la Frontera. 127 et	285
Vendas Novas (Portugal)	338
Venta de Baños	7
Venta de Cárdenas	89
Venta de Pereiro (Portugal)	339
Venta de Pollos	249
Vera	160
Veredas	279
Vergara	208
Veriña	235
Vermoil (Portugal)	353
Viana	10
Vianna do Alem Tejo (Portugal)	339
Vianna do Castello (Portugal)	363
Vich	186
Vidigueira (Portugal)	339
Vigo	246
Villada	218
Villadangos	237
Villa do Conde (Portugal)	363
Villafranca	201
Villa Franca da Xira (Portugal)	313
Villafranca de los Barros	282
Villafranca de los Panaderos	175
Villafranca del Vierzo	238
Villagonzalo	280
Villalar	249
Villalba	81
Villaluenga	263
Villamanin	226
Villamayor	232

	Pages.		Pages.
Villa Mea (Portugal)	363	Villaumbroso	218
Villamiel	263	Villaverde (Madrid)	263
Villanova (Portugal)	339	Villaverde (Zamora)	249
Villanova da Barquinha (Portugal)	312	Villaviciosa	236
		Villena	164
Villa Nova da Cerveira (Portugal)	364	Villodrigo	7
		Vimeiro (Portugal)	313
Villa Nova da Gaia (Portugal)	360	Vitoria	3
		Vizeu (Portugal)	359
Villa Nova de Portimao (Portugal)	341	Yeles y Esquivias	278
		Yévenes	278
Villanueva de la Serena	280	Yuste	267
Villaquiran	7	Zafra	282
Villar do Pinheiro (Portugal)	363	Zamora	251
		Zaragoza	190
Villa Real (Portugal)	365	Zarza (Apeadero de la)	281
Villa Real do San Antonio (Portugal)	341	Zuasti	203
		Zubia (La)	155
Villasavariego	218	Zumárraga	3 et 208
Villaumbrales	218		

NOTES RECTIFICATIVES ET ERRATA.

BURGOS.—Nous avons omis de mentionner, dans le chœur de la **Cathédrale de Burgos,** la belle statue, en bronze émaillé, de l'évêque Don Mauricio, le fondateur de la Cathédrale; puis, à la **chartreuse de Miraflorès,** nous devons indiquer l'autel de l'église comme étant aussi de Gil de Siloé, le sculpteur des merveilleux tombeaux de Jean II, de sa femme et de l'infant Don Alonso. Mentionnons encore, dans la même église, les deux séries de stalles du chœur, dont l'une est du style gothique fleuri du xve siècle, et l'autre de la Renaissance.

Ajoutons enfin, à titre de rectification, que le monastère de **las Huelgas** est une construction de style roman et ogival de transition, et qu'on y trouve des morceaux de style *mudejar* et un cloître de style roman, encore plus ancien.

Le curieux fronton d'autel en bronze émaillé, que nous mentionnons au **Musée provincial de Burgos,** provient du couvent de Santo Domingo de Silos; il est du xie siècle.

ERRATA.

Page.	Colonne.	Ligne.	Au lieu de	Lisez
7	2	4	Cardena.	Cardeña ou Cardegna.
11	2	1	Santa Sofia.	Santa Lucia.
13	2	31	douze mille portes.	deux mille portes.
84	1	avant-dernière ligne,	en ouvenir.	en souvenir,
»	1	dernière ligne.	nsourrice.	nourrice.
150	2	18	des plus riantes.	des plus riante.
207	1	41	Amurrrio.	Amurrio.
295	1	39	d'iraélites.	d'israélites.
321	2	43	Ce fut en 1752.	Ce fut en 1572.

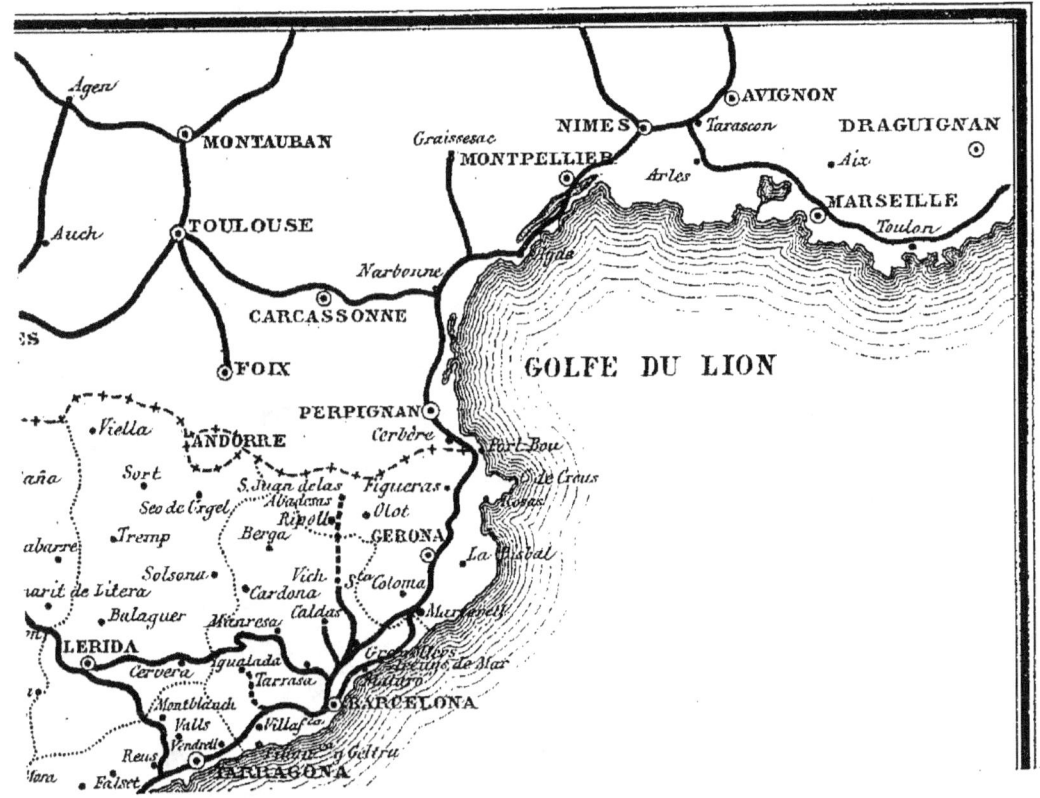

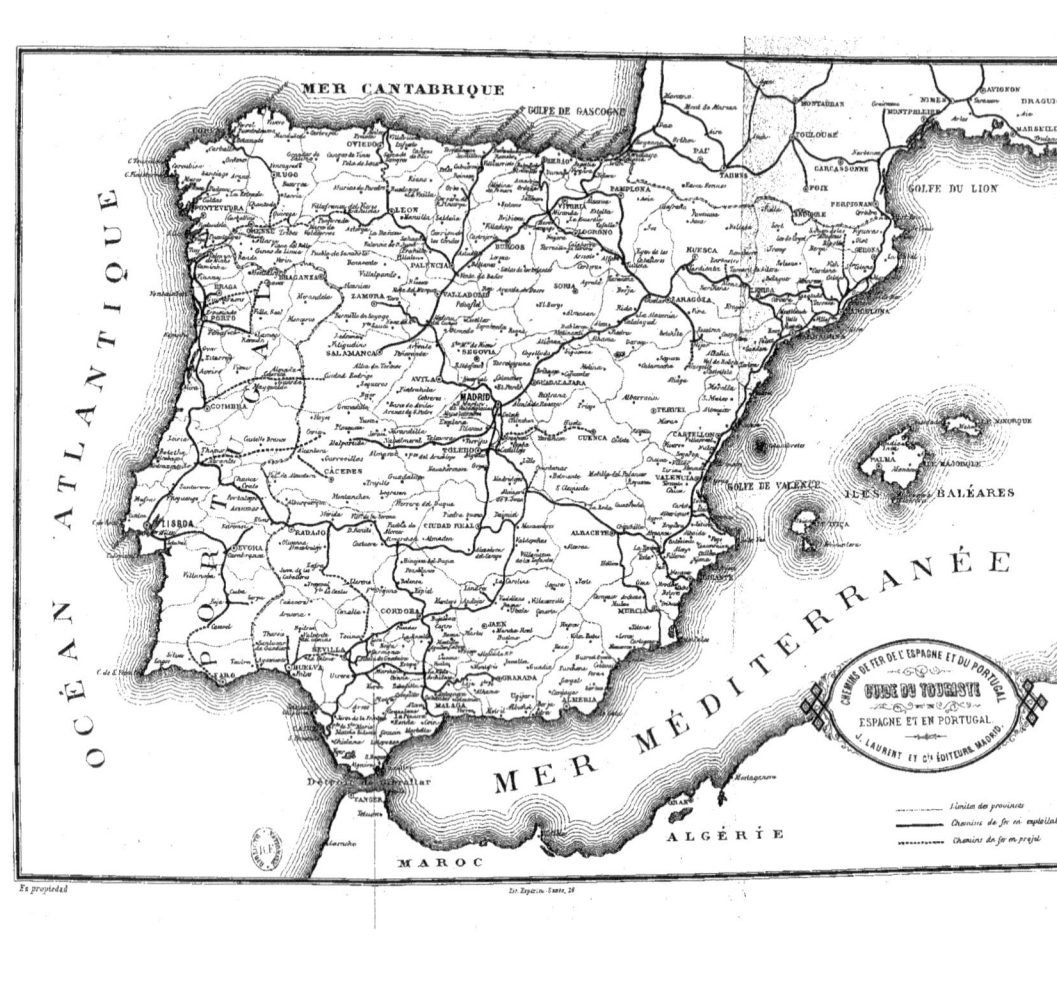

Iʳᵉ RÉGION

D'IRÚN A MADRID.

**Irún.—Fontarabie.—Saint Sébastien.—Tolosa.
—Vitoria.—Miranda.—Burgos.—Baños.—
Valladolid.—Medina del Campo.—Avila.—
Escurial.**

En sortant de la gare d'*Hendaye*, dernière station française, le chemin de fer traverse la *Bidassoa*, sur le beau pont international de 130 mètres de long. A droite du pont, la vue s'étend sur l'embouchure de la rivière et sur la colline où s'élève *Fontarabie*; à gauche, et défendue par quelques travaux contre les envahissements du fleuve, on aperçoit la célèbre petite île des Faisans, où la France et l'Espagne ont signé tant d'alliances de famille et de traités de paix. Là, Louis XI, les poches de son habit de camelot pleines de pièces d'or, décida les affaires de Henri IV de Castille, en gagnant les courtisans qui, couverts d'armures et d'étoffes somptueuses, vinrent à sa rencontre; c'est là que François Iᵉʳ, quittant le pays où il avait été captif, embrassa ses fils qui se rendaient en Espagne, comme otages et garants d'un traité qui lui donnait la liberté. C'est là que Isabelle de Valois reçut les premiers hommages de ses sujets castillans; c'est là encore, qu'en 1660, l'infante Marie Thérèse se rencontra avec son royal époux, et fut fiancée à Louis XIV, au milieu des fêtes organisées par les soins du peintre Velazquez, *aposentador*, ou maréchal des logis de Philippe IV. Quelques mois auparavant, le cardinal de Mazarin et don Luis de Haro y avaient mis en jeu toutes les habiletés de la diplomatie, pour arriver à la conclusion du fameux traité des Pyrénées.

Irún, première station espagnole.—Arrêt pour la visite de la Douane.—L'église, dédiée à *Nuestra Señora del Juncal*, date de la Renaissance; elle renferme un autel et deux tombeaux, dont les sculptures offrent de l'intérêt.

Fontarabie.—A quatre kilomètres d'Irun, on trouve *Fontarabie*, dont les vieilles et pittoresques fortifications tombent en ruines, mais dont l'Église paroissiale, le château, construit par Charles Quint, et quelques antiques *palacios*, aux façades timbrées d'écussons de marbre, et décorées de balcons lourdement ornés, méritent l'attention du touriste.

Le chemin de fer, après avoir dépassé la station de **Renteria**, franchit l'Oyarzum sur un beau pont de fer, et s'engage sous un tunnel, au sortir duquel on découvre la splendide baie de

Passages, aujourd'hui malheureusement ensablée, qui fût un port d'armement et un chantier de constrution des plus actifs, aux beaux temps de la splendeur de la monarchie espagnole; Lafayette vint s'y embarquer pour l'Amérique.

Saint Sébastien, chef-lieu de province, autrefois capitale du Guipúzcoa, port très commerçant, et l'une des plus jolies stations maritimes du littoral. De belles promenades, une vue admirable sur *la Concha*, deux belles églises, de style gothique et Renaissance, font de cette ville un séjour agréable, et très fréquenté par l'aristocratie espagnole, durant la saison des bains de mer. Saint Sébastien a des souvenirs historiques. Elle a été presque entièrement incendiée en 1813, par l'armée anglo-portugaise, lorsque, sous les ordres du général Graham, elle assiégeait les Français, retranchés dans le château et sur le mont Argullo; les carlistes ont vainement tenté de s'en emparer en 1836 et en 1876.

Hernani, vieille ville du Guipúzcoa, où se tenaient quelquefois les assemblées générales des conseils de la province, a joué un rôle important pendant toute la durée de la première guerre carliste. On y remarque beaucoup de vieilles maisons, aux écussons de pierre, d'origine ancienne; l'église renferme le tombeau du soldat qui fit prisonnier François Ier à la bataille de Pavie, *Juan de Urbieta*, «le grand et la terreur des Français», comme dit son épitaphe.

Tolosa, en basque **Ituriza,** est la capitale, ou plus tôt la ville forale du Guipúzcoa, car le conseil de la Province siège, conformément aux lois fondamentales, tantôt dans une ville, tantôt dans une autre. Nous devons, en passant, dire quelques mots de l'organisation spéciale qui régissait, tout récemment encore, les trois provinces Basques, et s'étendait même à la Navarre. Ces provinces ne relevaient que d'elles-mêmes: le roi d'Espagne prend le titre de *Seigneur* des provinces Basques. Les lois qu'elles s'étaient données, ont pour base la fédération, et celle-ci liait intimement les intérêts politiques à l'indépendance même du peuple Basque; elles ont la précision, la concision et l'inflexibilité des lois antiques. On les appelle *fueros*, ou *fors*, comme les appelaient les provinces du Sud-Ouest de la France, qui en ont possédé de semblables. Les rois d'Espagne les reconnaissaient et confirmaient successivement, à leur avénement au trône. On conçoit, dès lors, la facilité avec laquelle les habitants de ces provinces se sont levés en armes, toutes les fois qu'ils ont cru voir porter une atteinte, plus ou moins directe, à leurs libertés et privilèges.

Tolosa possédait autrefois des fabriques d'armes renommées; aujourd'hui d'importantes fabriques de papier les ont remplacées. L'église paroissiale de *Santa Maria*, la plus belle, offre un portique surmonté d'une statue colossale de Saint Jean Baptiste; un bel édifice, *l'Armeria*, construit au XVIIe siécle, sert aujourd'hui de caserne à la garde civile.

C'est à quelques kilomètres de Tolosa, que se trouve le célèbre monastère de *Loyola*, surnommé la merveille du Guipúzcoa, et qui est la patrie de Saint Ignace, fondateur de l'ordre qui porte son nom.

A partir de Tolosa, la voie remonte *l'Oria* jusqu'à sa source, auprès de *Cegama;* là, au point de la ligne de partage des eaux, on est à 614 mètres au-dessus du niveau de l'Océan; c'est ce sommet qu'il fallait atteindre, sur un développement de 60 kilomètres seulement. On comprend, dès lors, quels travaux immenses il a fallu exécuter sur ce parcours: la voie ferrée n'est plus qu'une succession de beaux et hardis ouvrages d'art: viaducs, ponts, tunnels. Il a fallu jeter vingt ponts sur la rivière, et perforer vingt-sept tunnels, à travers les contreforts de la chaîne cantabrique. Aussi, rien de pittoresque comme ce changement continuel du paysage, comme cette variété d'aspect des montagnes, et ces rapides échappées de vue, qui font brusquement plonger le regard dans des vallées profondes, toutes peuplées de jolis villages.

La ligne dessert successivement **Beasain, Zumárraga,** passe auprès du joli *pueblo* d'**Ormaistéguy,** où naquit le célèbre Zumalacarréguy, atteint **Alsásua,** où commence l'embranchement de la ligne de Pampelune et de Saragosse, et pénètre, après la station de **Salvatierra,** dans la province de *l'Alava*.

Vitoria, chef-lieu de l'Alava, est une jolie ville, entourée de promenades gaies et ombreuses: le *Prado*, la *Florida*, qui en font un séjour très agréable aux touristes. La place de la *Constitucion*, avec ses arcades; la *Casa Consistorial*, avec sa façade en bossage, surmontée d'écussons aux armes de la province et de la ville; la collégiale de *Santa Maria*, de style gothique antérieur au XIIIe siècle, et l'église de *San Miguel*, de la même époque, qui possède un superbe retable, œuvre de Gregorio Hernandez, sculpteur du XVIIe siècle; tels sont les principaux monuments de cette vieille et importante cité, où vécut, en 1522, le cardinal d'Utrecht, élevé à la papauté sous le nom d'Adrien VI, et qui a vu se dérouler, près de ses murs, le sanglant combat qui mit fin à la guerre de l'Indépendance. En 1834, Vitoria, après avoir repoussé une vigoureuse attaque de Zumalacarréguy, devint le quartier général des *Cristinos*.

Miranda de Ebro, station d'embranchement des lignes de Bilbao et de Saragosse, par Logroño et Tudela.—La voie ferrée y franchit l'Èbre, au moyen d'un pont très élevé, beau et hardi travail d'art, ainsi que plusieurs tunnels percés dans la roche vive; le dernier débouche sur la petite ville de **Pancorbo,** cachée au fond d'une coupure de montagnes, et dont la situation pittoresque offre le spectacle le plus inattendu et le plus saisissant. La ligne traverse ensuite **Briviesca,** vieille ville, dont l'Église principale renferme une chapelle gothique, de la fondation de la famille de Sopraga, décorée d'un retable du xvᵉ siècle, aux sculptures et aux bas-reliefs du plus intéressant caractère; elle atteint, après les stations de **Santa Olalla** et de **Quintanapalla**, l'ancienne capitale de la *Vieille Castille*.

Burgos, chef-lieu de province, est une ville très riche en monuments et en souvenirs historiques. Sa cathédrale, construite au xiiiᵉ siècle, sur l'emplacement qu'occupait le palais de Saint Ferdinand, est, avec son admirable portail, et ses deux audacieuses flèches de 300 pieds de haut, un des plus beaux et des plus imposants monuments religieux que possède l'Espagne. Le principal portail, orienté vers l'Ouest, brodé, fouillé et fleuri comme une dentelle, est percé d'une rosace d'une délicatesse incomparable. La façade se termine par un grandiose attique, flanqué de deux sveltes aiguilles, décoré de trois élégantes fenêtres, divisées par des colonnes, devant lesquelles se trouvent placées des statues surmontées de daïs sculptés. La porte du Nord, et celle *de la Pellegeria*, qui datent de la Renaissance, sont d'une rare richesse d'ornementation, et décorées à profusion, de statues et de figurines, d'un très beau style.

L'intérieur de la cathédrale est de la plus grande magnificence et renferme d'innombrables merveilles. Notons, tout d'abord, la porte, en bois sculpté, qui donne sur le cloître. Elle représente, entr'autres bas-reliefs, l'entrée de Jésus à Jérusalem; les jambages et les portes sont décorées de figures et d'ornements exquis; à gauche, sur l'imposte de l'arc, on remarque aussi une tête sculptée dans la pierre, qui serait, dit-on, le portrait authentique de Saint François.

Le chœur, avec sa merveilleuse décoration de stalles, toutes sculptées avec la plus excessive prodigalité d'invention, est fermé par des grilles en fer repoussé, d'un magnifique travail. En levant la tête, on aperçoit l'intérieur du dôme, qui s'élève à l'intersection des bras de la croix latine, de la nef principale et de l'abside. Ce dôme qui, extérieurement, forme une tour, est, à l'intérieur de la cathédrale, un véritable gouffre, où s'entassent, dans une profusion inouïe, les sculptures, les arabesques, les statues, les colonnettes, les nervures et les décorations architecturales, en lancettes ou en pendentifs, caractéristiques des magnificences du style gothique Renaissance.

Toutes les chapelles, à commencer par la *Capilla Real*, où existent plusieurs tombeaux des Rois castillans, méritent un examen attentif. La plus riche, est *la Capilla del Condestable*, qui appartient au style gothique le plus fleuri du xvᵉ siècle. Les tombeaux de D. Pedro Hernandez de Velasco et de sa femme, en occupent le milieu: ils sont de marbre blanc et d'un admirable travail. Leurs statues couchées, d'un superbe caractère, reposent sur des coussins de marbre que décorent des armoiries. Des blasons gigantesques sont sculptés sur les murailles de cette chapelle, dont l'entablement porte des figures tenant des hampes de bannières et d'étendards. L'autel, en forme de retable, est sculpté, doré, peint, et entremêlé d'arabesques et de colonnes. Les hauts-reliefs représentent le Crucifiement, l'Agonie, la Résurrection et l'Ascension; on les attribue à *Juan de Borgoña*. Deux statues, de Saint Sébastien et de Saint Jérôme, dues à *Gaspar Becerra*, d'une superbe tournure, font partie de ce retable. Une grille, que surmonte l'image de Saint Jacques, ferme cette chapelle: ce chef-d'œuvre d'élégante richesse, est de *Cristobal Andino*, un maître dans l'art de forger et d'assouplir le fer (1520).

Dans la sacristie qui dessert la chapelle *del Condestable*, on admire *une Madeleine*, que l'on attribue à Léonard de Vinci, et qui est assurément, sinon l'œuvre même du célèbre maître, du moins celle d'un de ses meilleurs disciples. On conserve aussi, dans cette chapelle, le diptyque d'ivoire que le connétable emportait à l'armée et devant lequel il faisait sa prière. Notons, encore, une statue coloriée de Saint Bruno, par le sculpteur Pereyra, ouvrage remarquable sous le rapport du caractère, qui provient de la Chartreuse de Miraflorès. La chapelle de *Santa Ana*, dont le retable, du plus pur style gothique, représente *la Rencontre de Saint Joachim et de Sainte Anne*, contient une *Sainte Famille*, qu'on croit être d'Andrea del Sarto. Un tombeau, d'une grande richesse d'ornementation, celui de l'archevêque Luis de Acuña, s'élève dans cette même chapelle.

La chapelle de *Santiago* renferme également les sépultures de plusieurs illustres archevêques de Burgos; celle de *San Enrique*, qui en est voisine, est ornée d'un riche monument de marbre, supportant la statue agenouillée, en bronze, du prélat qui en fut le fondateur, D. Enrique de Peralta, mort au XVIIe siècle.

La chapelle de *la Visitacion* contient, en même temps que divers tombeaux d'un véritable intérêt artistique, plusieurs tableaux d'un style qui rappelle celui de l'école de Cologne. Il existe dans une autre chapelle contigüe, celle de la *Presentacion*, une superbe peinture représentant *la Vierge assise et tenant l'enfant Jésus donnant la bénédiction*, que les guides n'hésitent pas à attribuer à Michel-Ange, et qui, offrant tous les caractères de l'école florentine, pourrait, avec plus de vraisemblance, être de Sébastien del Piombo. Quoiqu'il en soit, ce tableau est une œuvre admirable et ferait l'orgueil de n'importe quel musée de premier ordre.

La chapelle de *Santa Tecla* est tout ce qu'on peut imaginer de plus touffu et de plus étrange, au point de vue décoratif. C'est une confusion, un amas inouï d'ornements, de reliefs, de sculptures et de peintures, du style *churriguéresque* le plus riche, le plus touffu et le plus rutilant. Ce ne sont que colonnes torses, fleuries de ceps de vignes, rosaces, fleurons, volutes, s'enroulant et se déroulant à l'infini, dans un épanouissement doré, peint et ramagé, du goût le plus exubérant; c'est le triomphe du rococo, de la richesse excessive, absolument désordonnée; mais c'est encore très beau, à force de richesse.

Près de cette précieuse porte du cloître dont nous avons parlé, on trouve l'entrée de l'ancienne *Sacristie* dédiée à Sainte Catherine. C'est là qu'existe la suite des portraits de tous les évêques et archevêques qui se sont succédés sur le siège de Burgos, depuis Saint Jacques le Majeur, jusqu'à nos jours. On passe ensuite dans la *Salle Capitulaire*, et l'on s'arrête dans le vestibule, où, contre la muraille, et retenu par des crampons de fer, on montre ce coffre du Cid que la légende dit avoir été donné, rempli de cailloux et de ferraille, en garantie d'une somme considérable, empruntée par le redoutable Ruy Diaz de Vivar à des prêteurs israélites. Il va sans dire que le précieux coffre, où le Campeador avait affirmé avoir enfermé, en bijoux et en orfèvreries, une valeur énorme, ne devait être ouvert par personne, avant que lui-même n'eut remboursé la somme empruntée et repris possession de son gage.

Le cloître est rempli de tombeaux, la plupart entourés de grilles ouvragées et historiées. Ils sont pratiqués dans la muraille, décorée des blasons des illustres personnages qui y reposent, et toute brodée de sculptures et de fins ornements. Sur ces tombes sont couchées les statues de grandeur naturelle, de chevaliers armés, ou de prélats en costumes de chœur. Ces belles sépultures, variées d'époques et de styles, offrent toutes de l'intérêt et se recommandent à l'étude du touriste, soit par le sentiment, souvent exquis, de la sculpture, soit par quelques détails d'ornementation du plus précieux travail, ou de l'invention la plus curieusement capricieuse.

L'analyse de toutes les richesses d'art que renferme la cathédrale de Burgos exigerait, à elle seule, un volume: les proportions de notre Itinéraire nous forcent à être brefs. Toutefois, nous ne pouvons passer sous silence, cette merveilleuse *Passion de Jésus Christ*, véritable épopée de pierre, que *Felipe de Vigarny*, dit *de Borgoña*, sculpta au commencement du XVIe siècle, et qui est l'un des plus grands et des plus beaux bas-reliefs qu'il y ait au monde.

Des tableaux de grands-maîtres, répandus dans les sacristies ou dans les chapelles, exigent aussi une mention. On trouvera, dans la petite Sacristie: un *Ecce Homo* et un *Christ en croix* de Murillo; une *Nativité*, de Jordaens; et, dans la grande, un autre *Christ en croix*, de Domenico Theotocópuli, *le Greco*, comme on l'appelle en Espagne; peintre étrange, et souvent bizarre jusqu'à l'extravagance. Il vint de Venise à Tolède, au cours du XVIe siècle, et nous retrouverons de lui d'importants ouvrages à l'Escurial, à Madrid et à Tolède. Citons encore, quelques peintures de Fray Diego de Leyva, dont les représentations de martyres dépassent, en réalisme farouche, tout ce que Ribéra a peint de plus terrible et de plus repoussant.

Indépendamment de la cathédrale, Burgos compte encore de nombreux monuments civils ou religieux, remarquables par leur architecture et appartenant, soit au style gothique, soit à la Renaissance, tels que: l'église paroissiale de *San Gil*; l'église de *Santa Agueda*, dans laquelle le Cid fit jurer au roi Alphonse VI qu'il n'avait eu aucune part à la mort de son frère D. Sancho, et où l'on trouvera un magnifique tombeau, décoré dans le plus pur style de la Renaissance; *San Esteban*, où l'on voit une belle *Cène*; *San Nicolas*, dont le retable, une dentelle de sculpture, est un chef-d'œuvre. Citons, en parcourant la ville, *l'Arc triomphal* élevé, sous Philippe II, à Hernan Gonzalo; le monument érigé, en 1784, sur l'emplacement de la demeure du Cid, dont le palais de *l'Ayuntamiento* garde aujourd'hui les précieux restes, ainsi que ceux de Doña Chimène, sa femme; l'ancienne *Casa Consistorial*; l'arc de *Santa Maria*; la *casa de Miranda*; la *casa del Cordon*, ou capitainerie générale; l'hôpital du Roi; la *Casa de Angulo*, édifiée au XVIe siècle; et, enfin, le palais *Villariezo*, dont on fait remonter la construction jusqu'au Xe siècle, et où fut retenu prisonnier le célèbre connétable D. Alvaro de Luna.

Dans les environs mêmes de Burgos, s'élèvent plusieurs couvents qui ont joué un grand rôle dans l'histoire de l'ancienne monarchie espagnole: tous sont riches en souvenirs historiques et artistiques: on devra donc visiter la **Chartreuse de Miraflorès**, bâtie à la fin du xve. siècle, qui garde encore deux merveilles de l'art de la sculpture; nous voulons parler des magnifiques tombeaux d'albâtre, de Jean II, de sa femme Isabelle de Portugal, et de son fils l'Infant D. Alonso, dus au sculpteur espagnol Gil de Siloé. Il serait difficile de rendre compte, par une description sommaire, du prodigieux travail de l'artiste, et de la profusion inouïe d'ornements de ces merveilleux tombeaux, appartenant au style gothique le plus fleuri, et sans rival en Espagne. On y trouve aussi une remarquable statue de Saint Bruno, par le sculpteur portugais Pereira; mais le monastère, depuis la suppression des couvents, s'est vu dépouiller de presque tous ses tableaux et des sculptures qui décoraient ses autels, au profit du Musée provincial de Burgos.

Las Huelgas reales, est un autre monastère, construit à la fin du xiie siècle, par Alphonse VIII, sur l'emplacement d'un ancien palais, dans le style byzantin, mêlé d'art moresque. Son église, décorée de précieuses sculptures, de stalles de chœur, de grilles, etc., d'un travail exquis, renferme les curieux tombeaux d'Alphonse VIII, de sa femme *Doña Leonor*, du roi Alphonse le Sage, et ceux de plusieurs autres rois, infants et infantes, enterrés dans le monastère à diverses époques. On y conserve encore la bannière conquise sur les Maures, par Alphonse VIII, à la fameuse bataille de las Navas de Tolosa, qui porta un si rude coup à l'occupation de la Péninsule par les Arabes.

Le couvent de *San Pedro de Cardena*, tout plein des souvenirs du Cid, bien qu'il soit aujourd'hui en ruines, est un monument qui mérite l'attention de l'archéologue et de l'artiste. Devant le maître-autel de la chapelle, on voit la tombe de Doña Sancha, qui fonda le couvent au vi^e. siècle, et, dans les diverses parties de l'édifice, un grand nombre de sépultures, la plupart remarquables, renfermant les restes de Rois, de Reines et de personnages illustres de la famille même du Cid.

Le *Musée provincial de Burgos*, formé à l'aide de précieux monuments d'art, recueillis un peu partout, à la suite de la prise de possession par l'Etat des couvents de la province, renferme de très intéressants débris de retables, quelques panneaux peints du xve. et du xvie. siècle, des sculptures de diverses époques, quelques beaux bas-reliefs, de bois et d'albâtre, un curieux fronton d'autel, en bronze émaillé, et un tombeau visigoth du vi^e. siècle, trouvé à Bribiesca.

En quittant Burgos, la ligne du Nord dessert successivement les stations peu importantes de **Quintanilleja, Estepar, Villaquirán, Villodrigo, Quintana, Torquemada, Magaz** et atteint **Venta de Baños**, tête de ligne de l'embranchement de Santander, et des chemins de fer du Nord-Ouest de l'Espagne.

Baños, son nom l'indique, possède une source d'eau minérale, à laquelle le roi *Recesvinto* dut sa guérison. Une chapelle, qu'il dédia à Saint Jean Baptiste, y existe encore et garde l'inscription votive, que la reconnaissance du roi visigoth y fit graver: cette chapelle est, peut-être, le monument chrétien le plus ancien de l'Espagne, puisque sa fondation remonte à l'année 661; elle est, à ce titre, d'un véritable intérêt archéologique. On y remarque aussi une ancienne statue de Saint Jean, en albâtre, sur laquelle on voit encore les traces de peinture et de dorure, dont on l'avait décorée.

Après Venta de Baños, on traverse les stations de **Dueñas** et de **Cabezon**, et l'on s'arrête à **Valladolid**, aujourd'hui chef-lieu de province, et l'une des capitales de l'ancienne monarchie, jusqu'à l'époque de Philippe II, qui en transporta le siège à Madrid.

Valladolid nous offre de nombreux et intéressants monuments: c'est d'abord le *Palacio real*, agrandi par Philippe III, qui en avait fait sa résidence préférée, et dont l'escalier, les galeries, et surtout le *patio*, conservent encore de belles parties de sculptures et d'ornementations, dues à Berruguete. C'est, ensuite, le couvent de *San Pablo*, où s'assemblèrent plus d'une fois les Cortès, et qui présente une riche façade, où le gothique se mêle aux charmants caprices de la Renaissance, et un portail, d'une rare magnificence, que couronnent les armes du Duc de Lerme, dont nous retrouverons la statue sépulcrale au Musée provincial. Citons aussi, le collège de *San Gregorio*, édifice du xve. siècle, aujourd'hui occupé par les bureaux du gouverneur de la province: son splendide portail, et les galeries qui entourent la cour de cet édifice, méritent certainement d'être visités.

C'est dans le palais, qui se trouve à la droite de San Gregorio, que naquit Philippe II. Puis, encore, *Santa Maria de las Angustias*, église construite au commencement du xviie. siècle, dont la sacristie renferme une belle *Piedad* de Juan de Juni; l'ancien palais de l'Inquisition, aujourd'hui l'*Audiencia*; l'*Université*, dont la chapelle, et surtout la grande salle dite du cloître, décorée des portraits des rois d'Espagne, appellent l'intérêt du touriste; et enfin, la *Cathédrale*, bâtie sous Philippe II, par Herrera, l'architecte de l'Escurial, dans un caractère d'architecture greco-romaine, où la sévérité des lignes, l'austérité cherchée des profils, sont loin d'être exclusives d'une certaine lourdeur, et d'une véritable froideur d'aspect. L'intérieur de la cathédrale est simple: des stalles de chœur, d'un beau travail gothique mêlé de Renaissance, provenant de l'ancienne collégiale; un maître-autel décoré, au xviiie. siècle, d'une Assomption de *Zacarias Velazquez;* une belle peinture de l'école florentine, représentant le Crucifiement; une Transfiguration de *Luca Giordano*, ce peintre *Fa Presto*, qui a inondé les palais et les églises d'Espagne de ses compositions hâtives; la chapelle où se trouve le tombeau du comte Perez de Ansurez, surmonté de sa statue; le cloître; les archives, et le Trésor qui renferme la riche et élégante *Custodia* d'argent, œuvre de Juan de Arfé, le célèbre orfèvre du xvie. siècle: telles sont les principales curiosités artistiques que possède la Cathédrale.

Quelques autres édifices de Valladolid ne sont pas dépourvus d'intérêt. On fera bien de visiter l'église de *la Cruz*, bâtie par Herrera, où se trouvent plusieurs groupes sculptés par Gregorio Hernandez, notamment: une *Descente de croix*, d'un très beau caractère; la *Plaza Mayor*, qui date de Philippe II, et où fut décapité, en 1453, le grand Connétable Don Alvaro de Luna; le *Campo Grande*, ou Champ de Mars, tout entouré de palais et d'édifices d'architecture ancienne, la plupart à demi-ruinés; l'hôpital de la *Resurreccion*, qui montre une statue de la *Vierge au scapulaire*, par Hernandez; la jolie chapelle de *Portacœli*; l'ancien couvent des *Carmélites chaussées*, transformé en caserne; l'église de la *Magdalena*, bâtie au xvie siècle, par Rodrigo Gil, et dont le grand retable, œuvre d'Esteban Jordan, architecte, sculpteur et peintre de la fin du xvie siècle, est d'une imposante grandeur; *l'Antigua*, église gothique du xie siècle, avec une tour romane, et dont le retable est dû à Juan de Juni, artiste italien, venu en Espagne au xvie siècle; l'église de *San Miguel*, construite par les Jésuites, dans ce goût d'éclatante richesse qui caractérise leur architecture préférée, et où se trouve une statue de Saint Michel, de Pompeyo Leoni; *San Salvador*, dont la tour en briques et le portail, sont remarquables; *las Descalzas Reales*, où se voit un curieux retable, décoré de peintures par Matias Blasco; et enfin, la chapelle de *Santa Ana*, avec ses peintures de Bayeu, ainsi que l'église de *San Martin*, où l'on montre une image, très ancienne, de la Vierge, dont on fait remonter l'origine au xiiie siècle.

Quelques anciens palais et édifices civils de Valladolid rappellent d'intéressants souvenirs. L'érudit se fera montrer la maison de la *calle San Martin*, habitée par Alonso Cano, et où, dit-on, il tua sa femme; celle, près de *San Benito*, où vécut Berruguete; la *Casa del Sol*, qui fut celle de Diego Sarmiento de Acuña; l'ancien palais des *Almirantes de Castilla*, devenu l'hôtel de la Députation provinciale; la maison où vécut Cervantès, *calle del Rastro*; celle où mourut Christophe Colomb, et qui est située dans la rue qui porte son nom; et les *casas de Villasante* et de *Revilla*, dont les escaliers et les *patios* intérieurs, sont décorés d'arabesques du caprice le plus inattendu et le plus délicat.

Le *Musée provincial* de Valladolid, qui occupe l'ancien collège de *Santa Cruz*, fondé par le cardinal Gonzalez de Mendoza, offre une assez riche collection de tableaux, de sculptures de maîtres, de tombeaux, de fragments d'architecture et d'ornementation de toute provenance, et d'objets d'art ayant appartenu à des églises, ou à des couvents supprimés. La plus belle toile du Musée est une *Assomption* de la Vierge, peinte par Rubens, qui provient du couvent des religieuses de *Fuensaldaña*, ainsi que deux autres toiles, moins importantes, et qui représentent *Saint Antoine de Padoue* et *Saint François d'Assise*. Un *San Diego de Alcalà, ravi aux cieux*, de Vicente Carducci; une *Sainte Famille*, signée par Valentin Diaz, peintre mort à Valladolid au xviie siècle, et datée de 1621; un grand *bodegon*, où s'entassent des gibiers, des légumes et des fruits, œuvre curieuse de la jeunesse de Velazquez; une *Annonciation* de J. Martinez, dans le style florentin; des tableaux d'Alexandre Allori; une ancienne copie d'une *Sainte Famille* de Raphaël, qu'on pourrait, avec quelque fondement, attribuer à Jules Romain; quelques grandes compositions de Bartolomé de Cárdenas, de Diego de Frutos, moine franciscain qui peignait au commencement du xviiie siècle, et d'Antonio Palomino, le peintre biographe, forment, avec quelques précieux panneaux de l'école primitive espagnole, ce que ce Musée possède de plus intéressant en ouvrages de peinture. La sculpture est mieux représentée, surtout pour tout ce qui touche à l'art local. Le *Berruguete, Hernandez et Juni*, qui ont beaucoup travaillé à Valladolid et aux environs, sont les auteurs d'un grand nombre de statuettes, de bas-reliefs, de stalles de chœur, de retables et de fragments divers, presque tous importants, dont l'exécution et l'invention offrent ce caractère de fécondité, de caprice et de richesse délicate, qui distingue la sculpture décorative espagnole de l'époque de la Renaissance. Nous ne saurions entreprendre de citer tous ces intéressants monuments, ou débris de monuments, dont on trouvera, au Musée même, le catalogue complet, et qui ont été, pour la plupart, reproduits en photographie, par les soins de Mr Laurent, ainsi que les admirables statues du Duc et de la Duchesse de Lerme, œuvres de Pompeyo Leoni, qui figurent dans le même Musée.

A onze kilomètres de Valladolid, sur la route de Zamora, est située **Simancas**, dont l'ancien château est devenu le dépôt des Archives du royaume.

Après avoir quitté Valladolid, la voie ferrée dessert les stations, peu importantes, de **Viana, Valdestillas, Matapozuelos, Pozaldez**, et atteint **Médina del Campo**, tête de ligne des embranchements de **Salamanque** et de **Zamora**.

Médina del Campo, dont le nom revient souvent dans l'histoire de l'ancienne monarchie espagnole, n'offre plus guère, en fait de monuments intéressants, que les ruines de son ancienne forteresse, ou château *de la Mota*, qu'habita la cour de Castille, au temps *d'Isabelle* et de sa fille *Jeanne la folle*. C'est dans ce château que la grande Reine, protectrice de Colomb, rendit le dernier soupir en 1504. L'église, de construction moderne, est dépourvue de caractère; on y remarque cependant une belle grille, en fer forgé, provenant d'une chapelle détruite, ainsi qu'un retable, d'un bon travail; une vieille bannière de Castille, suspendue au-dessus de la chaire, et la chapelle de la Vierge, bâtie en forme de rotonde, et que décorent de riches et anciens retables. L'hôpital possède un cloître, et un escalier d'élégante construction.

De **Médina del Campo** à la station **d'Avila**, nous ne rencontrons qu'une station, celle **d'Arévalo**, qui mérite d'être signalée à l'attention du touriste. Aux xive et xve siècles, Arévalo était une résidence royale; rien ne subsiste aujourd'hui de ce passé, sauf l'ancien château, et les clochers de ses six églises.

Avila de los Caballeros, chef lieu de province, est une vieille et pittoresque cité, qui a conservé intact, le caractère d'une ville du moyen âge, grâce à ses fortifications, dont la construction remonte à cette époque. Elle est toute remplie d'églises, de couvents, de palais, d'un noble et fier aspect et d'une couleur superbe. Parmi ses monuments, se trouvent de remarquables exemplaires des styles roman et ogival, de la première et de la troisième période.

Dans le style roman, nous mentionnerons les petites chapelles de *San Isidro*, de *San Segundo*, l'église de *San Pedro*, sur la place de l'Alcazar, et, principalement, l'église de *San Vicente de Avila*, avec son magnifique portail, et le curieux tombeau qui garde les restes du Saint titulaire de l'église.

La *cathédrale* est le plus remarquable de tous les monuments de l'art ogival; sa fondation remonte au temps des Goths et sa réédification par Alphonse VII, au XIIe siècle. Cependant l'abside, qui en est le morceau le plus ancien, ne peut guère être ramenée au-delà de la fin du XIIe, ou du commencement du XIIIe siècle. C'est un des monuments les plus curieux d'Espagne; il appartient, par sa partie la plus ancienne, à la période de transition du style roman à l'ogival. Les créneaux qui couronnent son abside, lui donnent un aspect à la fois religieux et militaire, et caractérisent bien l'époque à laquelle elle a été construite: c'est à la fois une forteresse et une église. Dans l'église il y a des constructions des XIVe et XVe siècles, qui ont toutes un remarquable caractère de force et de sévérité; les chapelles de *San Segundo* et de *Santa Teresa* sont d'époques postérieures.

La cathédrale est riche en autels ornés de retables, peints par d'anciens maîtres de l'école espagnole; nous mentionnerons, d'une façon spéciale, celui de la *Capilla mayor*, attribué à Rincon. Elle possède encore beaucoup d'autres tableaux remarquables, ainsi qu'une riche collection de missels et de livres de plain-chant, enrichis de précieuses enluminures, et une superbe *Custodia* en argent, œuvre du fameux Juan de Arfé. Les stalles du Chœur, en noyer sculpté, sont de l'époque de la Renaissance, comme le magnifique autel, en marbre blanc, qui se trouve dans la Sacristie. Les deux autres autels, qui sont placés dans la nef principale, dédiés l'un à San Segundo et l'autre à *Santa Sofia*, sont attribués tous deux à Alonso Berruguete.

Nous mentionnerons encore, le tombeau de l'évêque d'Avila *El Tostado*, compilateur qu'ont rendu célèbre et proverbial, les innombrables manuscrits laissés par lui.

Parmi les nombreuses églises du XVe siècle, aux belles nefs cintrées, nous citerons l'église de *San Francisco*, aujourd'hui en ruines; celle de *San Juan* et de *Pedro Dávila*, et, d'une façon spéciale, le couvent de *Santo Tomàs* édifié par les Rois Catholiques, dont les écussons, répétés de tous côtés, ornent l'édifice. Ce remarquable monument possède de vastes cloîtres, une belle église qui renferme des stalles de chœur, comparables à celles de la Chartreuse de Miraflorès, près de Burgos, dont les sculptures sont d'un goût exquis, notamment celles des deux sièges destinés aux Rois Catholiques; puis encore, le retable de la Chapelle principale, semblable à celui de la Cathédrale; le superbe tombeau de l'infant D. Juan, fils d'Isabelle et de Ferdinand, admirable travail dans le goût de la Renaissance, attribué, non sans fondement, au célèbre sculpteur de Burgos *Bartolomé Ordoñez*, et celui de son précepteur Velazquez, du même style. C'est là enfin, que reposent les restes du fanatique grand Inquisiteur *Torquemada*, dont on peut voir le tombeau mutilé par les visiteurs, tant est grande l'horreur inspirée par sa mémoire.

Un grand nombre de palais et de maisons, répandus dans la ville, sont d'un grand caractère; nous citerons: *la casa de los Zarraquines*, en face de la Cathédrale; le palais de *Pedro Dàvila*, sur la place du marché aux fruits. Dans la cour de ce palais on conserve encore quelques uns de ces porcs, sangliers ou taureaux, taillés dans le granit, dont l'origine a donné lieu à tant de controverses entre les archéologues, et qui se retrouvent si fréquemment dans les provinces d'Avila, de Ségovie, de Salamanque et de Zamora. Nous citerons aussi les palais des comtes d'Oñate et de Polentinos, où siège l'académie d'Administration militaire. L'ancien marché de *l'Alhondiga*, ou maison des ventes, devra également être visité par le touriste et l'archéologue; ce marché est en effet, dans son genre, le plus curieux qu'il y ait en Espagne, où les constructions civiles sont si rares.

Avila est, enfin, la patrie de *Sainte Thérèse de Jésus*, la célèbre mystique, patronne de la ville, encore toute pleine de ses nombreux souvenirs. Dans la chapelle du couvent des Carmélites, placé autrefois sous son invocation, et transformé aujourd'hui en Institut d'éducation, on montre le buste de la Sainte, son portrait et quelques restes du mobilier de sa cellule. Parmi les anciens couvents, on fera bien de visiter celui de *l'Encarnacion* où Sainte Thérèse prit le voile, et celui de *San José*, qu'elle a fondé.

Les portes de la ville, notamment celles de *San Vicente et de l'Alcazar*, cette dernière contemporaine des rois Catholiques; les maisons de la rue de Pedro d'Avila; celles de la place de la Cathédrale, et tant d'autres, se recommandent à l'attention de l'artiste et de l'érudit, par leur architecture, leurs dispositions intérieures et leur caractère extérieur, que relève singulièrement la couleur sévère du granit employé dans leur construction.

Des sculpteurs et des peintres célèbres ont aussi concouru, en grand nombre, à enrichir les monuments d'Avila: parmi les plus renommés, il nous suffit de citer Pedro Berruguete, Santos Cruz, et Juan de Borgoña, qui appartiennent à cette période gothique, où l'art espagnol s'inspire des ouvrages des Van Eyck, de Memling et de Van der Weiden, dont l'influence est alors prédominante dans la Castille.

Nous ne pouvons évoquer ici, même sommairement, tous les intéressants faits historiques dont Avila a été le théâtre; bornons-nous à rappeler qu'Avila joua un gran rôle dans les derniers temps de la conquête de la Péninsule sur les Arabes; c'est là que Henri IV de Castille fut détrôné, et exécuté en effigie, par une partie de la noblesse soulevée par le comte de Benavente; l'on sait que cet acte n'eût aucune conséquence, par suite de la mort prématurée de l'infant nouvellement couronné, Don Alfonso, frère de la grande Isabelle, et dont le tombeau se trouve dans la Chartreuse de Miraflorès, près de Burgos. C'est à Avila encore, que prit naissance la grande lutte des *Comuneros* au commencement du XVIe siècle. C'est là finalement, que siégea l'Inquisition, dirigée par le fanatique et implacable *Torquemada*.

Au sortir d'Avila, la ligne du Nord se dirige vers **l'Escurial**, en s'enfonçant dans la chaîne du Guadarrama, dont les sommets dressent, devant nous, leurs crêtes dentelées, et leurs pentes toutes parsemées de masses imposantes de granits erratiques. On traverse, à l'aide de travaux d'art remarquables, les parcours qui mènent aux stations de la **Cañada**, de **Navalperal**, de **Las Navas**, et l'on atteint **Robledo de Chavela**, dont l'église possède un précieux retable, peint par *Antonio del Rincon*, vers la fin du XVe siècle, l'un des rares monuments de l'art espagnol appartenant à cette intéressante époque. Après **Robledo**, on atteint l'**Escurial**.

Escurial. Le dix Août 1557, jour de la fête de saint Laurent, les Espagnols, commandés par Philibert, duc de Savoie, mettaient en déroute l'armée française aux ordres du connétable de Montmorency, sous les murs de St Quentin, dont ils s'emparèrent peu après.

Philippe II reçut à Cambrai la nouvelle de cette victoire, au moment où il se rendait sur le champ de bataille: se prosternant à terre, il rendit grâces au Seigneur pour le grand succès accordé à ses armes, et conçut l'idée de perpétuer, en élevant un monument indestructible, la mémoire de cette fameuse journée.

Préoccupé de l'accomplissement de ce vœu, en même temps que du pieux souci d'exécuter les dernières volontés de Charles Quint, son auguste père, qui laissait à sa sollicitude le soin de sa sépulture, Philippe II décida, six ans après, en 1563, la fondation du monastère de l'Escurial. Il le consacra à saint Laurent, autant en souvenir de la mémorable bataille de St Quentin, gagnée le jour de la fête de ce saint martyr, qu'en réparation de l'offense à lui faite, lors de la destruction, par suite des nécessités de la guerre, d'un monastère placé sous sa sainte protection, et situé près de la place assiégée.

L'architecte reçut l'ordre d'élever le monument sur le plan d'un gril, pour rappeler l'instrument sur lequel saint Laurent avait souffert le martyre. Aussi faut-il tenir compte de l'étrangeté du plan imposé à l'architecte, quand on examine son œuvre, et ne pas être étonné de l'impression assez froide, que l'on ressent à l'aspect de ce colosse de granit, aux masses trop uniformes et régulières. Sa situation, au pied d'une haute montagne, nuit d'ailleurs à son effet; le monument en est comme écrasé, et cependant si l'on considère que son fondateur a voulu en faire un Panthéon, une sorte d'immense Mausolée, une sépulture enfin, dans laquelle il pouvait réellement oublier que lui-même était encore parmi les vivants, on ne peut alors qu'en admirer le style sévère, lugubre même, et on trouve que l'architecte a véritablement été à la hauteur de sa tâche.

Pour se faire une idée de ses vastes proportions, il nous suffira de dire que l'édifice occupe une surface de 39.000 mètres carrés; que les façades extérieures du parallélogramme ont plus de 800 mètres de développement; qu'elles sont percées de 1.128 fenêtres et de 15 portes; qu'à l'intérieur, il y a 16 cours, 86 escaliers, 88 fontaines, 9 tours, 4.565 appartements; qu'il y a, enfin, dans l'édifice entier, plus de dix mille fenêtres, douze mille portes, et que ses couloirs, et ses cours, se développent sur plus de cent vingt kilomètres de longueur!

Le plan général de l'Escurial est dû à *Juan Bautista de Toledo* qui en dirigea l'exécution de 1563 à 1567; à sa mort, *Juan de Herrera* lui succéda et termina l'œuvre, en 1584.

Philippe II ne négligea rien pour la décoration de son palais-monastère. Il appela, dans ce but, des maîtres italiens, et s'appliqua à réunir à l'Escurial, les plus belles productions des artistes de son temps. Il eut le bon goût de ne pas négliger les œuvres des espagnols: Sanchez Coello, Navarrete, Moralès, et il y joignit celles du Greco, ce peintre étrange, venu de Venise à Tolède, à la fin du xvi⁰ siècle. Ces richesses réunies formèrent déjà un ensemble remarquable, qui ne fit que s'accroître sous les règnes suivants; aussi a-t-on pu y puiser à pleines mains, lors de la formation du Musée du Prado à Madrid, où nous retrouverons maints chefs-d'œuvre provenant du monastère de Saint Laurent de l'Escurial.

Ce n'est qu'en pénétrant dans l'Eglise que se révèle au visiteur la grandeur du monument, et qu'il est touché de l'élégance de son style: élégance due à sa grande simplicité. On a pu, sans émotion, franchir le seuil du monastère, parcourir ses cloîtres, visiter la cour des Evangélistes, traverser celle des Rois et contempler la façade de l'église, décorée de statues colossales, tout cela sans ressentir une bien grande impression, parceque tout est froid d'aspect, lourd et monotone. Mais lorsqu'on arrive sous les voûtes élevées du temple, surmontées d'une coupole d'une hardiesse prodigieuse, et qu'on remarque que cet appareil repose sur quatre piliers, d'une masse énorme, et cependant si élégamment proportionnée, on reste alors réellement frappé de la grandeur de cette œuvre gigantesque, à laquelle on ne refuse plus son admiration.

Quand, ensuite, on ramène le regard sur le maître-autel, qui domine d'une vingtaine de marches le sol de l'église, on comprend que la beauté peut s'allier à la grandeur; que la sobriété, qui règne dans l'ensemble de la décoration, contribue à l'harmonie des lignes, en leur laissant toute leur imposante sévérité. A droite et à gauche de l'autel, deux beaux groupes de statues, plus grandes que nature, en bronze doré, œuvres de *Pompeyo Leoni*, complètent splendidement la décoration de cette partie de l'église et impressionnent vivement le visiteur. Ils représentent l'un: Charles Quint entouré de l'Impératrice Isabelle sa femme, de sa fille et de ses sœurs, tous à genoux et dans l'attitude du recueillement et de la prière; l'autre: Philippe II, entouré de trois de ses quatre femmes et du prince don Carlos, de si tragique mémoire.

L'Escurial n'a point été fait sous un seul règne; Philippe III, Philippe IV et Charles II, l'ont embelli et décoré à l'envi. Ce dernier roi appela, en 1692, le fresquiste italien *Luca Giordano*, et lui confia le soin de décorer les voûtes de l'église et les plafonds du grand escalier; c'est par là qu'il inaugura ses travaux. Ces gigantesques compositions furent, dit-on, exécutées en deux ans. Les fresques de la Basilique représentent, dans les bras de la croix: l'Ascension de la Vierge, le Jugement dernier, les Israélites traversant le désert, le passage de la Mer Rouge, la Manne, la Bataille des Amalécites et Samson; les peintures latérales reproduisent divers épisodes de l'histoire de David et de Salomon. Sur les autres voûtes, on voit l'Annonciation, l'Incarnation, la Naissance du Christ, Saint Michel, le Triomphe de la Pureté virginale, et le Triomphe de l'Eglise militante.

Le Chœur est simple, comme tout le monument; on trouve à l'entrée, à droite, une statue en marbre de saint Laurent; un magnifique lustre, en cristal de roche, pend du sommet de la voûte, juste au dessus d'un lutrin, de dimensions colossales, tournant cependant sur son axe, à la moindre pression du doigt. Sur cette énorme machine, on place, pour les offices, des livres de plain-chant dont les feuilles de vélin sont, à elles seules, de véritables curiosités, en raison de leurs dimensions extraordinaires, un mètre de hauteur; chaque feuille ayant ainsi exigé l'emploi d'une peau entière. La collection de ces livres comprend plus de deux cents volumes: chaque feuillet est orné d'une façon merveilleuse; quelques uns présentent de belles compositions, enluminées avec un goût exquis et avec le plus rare talent. Ils ont été faits au XVIe siècle, et l'on conserve les noms de leurs anciens *rubriqueurs* et *enlumineurs,* titres modestes que prenaient ces artistes.

Dans le livre intitulé *Capitulario,* on trouve de précieuses miniatures, représentant: le Massacre des Innocents, l'Assomption, l'Ascension et la Résurrection, peintes par *Fray Andrès de Léon,* qui mourut en 1580. Après lui viennent: Julian de la Puente, Cristobal Ramirez, Francisco Hernandez, les génois Bautista Castello et Juan Scorza, élèves de Lucas Cangiasi; Juan de Salazar, qui acheva son travail en 1590; Jusepe Rodriguez, Martin de Palencia et Nicolao de la Torre.

Après ces merveilleux vélins, il faut citer les magnifiques vêtements sacerdotaux que l'on verra dans la Sacristie, où l'or, tissé en ornements d'une grande richesse, encadre des tableaux brodés à l'aiguille, qui rivalisent avec les œuvres des miniaturistes que nous venons de citer. Ces remarquables travaux sont dus aux *maîtres-brodeurs en images* Diego Rutiner, d'origine portugaise, qui vint, en 1582, remplacer Fray Lorenzo de Monserrate, né à Besançon et mort à l'Escurial. Quarante artistes travaillaient sous les ordres de ces deux maîtres; un vieil auteur cite, parmi les plus habiles d'entr'eux, Juan del Castillo et Juan Perez.

Dans un angle obscur du chœur, on montre la stalle, d'ailleurs en tout semblable aux autres, que Philippe II occupait durant les cérémonies religieuses. De là, on pénètre par une petite porte, dans un couloir étroit, où, au dessus d'un autel, se trouve le fameux Christ de Benvenuto Cellini. Il fut exécuté à Florence en 1562, comme l'indique l'inscription gravée sous les pieds, et qui porte ces mots: BENVENUTUS CELLINUS CIVIS FLORENT. FACIEBAT. MDLXII. Le duc de Toscane en fit don à Philippe II. Ce Christ est en marbre blanc: il semble réellement agité par les dernières convulsions de l'agonie; malheureusement, dans cet étroit passage, où le jour frappe entièrement de face, il est difficile de le bien étudier, au point de vue du sentiment et de l'effet; en revanche, il est aisé de juger avec quel amour, quelle délicatesse, quel extrême souci du détail, l'artiste a sculpté et modelé son œuvre.

La Sacristie contient des tableaux du plus grand mérite; c'est, d'abord: *une Madeleine* du Tintoret; plusieurs toiles du Greco, entr'autres un *Saint François d'Asssise;* un *Saint Pierre d'Alcantara,* de Zurbaran; une *Sainte Famille,* de Paul Véronèse; un *Saint Jean Baptiste,* du Titien; des Ribéra, parmi lesquels nous citerons une *Mise au tombeau;* enfin, le fameux tableau de la *Sainte Forme,* de Claudio Coello, qui occupe le retable de la Sacristie. Ce tableau cache une chapelle intérieure, ou *Camarin,* dans laquelle est renfermée, dans un beau tabernacle de bronze doré, l'hostie consacrée, *la Sainte Forme.* Une ou deux fois l'an, ce tabernacle est exposé à la vénération des fidèles, et mis à découvert par l'enlèvement du tableau, qui descend, en glissant dans une rainure, sans s'enrouler, et malgré ses grandes dimensions, jusque dans les sous-sols de l'édifice. Les fonds de ce tableau reproduisent fidèlement la perspective de la Sacristie et de l'église, où se déroule la cérémonie de la procession qui eut lieu dans le temple, lors de la réception de la sainte hostie. Le roi Charles II y est représenté à genoux, tenant à la main un cierge allumé, et entouré des personnages de la cour; l'artiste en a fait autant de portraits d'une vérité parfaite. Ce beau tableau coûta six ans de travail à Claudio Coello, et occasionna sa disgrâce. Charles II lui reprocha durement sa lenteur, en lui disant que s'il avait commandé le tableau à Giordano, celui-ci lui en eut fait une douzaine, dans le même espace de temps. «C'est vrai, répondit le peintre; mais le mien vaudra tous ceux de Giordano.» Coello a daté cette œuvre de 1690; il mourut trois ans après.

La Sacristie possède diverses œuvres d'art, et d'intéressantes curiosités; il faut se faire montrer les devants-d'autel, les merveilleuses chapes, brodées à l'aiguille, dont nous avons parlé plus haut; le magnifique miroir en cristal de roche, et encore le siège dont Charles Quint se servait au monastère de Yuste. Il faut aussi examiner les portes qui ferment la chapelle de la Sainte Forme; elles sont faites d'écaille, et garnies de beaux bronzes. Le monastère de l'Escurial conserve de nombreuses reliques: dans le Camarin de Sainte Thérèse, que l'on peut visiter, existe un très beau retable, en cuivre repoussé, qui a appartenu à Charles Quint; un précieux reliquaire, en cristal de roche; le *Livre de la Passion*, remarquable diptyque en ivoire, du xiiie siècle, et un triptyque peint sur parchemin. On y conserve encore, l'encrier de Sainte Thérèse de Jésus, et un de ses autographes, ainsi qu'un traité sur le baptême, que l'on croit être de la main de Saint Augustin; et des Evangiles, que la tradition dit avoir appartenu à Saint Jean Chrysostome. Les grands reliquaires, qui se trouvent à droite et à gauche du maître-autel, sont remplis de châsses et de coffrets de toutes formes, et presque tous faits de matières précieuses, enrichis de pierreries, travaillés avec art, et montés avec un grand goût. Les ciseleurs et orfèvres, auteurs de ces merveilles, sont: Juan de Arfé, Fray Eugenio de la Cruz et le célèbre Giacomo Trezzo.

Au sortir de la Sacristie on descend, généralement, visiter le Panthéon, où sont les tombeaux des rois d'Espagne. La crypte qui les renferme, et qui se trouve placée juste au dessous du maître-autel, est de forme octogonale et revêtue, en entier, de marbre, de jaspe et de porphyre; sa construction fut commencée en 1617, par Philippe III, et ne fut terminée qu'en 1643, durant le règne de Philippe IV, sous la direction de l'architecte *Crescenci*. En face de l'escalier, se trouve un autel en marbre noir, au-dessus duquel Diego Velazquez a placé lui-même, dit-on, le beau Christ en bronze, de *Pedro Tacea*, originaire de Carrare, qu'il avait rapporté d'Italie. A droite et à gauche sont rangées, les unes au dessus des autres, et dans des niches, les urnes, en marbre gris, soutenues par des griffes de lion, qui contiennent, celles de gauche en entrant: les corps des rois d'Espagne et celles de droite, ceux des reines ayant donné des successeurs au trône, depuis l'époque de Charles Quint jusqu'à nos jours, à l'exception, parmi les rois, de Philippe V et de Ferdinand VI, qui ont voulu être enterrés ailleurs, et, parmi les reines, d'Elisabeth de Bourbon, femme de Philippe IV. Bien qu'Elisabeth fut morte sans laisser de postérité, elle n'en fut pas moins admise aux honneurs du Panthéon. Les autres membres des familles royales sont enterrés dans le Panthéon, dit des Infants, qui se trouve placé sous la Sacristie. Sur l'urne de Marie Louise, femme de Charles IV, on lit encore le mot *Luisa*, gravé par elle même, avec la pointe des ciseaux, un jour que, visitant le Panthéon, elle demanda à quelle place on la mettrait. En 1870, on procéda à l'examen de l'urne contenant les restes de Charles Quint et l'on constata leur état de parfaite conservation; une curieuse photographie, faisant partie de la collection Laurent, atteste cet état des restes du puissant Empereur-roi.

Les galeries du cloître sont décorées de fresques, dues au pinceau de Peregrino Tibaldi, de Rómulo Cincinato et de Miguel Barroso. La fresque, qui représente l'Annonciation, est de Lucas Cangiasi; c'est le seul ouvrage de ce peintre que Philippe II ait laissé subsister; les autres fresques ont été détruites par ses ordres.

Nous retrouvons Giordano dans la décoration de l'escalier principal du monastère. Le plafond représente *Saint Jérôme présentant Charles Quint et Philippe II à la Sainte Trinité*; la frise reproduit la bataille de S.t Quentin, et la pose de la première pierre du monument, en 1563.

Dans la Salle du Chapitre, on a réuni un certain nombre de tableaux, qui étaient répartis autrefois dans le monastère. C'est là que se trouve le superbe tableau du Greco, représentant *le martyre de saint Maurice*, peint en 1579, et qui, n'ayant pas plu au Roi, fut naturellement critiqué par tous les courtisans; c'est, en somme, un des plus beaux tableaux du monastère.

Près de là, on a placé récemment *le songe de Philippe II*, tableau du même artiste, autrefois dans la Sacristie. Nous signalerons aussi la fameuse *Cène* du Titien, à laquelle ce maitre travailla sept ans, et qu'il considérait comme la meilleure de ses œuvres, que Philippe II fit couper, malgré les instances de Navarrete, afin de pouvoir la placer entre deux fenêtres du réfectoire, et à contre jour. Le Titien s'est représenté dans le second apôtre de profil, à droite. On y remarquera aussi un *St Christophe*, de J. Patenier; *le Couronnement d'épines*, par Bosch, répétition de celui du Musée de Valence; un curieux triptyque, du même auteur, représentant *les Délices terrestres*; la magnifique *Descente de croix*, de Roger van der Weiden, panneau original, dont on compte jusqu'à neuf reproductions; un très beau Velazquez, représentant *Jacob recevant la tunique de Joseph*, composition peinte dans la manière de la Forge de Vulcain, du Musée de Madrid; *le Lavement des pieds* du Tintoret, payé, par Philippe IV, 250 livres sterling, à la vente de Charles Ier d'Angleterre; d'autres toiles du même artiste, et de bons ouvrages de Véronèse, de Ribéra et de Luca Giordano.

On remarque encore, dans la Cellule priorale de la Salle du Chapitre, deux beaux lutrins en bronze, faits à Anvers en 1571, et le plafond peint par Urbina, sa dernière œuvre.

La Bibliothèque de l'Escurial mérite une étude attentive: elle possède une collection de plus de 4.500 manuscrits; près de 2.000, sont des manuscrits arabes, que tous les auteurs s'accordent à citer comme extrêmement précieux; plus de 500, sont en langue grecque; 72, en hébreu; et plus de 200, en latin. Les plus remarquables sont: le Code *Vigilano*, écrit en l'an 966; le Code *Emilien*, en l'an 994; les *Conciles de Tolède*, du IXe siècle; des *Bibles*, des XIIe et XIIIe siècles; le magnifique *Code d'or*, écrit en lettres d'or, et terminé en l'an 1050; plusieurs Corans; des manuscrits persans; les livres d'heures d'Isabelle la Catholique, de Charles Quint, de Philippe II, etc. Tous sont ornés des plus précieuses enluminures; la collection photographique Laurent en reproduit quelques beaux spécimens. La bibliothèque possède encore, une suite de dessins de *Francisco de Olanda*, qui représentent les antiquités de Rome, et d'autres, des peintres Tibaldi, Cangiasi, Cincinato, Barroso, Navarrete, etc. On cite aussi des dessins des bas-reliefs de la colonne Trajane, attribués rien moins qu'à Apollodore d'Athènes, contemporain de Trajan, et qui sont sans doute de François Apollodore, dit Porcia, qui vivait en 1606.

Le nombre des volumes que possède la bibliothèque de l'Escurial est estimé à plus de 35,000; ils sont rangés, la tranche en dehors, dans des armoires grillées, en bois de cèdre, d'une très grande simplicité. La salle principale qui les contient, est décorée avec une grande magnificence; les voûtes ont été peintes en 1585, par Peregrino Tibaldi, qui y a représenté les différentes branches de la science humaine: la Philosophie, la Grammaire, la Réthorique, la Dialectique, l'Arithmétique, la Musique, la Géométrie, l'Astronomie et la Théologie.

Dans le même ordre et sous chacun des sujets, Barth. Carducci a peint des allégories, qui en sont comme les commentaires, et les portraits des hommes qui se sont illustrés par leur science. Tout cet ensemble décoratif est d'un goût parfait, et d'un effet splendide.

La partie de l'Escurial, habitée par les Rois d'Espagne, que l'on nomme le Palais, comprend tout le côté gauche, quand on entre par la cour des Rois; dans le plan général de l'édifice, on nomme cette partie, *le manche du gril;* c'est ordinairement celle que l'on visite d'abord. Les salles du palais sont garnies de tapisseries, sorties, presque toutes, de la manufacture de *Santa Barbara* de Madrid, et datant des règnes de Philippe V, Charles III et Charles IV; elles ont été exécutées d'après des tableaux de Teniers, ou sur des cartons de Bayeu, d'Aguirre, de Castillo, et enfin, de Goya, qui y a fait tout particulièrement preuve de *brio* et de fécondité; ces dernières tapisseries sont postérieures à 1766. La Salle à manger, le Salon des Ambassadeurs, la Salle du piano, et beaucoup d'autres pièces, sont revêtues de ces tentures qui, si elles ne sont pas toutes d'une grande valeur artistique, ont parfois le mérite de nous rappeler d'importantes compositions disparues. En 1868 on retrouva au palais, un grand nombre de ces cartons, et notamment ceux de Goya, qui ont été placés depuis, au Musée du Prado à Madrid.

La décoration des Salons, dits de marqueterie, est d'un travail d'une grande finesse; il y règne un goût parfait; les petits tableaux enchassés dans la boiserie, sont de *Montalvo*, peintre du siècle dernier; la serrurerie, exécutée par *Ignacio Millan*, est remarquable; on conserve, dans le garde-meuble, quelques unes de ces plus merveilleuses pièces, soigneusement renfermées dans des écrins.

Des appartements du palais, on passe dans la Salle des Batailles, qui tire son nom de ses peintures murales: ce n'est pas une des moindres curiosités de l'Escurial. Au temps où Philippe II voyait s'achever l'Escurial, on avait trouvé, dans l'Alcazar de Ségovie, de vieilles toiles déchirées, sur lesquelles un artiste inconnu avait représenté *la Bataille de la Higueruela*, gagnée sous les murs de Grenade, en 1431, sur les Maures, par le roi Jean II, aux ordres duquel combattait le connétable Don Alvaro de Luna. Philippe II confia au peintre *Granello*, et à *Fabricio* son frère, le soin d'en perpétuer le souvenir, en les reproduisant, à la fresque, sur un panneau de muraille de plus de 55 mètres de longueur. C'est ainsi que s'est perpétué jusqu'à nos jours, une œuvre intéressante, tant au point de vue des dispositions stratégiques, que par le pittoresque, et l'exactitude des harnais de guerre, des armes, et de la diversité des costumes des combattants. La collection des photographies Laurent reproduit, presque en son entier, cette curieuse page documentaire. L'autre côté de la Salle est décoré de peintures, représentant les expéditions aux îles Terceires, dans les Açores, et différentes batailles gagnées dans les Flandres.

De la Salle des Batailles, on descend dans les appartements qu'occupait le fondateur de l'Escurial, et qui sont situés dans la partie du manche du Gril, sur le côté droit du maître-autel de l'Eglise. Des murs nus, et blanchis à la chaux, un mobilier composé d'une table, d'un fauteuil et d'une chaise pliante, garnie de cuir; quelques autres objets; tout cela, vulgaire, pauvre, sordide même, et sans doute complété par un lit à l'avenant; voilà quel était l'ameublement de cette cellule, conservée dans son état primitif, et qui semble encore hantée par l'esprit du redoutable monarque qui l'habitait. Ce fauteuil, c'est celui de Philippe II; c'est sur ce pliant, qui en porte encore les traces, qu'il reposait sa jambe, dévorée d'ulcères! On dressait le lit dans l'alcôve de droite; et, quand le malade ne pouvait se lever, de même que pour Charles Quint, alors qu'il se mourait au monastère de Yuste, deux petites fenêtres s'ouvraient, comme deux sabords de navire, sur le maître-autel de l'église, dont l'élévation lui permettait de voir le prêtre célébrant la messe. L'antichambre de cette cellule, où se tenaient les courtisans, n'était pas mieux décorée: c'est froid et laid; mais on ne peut s'empêcher de sortir rêveur de ce réduit, où Philippe II, s'est éteint lentement, en 1598, miné par les soucis du pouvoir et la maladie qui consuma presque entièrement son corps. Ce sont ces sentiments qu'a sans doute voulu exprimer l'auteur des vers suivants, placés sur un des murs de la chambre:

En este estrecho recinto,
Murió Felipe segundo,
Cuando era pequeño el mundo
Al hijo de Cárlos quinto.
Fué tan alto su vivir,
que sola el alma vivia;
Pues aun cuerpo no tenia
Cuando acabó de morir.

En voici la traduction: «Dans cette étroite chambre est mort Philippe deux, alors que le monde était trop petit pour contenir le fils de Charles Quint: il vivait si loin de la terre, que, seule, son âme était vivante; de son corps il ne subsistait que l'apparence, quand il acheva de mourir. »

En sortant du monastère, on fera bien de voir : la promenade des moines; les jardins, dont l'aspect triste et sévère est en complète harmonie avec l'édifice qu'ils encadrent; la galerie, et l'étang des convalescents, construits par l'architecte Juan de Mora; la promenade du Séminaire et le souterrain qui fait communiquer les communs avec le Monastère, pour en faciliter l'accès les jours de mauvais temps.

A deux ou trois kilomètres, se trouve un rocher, nommé la *Silla del Rey*, ou le *Siège du Roi*, que Philippe II avait fait tailler dans le roc, et où il allait souvent s'asseoir, et voir sortir lentement, du flanc de la montagne, le géant de granit qu'il faisait élever.

En quittant le monastère, pour se rendre à la station du chemin de fer, on rencontre un charmant petit palais, nommé le *Casino du Prince*, véritable bonbonnière, bâtie au milieu d'un parc et de jolis jardins. Il fut destiné au prince des Asturies, qui devint plus tard Charles IV. Cette jolie résidence contient un véritable musée de peintures, d'objets d'art et de meubles précieux.

Parmi les tableaux qu'on y conserve, nous citerons en première ligne: quinze petits panneaux d'*Albert Altdorfer* (1488-1538), dont les œuvres sont rares; ils représentent des épisodes de *La vie du Christ*; puis viennent: un paysage, avec figures, d'*Isaac van Ostade*; un portrait, par *Albert Durer*; cinq tableaux, de *David Teniers*; un *Karl Dujardin*, très fin; un *Peter Neefs*; deux jolis *Watteau*; une S.te Cécile, *du Dominiquin*; un cavalier de *Wouwerman*; une marine de *Storck*; un paysage, de *Jean Breughel*; enfin, deux charmants tableaux de *Goya*; dans l'un, des contrebandiers, ou des voleurs, fabriquent de la poudre; dans l'autre, ils fondent des balles.

Comme céramique, on a rassemblé là une collection choisie de biscuits de la manufacture de porcelaine du Buen-Retiro; des imitations de Wegdwood, de la même fabrique; un guéridon et diverses pièces, en porcelaine de Sèvres; nous mentionnerons aussi, deux élégantes statuettes en ivoire, et une statue, en marbre, du roi Charles IV, qui est due au ciseau d'*Adan*.

Les peintures de l'Escalier sont de *Maella*, ainsi que le plafond du Cabinet des ivoires; les autres, sont de *Duque, Jacinto Gomez, Felipe Lopez, Perez, Zapeli*. La serrurerie, aussi remarquable que celle des salons de marqueterie du Palais du Monastère, est l'œuvre du même artiste, *Ignacio Millan*.

A quelques pas de la gare, de l'autre côté de la voie ferrée, s'élève, sur un rocher de granit, une croix de pierre que l'on nomme *la Cruz de la horca*, (croix de la potence, ou du gibet); c'est à cette place que fut, dit-on, célébré l'auto-da-fé d'un jeune homme accusé d'un crime contre nature; c'est là aussi, qu'auraient été pendus, quelques ouvriers employés aux travaux du monastère, qui s'étaient mutinés.

La première station que l'on rencontre, au sortir de l'Escurial, est celle de *Villalba*, d'où l'on se rend, par la route, à *Ségovie*, et à la résidence royale de *San Ildefonso*, ou de *la Granja*; deux ou trois stations plus loin, à *Pozuelo*, le voyageur aperçoit *Madrid*.

II.

MADRID.

Palais royal.—Musée des Armures.—Ecuries et Remises du palais.— Tapisseries du palais.—Campo del Moro.—Musée Naval.—Ayuntamiento.—Plaza Mayor.—Rue de Tolède.—Musée Archéologique. —Puerta del Sol.—Académie de Saint-Ferdinand.—Rue d'Alcalà. —Palais des Cortès.—Musée de peintures du Prado: écoles espagnoles, italiennes et du Nord; artistes modernes.—Musée de sculptures du Prado.—Gemmes et Joyaux du Musée du Prado.—Promenades.—Eglise d'Atocha.—Observatoire astronomique.—Buen Retiro.—Musées d'Artillerie et du Génie.—Prado.—Recoletos.— La Castellana.—Rue d'Alcalà.—Monuments divers.—Palais du duc d'Osuna.

L'existence de Madrid au temps de la domination romaine est absolument problématique; on ne croit pas qu'elle soit la *Mantua Carpetanorum* dont parlent quelques auteurs: tout au plus pourrait-on admettre que, sur l'emplacement de la capitale actuelle, s'élevait jadis une petite localité, qui est peut-être la même que les Arabes fortifièrent et qu'ils appelaient *Magerit*. Le premier fait historique, qui révèle l'existence de la ville appelée à devenir plus tard la capitale de l'Espagne, c'est la prise de *Magerit* en l'an 939, par *Ramiro*, roi de Léon. Dans le siècle suivant, Alphonse VI en fit la conquête définitive et y bâtit, dit on, l'Alcazar primitif, maintes fois détruit, entr'autres par un incendie en 1734, et réédifié, à des époques diverses, sur l'emplacement où s'élève aujourd'hui le Palais Royal.

Au XIVe siècle, Ferdinand IV y convoqua les Cortès et, en 1394, Henri III s'y fit couronner; Henri IV l'habita et Charles Quint y garda son royal prisonnier François Ier, jusqu'à la signature du traité dit de Madrid, en 1526; Philippe II, enfin, transporta à Madrid le siège de la monarchie et y tint sa cour en 1560.

C'est aussi à Madrid que Philippe III fut proclamé roi. Après avoir tenté de reporter le siège du gouvernement à Valladolid, il revint à Madrid, et cette fois définitivement, en 1566. Philippe IV agrandit la capitale et s'appliqua à l'embellir, en y développant le goût des arts. Le règne de Charles II n'eut aucune part dans l'agrandissement de Madrid; Philippe V, premier roi de la maison de Bourbon, y fut acclamé en 1701. Forcé d'abandonner sa capitale, à cause de la guerre de Succession qui dura douze ans, il revint s'y établir en 1713. Les beaux-arts, le culte des lettres, étaient tombés, durant la guerre, dans un état de complète décadence. Il fallut leur imprimer un nouvel essor et leur ouvrir de nouvelles voies; on fit venir des artistes de l'étranger: Ranc, puis L. Michel Vanloo, remplacèrent Luca Giordano; des académies furent fondées. Ferdinand VI créa, en 1752, celle des Beaux-arts; mais aucun règne ne fut plus fécond pour l'Espagne, et surtout pour la capitale, que celui de Charles III, dont on retrouve partout l'intelligente initiative, et la sollicitude éclairée pour les besoins intellectuels du pays. Ce prince fonda moins de monastères que ses prédécesseurs; mais, en revanche, il créa plus d'établissements d'utilité publique. Charles IV lui succéda en 1788: Moratin, Goya, Jovellanos sont, à peu près, les seuls hommes qui illustrèrent ce règne, faible reflet du précédent; enfin, en 1808, les Français occupèrent Madrid et y séjournèrent jusqu'en 1813 époque à laquelle Ferdinand VII reprit possession du trône usurpé par le roi Joseph. Madrid est la patrie des poètes et écrivains Lope de Vega, Quevedo, Caldéron de la Barca, Tirso de Molina, Moreto, Ercilla, Esquilache, Moratin, Larra, etc.; des architectes et des peintres Juan Bautista de Toledo, J. Pantoja de la Cruz, Claudio Coello, Eugenio Caxès, Juan et Francisco Rizi, Juan Bautista del Mazo, Villanueva, etc.; du général Torrijos et du vainqueur de Bailen, Castaños.

Palais royal. En venant du Nord, c'est par la porte de *San Vicente* que l'on entre dans Madrid, et le premier monument qui se présente à la vue, c'est le *Palais Royal*, dont la masse grandiose cause à l'étranger une impression assez favorable. Dans les plans de l'architecte *Jubarra*, le Palais de Madrid ne devait avoir de rival en grandeur, que le monastère de l'Escurial. A sa mort, les travaux en furent confiés par Philippe V, à *Sacchetti*. Ses immenses fondations descendent jusque dans les jardins que l'on nomme *Campo del Moro*. C'est, en le voyant de ce côté, que l'on peut apprécier quels travaux considérables il a fallu exécuter, pour élever ce monument au niveau de la place *de Oriente*, devant laquelle se dresse une de ses plus belles façades. Cette place est plantée de jolis jardins, que décore une belle statue, en bronze, du roi Philippe IV à cheval, exécutée par *Pietro Tacca*, d'après des dessins et des portraits du roi, que Velazquez lui envoya en Italie.

Le rez-de-chaussée du palais est occupé par la Bibliothèque, les archives et l'administration du Domaine royal; les appartements se trouvent au premier étage, auquel donne accès un bel escalier, qui s'ouvre sur la partie sud de l'édifice, dans la cour de *l'Armeria*; c'est de ce côté que se développe la façade principale, précédée d'une vaste cour d'honneur.

Les appartements sont spacieux et décorés, pour la plupart, avec goût et magnificence. La Salle du Trône, ou des Ambassadeurs, est d'un aspect grandiose: son ameublement est tout à fait moderne. Le plafond de cette salle est décoré d'une fresque remarquable, dans laquelle son auteur, *Jean Baptiste Tiepolo*, a peint des allégories à la Religion, à la puissance et à la grandeur de la Monarchie espagnole, qu'il a représentée entourée des provinces d'Espagne et des Indes. Presque tous les plafonds du Palais sont l'œuvre de *Tiepolo* et de ses fils, de *Giacinto Corrado*, de *Raphael Mengs* et des artistes espagnols, *Maella, Bayeu*, etc. Il faut encore citer, parmi les autres salons, celui de Charles III, la Salle des Glaces, et un cabinet dont les parois sont, en entier, recouvertes de porcelaines de la fabrique du Buen Retiro.

Sur un fond en porcelaine, doré mat, et décoré de lambris, en porcelaine également, de couleur blanche et vert foncé et or mat, sont appliqués des sujets, en ronde bosse, de porcelaine blanche pâte tendre, d'un ton laiteux. Ce curieux cabinet n'a pas de nom d'auteur; mais comme il a été fait en même temps que le cabinet du style japonais du Palais d'Aranjuez, qui est signé du nom de *Joseph Grice*, premier modeleur de la manufacture du Retiro, il est à supposer que celui du Palais de Madrid, a également été composé et modelé par cet artiste.

On voit, au palais, quelques beaux meubles du dernier siècle et des porcelaines précieuses de Saxe, de Sèvres, du Buen Retiro, de Vienne, de Chine et du Japon; des pendules et des garnitures style Louis XVI, et quelques beaux bronzes, dans le genre de Gouthière, fondus par *Rioja*. Les tableaux anciens y sont peu nombreux et d'un intérêt secondaire; notons cependant, *une Sainte en prière*, toile des plus belles de *Zurbarán*; deux portraits de Charles IV et de la reine Marie Louise, sa femme, peints par *Goya*, ainsi qu'un dessus-de-porte, en grisaille, du même artiste; citons aussi, une curieuse vue de l'ancien palais du Buen Retiro. Parmi les tableaux modernes, nous citerons des ouvrages de *Frédéric de Madrazo, Casado del Alisal, Palmaroli, Gisbert, Estéban, Fortuny*; on y trouve aussi des portraits, entre autres, celui de la reine Marie Amélie, par *Winterhalter*, et deux ravissants tableaux représentant des moutons, dus au pinceau de *Palizzi*.

La Bibliothèque du Palais contient quelques éditions intéressantes ou rares, et de riches reliures; on y conserve un précieux missel d'Isabelle la Catholique, ainsi qu'une ancienne horloge, de fabrication allemande, d'une exécution remarquable.

Musée des Armures. Le Musée des Armures se trouve installé au premier étage d'un bâtiment, qui ferme l'enceinte du palais du côté sud. Célèbre en Europe, sous le nom de *Real Armeria de Madrid*, ce Musée offre une très belle série d'armures anciennes ayant appartenu aux Rois d'Espagne, ou à des Capitaines illustres. Nous renvoyons, pour l'énumération détaillée des merveilles artistiques que contient ce Musée, au catalogue de la maison Laurent, (2.ème partie, pages 19 et suivantes), qui les a reproduites presque toutes, dans sa belle suite photographique.

La plus ancienne pièce remonte, dit-on, au roi *Pelayo*; on prétend que l'épée à deux mains et à quatre pans, qui porte le N.° 1659, lui a appartenu; vient ensuite la fameuse *Colada*, ou épée du *Cid*, un heaume étrange de *Jaime d'Aragon*, et encore, les étriers et la selle de ce roi conquérant. Parmi les armures célèbres ou remarquables, nous citerons: celles de *Christophe Colomb*, de *Fernand Cortès*, la cotte de mailles *d'Alphonse V d'Aragon* et l'armure de *Gonzalve de Cordoue*, surnommé *le Grand Capitaine*. On compte au Musée jusqu'à treize armures complètes de *Charles Quint*, entr'autres: celle qu'il portait en entrant à Tunis; son armure équestre à la romaine; celle, avec laquelle le Titien le peignit à cheval. Toutes ces pièces sont décorées avec le plus grand luxe, damasquinées les unes, en fer repoussé, bruni, niellé ou ciselé les autres; quelques-unes sont simplement gravées d'ornements ou de sujets, avec un goût et un art exquis.

La collection des Boucliers est merveilleuse; les écus, rondaches, targes et *adargues*, sont d'une richesse et d'une beauté d'exécution, dont il est difficile de se faire une idée, sans visiter ce Musée. On y trouve des pièces attribuées à *Benvenuto Cellini*, telles que le Bouclier qui porte le numéro 56 de la collection Laurent, et qui représente *les enlèvements des Sabines, de Déjanire et d'Hélène et le combat des Centaures*; certes, ce bouclier n'a rien à envier à celui d'Achille, si ce n'est la belle et fameuse description qu'en a faite Homère. Tel autre a été exécuté d'après des dessins de l'école de Raphaël, et représente *une bataille aux environs de Carthage*. Un autre bouclier, d'un admirable travail, représente un sujet singulier: *Hercule, sous la conduite de Charles Quint, transporte ses colonnes aux nouvelles limites de son empire*, mettant ainsi en action la devise *plus ultra* de ce monarque. L'invention de cette composition, si flatteuse pour l'orgueil de l'Empereur, est attribuée à Jules Romain. Vient ensuite, le fameux bouclier, connu sous le nom *d'Ecu de Minerve*, décoré avec simplicité et avec le plus grand goût: au centre, se trouve une tête de Méduse, d'un relief puisant et d'une exécution superbe; c'est là, sans contredit, l'une des splendeurs du Musée; elle porte les signatures de *Jacobi* et *Négroli*, et la date de 1541. Un autre beau bouclier porte le nom de *Desiderius Colman*, qui florissait à Augsbourg en 1550.

Nous mentionnerons encore, le casque et la targe que François I.er, roi de France, perdit, parmi ses bagages, à la bataille de Pavie: le casque est d'un merveilleux travail, et porte à son cimier un dauphin; la targe, ou écu, représente *un Coq mettant en fuite un guerrier revêtu d'une armure*. A ces deux pièces se trouvait jointe l'épée du roi, dont un fac-simile subsiste au Musée; l'épée originale, rendue à Napoléon I.er par la ville de Madrid, se trouve actuellement au Musée du Louvre.

Le goût des belles armes qu'avait Charles Quint, semble avoir été partagé par son fils Philippe II. Parmi celles qui ont appartenu à ce dernier, nous notons: la belle armure que *Desiderius Colman* exécuta pour lui en 1549; c'est, dans cette même armure, que le Titien a représenté le roi, dans le portrait qu'il nous a laissé de lui, et qui porte le numéro 454 du Musée du Prado; l'admirable armure complète, de couleur sombre, dont lui fit don le roi Emmanuel de Portugal; un beau bouclier flamand représentant *une femme nue, debout dans une barque*, sujet dont l'explication se trouve à la page 27 du catalogue Laurent; cette belle pièce, exécutée au repoussé et gravée, est signée *Matheus Frawen Brys*.

Nous ne pouvons passer sous silence un superbe gorgerin, ayant appartenu à Philippe II, et représentant *le Siège de S.t Quentin, avec la prise de cette place;* le gorgerin est en fer, avec des reliefs en argent, d'une richesse et d'un éclat incomparables. Cette pièce, d'une légèreté et d'une élégance rares, est non seulement l'une des plus belles du Musée, mais encore l'une des plus remarquables sous le rapport de l'exécution.

Nous citerons encore: la belle armure polie de *Don Juan d'Autriche;* une armure d'enfant, portant le numéro 35 de la collection Laurent, qui est un chef-d'œuvre de repoussé, de niellure et d'ornementation: le duc d'Osuna, vice-roi de Naples, en fit don à Philippe III, et elle est probablement l'œuvre d'un armurier de Milan ou de Florence. Les artistes italiens et allemands n'étaient d'ailleurs pas les seuls à créer ces merveilles; c'est ainsi qu'il y a, au Musée, un bouclier et une armure, qui furent offerts par des artistes navarrais, aux rois Philippe III et Philippe IV; une épée à deux mains, qui a appartenu à Charles Quint, est sortie des ateliers de Saragosse; une autre, fort belle, a été faite à Valence pour le roi Philippe II. La renommée des lames de Tolède s'est d'ailleurs répandue dans le monde entier, et le Musée de *la Real Armeria* en possède un grand nombre, du plus beau travail et de la plus fine trempe, ayant appartenu à des capitaines fameux, comme *Gonzalve de Cordoue, Don Juan d'Autriche, Fernand Cortés, Pizarre* et tant d'autres.

Ce Musée possède aussi des armures chinoises et japonaises du temps de Philippe II; deux beaux casques qu'on dit avoir été portés par *Boabdil,* le dernier roi de Grenade, et de superbes armes moresques et persanes. Au reste, dagues, poignards, épées de toutes sortes, éperons, selles, lances, têtières et gorgerins, il n'est aucune pièce qui ne mérite l'attention, ou qui n'offre un intérêt historique. On y conserve, enfin, quelques unes des couronnes votives du temps des Visigoths, trouvées en 1858, à Guarrazar, près de Tolède, en même temps que celles qui figurent au Musée de Cluny.

Jetons encore un regard sur quelques armes et objets divers, qui sont l'œuvre de Mr. E. Zuloaga: cet artiste a renouvelé et repris en Espagne, les traditions de l'art moresque et des anciens azziministes, et on lui doit de voir revivre l'art de la damasquine et des anciennes niellures orientales.

Écuries et Remises du Palais. Les écuries et remises, ou *Caballerizas reales* du Palais, occupent un vaste espace au nord du château; les amateurs de chevaux y trouveront quelques beaux types des races diverses et indigènes, et surtout, quelques uns de ces fringants genêts d'Espagne, aujourd'hui devenus rares. Ce qui rend surtout intéressante une visite aux remises du palais, ce sont les magnifiques voitures de gala de la Cour d'Espagne, réunies là, avec de belles chaises à porteur, décorées de peintures dues aux meilleurs artistes. Les grandes maisons de la noblesse espagnole ont conservé ce moyen de locomotion, qui est d'ailleurs le seul toléré le jeudi saint, lors des processions et de la visite aux églises; les voitures cessant complètement de circuler ce jour-là. La plus ancienne chaise à porteur est celle de Philippe V: c'est aussi la plus remarquable; les autres sont du style *rococo,* caractéristique de l'époque de Louis XV. L'on conserve, aux *Caballerizas,* une voiture fort curieuse, que le vulgaire suppose être celle dans laquelle la reine Jeanne la folle ramena le cercueil qui renfermait le cadavre de son royal époux, mais le caractère de sa décoration atteste une époque bien postérieure.

La grande Salle des harnais mérite aussi d'être visitée; on ne saurait se lasser d'en admirer la disposition, ainsi que la richesse des pièces qui y sont rangées.

Tapisseries du Palais. Il existe, dans le vaste garde-meuble du Palais, dans la section appelée de la *Tapiceria*, une collection des plus curieuses et certainement des plus considérables de l'Europe: nous voulons parler de la collection des Tapisseries, qui constitue une des grandes richesses artistiques du Domaine de la Couronne d'Espagne. Leur nombre total s'élève, dit-on, à 800; on comprend, il est vrai, dans ce nombre, beaucoup de sujets répétés, des tentures de moindre valeur, ainsi que les pièces disséminées dans les diverses résidences royales. Malheureusement, à cause du manque de surface pour les accrocher, et d'un local convenablement éclairé, ces trésors restent pliés et renfermés dans les armoires du département de la Tapisserie au Palais, de sorte qu'on ne peut en voir qu'une faible partie et cela seulement, en de rares occasions, difficiles à prévoir d'avance. On eut, en 1868, le projet d'en former un Musée spécial; mais les frais à faire s'élevant à une somme importante, force fût d'y renoncer. En 1874, on exposa publiquement des tentures qui n'avaient pas vu le jour depuis 1623, c'est-à-dire depuis la visite faite par le prince de Galles au roi Philippe IV; à l'occasion de la visite du prince de Galles actuel, au roi Alphonse XII, cette exposition a été renouvelée, mais cette fois à huis-clos. Pour se rendre compte de l'importance des tapisseries du Palais, on devra recourir à la collection Laurent, qui, en reproduisant par la photographie, plus de 400 de ces pièces et particulièrement les plus belles d'entre elles, a rendu, cette fois encore, un véritable service aux amateurs et aux artistes. Grâce, donc, à cette intelligente initiative, une partie au moins de ces trésors, ne reste plus obscurément enfouie dans les magasins du garde-meuble, et peut être consultée et étudiée à loisir. Nous renvoyons au catalogue spécial des tapisseries, pages 39 et suivantes, de la deuxième partie de ce livre, pour la description détaillée des sujets qu'elles représentent, nous bornant à compléter les renseignements qu'on trouvera au Catalogue, par quelques considérations qui ne pourraient y trouver place.

Le Palais possède près de deux cents tentures, où l'or et l'argent sont, non seulement mêlés à la soie, à la laine, mais encore appliqués à l'aiguille, par dessus le tissu; et malgré cette profusion, l'harmonie générale du dessin n'en souffre pas; souvent même, les fils d'or et d'argent attirent et retiennent la lumière dans l'ombre, où leur éclat, leur dureté s'atténue, s'efface dans des effets de clair-obscur. Les collections de la Couronne d'Espagne ont une importance extrême, non seulement pour l'histoire de la Tapisserie, sur laquelle elles jettent une lumière nouvelle, mais encore au point de vue de celle de la peinture; car elles contiennent un grand nombre de compositions dont les originaux ont disparu. En général, elles ont été exécutées avec une telle habileté que le dessin a conservé sa pureté, son élégance et sa distinction: pour le plus grand nombre, l'état de conservation est parfait.

La série la plus estimée, au point de vue historique, est celle de *La Conquête de Tunis par Charles Quint*. Les cartons sont de *Jehan Cornelius Vermay*, connu en Flandre, sous le nom de *Jan met de Baar* et en Espagne, sous les deux surnoms de *Barbalonga* et de *el Majo;* il vint en Espagne en 1534, appelé par Charles Quint, et suivit le roi dans l'expédition de Tunis. En 1546, Vermay présentait ses compositions qui furent confiées, deux ans après, à *Guillaume Pannemaker*, qui signait, à Bruxelles, une convention où tout était prévu, même l'époque de la livraison; car *«en cas de retardement il devait perdre cent livres par pièce à appliquer au proufflet de sa dite Majesté réginale.»* Le travail fut livré, par ce maître tapissier, en 1554; les cartons avaient exigé dix-huit mois de travail, et les tapisseries, qui portent toutes la marque de Bruxelles et le monogramme de Pannemaker, étaient restées six ans et demi sur les métiers; le travail de Vermay, qui avait fait onze cartons pour douze tapisseries, fut payé 1.800 florins; le compte du maître tapissier monta à 14.576 florins: on y avait employé en outre, 8.500 florins de fils d'or, et 6.600 livres et quatre sols de soies, qui avaient été teintes, à Grenade, en soixante trois nuances différentes. Le coût total de ces tapisseries, les soies déduites, s'éleva à 26.606 florins, emballage compris; elles ont de 5 mètres 25, à 5 mètres 70 de haut; leur longueur varie entre 7.^{m} 20 et 11.^{m} 80. Il n'en reste plus que dix, qui soient originales; les deux autres ont été perdues; heureusement il en avait été fait une copie à la manufacture de Madrid. Quant aux cartons originaux de Vermay, dix d'entre eux sont conservés au Musée de l'Industrie à Vienne. Le peintre s'est représenté dans presque toutes les pièces: on le reconnaît à la longue barbe, qui lui a valu son surnom.

La tenture, dite *Les Actes des Apôtres*, est plus connue sous le nom de *Cartons de Raphaël*. Le Pape Léon X fit exécuter, à Bruxelles, la collection que possède le Vatican, sous la direction de *Van Orley* et de *Michel Coxcien*. Quelques auteurs prétendent que Raphaël avait peint neuf cartons; d'autres, qu'il en avait fait dix; mais si l'on examine soigneusement les tapisseries, on reconnaît facilement que sept seulement de ces compositions, portent le cachet du maître. Rubens n'avait du reste retrouvé que sept cartons originaux, les mêmes que l'on conserve aujourd'hui au Musée de Kensington. On prétend qu'en même temps que la série du Vatican, on tissait celle du roi d'Espagne; cette dernière, en tous cas, est digne de la même célébrité. En effet, elle est en tout conforme aux cartons originaux; le dessin en a été aussi fidèlement observé que le permet un tissage; les tapisseries en reproduisent l'ampleur, l'élégance et la distinction. Les tapisseries du palais de Madrid ont même un avantage sur celles du Vatican: elles sont encadrées de bordures, à figures allégoriques, du genre *grutesche* dont on peut reporter l'invention à Raphaël, tant les caprices de leur composition en sont d'un beau style. L'Espagne en possède quatre autres reproductions, mais toutes inférieures à celle du palais; elles sont généralement l'œuvre de *Jean Raes* de Bruxelles, et les compositions y apparaissent notablement altérées. Raphaël termina ses cartons en 1516, et l'on sait que la série du Vatican était déjà achevée en 1518.

Si nous mentionnons les deux séries qui précèdent avant tant d'autres, ce n'est pas à dire qu'elles leur soient supérieures, sous le rapport de la perfection et de la beauté de l'exécution, mais elles sont d'une époque où Guillaume Pannemaker maintenait encore, à une certaine hauteur, l'art du tisseur, dont la décadence commença aussitôt après lui. Assurément cet art avait déjà atteint son apogée dans le siècle précédent et, par conséquent, antérieurement à l'époque de la confection des tapisseries de la Conquête de Tunis.

Les plus belles tentures de l'époque gothique ont été exécutées d'après *Van Eyck*, *Van der Weyden* et *Albert Durer*. La suite de *l'Histoire de la Vierge* est peut-être la plus parfaite; les six tapisseries qui la composent, sont de celles que l'on désignait sous le nom de *draps d'or*. Les fonds sont, en effet, d'un tramé de fils d'or sur lequel se détachent les personnages: chaque tenture est divisée en plusieurs compartiments, et chacun d'eux contient un sujet de l'ancien ou du nouveau testament, renfermé dans des colonnettes et des ornements de style gothique. Tout cela est encadré dans une bordure étroite, d'une grande simplicité, mais d'une finesse d'exécution sans pareille; c'est ordinairement une feuille de vigne, d'acanthe, ou d'ortie, qui en fournit le motif.

Les six pièces qui composent cette collection, paraissent avoir fait partie de trois séries différentes, car les orles et l'ornementation varient; mais elles sont toutes d'une exécution égale et disposées de la même manière; le dessin en est admirablement observé et a conservé tout son caractère et toute sa finesse. L'art du tapissier va quelquefois jusqu'au trompe-l'œil; c'est ainsi que dans la pièce, dont le sujet représente *l'Adoration*, il y a, à droite, un patriarche dont la robe semble réellement être faite de velours; chaque fois que, sous les ornements des vêtements, apparait un bout d'étoffe, on reconnait la nature du tissu dont elle est faite; dans la pièce de *la Purification*, qui réunit divers autres sujets de *l'Ancien et du Nouveau Testament*, l'orle est ornée de pierreries, imitées avec un tel soin, que l'illusion est complète; il est certainement permis de douter que l'on soit allé plus loin en ce genre. Quant aux compositions, elles sont dans le caractère de l'école flamande de l'époque, c'est-à-dire d'une grande simplicité d'arrangement, et d'une distinction parfaite. Les personnages féminins surtout, sont ravissants de gentillesse dans leurs beaux costumes de brocart, parsemés de perles, de pierreries et d'ornements; il va sans dire que les costumes sont ceux de l'époque des *Van Eyck*. Les pièces de cette suite ne sont pas d'une grande dimension: elles ne dépassent pas quatre mètres.

On retrouve encore, des compositions des Van Eyck, dans d'autres séries et tentures détachées; mais, bien qu'aussi belles que les précédentes, ce ne sont plus, cette fois, des draps d'or, mais de magnifiques tapisseries, où l'art du peintre a pris une plus large part. La série de *l'Histoire de David et Bethsabée* est probablement incomplète, car elle ne comprend que trois pièces; le tissage en est aussi fin que celui de la collection de *l'Histoire de la Vierge*; mais la composition, qui présente des sujets épisodiques, en est plus large.

C'est la même richesse de costumes, la même disposition élégante des draperies, la même distinction dans les figures. Dans l'une des compositions, l'auteur a placé un de ses amis, le peintre *Moër*, au premier plan à droite; on retrouve ce personnage, ainsi qu'un petit griffon blanc, dans les tapisseries de *l'Histoire de St Jean*. Des quatre pièces dont se compose cette dernière suite, deux pièces semblent appartenir à une suite différente: la composition en est moins resserrée; le sujet est mieux et plus clairement développé que dans les autres; on s'est montré pour ces dernières tapisseries, plus sobre dans l'emploi des fils d'or, et celles-ci y gagnent certainement. Tous les sujets d'après Van Eyck, que nous venons d'énumérer, sont, en outre, remarquables par leur état de conservation; grâce aux soins dont ces tapisseries sont l'objet, les couleurs en sont presque intactes et elles brillent, encore, de tout leur éclat primitif. Après *Van Eyck* vient *Van der Weyden;* on compte jusqu'à neuf pièces, exécutées d'après les dessins de ce maître. Dans l'une d'elles, *le Portement de croix*, on trouve l'arrangement, et même jusqu'à la pose, de quelques uns des personnages *du Spasimo* de Raphaël. Toutes ces tentures sont de la plus grande beauté; on y a mélangé les fils d'or avec beaucoup d'intelligence; aussi, leur aspect offre-t-il un charme particulier.

La Tentation de Saint Antoine est l'une des plus anciennes tapisseries du palais, peut être la plus ancienne. Le Musée du Prado et celui de l'Escurial possèdent les tableaux, exécutés par Bosch, d'après lesquels ces tapisseries ont dû être tissées. Avant d'en finir avec les gothiques, citons *une Cène*, qui semble être la tapisserie célèbre que tissa Pannemaker, père du tapissier de Charles Quint, et connue sous le nom de *la Cène du Blanc jeudi*.

La suite des huit grandes pièces de *l'Apocalypse*, mériterait des développements qui ne peuvent trouver place ici. On l'a attribuée à Van der Weyden, mais nous croyons cette opinion erronée. Il est difficile, à notre avis, de confondre *Albert Durer* avec *Rogier van der Weyden*: l'ampleur des lignes, la disposition des sujets, le caractère des figures, n'ont aucun rapport, aucune analogie, chez les deux maîtres. Albert Durer se révèle ici tout entier, comme dans *l'Histoire de Romulus*, dans celle de *Coriolan* et dans les *Vices et Vertus*, immenses compositions, aussi compliquées que celles de *l'Apocalypse*, mais moins décousues. Les suites des *Vices et Vertus* et des *Honneurs*, dont on n'a que trois pièces, représentent des sujets mystiques, où se mêlent le sacré et le profane; toutes ces tapisseries sont aussi intéressantes que celles précédemment mentionnées et c'est, à regret, que nous en abandonnons l'analyse. Les séries, dites des *Sept Péchés Capitaux* et de *l'Histoire de St Paul,* sont postérieures: elles datent du commencement du xvııe siècle, et les cartons en ont été composés par *Abraham Bloemaert;* leur exécution les place aussi, parmi les plus belles.

Pour terminer, citons encore six gracieuses tentures, de la fabrique de Beauvais, signées par *P. Deshayes*, qu'il ne faut pas confondre avec son homonyme, le gendre de Boucher. Au surplus, nous renvoyons le lecteur, pour la description de toutes ces magnifiques tapisseries, à la collection photographique Laurent, dont l'examen vaut mieux pour l'étude, que la plus soigneuse description.

Campo del Moro. Avant de quitter le Palais Royal, jetons les yeux du côté du Manzanarès; on a, devant soi, un très beau panorama; c'est en effet, la partie pittoresque des alentours de la ville. Au bas, au premier plan, se présentent les jardins du *Campo del Moro*, dont la création est récente; ils sont bien tracés et on y trouve deux jolies fontaines. Vue de ces jardins, la masse du palais se développe dans toute son imposante grandeur. Plus loin, aux bords du Manzanarès, se trouvent l'église de la *Virgen del Puerto* et, sur l'autre rive, les jardins de la *Casa de Campo*, dont une partie, agréablement boisée et bien cultivée, offre de frais ombrages. Il y a là une très belle collection de fleurs et d'arbres fruitiers; aussi, est-ce la promenade habituelle des Rois. Au fond, on aperçoit les lignes sévères des premières assises du Guadarrama jusqu'à l'Escurial; la vue n'est limitée que par *la Sierra*, qui se détache en bleu sur l'azur du ciel. Ce paysage, éclairé par le beau soleil d'Espagne, baigne dans cet air ambiant si fin et si transparent des climats de montagne, qui permet aux lignes de se détacher avec netteté: c'est un spectacle d'un effet merveilleux. En face du palais, sur la place d'Orient, se trouve le Théâtre Royal, ou de l'Opéra. Il date du règne d'Isabelle II, et fut inauguré en 1850: toutes les célébrités musicales de l'Europe s'y sont fait entendre; là, encore, se trouve le Conservatoire de Musique et de Déclamation.

Musée naval. Non loin, se trouvent le Sénat et le Musée naval, qui renferme les plus précieux documents concernant l'histoire de la marine, et une collection de modèles des anciennes constructions navales. On y remarquera la fameuse carte marine de *Juan de la Cosa*, relative *à la Découverte des Indes Orientales;* divers portraits des Rois Catholiques et de Christophe Colomb; celui de *Lardizabal*, et quelques tableaux d'artistes modernes: les plafonds de la Bibliothèque sont de Goya.

Ayuntamiento. En quittant le Musée de Marine, pour se rendre à la *Plaza Mayor,* on passe près de *l'Ayuntamiento,* ou hôtel de ville; c'est un monument dont on fait peu de cas, et qui cependant n'est pas sans importance architecturale; on y trouvera plusieurs tableaux de l'école moderne, se référant aux événements du 2 Mai 1808; on y voit aussi un tableau, peu connu, de *Goya*, représentant une Allégorie à la Constitution.

En face, et sur la même place, on voit une ancienne maison flanquée d'une tour, appelée *la Torre de los Lujanes;* où, dit-on, demeurait François Iᵉʳ, pendant sa captivité à Madrid.

Plaza Mayor. Quelques pas plus loin, se trouve *la plaza Mayor,* construite, en 1619, sur les plans de *Juan de Mora* et sous le règne de Philippe III, dont la statue équestre occupe le centre planté de jardins. Autrefois, dans les jours de grande solennité, les courses de taureaux se donnaient dans son enceinte, devant cinquante mille spectateurs. Un souvenir plus sombre se rattache à cette place: c'est là, en 1680, qu'eut lieu le grand *Auto-da-fé,* auquel assista Charles II entouré de sa cour; le peintre Francisco Rizi nous en a laissé un tableau (N.º 1.016 du Musée du Prado), qui a toute l'exactitude et la précision d'un procès-verbal.

En sortant de *la Plaza Mayor,* par la rue d'Atocha, se présente le Ministère de *Ultramar,* ou des colonies; on y remarque une belle statue de Christophe Colomb, œuvre du sculpteur *J. Samartin*. Plus loin existait l'église de *Santo Tomas*, récemment détruite par un incendie: elle datait de 1656; il ne reste debout que le portique de la façade, un des spécimens les plus curieux du style exubérant de *Churriguéra*.

Rue de Tolède. En descendant dans la rue de Tolède, on arrive à l'église de *San Isidro el Real*, la plus remarquable de Madrid par sa construction: elle date de 1651; son ornementation est due à *José de Mora*, *Pascual de Mena* et *Luis Carmona*; on y conserve quelques bons tableaux de *Francisco Rizi*, de *Arellano*, de *Luca Giordano* et de *Moralès*, surnommé le divin.

Plus loin, au coin de la place de *la Cebada*, s'élève l'antique hôpital de *la Latina*: il appartient à ce style appelé *mudejar*, mélange de gothique et de moresque: la construction remonte à 1499; c'est l'œuvre de l'architecte maure *Maese Hazan*. Cet édifice est certainement le plus ancien de Madrid, à en juger par son curieux portail et par l'escalier.

La place de *la Cebada* est aujourd'hui occupée par un marché en fer, construit tout récemment: c'est le plus vaste de Madrid. Tout près, on aperçoit un dôme, celui de l'église de *San Andrès*, où se trouvent de bons tableaux de *Rizi* et de *Carreño*. Il faut y visiter la chapelle de *San Isidro*, patron de Madrid, construite sous Philippe IV, et celle *del Obispo*, où l'on remarque un tombeau et de fort belles portes, qui sont l'œuvre du sculpteur *Giralte*. En 1547, le peintre *Juan Villoldo* peignit, à tempera, les six toiles dont on a coutume de décorer la chapelle durant la Semaine Sainte. Ces compositions, relatives à l'Ancien et au Nouveau Testament, sont très remarquables; elles se rattachent, par leur style et leur caractère, à l'école romaine, et semblent l'œuvre d'un artiste qui aurait été l'élève de *Pierino del Vaga*.

Non loin de là, est situé *San Francisco el Grande*, construit, en 1784, sur les plans de *Fray Francisco Cabezas*. Un tableau de *Goya* représentant S.* Bernard prêchant devant le roi Alphonse d'Aragon, et quelques autres peintures de *Bayeu*, de *Maella*, de *Calleja*, de *Ferro*, de *Castillo*, en décorent les chapelles. Après la révolution de 1868, cette église fut érigée en Panthéon national, et consacrée à la sépulture des grands hommes de l'Espagne; on y transporta en grande pompe, le 20 Juin 1869, les restes de Gonzalve de Cordoue, du marquis de la Ensenada, des poètes Jean de Mena, Garcilaso de la Vega, Quevedo, Calderon de la Barca, Alonso de Ercilla; des historiens Ambrosio de Moralès et Lanuza, et des architectes Ventura Rodriguez et Villanueva.

San Cayetano est une église monumentale, dont la décoration est de *Felipe Apezteguia* et d'*Alonso de los Rios;* elle conserve quelques bonnes peintures de *Palomino*.

La physionomie de la rue de Tolède et de celles qui l'avoisinent, diffère notablement de celle des autres quartiers de Madrid: c'est là qu'est le centre du mouvement populaire, et qu'on trouve les mœurs caractéristiques ainsi que les vieilles coutumes madrilènes, mieux conservées que dans les autres régions de la ville. C'est là qu'affluent les gens de la campagne et de la province et qu'on peut examiner à l'aise leurs costumes pittoresques et variés. Dans les nombreux *paradores* ou auberges, aux intérieurs si étranges d'aspect, on retrouve quelque chose des mœurs et du langage de chaque province, car chacune d'elle a, dans ce quartier, sa *posada* spéciale. Là, se coudoient les types les plus tranchés, depuis le Castillan compassé et froid, jusqu'au *gitano*, dont la physionomie trahit l'origine orientale, et dont le costume pittoresque conserve encore à peu près tout son caractère primitif. M. Laurent a eu l'excellente idée de réunir toute une suite de costumes espagnols, photographiés sur nature, et d'en composer des scènes populaires, où les personnages sont groupés avec beaucoup de naturel et d'esprit; ces photographies, si utiles à l'art et aux études ethnographiques, forment une partie fort intéressante de sa vaste collection.

La rue de Tolède se termine par une belle porte qui s'ouvre sur une large avenue, et aboutit à un pont monumental, dont les proportions semblent exagérées, eu égard au peu de largeur de la rivière qu'il doit franchir; il s'agit du *Manzanarès*, cette légendaire rivière dont les eaux se perdent, à moitié, dans le sable, et qui a fait dire au comte *Jean de Rihebines*, ambassadeur de Rodolphe II d'Allemagne, «que le Manzanarès était la »meilleure rivière d'Europe, parce »qu'on pouvait se promener dans »son lit à cheval, et même en »voiture, pendant plusieurs lieues, »sans danger aucun, tout en jouis-»sant, à droite et à gauche, de »vues très pittoresques.» Ce pont n'est cependant ni trop long, ni trop solide, quand on songe que ce petit ruisseau, à peine visible la plupart du temps, se change quelquefois, et tout d'un coup, en un torrent impétueux, dévastant ses berges, emportant et ravageant tout sur son passage, au grand désespoir des barraques de blanchisseuses établies le long de son lit. Philippe V le fit construire en 1735, dans le goût *churriguéresque*, pour remplacer celui que la rivière avait détruit. Le pont voisin, appelé de Ségovie, fut construit, sous Philippe II, par *Juan de Herrera*.

De l'autre rive du Manzanarès, on jouit d'un point de vue réellement beau; le panorama de Madrid s'étend à droite et à gauche et l'aspect de tous ses édifices, s'étageant et se profilant sur la colline, ne manque pas de grandeur. Près de nous, voici l'ermitage de *San Isidro*, où tout Madrid se rend en pèlerinage le jour de la fête du saint, cette fête populaire dont le peintre *Goya* nous a retracé de si amusants épisodes. Tout près de là, existe justement la maison de campagne du peintre, connue sous le nom de *maison du Sourd*, ou *Quinta de Goya*, et dont les murailles étaient, naguère encore, couvertes de ses compositions humoristiques ou fantastiques; ces peintures, détachées des parois qui s'effritaient, ont été transportées sur toile, de la façon la plus habile, et on a pu les voir figurer à l'Exposition Universelle, au Trocadéro.

Reprenons notre promenade à travers la ville. La place *del Progreso* est ornée d'un joli jardin, au milieu duquel s'élève la statue de *Mendizabal*, le célèbre homme d'Etat. Plus loin, sur la place *d'Anton Martin*, on rencontre l'église de *Monserrate*, que décorent quelques beaux tableaux de *Herrera le jeune* et de *Ribalta* et, plus loin encore, *San Juan de Dios*, où se voient des peintures de *Giordano*, *d'Alonso del Arco* et de *Palomino*.

C'est dans ce même quartier, qu'est situé le palais du duc de *Fernan-Nuñez*; la collection des tableaux, réunis dans ce palais, offre un assez grand intérêt: on y voit, entr'autres bonnes peintures: un *S! Sébastien*, de *Francia;* des portraits, peints par *Velazquez* et par *Goya*, et de très jolis tableaux modernes. En descendant la rue *d'Atocha*, on gagne l'École de médecine et la Clinique, fondée, en 1783, par Charles III; cet établissement possède un cabinet d'anatomie fort intéressant; plus bas, comme annexe, on rencontre l'Hôpital général. En remontant la rue d'Atocha en sens inverse, on trouve, à gauche, l'ancien couvent de *la Trinidad*, actuellement le siège du Ministère du *Fomento* et où, récemment encore, se trouvait installée la galerie nationale de peinture, aujourd'hui confondue avec celle du Musée du Prado et, à droite, l'hôtel de la Banque d'Espagne, édifice qui fut bâti en 1679, pour la Compagnie des *Gremios*, ou syndicats. Derrière est la Bourse, de construction récente.

Le théâtre *del Principe*, situé dans la rue de ce nom, et sur la place de *Santa Ana*, est le théâtre classique espagnol par excellence: c'est à ses comédiens que l'on confie le soin de perpétuer les grandes traditions de l'art dramatique; afin de ne pas laisser tomber dans l'oubli les chefs-d'œuvre de la scène espagnole, dus à la plume des *Tirso de Molina*, des *Caldéron de la Barca*, des *Lope de Vega*, etc., on y reprend souvent leurs meilleures pièces.

Musée Archéologique. Le Musée Archéologique est situé, à l'extrémité sud de la ville, dans l'ancien *Casino de la Reine*, petit palais qui a fait partie du domaine de la Couronne.

Ce Musée est divisé en quatre sections principales, qui comprennent: l'art ancien, l'art du moyen âge et moderne; une section d'ethnographie et un cabinet de médailles. On y a transporté le médaillier célèbre et riche, qui existait jadis à la Bibliothèque nationale. Parmi les objets les plus importants de ce Musée, nous signalerons à l'attention du visiteur: le fameux tombeau romain trouvé à *Usillos*, dans la province de Palencia, et qui remonte aux premières années de notre ère; un autre tombeau, du IIIe siècle, trouvé à *Astorga*, monument fort important pour l'étude de l'art chrétien des premiers siècles; un nombre considérable de statues trouvées à *Yecla*, dans la province de Murcie, sur l'origine desquelles on n'est guère d'accord; un Christ en ivoire, donné par Ferdinand Ier et sa femme Doña Sancha, à la collégiale de St Isidore de Léon; une riche collection de coffres, ou bahuts, du style gothique du xve siècle et de la Renaissance; quelques émaux de *Limoges* et de *Daroca*; de magnifiques croix; des plats; des reliquaires émaillés des xie et xiie siècles, et surtout, un coffret byzantin du xe siècle, et d'autres de travail mauresque ou arabe; enfin, des étoffes, des armes, et des sculptures sur bois, d'un grand mérite artistique. Il faut s'arrêter devant une tenture brochée d'or, représentant des oiseaux et des ornements, brodés en relief, d'une richesse et d'une rareté extraordinaires, don de Philippe IV au comte-duc d'Olivarès; et aussi, devant une ravissante tapisserie gothique, du xve siècle, représentant *la Vierge et l'enfant Jésus*.

Parmi tous ces objets précieux, nous citerons encore: une lampe arabe en bronze, du plus beau travail, qui provient de la Mosquée de l'Alhambra; une riche collection d'astrolabes; une balance, dite romaine, sans intérêt archéologique, mais curieusement ciselée. On a également placé dans le Musée deux grands arceaux, provenant de *la Aljaferia* de Saragosse, monument arabe appartenant au xɪ^e siècle, qui, avec la Giralda de Séville, constituent de précieux et rares spécimens de l'architecture des Arabes en Espagne, alors dans sa deuxième période.

La collection de céramique, encore peu nombreuse, est cependant remarquable et assez complète; elle comprend quelques vases et poteries de l'époque préhistorique, des vases grecs, et principalement des vases blancs athéniens, des vases étrusques ou italo-grecs, et des terres cuites.

La céramique du moyen âge n'est représentée que par quelques échantillons; nous signalerons un beau vase, quelques plats, et une margelle de puits, en terre émaillée, de travail et d'origine mauresques, qui provient de Cordoue.

L'art moderne y est représenté par des porcelaines de Saxe, de Sèvres, de Wedgwood: des faïences et des porcelaines des fabriques nationales de Valence, Barcelone, Majorque, Talavera, de la Moncloa et du Buen Retiro.

La section ethnographique comprend une collection considérable de vases péruviens, d'un grand intérêt; ces vases se recommandent, soit par la variété des formes qui reproduisent, avec une extrême fidélité, la faune et la flore de ces régions, soit par les renseignements précieux qu'ils nous fournissent sur les types, les mœurs et les costumes des races qui florissaient au Pérou, avant la conquête. On remarquera encore, dans la même section, le fameux papyrus mexicain, que l'on suppose avoir appartenu à Fernand Cortès; les riches costumes de généraux et d'empereurs de la Chine, ainsi qu'une couverture, ou peut-être une pièce de vêtement, trouvée dans un tombeau au Pérou, et dont le tissu et les couleurs se sont remarquablement conservés, malgré les quatre siècles d'antiquité, que l'on peut hardiment attribuer à cette étoffe.

Puerta del Sol. Arrivons à *la Puerta del Sol*, ce centre mouvementé et si vivant de la ville, où, à toute heure, bat réellement le pouls de la Capitale; c'est là que viennent aboutir les principales artères de Madrid. Cette place prend son nom, soit de sa situation à l'orient de l'ancienne ville, soit de ce qu'étant ouverte du côté du levant, le soleil y répand ses rayons dès son lever. D'après d'anciennes traditions, pour se mettre à l'abri des soulèvements des *comuneros* et des incursions des bandits, on avait construit, aux temps reculés, sur cet emplacement, un château entouré de fossés, et sur la porte qui servait d'entrée à la ville, on avait peint *un soleil*. Quoiqu'il en soit, château, fossés, porte et soleil peint, ont depuis longtemps disparu et le nom seul est resté. Sur cette place, ornée d'un bassin et d'un jet d'eau qui s'élève à une grande hauteur, se trouve le ministère de l'Intérieur, ou de *la Gobernacion*, construit en 1768, sous le règne de Charles III, par l'architecte *Jayme Marquet;* sa situation centrale en a fait souvent le point de ralliement redoutable d'émeutiers, dans les jours de trouble populaire.

La rue d'Alcalà est la plus belle des voies qui débouchent sur la *Puerta del Sol*; elle contient plusieurs monuments remarquables: c'est d'abord, l'ancienne Douane, occupée actuellement par le ministère des Finances ou de *Hacienda*, édifice d'un aspect grandiose, datant du règne de Charles III, et qui fut terminé, en 1769, par *Sabatini*; tout auprès, et du même côté, se trouve l'édifice occupé par l'Académie des Beaux-arts de St Ferdinand, fondée en 1752 par Charles III, et par le Musée d'Histoire naturelle, installé à l'étage supérieur.

Académie de St Ferdinand. Il existe, à l'Académie de St Ferdinand, une collection de tableaux où figurent quelques peintures du plus grand mérite. C'est là que se trouve la *Sainte Elisabeth de Hongrie guérissant les teigneux*, un des chefs-d'œuvre que *Murillo* peignit pour l'hôpital de la Charité de Séville et qui, envoyé en France pendant l'occupation, fut restitué à l'Espagne en 1815. Viennent ensuite les deux admirables tableaux, cintrés dans leur partie supérieure, et appelés, par suite de cette particularité, *los medios puntos*, que Murillo peignit en 1665, et qui font allusion à la *Fondation de Sainte Marie Majeure*. On compte encore, à l'Académie, quatre autres toiles de Murillo. Cette collection présente des œuvres intéressantes d'*Alonso Cano*; ce sont: la *Vierge de la Piedad*, le *Bon pasteur*, le *Christ au pilier* et le *Christ en croix*, ouvrages qui permettent de placer cet artiste immédiatement après Velazquez et Murillo.

Il faut citer, encore dans cette collection, une très belle *Madeleine* de Ribéra, d'un coloris hors ligne, ainsi qu'un *St Jérôme* et une *tête de St Jean Baptiste*; un *Ecce Homo* et une *Piedad*, du divin *Moralès*, empreints, au plus haut point, de ce caractère d'ascé-tisme qui distinguait ce peintre; puis, six beaux portraits de moines, docteurs de l'ordre de Saint Jean, et un *Saint François* de *Zurbaran*, de ce peintre consciencieux entre tous, à qui on pourrait, peut-être, attribuer le *St Antoine de Padoue*, qui figure sous le nom de *Ribéra*, pour l'énergie de l'effet et la fermeté de l'exécution.

St Benoît disant la messe, est assurément la plus belle œuvre de *Fray Juan de Rizi*, et l'une des plus importantes de ce Musée; il y a, dans ce tableau, une solidité de pâte, une ampleur de touche, et une vigueur de coloris, qui placent son auteur à un rang bien supérieur à celui qu'on lui accorde généralement. *Rizi* était fils de peintre et frère d'un autre peintre, François Rizi; il mourut à Rome, en 1675, peu de temps après avoir été nommé évêque.

Cabezalero est un artiste peu connu et qui mériterait de l'être davantage, à en juger par le tableau représentant *St François*; la fraîcheur du coloris, la finesse et la distinction du dessin, recommandent hautement cette composition. Il était élève de *Carreño*, dont on voit, dans cette même galerie, une *Madeleine*, et un très beau portrait de religieuse.

L'enterrement du Comte d'Orgaz, par *le Greco*, est une répétition incomplète du tableau de l'église de *Santo Tomé*, à Tolède, car elle n'en reproduit que la partie inférieure; cette réplique n'en est pas moins traitée avec cet entrain, cette fougue, et ce grain de bizarrerie, qui distinguent les œuvres de cet étrange artiste.

Une remarquable peinture encore, c'est celle de *Antonio Pereda*; elle a pour titre: *Le Songe sur la fragilité des choses humaines*; c'est le chef-d'œuvre de cet artiste, dont peu de tableaux importants ont été conservés. On raconte de lui une anecdote assez plaisante. Il avait épousé une dame de famille noble: tout alla bien d'abord, dans le ménage; mais Doña Mariana Perez de Pereda, ne tarda pas à reconnaître que l'absence d'une duègne lui faisait perdre, dans son monde, toute considération; car une duègne, assise dans l'antichambre, était alors chose de haute convenance et du dernier bon ton. Lorsqu'elle eut fait, à maintes reprises, remarquer à son mari que c'était réellement déroger que de ne pas en avoir. Pereda obsédé, prit, dit-on, sa palette et peignit sur le mur, avec tant de vérité, la duègne désirée, que les nobles dames qui visitaient sa femme, la croyaient vivante.

Il y a, à l'Académie, d'assez importants ouvrages de *Vicente Carducci*, de *Joseph Césari*, dit le cavalier *d'Arpino; d'Arellano*, et un beau portrait de la *marquise de los Llanos*, qui est une des meilleures toiles de *Raphaël Mengs*.

Il faut citer aussi: quatre belles toiles de *Rubens*; une *Cérès* de *Martin de Vos*; un admirable petit panneau, représentant des Buveurs, *d'Adrien Brauwer*, véritable joyau de peinture; des œuvres de *Quentin Metzis*; de *l'Albane*; un portrait peint par *Snayers*; des *Franck*, et, enfin, un petit *Saint Jérôme*, de *Tristan*, qui révèle tout le talent de ce peintre, dont les œuvres sont assez rares. Il était élève du Greco: son maître le citait avec orgueil et faisait de lui le plus grand cas, comme le prouve assez l'anecdote suivante: les moines du couvent de *la Sysla*, près de Tolède, lui avaient commandé, sur l'indication du Greco, *une Cène* pour le réfectoire de leur maison. Le tableau plût aux bons Pères; mais ils se récrièrent sur le prix de deux cents ducats, qu'ils trouvaient beaucoup trop élevé, pour un artiste encore bien jeune et peu connu; ils en appelèrent à la décision du Greco. Après avoir examiné le tableau, celui-ci entra dans une violente colère et, menaçant Tristan de son bâton, il le traita de drôle, de vaurien, et d'être le déshonneur de la peinture; les Pères intervinrent, et, pour le calmer, lui représentèrent que sans doute Tristan ne savait pas ce qu'il avait demandé.

«C'est bien cela que je lui re»proche, s'écria le Greco, et si »vous ne donnez pas tout de suite, »cinq cents ducats à ce garçon, »j'emporte le tableau.» Les moines s'exécutèrent, car, en matière aussi délicate, ils savaient qu'il ne fallait pas plaisanter avec l'humeur chatouilleuse du maître.

Nulle part, comme à l'Académie de St Ferdinand, *Goya* n'est mieux représenté. Certes, on rencontre ailleurs des œuvres aussi importantes; mais, à coup sûr, on n'en trouvera pas de meilleures, ni de plus variées de tempérament et de caractère. C'est, d'abord, l'incomparable portrait de *Moratin*, celui de l'architecte *Villanueva*, et le propre portrait de l'artiste; viennent ensuite: *le tribunal de l'Inquisition* et *la maison de fous*, deux petits tableaux d'une touche délicate et déliée, d'un éclat et d'une fraîcheur de coloris incomparables. Puis, ce sont les deux *Majas*, deux piquantes éditions, avec et sans voiles, d'un même séduisant modèle. N'oublions pas le portrait du *duc de Wellington*, qui n'est pas, tant s'en faut, la meilleure de ses peintures. On conte, à propos de ce portrait, une singulière légende, dont nous ne garantissons pas l'authenticité. Lorsque Wellington vint voir son portrait, il n'en fut pas satisfait, et exprima son mécontentement en termes anglais assez peu flatteurs. Goya, d'un caractère emporté, s'étant fait expliquer les paroles du général, entra dans une violente colère, et sautant sur un pistolet, fit feu sur le général, alors l'arbitre des destinées de l'Espagne. La balle fut détournée et traversa le tableau qui, dit-on, en conserve encore la marque.

On trouvera aussi à l'Académie de St Ferdinand, un modèle du théâtre de Sagonte, l'une des ruines les plus remarquables de l'époque romaine en Espagne.

A l'étage supérieur, on a installé le *Muséum d'Histoire naturelle*, ainsi que sa riche collection de minéralogie et de géologie: c'est là que se trouve le squelette du fameux *mégathérium*, bien connu des savants, parce qu'il fut le premier spécimen d'un des plus grands mammifères antédiluviens, exposé dans une collection publique.

Rue d'Alcalà. En descendant la rue d'Alcalà, on aperçoit, à gauche, l'église de l'ancien *couvent des Dames de Calatrava*, construite en 1623, et dont la décoration intérieure est du sculpteur *Gonzalez Velazquez*. En face, se trouve *la Présidence du Conseil des ministres;* à côté, *le Dépôt des travaux hydrographiques*, fondé par Charles III; plus loin, sur la gauche, et sur un terrain en colline, entouré de jardins et d'une grille, le *Ministère de la guerre*, édifice construit, à la fin du siècle dernier, par les ducs d'Albe, dont les héritiers le cédèrent à la ville de Madrid. A son tour, la ville en fit don à Godoy, prince de la Paix, favori de la reine Marie Louise. Le nom de palais de *Buenavista*, qu'on lui donnait alors, est justifié amplement par sa belle situation. Dans une rue voisine, se trouve le théâtre de *la Zarzuela*, grande et jolie salle, où l'on chante l'Opéra-comique espagnol.

Palais des Cortès. En suivant la même rue, on arrive au *Palais des Cortès*, ou Chambre des Députés, dont la façade principale se trouve sur *la Carrera de San Geronimo*. Ce palais est d'aspect monumental; deux beaux lions en bronze, du sculpteur *Ponzano*, et fondus avec les canons pris dans la campagne du Maroc en 1860, en ornent le portique. L'intérieur du monument est décoré avec magnificence et on y trouve, entr'autres peintures, un portrait de *Jovellanos* par *Goya* et le tableau, si populaire en Espagne, des *Comuneros*, de *Don Antonio Gisbert*.

Au milieu du petit jardin de la place des Cortès, on a érigé une statue à *Cervantès*, l'immortel auteur du Don Quichotte. Cervantès a vécu à Madrid, dans une rue voisine qui porte son nom.

En descendant *la Carrera de San Geronimo*, on aperçoit l'église de *San Geronimo*, construite sous le règne des Rois Catholiques: c'était, autrefois, une riche basilique, avec un portail gothique, que décoraient de nombreuses statues de Rois; elle est aujourd'hui complètement en ruines; c'est là que les Cortès et les grands du royaume prêtaient serment de fidélité au prince des Asturies. Nous voici tout à côté du *Musée du Prado*, que le touriste doit avoir hâte de visiter.

Musée de peintures du Prado. Ce Musée renferme en effet, sinon une des plus nombreuses, du moins une des plus belles collections de peintures d'Europe. L'édifice fut commencé en 1735, sous le règne de Charles III, sur les plans de l'architecte Villanueva. Construit, dans le principe, pour recevoir les collections du Muséum d'Histoire naturelle, le roi Ferdinand VII en changea la destination, en y réunissant les peintures disséminées dans les diverses résidences royales; il fallut pour cela en modifier, à grands frais, les dispositions intérieures, et ce n'est qu'en 1819, qu'il put être ouvert en partie au public. Mais les réparations faites n'avaient pu changer le plan général et primitif de l'édifice, et plusieurs salles, mal ou insuffisamment éclairées, étaient peu propres à recevoir des tableaux. Depuis son inauguration définitive, on n'a cessé de l'améliorer, et on y est à peu près parvenu.

Il n'est que juste de rappeler ici quelle part glorieuse revient, dans la formation du Musée du Prado, à l'initiative de Don José de Madrazo, ainsi qu'au zèle persévérant dont son fils, Don Federico, a fait preuve, en poursuivant l'accroissement des collections et l'amélioration des galeries, en vue d'installations nouvelles. Grâce à ces deux excellents directeurs, et malgré l'exiguïté de la dotation du Musée, les salles ont toutes été parquetées et ce n'était pas chose indifférente, pour la conservation des tableaux. Enfin, la Direction actuelle a réalisé, à son tour, de nouvelles améliorations, en résolvant le difficile problème de corriger l'imperfection de la lumière, dans les salles qui correspondent aux angles du monument. Ces améliorations, introduites sous l'intelligente direction de Don Francisco Sans, seront sûrement appréciées, comme elles méritent de l'être, par les artistes et les amateurs; l'école flamande, entr'autres, si bien représentée dans la galerie du Prado, et qui était si mal exposée précédemment, se trouve aujourd'hui suffisamment éclairée et, désormais, en condition d'être fort convenablement étudiée.

Il nous serait impossible d'inventorier ou d'analyser, même sommairement, toutes les richesses artistiques de ce Musée; aussi, nous contenterons-nous d'indiquer quelques uns des tableaux les plus remarquables, nous bornant à renvoyer le lecteur, en quête de renseignements plus détaillés, à l'excellent Catalogue officiel, récemment dressé par Don Pedro de Madrazo, ou aux études, monographies et travaux divers, embrassant l'ensemble de l'école espagnole, ou spéciaux à quelques uns de ses maîtres les plus marquants, publiés par Messieurs Charles Blanc, Thoré (W. Bürger), Paul Lefort, W. Stirling, Charles B. Curtis et Waagen.

Écoles espagnoles. Nous devrions, suivant l'ordre naturel, commencer par les écoles les plus anciennes, les maîtres italiens en tête; mais c'est surtout l'école espagnole que l'on vient voir ici; aussi nous occuperons-nous d'abord de **Velazquez,** le plus original et le plus grand des maîtres de cette école, qu'il n'est véritablement possible de bien connaître et d'étudier, qu'au Musée de Madrid.

Né en 1599, à Séville, Velazquez fut d'abord l'élève de Herrera le vieux, puis de Francisco Pacheco; il mourut à Madrid, en 1660, honoré de la faveur du roi Philippe IV, qui l'avait attaché à sa personne et qui conservait, avec un soin jaloux, toutes les œuvres de son peintre préféré. C'est à cette circonstance que le Musée de Madrid doit de posséder 61 peintures du maître; c'est-à-dire presque son œuvre entier. Voici, parmi ces peintures, celles qui sont le plus justement célébres: *Le Christ en croix* (N° 1.055), admirable étude de nu, du réalisme le plus élevé; *S! Antoine abbé, visitant S! Paul l'ermite* (N° 1.057), sujet complexe dont les divers épisodes se passent au milieu d'un paysage d'une poésie sauvage et d'une âpre beauté, en même temps que de la plus saisissante grandeur; le fameux tableau des Buveurs, ou *los Borrachos* (Numéro 1.058), qui faisait l'admiration du peintre anglais Wilkie, venu, tout exprès, à Madrid, pour étudier l'œuvre de Velazquez, et qui, chaque jour, passait plusieurs heures devant ce tableau où, selon lui, se trouvaient résumées les plus éminentes qualités du maître; *la forge de Vulcain* (Numéro 1.059) qui, malgré la mythologie de son titre, n'a rien qui rappelle l'idéalité antique, mais où l'artiste a peint les nus avec la plus magistrale vérité, et a pleinement triomphé du difficile problème d'opposer à la lumière blanche du jour, les rouges reflets de la forge; *la reddition de Bréda*, qu'on nomme encore le tableau *des Lances* (N° 1.060), chef-d'œuvre de composition, de mouvement, de coloration et de la plus saisissante réalité; la vérité, particularisée dans cette composition jusqu'au portrait, ne diminue en rien la fierté et la grandeur du style historique. Assurément le tableau des Lances est l'expression la plus complète, la plus élevée et la plus parfaite, de ce que l'école espagnole a produit, dans ce sentiment de naturalisme, essence même de son génie.

Les Fileuses (N° 1.061), toile de genre, agrandie jusqu'aux proportions historiques, montre également, mais cette fois par le côté intime et familier, à quelle plénitude d'illusion, à quelle force de rendu, peut atteindre le sujet le plus simple, lorsqu'il est traité par un artiste, observateur puissant, que pénètre le sentiment de la réalité. L'artifice du clair-obscur, la justesse de l'éclairage, l'enveloppement d'air, dépassent, dans ce cadre, où il semble qu'on pourrait entrer comme dans une chambre, tout ce que l'art du peintre s'efforce de rendre, pour arriver à la représentation du réel et du vrai. L'art et la vérité luttent ici, étroitement unis, et comme confondus dans un même prestigieux effort. Cette lumineuse scène des Fileuses, où l'on ne sait qu'admirer le plus, du charme de la vérité, ou de la saisissante magie du coloris, se recommande encore par la justesse des attitudes, la précision des gestes et la parfaite simplicité de son arrangement: à ce titre, c'est une des plus magistrales œuvres, du plus grand des réalistes.

Nous retrouvons ces mêmes qualités, mais plus élevées peut-être encore, dans cette étonnante page qu'on nomme *les Ménines* (N° 1062), et que Luca Giordano appelait la *Théologie de la peinture*, voulant dire par là, qu'elle était, à ses yeux, comme la plus extrême limite où pouvait atteindre l'art. Ici l'illusion est tout à fait complète; toute trace de convention a disparu, et il semble que ce n'est plus une peinture, mais bien la scène même, qu'on aperçoit reflétée par une glace. Cette composition, si spontanée et aisée d'arrangement, donne absolument la sensation d'un morceau de nature transporté sur la toile, comme le ferait la photographie, d'un groupe placé dans la lumière; elle justifie pleinement cet éloge de Raphaël Mengs, à propos des Fileuses, qui parait devoir plus justement s'appliquer aux Ménines: «*Il semble*, écrivait Mengs, *que la main de Velazquez* n'a pris aucune part à l'exécution de ses ouvrages, et que tout y a été créé par un pur acte de sa volition.» Les Ménines représentent, comme on sait, Velazquez peignant les portraits de Philippe IV et de Marie Anne d'Autriche; l'infante Marguerite Marie, qu'entourent ses ménines, des dames d'honneur, des officiers du palais et des nains, occupe le centre de la composition et semble poser elle-même, devant le peintre, immobile et gourmée, comme elle se tient, dans sa raide et bizarre parure. Les figures du roi et de la reine apparaissent reflétées dans une glace, au fond de la pièce. Sur le pourpoint de l'artiste, on voit se détacher en rouge, la croix de St Jacques que le roi, prétend-on, y aurait lui-même tracée; mais c'est là une légende que le simple rapprochement des dates suffit à infirmer. En effet, le tableau des Ménines fut peint par Velazquez en 1656, et la cédule royale, qui lui accordait l'habit de chevalier, est postérieure de deux ans, puisqu'elle ne date que du 12 Juin 1658; après quoi, Velazquez dût faire ses preuves de noblesse, qui entraînèrent la nécessité d'une dispense du pape Alexandre VII et, partant, de nouveaux et longs délais. Ce n'est en réalité qu'en 1659, que Velazquez prit l'habit, et commença d'en porter les insignes. Il est donc certain que la croix rouge de *Santiago* aura été ajoutée sur le tableau, longtemps après son achèvement et, peut-être même, après la mort de l'artiste; on peut toutefois admettre, sans invraisemblance, que cette adjonction posthume a pu être faite sur l'ordre de Philippe IV, qui a toujours témoigné de sa vive amitié envers celui qu'il appelait *son seul peintre*.

Au nombre des plus beaux ouvrages du maître, il convient encore de placer ces magnifiques portraits équestres, d'une tournure si imposante et si héroïque, et qui représentent *Philippe III* (N.º 1.064) et sa femme *Marguerite d'Autriche* (N.º 1.065); *Philippe IV* (N.º 1.066) et sa femme *Elizabeth de Bourbon* (N.º 1.067); l'infant *Don Balthazar Carlos, galopant sur un poney* (1.068), et, enfin, le *comte-duc d'Olivarès* (1.069), portrait célèbre entre tant d'autres, mais qui s'élève par la dignité, le caractère et l'allure grandiose de son ensemble, aux proportions les plus véritablement épiques. Velazquez, dans tous ses portraits, se montre l'égal de Rubens, de Van Dyck, et même de Titien. Dessinateur prodigieux, pour le rendu de la forme et du mouvement, coloriste vrai, jusqu'à produire la plus extrême illusion, aucune des particularités de la nature, n'échappe à la puissance de son observation et de son imitation.

Rois, reines, infants, personnages de tout rang, nains contrefaits, monstres hors nature, fous de cour, rufians, types empruntés à tous les milieux, même aux plus vulgaires, Velazquez les transporte sur la toile, et leur communique cette intensité, et ce frémissement de vie, qui font, de chacune de ses œuvres, quelque chose de singulier et d'absolument unique dans le domaine de la peinture. Que l'on étudie au Musée de Madrid, les portraits de *Philippe IV* (N.º 1.070 et 1.074); de *l'Infant Don Càrlos* (N.º 1.073); de *l'Infant Don Fernand* (1.075); de *la reine Marie Anne d'Autriche* (1.078); de *l'infante Marie Thérèse, fille de Philippe IV* (1.084); du *comte de Benavente* (N.º 1.090); de ce sculpteur, qui n'est pas assurément *Alonso Cano* (N.º 1.091); ou bien, ces portraits des fous de cour, qui portent au catalogue les numéros 1.092, 1.093, 1.094, 1.095, 1.096, 1.097, ou, encore, ces représentations de personnages apocryphes, mais que Velazquez a copiés sur le vif, et qu'il a baptisés des noms étranges d'*Esope* (N° 1.100) et de *Ménippe* (N° 1.101); que l'on compare, et que l'on rapproche ensuite, toutes ces surprenantes créations de son pinceau, de ce que les plus grands et les plus réputés artistes des écoles italienne, flamande ou hollandaise, ont, dans le passé, produit de plus magistral et de plus parfait, dans ce même genre du portrait, et l'on demeurera frappé de l'étonnante supériorité que Velazquez présente, même au milieu de tant d'illustres génies, au point de vue du réel, du vivant et du vrai que, seul, il a su exprimer sans convention, sans fiction apparentes et, pour tout dire d'un mot, sans artifices.

Paysagiste, Velazquez l'est à la manière de Rubens, traitant avec largeur les masses et les plans divers, sans préciser le détail, et en s'en tenant uniquement aux grands ensembles. Nous avons déjà dit quelle superbe nature il a peinte ainsi, dans le *saint Antoine abbé visitant S.t Paul l'Ermite* (1.057); les fonds de quelques-uns de ses portraits équestres, offrent aussi d'admirables perspectives, toujours grassement et largement brossées, et sur lesquelles se détachent et s'enlèvent ses figures, baignant dans l'air, tout enveloppées de lumière et d'espace. Mais quelques unes de ses études, plus spécialement traitées en études de paysage, montrent encore davantage combien l'artiste, même dans ces représentations secondaires, sait rester, devant la nature, observateur sagace, interprète sincère et élevé et toujours égal à lui-même. Les paysages inscrits au catalogue du Musée, sous les numéros 1.106, 1.107, 1.109 et 1.110, sont, à ce titre, autant de précieux et d'intéressants enseignements qu'on ne saurait consulter sans fruit.

Après avoir étudié l'œuvre de Velazquez, le lecteur ne manquera pas de s'enquérir de la qualité et de l'intérêt des nombreux ouvrages que le Musée de Madrid possède de cet autre illustre peintre espagnol, qui a été un peu l'élève de Velazquez, qui est né, comme lui, à Séville, et qui partage, encore avec lui, la gloire d'avoir transformé et jeté l'école espagnole dans une voie originale et nouvelle. *Murillo*, car c'est du peintre des *Conceptions Immaculées* que nous voulons parler, est remarquablement représenté au Musée. Toutefois, ne pouvant ici nous appesantir sur les quarante-six tableaux de lui qui s'y rencontrent, nous nous bornerons à citer les plus célèbres. Nous retrouverons, du reste, Murillo à Séville et c'est là, en face de quelques unes de ses plus belles œuvres, qu'il nous sera possible de caractériser et de définir avec plus de détails, ce talent fait de charme pénétrant, de grâce candide et de séductions irrésistibles, malgré certaines inégalités.

Nous signalerons donc de Murillo, comme les plus propres à le bien faire connaître, les tableaux suivants, qui se distinguent, en outre, par des qualités tout-à-fait saillantes: notons d'abord, comme appartenant à sa seconde manière, *l'Adoration des Bergers* (numéro 859) et *la Sainte famille à l'oiseau* (n° 854); et, comme œuvres de sa plus belle facture: *Jésus et S.t Jean*, ou *les Enfants à la coquille* (N° 866); *le Divin Berger* (864); *l'Apparition de la Vierge à*

S.t Bernard (N° 868); S.t Ildephonse recevant la chasuble des mains de la Vierge (N° 869); les deux splendides Conceptions (Numéros 878 et 880); l'Éducation de la Vierge (N° 872); le Martyre de S.t André (N° 881); les quatre petites toiles de chevalet, qui font partie de la suite de l'Enfant prodigue (Numéros 882, 883, 884 et 885); l'Annonciation (N° 867) et la Rencontre de Rebecca et d'Éliézer (Numéro 855). Le Musée de Madrid possède également un très beau portrait, celui du Père Cabanillas, peint par Murillo; deux paysages intéressants et des études très réalistes, d'après le modèle, qui sont intitulées au Catalogue; S.t François de Paule (Numéros 890, 891, 894); la Vieille filant (N° 892) et la Galicienne à la pièce de monnaie (N° 893).

Ribéra, cet autre grand naturaliste, est admirablement représenté dans le Musée par cinquante-huit tableaux, très variés de manière, de composition et de style. Clair-obscuriste puissant, tragique dans le choix de ses sujets, autant que dans ses colorations violentes, contrastées, souvent farouches, Ribéra, dans toutes ses œuvres, dénote une superbe pratique, au service d'une rare organisation de peintre. Deux œuvres de maître se détachent entre toutes: le Martyre de Saint Barthélémy (N° 989) et le Songe de Jacob (N° 982).

On trouvera, au Musée, d'excellentes peintures de Vicente Joanes, plus connu sous le nom de Juan de Juanès. Ce peintre est né vers 1507 et mort en 1579; il est réputé le meilleur maître qu'ait produit Valence. Juanes se recommande par la fermeté de son dessin et ses œuvres, d'un sentiment élevé, d'un coloris aimable et frais, comptent au nombre des plus remarquables de l'École. Nous citerons de lui: les cinq tableaux n° 749 à 753 de la Vie de S.t Etienne, et la Cène, qui porte le n° 755. Nous retrouverons d'ailleurs, à Valence, sa patrie, d'autres productions de lui et nous aurons alors, l'occasion d'analyser un talent où le sentiment religieux domine surtout.

Dans ce même sentiment, Moralès, appelé le divin, a peut-être encore plus de saveur et de caractère. Nul peintre, dans l'école espagnole, n'a porté aussi loin que lui, l'expression de l'ascétisme: nul n'a plus de sincérité et de ferveur; s'il compose assez naïvement, si son coloris est timide et son dessin un peu minutieux, une véritable noblesse, une distinction frappante, recommandent tout de suite ses ouvrages. On en jugera par les deux tableaux de la Présentation de l'enfant Jésus dans le temple (N° 849) et la Vierge caressant son divin Fils (Numéro 850).

Né vers 1509, ce peintre fut appelé à l'Escurial par Philippe II, mais il ne parvint pas à se concilier les bonnes grâces du roi, à cause de l'apparat et des allures de grand seigneur, avec lesquels Moralès s'était présenté à la cour. Il mourut en 1586, à Badajoz, oublié et dans un état voisin de la misère; Philippe II lui avait accordé, lors de son passage dans cette ville, une pension de 300 ducats: mas rien n'établit qu'elle ait été exactement servie au malheureux artiste.

Le Musée du Prado n'offre pas d'œuvre très typique, du talent correct et élevé d'Alonso Cano: cependant le tableau (N° 679) représentant la Vierge adorant son divin Fils, est supérieur aux ouvrages du même artiste, qui sont à l'Académie de S.t Ferdinand.

La Madeleine en extase (N° 629), d'*Antolinez*, révèle un grand et puissant coloriste. On dirait ce tableau peint par un Vénitien, élève de Titien, ou du Tintoret; cependant *Antolinez* n'eut d'autre maître que Francisco Rizi. On a peu de tableaux de cet artiste, qui mourut âgé de 37 ans.

De *Carreño*, un des meilleurs élèves de Velazquez, figurent, au Musée, des portraits d'une haute valeur, entr'autres, celui de *Marie Anne d'Autriche, veuve de Philippe IV* (N° 689) et celui du roi *Charles II* (N° 687). Cerezo a deux tableaux qui donnent une juste idée de l'agrément de son coloris; il est élève de Francisco Rizi Les deux grandes compositions mystiques qu'a peintes *Claudio Coello*, et qui sont cataloguées sous les n° 701 et 702, sont plus propres à faire connaître le talent de cet artiste, que son tableau de *la Sainte Forme* de l'Escurial, dont le Musée possède une petite copie par *Vicente Lopez*; notons, en passant, un magnifique *portrait de Goya* qui est, peut-être, la meilleure œuvre du peintre *V. Lopez*.

Parmi les peintres de l'école espagnole, dont on trouvera des ouvrages au Musée de Madrid, citons encore, *José Leonardo*, mort jeune et d'une façon tragique. On sait que Leonardo s'est rencontré avec Velazquez, en traitant, en même temps que lui, le sujet de *la Reddition de Bréda*, tableau qui n'est pas d'ailleurs sans mérite; mais qu'écrase, nécessairement, toute comparaison avec le chef-d'œuvre de Velazquez; ajoutons à ces noms, ceux de *March, Muñoz, Tristan, Navarrete*, ce dernier sourd-muet et dont le Musée possède *un Baptême du Christ* d'une tournure toute florentine; *Pantoja de la Cruz*, portraitiste habile et d'un pinceau si ferme; *Pareja*, l'esclave de Velazquez, qui dût sa liberté à son talent; *Pereda*, dont il y a un très bon *S.t Jérôme; Tobar*, l'auteur d'un portrait de Murillo; *Francisco Ribalta*, dont on peut admirer les qualités de vigoureux coloriste; *Arellano*, l'habile peintre de fleurs; *Alonso Sanchez Coello*, le peintre de Philippe II, qui l'appelait, dans sa correspondance, *son bien-aimé fils*, et dont le Musée possède plusieurs splendides portraits, entr'autres ceux de *l'infante Isabelle Clara Eugénie* (numéro 1.033); de *Don Carlos*, l'infant de tragique mémoire (Numéro 1.032); enfin, de *Don Juan d'Autriche*, le vainqueur de Lépante (N° 1.042).

On s'arrêtera devant le tableau de *Rizi* représentant *l'Auto-da-fé de* 1680 (N° 1.016), dont nous avons déjà fait mention, et qui est d'un grand intérêt historique.

Le Musée du Prado s'est récemment enrichi d'un grand nombre d'amusantes compositions de *Francisco Goya;* nous voulons parler des trente-sept cartons des tapisseries, qui furent exécutées pour le Palais et qui sont aujourd'hui à l'Escurial; notons les deux grandes toiles, traitées en ébauches, qui reproduisent deux *épisodes des massacres du 2 Mai* 1808 et qui furent peintes, dit-on, en huit jours, à l'occasion de l'entrée de Ferdinand VII à Madrid. Il y a, encore de lui: *un Christ en croix* (N° 2.165), d'une couleur blonde exquise, et du modelé le plus délicat, ainsi que des portraits merveilleux, tels que: *la Famille de Charles IV, Marie Louise* et, enfin, le *portrait du peintre F. Bayeu*, son beau-frère.

Auprès des peintures de Goya on a récemment placé *le Testament d'Isabelle la Catholique*, dû au pinceau du regretté *Rosalès*, tableau qui obtint la médaille d'or à l'Exposition universelle de 1867, et dont les qualités d'arrangement et de coloris, lui ont mérité les honneurs de la galerie principale du Musée.

Les écoles étrangères sont, en général, bien mieux représentées au Musée du Prado que l'école nationale; les belles œuvres des écoles italiennes, flamandes et allemandes y existent en nombre considérable et elles y sont de premier choix. L'origine et l'accumulation successive de tant de richesses d'art s'explique par cette circonstance que l'Espagne a été maîtresse, pendant près d'un siècle et demi, de l'Italie et des Flandres, précisément à l'époque où l'or des Amériques abondait encore chez elle, et alors que la peinture florissait dans les contrées soumises à son autorité. Le Titien et Rubens recevaient des commandes des rois d'Espagne; Philippe IV, ce grand amateur d'œuvres d'art, envoya, par deux fois, l'illustre Velazquez en Italie, pour y acheter les meilleures peintures qu'il pourrait y rencontrer; un grand nombre d'autres furent acquises en 1648, lors de la vente aux enchères, de la galerie du roi Charles Ier d'Angleterre, ordonnée par le Parlement; d'autres enfin, procèdent de dons faits par des grands d'Espagne à leurs rois.

Écoles italiennes. Parmi les chefs-d'œuvre de l'école italienne, nous citerons, en premier lieu: un précieux panneau (N° 14), de *Fra Angelico da Fiesole*, peintre florentin du xv siècle; une *Flagellation* (N° 69), attribuée par le Catalogue à *Michel-Ange*, et qui a toutes les qualités de ce grand génie; puis, le *Spasimo de Sicile* (N° 366) de *Raphaël*, ce tableau si réputé et qui tire sa désignation, de cette circonstance que Raphaël le peignit pour le couvent des moines de *Santa Maria dello Spasimo* de Palerme, en Sicile. Embarqué sur un navire qui fit naufrage, et rejeté par les flots sur les côtes de Gênes, mais dans un parfait état de conservation, ce tableau fut, finalement, acquis par le roi Philippe IV, à la suite de longues négociations avec la communauté à laquelle il appartenait; *la Vierge au Poisson* (N° 365), tableau aussi glorieusement connu que le précédent: c'est un des plus justement célébrés de *Raphaël* et il est, à bon droit, regardé comme un des plus précieux joyaux du Musée de Madrid; il a été peint en 1514. Vient ensuite, du même maître, *la Visitation de Sainte Elisabeth* (Numéro 368), d'une si étonnante noblesse de style, dans un sujet qui, traité par tout autre que Raphaël, eût, peut-être, paru trivial et grossier; *la Sainte Famille à la rose* (N° 370), œuvre discutée, mais que recommande l'extrême distinction de son dessin. Ce tableau a été coupé dans sa partie inférieure, et on prétend que la table, la rose et le pied gauche de l'enfant Jésus, y ont été ajoutés par Raphaël Mengs. De *Raphaël* il faudrait tout citer; nous appellerons, toutefois, l'attention du visiteur sur la *Sainte Famille* (numéro 369), ce chef-d'œuvre que Philippe IV appelait *sa perle*, et qu'il paya 3.000 livres sterling à la vente du roi Charles Ier, ainsi que sur cette petite *Sainte famille à l'agneau* (N° 364), d'un si merveilleux fini, et que Raphaël peignit à l'âge de vingt-quatre ans.

Sebastiano del Piombo figure au Catalogue avec deux tableaux:

le *Christ descendant aux limbes* qui n'est, croit-on, qu'une copie de *Navarrete*, et *le Christ portant la croix* (N° 395), d'un merveilleux dessin et du plus grand sentiment. On regrette que *le Christ et la Madeleine* (N° 132), du Corrège, porte les traces d'altérations dans les fonds, et que cette intéressante peinture ait perdu de son harmonie primitive. *Une Sainte Brigitte*, (N° 236), du *Giorgione*, merveille de coloris, dont les figures sont d'une grâce et d'une finesse extrêmes, resplandit, au contraire, de toute la beauté d'une œuvre admirablement conservée. Admirons, comme un chef-d'œuvre, le portrait, par *Andrea del Sarto*, de *Lucrecia di Bacio del Fede* (N° 383), cette belle et capricieuse veuve, dont l'artiste avait fait sa femme et qu'il peignit, comme l'on peint quand on aime. *Le Sacrifice d'Abraham* du même peintre, qui porte le numéro 387, et le *Sujet mystique*, numéro 385, sont également deux pages hors ligne, dans l'œuvre d'un maître qui mérita le surnom de *senza errore*.

De tous les tableaux de *Paul Véronèse* que possède le Musée, celui qui représente *Moïse sauvé des eaux* (N° 533), les dépasse sans peine; c'est un poème de grâce, de couleur, d'arrangement et d'esprit. Citons encore, les magnifiques portraits du *Tintoret*, surtout celui d'un personnage inconnu, qui porte le numéro 412 au Catalogue, et la superbe première pensée du fameux tableau du palais Ducal à Venise, représentant *le Paradis*; on sait que cette ébauche fut rapportée d'Italie par Velazquez.

Mais le peintre, qui est le mieux représenté au Musée, sous tous les aspects de son fécond génie, c'est *Tiziano Vecelli*. *La Bacchanale* (N° 450), et *l'Offrande à Vénus* (N° 451), sont, peut-être, ses tableaux les plus remarquables, sous le rapport de la richesse de la composition, et de la beauté du coloris; puis, viennent: *la Salomé* (N° 464), qui est, dit-on, le portrait de la fille de Titien; les deux tableaux (Numéros 459 et 460), qui représentent *Vénus couchée et jouant avec un petit chien* et *Vénus couchée, avec un amour à son chevet,* qui peuvent lutter de beauté, avec les deux chefs-d'œuvre, leurs homonymes, de la Tribune de Florence; *la Danaë* (N° 458), dont la conservation laisse à désirer, ainsi qu'un magnifique *Ecce homo* (N° 467) avec la *Vierge des Douleurs* (Numéro 468), en pendant; tous deux peints sur ardoise; les portraits de *Charles Quint* et de *Philippe II*; (Numéros 453, 457 et 454); le *Péché originel* (Numéro 456), dont Rubens fit une copie durant son voyage à Madrid, en 1.628; l'admirable toile de *Vénus et Adonis* (N° 455), ce dernier sous les traits, croit-on, du roi Philippe II adolescent; enfin, *l'Allégorie à la bataille de Lépante* (N° 470), que le Titien peignit à l'âge de 94 ans!

Écoles du Nord. La collection des tableaux, appartenant aux écoles flamande, hollandaise et allemande, est assurément la plus complète et la plus riche du Musée; l'école allemande y est représentée par quatre tableaux *d'Albert Dürer;* parmi lesquels, son propre portrait (N° 1.316), peint par lui, à l'âge de 26 ans; *un Adam et une Eve,* (N° 1.314 et 1315), très curieux, et qui proviennent, peut-être, d'un triptyque dont le panneau central aura disparu; *deux chasses,* où figurent l'Electeur de Saxe et Charles Quint, peintes par *Cranach le vieux* en 1544 et en 1545; enfin, un portrait (N° 1.398), superbe de caractère et de vie, par *Holbein*.

Dans les écoles flamandes et hollandaises primitives, nous notons surtout, plusieurs tableaux de *Jean* et de *Hubert Van Eyck*; et, parmi eux, une œuvre capitale, *le Triomphe de l'Église sur la Synagogue* (Numéro 2.188); divers panneaux de *Memling* et de son école; une *Sainte famille*, de *Matsys*; une magnifique *Descente de croix*, de *Roger van der Weyden*, ainsi que de nombreuses et bizarres compositions de *Van Æcken*, dit *Jérôme Bosch*, entr'autres le *Triptyque*, dont nous avons parlé à propos des tapisseries du Palais.

Puis viennent: les magnifiques et précieux portraits *d'Antonio Moro*, qui a là un chef-d'œuvre: *le portrait de Doña Catalina*, femme de Jean III, roi de Portugal (N° 1.485); une *Vierge avec l'enfant Jésus* (N° 1.385), de *J. Gossaert*, dit Jean de Mabuse, qui fut offerte par la ville de Louvain à Philippe II, en 1588; au revers du panneau, se lit une inscription qui rappelle ce don.

Rubens brille, au Musée de Madrid, d'une incomparable splendeur; aucune galerie, aucune collection au monde, n'a réuni des œuvres plus nombreuses et plus diverses, de ce grand coloriste. Le catalogue n'en enregistre pas moins de soixante qui, presque toutes, sont belles et importantes.

Ne pouvant entrer dans le détail de tant de morceaux admirables, nous nous bornerons à signaler les plus célèbres; ce sont: *Le Saint Georges* (N° 1.565), *l'adoration des Mages* (N° 1559); *le Serpent d'airain* (N° 1558); *Persée délivrant Andromède* (N° 1584), l'une de ses œuvres les plus brillantes; *Rodolphe, comte de Hapsbourg et son écuyer accompagnant à pied le Viatique* (N° 1566), dont il existe une reproduction au Musée de Dresde; *le Jardin d'amour* (N° 1611), véritable poème de grâce, de gaieté et d'esprit; *le portrait de Marie de Médicis* (N° 1606); celui de *Thomas Morus* (N° 1609); grand-chancelier d'Angleterre, décapité par ordre de Henri VIII, qui pourrait bien n'être qu'une copie du portrait d'Erasme, par Holbein, du Musée d'Anvers. Citons encore, à cause de leur importance, cinq esquisses: *le Triomphe de la Foi*, dont le tableau se trouve au Louvre; *le Triomphe de la Vérité; la Loi du Christ triomphant du Paganisme;* le *Triomphe de la Charité* et *celui de l'Eucharistie*. Ces esquisses ont servi à l'exécution des magnifiques tapisseries de la Cathédrale de Tolède, dont on trouve une reproduction au couvent de *las Descalzas Reales* à Madrid.

Après le maître, l'élève : *Van Dyck*, le peintre de toutes les élégances. Le Musée de Madrid possède de lui de nombreux portraits et des plus beaux, entre autres: celui de *la Comtesse d'Oxford* (N° 1322); celui *du peintre David Ryckaert*; celui *où il s'est peint avec le comte de Bristol* (numéro 1330), et où la vulgarité de la tête du Comte fait si bien ressortir la tête fine et intelligente de l'artiste; enfin, le magnifique portrait, si célèbre et tant de fois reproduit par la gravure, de *Charles Ier d'Angleterre* (N° 1325). Parmi ses compositions, l'œuvre capitale de Van Dyck, au Musée, c'est *le Baiser de Judas*, où il s'est montré aussi grand coloriste que son maître. Il nous faut mentionner encore, au milieu de tant de richesses: la *reine Artémise* (numéro 1544); un *Rembrandt* signé et daté de 1634, et d'excellents portraits par *François Pourbus*.

Les tableaux de premier ordre, de *David Teniers*, abondent; nous citerons particulièrement: *la Ga-*

lerie de *l'archiduc Léopold Guillaume à Bruxelles* (N° 1747), où l'artiste s'est représenté montrant les tableaux de la galerie à l'archiduc, tableaux qui se retrouvent pour la plupart, au Musée de Madrid; *le tir à l'arbalète; diverses kermesses;* trois *tentations de St Antoine*, où l'artiste a donné libre carrière aux inventions les plus burlesques; *une opération chirurgicale;* d'amusants sujets, représentant des *Singes parodiant les plus diverses occupations;* enfin, une suite de tableaux, dont les sujets sont tirés de *la Jérusalem délivrée*, et que nous ne citons que parce qu'ils sortent du genre le plus habituellement traité par Teniers.

Nous n'avons pas parlé des paysages, et cependant il y en a de merveilleux, exécutés par les peintres les plus justement réputés. Qu'il suffise de citer les noms de *Ruysdael*, de *Wouwermans*, dont le Musée du Prado possède quatre merveilleuses toiles; de *Breughel de Velours*, qui y est représenté par la plus belle partie de son œuvre; de *Bril*, de *Momper*, de *van Arthois*, et de tant d'autres encore, dont la liste serait presque interminable.

Si les ouvrages appartenant à l'école française ne sont pas très nombreux, on en trouve, en revanche, de très importants. Mentionnons, entr'autres: d'admirables compositions *du Poussin*, dont on ne manquera certainement pas d'étudier *le Parnasse, les Nymphes et Satyres, le Polyphème, la chasse de Méléagre*, d'un si grand style; *la Diane endormie; la Bacchanale*, qui est un pur chef-d'œuvre, ainsi que plusieurs beaux paysages, des ruines, et une *Vue de Rome antique*.

Notons un *portrait de Louis XIV*, par *Rigaut;* nombre d'autres portraits excellents, de *Ranc*, de *Noiret*, de *Mignard;* de *Vanloo*, un tableau représentant *la famille de Philippe V;* d'autres encore, de *Largillière*, de *Houasse*, de *Madame Lebrun;* enfin, deux portraits de *Mademoiselle de Berry*, fille de Philippe d'Orléans, par *Nattier*.

Le catalogue enregistre dix tableaux de *Claude Lorrain*, parmi lesquels on distinguera: *l'Embarquement de St Paul* et *le Tobie avec l'ange. Gaspard Dughet*, le *Guaspre*, est merveilleusement représenté à Madrid, par ses beaux paysages historiques, dans la manière du Poussin: nous noterons, comme œuvre tout à fait supérieure, le *Paysage agréable* (pais ameno), qui rivalise avec les plus beaux ouvrages de Claude.

De *Joseph Vernet* il y a cinq marines, ou paysages maritimes et, parmi ceux-là, un de ses plus beaux. Citons, enfin, deux spirituels et bien charmants *Watteau*. Signalons, parmi les tableaux d'histoire: le *martyre de St Laurent*, par *Valentin;* une *Sainte famille*, de *Jacques Stella;* le *Triomphe d'un empereur romain*, de *C. Lebrun; une Visitation*, de *Jouvenet;* et, parmi les tableaux de genre, deux toiles de *Hutin* et la *Bénédiction épiscopale*, attribuée par le Catalogue à l'un des frères *Le Nain*.

Artistes modernes. Les nouvelles installations du Musée du Prado ont permis de faire un peu de place à l'école espagnole contemporaine, dont les œuvres étaient jadis disséminées, plutôt qu'exposées, dans les bureaux du Ministère de *Fomento*. C'est là une amélioration, dont les artistes et les amateurs sauront gré au Directeur actuel du Musée, *Monsieur F. Sans*.

Outre le *Testament d'Isabelle la Catholique* par *Rosalès*, dont nous avons déjà parlé, nous avons à mentionner diverses toiles, presque oubliées depuis les expositions où elles figurèrent et où elles ont été l'objet de récompenses; telles sont: *l'enterrement de St Laurent*, par *A Vera*; *le mendiant*, de *Tusquets*, peint avec tant de fougue et de vérité; *Philippe II assistant à un auto-da-fé*, de *Valdivieso*; *les filles du Cid*, de *Dioscoro Puebla*; un épisode de *la bataille de Trafalgar*, par *Francisco Sans*; *Sœur Marcelle voyant passer l'enterrement de Lope de Vega, son père*, de *Suarez Llanos*; *les derniers instants de Ferdinand IV*, par *Casado del Alisal*; *l'enterrement de Sainte Cécile*, de *Luis de Madrazo*; la *mort de Sénèque*, de *Dominguez*; *Jeanne la folle*, par *Pradilla*, tableau qui a remporté la médaille d'honneur à l'Exposition universelle de 1878. Et, parmi les tableaux de genre: *le Trouble-fête*, de *Mélida*; *les Moines quêteurs*, de *Zamacois*; *la Ronde de nuit*, de *Pellicer*; puis, les intérieurs si fidèlement reproduits, de *Gonzalvo*; une belle marine, de *Monléon*; une nature morte, de *F. Gimenez Fernandez*; *le Paular*, paysage de *Charles Haes*, et tant d'autres, qu'on retrouvera mentionées aux pages 82 et suivantes, du catalogue de la maison Laurent, qui les a reproduits par la photographie.

Musée de Sculptures du Prado. Les Salles du rez-de-chaussée où sont exposées les *Sculptures*, sont rarement visitées par les étrangers et, cependant, elles méritent bien l'attention, car elles renferment des œuvres très importantes. Dans la première salle, se trouvent des bronzes des *Pompeyo Leoni*, famille de sculpteurs florentins dont l'Espagne et le Portugal possèdent des ouvrages marquants; c'est, d'abord, la fameuse statue de *Charles Quint triomphant de la Fureur par la Vertu*, qui, malgré l'exagération de l'allégorie, est une œuvre remarquable, peut-être même la meilleure de P. Leoni; elle a orné longtemps la place de *Santa Ana* à Madrid. Une des particularités de ce beau bronze, c'est que l'armure en est mobile et que, dessous, existe le nu, modelé avec autant de soin, que si la statue ne devait pas être revêtue. Etait-ce par excès de conscience, ou bien, en vue d'une plus parfaite exécution, que l'artiste avait d'abord conçu son héros absolument nu: ou l'a-t-il armé après coup, en raison du peu de rapports qu'offraient les formes du vainqueur de Mühlberg avec celles de l'Antinoüs?

Malgré l'espèce d'engouement qu'on trouve à Madrid pour cette statue, dont on vient de faire exécuter deux reproductions, destinées à *l'Alcazar* de Tolède et au Ministère de *Ultramar*, nous n'hésitons pas à lui préférer le buste de *la princesse Léonore*, femme de François Ier, dont le caractère et le style sont bien autrement élevés.

Dans la même salle il faut remarquer, parmi les antiques: *la tête de Messaline*, femme de Claude; un *César Auguste*; un *buste de Caracalla*; un autre, *d'Aristote*; un *Lucius Verus* jeune, d'un beau style; un *buste de Faustine*, femme de Marc Aurèle; un buste de *Julie*, fille de Titus, dont Domitien causa la mort; une *Faustine*, femme d'Antonin le pieux. On trouvera aussi de beaux bronzes du XVIIe siècle et surtout, un précieux ivoire, représentant *le dieu Pan faisant danser des enfants*, œuvre merveilleuse pour la grande beauté du dessin, la finesse du modelé et la vivacité du mouvement. Ce petit chef-d'œuvre, dont aucun catalogue n'indique ni l'époque, ni la provenance, est assurément un des plus remarquables objets placés dans les salles consacrées aux sculptures.

Dans la salle ovale, on trouve *un Faune portant un chevreau* et une *Mnémosyne*, d'une grande valeur bien que, à notre avis du moins, ce ne soit là qu'une reproduction d'un marbre grec. En tous cas, la grâce de la pose et la vérité de l'arrangement, font que cette reproduction demeure une chose précieuse. *Le Faune*, qui porte le N° 275, est aussi une œuvre très remarquable; tout à côté, sont placées deux belles statues: un *Méléagre* et un *Adonis*.

Dans la deuxième salle, il faut étudier avec soin, quatre beaux fragments qui représentent les Muses *Thalie, Calliope, Uranie* et *Terpsichore:* ces fragments se distinguent par l'extrême élégance et la souplesse des draperies. Ces beaux restes le cèdent cependant en beauté, au *torse* (N° 494), que l'on croit être celui d'une *Vénus:* ce torse appelle la comparaison avec les plus pures productions de l'art grec.

N'oublions pas une remarquable mosaïque représentant une *tête d'ange*, si habilement composée qu'on la prendrait, de prime abord, pour une peinture à l'huile et deux bas-reliefs, en marbre, représentant *l'Empereur Charles Quint* et *l'Impératrice Isabelle*, sa femme, œuvres de Pompeyo Leoni.

Avant d'abandonner ces salles, il convient de jeter les yeux sur quelques belles productions de la statuaire contemporaine qui réclament notre attention, entre autres: *Vénus et Cupidon*, œuvre de *José Ginès;* le *Christ mort*, de *Valmitjana*, l'une des œuvres les plus remarquables de cet habile artiste et *le Dante*, de *Suñol*, où ce sculpteur a si bien exprimé le caractère de fierté et la profondeur du génie du vieux Gibelin. Pour ces sculptures, au surplus, nous renvoyons le lecteur aux pages 87 et suivantes, du Catalogue Laurent, où elles sont mentionnées et décrites.

Le Musée du Prado possède aussi quelques beaux dessins de maitres, notamment *d'Alonso Cano*, du *Berruguete*, de *Velazquez*, de *Murillo* et de *Goya*.

Gemmes et Joyaux du Musée du Prado. Le Musée possède, enfin, une collection inappréciable de *Gemmes et Joyaux*, non pas seulement précieuse par la matière, mais encore du plus beau travail et de la plus grande magnificence. On doit à l'ancien directeur du Musée, *Don Federico de Madrazo*, l'installation, dans des vitrines convenables, de tous ces objets d'art, qui n'étaient point auparavant accessibles à l'étude.

Le goût et l'élégance des montures, l'éclat des émaux, la perfection et la délicatesse des ciselures, l'art enfin, avec lequel on a serti, dans leur décoration, des camées ou des pierreries, en font autant de merveilles; plusieurs de ces admirables pièces, taillées dans les matières les plus rares, remontent à François Ier et quelques unes sont, peut-être, l'œuvre, soit de Benvenuto, soit de quelqu'un de ses rivaux dans l'art du ciseleur et de l'orfèvre. La collection est répartie dans deux vitrines, placées au milieu de la galerie principale des peintures; l'une, contient les *gemmes* proprement dites; l'autre, *les objets en cristal de roche*. Quant à la provenance de ces bijoux, il parait établi que c'est le Dauphin, fils de Louis XIV, qui en aurait commencé la réunion. A sa mort, Philippe V en serait devenu possesseur, comme héritier du duc de Bourgogne.

En 1815, cette collection, qui avait subi le sort de tant d'objets enlevés pendant l'invasion française, fut restituée à l'Espagne; mais il parait que l'on avait négligé, par une regrettable précipitation, de les placer dans leurs écrins, de manière que, dans ces deux déménagements, plusieurs objets et surtout les cristaux, ont beaucoup souffert et quelques uns sont même brisés. Ne pouvant tout citer, nous indiquerons seulement quelques pièces prises au hasard; toutes mériteraient une description étendue.

D'abord: *deux coffrets* (Numéros 10 et 12), garnis de camées précieux, disposés entre des arabesques et montés en or émaillé; l'un est en fer; l'autre, en bois; tous deux sont de l'époque de François Ier; la *coupe en agate*, qui porte le numéro 24, ornée de camées, camaïeux et émaux, avec monture d'or et d'argent, est de la même époque. Une *coupe en jaspe* (N° 21), dont l'anse représente *un dragon*, montée en or, ornée d'émaux d'une délicatesse infinie, appartient à l'époque de Henri II; une autre *coupe* (N° 6), en agate, montée en or et ornée d'émaux et de rubis spinelles, est du même temps.

Nous citerons encore: *un vase*, de la même matière (N° 36), dont l'anse représente *une chimère;* un autre *vase* (N° 77), en sardoine, orné d'un amour à cheval sur la chimère, garni d'émaux et de pierreries; un autre *vase* encore (N° 29), en matière rare, en prase avec pyrite de fer; une *tasse ovale*, avec son plateau (N° 45), en cornaline, montée en argent et ornée de filigranes, époque de Henri III; une belle *coupe* (N° 4), en lapis, de cette même époque; une *aiguière*, en jaspe (N° 86), montée eu bronze doré, remarquable par sa forme gracieuse; un beau *vase* (N° 137), en topaze enfumée, orné de pierreries et de serpents qui en forment les anses.

Les pièces en cristal de roche, sont merveilleusement gravées; leurs dimensions sont vraiment extraordinaires, eu égard à la pureté et à l'homogénéité de la matière. On ne saurait trop admirer l'art infini apporté à façonner une matière, d'un si difficile travail, et à lui donner l'élégance de forme qu'on remarque, par exemple: dans la coupe (N° 105), qui représente *un oiseau;* dans la coupe (N° 111), en forme de *dauphin;* dans le drageoir (N° 129), en forme de *salamandre*, forme qui, entre parenthèse, caractérise fort bien sa provenance; dans l'aiguière (N° 135), en forme de *navire,* et dans tant d'autres œuvres, toutes aussi belles d'invention, que merveilleuses par la taille et la ciselure dont elles ont été l'objet.

Parmi les plateaux gravés de cette collection, nous citerons le N° 133, qui représente *des dieux marins*, et dont le diamètre est de près de quarante centimètres; le style de ces gravures décèle des artistes d'un grand mérite, dont on ignore malheureusement les noms. Nous renvoyons de nouveau au catalogue Laurent, pages 94 et suivantes, pour la description détaillée et complète, des Gemmes et Joyaux du Musée du Prado.

Avant de quitter définitivement le Musée, il faut remarquer de magnifiques consoles de marbre, incrustées de pierres dures, de diverses couleurs et ornées de très beaux bronzes; un grand vase de Sèvres, moderne, donné à la Reine Isabelle II; enfin, une magnifique vasque, en faïence *d'Urbino*, dont la décoration est du XVIe siècle; cette belle pièce provient de l'Escurial, où elle servait de mortier aux moines, pour leurs manipulations pharmaceutiques.

Promenades. En sortant par la porte méridionale du Musée, on se trouve sur une place disposée en *square*, au milieu duquel s'élève la statue de *Murillo* et, en face, s'ouvre la grille du Jardin Botanique; on y conserve une collection de plantes rares.

Le *Botánico*, soigneusement entretenu, est un très agréable lieu de promenade; sa création date de 1781, sous le règne de Charles III.

En face du Musée, côté de la façade, est situé le palais de Mr Xifré, construit dans le style arabe, où les dispositions pittoresques de l'architecture orientale, ont été mises en parfaite harmonie, avec les exigences du confort moderne. Construit sur les plans d'un architecte français, la décoration en a été copiée, sur les meilleures parties de l'Alhambra, par l'habile conservateur de ce monument, *D. F. Contreras*.

En descendant vers le Sud, par les avenues qui longent le jardin Botanique, on trouve l'élégante fontaine de *l'Alcachofa*, ou de l'artichaut, qui fait partie de la décoration générale des promenades du *Prado*, lesquelles s'étendent jusqu'à *la Castellana*. Nous voici en face de la *gare du Midi*, seule gare monumentale qui soit encore construite, parmi les diverses lignes de chemins de fer qui aboutissent, ou devront aboutir, à Madrid. Cette gare met la capitale en communication avec tout le Midi de l'Espagne, le Portugal, les provinces du littoral de la Méditerranée, l'Aragon et la Catalogne.

Tout à côté, dans l'avenue *d'Atocha*, se trouve le *Musée anthropologique* du docteur *Velasco*, fondation particulière dont il a doté son pays, à force de travaux, de recherches et de persévérance. Le portique de ce Musée est décoré des statues de *Vallés*, de *Covarrubias*, surnommé le divin et de *Michel Servet*, à qui l'on attribue la découverte de la petite circulation du sang, et qui paya d'un cruel supplice ses écrits sur des matières religieuses; il manque une troisième statue devant ce portique, c'est celle du fondateur du Musée; la reconnaissance publique y pourvoira sans doute.

Église d'Atocha. Au bout de l'avenue, se trouve l'église de *Notre Dame d'Atocha*. Cette basilique appartenait à un couvent de l'ordre de St Dominique fondé, sous Charles Quint, par son confesseur *Fray Juan Hurtado de Mendoza*; détruite en 1808, Ferdinand VII la fit rebâtir, sous la direction de l'architecte *Isidoro Velazquez*. Le couvent est aujourd'hui occupé par les Invalides de l'armée. Les rois d'Espagne, conservant la tradition de leurs ancêtres, se rendent tous les samedis, à *Atocha*, à l'heure du Salut. On y vénère une ancienne statue de la Vierge, sur le mérite artistique de laquelle nous n'avons pu trouver nulle part de renseignements, tellement est profond le mystère qui l'enveloppe.

Dans une chapelle, à gauche en entrant, se trouve le mausolée élevé à la mémoire du maréchal Prim; il est en fer repoussé, couvert de niellures; c'est l'œuvre de *Don Plácido Zuloaga*, dont nous avons déjà précédemment mentionné d'autres ouvrages.

Observatoire astronomique. L'église d'Atocha est dominée par *l'Observatoire astronomique*; cet établissement fut fondé par Charles III, sur les plans de l'architecte *Villanueva*, et sur les terrains des jardins du *Buen-Retiro*. Grâce à sa situation, sous un ciel presque toujours clair et, par conséquent, éminemment favorable aux observations, cet observatoire est devenu, grâce aussi au zèle de ses directeurs, l'un des plus importants d'Europe.

Buen-Retiro. En longeant l'avenue qui met l'Observatoire en communication avec l'étang du *Buen-Retiro*, on arrive à un rond-point, où se trouve située une fontaine, dont la forme est celle d'un énorme cube, sans caractère et sans ornementation: c'est là qu'existait autrefois, la fabrique de porcelaine du *Buen-Retiro*, dont nous avons noté de si jolis produits à l'Escurial et au palais de Madrid. Un peu plus loin, on arrive aux bords de l'étang, grande et belle pièce d'eau, qui sert de réservoir pour l'arrosage des jardins. Une fontaine, dans le goût pseudo-égyptien de l'empire, existe du côté Sud; à l'Est, se trouve un embarcadère; c'est de là que, au temps de Philippe IV, aux jours de ces fêtes nautiques et galantes, dont nombre d'auteurs ont célébré les magnificences, partaient les barques ornées de guirlandes de fleurs et de girandoles et chargées de musiciens, de dames et de cavaliers richement parés.

Musée d'Artillerie. Une large avenue amène au *Musée d'Artillerie*, situé à gauche; on y conserve une belle collection d'armes et d'objets historiques, qui mérite d'être visitée. Nous signalerons, entr'autres objets curieux: la tente de campagne de l'empereur Charles Quint; celle de l'empereur du Maroc, prise dans la dernière campagne d'Afrique; quelques armes historiques, parmi lesquelles: l'épée de *Diego Hurtado de Mendoza*, l'auteur du *Lazarillo de Tormes*. L'édifice qu'occupe le Musée, est tout ce qui reste de l'ancien palais du *Buen-Retiro*, où habitèrent les Rois d'Espagne, après l'incendie de l'ancien Alcazar; on y voit encore la Salle, dite de *los Reinos*, qui était la galerie des réceptions à cette époque.

Musée du Génie. Le Musée du Génie qui occupe, en face, le palais de *San Juan*, n'est pas moins intéressant: on y a réuni tous les modèles relatifs aux travaux du génie militaire, ainsi que les précieux modèles du système de fortification du marquis de Montalembert, exécutés sous sa direction et que le Musée acquit à sa mort; ces modèles sont très intéressants. On y trouve aussi, les plans en relief des places fortes du royaume, construits avec un soin infini. Le palais *de San Juan* est entouré d'un beau jardin, où l'un des meilleurs orchestres d'Europe donne, pendant l'été, des concerts très fréquentés.

Prado. En sortant des Musées d'Artillerie et du Génie, on passe auprès d'un obélisque élevé à la mémoire des victimes du 2 Mai 1808, et l'on a, devant soi, cette partie du *Prado* que l'on nomme *le Salon*. Cette promenade s'étend depuis la rue d'Alcalà jusqu'à la *Carrera de San Geronimo*; deux belles fontaines en ornent les extrémités; l'une, est décorée d'*un Neptune* et l'autre d'*une Cybèle*; au milieu du Salon, s'élève la fontaine dite *d'Apollon*. C'est à

Charles III que Madrid est redevable de cette belle promenade, qui fut exécutée sur les plans du capitaine du génie, *José Hermosilla*. Ce n'était autrefois qu'un terrain irrégulier, âpre et humide, formant une prairie inculte; la proximité du *Buen-Retiro*, résidence de la cour, y attirait la population et en faisait un lieu de promenade; là se nouaient les intrigues amoureuses; là, parfois, l'on croisait le fer et s'ébauchaient, se préparaient les soulèvements populaires et les conspirations: c'était un véritable *Pré aux clercs*. Aujourd'hui encore, c'est là que, durant les belles nuits d'été, se porte la population, se tiennent les *tertulias* en plein vent et que les jolies madrilènes, portant l'élégante mantille, se laissent admirer.

Recoletos. La promenade de *Recoletos*, qui fait suite à celle du Prado, est une succession de jardins bien entretenus, ornés d'une élégante fontaine et dont les côtés sont bâtis de beaux hôtels et de charmantes villas. C'est le quartier préféré de la finance; tout près de là, s'élève le *théâtre du Prince Alphonse*. Parmi ces hôtels, on remarque l'ancien hôtel *Salamanca*, aujourd'hui occupé par la Banque Hypothécaire; celui du *marquis de Campo*, près duquel se construit l'édifice destiné à recevoir *la Bibliothèque nationale*; puis vient *l'hôtel des Monnaies*.

La Castellana. A cet endroit finit la promenade de *Recoletos* et commence celle de *la Castellana*, fréquentée surtout par l'aristocratie, les équipages et les cavaliers. On y remarque le somptueux palais *Anglada*, richement décoré à l'intérieur, d'un *patio* dans le goût moresque, qui rappelle la célèbre cour des Lions de l'Alhambra; puis encore, le palais *Indo*, bâti au milieu d'un joli jardin. C'est derrière cette magnifique habitation, qu'ont lieu, dans un local encore provisoire, les Expositions annuelles de peinture. Au bout de la promenade de *la Castellana*, se trouve *l'Hippodrome* des courses de chevaux.

Rue d'Alcalà. Revenons maintenant, par la rue d'Alcalà, bordée d'édifices qui appellent l'attention; c'est d'abord: à droite, le palais du *marquis de Portugalete*, habitation princière, où la magnificence intérieure est en rapport avec l'aspect grandiose de l'extérieur; on y a réuni une collection de tableaux de l'école moderne espagnole, entr'autres: *Don Quichotte chez la Duchesse*, de *Gisbert; la Sieste* et *la Visite*, de *Casado;* un charmant tableau de *Rosalès*, représentant *Don Juan d'Autriche présenté à Charles Quint; le marquis de Bedmar devant le Sénat de Venise*, par *R Navarrete*, etc.

La *porte d'Alcalà*, située à l'extrémité de la rue, est d'aspect monumental. Elle forme un arc de triomphe qui fut construit, en 1778, par *Sabattini*, en commémoration de l'entrée de Charles III à Madrid; les sculptures sont l'œuvre de *Robert Michel*, sculpteur français qui vint à Madrid en 1740 et y mourut, étant directeur de l'Académie des Beaux-arts.

La porte d'Alcalà s'ouvre sur la grande route d'Aragon, où l'on a construit la nouvelle *place de taureaux*; c'est un édifice d'aspect assez pittoresque et qui peut contenir quatorze mille spectateurs. Nous n'essaierons pas de décrire ce que sont les courses de taureaux: assez d'autres ont tenté ces descriptions; mais nous engageons le touriste à voir au moins une *corrida*, ne serait-ce que pour s'en faire une idée exacte. Le prince de la Paix, Godoy, les avait supprimées; le roi Joseph, pour se rendre populaire, les rétablit et Ferdinand VII s'en montra, durant tout son règne, un fanatique partisan. Au demeurant, c'est là un spectacle qui n'est plus en harmonie avec nos mœurs dont, même en Espagne, quelques personnes poursuivent énergiquement l'abolition, et qui pourrait bien disparaître dans un temps prochain. On s'est préoccupé de rechercher l'origine des courses de taureaux, sans que la question ait jamais été éclaircie; les Arabes se livraient, sans aucun doute, à cet exercice; peut-être existait-il déjà, du temps de la domination des Romains; le salut des *toreros* par lequel commence la course, rappelle, en effet, celui des gladiateurs du Cirque. Quoiqu'il en soit, le mouvement de la place, les brillants et voyants costumes des *toreros*, des *majas* et *manolas*, en mantilles blanches, l'animation indescriptible des spectateurs et surtout des *aficionados* ou amateurs; tout concourt à faire des courses de taureaux, un spectacle unique en son genre, aussi pittoresque qu'émouvant, et qui a souvent fourni de jolis motifs et d'intéressants sujets aux artistes.

Monuments divers. Au nombre des édifices qui méritent encore d'être visités, nous plaçons l'ancien couvent de *las Salesas Reales*, devenu le Palais de Justice. Il fut fondé, en 1758, sous Ferdinand VI, sur les plans de *François Carlier* et sous la direction de *Moratillo*. C'est là que se trouvent les tombeaux de Ferdinand VI, œuvre du sculpteur *Gutierrez*; de la reine, sa femme, œuvre de *Mayo y Léon* et enfin, du maréchal O'Donnell; une belle statue du fondateur décore une des cours du palais.

L'hôtel, qui sert de *Mont de piété*, reconstruit en 1702 par François Piquer, a deux portes remarquables, dont l'une est du style *churriguéresque*; l'autre, de la Renaissance. Sur la même place s'élève le couvent de *las Descalzas reales*, dont le portail est très joli; il fut construit en 1559, sur l'emplacement du palais de *Doña Juana de Austria*, sa fondatrice. On en attribue les plans à *Juan de Toledo*; l'église fut rebâtie, en 1756, par *Villanueva* et décorée par les frères *Velazquez*. Les peintures et sculptures du maitre-autel sont de *Becerra*; on lui attribue aussi *un St Jean* et *un St Sébastien*, peints sur marbre et placés dans l'église; le tombeau de la fondatrice est de *Pompeyo Leoni*; c'est dans ce couvent que se trouvent les tapisseries, exécutées d'après des cartons de Rubens et dont nous avons parlé ailleurs.

L'hospice de la rue *Fuencarral* a une porte des plus curieuses: c'est un pêle-mêle d'ornements, enlacés les uns dans les autres, et d'une extrême lourdeur, en même temps qu'un notable spécimen de cette architecture *churriguéresque*, qui touche à l'extravagance. Le tableau de St Ferdinand, placé sur le maitre-autel, est de *Lucas Giordano*.

San Antonio de la Florida. Au pied de la montagne du *Principe Pio*, un peu au-delà de la station du chemin de fer du Nord, on trouve une petite église, construite en 1792, appelée *San Antonio de la Florida*; elle a été décorée par les meilleurs peintres du temps: *Maella, Gomez* et *Goya*.

La coupole et les voûtes, peintes à fresque, sont entièrement l'œuvre de ce dernier; l'ensemble de cette décoration, conçue à un point de vue fort réaliste, est très réussi. Les colorations en sont claires, largement et sobrement comprises, et de l'effet le plus spirituel et le plus harmonieux. C'est, en somme, une maitresse-page dans l'œuvre de l'artiste, que cette coupole de *San Antonio* et nous ne pouvons qu'engager le touriste et l'amateur à ne pas négliger de l'aller voir, s'ils veulent étudier, dans une de ses curieuses et piquantes productions décoratives, le talent original et personnel du peintre de Charles IV.

Pour clore cette revue rapide des monuments et des curiosités de Madrid, voici une liste des églises, où existent encore quelques ouvrages, peintures ou sculptures, dignes de remarque: celle de *San Marcos*, fondée en 1753; son ornementation est de *Juan de Mena* et de *Robert Michel*; celle de *San Ildefonso*, dont les sculptures sont de *Vergara le jeune*, et où se trouvent un *S! Herménégilde*, de *Carreño* et *une Descente de l'Esprit saint*, de *Barth. Carducci*; celle de *San Pedro*, où l'on montre un *Cristo de las lluvias* (Christ des pluies), de *Palomino* et des tableaux de *Francisco Rizi* et de *Herrera le jeune*; celle de *San Nicolás*, dont le *S! Eloi*, placé sur le maitre-autel, est de *Pascual de Mena* et où existe aussi un *S! Jean Baptiste*, de *Claudio Coello;* celle de *Santiago*, qui possède un *S! François d'Alonso Cano*, et un *Saint Jacques*, de *Francisco Rizi;* celle de *San Justo*, où il y a quelques bons tableaux, notamment *une Cène*, d'*Herrera le jeune*, et des sculptures de *Robert Michel*.

Dans l'église de *San Ginès*, nous notons un *Jésus au Calvaire* d'*Alonso Cano;* une *Annonciation* et une *Épiphanie*, de *Claudio Coello;* enfin, des toiles de *Carreño* et de *Giordano;* à celle de *San Luis* un *San Diego* et *une Cène* de *Claudio Coello;* à celle de *San Antonio del Prado*, des tableaux de *Pereda*, de *Claudio Coello* et de *Giordano;* à l'église des religieuses de *la Trinidad*, plusieurs toiles de *Palomino*, de *Claudio Coello*, de *Juan et Francisco Rizi*, de *Vander-Hamen*, du divin *Moralès* et de *Carducci*, ainsi que des sculptures de *Becerra;* à l'église *del Carmen*, un *Murillo* représentant *S! Joseph et l'enfant Jésus;* divers tableaux par *Andrés Vargas* et *Pereda;* ainsi qu'un *S! Jérôme* et un *San Dámaso*, de *Tristan*. A l'église de *San Juan de Dios*, on trouvera des ouvrages de *Palomino* et de *Giordano;* au couvent de *San Plácido*, des toiles de *Claudio Coello* et de *Francisco Rizi;* dans l'église du *Caballero de Gracia*, un *Carreño;* dans celle de *San Pascual*, un *Ribéra*, un *Titien* et un *Carreño;* aux *Capuchinas*, des œuvres de *Péréda*, de *Carreño* et de *Vincent Carducci*.

Le couvent de *l'Encarnacion*, fondé en 1616 par la reine Marguerite d'Autriche, femme de Philippe III, contient quelques peintures remarquables de *Pantoja de la Cruz*, *Bayeu*, *Hernandez*, *José del Castillo*, *Ribéra* et *Vander Hamen;* une *Annonciation*, placée sur le maitre-autel, de *Vincent Carducci* et, dans la sacristie, un tableau de *Bartolomé Roman*, dont les œuvres sont rares; les sculptures sont de *Juan de Mena*.

À *Sta Isabel*, on trouve un *saint Philippe*, de *Claudio Coello;* à *San Antonio de los Portugueses*, des fresques de *Giordano* et des tableaux de *Rizi* et de *Carreño;* au collège de *Léganès*, la *Présenta-*

tion au temple, par *Alonso del Arco;* à *las Recogidas*, un *Greco* et un *Carreño;* dans l'église des *Escolapios de San Antonio*, *la communion de St Joseph Calasanz*, de *Goya;* enfin, à l'église des Flamands, il y avait un très beau tableau de *Rubens*, représentant *le martyre de St André*, que l'on vient de transférer à la nouvelle église du *Barrio de Salamanca*.

Palais du duc d'Osuna. Nous avons déjà énuméré la plupart des palais remarquables de Madrid; nous ne pouvons omettre celui du duc d'Osuna, appelé le palais de *l'Infantado*, et qui renferme des objets d'art du plus grand intérêt artistique. C'est d'abord, un tableau de *Francisco Rizi*, représentant *l'entrée du duc d'Osuna, vice-roi des Deux Siciles, à Naples en* 1618; c'est, ensuite, *l'Hébé de Canova*, ce marbre d'une grâce si séduisante et d'une si rare élégance, une des plus jolies créations de ce maître. Le salon voisin est décoré de cinq beaux portraits de famille, peints par *Goya*, qui comptent parmi ses meilleurs et d'un superbe portrait du *duc de l'Infantado*, par *Pantoja de la Cruz*. Il y a, de ce même artiste, un *portrait de la princesse d'Eboli*, dont la vie fut si intimement liée aux plus graves événements du règne de Philippe II.

Nous signalons encore, le *portrait du cardinal Borja*, duc de Gandia et celui du *marquis d'Almenara*, tous deux de Velazquez; ce dernier est le même personnage qui figure au Musée du Prado, sous le N° 1.090; où le Catalogue le désigne avec le nom du comte de Benavente; un admirable *portrait de la duchesse del Infantado*, par *Van Dyck;* un *intérieur de corps de garde*, par *Teniers;* des tableaux de *Peter Neefs;* de charmantes miniatures; une *Ste Thérèse de Jésus*, attribuée à *Murillo;* une *Vierge*, de *Sassoferrato* et huit précieuses esquisses de *Rubens*, représentant des sujets mythologiques. Dans la chapelle on trouve deux beaux Christ; l'un d'*Alonso Cano;* l'autre, sculpté en ivoire, est un véritable chef-d'œuvre. L'immense escalier, conduisant aux bureaux de l'intendance, est orné de quatre tableaux de chasses et d'animaux par *Snyders*. On trouvera encore, dans les vastes dépendances de ce palais, un riche médaillier, une nombreuse bibliothèque et une *armeria*, où l'on gardait, jadis, les belles armures de la famille, armures dont il ne subsiste plus aujourd'hui qu'un petit nombre de pièces intéressantes.

IIIE RÉGION.

EXCURSIONS AUX ENVIRONS DE MADRID.

Carabanchel.—La Alameda de Osuna.—Tolède.—Aranjuez.—Cuenca.—El Pardo.—Riofrio.—La Granja.—Ségovie.—Alcalà de Hénarès.-Guadalajara.-Cogolludo.

Carabanchel. Ce village, à deux kilomètres de Madrid est relié à la Capitale par une ligne de tramways et se trouve situé de l'autre côté du Manzanarès, que l'on traverse sur le pont de Tolède. Sa proximité de la capitale, sa situation assez pittoresque, y attirent la riche bourgeoisie qui y a bâti de gracieuses villas. La plus remarquable, celle de *Vista-Alegre*, est un petit palais, construit en 1825 par la reine Christine. Devenue la propriété de M^r le marquis de Salamanca, qui y avait réuni des peintures, des sculptures et d'autres œuvres d'art, aujourd'hui à peu près dispersées, on n'y trouvera plus à présent que quelques sculptures, parmi lesquelles nous signalerons: un groupe en marbre de *Mars et Vénus*, de Canova; une *Psyché abandonnée* de Tenerani; *l'Esclave* de Tadolini; *un Brutus* par Vilches, et *une Madeleine* par Nanquié. On y voit encore quelques beaux meubles, entr'autres des bahuts italiens des XVIe et XVIIe siècles, des porcelaines de Sèvres et de Saxe et, comme peintures: un tableau de Bosch, *un banquet*, où l'auteur s'est abandonné aux habituelles fantaisies de sa capricieuse imagination; le tableau de Gisbert représentant *le Débarquement des Puritains dans l'Amérique du Nord*, etc.

Les jardins de cette résidence, vastes et bien entretenus, en font une des plus belles propriétés qui se puisse rencontrer aux alentours de Madrid.

Alameda de Osuna. On sort de Madrid par la porte d'Alcalà pour se rendre à *l'Alameda du duc d'Osuna*, charmante villa située à huit kilomètres de la capitale, qu'entoure un parc d'une riche et plantureuse végétation qui contraste agréablement avec l'aspect désolé et aride de la campagne environnante. Mais, toutes rares qu'elles soient aux alentours de la capitale, la beauté et la fraîcheur des ombreux jardins de l'Alameda ne suffiraient sans doute pas à y attirer le touriste et l'amateur, plutôt préoccupés de merveilles artistiques, si l'Alameda ne leur réservait pas une surprise bien autrement attractive. Il y a là vingt-sept peintures de *Goya*, de son meilleur temps et de son plus beau faire. C'est même principalement dans cette curieuse décoration que l'artiste et l'amateur pourront étudier tout un côté du talent de Goya, et non le moins piquant ni le moins aimable; car ces vingt-sept tableaux de genre, exécutés de 1787 à 1798, et placés à l'Alameda vers 1814, forment, dans leur arrangement le long des parois de vastes salles, quelque chose de pareil comme effet, à ce qu'on aurait obtenu de peintures décoratives ou de fresques. Des sujets anecdotiques ou familiers, encadrés le plus souvent dans de délicieux paysages, des scènes de mœurs, des motifs pittoresques, forment la plus grande part de ces amusantes compositions. Nous nous bornerons à citer les plus marquantes.

Notons d'abord: un *Déjeuner sur l'herbe*, une *Marchande de fleurs* et *la Moisson*, peintures d'une haute saveur et du plus ravissant effet; un *accident comique dans une partie de campagne*, spirituelle idylle à *la Fragonard; des Gitanos jouant sur une escarpolette, l'attaque d'une berline par des brigands, les Taureaux avant la course*, trois toiles d'une coloration admirable; le *Retour du marché*, très bel effet de neige, et encore, les *Saisons, le Mât de Cocagne*, la *Procession au Village* et *l'Apparition du Commandeur*, œuvres piquantes et d'une magie de couleur qui surprend, même au milieu de tant de morceaux hors ligne. N'oublions pas ces sujets fantastiques et bizarres, sortes d'indéchiffrables *Caprices*, où Goya évoque et mêle, dans sa verve endiablée, des sorcières en quête de quelque sabbat, des démons cornus, des boucs ou des ânes énormes, avec des jésuites et des inquisiteurs. Mais la plus étonnante toile de cette décoration est certainement *la Romeria de San Isidro*. Nous en empruntons la description à une excellente étude critique sur Francisco Goya et son œuvre, récemment publiée par Mr. P. Lefort: «*La Romeria*, »c'est la grande fête patronale »madrilène. Toute la population »est venue s'ébattre au long du »Manzanarès et la vaste prairie »qui, du coteau où s'élève l'Ermi-»tage du Saint, s'étend jusqu'au »bord de l'eau, est couverte d'une »foule immense, bigarrée, dia-»prée, s'empressant, s'agitant au-»tour des baraques de bateleurs, »des boutiques de marchands, des »cuisines improvisées et des ca-»barets en plein vent. Tout ce »monde pittoresque se divise en »mille groupes variés: ici, l'on »fait cercle autour d'un racleur de »guitare; là bas s'ébauche une »ronde; on se querelle, on danse »on boit, on se réunit, on se sé-»pare et, au milieu de toute cette »multitude fourmillante, on voit »courir des pages, des cavaliers, »des gardes du corps en habit »rouge, dans une indescriptible »mêlée de carrosses aux attelages »empanachés, et de *calesines*, aux »caisses peintes de couleurs féro-»ces, que bouleversent en s'enfu-»yant des mules rétives. Sur le »premier plan, dominant toute la

»fête, de belles dames abritées
»sous des parasols de soie rose,
»des personnages vêtus de costu-
»mes chatoyants, groupés dans
»des poses pleines d'abandon et
»de désinvolture, forment, à la
»scène qui se déroule sous leurs
»pieds, le cadre le plus ingénieux
»et le plus charmant. Au fond du
»tableau, par de là le Manzanarès,
»on découvre le Palais, avec ses
»jardins étagés en terrasses, et
»la ville avec ses tours et ses
»dômes. Voici *San Francisco el
»Grande, la Cuesta de la Vega* et,
»là-bas, le fameux *barrio de La-
»vapiés.*»

Pour compléter nos renseignements sur *l'Alameda* et sur les peintures de Goya, nous ajouterons que Mr. Laurent les a photographiées avec le plus grand soin, et qu'elles figurent dans son catalogue, page 118.

Les autres peintures qui existent à l'Alameda, à l'exception de deux grandes toiles de Snyders, n'offrent que peu d'intérêt. Signalons cependant encore, un portrait aux deux crayons, que l'on prétend être celui de Marie Antoinette, et qui porte la signature de Melle Roze, fille d'un peintre du Roi.

Les Ducs de *l'Infantado* possèdent une autre maison de campagne à *Chamartin de la Rosa*. C'est là qu'en 1808, Napoléon Ier signa le décret qui abolissait l'Inquisition en Espagne. Mais l'excursion la plus intéressante que le touriste puisse et doive faire aux environs de Madrid, c'est celle de Tolède.

Tolède. On se rend de Madrid à Tolède par la nouvelle ligne de *Ciudad-Real*, récemment ouverte au public, et dont la gare spéciale est située, à Madrid, sur la promenade de *las Delicias*. Au départ de Madrid l'on rencontre, successivement, les stations de *Getafe*, de *Parlá*, *Torrejon de Velasco*, *Yeles y Esquivia*, *Pantoja y Alameda* et d'*Algodor*, où cette ligne vient croiser l'embranchement qui de *Castillejo*, située sur la ligne d'Alicante, conduit à Tolède.

L'histoire de Tolède remonte à la plus haute antiquité: bâtie au sommet d'un rocher à pic, entourée presque de tous côtés par les profonds ravins du Tage et protégée, du côté de la plaine, par une forte muraille, sa situation en faisait aux temps anciens une position presque inexpugnable. Aussi, pendant la domination romaine et au cours des siècles qui suivirent, sa possession fut-elle souvent disputée. C'est ainsi qu'après avoir été conquise par le préteur *Marcus Fulvius Nobilior*, elle passa, au Ve siècle, avec le reste de l'Espagne, des mains des Romains, sous la domination des Goths. Ces derniers en firent leur capitale au VIe siècle. Deux siècles plus tard, *Rodrigue*, le dernier roi goth, fut vaincu, près des rives du *Guadalete*, par les Maures accourus d'Afrique.

Ici se place, à propos de l'invasion de l'Espagne par les Arabes, une légende citée par plusieurs historiens et que nous rapporterons en quelques lignes. Il s'agit de la mystérieuse *grotte d'Hercule*, dont les ramifications s'étendaient à trois lieues hors des murs. L'entrée, assure-t-on, fermée par une porte de fer soigneusement cadenassée, se trouvait au point le plus élevé de la ville, à la place qu'occupe aujourd'hui l'église de *San Ginès* et fut murée, par ordre du cardinal *Siliceo*, en 1546. A cet endroit, dit le légendaire récit, existait autrefois un palais fondé par Tubal, que restaura et agrandit Hercule, dont les Grecs firent plus tard un dieu, pour y établir son atelier de magie. Au moyen de son art, il construisit une tour enchantée, contenant des talismans et des inscriptions enaçantes, parmi lesquelles, entr'autres, on lisait: *qu'une nation féroce et barbare envahirait l'Espagne, lorsque l'on pénétrerait dans cette enceinte magique.* Tous les rois goths qui se succédèrent, craignant de voir réaliser la terrible prophétie, ajoutaient de nouvelles serrures et de nouveaux cadenas à la porte mystérieuse. *Rodrigue*, espérant trouver des trésors considérables dans le souterrain enchanté, se dirigea vers la grotte et, arrivé à la porte de fer, il y lut cette inscription, en caractères grecs: *Le roi qui ouvrira ce souterrain et pourra découvrir les merveilles qu'il renferme, verra des biens et des maux.* Les autres rois, ses prédécesseurs, effrayés de l'alternative, n'avaient pas osé passer outre; mais *Rodrigue* ordonna de briser les cadenas et de démasquer l'entrée. Il arriva bientôt à une chambre carrée, au milieu de laquelle se dressait une statue en bronze, de haute stature, et d'un aspect terrible; elle tenait à la main une masse d'armes dont elle frappait le sol à grands coups. *Rodrigue*, allant droit au colosse, lui demanda la permission de passer outre. Le guerrier d'airain, en signe d'adhésion, cessa de frapper la terre de sa masse d'armes: *Rodrigue* ne tarda pas à trouver un coffre, sur le couvercle duquel était écrit: *Celui qui m'ouvrira, verra des merveilles.* Le coffre ouvert, il n'en tira qu'une toile roulée, sur laquelle étaient figurées des troupes d'Arabes, à pied et à cheval, la tête ceinte de turbans, et armées de lances et de boucliers, avec une inscription, dont le sens était que *Celui qui aurait ouvert le coffre, perdrait l'Espagne, et serait vaincu par une nation semblable à celle peinte sur la toile.* Le roi *Rodrigue* sortit de la grotte, plein de trouble et de pressentiments funèbres. A la nuit, une tempête furieuse détruisit, avec un fracas épouvantable, la tour d'Hercule. Les événements ne tardèrent pas à justifier les sinistres prédictions de la grotte magique. Peu après, en effet, les Arabes, tels qu'ils étaient figurés sur la toile, se montrèrent aux Goths, coiffés de turbans et armés de lances et de boucliers de forme étrange. Ils envahirent rapidement la malheureuse terre d'Espagne, qu'ils devaient occuper pendant tant de siècles.»

Tombée au pouvoir des Arabes, Tolède fut gouvernée au nom des Califes d'Orient, par des chefs ou vice-rois, qui se déclarèrent bientôt indépendants. Les rois maures de Tolède y conservèrent leur souveraineté jusqu'à la prise de la ville par Alphonse VI, roi de Castille, en 1085, à la suite d'un siège qui avait duré plusieurs années. Tolède demeura la capitale des rois de Castille, jusque vers le milieu du XVIe siècle, époque où Philippe II transporta la cour à Madrid.

Elle perdit alors tout son éclat, et n'eut plus d'autre importance que celle qu'elle tira de son clergé: aujourd'hui ce n'est plus qu'un chef-lieu de province de second ordre; mais sa Cathédrale est toujours la *Métropole catholique* d'Espagne, et son archevêque, *le Primat* du Royaume. Au point de vue archéologique, on ne trouvera nulle part, comme à Tolède, des souvenirs historiques et des monuments plus nombreux et plus importants, curieux et précieux vestiges des diverses races qui l'ont successivement occupée.

L'aspect de Tolède est des plus pittoresques: la ville couronne des roches taillées presque à pic, d'où elle domine de trois côtés, et à plus de soixante mètres de hauteur, la belle vallée du Tage: un contrefort de la montagne, a forcé le fleuve à contourner la ville, en formant un fer à cheval, et à s'encaisser au fond d'un ravin, tout hérissé de rochers et d'un aspect âpre et sauvage.

Dans l'ascension que l'on est obligé de faire pour arriver à Tolède, et avant de traverser la rivière, on laisse à gauche, sur une hauteur, un amas de murs et de ruines d'un aspect pittoresque: c'est le château de *San Servando* ou de *San Cervantès*, construit par Alphonse VI pour défendre les approches du ravin où s'engouffre le Tage. Le pont sur lequel on le franchit, s'appelle le pont d'*Alcantara*: il est d'une seule arche; deux tours en commandent les extrémités et leur construction remonte au temps de Charles Quint.

En bas, sur les bords du Tage, on voit des moulins qui paraissent contemporains des Arabes; là s'élevait autrefois un engin hydraulique destiné à élever les eaux au niveau de la ville; on le nommait *el artificio de Juanelo*, architecte qui vivait dans la seconde moitié du xve siècle. Sur les assises de l'ancienne construction, on a installé depuis, une puissante machine qui est venue remplacer l'appareil et l'aqueduc du vieil architecte: les antiques voûtes, les assises, les arceaux, qui se voyaient encore il y a peu d'années, ont nécessairement disparu sous les constructions modernes.

On monte, par des plans inclinés, jusqu'au niveau de la place du *Zocodover* et, à mesure qu'on s'élève au-dessus de la plaine, la vue s'étend sur les rives en amont et en aval du Tage. A l'un des tournants de la route, on aperçoit, sur la droite, une belle porte nommée *la Puerta del Sol*, architecture du style appelé *mudéjar*, mélange des styles moresque, gothique et Renaissance.

En tournant le dos à la *Puerta del Sol*, on prend, à gauche, une petite rue montante; quelques pas plus loin, on passe sous une antique porte que l'on nomme *Arco del Cristo de la Luz;* c'est par là qu'Alphonse VI, fit son entrée dans Tolède, après s'en être emparée. Un peu plus loin, se trouve la curieuse petite chapelle nommée *Ermita del Cristo de la Luz*, dont la construction remonte à la première période de l'art arabe en Espagne, c'est-à-dire à l'époque même des Califes, au moins pour la partie antérieure de cette chapelle, qui a certainement dû servir de mosquée. La partie de l'abside est d'une construction postérieure; peut-être ne remonte-t-elle pas au-delà du xve siècle; mais les historiens de Tolède reculent sa construction jusqu'à l'époque de la domination des Goths et on y aurait, selon eux, exercé le culte chrétien, ou *mozarabe*, au temps même de la domination des Maures.

Alphonse VI, en pénétrant dans la ville, s'y arrêta et voulut qu'on y célébra la messe avant de passer outre; il y déposa l'écu de parade qu'il portait et qu'on y voit encore, suspendu à un arceau: c'est un écu en bois, avec une croix blanche sur champ de gueules. Ce fut sans doute à partir de ce moment, que cette ancienne et curieuse mosquée deneura consacrée au culte catholique. On y a découvert, récemment, d'anciennes fresques dont on fait remonter l'origine au xie siècle.

Redescendons à la *Puerta del Sol*. En suivant la route qui conduit à la ville, on se trouve au *Miradero*, sorte de terrasse, en manière de balcon, d'où l'on jouit d'une vue très étendue sur la campagne et les faubourgs de Tolède. Ici commence l'écheveau embrouillé des rues de la ville. A droite est le couvent de *Santa Fé*; on y frappa monnaie jusqu'à la fin du xve siècle; son église possède quelques bonnes peintures, entr'autres: un tableau représentant *Jésus portant la croix*, de l'école italienne et un *Ecce homo* de Moralès. Nous voici à deux pas de *Zocodover*: c'est une belle place entourée d'arcades, le centre d'activité de la ville et, à la fois, une promenade agréable et spacieuse.

Les rues de Tolède sont étroites et sinueuses: comme elles s'étendent sur sept collines de pente rapide, on y trouve rarement des plans horizontaux, et si les rues sont difficiles à descendre, elles sont encore plus pénibles à gravir. En revanche, la ville est fort propre, grâce à l'inclinaison de ses rues et aux égouts que, par sa situation élevée, on a pu creuser sous chacune d'elles. Rien de pittoresque d'ailleurs, comme les rues de Tolède, avec les surprises qu'elles ménagent au visiteur. A chaque pas, c'est un bout de sculpture, ou bien une porte encadrée d'ornements, garnie de clous gigantesques et de ferrements ouvragés; ou bien, c'est un parement de brillants *azulejos* qui viennent égayer les yeux; tantôt c'est une grêle colonnette en marbre, qui trahit son origine arabe; d'autres fois, les rues se rétrécissent au point de pouvoir toucher des mains les deux murs à la fois; ou bien encore, elles arrivent à former un enchevêtrement inextricable où, sans guide, on est sûr de perdre son chemin. Sans horizon, sans perspective possibles, on cherche en vain alors, une tour, ou un édifice qui puisse servir de point de repère: il aurait fallu procéder comme ces deux artistes parisiens, qui avaient imaginé de tracer au charbon, sur les murs, des flèches qui devaient leur servir à retrouver leur route.

Au milieu de la place de *Zocodover*, et sous l'horloge, s'élève une porte voûtée que l'on nomme *Arco de la Sangre*; en passant sous cette porte et après avoir descendu quelques marches, on pénètre dans la rue sur laquelle elle débouche, et on trouve, à main gauche, l'hôpital de *Santa Cruz*, fondé en 1494 par le cardinal Gonzalez de Mendoza, terminé en 1514. C'est un bel édifice, dans le style de la Renaissance espagnole; son portail est un chef-d'œuvre de décoration, d'une finesse et d'une délicatesse merveilleuses. Son église, aujourd'hui abandonnée, a la figure d'une croix grecque, c'est-à-dire qu'elle a quatre bras égaux qui, successivement coupés, ont réduit l'église de moitié. On y conserve six cartons attribués à Jacques Jordaens et qui ne sont que des reproductions des esquisses de Rubens: ces cartons ont servi à l'exécution d'autant de tapisseries pour la cathédrale. Il existe dans cet édifice un magnifique escalier; nous en retrouverons un autre, du même temps, dans le palais épiscopal d'Alcalà d'Hénarès.

L'Alcazar, qui domine ce quartier ou plutôt toute la ville, puisqu'il occupe la partie la plus élevée de Tolède, est un bel édifice presque entièrement réédifié par Charles Quint et par Philippe II, sur l'emplacement même de la forteresse des Goths, conservée par les Maures. Incendié en 1710 par les armées des Allemands, Anglais, Hollandais et Portugais alliés, pendant la guerre de Succession, pour soutenir la cause de l'Archiduc d'Autriche contre Philippe V, il fut reconstruit, en 1772, sous Charles III, par l'architecte *Ventura Rodriguez*, qui en restaura le magnifique escalier. Incendié une nouvelle fois en 1812, postérieurement à l'occupation française, il a été l'objet d'une restauration toute récente, pour y installer l'École d'infanterie qui l'occupe actuellement. De ses quatre façades, celle du midi est l'œuvre de *Juan de Herrera*, qui la construisit de 1571 à 1584; la façade du coûchant remonte au XVe siècle, au règne des Rois Catholiques; celle du levant est la plus ancienne: elle remonte au XIIIe siècle et elle est contemporaine d'Alphonse le Sage. La façade principale, qui regarde au Nord, est du temps de Charles Quint: elle fut construite par *Covarrubias;* chef-d'œuvre d'élégance, elle est de beaucoup la plus grandiose des quatre façades, par ses belles et nobles proportions. Les mascarons qui décorent les fenêtres, ainsi que diverses autres sculptures, sont de *Berruguete;* les deux statues des rois d'armes qui décorent le portail sont de *Juan de Mena*.

On entre dans un vaste et splendide *patio*, qui offre un superbe coup d'œil; des colonnes qui en font tout le tour, supportent une galerie à la hauteur de l'étage principal; en face, s'ouvre l'escalier d'honneur dont les proportions sont singulièrement heureuses: c'est l'œuvre de *Villalpando*, continuateur de Covarrubias; il fut terminé par *Juan de Herrera*. Au centre de cette cour, on vient de placer une reproduction du beau groupe en bronze de Pompeyo Leoni, représentant *Charles Quint triomphant de la Fureur par la Vertu*, dont nous avons vu l'original au Musée de Sculpture du Prado à Madrid.

L'oratoire, ainsi que diverses autres parties de l'édifice que les rois Catholiques avaient habitées, ont également été complètement restaurés. Aux quatre angles du palais s'élèvent des tours carrées: chacune sert de cage à un escalier dont chaque marche de granit, à l'aide d'une taille ou appareillage spécial, forme un escalier à deux voies indépendantes.

L'église du couvent de *San Juan de la Penitencia*, qui se trouve tout près de l'Alcazar, est une des plus curieuses de Tolède. Le couvent fut fondé en 1514, par le cardinal Jimenez de Cisneros Il fit conserver quelques parties des antiques palais dont le couvent occupait l'emplacement. Ces parties sont toutes du style arabe, et sont ornées de beaux lambris. L'église offre un mélange d'art gothique, arabe, renaissance, même greco-romain, des plus bizarres: los voûtes lambrissées, sont des plus belles que l'on puisse voir et, malgré les affreux replâtrages dont une partie des murailles est recouverte, on aperçoit encore, sous le badigeon, de beaux vestiges d'ornementation moresque, à côté des insipides sculptures *churriguéresques* qui s'étalent un peu partout.

Il y a quelques bonnes peintures dans cette église, des sculptures de mérite et l'on y remarque surtout, la riche tombe du fondateur, l'évêque d'Avila, *Don Francisco Ruiz*, mort en 1528: elle a la forme d'un autel, orné de son retable, et est taillée dans le marbre blanc.

Dans la paroisse de *San Justo y Pastor*, se trouve une petite chapelle fondée par *Jean Guas*, l'architecte de la magnifique église de St Jean des Rois; on remarque, peint sur le retable de cette chapelle, un chevalier à genoux devant la Vierge; il n'est guère probable, comme le disent les guides, que ce soit là le portrait d'un pauvre architecte.

Santo Tomé se recommande par sa belle tour arabe, d'une élégance et d'une grâce exquises et qui rappelle les minarets d'Orient. L'église fut réédifiée au commencement du XVe siècle, grâce aux largesses du Comte d'Orgaz, dont les funérailles ont fourni au *Greco* le sujet d'un de ses plus beaux tableaux. Nous en avons déjà vu l'esquisse à l'Académie de St Ferdinand à Madrid: le tableau lui même, qui existe dans l'église de *Santo Tomé*, est beaucoup plus important.

Le Greco a peint, dans la partie supérieure, *une Gloire* qui complète heureusement l'effet général de sa composition. Ce tableau fut exécuté en 1584, et payé vingt-quatre mille neuf cents réaux par le curé de la paroisse, qui, dit-on, ne serait autre que le prêtre figuré au premier plan tenant un livre à la main; le petit page de gauche portant un cierge, serait aussi le portrait du fils du *Greco*.

A l'exception de ce *Greco*, l'église n'a guère de remarquable qu'une chapelle du style ogival et la belle statue en bois peint, du prophète Elie, attribuée à *Alonso Cano* et qui était placée, il y a quelques années encore, dans l'église de St Jean des Rois.

Tolède abonde en curieux détails de construction dans les maisons particulières: les portes de ces hôtels sont généralement intéressantes; nous citerons, parmi les plus belles, celle de la *casa de Ayala*; la porte de la maison *Alegre*; celle du couvent de *San Antonio*; le joli portail du collège *de los Infantes*, qui se trouve derrière la Cathédrale; de ce même côté on peut voir aussi, le portail si curieux et si pittoresque de la *Posada*, ou auberge de *la Hermandad*. Citons encore, le palais du comte de *Fuensalida*, où mourut l'impératrice Isabelle, femme de Charles Quint; *la casa de Mesa*, où l'on fait voir une superbe salle, du style arabe postérieur à la conquête, qui est une merveille d'ornementation; puis, tout auprès de la Cathédrale, à l'endroit nommé *el taller del Moro*, les restes d'un palais dont l'architecture est du style moresque de la troisième période; c'est-à-dire dans le genre de l'Alhambra de Grenade et de l'Alcazar de Séville. On n'a conservé de ce palais que trois salles malheureusement très enfumées, mais d'une merveilleuse décoration; c'est dans cet édifice, qu'étaient installés les architectes de la Cathédrale lors de sa construction.

Le couvent de *San Pedro*, où se trouvent aujourd'hui installés les établissements de bienfaisance de la province, est un édifice remarquable; il fut fondé en 1407 et augmenté successivement jusqu'en 1500. On attribue à *Berruguete* les deux statues représentan *la Foi* et *la Charité* qui décorent son portail; à l'intérieur, on trouve quelques bonnes toiles, entr'autres un *St Ambroise et un St Augustin* On y conservait, il y a peu d'années encore, une margelle de puits arabe; nous la retrouverons au Musée provincial de St Jean de Rois, où elle a été transférée.

Santa Maria la Blanca est une ancienne mosquée arabe dont la construction remonte au temps des Califes, c'est-à-dire à la première période de l'art arabe en Espagne. Après la conquête sur les Maures, au XIIe siècle, cette mosquée fut convertie en synagogue. En 1405, les chrétiens du faubourg de *Santiago*, chassèrent de leur temple les Juifs et convertirent cette primitive mosquée en église chrétienne, sous le nom de *Sainte Marie la Blanche*; le cardinal *Siliceo* construisit, à côté, un couvent-refuge pour les femmes repenties. L'aspect extérieur de cet édifice est pauvre et mesquin, mais sa décoration intérieure est des plus curieuses: elle est du style *mudéjar* et le plafond est en bois de mélèze, avec des incrustations en nacre.

A quelques pas, se trouve une autre synagogue non moins intéressante: c'est l'église de *Nuestra Señora del Tránsito*, qui fut construite en 1366, aux frais de *Samuel Lévi*, argentier de Pierre le Cruel, par l'architecte *Rabi Meir*; elle fut consacrée au culte hébreu, jusqu'au moment de l'expulsion des Juifs, en 1492, où elle devint la propriété des chevaliers de Calatrava. Son architecture est du style *mudéjar*. A l'intérieur s'étend une large frise, décorée de jolis ornements dans le goût arabe, avec des inscriptions en hébreu, à la louange du roi Don Pedro, de Samuel Lévi et de l'architecte; la couverture est lambrissée; le retable qui en occupe le fond, appartient au style gothique du XVe siècle.

Près de l'église de *Nuestra Señora del Tránsito*, se trouvent les ruines d'un palais construit par *Samuel Lévi* et que *Don Pedro* lui confisqua, avec le reste de ses biens, lorsqu'il tomba en disgrâce: c'est dans ce palais que demeurait le marquis *Don Enrique de Villena*, nécromancien fameux par sa science dans les arts occultes. Il avait une confiance si grande dans sa puissance magique qu'il se fit, dit-on, couper en morceaux par un serviteur fidèle, avec la conviction qu'il reviendrait à la vie, pourvu que les morceaux de son corps fussent soigneusement réunis et renfermés dans une fiole. Mais, ajoute la légende, il avait compté sans son hôte: le soupçonneux tribunal du Saint Office, ayant eu vent du sortilège et peu soucieux de voir le marquis de Villena revenir à la vie, s'empressa de confisquer la fiole enchantée: ainsi fut anéanti un adversaire, dont il redoutait la puissance non moins ténébreuse que la sienne.

Près de là s'élevait le palais qu'habitait *Samuel Lévi*, dont le portail, encore debout, atteste la magnificence du riche banquier. Enfin, les sœurs de *Santa Isabel* occupent aujourd'hui le Palais dit de *Pierre le Cruel*: outre sa remarquable porte, il existe, à l'intérieur, des parties de décoration moresque d'une très grande richesse; l'église du couvent conserve aussi des traces de ce même style décoratif.

En sortant de l'ancienne synagogue de *Santa Maria la Blanca*, on se trouve à quelques pas de *San Juan de los Reyes* et de son cloître merveilleux.

San Juan de los Reyes est le plus beau monument de l'époque du gothique fleuri que possède l'Espagne; c'était primitivement une vaste construction, dont il ne reste debout que l'église et le cloître lui-même à demi-ruiné. Ce monastère fut bâti en 1476, par Ferdinand et Isabelle, à l'occasion de la fameuse bataille de Toro, gagnée sur le roi de Portugal, qui soutenait les revendications à la couronne de Castille de *Doña Juana*, surnommée *la Beltraneja*. L'architecte est le flamand *Jean Guas*. Le portail de l'église, postérieur d'un siècle, est de *Covarrubias*, qui s'efforça de suivre le plan de son prédécesseur.

En pénétrant à l'intérieur de l'église, on est frappé d'admiration à la vue de la légèreté et de l'élégance des nervures de la voûte et de son ornementation si gracieuse et si hardie. Partout l'exécution en est si finement traitée et si délicate, qu'elle semble une ciselure; les deux tribunes latérales surtout, sont des merveilles. Puis viennent, à droite et à gauche, les admirables frises qui réunissent les grands écussons des Rois Catholiques. Ces écussons eux-mêmes produisent un effet superbe: ils sont en relief et fouillés au ciseau, à des profondeurs incroyables et d'une richesse de détails inouïe. Sur la droite, en regardant l'autel, existait, il y a peu d'années encore, la remarquable statue du prophète Elie, d'*Alonso Cano*, que l'on a transportée à l'église de *Santo Tomé*.

Mais rien ne mérite autant l'admiration que le cloître, avec ses arcs élancés, portant une double guirlande de feuilles, de fleurs, d'oiseaux et d'animaux chimériques et grotesques, avec ses fines colonnettes et ses piliers cachant la statue de quelque saint, reposant sur un riche piédestal et couronnée d'un dais à jour, découpé comme de la dentelle. Nous ne saurions trop le redire: ce cloître est une merveille, en même temps qu'un magnifique spécimen de l'art gothique dans son plein épanouissement.

En dehors du cloître, et au-dessus de la porte du couvent qui conduit aujourd'hui au Musée provincial, se trouve une grande croix de style gothique, surmontée d'un pélican; à droite et à gauche sont placées les statues de St Jean et de la Vierge Marie, dans lesquelles on veut reconnaître les portraits de Ferdinand et d'Isabelle.

Tout autour de l'église on a suspendu, en manière d'ex-voto, les chaînes et les menottes des captifs chrétiens rendus à la liberté par la prise de Grenade.

A l'étage supérieur du Musée, on a formé une collection de tableaux: on y trouve quelques peintures auxquelles il ne manque peut-être qu'une restauration habile, pour leur faire recouvrer toute leur valeur artistique. Dans la salle principale, on voit les traces de ce qui constituait jadis la cellule du fameux cardinal Cisneros, dont le fanatisme religieux a privé la postérité de tant de manuscrits et de documents précieux, à cause de leur provenance mahométane.

Mais parcourons rapidement le Musée et analysons ce qu'il renferme d'intéressant. Notons, comme particulièrement remarquables, de très beaux tableaux de Franck, représentant des passages de la légende de l'*Enfant prodigue*; cinq ou six panneaux de l'école des Van Eyck; deux beaux portraits du Greco, l'un représentant *Juan d'Avila*, l'autre, le *Gre-*

co, lui-même. Puis, par le même artiste, une curieuse *Vue de Tolède*, prise à vol d'oiseau, où le fils du peintre est représenté tenant dans sa main le plan de la ville; une très belle *Madeleine*, d'une exécution étonnante; enfin, une esquisse de *l'Enterrement du Comte d'Orgaz;* un *Ecce Homo* et quelques apôtres de Rizi; une *Vierge au scapulaire*, d'Alonso del Arco; *Jésus et sa Mère*, de Giovanni Bellini, mal conservé; un très beau portrait peint par Tristan; une *Sainte famille* de Ribéra; un *Crucifix* attribué à Ribalta; enfin une collection de cartons peints par Borcht, d'après des tableaux de Teniers, Wouwermans et autres, qui ont servi à l'exécution des tapisseries de l'Escurial et du Pardo.

Le Musée est très riche en stèles, dalles, monuments votifs, portant des inscriptions romaines et arabes, ainsi qu'en fragments d'architecture moresque. On y trouvera encore, quelques belles armes, des lames de Tolède, plusieurs margelles de puits en faïence ou en marbre, avec des inscriptions couffiques; notons surtout, celle, de si jolies proportions, qui se trouvait il y a quelques années, au couvent de *San Pedro mártir*, et dont l'inscription, en caractères du xie siècle, indique qu'elle avait été faite pour une des citernes de l'ancienne cathédrale. Toutes ces margelles portent les traces profondes de la corde qui servait à monter l'eau, les Arabes ne connaissant pas l'usage de la poulie.

Avant de sortir du Musée, jetons un regard sur le beau buste en marbre de l'architecte *Juanelo*, attribué à Juan de Juni.

L'église de *San Juan de los Reyes* domine le Tage de ce côté: à ses pieds se trouve le pont Saint Martin.

Comme au pont d'Alcantara, situé à l'autre extrémité de la ville, deux poternes en défendent l'accès. A quelques pas, et en descendant le fleuve, subsistent encore les assises d'une tour arabe en ruines, que l'on appelle le *Bain de la Cava;* c'est là que, d'après la tradition, la belle *Florinda*, fille du comte *Julien*, se baignait quand elle fut aperçue par le roi *Rodrigue*, dernier roi Visigoth, qui la séduisit. Pour se venger de cet outrage, le comte *Julien* s'allia avec les Maures d'Afrique et leur ouvrit les portes de l'Espagne en leur livrant Héraclée ou Gibraltar. Les Maures, ayant à leur tête *Tarif*, battirent les troupes de *Rodrigue* et l'année suivante, en 714, le pouvoir des Goths s'écroulait à la suite de la bataille du *Guadalete* près de Jerez; moins de trois ans après, l'Espagne était sous le joug des Arabes. Le roi *Rodrigue* s'en alla mourir à Viseo, où l'on a retrouvé son tombeau, le comte *Julien* continua ses trahisons et *Florinda* reçut du peuple, le surnom méprisant de *la Cava*. C'est ainsi que, d'après le *Romancero*,

> Florinda perdió su flor;
> El Rey quedó arrepentido,
> Y obligada toda España
> Por el gusto de Rodrigo.

La proximité des ruines du palais de *Rodrigue*, qui dominent le Tage à cet endroit, explique, sans autrement la justifier, la tradition qui a donné à la tour, encore debout aux bords du fleuve, le nom de *Bain de la Cava*. Cette tour pourrait bien n'être que la tête d'un pont, dont on voit encore une des piles émerger à fleur des eaux; peut-être servit-elle à en défendre l'entrée. Une inscription arabe, tracée sur la colonne de gauche de la porte, permettrait sans doute d'éclaircir ou de confirmer cette hypothèse.

La porte de *San Martin* est décorée d'une statue de *S! Julien* de Berruguete; sur la porte *del Cambron*, on trouve une *Sainte Léocadie* du même artiste. Enfin, le *S! Eugène* de la porte neuve de *Bisagra*, est aussi de lui; quant à cette porte, elle date du temps de Charles Quint, dont on voit l'immense aigle à deux têtes décorer la partie qui fait face à la campagne. A une centaine de pas, à droite, on voit, encore debout, les anciennes murailles arabes de la ville, ainsi qu'une ancienne et très belle porte du même temps, qui porte le nom de *Bisagra lodada*, c'est-à-dire murée. Quant au nom de *Bisagra*, qui en espagnol veut dire *gond* ou *charnière*, il est possible que ce soit là, la première porte à laquelle ce genre de ferrure fut adapté, les autres ouvertures de la ville se fermant par des portes à coulisses, dont on retrouve encore les traces.

Tout près de la porte vieille de *Bisagra*, se trouve l'église de *Santiago*, dont l'architecture, et surtout la tour, sont de style arabe. Parmi les vingt-six paroisses qui, il y a peu d'années, se partageaient encore la ville, il en reste beaucoup à mentionner, qui contiennent des œuvres remarquables. A *Santa Clara*, on trouvera des tableaux du Greco et de Tristan et un plafond arabe d'un beau travail; la paroisse de *San Juan Bautista* possède deux tableaux d'Alonso del Arco et un autre tableau du Greco; trois autres bons tableaux du même peintre, se trouvent dans la chapelle de *San José*. L'hôpital des fous, appelé communément *el Nuncio*, possède un crucifix de Goya; *l'Université*, un *S! Jean Baptiste*, de Tristan; au Séminaire enfin, il y a divers tableaux de ce même Tristan.

Dans la paroisse de *San Salvador* il existe une merveilleuse chapelle de style gothique, dédiée à Sainte Catherine, fondée, à la fin du xve siècle, par *Don Fernando Alvarez de Toledo*, secrétaire des Rois Catholiques. *San Andrès* possède un *Calvaire* et deux portraits de Semini, deux toiles du Greco et une *Adoration* de Vande père, peintre du duc d'Albe. *San Roman*, ancienne mosquée, a conservé ses lambris moresques, sous les plâtras de son plafond; nous y notons un tableau de Tristan. C'est dans la tour de cette église qu'Alphonse VIII fut amené et proclamé roi de Castille. A *San Miguel*, nous remarquons des peintures de Caxès, de Pedro Orrente, une *Naissance du Christ*, de Juan de Toledo et quelques autres bonnes toiles.

Arrivons à la **Cathédrale**. Si son architecture est à l'extérieur d'une richesse moindre que celle de la Cathédrale de Burgos, elle renferme, en revanche, d'incomparables œuvres d'art, qui en font peut-être la plus riche église d'Espagne. Comme celle de Burgos, elle est enclavée au milieu de constructions qui empêchent qu'on en voie l'effet général. Elle est d'ailleurs toute entourée d'un grand nombre de chapelles (on n'en compte pas moins de vingt-trois), qui sont autant de petites églises. Construites par leurs fondateurs, à des époques diverses, pour en faire des lieux de sépulture, elles sont comme greffées sur le monument principal, avec lequel elles communiquent par des vestibules, ou dont elles ne sont séparées que par des grilles de fer ouvragé, du plus merveilleux travail. La plupart de ces chapelles sont, du reste, sous quelque invocation particulière, et jouissent d'une sorte de régime ecclésiastique indépendant.

La Cathédrale de Tolède est construite dans le style ogival, à l'exception de quelques parties où apparaissent, avec l'ornementation de la Renaissance, les exubérances décoratives du style *churriguéresque*, si bien faites pour déparer les monuments les plus beaux. Fondée en 587, sous *Récarédo I*^{er}, roy goth qui se fit catholique, c'est vers 667, s'il faut en croire une pieuse tradition, que la Vierge y apparut à St Ildephonse, évêque de Tolède. Après l'invasion des Arabes, la cathédrale devint une mosquée. Les Maures la conservèrent par capitulation, même après l'entrée triomphante d'Alphonse VI dans Tolède, jusqu'à ce qu'une nuit, les Chrétiens, violant leur promesse, s'en emparèrent par un coup de main et la consacrèrent de nouveau à leur culte. Ferdinand III démolit le temple primitif et jeta, en 1227, les fondements de la somptueuse cathédrale actuelle: elle ne fut achevée que 266 ans après, en 1493. Le premier architecte en fut *Pedro Perez*, mort en 1285, et le dernier, *Jean Guas*, le même qui bâtit St Jean des Rois.

La façade principale, tournée vers l'Occident, est richement décorée de figures d'anges, de statues de saints et de prophètes: sur la corniche est représentée *la sainte Cène*; à gauche, dans l'angle, s'élève la tour qui a 90 mètres de hauteur; à droite, à l'autre angle, se présente la chapelle *mozarabe*, surmontée d'une gracieuse coupole octogonale, œuvre de *Georges Theotocopuli*, fils du Greco.

La Cathédrale compte un grand nombre de portes extérieures, dont les plus remarquables sont: *la porte du Pardon*, placée au centre de deux autres, sur la façade principale; *la porte des Lions*, orientée au midi, du style gothique. Ses proportions, ainsi que son ornementation d'une sévérité relative, sont remarquables. Quant aux portes mêmes, elles sont en bronze et ont coûté dix années de travail.

En pénétrant dans la cathédrale par le cloître, on rencontre deux autres portes: la première se nomme la porte de *la Presentacion;* c'est sans contredit la plus belle. Sa décoration appartient à la meilleure époque de la Renaissance; elle est d'une profusion de détails extrême: un beau bas-relief représentant le mystère de *la Présentation de la Vierge*, surmonte la clef de l'arc. Vient ensuite la porte de *Santa Catalina*, la plus ancienne en date, qui est surmontée *d'une Annonciation*, peinte en 1584, par Louis de Velasco.

En pénétrant dans l'intérieur de la Cathédrale, on est frappé du mystérieux effet de la lumière, qui enveloppe et harmonise si admirablement les contours de l'ornementation, éteignant la crudité de certains tons et particulièrement les dorures. Ce séduisant demi-jour est dû aux magnifiques vitraux du maître peintre verrier *Dolfin;* commencés par lui en 1418, ils furent terminés en 1560, par la famille des *Nicolas de Vergara*.

Partagée en cinq nefs, dont la principale s'élève à une hauteur prodigieuse, la Cathédrale est, comme dans toutes les églises d'Espagne, occupée au milieu par le Chœur qui fait face au maître-autel; les nefs latérales communiquent avec les vingt-trois chapelles. Toutes contiennent des tableaux, des sculptures, ou des objets d'art d'un certain mérite, et en si grand nombre, que nous devrons nous borner à en donner une indication sommaire.

Nous appellerons l'attention du touriste sur les beaux et curieux travaux de serrurerie qui y abondent. Les grilles des chapelles sont les œuvres d'un groupe spécial d'artistes, que l'on appelait *maestros rejeros*. Nous en trouverons ailleurs de plus anciennes que celles de la Cathédrale de Tolède; mais nulle part on n'en verra de plus belles. La plus extraordinaire par ses proportions monumentales, est celle du maître-autel. Cette superbe grille, œuvre de *Francisco de Villalpando*, fut terminée en 1548, après dix années de travail et payée 470.680 réaux. Le retable de la chapelle principale date de l'an 1500: il est du style gothique fleuri et taillé dans du bois de mélèze, réputé incorruptible, et tout doré, à l'exception des figures et des costumes coloriés au naturel. Ce beau travail coûta quatre années à vingt-sept sculpteurs des plus fameux de l'époque, dirigés par les maîtres *Alfonso Sanchez* et *Felipe de Vigarni* ou de *Borgoña*, qui se chargea spécialement de la peinture et de la dorure: il fut terminé en l'an 1504, l'année même de la mort d'Isabelle la Catholique.

Le Chœur, placé en face du maître-autel, est fermé par une grille, œuvre du *maestro rejero Domingo Cespedès*, qui la termina en 1548. Il est garni de trois lutrins, dont l'un, figurant un aigle, fait en 1646, par *Vicente Salinas*, repose sur une base gothique sculptée en Allemagne en 1425; ce lutrin est de bronze doré. Mais ce qu'il y a surtout d'admirable, ce sont les trois rangs de stalles qui garnissent le Chœur. La partie inférieure est l'œuvre du *maestro Rodriguez* qui la termina en 1495. Exécutée en bois de noyer et dans le style gothique fleuri, la décoration figure divers épisodes de la conquête de Grenade, de la plus prodigieuse richesse d'invention.

La partie haute est l'œuvre d'*Alonso Berruguete* et de *Felipe Vigarni*, qui entreprirent cette décoration par moitié: les sièges qui sont à la gauche du trône de l'archevêque, celui-ci compris, sont de *Vigarni*; la mort le surprit quand il y travaillait. Ce fut *Berruguete* qui le termina en 1543, et sculpta les trente-cinq stalles qui sont à la droite du siège épiscopal. Ces sculptures sont en bois de noyer, avec des incrustations de bois divers, de jaspe et d'albâtre; elles sont du style Renaissance et réputées avec juste raison pour de parfaits modèles de richesse et de goût. Deux orgues magnifiques, complètent admirablement l'ornementation du Chœur; à l'extérieur, il y a des médaillons en haut relief représentant divers passages de la Bible, exécutés en 1380. Derrière le Chœur se trouvent deux statues: *le Péché* et *l'Innocence*, qui sont de *Nicolás de Vergara*; le médaillon du centre est d'*Alonso Berruguete*.

Mentionnons encore, le superbe tombeau du Cardinal *Mendoza*, placé entre le Chœur et le maître-autel, et qui est l'œuvre d'*Alonso Covarrubias* et, enfin, derrière le retable du maître-autel, ce que l'on appelle *el Trasparente*, audacieuse trouée faite, en 1732, par *Narciso Tomé*, dans la voûte de la nef, dans le but d'éclairer cette partie de l'église, sur l'ordre du cardinal *Diego de As-*

torga y Cespedès, qui est enterré là. On ne peut s'empêcher de remarquer que l'écrasante richesse et la lourdeur de cette œuvre, du goût le plus détestable, jurent singulièrement avec tout ce qui l'entoure. Sous le maître-autel existe la chapelle du St Sépulcre, où se trouvent des sculptures de *Vigarni* et un tableau du massacre des Innocents, par *Francisco Rizi*.

Nous passerons en revue les diverses chapelles de la Cathédrale, en commençant par la chapelle *Mozarabe*. Le rite gothique ou des Apôtres, en usage en Espagne durant la domination des Goths et conservé par les Chrétiens pendant l'occupation des Arabes, fut appelé rite *mozarabe*, de l'appellation qu'on donnait aux Chrétiens mêlés aux Arabes. A la fin du xie siècle, le rite romain ou latin, fut introduit dans toute l'Espagne; l'ancien rite gothique ou *mozarabe*, s'est cependant perpétué, en vertu d'un privilège spécial, mais dans cette seule chapelle. On y remarquera une mosaïque italienne, datant de 1794, représentant *la Vierge et l'enfant Jésus*, qui coûta, dit-on, cent mille francs au cardinal Lorenzana; un crucifix, plus grand que nature, taillé dans un morceau de racine de fenouil, rapporté d'Amérique en 1590; puis, la fresque peinte en 1514, par *Juan de Borgoña* et qui représente *la Conquête d'Oran par le cardinal Cisneros*, très curieuse au point de vue des costumes, des armes de tout genre, et des formes des navires alors en usage. Il y a, dans cette même chapelle, quelques beaux tombeaux, élevés par *Covarrubias* en 1514.

La chapelle de *San Eugenio* est fermée par une belle grille, œuvre du *maestro Pedro y Oliver*, en 1500; on y remarque divers panneaux peints en 1516, par *Juan de Borgoña*.

Près d'une peinture colossale de *St Christophe*, se trouve un tableau de Luis Tristan, représentant *St François de Paule;* on remarquera également le grand orgue.

Dans la chapelle de *San Ildefonso*, se trouve un magnifique tombeau de marbre exécuté en Italie: il est orné de figures coloriées par *Pedro Lopez de Tejada* en 1545, et renferme les restes de l'évêque d'Avila, *Don Alonso Carrillo de Albornóz*.

La plus remarquable chapelle de la Cathédrale est sans contredit celle de *Santiago*, de forme octogonale et décorée durant la plus belle période du style gothique fleuri. Au milieu de cette chapelle s'élèvent de superbes tombeaux en marbre blanc, de style gothique, sur lesquels sont couchées les statues du connétable *Don Alvaro de Luna*, qui fut décapité en 1453 et de sa femme *Doña Juana Pimentel*, qui mourut en 1488. Ce sont là de magnifiques chefs-d'œuvre dus au ciseau de *Pablo Ortiz*, qui exécuta ce travail vers 1489. On prétend que le connétable avait, de son vivant, commandé son mausolée et qu'il avait voulu que sa statue, ployant les genoux pendant la messe, s'étendit de nouveau à la fin de l'office.

On ajoute que ce bizarre et ingénieux monument, aurait été enlevé par ordre de la grande Isabelle, à cause de l'irrévérencieuse curiosité dont il était l'objet parmi les fidèles, au moment des offices.

Disons quelques mots du personnage illustre, dont les restes reposent dans cette somptueuse chapelle.

Don Alvaro de Luna n'avait

que vingt ans quand il entra, en qualité de page, en 1408, au service du roi Jean II, alors encore jeune et sous la tutelle de sa mère, la reine *Doña Catalina*. Une amitié étroite lia bientôt les deux jeunes gens: on s'aperçut de l'ascendant qu'il avait pris sur le roi quand on voulut, pour l'y soustraire, les séparer l'un de l'autre: le monarque tomba dans un si profond état de tristesse et de mélancolie, qu'on dut faire revenir à la hâte le jeune *Don Alvaro*. Sa faveur fut alors des plus grandes; il occupa bientôt la plus haute charge du royaume, celle de Connétable de Castille.

En 1431 il commandait à la fameuse bataille de *la Higueruela*, où les Maures, mis en déroute, furent poursuivis jusque sous les murs de Grenade. La victoire d'*Olmedo*, gagnée par lui, sur le prince d'Aragon *Don Enrique* et sur *Don Juan* roi de Navarre, en délivrant le roi des menées ambitieuses de ses cousins, mit le comble à sa toute puissance et lui valut la grande-maîtrise de l'ordre de *Santiago*. Constamment en butte aux intrigues des courtisans, son crédit n'en resta pas moins intact auprès de Jean II, jusqu'au jour, où la jeunesse et la beauté de la reine Isabelle de Portugal, que le roi avait épousée en secondes nôces, jointes à la jalousie que faisait naître en elle l'influence extrême du favori et puis, le secret désir que nourrissait le monarque de s'emparer des richesses immenses que possédait le connétable, réussirent enfin, à entamer la faveur dont il jouissait, et que les grands coalisés avaient en vain essayé d'ébranler. Le Connétable fut exilé et sa perte arrêtée, dès lors, irrévocablement. Desservi auprès du roi par *Alonso Perez de Vivero*, que lui-même lui avait donné comme secrétaire, il pensa un moment ressaisir son autorité, en faisant précipiter l'ingrat serviteur du haut de sa maison à Burgos, après avoir scié au préalable la balustrade, qu'on fit tomber derrière lui, pour faire croire à une chûte fortuite. Le connétable fut arrêté et livré au bourreau: décapité en 1453 sur la *plaza mayor* de Valladolid, sa tête y resta exposée pendant neuf jours: un plateau fut placé au-dessous de la tête du malheureux supplicié, afin que les passants y déposassent quelques pièces de monnaies pour lui donner la sépulture.

C'est ainsi que périt ce puissant du monde et que fut enterré, aux frais de la charité publique, celui qui, pendant trente ans, avait joui de la faveur du roi, des plus grands honneurs et d'une autorité considérable.

Le corps du Connétable Don Alvaro de Luna fut transféré plus tard, dans la chapelle qu'il occupe aujourd'hui et qu'il avait fait construire, au temps de sa prospérité, dans la Cathédrale de Tolède.

Ajoutons que la décoration de cette chapelle a ce caractère de naïveté qui distingue la première époque de l'art gothique: la statue de *Santiago Matamoros* est empreinte de ce sentiment. Mentionnons là encore, une statue de St *François de Borja*, et quelques tombeaux, tous d'un grand intérêt artistique.

Dans la chapelle de *los Reyes nuevos*, construite sous Charles Quint par *Alonso de Covarrubias*, nous noterons une belle grille, œuvre de *Domingo Cespédès*, divers tombeaux de rois et reines datant du xive siècle et la statue à genoux de Jean II, par *Juan de Borgoña*. On y conserve aussi l'étendard portugais, pris à la bataille de Toro, et l'armure de *Duarte de Almeida* qui le portait.

Sur le seuil de la chapelle de la Vierge *del Sagrario*, il faut marcher sur une immense plaque de cuivre rouge, décorée d'un simple filet de laiton, qui porte l'inscription suivante: *Hic jacet cinis, pulvis et nihil*. Cette épitaphe, d'une simplicité apparente, mais d'une prétention excessive, recouvre la sépulture de l'archevêque *Luis Fernandez Portocarrero*, à qui la maison de Bourbon doit en partie, son avènement au trône d'Espagne. La statue de la Vierge du *Sagrario* est sculptée dans un bois précieux, de couleur foncée, revêtu d'une feuille d'argent et orné de pierres fines; seules les mains et la figure, laissent voir le bois dont elle est faite: elle est assise sur un trône d'argent. Cette statue est l'œuvre de l'orfèvre italien *Virgilio Fanelli*, qui la termina en 1674; son poids en argent est de plus de cinq cents kilos. Elle a coûté plus de trois cent mille francs; mais sa valeur artistique, qui n'a d'ailleurs rien de remarquable, disparait sous les vêtements magnifiques dont on la pare. Le manteau réservé pour la fête de son invocation, et la robe dont on la vêtit, sont d'une richesse écrasante. Ces costumes sont faits d'un tissu lamé d'argent tout couvert d'or fin et recouvert, à son tour, de perles fines de toute grosseur, dont on évalue le nombre à plus de quatre-vingt mille, sans compter les diamants et les autres pierres précieuses. A cette parure viennent s'ajouter une couronne, des bracelets, des bagues et bien d'autres joyaux encore, où se comptent par centaines, les diamants, brillants, rubis, émeraudes et topazes; autant de cadeaux de rois, reines, archevêques, à la Vierge. Ces richesses sont gardées dans le Trésor de la Sacristie.

Dans la chapelle de la Vierge *del Sagrario* il y a douze toiles des peintres *Vicente Carducci* et de *Eugenio Caxès*, ainsi que des peintures à la fresque, exécutées par eux, représentant *l'Adoration des Rois*, la *Présentation de la Vierge dans le temple* et les *Quatre Sibylles;* deux tableaux de *Luis Tristan*, représentant un *Christ en croix; le portrait du cardinal Sandoval*, et deux statues en bronze, *St. Pierre et St. Paul*, du sculpteur *Juan Fernandez*.

Dans la chapelle de *San Juan*, dite de la Tour, dont la construction fut dirigée par *Alonso de Covarrubias* en 1537, et à laquelle on accède par un portail richement orné, il y a, à l'intérieur, un superbe plafond et de fort belles sculptures. Dans la chapelle *del Descendimiento de la Virgen*, on vénère la pierre sur laquelle, suivant la tradition, la Vierge posa les pieds: cette chapelle est ornée de très belles sculptures de *Felipe et Gregorio de Borgoña* et de *Covarrubias;* elle est finalement entourée d'une belle grille, datant du xviie siècle, dont la forme pyramidale rappelle celle de la tour de la Cathédrale.

Le plafond de la Sacristie a été peint par *Lucas Giordano:* c'est assurément une de ses plus belles œuvres. L'artiste a représenté la *Reine des cieux apportant la chasuble à St. Ildephonse:* une trouée, à travers les nuages de laquelle jaillit un rayon de lumière, est d'un tel effet de trompe-l'œil qu'on croit réellement à une percée dans le ciel: Giordano y a peint son propre portrait, dans le personnage qui regarde par une des ouvertures de l'encadrement.

On trouve dans la Sacristie deux grands tableaux représentant *l'Annonciation de la Vierge* et *le Songe de St. Joseph*, peints par

Francisco Rizi; un tableau du *Greco* représentant *le Partage de la Tunique:* ce tableau, peint en 1587, et celui de l'église de *Santo Tomé*, sont regardés comme les deux meilleurs ouvrages de ce grand artiste; puis viennent: *une Trahison de Judas*, par *Goya;* différents sujets attribués à Rubens, Van Dyck, Titien, Bassano et Guercino.

Dans la salle dite du *Vestuario*, il y a un plafond peint par *Claudio Coello;* dans celle dite de *la Custodia*, on remarque une *Sainte Inès*, attribuée à *Van Dyck* et une *Assomption* de *Carlo Marata.* C'est là que l'on garde la magnifique *Custodia*, œuvre de *Enrique de Arfé*, qui l'acheva en 1524. Elle est d'argent doré, du style gothique, décorée de plus de deux cent soixante statuettes, et toute enrichie de pierres fines, d'émaux et autres pierres précieuses; la partie centrale, en or massif, aurait été faite, dit-on, avec le premier or rapporté d'Amérique par Christophe Colomb. C'est là encore que l'on montre une superbe croix processionnelle en argent doré, du style gothique du commencement du xvie siècle, exécutée par *Gregorio de Varona*, orfèvre de Tolède; la croix-étendard du cardinal Mendoza, la première qui fut plantée sur la forteresse de l'Alhambra de Grenade, lors de sa prise, le 2 Janvier 1492; l'épée d'Alphonse VI, le conquérant de Tolède, et enfin, une foule d'autres objets, servant aux pompes du culte, et tous des plus précieux, tels que: une Bible du xiie siècle, écrite sur des feuillets d'or, enrichis d'émaux et de miniatures, que recommandent l'étonnante perfection et la fraicheur de leur coloris, et pas moins de 116 reliquaires, variés de travail et d'époque, renfermés dans la partie appelée *El Ochavo*. C'est là aussi que sont gardés les riches et éblouissants costumes de la Vierge du *Sagrario* et, ce qui est d'un bien autre intérêt, de véritables trésors d'art. Citons, parmi ces belles choses: le merveilleux plateau en argent repoussé, représentant *l'Enlèvement des Sabines*, et attribué à *Benvenuto Cellini;* la célèbre statuette de St *François*, d'*Alonso Cano*, que l'on regarde comme son meilleur ouvrage, et dont il existe d'excellentes reproductions.

Dans une autre partie du Trésor sont conservés des devants-d'autel anciens, ainsi que des broderies d'une richesse extrême. C'est encore là que se trouvent les quatre draps d'or, tissés pour les Rois Catholiques, et portant leur fameuse devise: TANTO MONTA, MONTA TANTO.

Dans la Salle du Chapitre, où l'on pénètre par une très jolie porte gothique, on voit, à gauche, dans la première salle, une armoire délicatement sculptée dans le style de la Renaissance; c'est l'œuvre de *Gregorio Pardo;* contemporain de Berruguete; celle qui lui fait face, n'en est qu'une reproduction.

La frise de cette salle est décorée par des cartons de tapisseries, dans le genre de ceux qui existent au Musée provincial et sont sans doute du même artiste. La décoration de cette salle est merveilleuse: le plafond lambrissé, et datant de 1508, est l'œuvre de *Lopez Arenas*, artiste célèbre dans ce genre de décoration. *Juan de Borgoña* est l'auteur des fresques, ainsi que d'un certain nombre de portraits des archevêques de Tolède; quelques uns de ces portraits sont de *Tristan;* d'autres de *Rizi*, de *Bayeu* et de *Goya*.

La Cathédrale renferme une bibliothèque très nombreuse et surtout riche en manuscrits anciens: quelques uns remontent au VIIIe siècle; il y en a sur feuilles de plomb, de palmier, sur ardoise. On y trouve aussi des papyrus, d'anciennes tablettes chinoises et environ deux mille manuscrits arabes. La partie musicale forme, paraît-il, une collection bien précieuse et tellement volumineuse, que l'on a reculé devant les frais qu'aurait exigé son transport à Madrid.

En face de la Cathédrale est bâti el *Ayuntamiento*, ou hôtel de ville, dont la façade principale est du XVIIe siècle: elle ne manque pas de caractère. *Greco* en avait fait le plan qui ne fut suivi qu'en partie; à l'intérieur on trouve des salles lambrissées, qui datent de 1500.

A une courte distance de la ville est située la fabrique d'armes blanches de Tolède: c'est une charmante excursion que les touristes ne manquent pas de faire. La renommée des lames de Tolède est universelle et date de loin, puisqu'elles étaient fort estimées à Rome, aux temps de la République; plus tard, cette réputation s'étendit à toutes les armes fabriquées en Espagne: Pampelune, Saragosse, Valence et d'autres villes, eurent des armuriers fameux. Sous Charles Quint et Philippe II, les ouvriers allemands et italiens obtinrent la préférence et les armes milanaises, les lames de Solingen, furent plus recherchées. Les maîtres-armuriers de Tolède constituèrent longtemps une corporation puissante, qui soutint la réputation de ses produits, grâce aux mystérieuses pratiques dont ils entouraient l'opération de la trempe; cette renommée des armes blanches des armuriers de Tolède, s'est conservée néanmoins jusqu'à nos jours.

Une autre excursion qu'on devra faire, c'est celle de l'hôpital de *San Juan Bautista de afuera*, dont les deux *patios*, d'architecture greco-romaine, sont d'un très noble caractère. Dans l'église de l'hôpital, se trouve le tombeau en marbre du cardinal *Tavera*, surmontée de sa statue couchée et revêtue de ses ornements pontificaux. Elle est d'une vérité et d'un réalisme saisissants: la partie décorative est traitée avec une étonnante délicatesse, particulièrement le médaillon de la partie antérieure de la base, représentant *la Charité*, qui est d'une souplesse et d'une grâce extrêmes. Ce fut le dernier ouvrage *d'Alonso Berruguete*, que la mort vint surprendre pendant qu'il l'achevait, en 1561.

Le touriste qui prolongerait son séjour à Tolède ferait, à chaque pas, d'intéressantes trouvailles qu'aucune description ne saurait mentionner; aucune ville n'est plus riche de souvenirs historiques et de curiosités artistiques, partout disséminées, sans parler de ce qui demeure caché à tous les regards, dans les maisons particulières, où l'on ne peut nécessairement pénétrer qu'accidentellement.

Si, avant de quitter Tolède, on veut jouir d'une merveilleuse vue, d'une perspective incomparable, qui n'est égalée que par le panorama de Grenade et surpassé seulement par celui de Lisbonne ou encore, celui de Constantinople, il faut descendre les rues de Tolède du côté du midi, jusqu'aux bords mêmes du Tage, à un endroit où l'on a établi un bac; on traverse le fleuve, et l'on gravit la colline qui fait face à la ville, jusqu'à un petit ermitage que l'on nomme *la Virgen del Val*. Arrivé là, on est amplement récompensé des fatigues du chemin parcouru, par le spectacle de la ville, qui s'offre aux regards dans son entier développement, et dans toute la beauté de sa pittoresque situation. De là, on voit l'Alcazar dominant la ville de son imposante masse, les clochers sans nombre des couvents et des églises, les terrasses et les toits, couverts de carreaux de faïence bleue, verte et blanche, disposés en damiers: au milieu, c'est la Cathédrale, avec sa flèche hardie qui, à cette distance, semble un bijou de filigrane: plus loin, sur la gauche, c'est Saint Jean des Rois; tout cela encadré par les roches, d'un ton gris bleuâtre, de la vallée du Tage, dont les eaux jaunâtres coulent aux pieds du spectateur; tout cela, baigné par l'éblouissante lumière du ciel d'Espagne, qui permet de voir les objets les plus éloignés, avec une netteté telle qu'il semble qu'on va les toucher, constitue un spectacle merveilleux de couleur, et véritablement féerique.

L'ermitage de *la Virgen del Val*, d'où l'on jouit de ce splendide panorama, possède d'ailleurs, aussi sa légende: plus d'un évêque aurait, dit-on, ambitionné le titre de simple *sacristain* de ce petit sanctuaire, attendu que sa possession, entrainait le droit de porter la double mitre archiépiscopale de Tolède, avec la dignité de Primat des Espagnes, le Souverain Pontife s'honorant d'en être le simple *desservant*, et le Roi d'Espagne *l'enfant de chœur*.

En se dirigeant vers la gare du chemin de fer on aperçoit, dans la vallée du Tage, à demi enveloppée dans un bouquet d'arbre, une ancienne habitation moresque qui a l'aspect extérieur d'une forteresse: c'est le palais de *la Galiana*, fille du roi *Alfari*. Suivant la légende, Charlemagne en devint amoureux et l'épousa; à l'intérieur, ce palais conserve de très curieuses décorations, enfouies sous de nombreuses couches de badigeon, noircies par la fumée.

C'est tout près de Tolède, à *Guarrazar*, qu'ont été découvertes les précieuses couronnes des rois Goths qui se trouvent, partie au Musée de Cluny, et partie au Musée de la Real Armeria de Madrid.

Aranjuez. Un trajet d'une heure et demie de durée, sépare Tolède d'Aranjuez: un embranchement de chemin de fer relie Tolède à la ligne générale de Madrid à Alicante; elle l'atteint à la station de *Castillejo*. Au départ de Castillejo l'on atteint bientôt cette fraîche oasis de verdure, si rare à rencontrer en Espagne, qui entoure et cache *Aranjuez*. Située aux bords du Tage, la proximité du fleuve fait redouter, à cause des fièvres, le séjour de cette ville pendant l'été. Cependant la population y semble robuste et bien portante. Toujours est-il que la Cour d'Espagne a coutume d'y résider au printemps; son séjour ramène alors, dans les jardins, le mouvement et la vie, et les beaux ombrages, déserts le reste de l'année, abritent des sociétés élégantes et de nombreux promeneurs.

Le palais et les jardins d'Aranjuez ne sont pas l'œuvre d'un seul règne: commencé sous Philippe II, le palais ne fut terminé que par Charles III; son aspect extérieur rappelle les constructions de l'époque de Louis XIII. Les appartements en semblent mieux distribués que dans les autres résidences royales, et sont meublés dans le goût du Casino du Prince à l'Escurial. Nous mentionnerons, d'une façon particulière, un merveilleux cabinet tout décoré de porcelaines dans le style japonais, et orné d'un lustre d'une grande beauté, composé de singes et de perroquets qui se disputent des fruits. Cette jolie salle, revêtue en son entier d'appliques en porcelaine de l'ancienne fabrique du Buen Retiro, est signée, dans un cartouche, Joseph Grice, 1763.

On trouve au Palais d'Aranjuez quelques bons tableaux par Raphaël Mengs, Corrado, Juan del Mazo, Pareja, Roelas, Amiconi et Menendez, *une Annonciation* de Titien, et des bronzes de Pompeyo Leoni.

Mais, ce qu'il faut surtout visiter à Aranjuez, ce sont ses frais jardins, arrosés par une dérivation du Tage, qu'ornent des jets d'eau et les superbes fontaines d'Hercule, de Cérès de Narcisse, d'Apollon et du Cygne. Les jardins de l'île et ceux du Prince, créés par le roi Charles IV, alors prince des Asturies, offrent de délicieux sites; il faut aussi voir le *Sotillo*, le jardin du Printemps et d'autres, datant du règne d'Isabelle II; puis, enfin, *la Casa del Labrador*, petit palais de construction rustique, qui renferme des objets d'art et de curiosité remarquables.

Sur une place, entourée d'arcades et ornée d'une fontaine, se trouve la chapelle de *San Antonio*; l'église de *San Pascual* possède quelques bons tableaux de *Tiépolo*.

C'est à Aranjuez que se sont déroulés les graves événements qui mirent fin au règne de Charles IV: c'est là, en effet, qu'il abdiqua en 1808 en faveur de son fils Ferdinand VII, sous la pression d'une émeute conduite par le comte de Montijo, caché sous le nom de *Tio Pedro*, et à la suite d'une intrigue de Palais, dont le prince des Asturies était l'âme. Godoy, plus connu sous le nom de Prince de la Paix, le puissant favori de Marie Louise, fut mis en état d'arrestation et suivit bientôt Charles IV dans son exil volontaire. On sait quelles furent les suites de ces événements, et l'influence qu'ils eurent sur les destinées de l'Espagne.

Cuenca. En attendant qu'une voie ferrée vienne relier **Aranjuez** à **Cuenca**, on se rend de *Madrid* à *Cuenca* par la diligence: c'est un trajet qui exige environ dix-huit heures et qui n'offre aucun intérêt particulier. On passe par la petite ville de **Tarancon**, patrie de l'époux de la reine Marie Christine, qui a tiré son titre de duc de *Rianzarès*, du nom de la rivière sur les bords de laquelle elle est située. A l'est de *Tarancon*, se trouve **Uclès**, la métropole de l'ordre de Santiago, dont le prieur étend, encore aujourd'hui, son autorité ecclésiastique sur une portion de la Manche, mais non, par une singularité étrange, sur *Uclès* même.

On traverse ensuite **Huete**, bâtie aux pieds d'un château fort; cette ville semble avoir glissé sur la pente de la colline, et être sortie des murs de son ancienne forteresse, dont les portes sont restées debout. Le portail de son église principale, *Santa Maria de Castejon*, est décoré des statues de *St Pierre* et *St Paul*, et de bas-reliefs qui représentent *la Nativité* et *la Charité*. Parmi les autres édifices, nous mentionnerons le Couvent de *la Merced*, remarquable par ses proportions et son grand développement superficiel.

On atteint enfin **Cuenca,** chef-lieu de province, qui fut arrachée aux Arabes, en 1177, par Alphonse VIII de Castille: après un siège de neuf mois, ce roi planta son étendard sur les murs de la ville; on conserve encore cette précieuse relique, dans la Sacristie de la Cathédrale.

Cuenca est une curieuse ville bâtie en gradins, sur la pente d'une colline rocheuse, entre les gorges profondes de deux rivières, le *Júcar* et le *Húecar*, qui confluent à ses pieds. Trois hautes montagnes la protègent et en défendent l'accès. Son aspect est des plus pittoresques: de tous côtés se dressent des rochers taillés à pic, au sommet desquels sont perchées les maisons; la ville a l'aspect d'un vaste amphithéâtre, au milieu duquel se dresse une immense pyramide d'édifices, hérissée de tours, que surmontent d'autres pyramides informes de roches. Un beau pont, construit au XVIe siècle, *el puente de San Pablo*, de près de cent mètres de long, vient s'appuyer à ses extrémités sur les collines voisines, et franchit la vallée sur des piliers, d'une hardiesse extraordinaire, de plus de quarante mètres de hauteur. Des murailles, percées de six portes, enveloppent la ville à sa base: elles se reliaient jadis à l'Alcazar, ou château, dont les ruines subsistent encore au sommet de la ville; l'on y arrive par des rues étroites et tortueuses. C'est dans cette forteresse que s'installa, en 1583, le célèbre Tribunal de l'Inquisition qui, près d'un siècle avant, fonctionnait à Siguenza.

Cuenca possède treize paroisses, sans compter la Cathédrale. L'église de *San Pedro*, située au sommet de la ville, est bâtie en forme de rotonde; celle de *San Miguel*, dont l'abside est ancienne, contient des retables et des sépultures d'une époque assez reculée. L'église de *Santa Maria de Gracia* possède deux tombeaux remarquables, l'un, du style gothique et l'autre, de la Renaissance, sur lesquels on voit les belles statues couchés, en albâtre, de deux personnages de la famille des *Montemayor*. Parmi les nombreux couvents de Cuenca, nous mentionnerons seulement: celui des Carmélites justiniennes, situé près de la Cathédrale, dont l'église, de forme elliptique, possède quelques fresques et des sculptures remarquables; puis, *la Ermita de San Anton*, décorée d'un joli portail du style *plateresque*.

La Cathédrale de Cuenca est un édifice du style gothique primitif, bâti au XIIIe siècle, dont la nef principale excède de beaucoup en hauteur les deux autres. A partir du *transept*, les deux nefs latérales se dédoublent chacune, pour ensuite se rejoindre, en formant le demi-cercle, derrière le maître-autel. Une belle grille, due au *rejero Hernando de Arenas*, décorée dans le goût de la Renaissance, ferme la chapelle principale. Le maître-autel, construit en marbre et orné de bronzes, est décoré de colonnes du style corinthien, entre lesquelles sont placées les statues de *Saint Joachim*, de *Sainte Anne* et celle du *Père Éternel*. Cette décoration est surmontée d'un bas-relief, en marbre de Carrare, qui représente la *Vierge entourée d'anges et tenant dans ses bras l'enfant Jésus*; les murailles sont aussi revêtues de médaillons en stuc qui représentent les *quatre Évangélistes*, et des épisodes de *la vie de la Vierge*;

l'ensemble de la décoration est dû à l'architecte du siècle passé, *Ventura Rodriguez*. Derrière le maître-autel se trouve el *Traspa- rente*, trouée faite dans le genre de celle de la Cathédrale de Tolè- de, dont l'ornementation est lour- de et de mauvais goût.

Un portail gothique, dans le goût du xve siècle, décoré d'un relief *du Calvaire*, donne accès à la chapelle de *San Julian*, et con- duit à l'évêché. Dans le bras gau- che du transept, s'ouvre le portail qui débouche sur le cloître et qui est formé par deux gigantesques colonnes du style corinthien, qui soutiennent un grand arc demi- circulaire, d'une courbure élégan- te. La décoration est faite d'un prodigieux mélange de guirlan- des, de blasons, de vases aux formes les plus capricieuses, d'enfants et de figures d'anges, auxquelles viennent se joindre, d'une manière étrange, des tri- tons, des centaures, et finalement des bustes d'apôtres entourant la figure de Jésus. Ce fouillis d'orne- ments et de décorations, qu'écra- sent encore deux colossales et lourdes statues, représentant *la Loi ancienne* et *la Loi nouvelle*, est surmonté de la figure du *Père Éternel;* c'est un travail considé- rable, qui porte la date de 1546, et est l'œuvre du sculpteur *Jamete*.

Puis, viennent: la chapelle de *San Mateo*, que décorent de belles peintures anciennes; celle de *los Apostoles*, avec un beau portail du style *plateresque*, que ferme une belle grille qui offre, dans le haut, la représentation de *la Créa- tion de l'homme* et du *premier pé- ché*. La chapelle de *San Miguel* possède le tombeau de *Don Go- mez Ballo*, que décore une statue jacente, et qui est placé sous un arceau du style ogival. Celle *del Bautista*, contient un beau reta- ble, décoré d'une peinture qui re- présente *la Prédication de Saint Jean dans le désert*, signée par *Cristobal Garcia Salmeron*, pein- tre du xviie siècle. Dans la chapel- le de *San Martin*, fondée en 1528, on trouvera de bons panneaux peints et des sculptures remar- quables. La chapelle del *Sagrario*, toute revêtue de marbres et de fresques, possède trois retables en bois sculpté, dans le style co- rinthien, une Vierge en terre, don du roi Alphonse VIII, devant la- quelle sont suspendus de vieux drapeaux; et finalement, des peintures qui représentent *Saint Julien, la Nativité* et *la présenta- tion de la Vierge dans le temple*.

Les portes de la *Salle Capitu- laire* sont décorées de belles sculp- tures en bois, représentant *les apôtres St Pierre et St Paul*, et d'un remarquable médaillon: *la Transfiguration*. Le portail est formé de riches colonnes du style *plateresque*, et orné d'un relief re- présentant *la Naissance du Christ* qu'accompagnent *la Foi* et *l'Espé- rance;* ce beau travail est du com- mencement du xvie siècle. A l'in- térieur, la Salle est richement or- née de boiseries du style ionique, et *d'un Apostolat*, œuvre *d'An- drès de Vargas*.

La chapelle de *Santa Elena* est également décorée d'un beau por- tail dans le goût *plateresque*, cons- truit en 1548; elle est fermée par une grille ornée de feuillages. Le retable de cette chapelle contient de beaux reliefs représentant *la Cène* et *l'Apparition du labarum à Constantin*. Une somptueuse gril- le, avec ornements et figures do- rés, ferme la chapelle de *la Asun- cion*. Celle de *Santiago* contient deux beaux tombeaux du xve siè- cle, décorés des figures jacentes d'un chevalier de *Santiago* et d'un évêque.

Mais rien n'égale la magnificence de la chapelle dite de *los Albornoces*, ou de *los Caballeros:* on y pénètre par un beau portail, sculpté dans le goût de la Renaissance, dite *plateresque*, que couronne un fronton triangulaire décoré d'un squelette sculpté dans la pierre: c'est un remarquable travail d'*Antonio Florez*.

On y trouve aussi une belle grille, l'œuvre d'un artiste français surnommé *le Limousin*; de belles peintures ornent le retable de l'autel principal. Sur la gauche, et placées sous des niches semi-circulaires, on remarque deux bonnes peintures représentant *la Descente de croix* et *l'Adoration des Rois*, attribuées à Hernando Yañez. Cette chapelle renferme deux mausolées sur lesquels sont couchées les statues, revêtues d'armures, de *Garci Alvarez de Albornoz*, et de son fils *Alvar Garcia*, d'une remarquable conception et d'une finesse de sculpture extrême: l'auteur de ce beau travail, exécuté au XVIe siècle, est inconnu. *Garci Alvarez de Albornoz* s'illustra par les services qu'il rendit à Alphonse XI, ainsi que par sa résistance à Pierre le Cruel, en défense de la reine Blanche de Bourbon, et sa constante loyauté envers Henri de Transtamare.

Le cloître de la Cathédrale fut commencé en 1573: ses arcades, du style dorique, ont malheureusement été murées et présentent à l'œil un aspect des plus froids et des plus désagréables.

Tout près de Cuenca se trouve une grotte connue sous le nom de *Cueva de Pedro Cotillos*, garnie de stalactites, dont les salles souterraines et les galeries en albâtre, offrent un coup d'œil ravissant.

Le Pardo. Le *Pardo* est une autre résidence royale, située à deux lieues environ, au Nord de Madrid; le roi ne s'y rend plus guère que pour chasser: les bois, dont elle est environnée, sont abondamment peuplés de gibier et surtout de lapins; mais l'on se tromperait beaucoup, si l'on croyait y trouver les équipages et les trains de vénerie usités en France ou en Angleterre. On y chasse généralement à la battue; d'ailleurs les bois qui entourent le *Pardo* diffèrent essentiellement de nos taillis touffus, coupés de grandes lignes, qui offrent un refuge assuré aux fauves.

Henri III y fonda un pavillon de chasse, que Charles Quint reconstruisit sur de plus grandes proportions: embelli par ses successeurs et surtout par Charles III, ce palais fut détruit par un incendie en 1608; un grand nombre de tableaux et d'objets précieux furent ainsi anéantis. Aujourd'hui le Palais du *Pardo* n'a plus à montrer au visiteur que des tapisseries, dans le genre de celles de l'Escurial et provenant, pour la plupart, de la manufacture de Madrid; quelques beaux meubles du style Louis XVI, et des peintures de Vanloo, Bayeu, Moralès et Becerra. On peut aussi visiter les jardins de *la Quinta*, et une habitation assez jolie et peu éloignée, appelée *la Zarzuela*. Un genre de pièces lyriques, ou mieux d'opéra-comique, très en vogue en Espagne, a dû son nom de *Zarzuela* à cette circonstance que les premières pièces de comédie, mêlées de musique, furent représentées à *la Zarzuela*, devant l'Infant Don Fernando.

Riofrio. Le palais de **Riofrio** est une dépendance de celui de *la Granja*: c'est aussi une résidence que la Cour ne fréquente qu'en vue des chasses: commencé sur des proportions immenses, ce palais est resté inachevé; il s'y trouve quelques objets d'art intéressants.

La Granja. On se rend à *la Granja*, ou *San Ildefonso*, par le chemin de fer du Nord, que l'on quitte à la station de *Villalba*, pour prendre la diligence de Ségovie, qui passe par *la Granja*; le trajet en voiture se fait, d'ordinaire, en cinq ou six heures. Sa position élevée, dans les montagnes du Guadarrama, à 1156 mètres au-dessus de la mer, et la beauté de ses jardins, font de *la Granja*, un séjour délicieux pendant l'époque des chaleurs: aussi la Cour en a-t-elle fait sa résidence d'été.

Philippe V construisit le palais actuel en 1719, sur l'emplacement d'une *granja* ou grange, qui appartenait aux moines de St Jérôme du *Parral* de Ségovie. Son aspect, du côté du village, est peu imposant. Adossée aux montagnes, et au centre d'une grande place, se dresse l'église collégiale, qui n'a de remarquable que le tombeau élevé par ordre de Ferdinand VI à son père Philippe V et à la reine Isabelle de Farnèse. On sait que Philippe V, en mourant, défendit qu'on transportât son cadavre à l'Escurial, à côté de ceux des rois de la maison d'Autriche.

La façade principale du palais s'élève du côté des jardins: son ameublement est du siècle dernier. On y trouve une intéressante réunion de tableaux, d'objets d'art et d'antiquités, formée par Philippe V et provenant, en partie, des collections de la reine Christine de Suède. Parmi les tableaux, nous citerons: deux portraits et une *Sainte Véronique* de Velazquez; un panneau de Jérôme Bosch (van Aecken); diverses toiles de Murillo, Ribalta, Ribéra, Valdés Leal, Coello, Mengs, Titien, Rubens, Amiconi, Carreño, Teniers, Caracci, Corrège, Poussin et d'autres maitres célèbres.

Les jardins ont été tracés par *Procaccini*: ils sont ornés de statues et de magnifiques vases en marbre; de belles pièces d'eau et des fontaines monumentales, en font le principal attrait. Parmi ces dernières, la plus remarquable, celle de *la Fama*, ou Renommée, élève son jet à 35 mètres de hauteur; la belle Cascade en marbre, placée devant la façade principale du palais, et dont les eaux rejaillissent sur dix gradins ou étages successifs, a pour couronnement un groupe représentant les *Trois Grâces*. Il y a encore *la Carrera de Cavallos*, formée d'une suite de cascades se développant dans une longue et large avenue, et décorée au centre, par un groupe représentant *Neptune debout sur son char, traîné par des chevaux marins et entouré de dauphins*.

Lorsque les eaux de *la Granja* jouent, tout cela lance des gerbes d'eau puissantes et à hauteurs variables. Plus loin, on trouve *Persée délivrant Andromède du Dragon*, qui lance un jet d'eau à plus de trente mètres d'élévation. Viennent ensuite: les Fontaines de *la déesse Latone*, ou *des Grenouilles*; *d'Éole*; *de la Corbeille* et enfin, la plus importante, celle des *Bains de Diane*, dont les dimensions sont colossales, et qui est ornée de figures plus grandes que nature: les jets d'eau de cette fontaine monumentale peuvent être variés à volonté dans leurs formes, et combinés de diverses manières. Toutes ces merveilles hydrauliques ont été créées, tant dans le but de distraire Philippe V de la profonde mélancolie à laquelle il était enclin, que pour l'empêcher de songer à une deuxième abdication. Profitant d'un long voyage qu'il fit à travers l'Espagne, la reine avait fait appeler d'habiles artistes, presque tous français et, avec leur aide, elle fit changer complétement la disposition des jardins et ordonna toute une nouvelle décoration, qui tendait à rappeler les magnificences de Versailles et de Saint Cloud. Le roi, à son retour, visita ces merveilles et s'arrêta un instant avec plaisir, devant la superbe fontaine des Bains de Diane que l'on fit jouer devant lui; puis, se tournant vers ses courtisans, il leur dit: «Cela m'a amusé trois »minutes, mais cela m'a coûté »trois millions!»

Toutes ces fontaines, réparties sur une surface relativement restreinte, sont alimentées par un vaste réservoir nommé *El Mar*, situé dans la partie la plus élevée des jardins et où viennent s'accumuler les eaux qui descendent des montagnes environnantes. Les pentes voisines, couvertes de bois de sapins, offrent de frais ombrages et de délicieuses promenades.

Le palais de la Granja a été témoin de faits historiques importants. Philippe V, qui aimait cette résidence, voulut s'y retirer en 1724; il abdiqua alors le pouvoir en faveur de son premier fils, qui monta sur le trône sous le nom de Louis Ier et mourut huit mois après. Philippe V se vit contraint alors, de reprendre les rênes de l'État. C'est encore à *la Granja*, un siècle plus tard, en 1832, que le roi Ferdinand VII, se sentant très malade, circonvenu par deux de ses ministres, suspendit la Pragmatique-sanction et déclara son frère, l'infant *Don Carlos*, héritier de la couronne; mais l'infante *Doña Carlota*, sœur de la reine Christine, accourut à temps pour faire révoquer cette décision.

Ce fut cette révocation qui, à la mort du roi, donna lieu à la guerre civile, dite *des Carlistes*, qui désola l'Espagne pendant sept ans. En 1836, la reine Christine, alors régente pour sa fille Isabelle, s'était retirée à *la Granja*, lorsqu'un soulèvement général se produisit au cours de cette même guerre civile; l'émeute avait gagné jusqu'à la garnison de la résidence; sous la pression des sergents révoltés, Christine dut décréter le retour à la Constitution de 1812, et à un régime gouvernemental plus libéral.

Ségovie, chef-lieu de la province de ce nom, n'est qu'à onze kilomètres de *la Granja*: c'est une très ancienne ville qui, comme Tolède, réveille de nombreux souvenirs historiques et conserve des monuments d'un haut intérêt. Sa position est des plus pittoresques: elle domine une vallée profonde qu'entoure et isole le rocher sur lequel elle est assise.

Aux approches de la ville, à un tournant de la route, se dévoile subitement à la vue, un grandiose travail, d'une hardiesse et d'une légèreté étonnantes: c'est le célèbre aqueduc romain qui, franchissant la vallée sur des piliers à base étroite et sur une double rangée d'arcades, réunit, depuis près de vingt siècles, les deux collines, et amène, encore aujourd'hui, dans toute la partie haute de la ville, les eaux de *Fuenfria*. C'est au plus profond de la vallée, à l'endroit qu'on appelle *el Azoquejo*, que la route de *la Granja* pénètre dans la ville; cette route passe entre deux piliers de l'aqueduc qui atteint, à cet endroit, sa plus grande hauteur, vingt-huit mètres au moins.

En contemplant cet aqueduc de ce point de vue, on demeure étonné de la simplicité de la construction, car les pierres n'ont même pas été réunies par du ciment, et de la solidité extraordinaire de cet ouvrage merveilleux. On découvre sur l'imposte de l'une des arcades, la plus élevée, les traces d'une inscription, dont il ne reste plus que les clous qui fixaient jadis les lettres à la pierre.

En gagnant la ville par la rue principale, on rencontre, à mi-chemin, la porte de San Andrès, par laquelle on pénètre dans l'ancienne enceinte. Immédiatement, à main droite, se trouve *la Casa de los picos*, maison curieuse dont la façade bizarre, présente chaque pierre taillée en pointes de diamant.

En suivant cette même rue, on arrive à la place principale; sur la gauche apparait l'abside de la *Cathédrale*. C'est un remarquable monument du style gothique, commencé en 1525, sur les plans de *Gil de Ontañon*, et qui ne fut consacré au culte qu'en 1768. Son ornementation date de diverses époques; aussi choque-t-elle à force de disparate. L'intérieur est partagé en trois nefs: on y compte de nombreuses chapelles, fermées par des grilles d'un beau travail. Les stalles du Chœur méritent l'attention, de même que *l'Assomption* en marbre, placée au-dessus du Siège épiscopal. Parmi les œuvres d'art nous signalerons, comme un morceau admirable, un bas-relief de *Juan de Juni*, placé dans la cinquième chapelle du côté gauche, où il forme la base de l'autel et qui représente *le Christ mort*: la tête du Christ est soutenue par Saint Joseph; la Vierge, à genoux, soulève également le corps de son divin Fils; Salomé, St Jean et la Madeleine, entourent cette scène douloureuse, qui est empreinte du sentiment religieux le plus profond et le plus pénétrant.

Dans la chapelle de *Santiago*, il y a un portrait de *Gutierrez de Cuellar*, peint par *Pantoja*; dans la chapelle du *St Sépulcre*, on montre *un Christ* et *un St Sébastien*, que l'on attribue à *Juan de Juanés*. Le retable de la chapelle du *Sagrario* est de *Churriguéra* lui-même. Les vitraux ont été exécutés en Flandre: ils furent complétés et restaurés par *Juan Danis*.

On pénètre dans le cloître qui est de 1524, par une très jolie porte gothique, seul reste de la Cathédrale primitive. C'est là que, parmi diverses tombes, se trouve celle de l'infant *Don Pedro*, fils de Henri de Transtamare, que sa nourrice laissa tomber d'une des fenêtres de l'Alcazar. On y voit aussi la sépulture de *Maria del Salto*, surnom donné à une juive appelée Esther qui, faussement accusée d'adultère, fut condamnée à être précipitée du haut des roches appelées *las Grageras*; elle invoqua la Vierge au moment du supplice et, par son intercession, elle arriva saine et sauve au bas du précipice: elle se convertit aussitôt au culte catholique et fut baptisée sous le nom de *Maria*, auquel le peuple ajouta le surnom *del Salto*, du Saut, par allusion à sa miraculeuse aventure; elle mourut en 1237.

La magnifique Salle du Chapitre est plafonnée de riches lambris et décorée d'un bas-relief très remarquable représentant *la Naissance de Jésus*. L'escalier, qui conduit aux archives, est aussi a remarquer pour la hardiesse de sa construction.

En face de la Cathédrale, se trouve la maison du marquis *del Arco*, dont le *patio*, décoré dans le style de la Renaissance, mérite d'attirer l'attention du touriste.

Après l'Aqueduc et la Cathédrale, *l'Alcazar* est le monument le plus intéressant de Ségovie, par ses imposantes ruines qui attestent hautement la magnificence passée de cette demeure. Il est situé à l'extrémité du rocher sur lequel la ville est bâtie, et qui a l'apparence d'une proue de navire, au confluent de *l'Eresma* et du *Clamores*; ces deux rivières coulent au fond du précipice qui s'ouvre à pic, au pied même des murailles. Le château fut restauré en 1074, par Alphonse VI; le roi Alphonse X, surnommé le Sage, y rédigea, dit-on, les lois qu'on appelle *las Siete Partidas*; c'est là aussi que Jean II convoqua les Cortès du Royaume, qu'on adopta le calendrier actuel, et qu'en 1474, Isabelle la Catholique fut acclamée reine de Castille: Philippe II et Philippe IV l'habitèrent.

On arrive à l'Alcazar en traversant une vaste place et par un pont-levis jeté sur un fossé, d'une profondeur qui donne le vertige: l'intérieur ne présente que des ruines et des décombres.

Dans le magnifique salon des Rois, plafonné de lambris splendides, il y avait jadis cinquante-deux statues en bois peint, et de grandeur naturelle, représentant *le Cid* et tous les Rois qui ont gouverné l'Espagne, depuis *Pelayo* jusqu'à l'avènement de la maison d'Autriche. C'est de la fenêtre, dont le balcon est précisément marqué d'une croix de fer, en souvenir de l'événement, que la nourrice de l'infant *Don Pedro*, fils de Henri de Transtamare, laissa choir son royal nourrisson dans le précipice, et que dans son désespoir, elle s'y jeta elle-même.

Il existait dans l'Alcazar beaucoup d'autres appartements que décoraient de riches boiseries et des peintures. Toutes ces splendeurs d'une autre époque, ont disparu à la suite d'un incendie qui éclata le 7 Mars 1862. L'Alcazar était, à ce moment, occupé par l'École d'Artillerie. Combien ne doit-on pas regretter qu'un si précieux monument ait reçu une semblable destination!

Malgré les ravages de l'incendie, l'Alcazar a conservé un aspect des plus pittoresques: le feu a épargné deux de ses tourelles gracieusement coiffées en poivrières, et le donjon, ou grosse tour carrée, est resté debout et semble devoir défier longtemps encore les attaques du temps.

Ségovie a gardé quelques souvenirs de la domination arabe: la porte de *San Andrés*, que l'on a traversée en entrant dans la ville, est un intéressant spécimen de leur architecture; celle de *Santiago*, qui se trouve du côté de l'Alcazar, est moins bien conservée; mais, sous les constructions dont on l'a surmontée, on retrouve encore les traces des anciens créneaux et des arceaux moresques. Durant la guerre carliste les habitants y soutinrent un combat acharné.

L'église du *Corpus Cristi*, dont la construction est arabe, fut jadis une synagogue, affectée au culte catholique à la suite d'un miracle. Voici ce que raconte la légende locale, pour expliquer une crevasse qu'on voit dans un des murs: Le sacristain de l'église de *San Fagun* ayant besoin d'argent, s'adressa à un juif qui lui

SÉGOVIE.

demanda en garantie, une hostie consacrée; le marché fut conclu dans une rue qui porte encore aujourd'hui le nom de *Malconsejo*, ou *du mauvais conseil*. Le juif réunit ses coréligionnaires dans la synagogue et s'efforça, mais inutilement, de jeter l'hostie dans une chaudière d'eau bouillante pour l'anéantir. Aussitôt le temple trembla sur ses bases, et ses colonnes s'ébranlèrent; l'hostie fut rapportée bien vite au prieur du Couvent de *Santa Cruz*. Il va sans dire que les Juifs furent recherchés et massacrés pour ce sacrilège, et que leur synagogue fut dès lors vouée au culte catholique.

Il y a nombre d'autres églises à Ségovie; c'est d'abord: *San Lorenzo*, où l'on trouve des parties d'architecture romane, et dont la tour est remarquable; *San Esteban* avec son *atrium* et sa belle et haute tour carrée qui conservent, dans leurs lignes principales et dans l'ornementation, le caractère du style roman; *San Martin*, dont le portail gothique est une des curiosités de Ségovie; *San Millan*, qui a servi de Cathédrale pendant qu'on construisait la nouvelle; *Santa Cruz*, fondée par les Rois Catholiques, et dont l'ornementation gothique reproduit la fameuse devise *Tanto Monta*, et les chiffres des fondateurs; un ancien couvent de Dominicains, aujourd'hui converti en maison de Bienfaisance, qui a conservé un fort joli portail et des peintures de *Diego de Urbina* et de *Carreño*. On montre, dans ce couvent, la grotte où vécut St Dominique et dans laquelle, suivant la légende, il versa tant de sang sous les coups de discipline dont il mortifiait sa chair, qu'au moment où on ouvrit la grotte, trois cent quatre-vingt-quatre ans après la mort du saint, on y trouva ce sang aussi frais que s'il venait d'être versé.

Pour se rendre à Santa Cruz, située hors des murs, on suit une jolie promenade qui longe les anciennes murailles de la ville dont l'enceinte crénelée, flanquée de tours, et mélangée de parties d'origine moresque, subsiste presque partout.

L'ancienne église de *San Fagun* est occupée par le Musée de la province; on y trouve: un St *Jérôme* de *Rizi*; un bon *portrait du franciscain Escolo*; une *conversion de St Paul* de *Camilo*; un St *François*, du *Greco*; une statue de Ste *Monique*, ainsi que diverses autres sculptures.

Parmi les objets curieux, citons: une ancienne presse à frapper les monnaies, d'une remarquable exécution; des clefs arabes rapportées d'Alger par un des moines du couvent *del Parral*; enfin, un Crucifix, qui servait de suspension à la balance d'une marchande africaine.

De la porte de *Santiago*, on aperçoit, dans le fond de la vallée, l'ermitage de *la Fuencisla*. Il fut construit par Philippe II et consacré à Sainte Marie en 1613; ce sanctuaire est en grande vénération, et on attribue de nombreux miracles à la statue de la Vierge, rapportée d'Antioche par *San Geroteo*, premier évêque de Ségovie. On remarque dans cette chapelle, un bel arceau, une grille d'un curieux travail, et des peintures de *Camilo*.

La *Vera-Cruz*, vieille église gothique hors les murs, est bâtie sur le modèle du Saint Sépulcre: elle appartenait aux Templiers. C'est une étrange construction octogonale, qui date de 1208 et mérite l'attention ; son portail surtout, est fort remarquable.

Le monastère *del Parral* a été fondé en 1447, par le prince Henri, qui devint plus tard Henri IV de Castille. Ce sont des moines Hiéronymites qui occupaient ce monastère, si riche autrefois, et qui n'est plus aujourd'hui qu'une ruine fort pittoresque, où l'on retrouve, bien mutilés, les curieux tombeaux des marquis de Villena. Les stalles du chœur de l'église, ont été transférées au Musée Archéologique de Madrid.

Près de *Collado Hermoso*, on trouve également les ruines d'un couvent de Bernardins.

L'église du couvent de *San Vicente* n'offre rien de particulier, si ce n'est une inscription attestant qu'elle fut fondée en 919, sur l'emplacement d'un ancien temple de Jupiter, détruit en l'an 140, par le feu du ciel: le couvent actuel date de 1776. Dans l'église des *San Justo y Pastor*, on vénère un *Christ au sépulcre*, qui serait demeuré caché en Allemagne tout le temps que dura la domination arabe, et qui n'aurait été rapporté à Ségovie qu'en 1088.

Nous indiquerons encore, une jolie maison gothique que l'on croit avoir été habitée par le chef des *comuneros*, *Juan de Padilla*. Ségovie possédait jadis un hôtel des monnaies, supprimé aujourd'hui, ainsi que des fabriques de draps fort importantes: elles sont depuis longtemps arrêtées.

De nombreux châteaux-forteresses, qui ont joué un gran rôle lors de l'expulsion des Arabes, défendaient la province de Ségovie: *Turégano*, dont les débris pittoresques méritent d'être visités; *Coca*, également en ruines, faisaient partie de ce système de défense.

Ce château, bâti en briques au xve siècle, était d'une richesse merveilleuse: le *patio* orné de colonnes de marbre et *d'azulejos*, demeura debout jusqu'au commencement du siècle. Aujourd'hui il n'en reste plus que les murailles d'où se détachent des tourelles, d'une étonnante construction, en saillie sur les façades, enchevêtrées les unes dans les autres comme les tuyaux d'un immense jeu d'orgues, et surmontées de créneaux cannelés. A l'un des angles s'élève le donjon ou grosse tour, garni à ses quatre coins de tourelles arrondies; à une certaine distance, les créneaux, à moitié écroulés, qui en couronnent le sommet, produisent l'illusion des ruines d'un temple antique: l'aspect de ces beaux restes est réellement étrange.

Alcalá de Hénarès. Avant de quitter les Castilles, nous devons faire une courte excursion sur la ligne ferrée de Saragosse et visiter *Alcalá de Hénarès*; le trajet de *Madrid à Alcalá* se fait en une heure et quart.

Le monument qu'occupait jadis l'*Université*, rivale de celle de Salamanque, fut fondé en 1498, par le cardinal Jimenez de Cisneros. Sa façade est d'un très beau style; les sculptures dont elle est décorée, sont de *Vergara le vieux*; le médaillon de la cour principale représentant le cardinal *Cisneros*, le bâton de maréchal d'une main et un crucifix de l'autre, est de *Felipe de Borgoña*. Au fond d'une de ses cours est le *Paraninfo*, salle où se conféraient les grades; elle a été récemment restaurée.

Le palais archiépiscopal d'Alcalà est un vaste édifice dont la façade intérieure, œuvre de *Covarrubias*, est d'un superbe caractère; les sculptures qui la décorent sont de *Berruguete*. La deuxième cour de cet édifice est particulièrement remarquable; la galerie qui règne tout autour, les colonnes qui la supportent, un escalier magnifique, tout est décoré dans le plus beau style Renaissance. La porte, placée sous l'escalier, toute fleurie d'ornements, et offrant une profusion de détails incomparable, est une véritable merveille. Cet édifice a été, durant ces dernières années, soigneusement restauré. Ses vastes salles, dont les anciens plafonds lambrissés sont dans un parfait état de conservation, servent actuellement de dépôt aux Archives du Royaume et constituent la suite des célèbres Archives de *Simancas*.

L'église *Magistrale* est un beau monument de style gothique, assez complet dans son ensemble. Elle renferme le magnifique mausolée du cardinal *Cisneros*, qui se trouvait autrefois dans la chapelle du collège de Saint Ildephonse, à côté de l'Université: ce tombeau, construit en marbre de Carrare, est l'œuvre du florentin *Dominico;* c'est assurément un des plus beaux ouvrages de ce genre que l'on puisse voir en Espagne: la grille qui l'entoure, est de *Nicolas de Vergara*. L'église *Magistrale* possède aussi des tapisseries et quelques tableaux d'*Alonso del Arco*, de *Juan de Sevilla* et de *Vincent Carducci;* les grilles du maître-autel sont de *Juan Francès*.

C'est à *Alcalà de Hènarès* qu'est né *Miguel de Cervantès Saavedra*. L'église de *Santa Maria* conserve l'acte de baptême de l'immortel auteur du Don Quichotte; il porte la date du neuf Octobre 1547.

C'est enfin à Alcalà que le cardinal Cisneros a fait imprimer la fameuse Bible polyglotte, en six volumes, in-folio, monument de typographie qui lui coûta cinquante deux mille ducats.

Cette ville conserve encore des restes des murailles, flanquées de tours, qui formaient jadis son enceinte. La suppression de sa célèbre Université a enlevé à Alcalà sa vie et son importance d'autrefois; mais elle a conservé on ne sait quel cachet particulier aux vieilles cités historiques. Il semble, à chaque pas, qu'on va voir apparaître, sous les sombres et désertes arcades de la *calle Mayor*, quelque ancien étudiant, moitié clerc, moitié mendiant, la cuillère au chapeau et rôdant, après le couvre-feu, en quête d'aventures, au mépris des règlements de l'Université.

Guadalajara. En remontant l'Hénarès, on trouve *Guadalajara*, chef-lieu de province, à une demi-heure d'Alcalà, et à deux heures de Madrid, par le chemin de fer: c'est une vieille ville conquise, en 714, par les Arabes, à qui elle doit son nom; Alphonse VI s'en empara en 1081. Elle est aujourd'hui le siège de l'École du génie militaire.

On visitera le palais des Ducs de *l'Infantado* ou de *Osuna*, demeure princière, qui a conservé, presque entièrement, sa primitive splendeur. Sa construction remonte à l'année 1461: son aspect extérieur est des plus singuliers. La décoration de la façade est un peu lourde; mais elle ne manque ni de caractère, ni d'originalité. Le *patio*, dont une double galerie, supportée par des colonnes, fait le tour, est décoré avec une profusion inouïe de lions à la queue flottante, d'aigles aux ailes déployées, de chimères à corps de griffon et d'ornements de toutes sortes en relief: le tout forme un ensemble décoratif d'un goût étrange et monte jusqu'à la toiture de la deuxième galerie. A l'intérieur, il y a de vastes salles, aux plafonds lambrissés, du travail le plus curieux, et qui rappellent les capricieuses décorations de l'Alhambra. Le grand *Salon de Linajes*, ou des lignages de la famille des *Mendozas*, est particulièrement remarquable: un plafond en bois doré et sculpté en pendentifs, forme une voûte de stalactites de l'effet le plus singulier. Tout autour de la Salle, règne une frise richement ornée de statues peintes, placées dans des niches qui représentent tous les ascendants de la famille des Ducs de l'Infantado. C'est une curiosité décorative qui n'a sa pareille nulle part.

Du côté des jardins l'on remarque aussi une double galerie, soutenue par deux rangées de colonnes et qui est ornée, à l'extérieur, d'arabesques sculptés dans la pierre, et dont l'élément décoratif fort simple, se répète à la manière des faïences ou *azulejos*, et produit un ensemble de l'effet le plus inattendu. La galerie supérieure présente, dans sa partie basse et intérieurement, de belles faïences de *Talavera*.

La construction et la décoration de ce somptueux palais sont attribuées à l'architecte flamand *Jean Guas*, le même qui a exécuté le merveilleux monument de Saint Jean des Rois à Tolède, et à son frère *Henri*; les peintures qui le décorent sont de *Romulo Cincinnato*. Ce bel édifice, qui a échappé jusqu'ici à toute restauration, est actuellement occupé par le Collège des enfants restés orphelins à la suite des dernières guerres.

Guadalajara a conservé encore des restes d'antiques fortifications, un pont fort ancien et un aqueduc, dont l'origine remonterait à l'occupation romaine.

Mentionnons enfin, le Panthéon des Ducs de *l'Infantado*, revêtu intérieurement de riches marbres de couleur et dont la disposition rappelle le Panthéon des Rois à l'Escurial.

On trouve, à l'église de *San Nicolas*, quatre belles statues en bronze, représentant les Evangélistes et à *San Ginès*, d'anciens tombeaux de la famille de Don Pedro Hurtado de Mendoza, fondateur du palais de *l'Infantado*.

Cogolludo. Non loin de Guadalajara, et près de la station de *Espinosa*, est situé un village nommé *Cogolludo*, où un vieux palais, d'un caractère aussi remarquable que celui que nous venons de citer, existe encore et est aujourd'hui transformé en auberge; sa façade est de la plus étonnante originalité. Ce village est sur le chemin de celui de *Hiendelaencina*, dont les mines d'argent étaient, il n'y a pas bien longtemps, si réputées pour leur richesse.

IVᴱ RÉGION.

ANDALOUSIE.

Jaen.—Cordoue.—Séville.—Huelva.—Jerez.—Cadiz.—Gibraltar.—Ronda.—Malaga.—Grenade.

Entre Madrid et l'Andalousie, il n'y a d'intéressant pour le touriste qu'Aranjuez et Tolède. Au sortir de ces villes, on atteint d'abord **Alcazar de San Juan**, ancienne ville qui ne conserve que des traces sans intérêt des invasions diverses dont l'Espagne a été le théâtre. **Alcazar**, l'ancienne capitale des commanderies des chevaliers de Sᵗ Jean, est le point de bifurcation de la ligne d'**Andalousie**, où l'on abandonne la ligne générale d'**Alicante**, **Valence** et **Murcie**; plus loin, à **Manzanarès**, s'embranche la ligne de **Badajoz**, qui conduit en **Portugal**.

En traversant les plaines monotones de la Manche, qui commencent dès que l'on sort d'Aranjuez, l'attention du touriste ne s'éveille guère que lorsqu'il arrive à la **Venta de Cardenas**, située à l'entrée de **Despeñaperros**, l'un des sites les plus pittoresques de l'Espagne. *Despeñaperros* est le défilé par lequel on franchit la chaîne de *Sierra Morena*: on sait que c'est à la *Venta de Cardenas*, que Cervantès a placé quelques unes des scènes fameuses de son immortel chef-d'œuvre, *l'Ingénieux Hidalgo de la Manche*.

Ce défilé de *Despeñaperros* est d'un aspect imposant: le chemin de fer le franchit au moyen d'une série d'ouvrages d'une hardiesse extrême, dont les viaducs, accrochés aux rochers à pic, et le pont du *Guarrizar*, donnent la mesure. En avant, le passage apparait comme intercepté par un mur énorme, dentelé comme une scie; puis, derrière cette première muraille, s'en dressent de nouvelles: ce sont des crêtes enchevêtrées les unes dans les autres, formées de roches qui surplombent la voie, ou qui ont roulé sur les pentes. De loin en loin, des échappées laissent entrevoir les plaines de la haute Andalousie, brillantes, sous l'éclatant soleil qui les inonde, comme une nappe de vif-argent.

C'est sur le versant méridional de ces montagnes, et un peu sur la gauche, que se donna, le 12 Juillet 1212, la fameuse bataille de *las Navas de Tolosa*, où les Maures, laissant sur le carreau deux cent mille des leurs, perdirent à jamais les provinces situées au Nord de *la Sierra Morena*, et livrèrent aux mains des Chrétiens les portes de l'Andalousie: le butin fut immense; le combat des plus acharnés. Le camp des Maures était entouré de chaînes de fer: les Navarrais parvinrent à les rompre dans une charge impétueuse et, depuis ce jour, la Navarre a blasonné de gueule aux chaînes d'or. Enfin, on raconte que *Diego de Haro*, ayant trouvé un défilé de la montagne qui n'était pas gardé par l'ennemi, y plaça le crâne d'une vache pour le reconnaître au retour, et que c'est ainsi que l'armée des Maures fut tournée: de là, *Diego de Haro* prit le nom de *Cabeza de Vaca*, que ses héritiers portent encore aujourd'hui.

A **Vadollano** s'embranche la voie qui conduit à **Linarès**, district minier fort riche en plombs argentifères.

Jaen, située à une courte distance de la station de **Mengibar**, est une capitale de province de peu d'importance artistique; cependant l'aspect général de la ville, avec sa cathédrale et les ruines du vieux château arabe qui la dominent, ne manque pas de caractère.

Quoiqu'elle ait été la capitale d'une royauté moresque, Jaen conserve peu de traces de sa splendeur passée. La Cathédrale est un monument de construction moderne: elle est décorée de beaux marbres provenant de la contrée même, et renferme de bonnes sculptures de *Marcelino* et de *Pedro Roldan*. On y conserve le linge précieux avec lequel Sainte Véronique essuya, dit-on, le visage du Christ, relique qu'on appelle la *Sainte Face*.

A l'ouest de Jaen, se trouve la petite ville de **Martos**, située sur la pente d'une montagne, que domine la fameuse *peña* ou roche, couronnée à son sommet, d'un vieux château. C'est, du haut de ce rocher, que le roi Ferdinand IV fit précipiter, en 1312, les deux frères *Pedro et Juan Alfonso de Carbajal*, commandeurs de l'ordre de Calatrava, accusés d'avoir assassiné à Palencia, le favori du roi *Benavides*. Les deux malheureux protestèrent vainement de leur innocence: amenés sur le lieu du supplice, et au moment d'être précipités dans l'abîme, ils s'écrièrent qu'ils en appelaient de la sentence injuste du roi, à la justice de Dieu et qu'ils assignaient leur bourreau à comparaître, dans les trente jours, devant son Tribunal Suprême. Le jour même où expirait le délai fatal, Ferdinand IV, alors à Jaen, fut trouvé mort dans son lit: cette assignation singulière et tragique, lui valut le surnom de *el Emplazado*, que l'histoire lui a conservé.

Deux ans plus tard, Philippe le Bel, roi de France, et le Pape Clément V, mouraient aussi tous deux, dans le délai que leur avaient assigné, en mourant sur le bûcher, les Templiers dont l'ordre célèbre avait été aboli par eux.

De **Mengibar** on atteint bientôt le Guadalquivir, que la route royale franchit à **Alcolea**, sur un beau pont, devenu célèbre par le combat qui s'y livra en 1868, et qui consomma la chûte de la Reine Isabelle II.

Cordoue. A quelques kilomètres plus loin, un peu sur la gauche, on aperçoit **Cordoue**, en espagnol **Córdoba**, la ville des Califes d'Occident, dont l'aspect, au premier abord, semble assez peu pittoresque.

Sa situation est cependant des plus heureuses: bâtie aux bords du Guadalquivir, la ville est dominée par un des contreforts de la *Sierra Morena*, qui borde la vallée, et dont les coteaux élevés, parsemés çà et là de jolies propriétés enfouies au milieu de bouquets d'arbres, lui donnent un aspect riant, que n'ont pas beaucoup de villes d'Andalousie.

Cordoue, qui possédait au temps des Califes deux cent mille maisons, quatre vingt mille palais, sept cents mosquées et douze mille villages pour faubourgs, a conservé peu de traces de tant de grandeur; mais sa Mosquée suffit encore à donner une haute idée de ce que fut sa splendeur au temps des Califes, et quels efforts ils firent, pour que Cordoue devint la seconde ville sainte de l'Islamisme.

Après avoir visité la Mosquée, on se demande comment il se fait que la haine religieuse, qui a fait poursuivre partout la destruction des merveilleuses créations du génie oriental, ait épargné et laissé survivre, ce monument qui domine et efface tous les autres par sa grandeur et sa magnificence. C'est un bonheur réel que la Mosquée soit restée debout, pour attester la véracité des traditions arabes, car, sans elle, tout passerait peut-être pour une fable, ou un conte de fées. C'est bien là l'édifice le plus véritablement original que nous ait légué cette race moresque, à laquelle l'Espagne est redevable d'une civilisation, qu'elle s'est efforcée d'étouffer avec un acharnement si regrettable.

Aussi, conduisons-nous le touriste tout droit à cette merveille.

La Mosquée est aujourd'hui transformée en Cathédrale; elle est, sans aucun doute, l'un des monuments les plus importants d'Espagne, surtout au point de vue archéologique. On peut y étudier le style arabe dans sa période appelée d'imitation, ou arabe byzantin, auquel on a donné aussi en Espagne le nom de style du Califat, et qui embrasse toute la période qui s'est écoulée depuis la fondation du Califat de Cordoue, par Abder-Rhaman Ier en 755, jusqu'à sa destruction au commencement du XIe siècle. Elle fut construite, comme la plupart des monuments de cette époque, avec les dépouilles arrachées aux ruines des édifices antiques: c'est ainsi qu'on y retrouve un grand nombre de fragments de constructions de l'époque romaine et d'autres, du temps de la domination des Visigoths. Ces derniers vestiges sont d'autant plus intéressants pour l'étude, qu'on n'en trouve que rarement des restes dans toute la partie occidentale de l'Europe, et spécialement en Espagne; c'est à l'époque des Visigoths qu'il faut rapporter la plupart des chapiteaux et des fûts de colonnes de la Mosquée de Cordoue.

Les Arabes choisirent, en 715, Cordoue pour capitale de leur empire en Espagne: celui-ci fut gouverné pendant quelque temps par des *walis*, ou gouverneurs, que nommait le Calife de Damas en Orient. En 755, les habitants de Cordoue appelèrent en Espagne *Abder-Rhaman*, de la famille détronée des *Omeyas*, et qui, proscrit par les *Beni-Alabas*, errait dans les déserts de l'Afrique. Il débarqua sur la côte du royaume de Grenade, et après s'être emparé des domaines que possédaient les Arabes en Espagne, il fonda le puissant Califat de Cordoue. Il voulut aussi orner sa capitale d'une *mezquita* ou mosquée, semblable à celle de Damas, et supérieure, en grandeur et magnificence, à celle de Bagdad. La construction en fut commencée par Abder-Rhaman Ier en l'an 786; ce prince traça lui-même le plan de l'édifice et y travaillait personnellement une heure chaque jour, en y consacrant des sommes considérables. La mort l'empêcha de voir la fin de son œuvre, mais son fils Hixem Ier, la termina en 796.

La mosquée a la forme d'un rectangle: elle est précédée d'une vaste cour qui est comprise dans son enceinte; on y a accès par deux grandes portes qui s'ouvrent aux extrémités de la façade nord. La plus grande, celle du Pardon, pratiquée sous l'ancienne tour arabe, montre encore, en partie, ses ornements primitifs. Un grand arc, en forme de fer à cheval, encadre les deux battants de la porte, recouverts de bronzes qui portent la date de 1539: ce sont des répétitions de ceux de la porte du Pardon de la Cathédrale de Séville et rappellent l'art moresque; le marteau est surtout remarquable par son grand caractère. Le premier corps de la tour est arabe; c'est tout ce qui reste de *l'Alminar* ou minaret, d'où le *muezzin* appelait les fidèles à la prière.

En franchissant ce portique, on se trouve dans la cour des orangers, où est encore le *Midaah*, la fontaine des ablutions, dont les vasques ont été renouvelées. Cette cour était ornée, sur trois côtés, d'une galerie à arcades: le côté nord est aujourd'hui muré et transformé en habitations.

Le vaste rectangle contenu dans l'enceinte de la Mosquée, se divise en deux parties: l'une, la cour, est plantée en quinconce d'orangers séculaires, qui ont remplacé les palmiers d'autrefois; la seule nature en fait le décor et la voûte azurée du ciel, en forme le plafond. L'autre partie constitue le temple proprement dit; il est recouvert d'un toit que supporte une forêt de colonnes, alignées de manière à correspondre aux lignes de plantation de la cour, et sa magnificence est telle qu'elle surpasse toutes les conceptions et tous les caprices de l'imagination. Si, par la pensée, on faisait tomber les plâtras qui ferment les premières arcades du temple et l'isolent de la cour, on verrait les colonnes de marbre, dont les chapiteaux et les doubles cintres simulent les premières branches du palmier, faire suite aux arbres de l'extérieur: à un bois véritable, succéderait une merveilleuse forêt de marbre.

C'est en rétablissant, par cette supposition, le monument dans son état primitif, que l'on se rendra un compte exact de la pensée créatrice qui, à notre sens, n'a voulu faire qu'une seule et même enceinte de la cour et du temple.

Ses avenues, continuant celles que dessinent les orangers, n'en demeurent séparées que par des cloisons modernes, dont quelques-unes, restées ouvertes, forment des baies qui servent d'entrée au temple.

Qu'on juge maintenant de la perspective et de l'effet général de cette disposition. Dans le temple couvert, huit ou neuf cents colonnes de marbre, formant dix-neuf avenues, coupées transversalement par vingt-neuf autres, où l'œil se perd comme dans une vaste forêt, dont il n'aperçoit pas le terme. Au premier plan, la plantation d'orangers, alignée dans le prolongement des avenues et leur faisant suite. Ici, à l'air libre, un soleil de feu, dont la lumière éclatante contraste avec l'ombre épaisse des arbres; plus loin, les nefs de la mosquée, éclairées par huit ou dix mille lampes; plus loin encore, au fond du temple, le *Maksourah* ou Sanctuaire, étincelant de mille lumières reflétées par ses revêtements de mosaïques de cristal doré, accessible seulement à *l'Iman*, et servant de vestibule au *Mihrab*, c'est-à-dire au Saint des Saints, ou lieu sacré par excellence. Tel devait être le coup d'œil offert aux croyants, et qui devait impressionner singulièrement les pèlerins qui se rendaient à la ville sainte de l'Occident: là, ils étaient admis, comme à *la Kaaba* de la Mecque, à faire, à genoux, sept fois le tour du Sanctuaire!

La Mosquée bâtie par Abder-Rhaman n'était primitivement qu'un quadrilatère divisé, de l'Est à l'Ouest, en onze arcades ou avenues, coupées transversalement par vingt et une autres: le temple fut agrandi par le Calife *Al-Haken* et son ministre *Almansor*, qui ajoutèrent huit avenues de plus dans les deux sens. Les dix-neuf avenues, ou nefs d'Orient à Occident, coupées perpendiculairement par vingt-neuf autres, sont formées, ainsi qu'il a été dit, par huit cent cinquante colonnes de marbre, de couleurs diverses et de différents diamètres: quelques unes, huit ou dix, sont striées en spirales. Les chapiteaux, en marbre blanc, sont de style corinthien et composite: quelques uns sont fort délicatement sculptés; l'enceinte totale de la Mosquée mesure 179 mètres sur 129.

Les dix-neuf nefs qui s'étendent du Nord au Sud, sont plus larges que celles qui viennent les couper à angle droit; il en résulte que les arcades des nefs transversales, ne pouvaient atteindre la hauteur des nefs, ou arcades principales; l'architecte imagina alors, d'appuyer un second arc sur le premier. Il neutralisait ainsi, par cet artifice, le défaut d'égalité de hauteur des fûts ou piliers employés dans la construction, en même temps qu'il inventait une nouvelle disposition architecturale du plus gracieux effet et d'une incomparable légèreté.

On pénètre dans la Mosquée, en venant par la Porte du Pardon, à travers la cour des orangers, par la porte principale, appelée de *las Palmas*: de là, part une nef, ornée avec un goût exquis, qui conduit au *Maksourah*, ou vestibule du *Mihrab*, le Sanctuaire. Cette nef est brusquement interrompue par la chapelle dédiée aujourd'hui à *Nuestra Señora de Villaviciosa*; c'est à ce même endroit que s'arrêtait la mosquée primitive, et c'est là qu'était anciennement le Sanctuaire; c'est-à-dire presque au centre du temple bâti par Abder-Rhaman. Lorsque la Mosquée fut agrandie en 965, par Al-Haken et Almansor, par l'addition d'avenues nouvelles, le Sanctuaire ou *Mihrab* fut construit à l'endroit où on le trouve actuellement.

La nef qui conduit au *Mihrab* est d'une décoration plus compliquée que les autres et d'une merveilleuse élégance: elle se compose de deux rangs de colonnes superposées, dont le second, formé de pilastres octogonales en marbre, repose sur des bases ou consoles saillantes en dehors du tailloir; elles soutiennent des cintres outrepassés, reliés à leur base par des arceaux trilobés, supportant un second rang de cintres de même forme et entrecroisés avec les premiers, dont les voussoirs sont décorés: l'effet général de cette disposition est léger, plein de grâce, et d'un grand caractère de sveltesse et de stabilité.

Le vestibule du *Mihrab* s'ouvre par un arc en fer à cheval, ou à cintre outrepassé, dont les naissances reposent en porte-à-faux, sur des colonnes d'une extrême légéreté et d'une grande élégance. Jusqu'à la naissance de ce cintre, le revêtement de la plinthe est en marbre blanc, couvert d'ornements, qu'encadrent des inscriptions en caractères couffiques, qui en complètent l'effet. Au-dessus, la décoration est exécutée en mosaïques, formées de petits cubes de pierres, et de verres coloriés, mêlées d'émaux imitant la dorure; elle dessine les voussures de l'arc et se termine par un encadrement rectangulaire; l'ornementation en marbre règne de nouveau par-dessus et va se terminer dans la voûte. Tout l'intérieur de ce sanctuaire est revêtu de mosaïques s'élevant jusqu'à la voûte; celle-ci est disposée en pomme de pin, ou en petites coupoles à pendentifs, s'étageant les unes sur les autres, en formant des espèces d'alvéoles et de stalactites.

Tout cela est mêlé d'arabesques et s'encadre de versets du Coran.

Le *Maksourah*, ou vestibule du Sanctuaire, ainsi que dans toutes les grandes mosquées de l'Orient, est divisé en trois parties: celle de gauche est la plus altérée; un autel chrétien en cache la décoration. Celle du milieu, plus grande, plus riche, et admirablement conservée, témoigne de la magnificence des Califes: elle servait de vestibule au *Mihrab*, petit réduit octogonal de trois mètres et demi de diamètre, pratiqué dans l'épaisseur du mur et dont la voûte, sculptée en forme de coquille, et soutenue par un grand nombre de petites colonnes, est faite d'un seul bloc de marbre. C'était là que l'on gardait le Coran, écrit en entier de la main d'Othman, un des compagnons du Prophète, tout couvert d'or, garni de perles et de rubis, qu'un cadenas tenait fixé sur un siège en bois d'aloès, recouvert d'un tapis de soie. Les dalles du sol de cette chambre, sont profondément creusées et usées par le frottement des croyants qui, comme nous l'avons dit, en faisaient le tour à genoux.

Dans une pièce voisine, se trouvait le siège du Calife ou *Mimbar*, sorte de chaire d'où l'on prêchait au peuple: ce précieux meuble existait encore, paraît-il, vers la fin du xvie siècle. C'était une sorte de char à quatre roues, auquel on accédait par sept marches, et à la construction duquel on avait employé les bois les plus précieux et sept années de travail.

On remarque au milieu du *Maksourah*, un tombeau en marbre; c'est celui du général comte de *Oropesa*, ascendant des Ducs de Frias.

Presque au centre de la mosquée primitive, et interceptant la nef principale qui conduit de la porte de *las Palmas* au *Mihrab*, se trouve la chapelle de *Nuestra Señora de Villaviciosa;* c'était primitivement l'emplacemeut de *l'Atatema* des Arabes. Ce carré est occupé aujourd'hui par deux chapelles superposées, pour la construction desquelles on a élevé le sol presque jusqu'à la naissance des chapiteaux. Les quatre côtés sont recouverts de stucs: du côté du couchant, on remarque trois arceaux lobulés; le sol, ainsi que les parois, sont recouverts *d'azulejos.*

La décoration de cette chapelle est évidemment postérieure à la conquête, comme le démontrent la naissance des arceaux qui sont décorés de têtes de lions, grossièrement exécutés, et probablement de l'époque où ce Sanctuaire a été transformé en chapelle principale de la Cathédrale, avant la construction du Chœur actuel.

On croit assez généralement que les fûts des colonnes de la Mosquée sont enterrés dans le sol avec leurs bases; c'est là une erreur, attendu qu'elle est élevée sur voûtes et, s'il est vrai qu'on trouve quelques colonnes reposant sur des bases, ce n'est là qu'une circonstance purement accidentelle.

Les nefs sont couvertes par des charpentes sculptées et décorées; on n'en a découvert encore qu'un carré qui est assez simple; mais il se trouve dans la partie la moins ornée de l'édifice. Quant aux coupoles qui recouvraient le tout, elles ont disparu, avec les boules d'or qui les surmontaient, de même aussi que les milliers de lampes qui éclairaient le temple, et les portes garnies de lames d'or et d'ornements précieux.

La mosquée fut consacrée au culte chrétien en 1147, par Alphonse VII; mais n'ayant aucun droit à la conquête de Cordoue, puisqu'il n'y était entré que comme allié de *Zacharia-Ben-Gamia*; il ne poussa pas plus loin son usurpation et se retira.

Quand St Ferdinand conquit Cordoue, en 1236, les Chrétiens y rentrèrent à la suite d'une capitulation et la Mosquée fut consacrée de nouveau. On y trouva alors les cloches de la cathédrale de Santiago en Galice, qu'Almanzor avait fait apporter deux cent quarante ans auparavant, sur les épaules de prisonniers chrétiens, et que St Ferdinand fit reporter à Compostelle par des captifs musulmans. Le superbe monument ne fut pas respecté: on commença par y fonder un grand nombre de chapelles pour servir de sépultures aux grandes familles; on y dressa des retables et, de même que la tribune de *l'Atatema* devint la chapelle de *Nuestra Señora de Villaviciosa,* le vestibule du *Mihrab* fut à son tour transformé en chapelle et dédié à *San Pedro;* le *Mihrab* lui-même en devint la Sacristie. Bref, en 1523, on y mit la pioche pour tout de bon et l'on fit tomber alors une partie des nefs ou arcades, pour y construire la chapelle principale et le Chœur, tels qu'ils existent actuellement. La ville de Cordoue protesta; son *Ayuntamiento,* ou junte municipale, alla jusqu'à édicter la peine de mort contre quiconque irait travailler à la nouvelle construction entreprise au sein de la Mosquée. Le Chapitre en appela à l'empereur Charles Quint, qui approuva la continuation des travaux. On a dit, pour justifier sa mémoire de cet acte de barbarie, qu'il en exprima des regrets, quand il passa à Cordoue, trois ans plus tard, pour aller célébrer son mariage avec Isabelle de Portugal. Il est cependant permis d'en douter, quand on voit de semblables mutilations commises sur ses ordres, à l'Alcazar de Séville et à l'Alhambra de Grenade.

Le Chœur et la chapelle principale de la Cathédrale seraient sans doute admirés ailleurs que dans la Mosquée; mais ici, ils sont tellement déplacés qu'ils font le plus mauvais effet. Perdus tous deux au milieu de cette forêt de colonnes, le Chœur, autrement dit l'église chrétienne, semble une nef du temple mahométan.

C'est un mélange de style ogival, d'ornements de la Renaissance et du goût *churriguéresque*. Chaque détail a une valeur artistique, assurément digne d'attention; mais réunis, ils forment un piètre ensemble. Nous ne voulons citer que les deux chaires à prêcher, en acajou, ornées de jolis médaillons, faites, au siècle dernier, par *Miguel Verdiguier*, mais que déparent des bases en marbres de couleur, représentant les attributs des *quatre Évangélistes*, d'une fâcheuse invention. Une lampe en argent, suspendue à la voûte; les belles stalles du Chœur, œuvre de *Pedro Duque Cornejo* et les bas-reliefs, placés derrière le maître-autel, sont les objets les plus remarquables de cette espèce de *verrue architecturale*, suivant l'expression imagée de Théophile Gautier.

A l'extérieur du Chœur, du côté droit de la chapelle principale, on remarque un mausolée en albâtre que surmonte une sorte de coffre en pierre orné de cadenas: il renferme les restes de cinq évêques.

On trouve dans les chapelles qui, au nombre de quarante-cinq, garnissent les quatre côtés de la Mosquée, des objets d'art intéressants; nous en indiquerons rapidement quelques uns.

Les peintures du retable du maître-autel sont de *Palomino;* dans la *Salle du Chapitre*, on trouve six toiles *d'Antonio del Castillo;* dans l'ancienne *Maksurah*, à gauche du *Mihrab*, une *Cène de Cespédès;* puis, tout près de là, un autel en carreaux de faïence, surmonté d'une *Annonciation*, portant la signature de *Pedro de Cordoba*, artiste d'un grand mérite, qui exécuta ce retable en 1475, pour le chanoine *Diego Sanchez de Castro*, dont on voit le portrait dans la partie inférieure.

Puis viennent: dans la chapelle de *San Agustin*, quelques toiles *d'Antonio del Castillo*, représentant *le Baptême de St François d'Assise* et une *Conception;* puis, *un Ange gardien*, peint par *Zambrano;* dans celle des *saints Simon et Judas*, quelques petits tableaux représentant la vie de ces saints, de divers peintres; dans la chapelle de *la Concepcion nueva*, un *St Joseph* et une *Sainte Anne*, sculptées par *Pedro de Mena*. Dans la chapelle de *Santa Teresa*, vulgairement appelée *del Cardenal*, une *Conception* et une *Assomption de la Vierge*, peintes par *Alonso Cano* et huit statues de Saints, de *José de Mora;* dans celle *del Espíritu Santo*, un *Baptême du Christ*, de *Cespédès;* dans celle de *San Nicolas*, des petits tableaux représentant *la Cène*, le *Lavement des pieds* et *la Prière du jardin*, attribués à *Cesar Arbasia*. Dans la chapelle de *San Juan*, diverses toiles de l'école italienne; dans celle de *Santa Ana*, un tableau représentant *St Jean Baptiste et St André avec une Gloire*, peint par *Cespédès*, ainsi que *l'Histoire de Tobie*, qui entoure le tabernacle. Puis, on rencontre une colonne sur laquelle est fixée une petite grille de fer; derrière la grille est figuré un Christ, d'une façon assez rudimentaire. La légende veut qu'au temps des Maures, un prisonnier chrétien, enchaîné à cette colonne, ait gravé avec l'ongle cette figure du Christ; une inscription, et un bas-relief en marbre, rappellent le fait.

Dans la chapelle de *San Esteban*, on trouve un tableau représentant le *Martyre de S! Etienne* peint par *Zambrano*; dans celle de *San Andrès*, vulgairement appelée de *San Eulogio*, un tableau représentant ce saint, par *Vincent Carducci*; en face de cette chapelle, *l'Incrédulité de S! Thomas*, par *Orrente*. Puis encore, dans celle de *San Pelayo*, le *Martyre d'un enfant* par *Antonio del Castillo* et, derrière la chapelle de *Nra Señora de Villaviciosa*, une très belle statue de *S! Paul*, dont l'auteur est inconnu.

Dans le Trésor de la Cathédrale on conserve des lettres manuscrites de Ste Thérèse de Jésus; un bréviaire de St Charles Borromée; deux belles croix processionnelles en argent, de style gothique; une *Conception* et un *S! Raphaël* en argent; enfin, une des plus magnifiques *Custodias* de *Enrique de Arfë*, qui porte la date de 1513, d'une ornementation superbe.

La tour actuelle de la Cathédrale perd beaucoup de son mérite, placée, comme elle l'est, tout auprès de l'architecture orientale; elle constitue un disparate choquant et, si elle se distingue par quelque caractère, c'est malheureusement par son cachet de lourdeur. Elle a été reconstruite plusieurs fois depuis sa fondation, la dernière fois, à la suite du tremblement de terre qui ruina Lisbonne. Elle est surmontée d'une statue de St Raphaël, montée sur pivot et transformée en girouette.

St Raphaël est le patron de Cordoue; aussi plusieurs monuments lui sont-ils dédiés. Le plus étrange s'appelle *El Triunfo*: il est situé près de l'angle sud-ouest de la Cathédrale. C'est une bizarre construction de marbre, surmontée d'une colonne qui porte la statue du saint. Elle date de 1765 et elle est l'œuvre de l'architecte *Graveton* et du sculpteur *Michel Verdiguer*, tous deux français et qui s'établirent à Cordoue au XVIIIe siècle.

En face de la Cathédrale, et faisant partie du palais épiscopal, on trouve une porte de la dernière époque de l'architecture gothique: on remarque déjà l'introduction, dans l'ornementation, de motifs de la Renaissance; c'est le plus beau monument de ce genre que possède Cordoue.

Non loin de là se trouve le pont, reconstruit en grande partie par Abder-Rhaman et son fils Hixem, mais qui laisse deviner, sous les travaux, la trace évidente de son origine romaine par un appareillage, en tout semblable à celui de l'aqueduc de Ségovie. On y arrive en passant sous une porte digne de remarque, malgré les replâtrages dont on l'a surchargée à diverses époques. La partie originaire présente un ensemble de lignes, dont le caractère évoque l'idée d'une construction romaine. On la fait remonter à 1571, et les deux bas-reliefs qui l'ornent, sont attribués à Torrigiano: mais cet artiste mourut en 1522; les deux bas-reliefs sont, d'ailleurs, évidemment contemporains de la porte. Notons encore, cette particularité que sur les quatre colonnes qui la décorent, l'une est cannelée de bas en haut, tandis que les trois autres, ne le sont que dans la moitié inférieure. L'accès du pont, à l'autre extrémité, est défendu par une forteresse nommée *la Carahola*.

La tour de l'église de *San Nicolas* a été construite en 1496; elle est d'une rare élégance, et certainement l'un des monuments les plus remarquables de Cordoue. On y remarque deux bustes, sculptés en relief sur la muraille et, au-dessous, les mots: *Obediencia* et *Paciencia*. On prétend, pour en expliquer l'origine, que les propriétaires voisins s'étaient opposés à la construction de l'Église, que le Chapitre plaida, gagna le procès et fit sculpter les deux bustes en question, par allusion au procès. L'Eglise n'a de remarquable qu'une Vierge attribuée à *Murillo*.

Un peu plus loin, se trouve la collégiale de *San Hipólito*, qui conserve les restes du roi Ferdinand IV, de son fils Alphonse XI, et le tombeau du chroniqueur *Ambrosio de Moralès*; dans le cloître, un magnifique *Ecce Homo* rappelle Valdès Leal. La plupart des autres églises sont de l'époque gothique; mais les restaurations leur ont enlevé presque tout caractère d'origine. Il en subsiste une porte, une rosace, quelquefois un détail médiocre, et rien de plus; la porte de l'église de *San Pablo* est cependant remarquable. On voit encore, çà et là par le ville, quelques maisons datant du xvie siècle; mais elles sont outrageusement couvertes de couches de chaux, qui empâtent et en cachent la décoration; le portail de la maison de *Gerónimo Paez* entr'autres, mérite d'être cité.

Le Musée provincial renferme quelques bons tableaux et des curiosités importantes: c'est un *St Félix* de Zurbaran, une *Fuite en Egypte* de Ribéra, un *St Jérôme* de Castillo; une *Vierge à l'enfant*, contemporaine du Pérugin, peut-être d'un de ses disciples; un *St Pierre* et un *St Paul*, de Cespedès; un *San Pedro Arbuès*, qui lui est aussi attribué; une *Adoration des Mages* de Bassano, un *Christ en croix* de Bocanegra; un tableau de Juan de Mena; un *Ecce Homo* de Menesès, attribué à son maître Murillo, et quelques bons panneaux, auxquels il ne manque qu'une restauration habile pour leur rendre toute leur valeur.

Notons, parmi les objets d'art et les curiosités: la première sonnette connue dans la Chrétienté; elle a appartenu à Samson, abbé de St Sébastien; un buste de Caligula; des échantillons de céramique romaine; des inscriptions latines et des fragments de sculptures arabes; une très belle margelle en faïence; un cerf en bronze, que l'on prétend avoir été trouvé sur l'emplacement de *Cordoba la vieja*, la vieille ville.

Au sortir du Musée, on traverse une place décorée d'une fontaine et surmontée d'un cheval de structure grossière, que l'on appelle *el Potro*, ou le poulain.

Cordoue attache une grande considération au *Potro* et les légendes nébuleuses qui ont cours à son endroit, tendent à le faire considérer comme une espèce de *Palladium*. Salamanque a des taureaux symboliques; Ségovie et Avila, des sangliers qui précèdent de peu l'époque à laquelle remonte le *Potro*; Cordoue pourrait bien avoir voulu symboliser, par ce *potro* mystérieux, la grande réputation de sa belle race chevaline. En tous cas, le Po-

tro et le Cerf du Musée sont d'un grand intérêt archéologique.

Les murs de l'enceinte de Cordoue sont en grande partie conservés; ils sont reliés par des tours pittoresques et, par leur étendue, l'on peut se rendre compte aujourd'hui, de l'extension primitive de l'ancienne ville des Califes.

Une de ces tours est une espèce de fort détaché qui communique avec la muraille par une arcade; c'est la tour de la *Malmuerta*. L'inscription, qui attribue à Henri III l'origine de l'édifice, n'est pas justifiée par le caractère de la construction. La légende dit qu'un seigneur de Cordoue tua sa femme, sur de simples soupçons et que le roi le condamna à élever cette tour à ses frais, en expiation de son crime. L'enceinte de Cordoue est percée de portes bien conservées. Citons aussi, les restes d'une forteresse aujourd'hui convertie en prison, que l'on appelle *l'Alcazar* et qui ne serait autre, dit-on, que l'ancien palais des Califes.

La ville possède de belles promenades: celle du *Grand Capitaine* et, surtout, *el paseo de la Victoria*, qui se trouve aux abords de la gare du chemin de fer, qui est fort remarquable par la variété et la beauté des plantes et des fleurs qui l'ornent à profusion.

Sur la montagne qui domine la ville, et presque à son sommet, existent divers ermitages que les étrangers, les dames exceptées, peuvent visiter, et d'où l'on jouit d'un point de vue admirable. C'est au pied de cette montagne, dans un immense enclos, à cinq ou six kilomètres environ, qu'était située *Cordoba la vieille*; c'était la *Medina-az-Zahará*, le palais des fleurs, bâti par Abder-Rhaman III, en l'honneur de son esclave favorite, nommée *az-Zahará*, en arabe *fleur*. Ce palais, dont la magnificence, au dire des chroniqueurs, surpassait toutes les féeries de l'Orient, était assez vaste pour y loger toute la cour du Calife et une garde de douze mille cavaliers: quatre mille colonnes en supportaient les charpentes dorées; les marbres les plus précieux avaient été exclusivement employés dans sa construction. Dans le pavillon du Calife, un jet de vif argent reflétait les rayons du soleil, et la plus belle perle de l'Orient était suspendue à la voûte; dans un des bassins, flottait un cygne d'or, qui avait été travaillé à Constantinople. De toutes les richesses de ce magnifique palais, il n'y a plus trace: les fondations mêmes ont disparu; quelques pierres décorées d'arabesques, trouvées récemment, attestent à peine l'existence de *Medina-az-Zahará* et, sans les monnaies frappées dans sa fabrique, qu'on a conservées, et les chroniques arabes ou espagnoles, il n'en resterait même plus le souvenir.

La campagne environnante et la montagne, ramènent cependant à la mémoire, à chaque instant, un souvenir sans cesse renouvelé, du séjour des Arabes: ce sont les roses, qui croissent partout à profusion, sans culture aucune et avec une vitalité telle, qu'on a beau les arracher, elles repoussent quand même; c'est un des grands charmes de cette belle campagne, et c'est de là, vraisemblablement, que vient le nom de *Medina-az-Zahará*, mentionné plus haut.

Cordoue est la patrie du fameux rhéteur *Marcus Annæus Seneca*, de son fils *Lucius*, surnommé le philosophe, et de *Marcus Annæus*

Lucanus, neveu de ce dernier, que nous appelons *Lucain*, l'auteur de *la Pharsale*. Cordoue a vu naître l'illustre médecin et philosophe *Averroès*, le commentateur d'Aristote; *Gongora; Juan de Mena;* les peintres *Cespédès* et *Zambrano;* et enfin, *Montilla*, près de Cordoue, est le berceau du connétable *Gonzalve de Cordoue*, surnommé le Grand Capitaine, dont le nom revient si souvent dans l'histoire d'Espagne, soit qu'on évoque ses brillants faits d'armes et ses rapides conquêtes, soit qu'à propos d'un compte ou mémoire, dont le chiffre semble exagéré, on évoque allusivement les fameux comptes, devenus légendaires, qu'il rendit aux rois Ferdinand et Isabelle. Nous ferons sans doute plaisir au lecteur, en transcrivant ici, ces comptes tels qu'ils résultent de ses mémoires, conservés dans les Archives de *Simancas*.

Gonzalve venait de faire la conquête du royaume de Naples, quand le roi s'avisa de lui demander justification des sommes considérables qu'il lui avait fait donner par son trésorier. Le grand Capitaine interrompit l'énumération assez étendue que faisait ce trésorier en présence du roi, en disant qu'il n'était pas prêt, ce jour-là, à rendre ses comptes, mais que le lendemain il les présenterait et que l'on verrait bien alors, qui des deux restait débiteur. Le jour suivant, muni d'un immense registre, il se mit à lire à haute voix, pour que tout le monde put l'entendre, le détail qui suit de ses dépenses: «deux cent »mille sept cent trente six douros »et neuf réaux, payés aux moi- »nes, religieuses et pauvres, pour »prières en faveur de la prospéri- »té des armes espagnoles; cent »millions, en pelles, pics et pio- »ches; cent mille ducats, en pou- »dre et balles; dix mille ducats, »en gants parfumés, pour préser- »ver les troupes de la mauvaise »odeur des cadavres des ennemis »couchés sur le champ de batail- »le; cent soixante mille ducats, en »réparation de cloches détruites »et renouvelées, par suite des »sonneries journalières, à toute »volée, en réjouissance des inces- »santes victoires obtenues sur »l'ennemi; cinquante mille ducats, »en eau-de-vie pour les troupes, »un jour de combat; un million »et demi de ducats, pour nourrir »les prisonniers et blessés; un au- »tre million employé en messes, »actions de grâces et *Te Deum* au »Tout puissant; trois millions, en »messes pour les morts; sept cent »mille quatre cent quatre-vingt »quatorze ducats, en espions, »et.... *Cent millions*, pour ma pa- »tience à entendre que le roi de- »mande des comptes à qui lui a »fait cadeau d'un royaume!» Les trésoriers demeurèrent confondus à cette lecture: les assistants éclatèrent de rire; quant au roi, presque honteux, il leva la séance et défendit de ne plus jamais reparler de la chose.

Cordoue est le point où s'embranchent les lignes de **Belmez**, de **Malaga** et de **Grenade**.

A vingt-cinq ou trente kilomètres sur le chemin de *Séville*, on voit, à droite, suspendue à pic sur une roche élevée qui domine le Guadalquivir, la tour du château de **Almodovar**; c'est une des plus imposantes ruines du pays.

Séville. Séville est également située sur le Guadalquivir; mais elle est aussi active et vivante que Cordoue, la ville des roses, est aujourd'hui déserte et morne. On s'aperçoit ici que le sang circule dans les veines d'une population plus vive et plus entreprenante; le pont qui relie la ville à son fameux faubourg de *Triana*, situé sur la rive droite du fleuve, est incessamment traversé par des gens affairés. *Triana* est le quartier où demeurent les *gitanos*, cette antique race qui, en cessant d'être nomade, s'est fixée dans ce centre, et en a fait une sorte de capitale, à laquelle viennent se rattacher les nombreuses tribus qui, de là, aux époques des principales foires, se répandent sur toute l'Espagne. *Triana* est encore habitée par une nombreuse population ouvrière, répartie entre les fabriques de faïence de *la Cartuja* et les travaux du port. C'est là qu'il faut chercher les scènes de mœurs populaires, les types pittoresques, qui y sont des plus variés et les derniers vestiges du costume andaloux, déjà presque entièrement disparu.

On pénètre dans la ville, située sur la rive gauche du fleuve, par des rues étroites et tortueuses qui trahissent leur origine arabe, en parfaite harmonie du reste, avec les exigences du climat: on y trouve de l'ombre à toute heure, grâce aux sinuosités des rues et aux toiles qu'on prend soin de tendre d'une maison à l'autre. Les maisons elles-mêmes sont, à leur tour, appropriées aux rigueurs de ce climat, où l'air respirable manque pendant la saison des chaleurs: ainsi, la première condition d'une habitation convenable et confortable, c'est de posséder un premier étage pour l'hiver et un rez-de-chaussée, avec un *patio* ou cour, pour l'été. Une toile tendue à la hauteur du toit, en manière de *velum*, intercepte les rayons du soleil et amortit l'éclat trop vif d'un ciel toujours sans nuages. Tout autour du *patio*, qui est orné de colonnes et, par une disposition qui rappelle celle des maisons de l'ancienne Rome, se trouvent les divers appartements, les chambres à coucher; partout, le sol est dallé de marbre; un jet d'eau, placé au centre du *patio*, répand constamment la fraîcheur dans toute la demeure. Ce *patio*, devenu le salon de famille, est garni de fleurs et d'arbustes: on y descend les meubles, le piano; c'est là enfin, qu'on habite durant toute la saison d'été et qu'on reçoit ses amis.

Ces *patios* ne sont séparés de la rue que par une simple porte, en fer ouvragé, et formant les dessins les plus capricieux; le promeneur peut voir de la rue ces intérieurs de cours, si coquets et généralement si joyeux, dont la gaieté se répand au-dehors et contribue puissamment à donner à la ville son aspect animé et bruyant.

Ajoutons, pour compléter la physionomie des rues de Séville, que les fleurs y sont cultivées avec amour, les Andalouses aimant à s'en orner la tête et que, dans presque toutes les cours ou jardins, et même sur les places publiques, les orangers et les citronniers croissent à l'air libre, jetant dans l'atmosphère leurs délicieux parfums.

La fondation de Séville remonte aux temps les plus reculés: c'est l'ancienne *Hispalis* des Carthaginois; les Romains l'appelèrent *Romula* et c'est jusqu'à Hercule qu'on fait remonter son origine. Elle passa, en 411, aux mains des Vandales, qui ont laissé leur nom à son territoire (Vandalousie); puis, à celle des Visigoths jusqu'en 712, époque où elle tomba au pouvoir des Arabes. Enfin, en 1248, Ferdinand III s'en empara et en fit la capitale de son royaume, elle resta la capitale de Castille, jusqu'au moment où Charles Quint alla s'établir avec sa cour à Valladolid. Séville a compté jusqu'à quatre cent mille âmes; elle est aujourd'hui réduite au quart environ.

Elle renferme des monuments remarquables qui attestent sa puissance et sa splendeur passées; c'est encore une ville riche, devant laquelle s'ouvre un brillant avenir. Les anciens palais se relèvent, et tout y a un aspect de prospérité.

Une habitation princière, dont les jardins et les dépendances rivalisent avec les plus belles résidences royales, le palais de **San Telmo**, est devenu une des merveilles de Séville, grâce au goût distingué qui a présidé à sa restauration.

Situé sur les bords de la rive gauche du fleuve, sa façade principale, quoique du style *churriguéresque* et chargée d'ornements, ne manque pas de grandeur. Au-devant s'étend une belle promenade, ornée de grands et beaux arbres. Les jardins du palais de *San Telmo*, propriété du duc de Montpensier, jouissent, à juste titre, d'une renommée européenne; on y a acclimaté des arbres et des plantes exotiques, choisies avec un soin tout particulier: aussi, le *Cocotier*, le *Zapote*, les *Yuccas* et les *ananas* y prospèrent-ils comme dans les zônes privilégiées, au milieu même des bois d'orangers, qui constituent un des charmes de cette résidence.

Dans les jardins, on a trouvé d'anciens tombeaux romains qui sont soigneusement conservés. Les appartements, particulièrement remarquables, contiennent des objets d'art intéressants: une belle galerie de tableaux, dont quelques uns fort précieux, complète l'ameublement artistique. On y compte quelques toiles de Murillo, entr'autres: un *Saint Joseph; la Vierge et l'enfant Jésus*, connue sous le nom de *Vierge à la ceinture;* six toiles de Zurbaran; deux superbes études de *Philippe IV* et du *Comte-Duc d'Olivarés*, de Velazquez, ainsi qu'un portrait du même maître; divers portraits et *les Manolas au balcon*, du peintre Goya; *la mort de Laocoon* du Greco, et son portrait peint par lui-même; *le Suicide de Caton d'Utique*, par Ribéra; *une Piedad*, du divin Moralès; *un Christ mort*, de Caracci; *une Sainte famille*, de Sébastien del Piombo et, parmi les productions des artistes modernes: une *Course de taureaux*, d'Eugène Ginain; *l'Antiquaire* d'Isabey; des toiles de Delaroche, Dehodencq, Granet, Gallait, des deux Johannot, de Winterhalter, de Lehman, Leleux, Papety, Philippe Rousseau et d'Ary Scheffer; enfin, parmi les objets d'art, de beaux vases du Japon et de la Chine; une riche armure fleurdelisée, et un émail superbe, représentant *le Connétable de Bourbon*.

Non loin du palais de *San Telmo*, au bord de la rivière et dominant le port, se trouve *la Tour de l'or*, que l'on croit être de construction romaine, mais qui ne remonte pas au delà de la fondation de l'Alcazar, auquel elle était rattachée par des murailles dont on retrouve des vestiges. C'est là que *Don Pedro* le Cruel renfermait, dit-on, ses trésors dont la garde était confiée à son trésorier Samuel Lévi, et qu'il tenait cachée la femme *d'Alvar Perez de Guzman*, qu'il avait enlevée à son mari. On y déposa, plus tard, les richesses qu'apportaient les galions d'Amérique et de là, sans doute, son appellation traditionnelle. C'est, en somme, une ancienne *atalaya* ou forteresse, comme on en rencontre tant en Espagne: son aspect gracieux, sa position pittoresque, en font un des monuments curieux de Séville.

On trouve encore des restes d'anciennes murailles près de la porte de **la Macarena**, à l'autre extrémité de la ville: elles sont antérieures à l'époque des Arabes et datent très probablement du temps des Romains; c'est à ces derniers qu'il faut, sans doute aussi, rapporter la construction de l'aqueduc, nommé **los Caños de Carmona**, qui amène les eaux depuis *Alcalà de Guadaira*, à une vingtaine de kilomètres de Séville.

Dans une autre direction, et de l'autre côté du Guadalquivir, à quelques kilomètres seulement, se trouvent les ruines de l'ancienne **Itálica** des Romains, la patrie des empereurs Trajan, Adrien et Théodose; on y voit encore une belle mosaïque, les ruines de l'ancien cirque romain, dont les principales dispositions sont parfaitement reconnaissables, et des vestiges d'anciens Thermes.

Dans le quartier de *la Macarena*, on rencontre l'hôpital général appelé communément **el hospital de la Sangre**; c'est un des monuments les plus grandioses de Séville. Il fut fondé en 1546. C'est une masse véritablement imposante: la façade de l'église surtout, est remarquable; les bas-reliefs qui la décorent sont attribués à *Torrigiano*. Cet hôpital possède de précieux tableaux, entr'autres neuf toiles représentant diverses Saintes, peintes par *Zurbaran* et *un enfant Jésus*, placé sur le tabernacle, qui est de *Murillo*. Les peintures du maître autel, de *Vargas*; *un Apostolat*, d'*Herrera le vieux*, et la *mort de St. Herménégilde*, par Roelas, sont à ranger parmi les meilleurs ouvrages qu'ait produit l'école de Séville. De cette école brillante sont sortis, outre Velazquez, Murillo et Alonso Cano: *Luis de Vargas, Pedro de Villegas Marmolejo*, le licencié *Juan de las Roelas*, les deux frères *Agustin* et *Juan del Castillo*; puis, *les deux Herrera*, le vieux et le jeune, *Francisco Pacheco, Pedro de Moya, Zurbaran, Francisco Antolinez, Meneses Osorio, Sebastian Gomez, Miguel de Tobar* et tant d'autres.

Musée provincial. Si les œuvres des maîtres anciens ou secondaires, appartenant à l'École de Séville, sont absentes du Musée de Madrid, nous en trouverons, en revanche, bon nombre au *Musée provincial*, à la Cathédrale et dans les nombreuses églises et couvents, pour lesquels leurs tableaux ont été faits et où ils sont restés. Aussi le Musée de Séville est-il, à coup sûr, après celui de Madrid, le plus intéressant d'Espagne, pour l'étude des ouvrages des artistes andaloux et même pour l'étude complète de Murillo, dont l'œuvre est, pour la plus grande partie, resté dans sa ville natale.

Le *Musée provincial* est installé dans l'ancien couvent de *la Merced*; sur la place qui le précède, s'élève la statue en bronze de Murillo, répétition de celle qui décore l'une des entrées du Musée du *Prado* à Madrid.

On ne compte dans le Musée provincial qu'un petit nombre de toiles: mais toutes sont remarquables; le Catalogue enregistre, entr'autres, vingt-trois tableaux de Murillo et des meilleurs. Si, à ce contingent, on joint ce que nous avons vu précédemment au Musée de Madrid, à l'Académie de Saint Ferdinand, ce que nous allons voir à la Charité (le Moïse et la Multiplication des pains), à la Cathédrale (le Saint Antoine de Padoue et quelques autres toiles), nous aurons réuni, à peu près, l'œuvre complète de ce maître, sur laquelle nous allons nous étendre quelque peu.

Murillo naquit à Séville le 1er Janvier 1618. Son premier maître, *Juan del Castillo*, le laissa de bonne heure sans direction; c'est ainsi qu'abandonné à lui-même, il improvisa, peignit vaille que vaille, jusqu'à l'âge de 24 ans, pour *la feria*, exécutant tout ce dont le chargeaient les marchands et les pacotilleurs qui partaient pour les Amériques. C'est alors qu'un de ses condisciples, *Pedro de Moya*, de retour des Flandres, lui montra des copies rapportées par lui, et l'initia aux richesses de palette et aux suavités du coloris flamand: *Moya* avait été un moment l'élève de *Van Dyck*. Frappé d'admiration, et convaincu de l'insuffisance de son éducation artistique, Murillo prit immédiatement la résolution d'aller étudier, chez eux, ces maîtres qui le ravissaient et qu'il voulait imiter. Mais sa pauvreté était un obstacle presque insurmontable à l'entreprise d'un voyage au Nord de l'Europe, ou d'un séjour dans cette Italie, qui également l'attirait. Son énergie lui créa des ressources. Il acheta une pièce de toile, la divisa en morceaux qu'il couvrit de sujets variés et, avec l'argent qu'il en tira, il quitta Séville et se rendit à Madrid. Là devait se borner son voyage.

Velazquez, en possession, depuis vingt ans déjà, de la faveur de Philippe IV, accueillit à merveille son jeune compatriote, lui donna des conseils et le mit tout de suite à même d'étudier, avec fruit, les chefs-d'œuvre que renfermaient les royales demeures.

Durant trois années, Murillo ne fit que peindre d'après les maîtres. Il étudia et copia tour à tour Titien, Rubens, Ribéra et, plus particulièrement, Van Dyck et Velazquez. C'est de cette étude féconde qu'est sorti le génie de Murillo, génie qui se constitue, à son point de départ, d'assimilation et de volonté, mais qui, lentement, parvient à se dégager et finit par se produire et s'épanouit, au moment de sa pleine maturité, avec une incontestable et puissante originalité. A l'époque de la chute du pouvoir du Comte-Duc d'Olivarès, Murillo quitta Madrid et revint à Séville, qu'il ne quitta plus qu'en 1680, pour aller peindre, à Cadiz, le maître-autel de l'église des Capucins. On sait qu'en exécutant ce dernier ouvrage, il tomba du haut d'un échafaudage, dut abandonner le travail commencé, et revint en toute hâte à Séville, où il mourait le 3 Avril 1682.

Après Velazquez, dont il demeura toute sa vie l'admirateur et le disciple enthousiaste, Murillo est certes l'expression la plus complète de l'art espagnol, art à la fois mystique et réaliste, qui mêle et allie étroitement, l'incréé et la vision céleste, aux hommes et aux choses de la terre: il parvient, à force de foi naïve, à faire accepter ce mélange d'intimité humaine et de surnaturel, comme un spectacle tangible, possible. C'est en effet par là que se caractérise tout un côté, et non le moins étonnant et le moins original, du génie de Murillo. Velazquez, lui, demeure un réaliste et rien qu'un réaliste. Avec Murillo, les cieux n'auront pas de mystères; sans crainte, il s'élance jusque dans les apocalypses; l'apparition, la vision, l'extase, le rêve, *le miracle* enfin, prennent, sous son pinceau poétique et enchanteur, quelque chose de l'autorité indiscutable, du fait positif et réel.

Tout de suite, la triomphante création, la légende dorée du peintre, s'imposent à l'esprit du spectateur à l'égal d'une saisissante réalité et comme de l'histoire vivante et vécue. On regarde et, aussitôt, on est pris et subjugué: on ne discute pas les charmantes compositions de Murillo; on les admire!

L'œuvre entier du maître constitue un ensemble considérable et dont toutes les parties ne sont pas nécessairement d'une valeur égale. Murillo laisse, en effet, souvent courir trop vite sa brosse expéditive, et n'apporte pas toujours le même soin à tous ses tableaux. Entreprendre de les analyser et classer, serait une tâche interminable pour laquelle nous renvoyons le lecteur aux ouvrages ou aux articles spéciaux, publiés sur le chef de l'École de Séville, par les divers écrivains d'art que nous avons précédemment nommés. Nous nous bornerons donc, dans notre excursion à travers Séville, à ne citer que ses chefs-d'œuvre; et combien cette seule liste est encore longue!

Le Musée provincial, formé à la suite de la suppression des couvents et des fondations religieuses, est particulièrement riche en peintures du maître. La plupart de celles que nous y rencontrons, proviennent du couvent des *Capuchinos*, situé hors des murs de Séville et supprimé en 1835. L'ensemble de la décoration du couvent des Capucins, exécutée par Murillo de 1670 à 1680, comprenait primitivement vingt toiles. Nous en retrouvons dix-sept au Musée Provinçial. Au premier rang, se place le *Saint Thomas de Villanueva distribuant des aumônes*, que Murillo se plaisait à appeler *son tableau;* prédilection justifiée, car le maître n'a jamais rien peint de plus fort, de mieux contrasté et de plus largement harmonieux. Une autre toile, d'une intensité de sentiment qui ne fut jamais dépassée par l'artiste, c'est *le Saint François aux pieds de la croix*, œuvre absolument magistrale comme dessin, comme modelé, comme coloration et comme effet. *L'Annonciation* est aussi une œuvre supérieure, dans son expression singulièrement délicate et chaste, et dans son coloris à la fois délicieux et grave. Citons encore, comme morceaux de premier ordre et hors ligne: *Saint Antoine de Padoue, Saint Félix de Cantalicie, la Vierge portant l'enfant Jésus, la Mère de Douleurs*, page de tournure grandiose, d'un dessin sévère et ferme, et qui offre toute la violence d'effet d'un Ribéra; *la Naisance du Christ*, d'une tonalité chaude et vigoureuse, et enfin, *la Vierge à la serviette*. Cette toile a acquis une célébrité qui ne s'explique guère que par l'étrangeté du choix des modèles, d'un type plus moresque qu'espagnol, aux yeux démesurément agrandis et dont les iris, d'un noir profond, ont une fixité inquiétante et presque farouche. La légende veut que cette Vierge ait été peinte sur une serviette, et offerte en don au frère portier du couvent, pendant le séjour qu'y fit Murillo. Une des plus belles *Conceptions*, de celui qui mérita d'être appelé *el pintor de las Concepciones*, se trouve au Musée Provincial. A bon droit, on désigne cette toile sous le titre de *la Perle*. C'est, en effet, une œuvre admirable, enivrante comme une fumée d'encens et fleurie, comme un frais bouquet; jamais Murillo n'a rendu avec plus d'élan, de supériorité et avec un tel bonheur de forme, de couleur et d'expression, son thème mystique favori, celui de tous qu'il a le plus ostensiblement caressé.

A côté des peintures de Murillo, dont nous rencontrerons encore plus d'un merveilleux tableau, soit à la Cathédrale, soit dans les Églises, soit à l'hôpital de *la Caridad*, jetons un coup d'œil sur ce que le Musée provincial garde d'ouvrages intéressants, appartenant aux divers artistes célèbres de l'école de Séville.

Francisco Zurbaran figure là avec une de ses plus brillantes compositions : *le Triomphe de Saint Thomas d'Aquin*, page d'une tournure grandiose, d'un coloris largement compris, en même temps que d'un éclat superbe; parmi les personnages agenouillés au premier plan, on reconnait Charles Quint, l'archevêque de Deza et, croit-on, le portrait de Zurbaran lui-même. Entr'autres toiles remarquables du même artiste, nous citerons: *la Vierge des Grottes*, *Saint Hugo*, *un Christ en croix*, *Saint Bruno devant le Pape*, et *Jésus couronnant Saint Joseph*.

Des deux peintres qui furent les maîtres de Velazquez, **Herrera le vieux** et **Pacheco**, le Musée possède *un S.t Diego et S.t Herménégilde* avec *S.t Isidore et Saint Léandre*, acompagnés d'une *Gloire d'anges*, par Herrera; et *un Saint Pierre Nolasque rachetant des captifs*, par Pacheco. Parmi les captifs, d'érudits chercheurs croient reconnaitre, dans un batelier tenant une rame, le portrait de l'immortel *Cervantès Saavedra*. Citons encore, diverses peintures, la plupart remarquables, par le licencié *Juan de las Roëlas*; de *Valdès Leal*, le rival jaloux de Murillo; de *Pablo de Cespedès*, l'artiste savant, plus florentin, dans ses ouvrages, qu'espagnol et andalous; de *Juan del Castillo*, qu'il faut étudier comme ayant été le maître de Murillo, d'Alonso Cano et de Pedro de Moya; de *Sebastian Gomez*, appelé *el mulato*, ou l'esclave de Murillo, et qui compte, avec *Menesès Osorio*, parmi les meilleurs élèves du grand-maître.

Toute la suite directe de peintres, ayant eu Murillo pour chef, est, d'ailleurs, abondamment représentée au Musée Provincial, par *Gutierrez, Marquez, Joya, Perez, Lopez* et aussi, par *German, Llorente* et *Tobar*, qui ne furent que des imitateurs de seconde main.

Le catalogue cite également d'importants ouvrages de Martin de Vos (entr'autres un Jugement dernier), et de *Francisco Frutet*, maître flamand qui, comme *Pedro Campaña*, serait venu à Séville, au xvi.e siècle, mais dont les biographes ne sont pas encore parvenus à fixer nettement la vie obscure.

Ce Musée contient aussi quelques belles sculptures, parmi lesquelles nous citerons: *la Vierge tenant l'enfant Jésus*, groupe en terre cuite; la magnifique et célèbre statue, également en terre cuite, de grandeur naturelle, représentant *Saint Jérôme*, toutes deux de **P. Torrigiano**: ce sculpteur fit cette dernière statue, pour un couvent près de Séville, vers 1520. Condisciple jaloux de Michel-Ange, on raconte qu'il lui écrasa le nez d'un coup de poing et que, fuyant Florence, il vint se réfugier en Espagne, où il se laissa mourir de faim dans les prisons de l'Inquisition, à la suite d'une accusation d'hérésie: il avait, disait-on, brisé de ses propres mains, une belle statue qui représentait *la Vierge et l'enfant Jésus*.

Nous citerons aussi différents ouvrages coloriés, du sculpteur **J. M. Montañez:** un *S.t Dominique de Guzman faisant pénitence;* un *Saint Bruno* et *la Vierge de las Cuevas, ou des grottes* et, de son disciple *Solis*, une statuette demi-nature représentant *la Justice.*

On trouvera enfin, au Musée provincial de Séville, une grille en fer, d'un enchevêtrement vraiment énigmatique et faite d'une seule pièce, en apparence du moins, et à laquelle on attribue une origine romaine; divers fragments de sculptures contemporaines des Visigoths et beaucoup d'intéressants débris, recueillis lors des fouilles faites dans l'ancienne *Itálica*.

La Caridad. Près de la Tour de l'or, se trouve l'hôpital de **la Caridad**, fondé par *Don Miguel de Mañara*, dont la légende a fait *Don Juan Tenorio* ou, plus simplement, *Don Juan*, le séducteur fameux, célébré par les poètes.

La façade de l'église est décorée de faïences dont les sujets ont été dessinés par *Murillo* et son intérieur renferme de bien précieux tableaux du maître: *la Multiplication des pains*, ou *le Sermon de la montagne* et *Moïse frappant le rocher*, deux toiles célèbres, d'un arrangement, d'une richesse de coloris et d'une composition admirables; puis, un chef-d'œuvre: *S.t Jean de Dieu portant un pauvre, aidé par un ange*.

C'est à cet hôpital, dont il décorait une des salles, qu'appartenait le fameux tableau représentant *Sainte Elizabeth, reine de Hongrie, guérissant les teigneux*, par *Murillo*, que nous avons admiré à l'Académie de S.t Ferdinand à Madrid; on l'a remplacé aujourd'hui par une copie.

L'église de la Charité garde encore *un Christ au tombeau*, belle sculpture de *Pedro Roldan*, et deux des meilleures toiles de *Valdès Leal*, représentant *les Emblèmes de la Vanité humaine*: le tableau de gauche, montre un squelette foulant aux pieds des sceptres et des couronnes; celui de droite, connu sous le nom des *deux cadavres*, représente l'intérieur d'un caveau mortuaire, dans lequel les corps d'un évêque et d'un chevalier de Calatrava, défigurés par la mort, rongés par les vers, pourrissent, côte à côte, dans leurs cercueils. Le cavalier serait, dit-on, le portrait du fameux *Don Juan de Mañara*, fondateur de l'hospice. Cette composition, d'un réalisme effroyable, est peinte avec tant de vérité qu'on est, en effet, tenté de se boucher le nez, dès qu'on la regarde, ainsi que Murillo lui-même le disait déjà à Valdès, lorsqu'il lui montra ces peintures.

Cathédrale. Nous arrivons maintenant à la Cathédrale, ce géant de pierre, que l'on aperçoit de tous côtés, tant il domine de haut la ville et les campagnes environnantes. Ici encore, le superbe édifice a été construit sur les restes d'une ancienne Mosquée arabe, dont on n'a respecté que la cour des orangers et la porte du Pardon, qui lui donne accès. Heureusement la belle tour, *la Giralda*, une véritable merveille d'architecture arabe;

est restée debout. Cette tour, qui était le minaret de l'ancienne mosquée des rois maures, qui gouvernèrent Séville après la destruction du Califat de Cordoue, fut construite pendant le XIIe siècle, par l'arabe *Gheber* ou *Hueber*, l'inventeur, dit-on, de l'Algèbre.

Malgré les mutilations dont elle porte les traces, elle constitue, avec ce qui reste de *l'Aljaferia de Saragosse*, la représentation typique des monuments de la période appelée de transition, ou deuxième période de l'architecture arabe en Espagne et que l'on nomme aussi *style arabe de Mauritanie*. La tour est toute entière bâtie en briques, et décorée par des frises et des caissons, formés également de briques, en façon d'arceaux dentelés, genre de décoration fort en usage durant cette période et dont il subsiste encore quelques restes à Tolède, à Séville, et surtout en Aragon. Elle est percée, à chaque étage, de jolies fenêtres en manière de balcons, tantôt à une seule ouverture, tantôt à deux ouvertures, ou *ajimeces*, séparées par de frêles colonnettes en marbre, et fermées par des arcs lobulés, ou en fer à cheval, ou encore en ogive, se combinant avec l'arc outre-passé et dentelé, mais variées alternativement d'un étage à l'autre. Elle se terminait jadis, à son sommet, par quatre globes dorés superposés, et qui devaient être précieux, puisque l'un d'eux fut estimé valoir cent mille doublons d'or: ils furent renversés par le tremblement de terre de 1395. En 1568, *la Giralda* fut exhaussée et surmontée d'un beffroi, qui est venu altérer l'élégante sveltesse de la tour des Arabes, avec laquelle le style de ce beffroi n'est point en harmonie.

On pénètre à l'intérieur de la jour, par une porte basse et étroite, ce qui fait supposer que son accès primitif a sans doute été muré. Au lieu d'escalier, ce sont des paliers, que relient des rampes en pente douce et au nombre de vingt-huit, au moyen desquelles un, ou même deux hommes, à cheval et de front, pourraient, dit-on, monter au sommet de *la Giralda*. On jouit du haut de la tour d'une vue admirable, tant sur la ville que sur la campagne environnante. Le beffroi est surmonté d'une énorme statue de la Foi, tenant le *labarum* à la main et qui, malgré son immense poids, tourne sur son axe au moindre vent, en manière de girouette: de là lui vient le nom de *Giraldillo*, et probablement à la tour, celui de *Giralda*.

Les travaux de la Cathédrale furent commencés en 1403 et durèrent jusqu'en 1506; mais, en l'an 1511, l'édifice s'écroula en partie, et ce ne fut qu'en 1519, que les réparations furent terminées, sous la direction de *Juan Gil de Ontañon*. Certaines parties de l'édifice n'ont jamais été finies; une des portes entr'autres, du côté de la cour des orangers, est munie d'une grue en fer, incrustée dans l'édifice, qui semble être là comme un symbole et indiquer, dit Th. Gautier «*que l'œuvre n'est pas terminée et qu'elle sera reprise plus tard.*»

Un grand nombre de portes donnent accès à l'intérieur de la Cathédrale; elles sont, pour la plupart, décorées de statuettes en terre cuite, dues à *Lope Marin*. Les plus remarquables de ces portes, sont celles: de *San Miguel*, du *Relôx* ou de *St Cristophe*, de *las Campanillas*, de *la Tour* et surtout celle *du Pardon*, qui est la plus curieuse; elle semble percée dans une tour, probablement aussi un ancien minaret.

SEVILLE.

L'arc en fer à cheval de cette porte, a été défiguré par des réparations, des additions et des changements postérieurs; elle s'ouvre sur la cour des orangers, où l'on trouve des traces des anciens portiques ou *Mousala*, qui en faisaient le tour. De là, on passe sous un bel arc arabe et l'on pénètre à l'intérieur de la cathédrale, par la porte dite du *lézard*, ainsi nommée à cause d'un affreux reptile en bois, suspendu à la voûte et qui est là, sans doute en mémoire de l'envoi d'un crocodile qu'aurait fait, à Alphonse le Sage, un des sultans d'Egypte.

En pénétrant dans le temple par cette porte, on est saisi d'admiration et frappé de la grandeur des lignes qu'offrent ces arceaux en ogives, lancés dans l'espace avec une audace sans pareille et soutenus par des faisceaux de colonnes qui, malgré leur masse considérable, paraissent de la plus extrême légèreté. Quand les voix puissantes des deux orgues se mêlent et roulent ensemble sous ces voûtes, l'effet en est singulier: il semble qu'elles se perdent dans l'immensité de ces nefs spacieuses. Le goût sévère, qui règne partout dans l'ornementation, ajoute encore à l'impression profonde dont on est saisi.

L'église est partagée en cinq nefs: celle du milieu est d'une élévation si considérable qu'elle a fait dire à Théophile Gautier «*que Notre-Dame de Paris s'y promènerait la tête haute.*» Nous renvoyons le lecteur, pour la description détaillée de cette Cathédrale qui est, sans contredit, la plus belle d'Espagne, aux monographies et aux ouvrages spéciaux. Elle constitue un véritable Musée où, non seulement on a entassé des tableaux de premier ordre, des sculptures et des objets d'art hors ligne, mais où l'on ne rencontre pas un détail, si infime qu'il paraisse, qui n'ait son cachet de grandeur et qui ne soit décoré avec goût. Nous nous bornerons à désigner sommairement, les œuvres les plus saillantes.

Le maître-autel est surmonté d'un retable gigantesque en bois de mélèze, de style gothique et d'un aspect grandiose: il est élevé de plusieurs marches, au-dessus du sol de l'église, ce qui le fait valoir encore davantage.

Il fut exécuté en 1482, sur les dessins de *Danchart*, par *Jorge Fernandez Aleman*. Une grille monumentale, en fer doré et d'un beau travail, en ferme l'accès; elle est due à *Sancho Muñoz* qui la contruisit en 1519; il exécuta également celle du *Chœur* qui est digne du reste de l'église. Les stalles sont aussi de style gothique et d'un admirable travail; le lutrin est l'œuvre de *Bartolomé Morel* et date de 1570. Les orgues, placées dans cette partie de l'église, sont décorées sans grand goût; mais elles sont gigantesques: l'une d'elles compte jusqu'à cent touches et trois mille cinq cents tuyaux, rangés horizontalement, à la façon d'une formidable batterie de canons. C'est derrière le chœur que se trouve le tombeau de *Ferdinand Colomb*, qui vécut avec une opulence faisant un rude contraste avec la misère du célèbre navigateur, son père, qui mourut sur un sordide grabat.

La **Capilla Real** est elle-même tout un monument: la grille qui la ferme, est surmontée, dans le haut, d'une image équestre de St Ferdinand. Elle renferme le tombeau de ce saint roi: son corps, dans un état parfait de conservation, y repose sous une châsse en cristal, revêtu de son harnais de guerre; on l'expose, à de certains jours de l'année, à la vénération des fidèles. Ce tombeau repose sur un socle de marbre; il est orné de sculptures en bronze, style Renaissance, et enrichi de métaux précieux. On y conservait, il y a peu d'années encore, la Couronne de St Ferdinand: elle a disparu depuis peu. Il reste *l'épée du Roi* et la statuette en ivoire, nommée *la Vierge des Batailles*, qu'il portait pendue à l'arçon de la selle. Dans cette même chapelle se trouvent aussi, le tombeau d'*Alphonse le Sage* et un portrait de *St Ferdinand*, par Murillo.

Énumérons rapidement les peintures disséminées dans les trente-sept chapelles que renferme cette immense Cathédrale.

Dans celle dite de **Nuestra Señora de Belen**, il y a une admirable *Vierge avec l'enfant Jésus*, d'Alonso Cano; dans celle de **San Francisco**, un tableau allégorique de ce saint, peint par *Herrera le jeune* et un *St Ildephonse*, œuvre de *Valdès Leal*. Dans la chapelle de **Santiago**, on remarquera un admirable tableau de *Juan de las Roelas*, représentant *le patron de l'Espagne, St Jacques, combattant à la bataille de Clavijo*. C'est non seulement la meilleure toile de *las Roelas*, mais peut-être bien la plus importante de la Cathédrale: elle se recommande à l'admiration du visiteur, par le mouvement, l'ampleur du dessin, la fermeté de l'exécution et la richesse de couleur. Le retable de l'autel dit des **Jacomes**, représentant une *Piedad*, est du même artiste.

Dans la chapelle du **Baptistère**, se trouve le tableau si réputé de Murillo, représentant *Saint Antoine de Padoue*, un de ceux ou l'artiste a poussé le plus loin la magie du coloris. Ce tableau a été, il y a peu d'années, l'objet d'un acte regrettable de vandalisme: une main criminelle a osé lacérer ce tableau, en coupant la toile tout autour de la figure du saint Antoine. Le morceau, enlevé et emporté en Amérique, fut retrouvé à New-York en 1875, grâce à la photographie qui en avait été faite: restitué à l'Espagne il a été remis en place si habilement, que c'est à peine si l'on aperçoit, aujourd'hui, les traces de la suture. Au-dessus du *Saint Antoine de Padoue* de Murillo, se trouve placé un *Baptême du Christ*, du même peintre. D'autres toiles du maître se trouvent dans la **Sacristie principale**, entr'autres: un *Saint Isidore* et un *Saint Léandre*, à côté d'une *Descente de croix*, peinte par *Pedro Campaña*, en 1548, pour l'église de *Santa Cruz*. C'est là un superbe ouvrage et digne assurément de l'admiration que lui avait vouée Murillo. On raconte que l'artiste allait, habituellement, faire ses prières devant cette *Descente de croix*; or, un jour, le sacristain, qui voulait fermer la chapelle, lui ayant demandé ce qu'il attendait pour se retirer: «*J'attends*, lui répondit le peintre, »*que ces saints personnages aient* »*fini de descendre le Seigneur de* »*la croix.*»

Notons, encore, dans la chapelle qui nous occupe, un très beau panneau de *Van Eyck*, attribué à tort à Alejo Fernandez. On trouvera quelques peintures de *Pedro Campaña* dans la chapelle dite **del Mariscal**, dont le retable est peint de sa main.

Dans la Sacristie dite **de los Calices**, nous notons une *Sainte Dorothée*, de Murillo, à côté d'un

Ecce Homo de Moralès et du tableau représentant *Sainte Juste et Sainte Rufine* peint par Goya. Dans cette même Sacristie se trouve le fameux Christ, de bois peint, œuvre du sculpteur *Montañez*. Jetons, en passant, un coup d'œil sur les portes de la Sacristie du maître-autel: elles fermaient anciennement le *Sagrario*, ou Trésor, et sont d'un curieux travail moresque; tout à côté de cette porte, à main droite, existe une fenêtre, qui prend le jour sur le pourtour de la Sacristie, dont les barreaux offrent un enchevêtrement curieux d'entrelacs, semblant ne former qu'une seule pièce.

Dans la chapelle voisine, on trouve un très gracieux tableau de l'*Ange gardien* de Murillo et, finalement, dans la *Salle Capitulaire*, différentes peintures qui décorent des compartiments elliptiques; quatre d'entr'elles sont de la main du maître.

Dans la chapelle de **la Concepcion**, se trouvent diverses peintures d'Alonso Vazquez; dans celle de **la Magdalena**, un retable de Gonzalo Biaz; dans celle du **Pilar**, un autel de *Juan Millan*. Neuf tableaux de Hernando de Sturmio, se trouvent placés dans la chapelle de **los Evangelistas**; dans celle de la **Asuncion**, une *Assomption de la Vierge* est l'œuvre de Carlo Marata; la chapelle de **la Visitacion** possède un retable peint par Pedro Villegas Marmolejo et un *S.t Jérôme*, sculpté par Gregorio Hernandez. Dans celle **del Nacimiento**, il y a jusqu'à huit tableaux de Luis de Vargas; un autre ouvrage de ce même peintre se trouve placé dans une petite chapelle dite de *la Gamba* et représente *la Génération temporelle de Jésus*. C'est de ce tableau que Mateo Perez Alesio, qui peignit, en 1584, le *grand S.t Christophe* de la Cathédrale, disait, en faisant allusion à la jambe, ou *gamba* d'Adam agenouillé au premier plan, «*qu'elle valait, à elle seule, plus que tout son S.t Christophe*»: de là, le nom de *la Gamba* qui est resté au tableau, et à la Chapelle qui le renferme.

On trouve encore de Vargas, un retable situé près de la porte de *San Miguel*, où il a représenté *une Annonciation, une Adoration et les quatre Evangélistes*. Vargas est remarquable par la correction et la distinction de son dessin: aussi est-il facile de reconnaître, à ce caractère, les autres peintures qui existent de lui dans la Cathédrale.

Ajoutons, pour clore cet inventaire, que les dix tableaux du retable de la Chapelle de **San Pedro y San Pablo** sont de Zurbaran; que les trois panneaux représentant *la Conception, la Nativité* et *la Purification*, qui sont dans la **Capilla mayor**, sont de Alejo Fernandez, ainsi qu'une *Adoration des Rois Mages*, qui se trouve dans la chapelle de **San Andrés**.

Il y a, dans la chapelle de **San José**, diverses statues de José Esteve et Giralte, avec un tableau de Valdès, représentant *les Fiançailles de S.t Joseph*; dans celle de **San Hermenegildo**, une statue de ce saint par Montañez, et un tombeau, de style gothique, du cardinal *Juan Cervantès*, œuvre de Lorenzo Mercadante; dans la chapelle de la **Antigua**, un tableau du Greco représentant *le Père Eternel soutenant le corps de son divin Fils*. Deux riches tombeaux, servant de sépultures à des cardinaux, s'élèvent dans cette même chapelle.

Avant d'abandonner ce magnifique temple, où sont accumulées tant de richesses artistiques, nous devons mentionner quelques uns des objets qui sont renfermés dans la **Sacristia mayor**. C'est, d'abord: la grande et magnifique *custodia* en argent, terminée en 1587, par l'orfèvre *Juan de Arfé*, qui a enrichi de ses œuvres un si grand nombre d'églises en Espagne: celle-ci est d'un poids si considérable qu'il faut vingt-quatre hommes pour la porter aux processions; quant à sa hauteur, d'ailleurs proportionnée aux vastes dimensions de l'église, elle est de plus de trois mètres. Comme travail artistique, c'est un véritable monument, en forme de temple circulaire, que couronne, à son sommet, une statue de la Religion, et qui est couvert d'ornements, de rinceaux, de bas-reliefs et d'un nombre prodigieux de statuettes, d'une exécution aussi délicate que parfaite.

C'est, ensuite, le fameux *Tenebrario*, ou chandelier triangulaire, œuvre de Bartolomé Morel, en bronze ciselé et à quinze branches, qu'ornent de jolies figures représentant *Jésus et ses disciples*: il mesure près de sept mètres de hauteur; on peut juger par là, de la dimension des cierges qu'il est destiné à recevoir. Viennent ensuite, parmi les nombreux joyaux du Trésor: un *viril* garni de mille trois cents diamants; des reliquaires et des bijoux précieux sans nombre; un autel avec son tabernacle, tout entier en argent; de riches chasubles; des croix en or, en porcelaine, en bois précieux. On y conserve aussi la bannière de St Ferdinand; les clefs qui lui furent offertes par la ville, à son entrée à Séville; une effigie du Saint; une tasse qui lui a appartenu, ainsi qu'une épée et enfin, les fameuses tablettes ou reliquaires d'Alphonse le Sage, connues sous le nom de *Tablas Alfonsinas*.

Disons quelques mots de ces processions de Séville qui ont lieu durant la Semaine sainte et qui attirent, tous les ans, une affluence considérable de curieux; elles ont, du reste, conservé toute l'originalité des anciens temps. On dresse, à cette époque, devant le Chœur et en face de l'entrée principale, le fameux *monumento*, construction colossale en bois revêtue d'ornements, de plus de trente mètres de hauteur, exécutée, en 1554, par *Antonio Florentin*, et divisée en quatre étages. On y dépose le Saint Sacrement et, dans la nuit du jeudi au vendredi saint, on l'illumine de milliers de lumières qui produisent un effet merveilleux. C'est là que se rendent processionnellement, toutes les confréries de pénitents: les plus célèbres sont celles de *la Macarena*, de *Monserrate* et de *Jesus Nazareno*. Les processions ont lieu tous les jours de la semaine, à partir du Dimanche des Rameaux: les membres des confréries revêtent alors, la longue robe du pénitent et se couvrent la tête de l'étrange cagoule, percée de deux trous à la hauteur des yeux. Les nuances des robes varient suivant les confréries: il y a des pénitents blancs; il y en a de gris, de noirs. Sous le sombre costume des pénitents, l'on aperçoit des mains finement gantées, des bas de soie, de petits souliers vernis, qui ne laissent pas que de former un étrange contraste avec les dehors d'humilité et de dévotion, dont font parade ces élégants pécheurs.

De toutes les procesions, la plus imposante a lieu dans la nuit du jeudi au vendredi-saint: c'est celle de la confrérie de Jésus de Nazareth, plus connue sous le nom de la procession *du Silence*, ou encore, de *la Madrugada*. C'est à deux heures du matin, que cette procession sort de l'église de *San Antonio Abad*: elle s'avance vers la Cathédrale, à travers les rues de la ville, au milieu du profond silence de la nuit.

Vêtus de la robe noire, la tête encapuchonnée sous une sombre cagoule, qui laisse briller, à travers les trous, le feu d'ardentes prunelles, le bras chargé d'un énorme cierge allumé, les pénitents s'avancent lentement, sur deux rangs, en formant cortège à des groupes sculptés, portés processionnellement par des porteurs invisibles.

C'est un spectacle des plus imposants que celui de ces longues files d'ombres noires, glissant sans bruit, comme des fantômes, et éclairant des reflets rougeâtres de leurs cierges, la figure blême et sinistre d'un Christ en croix, aux plaies saignantes, à la chevelure emmêlée, ou celle d'une Vierge des Douleurs, revêtue d'une longue robe de velours noir, le cœur percé de poignards, ou bien encore la statue de quelque saint, coloriée avec un réalisme effrayant. La procession défile lentement, sans que l'on entende psalmodier aucun chant, aucune prière, au milieu d'un silence absolu, morne et sépulcral, que vient brusquement rompre, de temps à autre, la voie frêle et vibrante d'un garçon ou d'une fille, qui lance vers le ciel une *saeta*, sorte de lamentation, ou de gémissement lugubre, destiné à rappeler la scène douloureuse et poignante du Golgotha.

On croirait alors assister à l'une de ces pénibles processions du temps des Auto-da-fés, où, précédés des mêmes saintes images, et avec une semblable escorte, on conduisait au dernier supplice, quelques malheureux, condamnés comme hérétiques, par le Saint-Office!

En sortant de la Cathédrale par la porte de la Giralda, dite de *los Palos*, on débouche sur la place où est établi le *palais de l'Archevêché*, dont le portail est décoré dans le goût du xviie siècle. En faisant le tour de la Cathédrale, on se trouve sur la place *del Triunfo*, ornée d'un monument destiné à rappeler le souvenir du tremblement de terre de 1755.

Au milieu de la place, s'élève un édifice formant un carré parfait, nommé *la Lonja*, œuvre de l'architecte *Herrera* et où se trouvent réunis, les documents de toute nature relatifs à la découverte et à la conquête de l'Amérique; on nomme ce précieux dépôt, *les Archives des Indes*, et on y accède par un bel escalier extérieur, d'une hardiesse de construction et d'une légèreté incomparables.

Alcazar. Tout à côté, se trouve l'**Alcazar**: c'est, après la Mosquée de Cordoue et l'Alhambra de Grenade, le plus beau monument de l'art moresque en Espagne; il a malheureusement eu à souffrir, à toutes les époques, de restaurations successives, qui lui ont enlevé beaucoup de son caractère primitif. Au temps des Arabes, c'était un palais, en même temps qu'une forteresse, dont les murailles s'étendaient jusqu'à la Tour de l'Or, qui faisait alors partie de son enceinte.

Quand le roi Ferdinand III s'empara de Séville, il se dirigea à l'Alcazar suivi d'une brillante escorte, dans laquelle figuraient le roi d'Aragon *Don Jayme* le Conquérant, et le roi de Grenade *Mohammed-Ebn-al-Hamar*, qui

8

avait pris part au siège de Séville, en qualité de vassal du roi chrétien: St Ferdinand l'arma chevalier ce même jour. Le palais des Maures devint, depuis lors, la résidence du roi, et c'est aussi de cette époque que datent les premières altérations qu'on y remarque.

Dans l'Alcazar naquirent et moururent les rois Alphonse le Sage, Don Sancho IV et Alphonse XI, père de *Don Pedro*, surnommé *le Justicier*, mais qui mérita aussi le nom de *Cruel*. Ce roi, né à Burgos en 1334, succéda à son père, lorsque celui-ci mourut au siège de Gibraltar, en 1355. Il fit restaurer l'Alcazar pour en faire sa résidence. Ces réparations, confiées à des architectes arabes venus de Tolède, donnèrent lieu à des travaux qui restèrent relativement en harmonie avec le style et le caractère du palais des Maures; mais les Rois Catholiques l'habitèrent également et y firent, à leur tour, de nouveaux changements, qui furent repris encore sous Charles Quint; les derniers datent de 1728. Quant aux restaurations intérieures des appartements, elles sont toutes récentes et ont été poussées à outrance.

On pénètre dans l'Alcazar par la porte appelée *del Leon:* une vaste cour s'ouvre sur la façade principale, nommée la cour de *la Monteria;* c'est là que les *monteros*, ou veneurs, attendaient le roi *Don Pedro*, quand il allait à la chasse. Cette cour, dont l'aspect est grandiose, s'annonce avec la magnificence des anciens palais de l'Indoustan, et joint l'élégance à la grandeur décorative. Elle conserve, malgré de nombreuses restaurations, son aspect antique: à gauche se trouve un salon appelé de *la Justicia*, où Saint Ferdinand donnait audience et rendait justice à ses sujets. Une galerie, supportée par des colonnes de marbre, court le long de sa façade principale, à la hauteur du premier étage; des arabesques en stuc, rehaussés par des faïences ou *azulejos*, des couleurs les plus vives, complètent son ornementation. La porte principale surtout, a conservé tout son caractère: elle est du style arabe appelé *mudejar*, et a été construite au temps de *Don Pedro*, suivant l'inscription que porte la façade et dans laquelle il est dit que c'est en l'ère 1402, autrement dit, en 1364 de Jésus Christ, que la dite façade a été construite.

La cour intérieure appelée *patio de las Doncellas*, a été ainsi nommée parce que les Rois Maures y recevaient, dit-on, le tribut des cent jeunes filles du royaume de Léon, consenti par l'usurpateur de ce trône, *Mauregato*, en faveur des émirs ou rois de Cordoue, en échange de l'appui que ceux-ci lui avaient donné, pour l'aider dans son usurpation. Tout autour de cette cour, règne une galerie formée par vingt-quatre arceaux lobulés, recouverts, jusqu'à la hauteur du premier étage, d'arabesques en stuc percés à jour, que soutiennent quatre-vingt-deux colonnes de marbre, accouplées par deux, et rangées par trois dans les angles; à l'intérieur, la galerie est revêtue de carreaux de faïences coloriées et vernissées. Une galerie vitrée, du plus mauvais effet, constitue l'étage supérieur; elle fait un étrange contraste avec la riche décoration de la cour. En face de la Salle dite *des Ambassadeurs*, se trouvent trois arcades: c'est dans celle du centre qu'était placé le trône des Rois Maures et qu'ils recevaient, suivant la légende, le fameux tribut des cent jeunes filles.

On pénètre ensuite, dans un salon, couvert d'un beau plafond lambrissé et dans le *patio de las Muñecas*, ainsi nommé à cause des figurines qui, dans sa décoration, se trouvent mêlées à des ornements de style moresque: ce *patio* est recouvert d'une toiture vitrée; à droite s'ouvre le salon *del Principe*, richement décoré d'un beau plafond fait en marqueterie. On jouit d'une belle perspective, sur le *Salon des Ambassadeurs*, en se plaçant à la fenêtre qui s'ouvre en face de la porte d'entrée.

De la cour de *las Muñecas*, on passe dans une belle salle, restaurée au temps de Charles-Quint et dont le plafond est richement lambrissé; puis, dans une autre salle, de vastes dimensions, située entre le jardin et le Salon des Ambassadeurs, et qui a été l'objet d'une restauration complète au temps de Philippe II. En face de l'arc qui communique avec le jardin, se trouve une des Arcades qui donnent accès au Salon des Ambassadeurs; de belles portes en bois de mélèze, probablement contemporaines du palais primitif, en ferment les ouvertures. La salle est vaste et carrée; le plafond a près de vingt mètres d'élévation. Elle renferme une suite de portraits des rois d'Espagne, depuis *Chindasvinto*, qui régna en l'an 641, jusqu'à Philippe III, qui gouvernait au commencement du xviie siècle. Cette belle salle, ainsi que le Salon dit de Charles-Quint, ont été l'objet d'une restauration récente; le travail laisse à désirer, sous le rapport de l'exécution des arabesques et surtout, par les tons criards qu'on y a employés.

L'Alcazar de Séville évoque à chaque pas le souvenir de *Don Pedro* et de sa favorite, *Doña Maria de Padilla*: rappelons, brièvement, quelques-uns des faits étranges qui justifient le nom de *Cruel,* que les contemporains et l'Histoire ont infligé à ce monarque.

Il avait dressé, à Séville, un échafaud en permanence sur lequel ont péri ignominieusement un grand nombre de nobles du royaume. Parmi ces horribles exécutions, on cite celle de *Doña Urraca Osorio,* qui fut brûlée vive: durant le supplice, on vit sa femme de chambre, *Isabelle Dávalos,* donner à sa maîtresse la plus éclatante preuve de dévouement en se précipitant avec elle dans le bûcher, afin de maintenir ses vêtements et de l'empêcher de se découvrir d'une façon impudique, durant les affres de la mort.

Un prêtre, qui avait osé prédire à *Don Pedro*, de la part de Saint Dominique qui lui était apparu en songe, qu'il mourrait aux mains de son frère *Don Enrique,* fut également brûlé vif. Il fit aussi mettre à mort sa tante, la reine Léonore, sœur de *Don Pedro* d'Aragon, qu'il tenait enfermée au château de *Castrojeriz*. Mais rien n'est comparable aux mauvais traitements qu'il fit subir à Blanche de Navarre, fille de Pierre et d'Isabelle, ducs de Bourbon, qu'on lui avait amenée à Valladolid pour l'épouser. Le jour même du mariage il l'abandonna et la fit enfermer au château de *Arévalo*. Il la fit conduire ensuite à Tolède, qui se souleva en faveur de la malheureuse reine; mais *Don Pedro* s'empara de la ville et fit enfermer la reine au château de *Sigüenza*, où la malheureuse, à peine âgée de vingt-cinq ans, mourut bientôt, par le poison.

Du vivant de la reine Blanche, il s'était aussi marié avec *Doña Juana de Castro*, veuve de *Don Diego de Haro*: il trouva facilement des évêques qui se prêtèrent à consacrer cette union illégitime. *Don Pedro* abandonna également, le jour même des nôces, comme il avait fait de la reine Blanche, cette épouse d'un jour qu'il ne revit jamais.

Son avidité pour les richesses était insatiable: c'est ainsi qu'il fit piller son propre argentier *Samuel Lévi*, et les membres de sa famille, pour leur arracher les trésors qu'ils avaient acquis à son service.

Le roi *Bermejo* qui avait usurpé le trône de Grenade, et qui avait consenti à prendre le roi *Don Pedro*, pour arbitre du différend survenu entre lui et *Mahomet* son rival, se rendit à Séville, sur la foi d'un sauf-conduit signé de la main de *Don Pedro*. Il y vint, escorté de la fleur de ses cavaliers et chargé de présents et de bijoux destinés au roi, afin de le rendre favorable à ses prétentions. Pour alléger le roi Maure de ses trésors, pour voler les chevaux, les armes, les étoffes et les pierreries, que lui et son escorte avait apportés, il le fit inviter, avec cinquante cavaliers de sa suite, à un banquet chez le grand-maître de l'ordre de *Santiago*. Avant la fin du repas, la maison était cernée et assiégée par les gardes du roi et tous les cavaliers arabes retenus prisonniers; pendant ce temps, on mettait également la main sur le reste de l'escorte, qui était logée en ville. Le malheureux roi *Bermejo* fut fouillé; on lui trouva, entr'autres pierres précieuses, trois rubis balais d'une grosseur extraordinaire. Un autre personnage fut dépouillé de cent perles, grosses comme des noisettes; à d'autres, on enleva quantité de perles, de la grosseur de pois chiches.

Ce n'est pas tout: deux jours après cet acte de brigandage et de félonie, le malheureux roi de Grenade était décapité sur la place de *Tablada* à Séville, avec trente des siens, sur l'accusation de trahison, au mépris de la foi jurée et à la grande consternation des habitants.

Nous finirons par un dernier trait. Son frère *Don Fadrique*, qu'il avait déjà essayé de tuer dans un tournoi, était venu le voir à Séville, appelé par lui sous le prétexte d'une réconciliation. Il se trouvait dans la Salle des Ambassadeurs, parlant avec son frère *Don Pedro*, qui était penché à l'une des fenêtres de l'Alcazar, quand celui-ci, l'accusant de conspirer contre lui, ordonna à ses massiers de l'assommer: poursuivi par eux, le malheureux *Don Fadrique*, ne pouvant dégager la poignée de son épée qui était prise dans les plis de son manteau de grand-maître de l'ordre de Santiago, fut atteint par l'un d'eux et renversé. Pendant ce temps, *Don Pedro* enfonçait lui-même sa dague dans le corps de *Ruiz de Villegas*, valet de chambre de *Don Fadrique*, pour l'empêcher de secourir son maître, et cela, malgré la jeune Béatrice, fille du roi et de Marie de Padilla, dont il avait essayé vainement de se faire un bouclier contre les coups de Don Pedro, en la saisissant dans ses bras; puis, de son arme encore toute sanglante, *Don Pedro* alla achever son frère *Don Fadrique*. Une tache rougeâtre que l'on voit sur la dalle de marbre, entre les deux colonnes de l'arcade qui est en face du jardin, marque encore l'endroit où vint tomber le malheureux. Onze années plus tard, en 1369, *Don Pedro*, réfugié à Montiel, y fut assiégé étroitement par son frère *Don Enrique*. Il chercha à fuir, mais les deux frères s'étant rencontré, une lutte corps à corps s'engagea aussitôt entr'eux: *Don Pedro* périt à son tour, aux mains de son frère *Don Enrique*. Quelques historiens racontent que, dans cette circonstance, *Bertrand Duguesclin*, qui était au service de *Don Enrique*, aida celui-ci qui était tombé, durant la lutte, sous *Don Pedro*, en le retournant et en lui permettant ainsi d'achever son frère; on lui prête, à cette occasion, ces mots: «*Ni quito ni pongo rey, ayudo á mi señor.*»

Le chroniqueur ajoute qu'on avait tellement pleuré en Castille, à cause de *Don Pedro*, sa vie durant, qu'il ne restait plus une larme à verser lors de sa mort.

En sortant de la Salle des Ambassadeurs et en tournant le dos à la cour de *las Muñecas*, on pénètre dans diverses salles, qui conservent de beaux plafonds lambrissés, anciens ou restaurés aux temps des rois Charles-Quint et Philippe II; et puis, dans une salle, qui communique avec les jardins et qui servait de salle de repos au roi *Don Pedro*.

Un escalier, qui n'a de remarquable que le plafond lambrissé dont on l'a décoré au temps de Philippe II, conduit au premier étage; on pénètre, à droite, dans une salle lambrissée dans le goût moresque et dont la frise porte les écussons des rois Catholiques; puis, dans un beau salon construit au temps de *Don Pedro*; après avoir traversé un grand nombre d'autres salles, on arrive, par la galerie haute du *patio* de *las Muñecas*, à une galerie fermée, qui conduit au petit oratoire dit des Rois Catholiques, construit en 1504. Cet oratoire est décoré d'un magnifique autel en faïences coloriées, datant du xve siècle, l'une des plus belles choses de ce genre que l'on puisse voir en Espagne: c'est là que Charles-Quint aurait été marié à Isabelle de Portugal.

En revenant à la galerie, on pénètre dans deux antichambres; puis, dans d'autres salles décorées de beaux plafonds lambrissés au temps de Philippe II et enfin, dans l'alcôve du roi *Don Pedro*: là, une figure de marbre scellée dans un angle, représente un homme enchaîné, dont le regard semble comme fasciné par la vue d'un crâne placé plus haut. On voit aussi, au-dessus d'une porte, quatre têtes de mort peintes, qui rapellent, d'après la légende, le sévère châtiment que le roi avait infligé à des juges prévaricateurs. Par un petit escalier on descend à la chapelle, construite dans le style ogival et où fut, plus vraisemblablement, célébré le mariage de Charles-Quint avec l'impératrice Isabelle. C'est là que jadis habitait *Doña Maria de Padilla*, la favorite du roi *Don Pedro*, qu'elle sut captiver par ses charmes tant qu'elle vécut. Le roi s'éprit de *Doña Maria* chez *Don Juan Alfonso de Alburquerque*, où il était logé durant le siège de Gijon, et où elle tenait compagnie à la femme de ce dernier. Du même âge que *Don Pedro*, elle était douée d'une beauté et d'une grâce sans pareilles. *Alburquerque* favorisa complaisamment les amours du roi, dans l'espoir d'en tirer profit pour lui; mais Marie avait des frères et des parents, qui surent s'emparer de la faveur de *Don Pedro* et devenir tout puissants.

Des relations de *Don Pedro* et

de *Doña Maria de Padilla* naquirent quatre enfants: l'infant *Don Alonso*, qui mourut après avoir été reconnu comme héritier de la couronne; l'infante *Béatrice*, qui se fit religieuse; la princesse *Constance*, qui épousa le duc de Lancastre, fils d'Edouard d'Angleterre; *Doña Catalina*, née de ce mariage, fut depuis reine de Castille; et enfin, la princesse *Isabelle*, qui se maria avec le duc d'York. *Doña Maria de Padilla* mourut à Séville, où elle fut enterrée, d'abord au monastère de *Santa Maria de Estudillo*, qu'elle avait fondé, puis à la Chapelle des rois, dans la Cathédrale même. Un chroniqueur dit que si *Don Pedro* versa des larmes à la mort de sa maîtresse, ce furent, sans contredit, les premières qu'il ait jamais versées de sa vie.

Les jardins de l'Alcazar ont conservé un certain caractère. En raison du peu d'ombrage qu'ils offrent, ils paraissent plutôt disposés en vue de la saison d'hiver; des allées, formées par des orangers et des myrtes et dallées de briques; des haies de buis formant des dessins et des labyrinthes; des ifs taillés en mille formes bizarres et tourmentées; des bassins, des kiosques, des terrasses ornées de statues; tels sont les éléments décoratifs de ces jardins divisés en plusieurs parties.

Sur un kiosque orné de faïences, on lit le nom de l'architecte *Juan Fernandez* et la date de 1540. Une grande galerie décorée de peintures, à demi effacées par le temps et représentant des passages de l'Énéide, règne sur tout un côté; sa décoration, comme tout le reste, date de la Renaissance. Les fontaines et les jets d'eau de ces jardins sont d'aspect moins beau et plus mesquin que ce que nous trouverons au *Généralife* à Grenade: de rares petits bassins, de maigres filets et une allée, où les eaux surgissent du sol, de manière à arroser les promeneurs, et c'est tout. On descend ensuite, par un escalier de marbre, dans une longue galerie voûtée, soutenue par des arceaux en brique qui, anciennement sans doute, étaient plus richement décorés, et où se trouvaient les bains des Sultanes. C'était là que la maîtresse de Pierre le Cruel, *Maria de Padilla*, venait se baigner en présence, raconte-t-on, du roi et de ses courtisans.

Nous sommes loin d'en avoir terminé avec les palais d'architecture moresque, qui se trouvent à Séville: Nous citerons; *la Casa de Olea*, où l'on conserve un très beau salon de style arabe; le palais de *las Dueñas*, appartenant au duc d'Albe, dont la cour est également de style *mudejar* et fort remarquable, et enfin, le palais du duc de Medinaceli, connu sous le nom de *Casa de Pilatos*.

Casa de Pilatos. Ce charmant édifice fut bâti au commencement du XVIe siècle, dans le style d'architecture moresque appelé *mudejar*, par *Don Fadrique Enriquez de Ribera*, premier marquis de Tarifa. Il avait rapporté, d'un voyage fait à Jérusalem en 1519, une quantité de terre de la maison même de *Ponce Pilate*, suffisante pour former une couche sur laquelle furent bâties les fondations. Le palais fut construit sur les plans de la demeure de Pilate à Jérusalem: chaque appartement reproduit, à en croire la légende, les diverses dispositions de l'habitation du gouverneur de la Judée, où se seraient passées les scènes de la Passion. Ainsi, on y montre *la Salle du prétoire, le cabinet et le balcon de Pilate* et, dans l'Oratoire, *un pilier*, fait à Jérusalem, sur le modèle de celui auquel Jésus fut attaché pour subir la Flagellation. Une belle fontaine, surmontée du buste de Janus, décore le milieu d'une magnifique cour, dans laquelle sont placées diverses statues anciennes de Cérès, de Pallas, et un buste d'Alexandre le Grand; ces marbres proviennent, dit-on, des ruines d'*Itálica*. On prétend aussi que l'on conservait, dans ce palais, les cendres de l'empereur Trajan, que le premier marquis de Tarifa, avait obtenu de rapporter de Rome, mais que l'urne qui les renfermait, aurait été renversée par imprudence dans le jardin. Les salles sont richement décorées d'arabesques en stuc, de faïences coloriées ou *azulejos*, et de lambris; on trouve partout de belles ferrures et des grilles fort remarquables par leur exécution et leur arrangement. Un vaste escalier, entièrement revêtu d'*azulejos*, une des curiosités du palais, conduit à l'étage supérieur dont les appartements sont décorés de peintures murales, que *Pacheco* aurait peintes à la détrempe, en 1615.

Parmi une foule d'autres palais curieux ou intéressants de Séville, citons encore: *la Casa de los Taveras*, où résidait anciennement le tribunal de l'Inquisition et où a vécu, dit-on, la célèbre *Doña Estrella*, surnommée l'Etoile de Séville; *la Casa de los Solices*; celle de *Torreblanca*, avec son magnifique escalier de marbre; le palais des marquis *de Villapanés*, d'une solidité et d'une magnificence remarquables; puis enfin, *la Casa Ayuntamiento*, ou hôtel de ville, qui fut construit au commencement du XVIe siècle et décoré dans le style de la Renaissance le plus pur, avec un goût et une élégance incomparables.

Ce précieux monument est l'objet d'une restauration des plus intelligente: une façade moderne, digne d'une grande ville, encadre d'un côté l'immense *plaza nueva*, malheureusement dépourvue d'ombrages et, par conséquent, peu en rapport avec les exigences du climat. La façade ancienne, si belle et si gracieuse, décore de son côté la place de *San Francisco:* commencée en 1527, elle ne fut terminée qu'en 1564. On y remarque le joug et le faisceau de flèches, emblèmes héraldiques des Rois Catholiques, avec leur devise *Tanto monta*, mêlés au monogramme de la ville, qui consiste dans la représentation d'un écheveau de fil, *MADEJA*, placé entre les syllabes *NO DO*, se traduisant par *NO ME HA DEJADO* «elle ne m'a pas abandonné,» par allusion à la fidélité dont Séville fit preuve envers Alphonse le Sage, lors du soulèvement général de l'Espagne, provoqué contre lui, par son fils *Sancho*.

Séville possède enfin un grand nombre d'églises paroissiales et de couvents; tous ces édifices renferment des ouvrages de peinture et de sculpture du plus grand mérite. Nous en citerons rapidement quelques-uns.

L'église de *Santa Ana*, située dans le faubourg de Triana, est décorée extérieurement d'un médaillon attribué à Torrigiano; à l'intérieur se trouvent: un magnifique retable, avec quinze peintures de *Pedro Campaña*, représentant toutes, des épisodes de *la vie de Sainte Anne;* des bas-reliefs, dus au ciseau de *Pedro Delgado*, et deux superbes plaques en cuivre, qui servent de fermeture à des tombeaux.

L'église de *la Universidad*, dont

le retable est formé de diverses peintures de *Roelas*, *Pacheco* et *Alonso Cano*, et où se trouvent aussi des statues des apôtres Saint Pierre et S*t* Paul et une *Conception de la Vierge*, dues au ciseau de *Montañez*.

A l'église de *San Andrès*, il y a une autre *Conception*, du même sculpteur et divers tableaux de *Valdès Leal*; à celle de *San Bernardo*, un superbe *Jugement dernier*, de *Herrera le vieux*, un beau *Christ*, de *Montañez* et diverses statues de *Louise Roldan*, fille du sculpteur de ce nom. Mentionnons aussi : l'église de *Santa Cruz*, où reposent les cendres de *Murillo*; celle de *San Pedro* où fut baptisé *Velasquez* le 6 Juin 1599, et qui garde une belle toile de *Roelas*, représentant S*t* *Pierre en prison*; *San Marcos*, avec sa tour qui fut un ancien minaret arabe, d'une époque antérieure à la Giralda; on voit, dans cette église, une composition importante de *Domingo Martinez*.

L'église de *San Martin* renferme deux tableaux *d'Herrera le vieux* et diverses sculptures de *Montañez*; de ce même sculpteur, on trouvera encore, diverses œuvres à l'église de *San Miguel*, dont le retable est orné d'une statue d'ange de *Louise Roldan*. Dans l'église de *Tous les saints*, connue sous le nom de *Omnium Sanctorum*, notons six tableaux de *Francisco Varela* et remarquons sa belle tour arabe, qui fut également le minaret d'une ancienne mosquée; à *San Esteban*, deux tableaux de S*t* Pierre et S*t* Paul, de *Zurbaran*; à *San Isidro*, un très bon tableau de ce saint par *J. de las Roelas* et diverses peintures de *Valdès* et de *Pedro Campaña*, ainsi qu'une statue par *Bernardo Gijon*; à *San Lorenzo*, diverses toiles de *Pacheco* et des sculptures de *Montañez*; à *Santa Lucia*, une *Conception* de lui et un tableau représentant cette sainte par *Roelas*; à *San Salvador*, deux sculptures de *Montañez* représentant S*t* *Christophe* et S*t* *Ferdinand*; à *Santiago el viejo*, un tableau du Saint, par *Mateo Perez Alesio*. Dans cette même église, on conserve le manteau impérial que Charles-Quint portait lors de son mariage avec Isabelle de Portugal. A l'église de *San Vicente* enfin, il existe nombre de peintures remarquables, et un magnifique médaillon de *Pedro Delgado*.

Parmi les couvents qui possèdent des œuvres dignes de mention, nous citerons :

San Clemente, où se trouvent des peintures de *Valdès Leal*; une jolie statuette de S*t* *Jean Baptiste* par *Nuñez Delgado* et un maître-autel, dû au ciseau de *Montañez*; *la Madre de Dios*, où il y a de fort belles sculptures, surtout deux statuettes de S*t* *Pierre* et S*t* *Paul*, attribuées à *Torrigiano*.

Le couvent de *Santa Paula* conserve, à son intérieur, les meilleures décorations qu'il y ait à Séville, dans le goût moresque du XVIe siècle.

Le couvent de *Santa Inès* possède dans son église trois sculptures de *Montañez*, représentant *Sainte Inès*, *Sainte Claire*, et *la Vierge*. On y garde aussi, dans un état parfait de conservation, le corps de la fondatrice du monastère, *Doña Maria Coronel*, que le roi *Don Pedro* poursuivit de ses criminelles recherches jusque dans cette retraite. On raconte qu'après avoir condamné à mort son mari, et promis inutilement de lui faire grâce au prix de ses faveurs, elle ne réussit à se soustraire aux dernières violences du roi, parvenu jusqu'à elle en forçant la porte, qu'en se défigurant le visage avec de l'huile bouillante.

Nous allons abandonner Séville, mais non sans recommander aux artistes de ne point s'en tenir à nos seuls renseignements, forcément sommaires; nous les engageons à visiter attentivement toutes les églises, tous les monuments, car ils trouveront partout des œuvres remarquables; beaucoup de maisons particulières, recèlent également des ouvrages, ou des objets d'art d'un grand intérêt.

Les courses de taureaux de Séville sont fort renommées: elles se donnent dans une *plaza de toros*, située près du fleuve, d'où l'on jouit d'une vue des plus pittoresques; une brèche, restée ouverte à la suite d'un ouragan, ménage aux yeux du spectateur, une belle échappée de vue sur la Cathédrale et sur la svelte tour de la Giralda.

Les foires de Séville sont aussi très fameés; elles y attirent tous les ans, le 18, 19 et 20 Avril, une foule considérable, avide de jouir de ce curieux spectacle, en même temps que de celui des processions de la Semaine sainte. *El Real de la Feria* s'installe alors, dans le pré de *San Sebastian*, situé tout autour de la gare de *San Bernardo*, d'où part la voie ferrée qui mène à *Cadiz*. Ce pré est, ces jours-là, envahi par tous les habitants de Séville et des contrées environnantes; de nombreux troupeaux, des mulets et principalement des chevaux, y sont amenés de toutes les provinces de l'Espagne. Tout le quartier de *Triana*, avec les *gitanos* venus des quatre coins de la Péninsule, viennent y exercer leur industrie, et ce n'est pas un spectacle des moins curieux que celui qu'offrent les bohémiennes ou *gitanas*, venues de *Triana*, pour vendre et cuire leurs *buñuelos*, dont elles pétrissent la pâte sous les yeux du public.

Durant ces trois jours de foire, tous les habitants de Séville campent littéralement hors des murs de la ville. Le pré présente alors l'aspect d'un véritable camp, où les autorités de la ville, la municipalité, le duc de Montpensier, les cercles, le Casino, ainsi que les principales familles de Séville, viennent dresser leurs tentes, en souvenir, dit-on, de la prise de la Ville par Saint Ferdinand, et à l'exemple de l'armée chrétienne qui campa autour des murailles. Partout l'on dresse des constructions en bois et en toile: quelques unes, sont de dimensions considérables; chaque tente est décorée avec goût et garnie de glaces, de pianos et des meubles les plus luxueux. Rangées sur deux lignes, elles forment une interminable avenue que parcourt et remplit une foule immense, sorte de *corso*, où les dames font assaut de toilettes, tandis que les cavaliers montrent leurs plus beaux chevaux.

Dans toutes ces tentes, on fait de la musique, on reçoit ses amis et on fait circuler des *dulces* et des rafraîchissements. A la nuit, ces salons improvisés apparaissent splendidement illuminés; quelques-uns même sont éclairés au gaz, comme si ces constructions d'un jour étaient là, à poste fixe. Alors l'animation va grandissant jusqu'à devenir des plus bruyantes: les bals commencent; partout l'on entend résonner les instruments de musique et les pas cadencés des danseurs; partout enfin, règne une gaieté et un entrain, dont rien ne saurait donner l'idée. C'est, en somme, un spectacle des plus curieux, d'une singularité frappante et tout à fait caractéristique de la capitale de l'Andalousie.

De Séville à Huelva. De Séville, on se rend à **Huelva** par la diligence, en attendant que l'on achève la voie ferrée que l'on construit entre ces deux villes. On rencontre d'abord, à une faible distance de *Triana*, le petit village de

Castilleja de la Cuesta, situé au sommet d'une colline, d'un accès pénible. On montre encore la maison où mourut *Hernan Cortès* en 1547, dans l'exil, abreuvé d'amertumes, causées par l'ingratitude de ses concitoyens et les persécutions dont il fut l'objet. *Hernan Cortès*, ce capitaine illustre, naquit en 1485 à *Medellin*, près de *Mérida*, en Estrémadure et s'en fut à la conquête du Mexique, à la tête de six cents hommes. Ses cendres, déposées dans la chapelle des ducs de Medina Sidonia, furent transportées plus tard à México. La maison où Hernan Cortès a rendu le dernier soupir, appartient aujourd'hui à Mr. le duc de Montpensier: grâce à la sollicitude de ce prince, la dernière retraite du vaillant capitaine est désormais à l'abri de la ruine. On y a pieusement réuni, dans un Salon qui porte le nom du héros, tout ce qui rappelle ses hauts faits: des portraits du capitaine, des vues de Mexico, des peintures qui retracent des épisodes de sa brillante épopée et finalement, quelques branches de l'arbre que l'on conserve encore près de Mexico, l'arbre de la *Noche triste*, touchant souvenir de la triste nuit qu'Hernan Cortès passa sous son abri, losqu'il dut abandonner pour la première fois la capitale de son empire.

On atteint ensuite **San Lucar la Mayor**, petite ville située dans un beau pays, que les Arabes nommaient le jardin d'Hercule, et que domine la haute tour de son église. Bâtie en briques, sur le modèle de celle de la Giralda à Séville, elle présente la même particularité, c'est qu'on arrive à son sommet également par des rampes en pente douce. On touche ensuite à **La Palma** et à **Niebla**, qui donne son nom au célèbre comté qui appartient à la famille des ducs de Medina Sidonia et qu'entourent encore de vieilles murailles, dominées par les ruines de l'ancien alcazar des rois maures.

Après **San Juan del Puerto**, on traverse *el Rio Tinto*, dont les eaux, d'un vert azuré, répugnantes au goût, fortement astringentes et impropres par conséquent aux usages de la vie, sont gâtées par les sels de cuivre pris, en quantité importante, aux fameux gisements de cuivre pyrités de *Riotinto*.

Après avoir traversé les voies ferrées qui relient, au port de *Huelva*, les mines de *Tharsis*, de *Buitron*, de *Valverde del Camino* et autres, qui exploitent un colossal gisement de pyrite de fer, contenant trois pour cent de cuivre, déjà connu des anciens et exploité par eux, on laisse sur la gauche **Moguer** et le célèbre petit port de **Palos**, pour atteindre enfin, Huelva.

Huelva, chef-lieu de la province de ce nom, est située au confluent du *Rio Tinto* et de *l'Odiel*, qui viennent former la vaste baie, ou *ria* de Huelva.

Parmi les rares monuments de cette ville, nous mentionnerons: l'église de *San Pedro* qui était autrefois une mosquée, dont le minaret subsiste encore; celle *de la Concepcion* bâtie, au XVIe

siècle, dans le style roman, où l'on trouve quelques peintures et des sculptures dignes d'examen: puis, la *Casa Ayuntamiento*, ou hôtel de ville et enfin, l'édifice nommé *palacio del Duque*, qui est l'ancienne demeure des marquis de Villafranca.

En face de *Huelva*, de l'autre côté de la rade, se trouve le couvent de **la Rábida**, situé au sommet d'une colline aride. Sur une petite esplanade, en arrière du couvent, se dresse une croix de pierre: c'est sur les degrés de cette croix que Christophe Colomb, mourant de faim et de fatigue, vint, en 1486, demander l'hospitalité aux moines franciscains de *la Rábida*. On montre encore, au couvent, que la généreuse protection de Mr. le duc de Montpensier a également sauvé d'une ruine complète, la salle où Colomb entretenait le prieur *Juan Perez de Marchena*, de ses projets de découverte d'un nouveau monde et où il obtenait cet appui éclairé et persistant qui lui valut la protection de la grande Isabelle et les moyens de mettre à exécution sa pensée, et de la mener à bonne fin.

Six ans plus tard, le 3 Août 1492, Colomb venait en effet au couvent, pour y prendre congé de son bienveillant protecteur, et s'embarquer au petit port voisin de **Palos**, à jamais célèbre depuis lors. Il avait enfin obtenu l'ordre royal relatif à l'armement des trois caravelles, à la tête desquelles il fit son premier voyage de découverte du nouveau monde. Colomb était déjà âgé de 66 ans, quand il entreprit, en 1502, son quatrième et dernier voyage. Quatre ans plus tard, le 20 Mai 1506, Colomb s'éteignait à Valladolid, dans l'obscurité et dans l'oubli, ne réclamant, pour y mourir tranquille, qu'un coin de cette terre dont il venait d'étendre les horizons à l'infini, et la faveur d'emporter dans la tombe, les fers dont on l'avait chargé, quand on le ramena d'Amérique, enchaîné comme un criminel!

De Séville à Cadiz. Le trajet de **Séville** à **Cadiz** se fait par chemin de fer en cinq ou six heures; à **Utrera** s'embranche la ligne qui mène à **Moron**, et celle qui d'**Utrera** va, par **Marchena** et **Osuna**, rejoindre à **la Roda**, la ligne de **Cordoue** à **Grenade** et **Malaga**.

Après avoir dépassé **Utrera**, on rencontre **Lebrija**, dont l'église est bâtie sur les restes d'une ancienne mosquée; elle possède aussi une belle tour, construite durant le siècle dernier, sur le modèle de la Giralda; les habitants d'Utrera s'en montrent très fiers. On arrive bientôt à **Jerez de la Frontera**, jolie ville enrichie par le commerce de ses fameux vins. Jerez se recommande par sa belle place dite *del Arenal*, ou d'Alphonse XII, son beau théâtre, de jolies rues et des maisons construites avec goût, parmi lesquelles nous citerons celle du *Casino* et la *casa de Agreda*, avec son *patio* dans le genre moresque. Parmi les monuments d'architecture ancienne, mentionnons: le vieil *Alcazar*, dont deux tours sont restées debout; l'église de *San Miguel*, d'un bel ensemble, mais d'ornementation *churriguéresque*; *l'hôtel de ville*, construit à la fin du XVIe siècle; *l'église collégiale*, qui est de la période de transition du style gothique à celui de la Renaissance; *la Casa de Riquelme*, dont le portail date de la Renaissance, etc.

Si l'étranger est curieux de visiter à *Jerez* quelques-unes des caves d'où sortent les fameux vins de Xérès, nous lui signalerons, comme les plus importantes, celles de Mrs. Gonzalez Byass, Misa et Domecq.

A environ quatre kilomètres de Jerez, se trouve **la Cartuja**; le portail de cet ancien monastère de chartreux est de style gréco-romain et présente un grand caractère. Quant à la façade de l'église, elle est aussi de la Renaissance, mais dans le goût de *Borromini*: à l'intérieur, cette église n'offre rien de remarquable, si ce n'est une grille en fer forgé. Signalons, enfin, comme d'un très bon style de la Renaissance, la porte de l'ancien réfectoire des Chartreux, et un fort joli cloître de style gothique.

De Jerez on va facilement à **San Lúcar de Barrameda**, jolie ville située à l'embouchure du Guadalquivir; c'est le rendez-vous des habitants de Jerez, de Séville et de Cadiz, durant l'été. Le duc de Montpensier y possède une résidence où sont réunis des tableaux anciens et modernes, des portraits de personnages historiques, des bustes, etc. A l'embouchure du Guadalquivir se trouve situé le phare de *Chipiona*, ouvrage d'une contruction remarquable.

De Jerez à Cadiz, on passe par le

Puerto de Santa Maria, célèbre par ses courses de taureaux; on aperçoit aisément, de l'autre côté de la baie, **Cadiz**, dont les maisons blanches à terrasses et ornées de *miradores*, scintillent au soleil, comme une parure de diamants. On peut traverser la baie en bâteau à vapeur et se rendre directement à Cadiz.

Au sortir du **Puerto de Santa Maria**, l'on franchit le **Guadalete**; c'est sur ses bords que se livra, en 714, la fameuse bataille de ce nom, où les Maures, appelés en Espagne par le comte *Julien*, et sous les ordres de *Tarif*, détruisirent le pouvoir des Goths et commencèrent la conquête de la Péninsule, qu'ils conservèrent pendant près de huit siècles.

Peu après, un double embranchement de la voie se dirige l'un à droite, vers le **Trocadéro**, célèbre par le combat qu'y livra le duc d'Angoulême en 1823, et l'autre à gauche, qui mène à **Puerto-Real**, situé tout au fond de la baie de Cádiz. La voie ferrée décrit, à partir de cet endroit, une immense courbe qui longe la plage en la contournant: le paysage est devenu tout à fait plat; on n'aperçoit plus que la mer et d'énormes pyramides de sel, dont l'exploitation constitue la seule industrie du pays. On laisse sur la droite, l'arsenal de **la Carraca**; puis l'on atteint **San Fernando**, dont l'observatoire astronomique fut fondé bien avant celui de Madrid; son méridien sert encore aujourd'hui de base à tous les calculs de la marine espagnole.

Cadiz. On parvient enfin, par une étroite langue de terre à **Cadiz**, surnommée la *tasse d'argent*, par allusion à son aspect riant, propre et éclatant de blancheur.

Bien que Cadiz fasse remonter sa fondation au temps d'Hercule et qu'elle porte, dans ses armes, la figure de ce héros domptant deux lions, tous ses monuments sont modernes et l'on y trouve peu de traces de constructions antiques.

Sa Cathédrale est une œuvre du commencement du dernier siècle: elle ne manque pas de grandeur, mais l'aspect en est désagréable, à cause de la mauvaise qualité des marbres blancs employés à sa construction; sous l'action des vapeurs marines, ces matériaux ont pris une couleur rousse de fer oxydé, assez disgracieuse. Elle est du style de *Churriguéra* et d'une grande lourdeur, dans ses lignes générales.

A l'intérieur, cet édifice, resté inachevé, est divisé en trois nefs et n'offre d'intéressant que la voûte surbaissée du panthéon et la chapelle principale, dont la décoration est assez agréable.

En fait d'œuvres d'art, nous n'avons à citer que quelques tableaux d'Agustin del Castillo; une *Sainte Thérèse* de Cornelius Schott; une *Conception* attribuée à Clemente de Torres; une statue de *San Servando*, sculptée par Louise Roldan, ainsi qu'un groupe représentant *la Vierge des Angoisses;* un *saint Bruno* attribué à Montañez; une croix faite avec la poignée de l'épée d'Alphonse le Sage; une autre, dont on se sert pour les processions, et qui est un don fait par ce roi à l'ancienne Cathédrale. Mentionnons aussi, un ostensoir, qui date de 1721 et dont la partie centrale, destinée à recevoir l'hostie, est soutenue en manière de cariatide, par une figure d'ange du plus bel effet, finement ciselée et couverte de pierres précieuses. Cette même partie se démonte et se place dans une *custodia* en argent doré, belle pièce d'orfévrerie, dans le goût ogival, que décorent des statuettes.

Puis, à côté de cette pièce, une autre *Custodia* en argent, chef-d'œuvre de ciselure et d'ornementation, dans le goût de la Renaissance, dont la forme rappelle celle de la tour de l'ancienne *Casa Capitular*, qui est due à l'orfévre *Antonio Suarez*, qui commença ce travail en 1648 et le termina 16 ans plus tard, en 1664. C'est un monument à trois étages, soutenus par des colonnes à balustres, surmonté d'une statue de la Foi et orné d'un grand nombre de statuettes et de bas-reliefs de la plus fine exécution. Pour les processions, on la place sur un piédestal, en argent également, fait en 1740 par Juan Pastor et dont les côtés sont décorés de beaux reliefs. Cette superbe pièce a près de 5^m. 50 de hauteur, sur plus de 3 mètres de largeur: son poids est de 608 kilos et elle a coûté 908,709 réaux; elle appartenait à l'ancienne Cathédrale d'où elle vient d'être transportée à la nouvelle; ajoutons que les ciselures sont de *Bernardo Cientolini*, en 1698.

La Cathédrale vieille est une église fort ancienne, mais dont l'importance artistique est nulle.

Au couvent des *Capuchinos*, on trouve trois toiles de Murillo; c'est d'abord: une *Conception de la Vierge* et un *saint François en extase;* puis, le fameux tableau du maître-autel représentant *le Mariage mystique de Sainte Catherine*, qui fut son dernier ouvrage, car c'est en y travaillant, que Murillo tomba du haut d'un échafaudage et ne fit plus que languir jusqu'au jour où la mort vint l'atteindre. Dans le haut du retable il y a une peinture, représentant le Père Eternel qui est également de lui: les deux anges, qui occupent la droite et la gauche du retable, ont été esquissés par Murillo et achevés par son disciple Menesès, qui est aussi l'auteur du *St Joseph avec l'enfant Jésus* et du *St François* qui garnissent la partie inférieure.

On trouve encore un tableau de Murillo, dans l'église de *San Felipe Neri*, devenue fameuse par les séances que les Cortès y célébrèrent en 1812, et par la première Constitution du Royaume qui y fut élaborée.

Cadiz possède un joli Musée où l'on garde quelques œuvres remarquables; c'est d'abord: une *Apparition de la Vierge à Saint François*, par Alonso Cano; *une Vierge* du Corrège; *une Charité* de Caracci; divers tableaux de Zurbaran, parmi lesquels nous nommerons *le Jubilé de la Porciúncula*, *la Pentecôte*, un *Saint Bruno*, divers autres saints et religieux de l'ordre fondé par lui; puis, *une Vierge* de *Luini*; un *Ecce homo* de *Murillo*; *les Docteurs de l'Église* par *Jordaens*; un très intéressant triptyque représentant *une Descente de croix, Jésus portant la croix* et *la Résurrection*, qui porte la signature de *Fernando Gallego* et la date de 1470. Puis, encore, *une Adoration* de *Jean Breughel*; quatre tableaux de *Jacob Bassano*; *la Vierge donnant le sein à son divin fils*, beau panneau de l'école allemande du XVᵉ siècle, qui rappelle celui du Musée du Prado à Madrid, catalogué sous le numéro 1861; plusieurs autres belles peintures de l'école flamande, et une bonne toile représentant *le Jugement dernier*, signée N. P. dont l'auteur, encore inconnu, n'est point en tous cas Nicolas Poussin; un *portrait de femme tenant un tambour de basque*, attribué à J. B. Tiepolo et enfin, un *majo* et une *maja* de Goya.

Il y a à Cadiz un curieux marché nommé *la plaza de Abastos*: de jolies places, parmi lesquelles nous citerons celle de *Mina*; une belle promenade nommée *la Alameda de Apodaca*; on y jouit d'une vue très étendue sur la rade.

Enfin, du haut du phare de St Sébastien, dont on fait remonter la construction aux temps les plus reculés, ainsi que du haut de la tour de *Tavira*, se déroule, aux yeux du spectateur, un splendide panorama qui embrasse la ville, la rade et toute la côte environnante. La ville est entourée de murailles et de forts: bâtie sur une presqu'île, elle n'est reliée à la terre ferme que par un isthme étroit; son port est vaste, mais il a peu de fond et les navires sont obligés de mouiller à une grande distance des quais. C'est de ce port que sortirent, en 1805, les escadres française et espagnole réunies, commandées respectivement par les amiraux Villeneuve et Gravina, pour aller se faire battre, par l'escadre anglaise de l'amiral Nelson, au cap *Trafalgar*, devenu célèbre par cette mémorable bataille navale; ce cap est situé à vingt-cinq kilomètres de San Fernando.

Pour se rendre de **Cadiz à Malaga et à Grenade**, on peut s'embarquer pour **Gibraltar et Malaga** et se rendre par chemin de fer, de ce port à **Grenade**; si l'on préfère faire le trajet par voie ferrée, il faut revenir sur ses pas jusqu'à **Utrera**, où l'on prend la ligne transversale qui, par **Marchena** et **Osuna**, rejoint à **La Roda** celle qui va de **Malaga** à **Grenade** et **Cordoue**. Enfin, pour se rendre de **Cadiz** à **Algeciras** et de là à **Gibraltar**, on peut faire le trajet par mer, en huit ou dix heures, ou, par terre, de **San Fernando** à **Chiclana**, jolie ville gaie et agréablement située.

Au sortir de **Chiclana**, on prend à gauche par **Medina Sidonia**, ville bâtie en amphithéâtre et où l'on trouve les ruines d'un château: c'est là que se réfugia *Leonor de Guzman*, la favorite d'Alphonse XI et la mère de Henri de

Transtamare. Elle fut mise à mort par la reine *Doña Maria*, mère de *Don Pedro* le Cruel.

On peut également se rendre, par de mauvais chemins, de **Chiclana à Algeciras**, en suivant la route qui longe la côte, par **Conil**, village qui conserve encore dans son enceinte, les restes du palais de Guzman le Brave; on laisse à droite le cap *Trafalgar* et l'on arrive à **Veger de la Frontera**, petite ville admirablement située sur une montagne d'un accès difficile, entourée de bois et dominant un précipice; les femmes y conservent encore la manière arabe de se couvrir le visage avec une mante percée d'un seul trou à la hauteur des yeux. On longe le lac de *Janda;* on traverse le *rio Salado*, où le roi Alphonse XI repoussa, en 1340, une invasion des Arabes et mit fin à toutes nouvelles tentatives des Maures sur l'Espagne. On arrive enfin à **Tarifa**, ville fortifiée, qui occupe la pointe méridionale extrême de l'Espagne et par conséquent de l'Europe. Tarifa conserve encore son *Alcazaba*, ou citadelle des Maures et, parmi ses murailles, la célèbre forteresse que Don Sancho IV prit aux Arabes en 1292; deux ans plus tard, elle fut assiégée par les Maures conduits par l'infant Don Juan, fils d'Alphonse X, et défendue par *Alonso Perez de Guzman*, un des ascendants des ducs de Medina Sidonia. C'est à ce siège que *Guzman* se rendit célèbre et mérita le surnom de *Brave* dont cette maison se glorifie.

Les assiégeants s'étaient emparés de son fils et menaçaient de le tuer, s'il ne leur livrait la place: Guzman leur jeta lui-même son poignard du haut des remparts, montrant, par cette virile action, qu'il préférait voir son fils tué que de racheter sa vie au prix de son propre déshonneur.

Près de **Tarifa**, se trouve **la Peña del Ciervo**, rocher situé à la cime du dernier contrefort des montagnes de Ronda et d'où l'on jouit d'un splendide panorama, embrassant à la fois toute la côte d'Espagne, celle d'Afrique, l'Océan Atlantique et la Méditerranée.

De **Tarifa** à **Algeciras**, le trajet n'est plus que d'environ vingt kilomètres: une baie sépare **Algéciras** de la *Pointe d'Europe* où se dresse le rocher de **Gibraltar**; tout au fond de la baie est situé **San Roque**, presque à égale distance de *Gibraltar* et d'*Algéciras*, qui en occupent les extrémités. **San Roque** fait partie du **Campo de Gibraltar**; le voisinage de la forteresse anglaise lui a fait perdre tout caractère espagnol.

D'**Algéciras** on peut se rendre à **Gibraltar** par bateau, en une traversée de deux heures, ou bien, en longeant la côte, et en faisant le tour de la baie, par une route qui est une charmante promenade.

Gibraltar. Une étroite chaussée relie la Péninsule ibérique au *Peñon*, ou rocher de **Gibraltar**, dont les batteries enfilent ce passage; à droite et à gauche la mer empiète constamment sur la terre ferme et menace d'isoler complètement l'immense rocher de quatre cent vingt-cinq mètres de hauteur, dont la masse, coupée à pic, surplombe de tous côtés verticalement. Du sommet à la base, la montagne est entièrement percée à jour: on ne voit partout qu'ouvertures noires, rangées en bandes parallèles, présentant la bouche d'un canon: c'est ce que les Espagnols appellent *les dents de la vieille*. A l'intérieur, le rocher est fouillé, creusé de salles, de magasins, de casemates d'une étendue immense; elles sont assez vastes pour contenir la garnison entière de la forteresse. Partout, et à tous les étages, existent des batteries vastes et casematées, auxquelles on arrive à cheval, par une route en zigzag, taillée dans le rocher. Au sommet de la montagne, encore habitée par des singes, qui sont respectés dans leur liberté comme des aborigènes, se trouve une tour restée inachevée et souvent frappée par la foudre, que l'on nomme *la Tour de St. Georges;* elle devait, dans l'intention du fondateur, à l'instar d'une autre tour de Babel, avoir une hauteur suffisante pour découvrir de là la baie de Cadiz et en surveiller les mouvements. Aujourd'hui, une sentinelle, l'œil appliqué à une longue-vue, observe constamment la Méditerranée, l'Océan, le Détroit et la côte d'Afrique; rien ne passe, sans être vu et signalé au gouverneur de la forteresse. C'est au sommet du rocher qu'était *Calpe*, une des tours d'Hercule; on y jouit d'un point de vue splendide: *Ceuta*, possession espagnole, qu'on aperçoit de l'autre côté du détroit, est l'ancienne *Abila*, l'autre colonne d'Hercule.

La ville de Gibraltar et le port s'étendent au pied du rocher: ses rues étroites et malsaines n'offrent rien de curieux au visiteur, si ce n'est le singulier mélange de sa population empruntée à toutes les races et à toutes les parties du monde.

Disons, en peu de mots, comment ce lambeau de terre espagnole, a passé aux mains des Anglais. En 1704 la flotte anglaise, soutenant les droits de l'archiduc Charles d'Autriche à la couronne d'Espagne, en compétition de Philippe V, se présenta devant Gibraltar, dont les fortifications, en ruines, étaient occupées par une misérable garnison de quatre-vingts hommes. La ville fut prise à la suite d'un coup de main; et, quoique les troupes anglaises, alors sous les ordres du duc de Darmstadt, s'en fussent emparées au nom de l'archiduc, l'Angleterre jugea bon de la conserver. Les Espagnols négligèrent d'en réclamer la restitution, lors du traité d'Utrecht. Diverses tentatives faites pour la reprendre, en 1727, puis en 1779 et en 1782, échouèrent.

En 1808, durant la guerre de l'Indépendance, les Espagnols démolirent les fortifications de *San Roque* qui, seules, pouvaient faire ombrage à Gibraltar. Dans cette besogne, ils allèrent jusqu'à accepter l'aide des usurpateurs, pour que la démolition fut plus complète sans doute. Il est probable que l'Angleterre ne leur laisserait plus relever aujourd'hui ces mêmes défenses.

De **Gibraltar** on peut commodément faire des excursions à la côte d'Afrique, visiter **Ceuta**, possession espagnole, **Tanger** et même **Tétouan**, villes du Maroc.

Pour se rendre à **Malaga**, on peut s'embarquer, ou encore atteindre cette ville, ou se rendre à **Grenade** par terre, en passant par **San Roque** et **Gaucin** et traverser les montagnes si curieuses de **Ronda**.

Ronda. Le trajet de **Ronda** ne peut se faire qu'à cheval ou à dos de mulet: il est indispensable de se faire accompagner par un guide. Au sortir de **San Roque**, le chemin commence bientôt à gravir les premiers contreforts des montagnes de la *Sierra del Hacho*. A mi-côte se trouve situé **Gaucin**, petite ville bâtie en amphithéâtre, à une grande hauteur et sur le bord d'un précipice.

On monte à **Gaucin**, par une sorte d'escalier dont les marches ont été disjointes par un tremblement de terre; à l'est, se trouve un château-fort, bâti par les Maures, encore occupé par une petite garnison. Sur tout le parcours de la route, on jouit constamment de points de vue splendides sur la contrée, sur la baie d'Algéciras, sur le Détroit et la côte d'Afrique, qu'on a laissés derrière soi.

A **Gaucin**, on est à peu près à moitié chemin de **Ronda**: au sortir de la ville, on aperçoit bientôt les montagnes de la **Serrania de Ronda**, formant un immense cirque de plus de dix lieues de largeur; au centre, s'élève une haute montagne qui est séparée, du haut en bas, en deux parties, par une énorme brèche ou crevasse, dont les parois sont presque verticales. On appelle cette coupure le *Tajo de Ronda*: elle mesure plus de 160 mètres de hauteur verticale. Dans l'espace resté ouvert, coule le *Guadelevin* qui, en se précipitant de cascade en cascade jusqu'au fond de la vallée, alimente un grand nombre de moulins, étagés les uns au-dessous des autres, qui semblent comme accrochés aux flancs de la coupure.

Au sommet de cette montagne, divisée en deux tronçons, se trouve perchée **Ronda**, accessible seulement par un passage montant et taillé dans le rocher. Les deux parties de la ville, sont reliées par un pont jeté sur le gouffre: cet audacieux travail fut commencé en 1784 et terminé en quatre ans; c'est l'œuvre d'un architecte de Malaga, nommé *José Martin de Aldehuela*, qui tomba dans le précipice, lors d'une inspection des travaux. Ce merveilleux pont a plus de cent mètres de hauteur, sur une longueur d'environ 70 mètres.

Deux énormes culées de maçonnerie, s'élèvent sur un premier arc de construction arabe, et se dressent le long des parois de la brèche que relie, à cinquante mètres de hauteur, un arc énorme, au-dessus duquel passe le chemin. Entre le tablier de la route et la clef de voûte de ce grand arc, on a ménagé une vaste salle, qui a servi longtemps de prison et prend jour, de chaque côté, par une fenêtre qui surplombe le précipice.

Un sentier, ouvert dans le rocher et sur un des côtés de la brèche, mène au fond de l'abîme: on y descend aussi par un orifice en forme de puits, au moyen d'un escalier taillé dans le rocher; son accès est situé dans une construction arabe, nommée *la casa del Rey moro*. On s'arrête, dans la descente et à des niveaux successifs, dans diverses chambres souterraines, étagées les unes au-dessous des autres, et séparées par un nombre de marches exactement égal au nombre des jours de l'année. On fait remonter ce travail à l'occupation romaine.

On voit encore, à *Ronda la Vieja*, d'importants vestiges d'un amphithéâtre découvert en 1650, et dont les gradins subsistent dans leur intégrité: un beau portique est aussi resté debout.

On entre dans *Ronda*, en passant sous deux jolies portes arabes et en franchissant une double rangée de fortifications moresques. Au sommet de la ville, se trouve la curieuse promenade de *la Alameda*, ménagée au bord du précipice du *Tajo;* à son extrémité, toute entourée de grilles de fer, s'ouvre une immense terrasse qui, en faisant saillie sur le gouffre, surplombe l'abime. On jouit de là d'une vue splendide, bien propre à donner le vertige, quand on regarde les amas de rochers sur lesquels repose le pont, et autour desquels planent, en tournoyant, de nombreuses bandes d'oiseaux de proie, qui ne cessent de remplir l'air de leurs croassements. Cet épouvantable précipice, dont les parois verticales semblent inaccesibles, a cependant été escaladé, dit-on, il y a quelques années, par un audacieux gymnasiarque.

Ronda possède une place de taureaux renommée dans toute l'Espagne, parce que les *toreros* les plus fameux y ont fait leurs débuts.

Près de Ronda, existe aussi une grotte, nommée *la Cueva del Gato*: l'entrée semble l'œuvre de quelque architecte qui aurait voulu la doter d'une façade monumentale, restée inachevée. Cette grotte mesure une étendue de plus d'une lieue; il s'en échappe un torrent dont les eaux se précipitent dans la vallée.

En sortant de *Ronda*, on se dirige vers

El Burgo, petit village dont le sommet est couronné par les ruines d'une vieille forteresse. On s'engage ensuite dans des défilés, véritables sentiers de chèvres, étroits et tortueux, taillés dans le roc. On gravit ainsi el **Puerto de Martinez**, pour descendre ensuite l'autre versant et remonter de nouveau à **Casarabonela**, située au sommet d'une haute montagne. La descente se dessine enfin, d'une manière définitive, par des sentiers qui serpentent le long d'un torrent, au milieu des sites les plus pittoresques. La vue s'étend alors sur une plantureuse vallée, toute couverte de vignes, d'orangers et de grenadiers, le long de laquelle on aperçoit les sinuosités de la voie ferrée qui conduit à Malaga, et qu'on atteint à la station de la **Pizarra**, d'où l'on peut se rendre à **Grenade** ou à **Malaga**.

De la **Pizarra** à **Malaga** le trajet se fait en une heure.

Malaga. La situation de Malaga est des plus riantes: son ciel est chaud et profond et baigne la ville dans une atmosphère lumineuse et pure. Le port est animé: quant à la ville, sa physionomie est des plus vivantes, grâce à ses rues irrégulières si resserrées, mais si bien en rapport avec ce chaud climat. Elle est adossée au nord-est contre une haute colline, couronnée à son sommet par le château de *Gibralfaro*. Les murailles de cette forteresse, dont l'origine remonte aux temps les plus reculés, étaient reliées à *l'Alcazaba*, où résidaient les walis ou gouverneurs maures.

L'ancien arsenal arabe ou *Atarazanas*, dont il reste debout une porte monumentale en jaspe, formée d'un arc d'une courbe gracieuse et décorée de la devise des rois de Grenade, constitue, avec *l'Alcazaba*, à peu près les seuls souvenirs, que cette ville ait conservés de la domination des Arabes.

La ville contient différentes places ou promenades: au centre de la place de *Riego*, s'élève un monument dédié à la mémoire du général *Torrijos*, fusillé en 1831 pour s'être mis à la tête de l'insurrection libérale. La promenade de *la Alameda* est formée par deux rangées d'arbres: à l'extrémité, du côté du port, s'élève une fontaine en marbre blanc, une des plus jolies d'Espagne. On prétend qu'elle fut offerte par la ville de Gênes à Charles-Quint et que, capturée durant le trajet par le corsaire Barberousse, elle fut reprise par les galères que commandait *Bernardino de Mendoza;* d'aucuns disent qu'elle fut conquise à la bataille navale de Lépante, par Don Juan d'Autriche; suivant d'autres enfin, elle aurait été exécutée par le sculpteur italien *Michael*, en 1560, pendant qu'il achevait les sculptures du Chœur de la Cathédrale; or *Michael* travaillait à Malaga en 1631 et mourut de la peste en 1649. D'ailleurs le style, et l'exécution de ce charmant monument, contredisent cette assertion: en réalité, on ne sait, sur son origine et sur son auteur, rien de positif ni de concluant.

La Cathédrale de Malaga offre un aspect remarquable: elle est du style de la Renaissance et attribuée, par les uns, au célèbre *Diego de Siloé*, qui aurait commencé sa construction en 1528 et, par d'autres, à *Juan Bautista de Toledo*, aidé du *maestro Enriquez de Toledo*; elle était fort avancée déjà, en 1558, car on trouve, dans son ornementation, les armes de Philippe II réunies à celles de Marie Tudor, reine d'Angleterre, qu'il avait épousée en 1554, et qui fut surnommée *Marie la Sanglante*, parce qu'elle employa le fer et le feu, pour rétablir le Catholicisme dans son royaume; la cathédrale ne fut terminée qu'en l'an 1719.

Un grand escalier de marbre donne de la majesté à l'édifice: huit belles colonnes, auxquelles il manque encore un frontispice triangulaire, ornent les deux corps de sa façade principale. Aux deux extrémités du transept, s'élèvent deux tours rondes, dont l'une est inachevée. L'intérieur comprend trois nefs coupées par le transept; le maître-autel est très remarquable; mais ce qui surtout mérite l'attention, c'est *la Silleria* du Chœur, formée de cent trois stalles; elle est l'œuvre de l'italien *Michael*.

Cette cathédrale renferme de très bons tableaux, entr'autres la fameuse *Vierge du Rosaire*, *d'Alonso Cano:* le personnage, vêtu d'un costume de diacre, qui est à droite et regarde le spectateur, est le portrait de l'auteur. Il existe aussi, dans la Sacristie, *une Conception*, que l'on attribue au même peintre. Nous signalerons encore: dans la chapelle de *los Reyes*, les figures agenouillées de Ferdinand et d'Isabelle; dans celle de *Santa Bárbara*, un beau retable gothique; un autre retable en marbre, de *Juan de Villanueva*, placé dans la chapelle de *la Encarnacion*; un autre retable encore, décoré de peintures, représentant une *Adoration des Rois Mages* et diverses autres représentations de Saints, attribuées à *Palma le vieux*.

On conserve à l'école des Beaux-arts, un certain nombre d'intéressants tableaux d'*Alonso Cano*, de *Juan del Castillo*, de *Murillo*, de *Seghers*, de *Corrado* et de *Zurbaran*; mais ce qui mérite surtout l'attention de l'artiste, c'est une admirable statuette en bois, d'*Alonso Cano*, représentant St François, encore supérieure, à notre avis, à celle de la Cathédrale de Tolède: elle est plus mouvementée et peut-être plus fine d'exécution. Il faut aussi remarquer un *Comulgatorio*, qui provient du couvent de *Sta Clara*, et qui est un objet d'art du plus grand mérite : c'est une petite armoire, qui servait à donner la communion aux religieuses ; elle est sculptée avec grand goût, bien que son ornementation soit empruntée au style *Churriguéresque*; à l'intérieur, elle est décorée de précieuses miniatures sur cuivre, et d'un admirable émail de Limoges, représentant *la Trahison de Judas*.

De **Malaga** à **Grenade** le trajet se fait par chemin de fer, en six ou sept heures : on suit la ligne de Cordoue, jusqu'à l'embranchement de **Bobadilla**, à travers une campagne couverte d'une végétation splendide. On a bientôt dépassé **Campanillas**, où les riches industriels et propiétaires de Malaga possèdent de jolies maisons de campagne; puis **Cartama**, où l'on franchit le *Guadalhorce* une première fois; on atteint **La Pizarra** et puis **Alora**, située dans une riche et belle vallée couverte d'orangers, de citronniers et de grenadiers. La voie pénètre ensuite, par une série d'ouvrages d'une hardiesse extrême, et par une suite de tunnels, à travers le fameux *Tajo*, ou coupure de *Gaytan*, jusqu'à la station de **Gobantès**, et après avoir franchi une troisième fois le *Guadalhorce*, on arrive à **Bobadilla**, où l'on abandonne la voie de **Cordoue**, pour prendre l'embranchement de **Grenade**.

Antequera. Quelques instants après avoir abandonné **Bobadilla**, on rencontre sur la route de Grenade, la ville d'**Antequera**, située à l'entrée d'une magnifique vallée et dont une colline, nommée *El Calvario*, ou *Cerro de la Cruz*, masque l'accès. Cette ville possède des fabriques de flanelles importantes. Au point de vue monumental, et malgré sa haute antiquité, elle a conservé peu de monuments importants. Parmi les diverses églises d'Antequera, nous mentionnerons la collégiale de *San Sebastian*, qui possède une jolie tour bâtie en briques : à son sommet tourne, en guise de girouette, une statue colossale, en bronze doré, qui figure un ange tenant en main une bannière et qui renferme, dans sa poitrine, des reliques provenant de la patronne de la ville, Ste Euphémie.

Antequera conserve des vestiges de vieilles murailles et les ruines d'une ancienne forteresse; une montée, un peu raide, conduit au sommet de cette dernière. On jouit de là d'une vue splendide sur la ville, sur la campagne et sur la belle chaîne de montagnes environnante. En suivant un sentier frayé à travers de gigantesques nopals, on arrive à une tourelle, perchée au sommet de l'ancien château, qui contient une bonne horloge, sans cadran apparent, dont la cloche bien connue, retentit au loin : elle porte le singulier nom de *Papa Bellota;* il lui vient, parait-il, de ce que son exécution a exigé, non seulement le produit de la récolte entière d'une forêt de glands, mais encore la valeur de la forêt elle-même; de là, l'amère critique que son nom implique. Tout près, et dans l'enceinte même de la vieille forteresse, se trouve l'église de *Santa Maria*, construite sur l'emplacement d'une mosquée, que décore une belle façade : deux rangées de fortes et hautes colonnes cannelées la divisent, à l'intérieur, en trois nefs, et supportent de beaux plafonds lambrissés. On y conserve d'anciens et curieux fonts baptismaux en faïence vernissée, de couleur vert foncé.

Mais ce qui doit surtout exciter l'intérêt, c'est une grotte, ou caverne artificielle, qui se trouve à quelques pas du cimetière de la ville et que l'on nomme *la Cueva Menga*. Les côtés de ce *dolmen*, curieux monument de l'âge de pierre, sont formés par sept grandes roches plates, placées debout de chaque côté de la caverne; cinq grandes pierres, également plates, de plus de six mètres de longueur, sur environ quatre de largeur et de plus d'un mètre d'épaisseur, viennent reposer, sur celles des côtés, par leurs extrémités et former ainsi le plafond de la caverne; trois monolithes, formant piliers, qui se dressent à égale distance des côtés, aident aussi à le supporter. Les dalles, qui forment la voûte, sont recouvertes de terre et forment un monticule qui occupe le centre d'un immense cirque, qu'entourent au loin des montagnes élevées. L'entrée de la caverne est tournée vers l'Orient et on peut l'apercevoir du chemin de fer, à la sortie de la station d'Antequera. On se perd en conjectures sur les moyens qui ont dû être employés, pour transporter, au sommet de la montagne, les énormes blocs de pierre avec lesquels on a construit ce monument primitif.

A quelque distance de la ville, se trouve une seconde caverne, qui est l'œuvre de la nature; elle s'ouvre sous d'énormes roches du sommet desquelles on aperçoit au loin la Méditerranée; l'intérieur de cette grotte immense, est des plus curieux.

Au sortir **d'Antequera**, la voie passe sous un rocher gigantesque nommé *la Peña de los Enamorados*, le Rocher des amoureux d'où se précipitèrent, dit-on, dans le *Guadalhorce*, qui coule à ses pieds, un chevalier castillan et une jeune mauresque, pour échapper aux poursuites des serviteurs du père de la jeune fille.

En arrivant à **Archidona,** on découvre un immense panorama; on passe sous la ville, et on atteint **Loja,** située sur les bords du *Genil*. Les eaux de cette rivière coulent au fond de profondes gorges, nommées *los infiernos de Loja*, et forment une cascade bruyante: l'eau est d'ailleurs partout abondante et fait de cette contrée un coin d'une fertilité prodigieuse.

Santa Fé. Après avoir atteint **Atarfé,** qui n'est plus qu'à huit kilomètres de Grenade, on laisse, sur la droite, la célèbre petite ville de **Santa Fé.** C'est là qu'Isabelle et Ferdinand avaient établi leur camp, pendant que l'armée chrétienne faisait le siège de Grenade. On raconte qu'Isabelle voulant soutenir le courage des assiégeants, fit vœu, et à son exemple toutes les dames de sa suite, de ne pas changer de linge, tant que la place ne se serait pas rendue: le siège dura assez longtemps pour que le linge prît une teinte fauve et c'est de là que viendrait le nom de *couleur isabelle*, donné à cette nuance de robe, qui fait le mérite de certains chevaux. Pour montrer enfin, à la ville assiégée, qu'elle persisterait dans son entreprise, Isabelle fit construire, en quatre-vingts jours, à la place du camp qui avait été incendié, plus qu'une véritable forteresse, toute une ville entourée de mûrs. de tours et de fossés, dont il ne reste plus d'autres traces que la disposition primitive des rues, coupées à angles droits, en forme de croix, et un trophée placé sous le portique de l'entrée principale de son église, reconstruite en 1773, et qui rappelle un épisode du siège de Grenade. Ce trophée est composé d'une lance, à laquelle est suspendu un parchemin portant les mots AVE MARIA; sous la lance est sculptée la tête d'un chef maure, le Zegri *Tarfé*. Voici ce que rapportent les chroniques du temps: *Tarfé* était venu au camp chrétien, planter à la porte de la reine Isabelle, en signe de défi, sa lance et son écharpe verte. *Hernan Perez del Pulgar* et trois de ses amis, répondirent à ce défi, en pénétrant de nuit dans Grenade, où *Pulgar* planta sa dague dans la porte de la Mosquée, avec un parchemin portant les mots AVE MARIA. Le maure *Tarfé* sortit peu après, de Grenade, trainant le parchemin, en signe de mépris, à la queue de son cheval, et s'avançant jusqu'au camp chrétien, il y lança son gantelet, pendant que *Perez del Pulgar* en était absent. Les chevaliers chrétiens se précipitèrent tous pour le ramasser; le roi s'y opposa. L'on vit sortir alors, de la tente royale, un guerrier armé de toutes pièces, la visière baissée, qui déclara accepter le combat. Mais, au premier choc, les deux combattants tombèrent et la lutte resta longtemps douteuse; le chevalier chrétien se releva enfin, tenant à la main le parchemin et la tête de son adversaire, qu'il vint présenter au roi. La surprise fut grande, quand l'on reconnut, dans le vainqueur, le jeune poëte *Garcilaso de la Vega*. Il fut armé chevalier par Isabelle et reçut, en récompense, le droit de porter dans ses armes le parchemin et l'écharpe verte: Gonzalve de Cordoue lui chaussa les éperons, et le roi ordonna qu'on érigeât dans l'église le trophée qui s'y trouve encore.

Grenade. Grenade est, pour le touriste, la ville d'Espagne la plus pittoresque et la plus attrayante: c'est, avec Tolède, celle qui a gardé le plus de souvenirs historiques. Son incomparable palais de l'Alhambra, célébré à l'envi, par les écrivains et les poëtes de tous les temps et de tous les pays, suffirait, à lui seul, pour y attirer le voyageur, si sa situation heureuse, au milieu d'une riche plaine, toute couverte d'une végétation luxuriante, et arrosée par les eaux limpides du Darro et du Genil, n'en faisait en même temps, un des lieux les plus enchanteurs de l'Andalousie, et le séjour préféré des artistes.

Adossée aux pieds des collines sur lesquelles s'élèvent la forteresse et les palais de *l'Alhambra*, elles sont dominées, à leur tour, par la *Sierra Nevada*, dont les neiges éternelles forment le plus heureux contraste avec sa latitude méridionale.

L'origine de cette ville remonte évidemment aux temps les plus reculés: c'était l'ancienne *Illiberis* des Romains. Au Xe siècle, les Maures vinrent s'y établir; en 1245 elle devint la capitale d'un royaume arabe indépendant, qui comprenait Grenade et Jaen. *Mohammed-Ebn-al-Hamar*, alors *wali* de Grenade, voulant se soustraire aux conquêtes des chrétiens, qui l'enveloppaient déjà de tous côtés et menaçaient son royaume, se plaça sous la suzeraineté de Ferdinand III de Castille. Il prit part, à titre de vassal, au siège de Séville, quand cette ville tomba, en 1248, aux mains du saint roi. Les Musulmans, repoussés des diverses parties de l'Espagne, successivement reconquises par les Rois de Castille, vinrent se réfugier à Grenade. C'est vers 1270, que *Al-Hamar* construisit le palais de Grenade, et c'est de ce roi que lui vient son nom d'*Alhambra (Al-Kasr-Al-Hamrâ)*, qui signifie le *Château du Rouge*. Ses successeurs secouèrent plus tard, les liens de vassalité qui rattachaient ce petit État aux rois de Castille et de Léon, et le défendirent, encore pendant plus de deux siècles, contre leurs entreprises, jusqu'à ce qu'en 1492 Isabelle et Ferdinand en chassèrent son dernier roi *Boabdil*, appelé par les Espagnols *el Rey Chico*, et s'emparèrent ainsi, du dernier boulevard de l'Islamisme dans la Péninsule.

Cette conquête fut fatale à l'Espagne, car trois mois après leur entrée dans Grenade, les Rois Catholiques y décrétèrent l'établissement de l'Inquisition, qui fit périr plus de vingt mille individus dans les flammes et poussa en fugitifs, sur la terre étrangère, plus de quatre cent mille israélites et cinq cent mille Musulmans, appauvrissant de la sorte l'Espagne, d'une population intelligente et active.

Enfin, quelques jours après, Christophe Colomb obtenait d'Isabelle l'autorisation et les moyens de se lancer à la découverte d'un nouveau monde: cette découverte devait, elle aussi, être funeste à l'Espagne, en précipitant sa décadence, par l'affluence soudaine des masses d'argent du nouveau monde, par l'esprit d'aventure qu'elle fit naître et finalement, par la dépopulation de la Péninsule qu'elle augmenta encore, en poussant à l'émigration, une population où ne prédominait que trop, le caractère de nonchalance propre aux races méridionales.

À la base des premiers contreforts de la *Sierra Nevada* s'élèvent trois collines: l'une d'elles est occupée par les *Tours Vermeilles* sur l'autre, nommée *la Sierra de Sol*, s'étend la vaste enceinte de *l'Alhambra*, et sur la troisième, séparée de la colline de l'Alhambra par un profond ravin tout plein d'ombrage, s'élève *le Generalife*, jardin, ou plutôt villa d'été des Rois Maures. Situé à mi-côte de la montagne, au sommet de laquelle se dressent quelques ruines nommées *la Silla del Moro*, *le Généralife* domine non seulement tout le quartier de l'Alhambra, mais encore la ville et l'immense *vega* ou plaine, et toute la contrée environante.

Le visiteur qui se trouve à *la Puerta Real*, centre de Grenade, à l'instar de la *Puerta del Sol* de Madrid, a devant soi la promenade ou *Carrera de las Angustias;* en prenant à gauche, la rue des Rois Catholiques, nouvellement bâtie sur le lit même du Darro qui coule sous ses voûtes, il rencontre d'abord, une place, dont deux des côtés sont occupés par l'édifice de *l'Ayuntamiento* ou Hôtel de ville, et l'administration des Postes. Il trouve ensuite, sur la gauche, une rue nommée *del Principe* ou vulgairement de *la Escopeta*, qui l'amène sur la place *Bib-Rambla*, qui a conservé, en partie, son caractère mauresque. Jadis les Arabes y célébraient leurs tournois, auxquels ils conviaient parfois les chevaliers chrétiens. Après la conquête, le spectacle qu'on y donna fut quelque peu différent: on y célébra des auto-da-fés...

On remarquera, à droite, une petite rue étroite nommée *El Zacatin*, centre du quartier commercial, qui a conservé, comme au temps des Maures, sa physionomie arabe: les boutiques étroites, sombres et toujours animées, offrent au regard les mantes aux couleurs voyantes et brodées d'arabesques, dont la fabrication, dans le goût mauresque, s'est conservée et se perpétue au quartier de *l'Albaycin*. A gauche, se trouve *l'Alcaiceria*, sorte de bazar mauresque, qui a été reconstruit sur l'emplacement de l'ancien détruit par un incendie; il est formé, en son entier, de boutiques décorées de colonnettes, qui soutiennent des chapiteaux et des arceaux dans le goût arabe, et que séparent des ruelles étroites, d'une régularité parfaite.

Cathédrale. On est là, à deux pas du palais archiépiscopal et de la Cathédrale; cette dernière est un beau monument du style de la Renaissance, et de la période qui succéda immédiatement au style gothique. Elle fut bâtie, de 1529 à 1560, par l'architecte *Diego de Siloé*; sa façade, richement décorée de statues, est percée de trois portes; les deux tours, bâties dans divers ordres d'architecture, sont restées inachevées.

Sur la gauche de l'église, se trouve la jolie porte du *Pardon*, richement décorée par *Diego de Siloé* et ornée, de chaque côté, de grands et beaux écussons de l'empereur Charles-Quint. A l'intérieur, tout badigeonné de blanc, l'église est partagée en cinq nefs: les nefs latérales communiquent avec un grand nombre de chapelles, qui contiennent des œuvres d'art du plus haut mérite; c'est là surtout, que l'on peut juger **Alonso Cano**, à la fois comme sculpteur et comme peintre. Disciple de *Pacheco* et de *Juan del Castillo*, il s'était fait peintre à leur école: *Montañez* le fit sculpteur; fils d'un architecte, il avait, de bonne heure, hérité des connaissances de son père. D'un caractère franc, allant jusqu'à la brusquerie, il n'arriva guère à se concilier la faveur des grands.

Rentrant un soir chez lui, à Valladolid, il trouva sa femme assassinée: *Cano* avait des ennemis; il fut accusé de ce meurtre et mis à la question. Il subit ce supplice sans faire aucun aveu; mais il comprit qu'il lui fallait chercher un refuge loin du théâtre de cette triste aventure. Il sollicita un bénéfice à la Cathédrale de Grenade, et ne l'obtint qu'à grand peine; ce bénéfice l'astreignait à prendre les ordres. On lui fit un atelier du premier étage de la tour, et il y travailla gratis, pendant seize ans, pour le Chapitre, qui n'avait pas fait, comme on le voit, une mauvaise acquisition.

En faisant le tour, à l'intérieur de la Cathédrale, on rencontre successivement, et en commençant par la droite, d'abord: la chapelle de *San Miguel*, qui contient un beau relief en marbre de Macaël, représentant *St Michel terrassant le dragon*; c'est l'œuvre du sculpteur *Juan Adan*; à gauche, on voit le tombeau de l'archevêque de Grenade *Moscozo*, évêque *del Cusco*; à droite et à gauche, l'on remarque deux grands vases en porcelaine du Japon, qui contenaient, dit-on, la poudre d'or donnée par le fondateur pour la construction de la chapelle, que décorent de belles colonnes en marbre gris; à droite enfin, on voit un tableau qui représente *la Vierge de la Piedad*, et qui est *d'Alonso Cano*.

La chapelle de *la Trinidad* possède un retable doré, avec des peintures de *Bocanegra*, que surmonte un tableau représentant le *Père Eternel soutenant le Christ* mort, par *Cano*; à gauche, se trouve une *Sainte Famille*, attribuée à *Sassoferrato*; au-dessous, un *St Joseph* de *Pedro de Moya*; à droite, un *St François*, du même peintre; tout en haut, *une Cène*, placée à une hauteur telle qu'on ne peut pas la juger.

Dans la Chapelle de *Jésus*, on remarque un immense retable doré, au bas duquel se trouve une copie de *Saint Paul*, d'après l'original, de *Ribéra*, qui est au Musée de Madrid. On y trouve deux tableaux représentant *St Augustin* et *St François*, du *Greco*; trois autres toiles qui représentent *St Antoine*, la *Madeleine* et *Saint Laurent*, de *Ribéra*; deux autres tableaux, placés dans le haut de l'autel, sont d'*Alonso Cano*.

Puis, on rencontre une fort jolie porte, dans le goût *plateresque*, qui donne accès à la chapelle des Rois; en face, se trouve le Chœur, dont les stalles n'offrent rien de particulier. Au milieu est placé un beau lutrin, dont la construction est attribuée à *Alonso Cano*; sous les voûtes du chœur reposent les restes de cet illustre artiste; à droite et à gauche sont placées des orgues, dont la décoration n'est pas du meilleur goût, et qui ont été construites en 1745. Un passage grillé relie le Chœur à la chapelle principale, qu'entourent huit piliers, formés de faisceaux de colonnes de l'ordre corinthien, qui soutiennent une haute et vaste coupole. Le maître-autel a la forme d'un petit temple décoré de colonnes en bois peint; à droite et à gauche sont placées deux chaires exécutées à Gênes en Italie. On remarquera, encore, douze statues, en bronze doré, de grandeur colossale, représentant *les douze apôtres*, placées au pied d'un nombre égal de colonnes. Le haut de la chapelle principale est décoré de sept tableaux dont les sujets se rapportent à la *vie de la Vierge*, peints par *Alonso Cano*, et placés au-dessus de sept autres qui représentent *des Docteurs de l'Église* et sont de *Bocanegra*.

On aperçoit aussi, dans des niches pratiquées dans les piliers qui forment l'entrée de la chapelle, à droite et à gauche, deux bustes *d'Adam* et *d'Eve*, sculptés dans le chêne-liège par *Alonso Cano*, et qu'il légua à sa servante pour qu'elle les vendit au Chapitre; ils sont placés au-dessus des statues agenouillées des Rois Catholiques, sculptées par Pedro de Mena. Les tableaux qui ornent les autels de droite et de gauche, sont respectivement de *Juan de Sevilla* et de *Bocanegra*; les vitraux qui garnissent la chapelle principale, datent de 1552.

En continuant de faire le tour de la Cathédrale, on rencontre dans la chapelle de *Santiago*, une statue de *St Grégoire* et une *Conception de la Vierge*, toutes deux de *Diego de Mora*; sur la porte de la *Sacristie*, un médaillon circulaire, représentant *la Vierge et l'enfant Jésus*, attribué à *Siloé*, ainsi qu'un *Ecce Homo*, placé au-dessus d'une porte voisine. A l'intérieur de la *Sacristie*, on trouve *un Crucifix* de *Becerra*, une *Conception de la Vierge* et une *Vierge du Rosaire*, œuvres toutes deux d'*Alonso Cano*.

Dans la chapelle de *Santa Ana* l'on remarquera encore une fort belle sculpture, en bois doré et peint, représentant *Sainte Anne tenant sur ses genoux la Vierge qui tient dans ses bras l'enfant Jésus*, d'une grande expression, et deux tableaux, représentant *Saint Jean adorant la Vierge*, et une *vision de San Pedro Nolasco*, peints tous deux par *Atanasio Bocanegra*.

Dans la chapelle de *San Cecilio*

il y a, à droite, un groupe en marbre représentant *San Juan de Dios transportant sur ses épaules un malade*, et une statue de *San Cecilio*, œuvre de *José de Mora*; dans la chapelle de *Sainte Thérèse*, deux tableaux représentant *la Vierge et un ange gardien*, œuvres de *Juan de Sevilla*. Dans la chapelle de *Nrª Señora de la Antigua*, élevée en 1638, et décorée avec un mauvais goût peu ordinaire, on trouvera les portraits authentiques d'Isabelle et de Ferdinand par *Antonio del Rincon*; entre les deux, on a placé une statue ancienne représentant *la Vierge et l'enfant Jésus*. On rencontre ensuite la *porte du Pardon*, dont nous avons déjà mentionné la belle ornementation extérieure.

Dans la chapelle *del Carmen*, anciennement *de la Cruz*, on remarque, à droite, une *tête de St Paul* et, à gauche, une *tête de St Jean décapité*, sculptées toutes deux dans le chêne-liège par *Alonso Cano*. Dans la chapelle dite *del Pilar de Zaragoza*, il y a un beau médaillon représentant *St Jérôme en lecture;* puis, aux pieds de l'église, un *Christ en croix* de *Pedro Atanasio Bocanegra* et, tout à côté, au-dessus de la porte de la *Salle Capitulaire*, un joli bas-relief en marbre, représentant *la Charité*, qui est l'œuvre de *Torrigiano*.

Le *trascoro* est un prodigieux travail en marbres de couleur et en mosaïques, mais auquel il manque de la beauté: sur l'autel est placée une petite mosaïque où Satan, sous la figure d'une femme, se présente à St Antoine pour le tenter.

Mais, ce qui surtout fixera l'attention du visiteur, c'est *la Chapelle royale*, où sont les tombeaux des Rois Catholiques. Son architecture est du style gothique: une superbe grille en fer, ornée de figures et d'ornements de toutes sortes en demi-relief, faite en 1522 par maître *Bartolomé*, divise la chapelle en deux parties. Derrière cette grille, et aux pieds du maître-autel, s'élèvent les deux tombeaux. En pénétrant dans la Sacristie, on observe quatre petits panneaux, que les Rois Catholiques emportaient en campagne pour décorer l'autel de leur oratoire; celui qui est en mosaïque de verres de couleur, est complètement détérioré.

Dans cette même salle, se trouve une *Descente de croix* d'*Alonso Cano*; puis, deux statues d'*Isabelle et de Ferdinand*, agenouillés et dans l'attitude de la prière, placées au-dessous des portraits de *Philippe le Beau* et de *Jeanne la folle*. Dans une armoire, on conserve: la couronne, le sceptre et l'épée de la grande Isabelle; un magnifique missel, à côté d'un précieux coffret qui lui a également appartenu; les belles étoffes brochées d'or, qui servaient à orner l'oratoire royal; des chasubles richement brodées, dit-on, par la Reine elle-même, au milieu de drapeaux et d'étendards ayant appartenu aux Rois Catholiques.

Parmi les autres richesses de la Sacristie, nous mentionnerons encore: un *porta-paz*, ou *Osculatorium*, d'un joli travail de ciselure dans le goût de la Renaissance; de riches chasubles et autres vêtements sacerdotaux, et surtout un service, de fond noir, décoré de jolis tableaux, brodés à l'aiguille en soies de couleurs, et semblable aux célèbres chasubles du monastère de l'Escurial; et puis encore, d'autres superbes pièces du même genre, à fond blanc orné de fleurs, magnifiquement brodées en or avec des écussons exécutés en couleur, le tout d'un goût parfait.

On pénètre enfin dans la chapelle des Tombeaux: sur l'un d'eux, en marbre de Carrare, sont étendues les statues *d'Isabelle et de Ferdinand*; c'est l'œuvre de *Bartolomé Ordoñez*, originaire de Burgos. Tout à côté, se dresse un autre mausolée, en marbre de Macaël, sur lequel sont couchées les statues réunies de *Jeanne la Folle et de Philippe le Beau*. Isabelle était morte en 1504 et Ferdinand, en 1516; leurs restes furent amenés à Grenade en grande pompe en 1525, et c'est, par les soins de Charles-Quint, que ces splendides mausolées furent élevés. Une sorte de galerie en fer entoure les tombeaux: on y suspendait jadis une tapisserie qui représentait un Concile, et qui servait à masquer ces tombeaux, qu'on ne découvrait que dans de certaines circonstances.

Un superbe retable, en bois sculpté doré et peint, œuvre de *Felipe de Borgoña*, décore cette chapelle: dans le bas, à gauche, on remarque un curieux bas-relief représentant la *Fuite de Boabdil* et *l'entrée dans Grenade des Rois Catholiques*.

Au premier plan, figure le cardinal *Gonzalez de Mendoza*; à sa gauche, *Isabelle* suivie de trois de ses femmes; puis viennent *Ferdinand* et *Gonzalve de Cordoue*, tous à cheval et suivis d'une nombreuse troupe de cavaliers; c'est un curieux travail, étonnant par le cachet de ressemblance donné aux personnages. De l'autre côté du maître-autel, une autre sculpture représente des *Arabes recevant le baptême*.

Deux reliquaires, placés de chaque côté de la chapelle, sont fermés par des portes, en bois doré, ornées de bustes coloriés.

Aux pieds mêmes de l'autel, on soulève quelques dalles et on descend, par un escalier en marbre, dans un caveau, pratiqué juste au-dessous des deux mausolées. Le centre du caveau est occupé par deux coffres en plomb cerclés de fer; ils renferment, celui de droite, les restes *d'Isabelle*, celui de gauche, ceux de *Ferdinand*; puis, sur les côtés, sont placés le cercueil de *Philippe le Beau* et, à droite, celui de *Jeanne la Folle*; aux pieds de la reine, un autre cercueil plus petit, contient les restes de la princesse *Marie*, morte à l'âge de neuf ans.

En face de la Chapelle des Rois, se trouve el *Sagrario*, église paroissiale, d'une construction somptueuse, fondée sur l'emplacement même de la Mosquée, et qui occupe le côté droit de la Cathédrale. Sa façade vient s'aligner avec celle de la Cathédrale, avec laquelle elle communique intérieurement. C'est dans le *Sagrario* que se trouve la chapelle de *Hernan Perez del Pulgar*; elle sert de passage à la chapelle des Rois et contient les restes de ce chevalier dont nous avons parlé, et qui, durant le siège de Grenade, fut assez audacieux pour pénétrer dans la ville et clouer son cartel de défi sur la porte même de la grande Mosquée: elle existait alors, à l'endroit même où reposent aujourd'hui ses restes.

En sortant de la Chapelle Royale, on passe par une jolie porte ouverte sur une curieuse façade dans le style *plateresque*, et revêtue de beaux ornements dans le goût de la Renaissance, malheureusement recouverts d'une couche de peinture jaune.

On a, en face de soi, l'ancienne *Casa Ayuntamiento* ou *Lonja* qui, au temps des Maures, en 1236, servait d'Académie pour l'enseignement de la théologie mahométane, des sciences et des arts. Cet édifice, aujourd'hui converti en magasin de draps, a été restauré au xviiie siècle et décoré alors d'une curieuse façade, peinte en couleur, de même que les balcons qui font saillie sur elle; c'est cette maison que le peintre *Fortuny* a pris comme fond de l'une de ses plus belles productions. A l'intérieur, on trouve encore, de beaux plafonds lambrissés et un bel escalier de marbre.

Le *Zacatin* est à deux pas: en traversant la rue nouvelle de *Mendez Nuñez*, qui fait suite à celle des *Rois Catholiques* et recouvre, comme elle, le lit du *Darro*, on trouve sur la droite, au fond d'une petite ruelle, la porte arabe de l'ancienne *Alhondiga*, nommée vulgairement *del Carbon*, qui conserve encore son arc d'entrée, en forme de fer à cheval, et de curieuses décorations dans le goût mauresque. En suivant la rue de *Mendez Nuñez*, on débouche sur la *Plaza Nueva*, sur laquelle est situé le palais de l'ancienne *Chancilleria* ou *Audiencia*, édifice d'aspect majestueux et sévère, construit sous Philippe II, avec un beau portail en marbre. A l'intérieur, une vaste cour, entourée d'une galerie à colonnes et ornée d'un écusson, peint aux armes de Charles-Quint, conduit à un bel escalier en marbre, d'une construction hardie, que décore un plafond lambrissé: il fut élevé aux frais et dépens d'un noble et orgueilleux seigneur, condamné pour avoir cru pouvoir se dispenser de se découvrir devant le tribunal en séance, parce qu'il avait le droit de rester couvert en présence du roi.

En face du palais de la *Audiencia*, la rue montante, nommée *Cuesta de los Gomérès*, mène à l'*Alhambra*; mais, avant de la gravir, remontons encore le *Darro*.

L'église de *Santa Ana*, dont le portail est attribué à *Diego de Siloé*, a conservé une fort jolie tour arabe qui n'est autre que l'ancien *alminar* d'une mosquée, dont on a surmonté la terrasse d'un double toit; à l'intérieur, les plafonds sont lambrissés dans le goût *mudèjar* et on y trouve deux toiles d'*Atanasio Bocanegra*, et une autre de *Juan de Sevilla*. En continuant la promenade de ce côté, on aperçoit, sur l'autre rive du *Darro*, la naissance d'un arc en fer à cheval, seul reste de l'ancien pont mauresque qui mettait en communication l'Alhambra et l'Albaycin. Ce pont venait déboucher en face d'anciens bains mauresques, dont on peut visiter le curieux édifice. Une voûte, percée d'ouvertures en forme d'étoiles et menaçant ruines, est soutenue par des colonnes en marbre, enfouies dans le sol presque jusqu'à la naissance des chapiteaux. Tout autour on a disposé, plus tard, des auges qui ont servi, croit-on, à laver les sables aurifères que l'on tirait du lit du *Darro*; dans un autre édifice voisin qui, au temps des Maures, servait d'hôpital, on frappait les monnaies; il porte, aujourd'hui encore, le nom de *Casa de la Moneda*.

De ce même côté du *Darro*, une belle maison nommée de *Castril*, bâtie en 1539 et attribuée à *Diego de Siloé*, présente une façade décorée dans le goût de la Renaissance, et un portail orné d'un grand nombre de coquillages de St Jacques garnis d'ailes; à l'angle, au-dessus d'un curieux balcon en saillie sur les deux façades de l'édifice, et qui est resté muré pendant de longues années, on a sculpté en grandes lettres les mots «*Justicia! esperándola del Cielo!*» Voici quelle serait, dit-on, l'origine de cette inscription. Un descendant de *Hernando de Zafra*, serviteur loyal des Rois Catholiques, habitait cette maison dans la seule compagnie de sa fille, qui était jeune et belle. Une nuit, en rentrant, il la trouva en conversation avec un de ses pages: prenant celui-ci pour l'amant de sa fille, il se précipite sur lui, en le menaçant de sa dague. L'infortuné page proclame en vain son innocence: il se précipite vers le balcon, pour montrer que c'est par là que l'amant véritable a fui; il demande vainement justice. *Justice! qu'il l'attende du Ciel!* répond le père outragé. En même temps il donne l'ordre de le pendre au balcon; plus tard il fit murer cette fenêtre, cause du déshonneur infligé à sa race. Elle est restée en cet état jusqu'à notre temps. Depuis quelques jours seulement, et à la suite d'une restauration intérieure de l'édifice, le balcon a repris son aspect primitif; mais on a conservé l'inscription qui rappelle le dénouement tragique dont il a été le théâtre.

On arrive, peu après, à la jolie promenade du *Darro*, d'où l'on voit se détacher sur le ciel la belle silhouette de l'*Alhambra*, ainsi que les tours hautes qui en forment l'enceinte. Voici, sur la gauche, le *Généralife*, la résidence d'été des Rois Maures; puis, la belle tour de *los Picos*, avec ses créneaux dentelés; celle du *Tocador*, ou boudoir de la Reine; la grosse tour de *Comarès* qui recèle dans ses flancs la vaste et belle salle des Ambassadeurs; puis vient celle de l'*Hommage* et, dans le bas, sur la droite, la ville avec ses nombreuses terrasses garnies de fleurs et au loin, la belle *vega*, ou campagne de Grenade.

La rue montante à gauche, appelée *la Cuesta del Chapiz*, conduit dans la ville mauresque de *l'Albaycin*; en traversant le pont sur le *Darro*, un joli chemin mène à *la Fuente del Avellano*, ou fontaine du noisetier, au milieu d'un site charmant, que Chateaubriand a comparé à la fontaine de Vaucluse; puis, au *Sacromonte*, dans les flancs duquel toute une race de bohémiens a creusé ses habitations souterraines.

On peut gravir de ce côté même, les hauteurs de l'*Alhambra* et pénétrer dans l'enceinte du palais arabe; mais on s'y rend généralement, en partant de la *plaza nueva*, par *la Cuesta de los Gomeres*, rue montante située juste en face du palais de *la Chancilleria* ou *Audiencia*. Le nom de *Gomeres* est celui d'une tribu venue d'Afrique au XIVe siècle, au secours des Maures de Grenade.

Quelque soit la route que choisisse le visiteur, nous l'engageons, avant de gravir les collines de l'Alhambra, à se munir préalablement de la permission nécessaire pour visiter le *Généralife*, villa d'été des Rois Maures. On passe tout près du couvent de *las Descalzas Reales*, situé en face de *la Capitania General*, ou siège du gouverneur militaire de la province. C'est dans ce couvent que mourut, le 2 Décembre 1515, *Gonzalve de Cordoue*, ainsi que le rappelle une inscription commémorative, placée au-dessous d'un curieux bas-relief qui représente *l'enfant Jésus aidant Saint Joseph à scier un madrier*. On arrive ensuite à *la Casa de los Tiros*, résidence de l'administrateur du *Généralife*, où l'on délivre le permis nécessaire pour le visiter.

La Casa de los Tiros est une curieuse maison, bâtie sur un ancien alcazar mauresque, dont la tour principale a été transformée. On y trouve encore des chapiteaux de style *mudéjar*; des consoles et des corniches, dans le goût arabe; des arabesques en stuc, malheureusement recouvertes de chaux et surtout, de beaux plafonds lambrissés, avec des portraits, en reliefs et peints, représentant *Isabelle la Catholique, Gonzalve de Cordoue*, et d'autres capitaines ayant pris part à la conquête de Grenade.

Alhambra. En revenant à *la Cuesta de Gomeres*, on atteint bientôt la porte apelée *des Grenades*, que surmontent les armes de Charles-Quint, et l'on pénètre dans l'enceinte du quartier de *l'Alhambra*. On voit, sur la droite, *les Tours Vermeilles*, ainsi nommées de la chaude couleur dorée que le temps a imprimé à ces belles ruines: ce sont d'anciennes fortifications que l'on fait remonter au temps des Romains, des Carthaginois, ou même des Phéniciens. Une large et belle avenue s'ouvre devant le promeneur; une autre, plus étroite, mais de pente raide, prend à gauche: toutes deux conduisent à l'entrée de *la Tour de Justice*, qui donne accès à la forteresse arabe. Des platanes et des ormeaux plantés à droite et à gauche, enlaçant leurs branches, forment, au-dessus du chemin, une voûte épaisse et impénétrable aux rayons du soleil; deux rigoles rapides, alimentées par une cascade, entrainent de chaque côté des eaux fraîches, descendues des cimes neigeuses de *la Sierra Nevada*, et joignent leur doux murmure au chant des rossignols. Cette poétique avenue est d'un calme pénétrant et d'une fraîcheur bien rare, sous l'ardent climat de l'Espagne.

On atteint bientôt la fontaine nommée *del Tomate*; c'est là que *Boabdil* vint remettre aux Rois Catholiques les clefs de la forteresse de l'Alhambra; puis, *el Pilar*, ou Fontaine de Charles-Quint, joli monument dans le goût de la Renaissance, élevé en l'honneur de l'empereur, par *Don Luis de Mendoza* et attribué à *Becerra*. Elle sert d'épaulement au chemin principal: au-dessus, se dresse *la Tour* ou *porte de Justice*, bâtie, vers l'an 1348, par *Yusuf*, septième roi de Grenade. Cette belle tour carrée est percée d'un arc en forme de fer à cheval: à la clef de voûte est sculptée une main ouverte avec son avant-bras, qui se lève droit vers le ciel: au-dessus d'un deuxième arc, formant porte, on voit dans la frise, une clef, représentation symbolique du livre de Mahomet «*qui ouvre les portes du ciel*». «*Les ennemis »prendront ce palais*, disaient les »Maures, *quand cette main pren- »dra cette clef.*»

On pénètre sous une double porte, à cintres outrepassés, soutenus par des colonnes de marbre; en tournant à droite, on aperçoit un autel qui occupe l'endroit où le roi rendait la justice à ses sujets. Au bout d'une allée étroite, on débouche sur une vaste place appelée *de los Algibes*, ou des citernes; à droite, se trouve la porte *del Vino*, qui est un des plus parfaits modèles de l'architecture arabe de la troisième période, et des mieux conservés.

A gauche, se dressent les tours de *l'Alcazaba*, ou citadelle de l'Alhambra, servant encore aujourd'hui de prison, avec ses tours *Quebrada*, de *l'Hommage* et de *l'Arsenal*. En entrant dans *l'Alcazaba* par la première de ces tours, on monte à celle de *la Vela*, ou *du Guet*. Du haut de sa terrasse on jouit d'une vue splendide sur la ville, qui s'étale aux pieds de la forteresse: au loin s'étend, à perte de vue, *la vega* de Grenade; à gauche, la *Sierra Elvira*, une des chaînes de la *Sierra Nevada*; à droite, vers le couchant, se dresse *la Sierra de Martos*.

Dans un bâtis, dressé au bord de la terrasse, est suspendue la cloche dont le son argentin s'entend au loin dans la plaine, et règle les heures des irrigations. Une inscription rappelle que c'est du sommet de cette tour, comme étant la plus élevée de la forteresse des Maures que, le 2 Janvier 1492, le comte de *Tendilla* fit flotter l'étendard royal, pour annoncer la prise de la forteresse arabe, à Ferdinand et à Isabelle, campés dans la plaine à la tête de leur armée, où ils attendaient, impatiemment, cet heureux signal; c'est là, que furent plantés les étendards et les bannières de l'armée chrétienne, tandis que les rois d'armes proclamaient à haute voix, et par trois fois, la prise de Grenade au nom des illustres rois de Castille et d'Aragon. Cette conquête mit fin à la domination des Arabes en Espagne, après une durée de 777 ans. Aujourd'hui encore, le 2 Janvier de chaque année, jour anniversaire de la prise de Grenade, et en souvenir de ce mémorable événement, la célèbre cloche de *la Vela*, ne cesse de tinter pendant vingt-quatre heures; les jeunes filles ont coutume de venir se suspendre ce jour-là à la corde du battant, et de le tirer de toutes leurs forces, parce que celle qui sonne le plus fort, se marie sûrement dans l'année.

Revenons à la place des *Algibes*, où des citernes, dont l'eau cristalline est d'une limpidité parfaite. En face, se dresse le *palais de Charles-Quint*, vaste édifice carré, bâti dans le goût de la Renaissance et dans le style grecoromain, et dont les façades ne manquent point de grandeur; c'est l'œuvre de l'architecte *Pedro de Machuca*. Charles-Quint le fit élever en 1527, quand il vint à Grenade; des bas-reliefs *d'Alonso Berruguete*, en décorent les façades principales. A l'intérieur, un rang de colonnes doriques soutient une voûte circulaire d'une grande hardiesse: au-dessus se dresse une autre rangée de colonnes, formant une galerie restée découverte; au centre, se trouve un vaste espace circulaire qui est demeuré également à découvert en manière de cour; nulle part on ne voit traces d'appartements. Cet espace circulaire devait sans doute à son tour être couvert, comme la galerie du pourtour; toujours est-il que le palais est resté inachevé. Pour le construire, Charles-Quint fit abattre, en entier, le palais d'hiver des rois maures, ainsi qu'une bonne partie du palais d'été: son voisinage écrase d'ailleurs de sa masse les délicates et frêles constructions des Arabes. Cette profanation sera mieux comprise tout à l'heure, quand on aura visité le palais des *Almoravides;* on n'est plus surpris alors, que le palais de Charles-Quint soit voué à son tour à l'abandon et à la ruine.

Sur un des côtés de ce palais, et au fond d'une sorte d'impasse, s'ouvre une petite porte qui donne accès au palais arabe; mais, avant d'y pénétrer, approchons-nous de ce mur qui sert de parapet, pour y jouir d'une superbe vue sur la ville, sur le *Sacromonte*, quartier des *gitanos*, sur *l'Albaycin* ou quartier arabe, sur le *Généralife* et sur le *Darro*, au pied de la montagne, dont les eaux limpides charrient de l'or. La nuit, de cette même place, s'offre un curieux spectacle: quand on allume les lampes dans chaque maison de ce quartier populeux, l'ombre se fait profonde et tous les détails du paysage disparaissent; partout alors scintillent, dans une vague obscurité, des milliers de petites lumières qui font ressembler cette profonde vallée à un ciel étincelant d'étoiles; c'est ce qu'à Grenade on nomme *le Ciel d'en bas*.

En débouchant par la porte étroite et mesquine indiquée, on arrive en plein *palais arabe*, sans transition aucune, sans que l'œil se soit préparé au spectacle qu'offre la *Cour de la Alberca* ou du Réservoir, appelée aussi Cour des ablutions, de *los Arrayanes* ou des Myrtes, ou encore du *Mezouar*, ou Bain des femmes. Au milieu de cette cour, s'étend un vaste bassin de trois ou quatre pieds de profondeur, bordé de haies de myrtes.

A chaque extrémité et aux bords du bassin, se dresse un élégant portique supporté par six colonnes de marbre, qui soutiennent des arcs en stuc, ornés d'arabesques percées à jour. A droite, en entrant dans la cour, une porte donnait, autrefois, accès au palais d'hiver, mais elle n'ouvre plus aujourd'hui que sur une des murailles du palais inachevé de Charles-Quint. Ce côté est encore décoré d'une galerie supportée par de jolies colonnettes de marbre et de sept petites fenêtres: celle du milieu est partagée en deux parties par une frêle colonne.

Il y avait là, jadis, une salle faisant pendant à celle des Ambassadeurs, située à l'autre extrémité de la cour et que le palais de Charles-Quint a fait disparaitre. C'est au fond de la cour que se dresse la tour de *Comarès*, dont les créneaux se détachent sur le ciel et qui enserre dans ses flancs la vaste salle des Ambassadeurs. La cour est richement décorée de fines arabesques en stuc, qui encadrent les fenêtres et les portes.

Faisant face à la Salle des Ambassadeurs, et presque dans un angle, s'ouvre le couloir étroit qui mène à la *Cour des Lions*. En faisant disparaître la salle qui formait pendant au salon des Ambassadeurs, Charles-Quint a dû, vraisemblablement, détruire une seconde cour pareille à celle des *Myrtes*. En effet, les lignes de la *Cour des Lions* viennent couper à angle droit la *Cour des Myrtes*, sur une de ses extrémités, ce qui porte à croire que, pour la régularité et la symétrie des lignes dont les Arabes se montraient fort soigneux, ils avaient bâti une cour absolument semblable, et en ligne avec celle des Myrtes, de manière à faire occuper à la Cour des Lions, une place symétrique et perpendiculaire aux deux autres.

Au centre de la Cour des Lions, se dresse une belle vasque qui repose, au moyen de petits piliers, sur la croupe de douze lions en marbre. Cent vingt-quatre colonnes en albâtre, groupées par deux, trois et même quatre colonnes à la fois, forment, tout autour de la cour, une galerie que soutiennent des arcs décorés de stucs percés à jour; deux jolis portiques, en manière de pavillons, font saillie dans la cour, en face l'un de l'autre; ils sont portés par des colonnettes en marbre, si délicates, qu'elles semblent devoir fléchir sous le poids des voûtes richement lambrissées qu'elles soutiennent. Tout cela est si inattendu, si surprenant, si audacieux, que l'on croit rêver.

A l'Alhambra, la disposition des lignes varie: le cintre en fer à cheval perd sa forme. Déjà, dans la *Cour des Myrtes*, les voussures ne sont plus indiquées et la ligne droite est armée, sans transition, sur les chapiteaux. Dans la *Cour des Lions*, les colonnes sont accouplées; un chapiteau les surmonte; puis, des pilastres, ornées de colonnettes, s'élèvent et soutiennent des arceaux en tierspoint, lobés sur la partie des voussures et travaillés en pendentifs, de manière à figurer une véritable dentelle: ils viennent reposer dans la ligne des colonnes et ne sont plus en porte-à-faux. Encore un pas, et l'ogive va apparaître.

Tout cela est brusquement encadré dans des bordures rectilignes, où reparaissent les belles inscriptions décoratives en caractères couffiques, et surmonté d'une frise, sur laquelle reposent des plafonds lambrissés en pomme de pin.

La Cour des Lions, la Salle de Justice, celle des Ambassadeurs, sont toutes de ce style; on retrouve cependant l'arc en fer-à-cheval dans d'autres départements, comme dans les Bains, la porte de Justice, celle du Vin; mais le caractère général du palais de l'Alhambra constitue réellement un genre nouveau de l'architecture arabe, qui porte le nom particulier de *style arabe de Grenade*, et marque la troisième et dernière période de l'architecture mauresque en Espagne.

En pénétrant dans la Cour des Lions, on traverse la salle dite *des Écussons*, qui en occupe un des côtés. Dans la décoration des murailles, on remarque des écussons mélangés aux arabesques. Ces écussons sont les blasons que les Maures prirent des Chrétiens. *Mohammed-Ebn-Al-Hamar* fut le premier qui en fit usage; armé chevalier par Ferdinand III, quand il se plaça sous sa suzeraineté, il blasonna d'argent, à la bande d'azur, orlé de la devise: *Dieu seul est le vainqueur*.

Sous la galerie latérale de droite de la Cour des Lions, on pénètre dans la salle *des Abencerrages*, ainsi nommée parce que c'est là que ceux-ci furent massacrés par les *Zégris*. C'est une des plus belles de l'Alhambra; une riche coupole, en forme de pomme de pin, surmonte cette salle; tout autour subsistent encore, les petites fenêtres garnies de jalousies, à travers lesquelles les femmes du harem pouvaient voir et écouter sans être vues. Les murailles sont décorées de riches arabesques en stuc, rehaussées des couleurs les plus vives: dans le bas, la décoration est faite avec des *azulejos*, ou carreaux de faïence émaillée.

A côté de la Salle des *Abencerrages*, se trouve *la Ráuda*, ou Panthéon, dans lequel furent enterrés quelques-uns des rois de Grenade.

Sur le troisième côté de la Cour des Lions, se trouve la *Salle de Justice*, vaste enceinte à trois travées, séparées les unes des autres, par de légères arcades formant des stalactites et décorées avec une magnificence et un goût exquis. Toutes les salles qui occupent les côtés de la Cour des Lions, sont ornées de beaux bassins en marbre, garnis de jets d'eau; leurs ondes cristallines suivent les inflexions du sol, au moyen de rigoles creusées dans le marbre et vont se réunir au milieu de la cour en mêlant leur murmure, à celui des eaux qui s'échappent de la vasque soutenue par les lions; de toutes parts on aperçoit cette fontaine: rien n'est plus gracieux, plus ravissant de fraîcheur, plus enchanteur, que cette partie vraiment féerique du palais d'été des Rois Maures.

Dans la Salle de Justice se trouvent les célèbres peintures de l'Alhambra, attribuées par les uns aux Arabes, quoique la Loi du Prophète leur ait sévèrement interdit la reproduction des figures humaines et des animaux. La fontaine des Lions est déjà une première infraction à cette loi; les peintures qui nous occupent, en sont une seconde et nous trouverons, tout à l'heure, dans la Salle du Musée, où l'on a réuni divers restes de l'art musulman, un troisième témoignage de cette infraction: nous voulons parler d'une auge en marbre, qui représente des lions mettant en pièces des cerfs, et qui a sans doute fait partie de quelque salle de bains. Tout cela semble prouver le peu de respect que, dans les derniers temps, les Rois de Grenade professaient pour les préceptes du Coran et permet d'admettre, que les peintures qui décorent le fond de la Salle de Justice, sont en effet l'œuvre d'artistes arabes, assurément peu habiles encore, et peu au courant des règles de la perspective: nous ne trouvons donc pas de raisons suffisantes pour les attribuer à des peintres chrétiens, comme d'autres l'ont fait.

Quoiqu'il en soit, ces curieuses peintures, exécutées sur cuir et fixées sur des lattes en bois qui forment les cintres des voûtes, à la manière des douves d'un tonneau, nous fournissent des renseignements précieux sur le costume des Maures d'Espagne: nous voyons qu'ils ne portaient pas de turban, mais qu'ils se couvraient la tête d'une sorte de voile, ou d'écharpe, attachée sous le menton, et qu'ils laissaient flotter sur l'épaule; une longue robe collante, formée de deux moitiés d'étoffes de couleur différente, leur servait de vêtement; une épée droite, à deux tranchants, suspendue à un large baudrier passé sur l'épaule, venait présenter sa poignée presque au milieu de la poitrine.

L'une de ces peintures représente, sur un fond d'or, une assemblée de dix personnages assis et tenant conseil; dans une autre, l'on voit, sur un fond de paysage, un cavalier maure traversant de sa lance un cavalier chrétien; de l'autre côté, et dans la même peinture, un cavalier chrétien frappe de sa lance un enchanteur, sous la figure d'un vieillard à longue barbe, retenant une jeune fille enchaînée; les deux scènes se passent en avant d'une forteresse qui occupe le milieu de la peinture. Aux pieds de la tour est couché un lion, comme pour en défendre l'approche; la tour a deux balcons tournés vers chacune des deux scènes; à chaque balcon, se trouve une femme: elles semblent toutes deux prisonnières, et attendre l'issue des combats singuliers qui se livrent sous leurs yeux et sans doute pour elles; des chiens, des sangliers, animent le terrain du combat.

La troisième peinture reproduit des scènes de chasse dans une forêt; sur les branches des arbres, sont perchés des oiseaux; au centre, se trouve la vasque d'une fontaine surmontée d'une espèce de chien ou de lion assis: une femme et un Maure y font leurs ablutions. A droite, un cavalier arabe enfonce sa lance dans le flanc d'un sanglier; à gauche, un autre cavalier plonge son épieu dans la gueule ouverte d'un ours; sous le ventre du cheval apparait toute une meute de chiens; derrière le cavalier, un page à pied brandit son épée; de l'autre côté, un autre page tient en laisse un chien.

Les divers sujets que nous venons de décrire, sont évidemment tirés des fameux contes et des légendes arabes de Grenade.

Le quatrième côté de la cour des Lions est occupé par la *Salle des Deux Sœurs:* elle fait face à la Salle des *Abencerrages*. Deux énormes dalles de marbre blanc, taillées dans le même bloc, lui ont valu son nom: l'accès en est fermé par deux belles portes en bois de mélèze, ornées de marqueterie d'un grand goût mauresque. La décoration de cette Salle a la même magnificence que celle des *Abencerrages*, et la voûte qui la surmonte, est encore plus gracieuse et plus élégante.

Sur la gauche s'ouvre une porte, qui donne accès à la salle dans laquelle on a groupé les divers restes de l'art mauresque recueillis dans l'Alhambra. C'est dans cette salle qu'on trouve le fameux vase de faïence, émaillé de bleu et à reflets métalliques, dont une anse a disparu: c'est un des plus beaux spécimens de la céramique hispano-moresque. Mentionnons encore, l'auge en marbre blanc, dont nous avons parlé il n'y a qu'un instant, à propos des rares objets sur lesquels les Arabes avaient reproduit des figures d'animaux.

Outre les figures de lions mettant en pièces des cerfs, dont elle est décorée sur deux de ses faces, elle est encadrée d'une inscription arabe, qui se présente en bordure, sur trois côtés et sur ses deux faces principales; ajoutons enfin, que les archéologues la considèrent comme un monument de l'art arabe de la Perse.

A la suite de la Salle des *Deux Sœurs*, vient celle de *los Ajimeces;* là, on pénètre dans un cabinet garni d'un gracieux balcon, nommé *Mirador de Lindaraja*, d'où l'on aperçoit un frais jardin. L'ornementation de cette partie du palais est encore plus riche et plus délicate qu'ailleurs; les *azulejos* qui garnissent la partie inférieure, diffèrent de ceux que l'on rencontre ailleurs, en ce qu'ils sont cloisonnés. C'est là que se trouvait le *harem*. La reine Isabelle l'occupa, lors de la conquête de Grenade; plus tard, l'Impératrice Eléonore de Portugal, sœur de Charles-Quint, vint également l'habiter.

En passant ensuite par une galerie, on arrive au sommet d'une ancienne tour: c'était le *Mihrab* ou minaret, occupé aujourd'hui par un *mirador* ou belvédère, que soutiennent de frêles colonnes mauresques; on l'appelle le *cabinet de toilette*, ou *tocador* de la Reine. La vue sur la vallée du *Darro* y est admirable. Ce petit boudoir, restauré sous Charles-Quint et plus tard sous Philippe V, est orné de peintures à fresque, bien détériorées par des visiteurs peu soucieux du respect dû aux œuvres d'art; elles rappellent la décoration des *Loges du Vatican*. Elles sont attribuées à *Bartolomé de Ragis*, à *Alonso Perez* et à *Juan de la Fuente;* on y remarque les chiffres de Philippe V et d'Isabelle Farnèse, sa femme. Une dalle de marbre, percée de petits trous, laissait échapper la fumée des parfums que l'on brûlait sous le sol du Cabinet.

Une galerie amène le visiteur dans la *Salle des Ambassadeurs*, dont la porte s'ouvre sur la cour des Myrtes. Un bel arceau en stalactites, d'une décoration merveilleuse, donne accès à une sorte d'antichambre, nommée *Salle de la Barca*, à cause de ses proportions allongées qui lui donnent la figure d'une barque. A droite et à gauche, sur le seuil même, existent deux niches nommées *babucheros;* c'est là, qu'avant d'entrer, les Musulmans déposaient leurs babouches.

La salle des Ambassadeurs occupe tout l'espace de la tour de *Comarès;* elle a la forme d'un carré parfait.

Sa coupole conique, lambrissée, s'élève à une grande hauteur et est richement décorée; les murailles sont garnies, comme ailleurs, d'arabesques en stuc et, dans le bas, d'éclatants *azulejos*. Trois hautes fenêtres, pratiquées dans l'épaisseur énorme de la muraille de la tour et sur chacune de ses faces, éclairent cette vaste salle: chaque fenêtre forme une sorte de cabinet ou balcon intérieur; une svelte colonnette de marbre divise la fenêtre en deux parties, et soutient deux légers arceaux, au-dessus desquels se dessinent deux autres petites fenêtres, garnies d'une sorte de résille en stuc, percée à jour, et du plus charmant effet. De la Salle des Ambassadeurs la vue s'étend sur la Cour des Myrtes et sur la belle nappe d'eau de son bassin, dont les reflets viennent se jouer sur les arabesques de la décoration. Des neuf fenêtres qui éclairent la Salle des Ambassadeurs, on jouit de points de vue splendides et variés, sur le *Mihrab* ou Cabinet de la Reine, que l'on vient de visiter, sur le Darro, sur l'Albaycin et la ville.

On revient alors dans la cour nommée de *las Rejas*, à cause de ses balcons garnis de grilles de fer: c'est à tort qu'on prétend que Charles-Quint y tenait renfermée sa mère Jeanne la folle. On traverse ensuite *la Salle du Secret* où, de même qu'à l'Escurial et ailleurs encore, les mots prononcés à voix basse dans un des angles, s'entendent distinctement dans l'autre. A l'entrée d'une galerie souterraine qui conduit aux Bains, remarquons un curieux bas-relief, en marbre de Carrare, représentant *Jupiter et Léda*. La jolie *Salle des Divans*, qui fait suite, est complètement restaurée. La *Salle des Bains*, dont la voûte est percée d'ouvertures en forme d'étoiles, présente des dispositions intéressantes.

Une galerie souterraine conduit dans la cour de la Mosquée, appelée aussi *Patio Machuca*, dont l'ancienne façade est encore revêtue de son ornementation primitive; là, sur le pas même de l'une des portes, on remarquera une feuille de marbre ployée, sans s'être rompue, comme ferait une planche de bois. On pénètre dans *l'Oratoire des Rois Catholiques*, dont l'autel en marbre, décoré de deux satyres, semble occuper la place et avoir été fait d'une vaste cheminée; au-dessus se trouve une *Adoration des Rois Mages*, attribuée au peintre *Rincon*. Le visiteur se trouve là tout près de la porte d'entrée du palais arabe de l'Alhambra.

L'Alhambra comprend tout un quartier de la ville et possède, à ce titre, son église paroissiale de *Santa Maria*, bâtie au siècle dernier, sur l'emplacement même, à ce que l'on prétend, de la grande Mosquée. Cette église possède quelques peintures des deux *Cie-*

za, dont l'un fut l'élève d'*Alonso Cano*, et une *Piedad*, sculptée par *Torquato Ruiz del Peral*.

On peut visiter encore, dans ce quartier, parmi d'autres restes d'origine mauresque, dans un petit jardin de propriété particulière, un *Mihrab* arabe, que l'on nomme *la Mezquita*, et qui conserve curieusement la partie du Sanctuaire où l'on gardait le Coran, et de fort jolies fenêtres, dans le goût mauresque le plus gracieux. C'est là encore que l'on fait voir, scellée dans le mur, une plaque portant une inscription qui se rapporte à la frappe des monnaies arabes. De là, enfin, s'aperçoit le *Généralife*, la villa des Rois Maures.

El Généralife. Pour s'y rendre, on sort de l'enceinte de l'Alhambra par une tour arabe, appelée de *los Picos;* on descend le long d'un joli ravin, tout couvert de végétation et on arrive, par un chemin montant, au *Généralife*, situé à mi-côte de la montagne. On n'est plus alors dans le domaine royal, car cette charmante résidence est échue, par héritage, au prince *Palavicini*.

Le *Généralife* est décoré, dans quelques-unes de ses parties, comme le palais de l'Alhambra, mais avec moins de richesse. On y pénètre par une cour de la même disposition que celle de l'Alberca; mais la galerie, qui longe la pièce d'eau, est ouverte et laisse la vue s'étendre sur la campagne. C'est, au reste, le même genre d'ornementation: des faïences ou *azulejos* dans le bas, jusqu'à hauteur d'appui; puis, au-dessus, de capricieux enlacements d'arabesques en stuc. Les jardins, bien que restaurés, ont conservé leur disposition primitive, avec l'admirable aménagement de leurs eaux, qui est l'œuvre des Arabes.

Sous un climat ardent comme celui de l'Andalousie, ils prenaient grand soin de diviser les eaux en petits filets, en petites cascades, pour les briser à l'infini, les mettre en plus intime contact avec l'air qui s'en charge et rafraîchir ainsi l'atmosphère. Un bras du *Darro*, détourné en amont dans la montagne, vient alimenter un canal revêtu de marbre, qui occupe la partie la plus élevée des jardins: il fait ensuite un brusque coude, à angle droit, peu après y avoir pénétré. Ses eaux transparentes coulent bruyamment sous des arcades de feuillages et de fleurs; à droite et à gauche, des ifs taillés et contournés en arceaux, entremêlés de limpides jets d'eau, forment une sorte d'avenue au canal, qui coule perpendiculairement à un joli portique mauresque, formé par des colonnes de marbre.

Dans un jardin, situé à un niveau supérieur, se dresse encore debout, le fameux cyprès de la sultane *Alfayma*, cyprès qui serait, dit-on, sept fois séculaire, puisqu'il avait déjà près de trois siècles au temps de cette reine. C'est au pied de cet arbre qu'elle fut surprise par le traître *Gomel*, de la famille des *Zégris*, au moment où elle posait une couronne de fleurs sur la tête d'*Aben-Amar*, le bel *Abencerrage*. L'intrigue de la reine fut dénoncée au roi qui décida, avec les *Zégris*, la perte des *Abencerrages*: on les convoqua tous à l'Alhambra, où on les introduisit séparément dans la Salle qui porte leur nom. Là, les têtes de trente-six des leurs tombèrent dans le bassin de marbre, où se voient encore les traces de leur sang. Ils auraient tous péri, sans le dévouement d'un page; celui-ci courut prévenir les autres et les empêcha de tomber dans le piège tendu par les *Zégris*. La reine en appela au jugement de Dieu pour se justifier, et choisit pour ses champions, quatre chevaliers chrétiens: les *Zégris* furent vaincus, et le traître *Gomel* avoua sa trahison.

La tradition ajoute que le roi fit don du Généralife à *Aben-Amar* et ce serait ainsi que cette charmante résidence aurait passé, par héritage, à son propriétaire actuel.

La Silla del Moro. On sort du *Généralife* pour gravir la montagne inculte et d'aspect sauvage, qui se dresse au-dessus de son *Mirador* et bientôt apparaissent les ruines que l'on appelle la *Silla del Moro*, et où s'élevait jadis, le merveilleux palais de *los Alijares*.

Le point de vue y est vraiment exceptionnel: on embrasse d'un seul coup-d'œil toute *la Sierra del Sol* et le quartier de *l'Alhambra*. C'est d'abord *l'Alcazaba*, ou Citadelle, avec ses tours *Quebrada*, de *l'Hommage* et de *l'Arsenal*, dominées par la tour de *la Vela*; tout à côté, le palais de Charles Quint, dont on distingue parfaitement la cour circulaire.

Puis, devant ce palais, une multitude de petits toits coniques: c'est le palais arabe de *l'Alhambra*, dont l'apparence extérieure ne donne aucunement l'idée des magnificences de l'intérieur. Devant *l'Alcazaba*, se dresse la grosse tour crénelée de *Comarès*; à partir de cette tour, l'œil suit l'ancienne enceinte de la forteresse. Voici, au premier plan, la jolie tour de *los Picos*, que l'on a franchie pour monter au *Généralife*; plus loin, sur la gauche, c'est la tour de *la Sultane*; puis vient celle de *l'Infante*. Le mur d'enceinte se continue ensuite, par la tour de *l'Aqueduc*, celle de *los Siete Suelos*, et vient se rattacher à *la Porte de Justice*, d'où elle rejoint *l'Alcazaba*. Toutes ces tours, celle de l'Infante entr'autres, offrent de curieux intérieurs mauresques, malheureusement délabrés et enfumés, et dont la décoration rappelle celle de la Salle des Deux Sœurs. Au pied de la *Sierra del Sol* se dresse la *Cathédrale;* puis, *Grenade*, avec ses maisons serrées les unes contre les autres; plus loin, sur la droite, ses faubourgs, ses *carmenes;* puis *l'Albaycin*, le *Sacromonte*, avec ses tannières creusées dans la montagne et habitées par toute une population de *gitanos*. Des nopals gigantesques cachent leurs demeures, dont l'entrée est blanchie à la chaux, et que l'on ne croirait point habitables, si de légers nuages de fumée, qui s'échappent des cheminées à fleur de terre, ne venaient trahir la présence de toute une population de forgerons, de tondeurs de mulets, de maquignons, de diseuses de bonne aventure, au milieu de laquelle grouillent, pêle-mêle, des enfants nus, des femmes en haillons et des ânes galeux.

Comme fond de cet immense tableau, la plantureuse *Vega* de Grenade et, à l'horizon, *la Sierra* nommée *El Ultimo Suspiro del Moro*. C'est de là que *Boabdil*, abandonné de son escorte, jeta un dernier regard sur son royaume, sur son palais, berceau de sa race et de son enfance, et qu'il ne devait plus jamais revoir: comme il versait des larmes, sa vieille mère *Ayesdah*, lui dit ces mots: «*Pleure, mon fils, pleure comme »une femme, puisque tu n'as pas »su mourir comme un homme, en »défendant ton royaume.*»

El Albaycin. En descendant des hauteurs de l'Alhambra, on peut visiter le quartier de *l'Albaycin*, peuplé, en 1227, par les Maures venus de *Baeza*, et fuyant devant la conquête des chrétiens. C'est une véritable ville arabe, qui a conservé tout le caractère des anciens temps.

Les Musulmans, en abandonnant Grenade, après la reddition de l'Alhambra aux mains des Rois Catholiques, emportèrent, dit-on, les clefs de leurs maisons de *l'Albaycin*, comme des gens qui doivent y revenir; elles sont, paraît-il, pieusement conservées de l'autre côté du Détroit, où elles se transmettent de père en fils, comme le gage d'une propriété enlevée par surprise, mais qui devra être recouvrée quelque jour.

Il est certain qu'en parcourant *l'Albaycin*, on acquiert la conviction que rien n'a été changé dans ces demeures, depuis l'expulsion des Maures, et que plus d'une clef, religieusement conservée au Maroc, ouvrirait certainement aujourd'hui encore, les portes de ces mêmes vieilles demeures, si peu modifiées, malgré les siècles écoulés.

En remontant la *Cuesta del Chapiz* se présente, à droite, *la Casa del Chapiz*, qui anciennement servait d'entrepôt au marché à la soie, et convertie aujourd'hui en boulangerie. Cet édifice conserve encore deux cours: dans l'une on remarque de curieux balcons soutenus par des consoles en bois sculpté, et une porte décorée dans le goût mauresque; dans l'autre, un portique soutenu par d'élégantes colonnes de marbre, et formé d'arcades revêtues de jolies arabesques en stuc.

En parcourant *l'Albaycin*, aux rues étroites et tortueuses, on arrive à la *plaza Larga*, où nous remarquerons une curieuse porte en fer à cheval, dont le sol a été surélevé; puis, voici l'église de *San Nicolas*. Une vaste terrass s'étend devant ce monument, qu offre une fort belle vue sur *la Sil la del Moro*, le *Généralife*, tou *l'Alhambra*, la ville et *la Sierra Nevada*. Viennent ensuite: la por te *Alacaba*, en plein quartier des *gitanos*; la porte *Bonayta* ou de *Banderas*; puis celle *d'Elvira*; ces dernières ont conservé leur struc ture en fer à cheval.

El Triunfo. On débouche sur la promenade *del Triunfo*, décorée au centre, d'une colonne que surmonte une statue de la Vierge; elle fut élevée au XVIIe siècle, en expiation, dit-on, d'une impiété commise par des Arabes. A deux pas de là, se dresse une autre colonne en marbre, ornée d'une simple croix: elle porte, à sa base, une inscription qui rappelle que c'est à cet endroit même que périt, sur le gibet, le 26 Mai 1831, *Doña Mariana Pineda* «*pour avoir désiré la liberté de la patrie.*» On passe près de la place de taureaux, détruite par un incendie; derrière elle, se trouve une autre croix nommée *la Cruz Blanca*; c'est à cet endroit que fut reçu, par les autorités de la ville, le cercueil qui renfermait le cadavre de l'Impératrice Isabelle, femme de Charles-Quint. Le visage fut alors mis à découvert et c'est en contemplant la figure, jadis si belle, de sa souveraine, et alors si défigurée par la mort, que le Duc de *Gandia*, violemment impressionné, résolut de se dédier à la vie monastique. Sa piété fut si exemplaire que l'Église le compte au nombre de ses Saints, sous le nom de *Saint François de Borja*. Après avoir passé près de l'hôpital des fous, on atteint le monastère de *la Cartuja*, que nous allons visiter.

La Cartuja. Une porte, surmontée d'une statuette de la Vierge, donne accès à une vaste cour convertie en jardin: un double perron conduit à l'église du monastère, dont le portail est décoré d'une remarquable statue en marbre de *St Bruno*. On pénètre d'abord dans un cloître, décoré de peintures sur toile, appliquées contre les murs, qui représentent les supplices de divers chartreux, d'un réalisme répugnant; ce sont, dit-on, des copies d'après un chartreux nommé *Fray Cotan*. Du cloître, on pénètre dans une chapelle blanchie à la chaux, où l'on a peint en grisaille, un autel décoré de colonnes d'un relief simulé et dans le Réfectoire, vaste salle également blanchie: une croix peinte, imitant une croix en bois de sapin avec trois clous, est ce qu'on y fait ingénument admirer au visiteur.

L'église de *la Cartuja* est divisée en trois parties: la première, lourdement décorée d'ornements en stuc, offre des tableaux reproduisant des sujets de *la vie de la Vierge*, d'*Atanasio Bocanegra*, disciple d'*Alonso Cano;* à droite et à gauche, il y a deux autels ornés de plaques de marbre, d'une couleur d'ambre, taillées dans le même bloc. Au centre, s'ouvre une belle porte en ébène, incrustée d'ivoire, d'écaille, de nacre et d'argent, qui donne accès à la troisième partie de l'église.

A gauche, un autel, richement orné de marbres de couleur, est décoré d'une belle *Vierge tenant l'enfant Jésus*, due à *Alonso Cano;* au-dessus, se trouve une *tête de Christ*, peinte par *Murillo*. Sur l'autel du milieu de l'église, se trouve placée une jolie statuette de *St Bruno* en bois peint; malheureusement, cette belle œuvre est écrasée par les dorures de l'autel, du *style Churriguera*, sur laquelle elle est placée. Derrière le maître-autel s'ouvre une porte, garnie de glaces à biseau, par laquelle on pénètre dans le *Sagrario*, ou Sanctuaire: des colonnes torses, en marbre rouge et noir, ornent la partie centrale. Dans les angles se trouvent des statues de grandeur naturelle, représentant *St Bruno, la Madeleine* et d'*autres Saints*; les peintures sont de *Palomino*. La lumière, tamisée à travers le rideau de l'unique fenêtre qui l'éclaire, donne, à cette partie de l'église, un singulier aspect de mystère, qu'augmente encore la masse de marbres de couleur, dont cette chapelle est entièrement revêtue: deux lucarnes basses, garnies de glaces, laissent plonger le regard dans des chambres réservées.

En repassant par l'église, nous voici dans la Sacristie: un coquillage, placé dans un angle et que soutient un bras en marbre, entrouvre ses valves et forme un bénitier. Une superbe porte donne accès à l'intérieur tout décoré de stucs: de beaux marbres, des jaspes, revêtent toute la partie inférieure. Mais ce qui achève de donner à cette partie de l'édifice un cachet particulier de bon goût et d'élégance, ce sont les belles armoires en cèdre qui, de même que la porte, sont incrustées d'écaille, de nacre, d'ivoire et d'argent, avec des moulures en ébène; elles occupent toutes les encoignures de cette vaste salle et en font une pièce remarquable par sa richesse et sa disposition harmonieuse; ce beau mobilier est l'œuvre d'un frère lai nommé *José Vazquez*.

En revenant de la *Cartuja*, on passe par la rue de *San Juan de Dios*, où se trouve l'hôpital de ce nom, fondé en 1757, et dont le *Camarin* ou Sanctuaire, contient des peintures d'*Alonso Cano*.

San Gerónimo. Le couvent de *San Gerónimo* qu'on trouve sur la route, et que les Rois Catholiques fondèrent après la prise de Grenade, est transformé aujourd'hui en caserne de cavalerie.

L'église d'un aspect majestueux, est l'œuvre de *Diego de Siloé;* au-dessus de la porte on remarque une statue mutilée de S*t* Jérôme. L'intérieur est décoré d'ornements en reliefs, rehaussés par de la peinture; un beau retable en bois sculpté, orné de colonnes en balustre, de statues coloriées et de reliefs en bois peint, représentant *la Passion de Jésus*, occupe le maître-autel; c'est l'œuvre de *Becerra*. A gauche, se trouve la statue agenouillée de *Gonzalve de Cordoue;* à droite, celle de sa femme, *la Duchesse de Sessa*. Aux pieds du maître-autel est situé le caveau dans lequel reposent les restes du Grand Capitaine, qui y furent déposés en grande pompe en 1552. Les funérailles du célèbre guerrier durèrent neuf jours: le catafalque était entouré de deux bannières royales et de sept cents drapeaux et étendards gagnés par lui dans les batailles. Ajoutons qu'au-dessus du caveau, existait jadis un beau mausolée, exécuté par *Berruguete* et *Becerra*, mais dont il ne reste plus aucune trace aujourd'hui. Une belle voûte surbaissée soutient le chœur, où il y a de fort belles stalles, sculptées dans le goût de la Renaissance; les dalles du chœur sont en *azulejos* ou faïences, et portent la date de 1543. On y remarque aussi, deux orgues, dont l'un a été complétement dépouillé de ses tuyaux. Il faut visiter, enfin, le cloître de l'ancien couvent, à deux étages d'arcades, et de style gothique.

En revenant par la rue de *la Duquesa*, on rencontre à gauche, *la Colegiata antigua*, où est installée l'Université et le jardin Botanique; en passant dans la rue de *Gracia*, presque en face de l'église de *la Magdalena*, se trouve la maison où est née *Eugénie de Guzman et Portocarrero*, veuve de Napoléon III. Puis viennent: *la Trinidad*, où est établie aujourd'hui l'Intendance militaire; la rue de *Mesones*, où se trouve *l'Alhondiga*, ou dépôt des farines, construction qui remonte au temps des Rois Catholiques; puis, un peu plus loin, *el Arco de los Pesos* et celui de *las Cucharas*, dont les arcades en fer à cheval subsistent encore.

De la *Pescaderia*, où se remarquent de curieux balcons, on pénètre dans la *Carneceria*, ou marché à la viande; là, en l'air, dans une sorte de tribune, un prêtre disait la messe aux bouchères, pendant qu'elles débitaient leur marchandise.

Nous voici enfin à la *Puerta Real*, en face de la promenade ou *Carrera de la Virgen de las Angustias*, d'où l'on découvre les cimes neigeuses de la *Sierra Nevada*. Sur cette promenade, voici à gauche, le palais de *Bi-Taubid*, converti en caserne et dont la porte est ornée de colonnes torses; puis, à droite, l'église de N^{ra} S^{ra} *de las Angustias*, qui possède un retable et un Reliquaire en marbres de couleur, d'une prodigieuse richesse, mais d'un goût douteux.

Le théâtre principal se trouve sur la promenade *del Campillo*, au milieu de laquelle s'élève le monument de *Mariana Pineda*, morte sur le gibet, *victime de la tyrannie royale;* ce monument est l'œuvre du sculpteur *Miguel Marin*. Tout près de là est situé le nouveau théâtre d'Isabelle la Catholique.

Musée provincial. De ce côté encore, est situé le Musée provincial, installé dans le couvent de *Santo Domingo*, remarquable par son beau cloître. Un vaste escalier conduit aux diverses salles du premier étage du Musée, où l'on garde cinq cents tableaux très intéressants, en ce qu'ils attestent l'existence à Grenade d'un centre artistique des plus actifs. La plupart des artistes grenadins sont d'ailleurs peu connus au dehors. Malheureusement beaucoup de ces tableaux sont altérés, par le long séjour qu'ils ont fait dans les cloîtres et les magasins; jusqu'à présent, on s'est peu préoccupé de leur rendre leur fraîcheur première, et encore moins, de les installer dans un local convenable, au point de vue de la lumière. Qui voudra s'instruire, fera donc bien d'interroger la collection du Musée, où il existe également une section archéologique.

Nous signalerons, parmi les œuvres d'art réunies là, comme d'un grand intérêt, un *émail de Limoges*, rapporté de Venise, par Gonzalve de Cordoue, à la reine Isabelle; celle-ci en fit don au couvent de *San Gerónimo*, où il resta jusqu'à sa suppression. Cet émail forme un triptyque divisé en six parties : à gauche, *le Portement de croix*; au centre, *le Christ au Calvaire*; à droite, la *Descente de croix*; dans les trois compartiments du haut, celui du centre représente *le Jugement dernier*; dans celui de gauche, *un démon pousse les réprouvés dans l'énorme gueule d'un monstre*, tandis que dans celui de droite, *St Pierre, tenant les clefs du Paradis, en ouvre la porte aux Justes*. Cet admirable émail est l'un des plus importants qui soient encore en Espagne; il a malheureusement été détaché de son encadrement primitif, qui devait, à coup sûr, être d'une richesse en rapport avec la beauté de la pièce. Nous signalerons aussi, neuf tableaux d'*Alonso Cano*, parmi lesquels il y a plusieurs études de son tableau de *la Vierge du Rosaire*, de Malaga. Notons aussi des œuvres de *Risueño*, de *Bocanegra*, de *Zurbaran*, enfin du *bienheureux Sanchez Cotan* qui, après avoir étudié à Tolède, dans l'atelier de Blas del Prado, entra à la Chartreuse du *Paular*, où, suivant ses biographes, il fit d'aussi rapides progrès dans la Vertu que dans la Peinture.

Nous mentionnerons de lui, une *Cène de N. S.*, tableau qui était placé dans le Réfectoire de *la Cartuja*, au-dessous de la croix peinte que l'on fait naivement admirer au visiteur.

On trouvera encore au Musée: un *St Jerôme* de *Ribéra*; des toiles de *Felipe Gomez* de Valence; de *Juan de Sevilla*, de *Murillo*, de *Pedro de Moya*. On attribue à *Rincon*, deux portraits *d'Isabelle et de Ferdinand*; à Alonso Cano, une *tête de St Jean*, sculptée en bois, à côté d'une *tête de St Pierre*, en terre cuite. Le Musée possède aussi quelques sculptures sur bois, entr'autres trente-huit panneaux, sculptés en bas-reliefs, et attribués à *Berruquete*, mais qui ne sont pas tous de sa main; ils proviennent du couvent de *San Gerónimo*.

La collection des antiquités comprend des haches, des armes et autres instruments en silex de l'époque préhistorique; des monnaies romaines et arabes trouvées, avec d'autres objets, dans des fouilles faites à *Atarfé* et à *la Madraza*.

Parmi les restes archéologiques, nous signalerons quelques beaux chapiteaux, une jolie vasque de fontaine de l'art mauresque, et une collection épigraphique intéressante.

Grenade a de jolies promenades: outre celles du *Darro* et de la *Carrera de las Angustias* que nous avons déjà mentionnées, nous citerons encore, celle du *Salon* et la promenade de *la Bomba*. Sur les limites de cette dernière, coule le *Genil*, auquel vient se joindre le *Darro*, après avoir traversé, sous des voûtes, une partie de la ville. Le *Darro* charrie, dit-on, des sables pailletés d'or, tandisque ceux du *Genil* ne roulent que de l'argent. En 1520, les habitants de Grenade offrirent à l'impératrice Isabelle, femme de Charles-Quint, une couronne impériale faite avec de l'or recueilli dans le *Darro*.

En traversant le pont construit sur le *Genil*, par le général français Sebastiani et, dit-on, avec les matériaux de la tour de *San Gerónimo* qu'il fit démolir, sur la gauche, se présente un chemin nommé *la Cuesta de los Molinos*, qui conduit sur les collines de l'Alhambra. A droite, à une centaine de pas sur les bords de la rivière, il y a une intéressante petite chapelle nommée la *Ermita de San Sebastian:* une pierre, scellée dans le mûr, rappelle que Ferdinand, après avoir reçu de Boabdil, dernier roi de Grenade, et sur le seuil même de la porte de l'Alhambra, les clefs de cette forteresse, le vendredi 2 Janvier 1492, accompagna ce malheureux prince, jusqu'à ce même endroit, où existait alors une Mosquée. L'inscription votive ajoute que cette mosquée fut convertie en une chapelle, sous l'invocation de Saint Sébastien et enfin, que le glorieux conquérant de Grenade et son armée, y rendirent grâces à Dieu pour la mémorable victoire acordée à leurs armes.

Ajoutons, pour terminer nos indications sur *Grenade*, que les artistes trouveront encore, des œuvres remarquables *d'Alonso Cano*, dans l'église de *Santiago*, aux *Carmes*, au Couvent de *Zafra*, au monastère *del Angel* et au palais épiscopal. Dans l'église de l'hôpital du *Corpus Christi*, on conserve un *Christ* de *Berruguete;* les sculptures de la Fontaine du taureau, sont également de cet artiste. A *l'Albaycin*, on rencontre aussi des sculptures de mérite, dans les églises de *San Salvador* et de *San Luis;* dans celle de *San Pedro* et *San Pablo*, on trouvera un beau plafond lambrissé, dans le style *mudéjar*. Une promenade, à travers le quartier de *l'Albaycin*, fera découvrir à l'artiste, des restes curieux de l'époque de la domination des Arabes; avec quelque patience, il rencontrera des intérieurs de cour, où çà et là apparaissent des colonnes et des morceaux de décorations mauresques, mêlés, d'une façon pittoresque, à des constructions postérieures.

La Zubia. Enfin, à une lieue environ de Grenade, se trouve un petit village nommé *la Zubia*, admirablement situé dans la belle *Vega*, et d'où l'on jouit d'une superbe vue sur Grenade et ses environs. Au temps des Arabes, il parait qu'il y avait là un vaste bois de lauriers. Un jour qu'une nombreuse troupe était sortie de la ville assiégée, la reine Isabelle dut, ainsi que son escorte, chercher précipitamment un refuge sous les branches épaisses du bois. Les Arabes passèrent sans rien voir; mais Gonzalve de Cordoue, voulant se laver de la honte d'avoir eu à se cacher des ennemis, les attaqua avec sa faible escorte: il faillit être pris par eux et la grande Reine ne dut son salut, qu'à l'abri que lui offrit l'ombre épaisse d'un laurier. Cet arbre légendaire, chanté par plus d'un poète, et bien connu sous le nom de *Laurier de la Reine*, a été respecté, en raison du précieux refuge qu'Isabelle y trouva ce jour-là; c'est lui que l'on va encore visiter aujourd'hui.

Las Alpujarras. Au sud-est de Grenade s'étendent les montagnes de *las Alpujarras*, qui font partie de la *Sierra Nevada*: elles étaient jadis habitées par une population musulmane, dont la réputation de bravoure et l'esprit d'indépendance, étaient des plus grandes. Dès 890, ces belliqueux montagnards s'étaient déjà soulevés contre les Califes de Cordoue; leur chef, *Suar*, fut alors vaincu et sa tête accrochée à l'une des murailles de l'Alcazar de Cordoue. D'autres soulèvements suivirent bientôt. Les rois Catholiques avaient réussi à les soumettre, en convertissant à la religion chrétienne, ceux qui n'avaient pas voulu émigrer en Afrique.

Sous le règne de Philippe II, en 1569, un maure nommé *Aben-Farax*, souleva de nouveau les habitants des *Alpujarras*, qui proclamèrent roi un descendant des derniers rois de Grenade, sous le nom de *Aben-Omeya*. Une armée partit pour les réduire à l'obéissance; mais, la guerre se prolongeant outre mesure, de nouvelles troupes vinrent, dans ces montagnes, sous le commandement de *Don Juan d'Autriche*, le futur vainqueur de Lépante. *Aben-Omeya* mourut aux mains de ses turbulents vassaux, ainsi que son successeur. Le soulèvement prit fin en 1570. Philippe III prit à son tour le parti énergique d'en expulser les habitants, et de peupler ces montagnes de chrétiens de vieille souche, amenés d'Estrémadure.

V^{E.} RÉGION.

LITTORAL DE LA MÉDITERRANÉE.

Murcie.—Almeria.—Carthagène.—Orihuela.—Elche.—Alicante.

Le voyageur qui désire visiter, par chemin de fer, le littoral de la Méditerranée, qu'il vienne de l'Andalousie, ou bien de Madrid, devra nécessairement passer par **Alcazar de San Juan,** point de jonction des lignes d'Andalousie avec la ligne générale de Madrid à Alicante.

Rien de remarquable à signaler sur le parcours, jusqu'à **Albacete,** chef-lieu de province, dont l'industrie consiste à fabriquer des couteaux célèbres, non par la qualité de leurs lames, mais par leurs dimensions parfois énormes et plus encore, par les menaçantes devises qu'on y grave et colore en rouge. La tour de l'église paroissiale d'*Albacete*, offre la singularité d'être construite en terre battue ou pisé, jusqu'à deux mètres environ du sol, et en pierre de taille à partir de là jusqu'au sommet.

A **Chinchilla** on change de trai[n] pour se rendre à **Murcie** et **Car**=**thagène;** sur le parcours on ren[-]contre **Cieza;** tout près se trouvent les ruines d'une cité romai[-]ne; puis **Archena,** dont les eau[x] minérales sulfureuses sont de[s] plus fréquentées d'Espagne. Pe[u] après, l'aspect du pays change[;] les mûriers, les orangers, les pal[-]miers même, viennent se mêle[r] aux aloès et aux nopals, qui ser[-]vent de clôture aux propriétés e[t] de bordure aux chemins; tout an[-]nonce qu'on entre dans la fameu[-]se *huerta,* ou campagne d[e] Murcie.

Murcie, l'ancienne *Vergili*[a] des Romains, suivant les uns e[t] l'antique *Urci,* suivant d'autres[,] n'apparait dans l'histoire, d'un[e] façon certaine, qu'en 713, où ell[e] fit partie du Califat de Cordoue[;] plus tard, en 1056, elle devint l[a] capitale d'un royaume arabe indépendant; enfin, en 1265, elle tomba au pouvoir des Chrétiens qui la rattachèrent à la couronne de Castille.

Située au milieu d'une vallée célèbre par sa fertilité, son aspect est riant et agréable, quoique ses rues aient une physionomie bien peu animée. Sa célèbre *huerta*, nom que l'on donne en Espagne à toutes les vallées arrosées artificiellement, conserve, encore aujourd'hui, l'admirable système d'irrigation des Arabes; les habitants en ont aussi gardé les habitudes et même le costume.

De l'ancienne enceinte de *Murcie*, il reste deux seuls vestiges: ce sont les portes de Castille et d'Orihuela. Sa cathédrale, élevée sur l'emplacement d'une ancienne mosquée, est un beau monument du style greco-romain, bâti au siècle dernier: sa façade n'est guère pure, mais malgré les ornements multiples, dans le goût de la Renaissance, dont elle est surchargée, l'aspect général ne manque pas de grandeur. On trouve, dans sa décoration, de fort beaux détails dus à d'excellents artistes; seul, peut-être, le portail, tout en marbres de couleur, est d'une richesse d'ornementation où le goût fait défaut. La tour de la Cathédrale, bâtie à différentes époques, manque nécessairement de l'unité de conception et d'exécution qui, seule, peut donner aux édifices du caractère: on monte à son sommet, de même qu'à la Giralda de Séville, par des rampes en pente douce.

La porte dite des *Apôtres*, est des plus remarquables par l'ensemble de sa décoration de style gothique. La chapelle qui porte le nom du *Marquis de los Velez*, offre, dans sa décoration extérieure, une singularité curieuse: une chaine en pierre, dont les anneaux sont fouillés, dit-on, dans un seul bloc, est fixée tout autour de la chapelle et aux deux tiers de sa hauteur, au-dessous des écussons du Marquis.

Pour pénétrer dans l'intérieur de la Cathédrale, on descend quelques marches, le niveau du sol de l'église étant plus bas que celui de l'extérieur. On y trouve quelques objets d'art et des peintures; on remarque notamment dans la Sacristie, un intéressant bas-relief en bois sculpté. Le Trésor de la Cathédrale possède aussi de précieux reliquaires enrichis de fines ciselures, et des vases sacrés de grande valeur; dans la chapelle principale, se trouve le sarcophage qui contient les restes du roi *Alphonse le Sage*.

Murcie est la patrie du peintre *Villacis*: on montre encore la maison qu'il habitait; la façade en est curieuse. *Villacis* était élève de Velazquez et ses peintures rappellent quelques-unes des qualités du maître. Il était riche et passa en Italie, d'où il était originaire, pour y continuer ses études; de retour en Espagne, et malgré les offres qui lui furent faites, il ne voulut plus sortir de Murcie. Il existait, entre lui et Velazquez, une correspondance suivie, longtemps conservée, mais que ses parents durent sans doute emporter en Italie, lorsqu'ils vinrent, à sa mort, recueillir son héritage. On trouve de lui, au petit *Musée de Murcie*, quelques toiles provenant du Couvent de la Trinité, dont il avait entrepris la décoration; ce vaste et curieux travail fut interrompu par la mort. Malgré le mauvais état de ces toiles, on y reconnait quelque chose de l'ampleur et de l'élégance du coloris de Velazquez.

Puisque nous avons parlé du *Musée de Murcie*, disons qu'il contient peu de chose encore, parce qu'il est de fondation récente; cependant on y trouvera quelques bonnes toiles, et des antiquités curieuses, qui proviennent de *Carthagène*, de *Yecla* et des environs.

En parcourant les rues de Murcie, on rencontre çà et là quelques palais, dont les façades ont un certain cachet de grandeur. Dans la *calle Traperia*, on remarque un joli balcon, décoré dans le goût de la Renaissance; au palais du *Marquis de Almodobar*, une curieuse porte surmontée d'une gracieuse fenêtre, à droite et à gauche de laquelle, se dressent deux sauvages armés de massues et, dans la *calle Jaboneria*, au-dessus d'une porte, un écusson soutenu par deux figures du même genre.

Près du palais du *Marquis de los Velez*, on notera certainement le couvent de *Santa Clara*, avec ses quatre étages de jalousies, qui font ressembler ce couvent à une immense cage; derrière les barreaux, les nonnes viennent souvent jouir du spectacle de la rue, sans qu'on puisse entrevoir leurs visages.

Parmi les édifices remarquables de *Murcie*, citons: *la Casa Consistorial*, ou maison de ville, située sur la jolie promenade *del Arenal*, aux bords du *Segura*, et dont la façade est du style gréco-romain; le palais Épiscopal; la place de *San Agustin*, construite de façon à pouvoir se transformer à l'occasion, en arène pour les combats de taureaux; *el Contraste*, ou maison des poids et mesures, sur la façade de laquelle on remarque des écussons sculptés et orlés de couronnes, ainsi que des inscriptions peintes: ont-elles trait à des faits historiques, transmis de cette curieuse et simple manière à la commémoration des générations futures? C'est ce qu'il serait curieux de savoir, en les déchiffrant.

Dans le palais du *marquis de Espinardo*, on conserve un autel des sacrifices, d'origine romaine, dédié à la déesse de la Paix et qui fut trouvé à *Carthagène*, en 1594.

Nous signalerons, à *l'église de Jésus*, différentes figures processionnelles, qui sont l'œuvre de **Zarzillo**: issu de parents italiens, il naquit et mourut à *Murcie*, en dehors de tout mouvement artistique; et dut exclusivement à l'étude de la nature, sa supériorité dans l'art de la statuaire religieuse. Ces statues, en bois peint, de grandeur naturelle, représentent divers Saints et différentes scènes de la Passion: les groupes de *la Prière du Jardin*, du *Baiser de Judas*, de *la Flagellation*, de *la Chûte de N. S.*, tous empreints d'un grand sentiment de vérité et de réalisme, frapperont le visiteur. Mais la plus importante de ses compositions est celle de la *Cène*: Jésus est assis à table; ses disciples ont pris place autour de lui; toutes les figures, exécutées de grandeur naturelle, ont les attitudes les plus variées et traduisent le caractère et l'expresion que leur prête l'Évangile. Cet immense groupe est porté solennellement, le jeudi saint, dans les rues de la ville: une vingtaine d'hommes y suffit à peine. Une singulière coutume du pays veut que l'on serve, ce jour-là, à toutes ces figures un repas véritable et digne de la table du Seigneur.

Ces plats sont fournis par les principales familles de *Murcie*, qui se font un grand honneur d'obéir à cette tradition: les mets, après avoir figuré sur la table de Jésus, sont ensuite mis aux enchères et vendus au profit des porteurs du monument.

Tout près de *Murcie* existe un Sanctuaire fameux, *la Fuen Santa*: c'est une belle promenade à faire, qui fournit l'occasion de visiter la *huerta* environante, où se trouvent des sites charmants, encore embellis par une végétation incomparable.

De Murcie à Almeria. On se rend de **Murcie** à **Almeria**, en passant par **Totana**, petite ville située au pied de la *Sierra de España*, à l'entrée d'une belle vallée. Une jolie fontaine décore la place principale de la ville; quant à son église, une haute tour qui la domine, et les créneaux dont elle est couronnée, lui donnent l'aspect d'une véritable forteresse. Vient ensuite **Lorca**.

Lorca, ville jadis florissante, est située à soixante kilomètres environ de **Murcie**, sur la pente d'une montagne que couronne, à son sommet, un château autour duquel s'étend la partie haute de la ville: celle-ci offre peu d'intérêt. La partie basse a été, au commencement du siècle, le théâtre d'une catastrophe terrible; elle coûta la vie à des centaines de personnes et causa la ruine de cette moitié de la ville et de sa belle *vega*. Vers la fin du siècle dernier, on avait construit, en amont de *Lorca*, une énorme digue qui barrait la vallée d'une montagne à l'autre et retenait les eaux pluviales et de source; élevées de la sorte, à une hauteur considérable, elles allaient ensuite fertiliser la vallée à tous ses étages; c'est ce travail cyclopéen que l'on nommait *el Pantano de Lorca*. En 1802, treize années après son achèvement, l'ingénieur, qui avait construit cet ouvrage, conçut quelques craintes sur sa solidité; il se mettait en route pour visiter la digue quand, à moitié chemin, il entendit un fracas épouvantable: le barrage s'était rompu et les eaux, faisant irruption avec un mugissement terrible, détruisirent tout sur leur passage, semant la ruine et la misère dans la vallée, jadis si prospère, et entraînant de nombreuses victimes, parmi lesquelles on trouva le cadavre du malheureux ingénieur qui, de désespoir, avait couru audevant des flots pour s'y précipiter. On voit encore debout cette énorme digue, épaisse de vingt-trois mètres à la base et de cent vingts mètres de hauteur, à laquelle les eaux ont fait une brèche, qui affecte la forme d'une immense et imposante arcade, de plus de quatre vingts mètres de hauteur.

Après **Lorca**, vient **Horcal-Overa**, déjà située dans la province d'*Almeria*: on a laissé, sur la gauche, **Aguilas**, petit port de mer auquel les établissements métallurgiques du voisinage, et l'exportation de plombs argentifères de la *Sierra Almagrera*, donnent une certaine activité.

Après avoir traversé les petites villes de **Vera** et de **Sorbas**, on aperçoit enfin **Almeria**, à laquelle ses murailles, les terrasses de ses maisons et des groupes de palmiers, aux formes gracieuses, donnent l'aspect pittoresque d'une ville orientale.

Almeria, chef-lieu de province et port de mer sans grande importance, par suite de son isolement des autres provinces avec lesquelles, faute de routes et de chemins de fer, elle n'a presque aucune relation, tire son origine des Arabes qui lui ont donné ce nom, synonyme, paraît-il, de *atalaya* ou sentinelle.

Abder-Rhaman y avait fondé, en l'an 722, un arsenal maritime; lorsque, au commencement du xɪᵉ siècle, les *walis*, ou gouverneurs arabes, secouèrent le joug des émirs de Cordoue, *Hayran, wali d'Almeria*, se déclara indépendant. Les *Almoravides* firent la conquête de ce petit royaume en 1091.

Le roi Alphonse VIII, l'Empereur, pénétra dans la ville en 1147, et en emporta un butin considérable. *Almeria* fut reprise par les Maures *Almohades*; enfin, en 1489 Jacques Iᵉʳ d'Aragon en fit le siège et la fit tomber au pouvoir des Rois Catholiques.

C'est une ville aux rues étroites et tortueuses, encore entourée de murailles, qui trahissent leur origine mauresque. La position *d'Almeria*, sur le littoral de la Méditerranée, en face et à proximité de la côte d'Afrique, exposait cette ville aux continuelles déprédations des pirates, et aux incursions des Normands, qui sont aussi venus ravager quelquefois, ces contrées. Aussi, a-t-on protégée la ville, dès la plus haute antiquité, par des fortifications résistantes, afin de la mettre à l'abri de ces tentatives: c'est ce qui explique pourquoi, les principaux édifices de la ville, ont conservé l'apparence de véritables forteresses.

C'est ainsi que *l'Ayuntamiento* est flanqué de deux hautes tours carrées, d'où l'on pouvait surveiller facilement les environs de la ville; c'est ainsi, encore, que la Cathédrale, entourée de hautes et épaisses murailles percées de meurtrières, et surmontée d'une grosse tour carrée et massive, constituait une véritable citadelle où les habitants, et surtout les femmes et les enfants, pouvaient se réfugier et s'abriter contre les assiégeants. La ville enfin, est dominée, au Nord-ouest, par une citadelle nommée *l'Alcazaba*, bâtie au sommet d'une colline accessible seulement d'un côté, et dont les murailles sont encore intactes: elle renferme de belles citernes, et un puits de grande profondeur.

Un ravin, nommé *la Olla*, sépare cette colline d'une autre avoisinante, que couronnent quatre grosses tours, reliées à *l'Alcazaba*, par une muraille également flanquée de tours et percée de portes; ce mur va rejoindre la citadelle, au travers de la vallée, et par des gradins successifs.

Ce vaste système de fortifications, encore debout, et dont l'origine remonte peut-être aux Carthaginois, ou même aux Phéniciens, constitue un ensemble des plus curieux et des plus intéressants, au point de vue de l'histoire du génie militaire dans les anciens temps; c'est, du reste, la seule curiosité monumentale de la ville.

A l'intérieur de *l'Alcazaba*, on a conservé, presque intacte, la mosquée des Arabes, aujourd'hui transformée en chapelle chrétienne.

Quant à la Cathédrale, c'est un édifice commencé au milieu du xvɪᵉ siècle, dans le style ogival; continué dans le siècle suivant, il est resté inachevé. L'intérieur est partagé en trois nefs, où nous ne trouvons, dignes de mention, que le *trascoro*, ou partie postérieure du Chœur, construit en jaspe et en marbre blanc et puis, les stalles de ce même Chœur, en bois de noyer, que décorent des bas-reliefs d'un certain mérite.

Citons aussi, l'ancien couvent de *Santo Domingo*, aujourd'hui transformé en collège, et dont l'église fut bâtie sur l'emplacement d'une mosquée.

C'est à *Almeria* qu'aurait débarqué, suivant la tradition, l'apôtre Saint Jacques acompagné de douze disciples, et qu'il aurait fondé un des premiers sièges épiscopaux de l'Espagne.

Tout près de cette ville, se trouve le petit port d'**Adra**, qui conserve également des restes intéressants de ses anciennes murailles et qui possède quelques fonderies de plombs. *Adra* fut le dernier lambeau de territoire, que conserva, de son royaume, *Boabdil*, le dernier roi de Grenade, réfugié là avec sa mère, après la capitulation de cette ville: il y resta encore deux années, jusqu'au moment où *Adra* fut acquise par les Rois Catholiques.

De Murcie à Carthagène. De *Murcie à Carthagène* le trajet offre peu d'intérêt: on aperçoit, au sommet d'une colline, toute couverte de nopals, les ruines du château de *Monteagudo* et on laisse, sur la gauche, un immense lac nommé *el Mar menor*, qui communique avec la Méditerranée, par un étroit chenal.

Carthagène est située au fond d'un port créé par la nature, auquel la main de l'homme n'a presque rien eu à faire: c'est un des meilleurs ports de l'Espagne; une flotte y manœuvrerait à l'aise. C'est la *Carthago nova*, fondée par *Asdrubal*, frère d'Annibal, et le second établissement des Carthaginois dans la Péninsule, qui choisirent ce point de la côte, comme offrant les meilleures et les plus sûres conditions, pour l'établissement d'une colonie commerciale et militaire.

Asdrubal l'embellit, s'y construisit un palais et éleva, sur les cinq collines qui l'entourent, des temples à *Esculape*, à *Saturne*, à *Vulcain* et à *Aletes*, inventeur du traitement des minerais d'argent: il n'y a pas lieu, d'après cela, de douter que les mines de *Carthagène* motivèrent l'établissement d'*Asdrubal*, et que la production minérale de la côte, a attirés les Carthaginois, comme elle attira plus tard les Romains et les Arabes. Des fouilles, faites dans la colline qui domine l'arsenal, ont amené la découverte d'antiquités d'origine carthaginoise, mais on s'est peu préoccupé de poursuivre les recherches: c'est là que, suivant Polybe, se trouvait le palais d'*Asdrubal*.

Carthagène fut arrachée à la domination des Arabes, qui l'appelaient *Cartadjanah*, par Jacques Ier d'Aragon, surnommé le Conquérant.

La ville n'offre rien de remarquable pour l'artiste: elle possède un important arsenal maritime et un vaste parc d'artillerie, ainsi qu'un bassin flottant, où l'on répare les bâtiments de guerre. Ajoutons, à titre de renseignement, que de **Carthagène** à **Oran**, la traversée n'est que de dix heures.

D'Orihuela à Alicante. Revenons sur la ligne de *Murcie*, jusqu'à la station d'**Orihuela**, située à proximité de *Murcie*.

Orihuela est assez éloignée de la station du chemin de fer qui porte son nom: bâtie sur les confins de *la huerta*, la terre y est d'une fertilité extrême et produit des fruits et des légumes, de beauté et de dimensions prodigieuses.

Sa Cathédrale gothique, quelques vieilles maisons, et sa bibliothèque, sont, à peu près, tout ce qu'il y a à visiter. Dans ses autres églises, on trouve aussi quelques sculptures de *Zarzillo*.

Orihuela est dominée par une haute colline, qui forme l'extrémité d'un contrefort de *la Sierra de Crevillente*, et sur laquelle on a établi les constructions du séminaire de *San Miguel*, fortement éprouvées par le tremblement de terre de 1829. *Las Dolores, Guardamar*, et d'autres petites villes des environs, ont été presque entièrement détruites à cette époque. On prétend que dans la montagne voisine, on aperçoit encore quelquefois, dans la nuit, des jets enflammés sortant de crevasses profondes, qui attesteraient une activité volcanique persistante.

Au sortir d'**Orihuela** on peut se rendre à **Crevillente**, charmant village tout entouré de palmiers; ou à **Elche**, localité curieuse, qui offre tous les caractères d'une véritable ville africaine, grâce à sa belle forêt de palmiers. Quand on se trouve à *Elche*, il semble véritablement que l'on a franchi le Détroit: les nopals, le figuier et l'aloès constituent, avec le palmier, à peu près les seuls végétaux que l'on y rencontre; toutes ses maisons sont couvertes en terrasse et peu élevées. Cette végétation admirable, si singulière à rencontrer en Europe, est bien faite pour exciter l'intérêt du touriste; quant à l'artiste, il trouvera, à chaque pas, dans les rues de la ville et dans la campagne, des points de vue d'un pittoresque aussi étrange qu'inattendu.

Elche compte peu de monuments et de souvenirs historiques; c'est cependant l'ancienne *Haliké* des Phéniciens, qui résista à *Amilcar* et battit son armée: c'est même, dans cette bataille, que ce général perdit la vie. Un riche particulier d'*Elche* a pratiqué des fouilles, à trois kilomètres de la ville: il y a découvert des traces de constructions romaines, des camées, des bronzes et des fragments de marbre sculptés; cette collection constitue la plus grande curiosité archéologique de l'endroit.

En revanche, *Elche* a sa forêt de palmiers, qui représente en même temps, sa principale richesse. C'est chose curieuse que d'en voir soigner ou récolter les fruits: une simple corde, passée autour des reins, suffit au cultivateur pour atteindre avec une étonnante rapidité, le sommet, souvent très élevé, de l'arbre où se forment les régimes de dattes et pour aller en cueillir les belles grappes dorées.

Un beau pont traverse le *Vinalopo*, torrent énorme quand ses eaux coulent, si l'on en juge du moins, par la largeur et la profondeur de son lit, presque toujours à sec par suite des irrigations.

Elche possède aussi: un château, admirablement situé au milieu de forêts de palmiers, et qui sert aujourd'hui de prison; une fort belle tour appelée *Rapsamblanc*; une église dite de *Saint Jean*, du haut de laquelle on jouit d'une splendide vue sur la ville et sur la forêt et enfin, *la Casa Capitular*, ou maison de ville, située sur la place *Mayor*.

Alicante est située à vingt kilomètres environ d'*Elche*: ce n'est point une ville artistique, mais quelques-uns de ses habitants, ayant le goût des belles choses, y ont réuni des collections importantes de médailles, d'antiquités et de tableaux.

La ville s'étage pittoresquement au pied d'une montagne aride et nue, couronnée à son sommet par la vieille citadelle de *Santa Bárbara*, qui domine à pic la ville, et d'où l'on jouit d'un admirable panorama, sur le port et sur toute la côte environnante.

Alicante est l'ancienne *Lucentum* des Romains; les Arabes s'en emparèrent en 715, et la gardèrent jusqu'à ce qu'en 1258, elle tomba au pouvoir de Ferdinand II de Castille. Les monuments les plus remarquables de cette ville sont: *l'hôtel de ville*, avec ses quatre tours placées à chaque angle de l'édifice, dont l'aspect est monumental; l'église collégiale de *Saint Nicolás de Bari*, et le couvent de *Sta. Clara*, où l'on conserve une des nombreuses *Saintes Faces*.

Après avoir visité son port et ses jolies promenades, on n'a plus aucun motif de curiosité artistique, pour prolonger son séjour dans cette ville.

Pour se rendre **d'Alicante** à **Valence**, on prend le chemin de fer de Madrid, jusqu'à l'embranchement de **La Encina**. Sur ce parcours, on atteint successivement: **Novelda**, petite ville entourée d'une riche végétation; puis **Monovar** et **Elda**, bâtie au milieu d'une campagne bien cultivée; **Sax**, petite ville dominée par un énorme rocher, *Saxum* en latin, d'où elle tire son nom, et dont la partie supérieure affecte la forme d'une tête d'éléphant avec sa trompe et que couronnent, à son sommet, les ruines d'une vieille forteresse; **Villena**, avec son antique château qui fut l'apanage du célèbre marquis de ce nom; et enfin **Caudete** et **Venta de la Encina**, point d'embranchement de la voie ferrée qui conduit à **Valence**.

Au-dessus de *Venta de la Encina*, à environ vingt kilomètres sur la ligne de Madrid, se trouve située la ville **d'Almansa**, célèbre par la bataille qui s'y livra en 1707, et qui décida de l'issue de la guerre de Succession, en faveur de Philippe V.

Une pyramide, de forme carrée à sa base, rappelle ce mémorable événement: elle est ornée, sur l'un de ses côtés, de l'image de la colombe miraculeuse à la présence de laquelle, une légende attribue cette victoire. On raconte que le soir de la bataille, le Roi ne sachant où dormir, on lui fit une couche avec les cent-douze drapeaux pris à l'ennemi: «*Sire*, lui dit, à cette occasion, le duc de Berwick, qui avait gagné la bataille, *peu de rois ont eu un lit plus beau.*»

VI$^\text{E.}$ RÉGION.

VALENCE, CATALOGNE, ÎLES BALÉARES, ARAGON ET NAVARRE.

Játiva.—Valence.—Murviedro (Sagonte).—Teruel.—Castellon.—Tortosa.—Tarragone.—Poblet.—Santas Creus.-Barcelone.—Montserrate.—Iles Baléares.—San Miguel de Fay—Ripoll.-Gerona.—Figueras.—Portbou.-Manresa. — Cardona. — Lérida. — Huesca. — Saragosse.— Calatayud. — Alhama de Aragon. — Piedra. — Siguenza. — Almazan. — Soria. — Pampelune.— Alsasúa.

Au sortir de la station de la **Venta de la Encina**, on atteint celle de la **Fuente la Higuera**; puis, après avoir franchi la montagne de *Santa Bárbara*, au moyen d'un tunnel, on pénètre dans la province de Valence, dont on aperçoit les magnifiques campagnes s'étendre à l'horizon.

On dépasse **Mogente** et **Montesa**, avec les imposantes ruines du château de ce nom et, à une faible distance, se trouve *la Piedra encantada*, énorme rocher, de plus de deux tonnes de poids, que l'on fait facilement vaciller sous la pression de la main: on atteint bientôt **Játiva**, située au pied d'une montagne. Cette ville est restée longtemps au pouvoir des Maures, qui lui ont laissé son nom.

Pendant la guerre de Succession, **Játiva** s'était déclarée en faveur de l'Archiduc Charles et ne crut pas devoir l'abandonner à l'issue de la bataille d'Almansa; elle ferma alors ses portes à Philippe V, qui en fit le siège. Celui-ci s'en empara et lui appliqua toutes les rigueurs du *Vœ Victis*: elle fut livrée au pillage, brûlée et rasée; le nom même de la ville fut supprimé par décret, et remplacé par celui de **San Felipe**. Mais, quoiqu'on en ait même, dit-on, changé les habitants, la répugnance pour ce nouveau nom est restée telle, encore aujourd'hui, qu'il est de bon goût de ne pas le prononcer.

Játiva conserve encore une partie de ses murailles: c'est, avec sa belle fontaine dite des vingt-quatre robinets; son hôpital civil, avec sa jolie façade; les ruines de sa vieille forteresse et son église, tout ce qui peut y attirer l'attention.

Játiva est la patrie du grand peintre *Ribéra*, que les Italiens ont surnommé *l'Espagnolet;* les Papes Calixte III et son neveu Alexandre VI, *Roderic Borja,* de la trop célèbre famille des *Borgia,* y sont nés également.

Au sortir de *Játiva,* on atteint bientôt **Carcagente,** et on traverse sa magnifique campagne couverte d'orangers, de palmiers, de nopals, d'aloès et de cannes à sucre; puis, **Alcira,** place fortifiée; **Silla,** située près du fameux lac de l'*Albuféra* qui communique avec la mer par un étroit chenal. Les eaux poissonneuses du lac, que fréquentent des bandes nombreuses d'oiseaux aquatiques, se couvrent, le 11 et 25 Novembre de chaque année, d'une multitude de barques, occupées par les habitants de Valence qui viennent, ces jours-là, s'y livrer à une véritable extermination de gibier et de poisson. Le lac, qui avait appartenu à Godoy, le prince de la Paix, fut donné en apanage, par Napoléon, au maréchal Suchet et a fait retour depuis, au domaine de la Couronne d'Espagne.

Nous voici à **Valence,** grande et belle ville, qui renferme nombre de monuments intéressants. Elle est située sur le *Guadalaviar* ou *Turia,* presque toujours à sec, à cause des irrigations de la fameuse *huerta,* auxquelles ses eaux sont employées; les deux rives du fleuve sont reliées par cinq beaux ponts. On la nomme aussi *Valencia del Cid,* la ville de *Ruy Diaz de Vivar,* parce que *el Campeador* s'y créa, en 1094, un petit royaume, aussi peu tributaire que possible, du roi de Castille. Abd-ul-Azis en avait fait, en 1020, un royaume arabe indépendant jusqu'à ce qu'en 1094, à la suite d'une ligue formée entre divers chefs arabes, *el Campeador* vint mettre le siège devant Valence, à la tête d'une armée, dans laquelle les Mahométans combattaient à côté des Chrétiens. *Ahmed-el-Moaféri,* qui commandait la ville pour les *Almoravides,* stipula, en capitulant, que rien ne serait changé à sa position de *wali*. A cette condition, *le Cid* entra dans Valence; mais, une fois dans la ville, il fit brûler vif le malheureux *Ahmed-el-Moaféri* dans le but, dit-on, de découvrir le lieu où étaient cachés les trésors que *Yahya II,* dernier roi maure de Tolède, avait apportés à Valence; ce qui n'empêche pas que les auteurs arabes s'accordent à dire, que *le Cid* avait le caractère le plus doux et le plus humain; ils auraient pu ajouter aussi, qu'il était esclave de sa parole et de ses serments. Quoi qu'il en soit, *le Cid* se maintint à Valence jusqu'à sa mort, survenue en 1099, au moment même où les *Almoravides,* commandés par *Abou-Bekr,* vinrent mettre le siège devant la ville: le roi de Castille ne voulant pas la secourir, les vieilles bandes *du Cid,* commandées par *Chimène,* sa femme, résolurent d'en sortir, en combattant et en emportant tout ce qui leur appartenait. Plaçant, au centre de leurs masses serrées, le corps du *Campéador,* armé de toutes pièces, monté sur son cheval *Babieca* et tenant en main la redoutable *Tisona,* camarade de sa fameuse épée *La Colada*, ils sortirent ainsi de la ville, en traversant les rangs ennemis qui les laissèrent passer, terrifiés une dernière fois, au seul nom si redouté du *Campeador*.

En 1238, *Don Jayme Ier* d'Aragon assiégea Valence et la fit capituler; cette ville conserve encore, les murailles que Pierre IV d'Aragon fit reconstruire en 1356; elles sont percées de belles portes, parmi lesquelles il faut citer celle de *Cuarte*, et surtout celle de *Serranos*, véritable forteresse convertie aujourd'hui en prison. Cette porte fut construite, ainsi que la tour de la Cathédrale, par *Miguel Serran*: de là, le nom de *Serranos* donné à la porte et celui de *Miguelete*, donné à la tour. Suivant d'autres, le nom de *Miguelete* lui viendrait de la grande cloche, placée au sommet de la dite tour, et baptisée le jour de la St Michel, en l'an 1521.

La tour du *Miguelete* est un monument de forme octogone, qui écrase le portail de la cathédrale: la largeur de chacun des pans (environ 5 mètres 70), ajoutée l'une à l'autre, donne exactement la hauteur de la tour; en un mot, la hauteur est égale au développement du périmètre de la base. Commencée en 1381, elle fut terminée seulement en 1525; son sommet, couronné par une terrasse, est surmonté d'un beffroi qu'occupe la célèbre cloche.

Valence renferme un grand nombre de monuments; citons d'abord, sa Cathédrale, qui fut reconstruite en 1262, et dont l'architecture se ressent de la diversité des styles employés pour son achèvement: sans la confusion de styles que présente son ensemble, elle serait assurément l'une des plus belles d'Espagne. Restaurée au siècle dernier, elle fut alors surchargée d'ornements corinthiens et reliée, par une arcade, au palais de l'Archevêché. Trois portes donnent accès à l'intérieur de la Cathédrale, divisée en autant de nefs; ce sont: la porte du *Miguelete* ou de la Tour, qui n'a rien de remarquable; celle *del Palau*, dans le style roman et ornée, sous sa corniche, de sept têtes de guerriers et de sept têtes de femmes, fondateurs, dit la Chronique, des familles principales de la ville; puis, la porte dite des Apôtres, d'un bon style gothique, que décorent des statues et une gracieuse rosace.

C'est devant cette porte que se tient le fameux tribunal de *las Aguas*, ou des eaux, auquel ressortissent toutes les contestations qui surgissent à l'occasion des irrigations de la *Huerta*. Les eaux, qui ont une importance si grande sous le climat de l'Espagne, car elles sont la source de toute richesse, sont réparties avec une parfaite égalité entre tous les propriétaires de la *Huerta*, au moyen des *acequias*, ou canaux, qui les conduisent partout; leur distribution est réglée par jour et par heure: chacun connait l'heure du passage des eaux sur sa propriété. Le signal de l'ouverture des digues, ou rigoles, est donné par la grande cloche du *Miguelete;* c'est, en même temps, le signal de la fermeture sur d'autres points.

Souvent des propriétaires veulent garder sur leurs champs, quelques minutes de plus, ces eaux si précieuses; alors, les rigoles des voisins ne se remplissent pas à l'heure fixée. Ce retard dans l'arrivée des eaux sur les terres placées en aval, se communique de proche en proche, jusqu'aux derniers riverains et engendre alors une multitude de différends ou de petits procès, que les tribunaux ordinaires seraient impuissants à trancher rapidement: c'est le fameux tribunal de *las Aguas* qui les règle le jeudi de chaque semaine. Ce jour-là, au coup de midi, sept juges viennent prendre place sur un banc, du côté gauche de la porte des Apôtres; ce tribunal d'arbitres, nommés par les cultivateurs mêmes de *la Huerta*, siège là en plein air, entend les réclamations et, avec un bon sens et un esprit d'équité remarquables, rend des arrêts toujours sans appel; fréquemment il applique des amendes qui sont immédiatement exécutoires. Cette sage et vénérable institution, fondée par le roi Maure *Alkasan*, en l'an 920, et que Jacques Ier d'Aragon, surnommé le Conquérant, eût le rare mérite de respecter, s'est transmise jusqu'à nos jours, et fonctionne encore, dans toute la merveilleuse simplicité des anciens temps.

La Cathédrale est surmontée, au transept, d'une coupole octogone percée de grandes fenêtres, dans le style ogival; son abside forme une rotonde décorée de deux étages de galerie à pleins cintres romans. Elle contient des œuvres remarquables: le retable du maitre-autel est fermé par des volets recouvrant des peintures qui représentent différentes scènes de la vie de Jésus et de la Vierge; elles portent la date de 1505 et sont attribuées à *Paolo Areggio* et à *Francesco Neapoli*, qu'on croit élèves de Léonard de Vinci.

On y trouve aussi divers tableaux de **Juan de Juanès**, peintre né à Valence vers 1523, et qui s'en alla en Italie, étudier auprès des disciples de Raphaël, *Jules Romain* et *Perin del Vaga*. On trouve de lui, à la Cathédrale, un grand tableau, placé au-dessus des fonts baptismaux, représentant *le Baptême du Christ*, qui est une de ses œuvres capitales et, dans la chapelle de *San Pedro*, un *Sauveur du Monde*, du plus précieux fini. Non loin de là, sont placés deux tableaux de Goya, représentant *la Séparation de Saint François de Borja* et, plus loin, *ce Saint exorcisant un possédé*.

Citons encore: *un Christ portant la croix*, de Sebastiano del Piombo; *une adoration des Bergers*, de Ribéra; *un portrait de moine*, de Zurbaran; *une Vierge*, de Vaccaro; *une autre*, de Sassoferrato: *une naissance du Christ*, de Raphaël Mengs; *Jésus remettant les clefs à St Pierre*, de Palomino, tableau placé dans la chapelle de *San Pedro*, dont la coupole et les tympans sont peints par *Vicente Victoria*, chanoine de Játiva; puis, ailleurs, de très beaux tableaux du P. Borrás, de Ribalta, de Orrente, et quelques panneaux gothiques d'auteurs inconnus.

Nous mentionnerons encore: le tombeau de *Don Diego Covarrubias* et de sa femme, qui date de 1604, et se trouve dans la chapelle de *San Sebastian*; puis, les sculptures du *trascoro* ou arrière-chœur, qui représentent diverses scènes de l'Histoire sainte; dans la chapelle principale, du côté de l'Évangile, l'écu de *Don Jaime Ier le Conquérant*; dans la *Salle du Chapitre*, les grosses chaînes qui fermaient le port de Marseille, enlevées par les galères de Valence. au temps d'Alphonse V d'Aragon et, dans la *Sacristie*, deux croix gothiques d'un merveilleux travail.

Le Musée de Valence, installé dans l'ancien couvent de *la Merced*, est riche en tableaux: on y trouve presque tous les artistes de talent appartenant à l'école de Valence, presque inconnus ailleurs. Les tableaux de Ribalta, de Juanès, d'Espinosa et du Père Borras y dominent. Nous citerons, parmi les plus intéressants: deux *Sauveurs* et surtout un *Ecce Homo*, de Juanès; un *St Sébastien* et *une Ste Thérèse de Jésus*, par Ribéra; un *Crucifiement*, très remarquable, de Juan de Ribalta, fils de *Francisco*, dont le Musée possède *un Saint François couronné par le Christ* et diverses autres peintures; puis, *la communion de la Madeleine* d'Espinosa, qui est le meilleur tableau de ce peintre.

L'auteur le plus singulier, c'est le Père *Borràs*, qui, né en 1530 se fit moine en 1575; c'est un artiste incomplet à plus d'un titre; mais, malgré ses défauts, ses toiles sont dignes d'attention; il semble avoir voulu imiter *Francia*; la meilleure, représente un *Saint Sébastien*; puis viennent: *un Couronnement d'épines*, *une Cène*, *la Prière dans le jardin* et une *Sainte Anne*.

On trouvera, dans la même collection, quatre bons tableaux de March; deux de Zariñena; plusieurs très beaux portraits de Goya, entr'autres, le portrait du graveur Estève; un très intéressant portrait de Velazquez; des fleurs de Zeghers; de belles marines flamandes et hollandaises; un charmant tableau de Joseph Vernet; un Karl Dujardin; un paysage de Wouwermans; cinq, de Dughet; un Carlo Dolci; des miniatures anciennes, parmi lesquelles *un Samson combattant les Philistins*, par Albert Durer, et une très belle mosaïque en pierres dures, représentant *un Centaure chassant des tigres*. On a réuni, dans une salle spéciale, un grand nombre de peintures gothiques extrèmement remarquables; l'une d'elles est attribuée, non sans raison, à *Cimabuè*. On y trouve aussi un triptyque de Bosch, dont une reproduction partielle est à l'Escurial: il représente *la Flagellation du Christ;* les Juifs qui entourent Jésus, sont, dit-on, les portraits des courtisans de Philippe II, avec qui Bosch avait eu maille à partir, et dont il se vengea en leur faisant représenter, sur sar toile, le rôle de bourreaux.

Les diverses églises de *Valence* renferment également d'excellentes et nombreuses peintures: c'est ainsi, qu'à l'église de *los Santos Juanes*, on conserve une *Purisima Concepcion*, que Juanès ne voulut commencer qu'après s'être confessé et avoir reçu les Sacrements. La Vierge était apparue au jésuite *Martin Alberro*, dans un oranger du jardin de son couvent, et elle lui avait commandé de la faire peindre, telle qu'il la voyait; c'est ce portrait que Juanès dut exécuter, sur les indications du P. Alberro. Ajoutons cependant, que la *Concepcion*, dont nous parlons, n'est pas l'original de Juanès, lequel fait partie de la galerie de l'infant *Don Sebastian*.

L'église de *San Martin* possède un *Christ mort* de Ribalta; un tableau représentant *les Apôtres saint Pierre et saint Paul*, de l'école de Espinosa et des fresques de José Camaron.

A l'église de *Santa Catalina*, bâtie sur l'emplacement d'une ancienne mosquée, dont la tour est d'une élégance remarquable, on voit, dans la partie inférieure, une des logettes dans lesquelles se faisaient murer, pour faire pénitence, des femmes de l'ordre du Sac, connues en France, sous le nom de *Sachettes*; cette église conserve aussi un baptistère en marbre, d'une grandeur démesurée, où les Catéchumènes recevaient le baptême par immersion.

Le portail de l'église *del Carmen*, ou de *Santa Cruz*, est un joli spécimen de l'architecture du style de la Renaissance; celui de l'église de *San Andres*, est dans le goût de *Churriguéra*; elle possède des peintures de Ribalta, d'Orrente et de Vergara. L'église de *San Bartolomé* a son autel du *Saint Sépulcre* datant, dit-on, du temps de l'empereur Constantin.

Parmi les autres monuments de *Valence*, nous devons mentionner *la Lonja*, ou marché des soies: c'est une belle construction élevée en 1482, et dont la façade est du style ogival fleuri. À l'intérieur, la salle est divisée en trois nefs, dont la voûte, d'une hardiesse et d'une légèreté incomparables, retombe sur vingt-quatre colonnes, tordues en spirales et placées sur trois rangs.

Le palais de *la Audiencia*, beau monument du commencement du XVIe siècle, dans le goût de la Renaissance, renferme une magnifique salle décorée de riches lambris, où les Cortès tenaient anciennement leurs séances. Citons enfin, la maison de ville, ou *Casa de la Ciudad*, construite en 1342 et terminée en 1376; on y conserve l'épée de *Don Jayme le Conquérant*, avec l'étendard des Maures, et les clefs que ceux-ci lui offrirent, lors de son entrée dans Valence.

N'oublions pas: le Collège *del Patriarca*, avec sa belle cour, décorée d'une double galerie du style de la Renaissance; *el Temple*, bâti sur l'emplacement d'un ancien palais arabe; la porte de *Mosen S'Orrell*, du style gothique de la troisième période, dont un des cintres forme un angle aigu et est décoré, à sa partie supérieure, d'une ornementation formée de caractères gothiques; puis, enfin, le palais du Marquis de *Dos Aguas*, dont la façade est toute en marbre, mais d'un goût douteux. *Valence* a de fort jolies promenades: celles de *la Glorieta*, de *la Alameda*, et la route qui mène au *Grao*, ou port de Valence, qui en est distant d'environ quatre kilomètres. De ce côté se trouve aussi le *Cabañal*, où chaque habitant aisé de Valence, possède une petite maison couverte en chaume et entourée de fleurs, qu'il habite l'été.

La place où se donnent les courses de taureaux, est certainement la plus monumentale de toute l'Espagne: elle est située à côté de la gare du chemin de fer.

Hors de *Valence*, on visite le couvent de *San Miguel de los Reyes* élevé, en 1541, par l'héritier de la couronne de Naples, l'infortuné Ferdinand d'Aragon, à sa sortie de la forteresse de Játiva, où Gonzalve de Cordoue l'avait tenu prisonnier dix ans.

En se dirigeant de **Valence** à **Tarragone**, on rencontre d'abord, à vingt-neuf kilomètres,

Murviedro: c'est l'ancienne **Sagonte**. De longues lignes de fortifications couronnent les hauteurs: c'est au pied des ruines de cette antique et glorieuse cité, que s'étend la ville moderne de *Murviedro (muri veteres*, ou vieux murs), sortie de ses vieilles murailles, pour aller s'étaler plus à l'aise dans la plaine. Fondée par les Grecs, sur le bord de la mer, elle a vu lentement son port rester à sec, par suite du retrait de la mer, qui est actuellement à plus d'une lieue.

L'histoire a conservé le souvenir des infortunes de *Sagonte*, et des assauts multipliés, qu'elle a soufferts avec un héroïsme resté légendaire. Elle était l'alliée de Rome contre les Carthaginois, et lorsque Annibal vint y mettre le siège, en l'an 219 av. J.-C., elle demanda des secours au Sénat, qui en délibéra si longuement que, serrés de trop près, les habitants de *Sagonte,* plutôt que de capituler, préférèrent se vouer à la mort et s'ensevelir sous les décombres de leur ville. Ils égorgèrent alors les vieillards et les enfants, et dressèrent un immense bûcher, sur lequel fut placé tout ce qu'il y avait de précieux; les femmes s'y précipitèrent toutes jusqu'à la dernière, pendant que les hommes succombaient sous les coups des assaillants. Quand les vainqueurs pénétrèrent dans *Sagonte*, ce n'était plus qu'un énorme monceau de cendres. Entre-temps, Rome délibérait encore, sur l'opportunité des secours à envoyer!

De son ancienne splendeur, *Sagonte* n'a conservé que les ruines grandioses de son théâtre: l'architecte l'a construit sur le versant d'une colline, de sorte qu'il a pu se servir des assises mêmes de la montagne, pour y disposer les gradins de son amphithéâtre; on en distingue parfaitement encore, les trente-trois rangs, ainsi que toutes les anciennes distributions.

Sa fondation est attribuée par les uns, aux *Scipions* et par les autres, à l'empereur *Claudius Germanicus*. Ces ruines si intéressantes, étaient encore intactes au commencement du siècle; les événements de 1808 déterminèrent malheureusement les habitants de Murviedro à y puiser, comme dans une carrière, les matériaux dont on avait besoin pour fortifier la ville; aujourd'hui un enclos, bâti tout autour de ses ruines, les protège contre de nouvelles dévastations.

En sortant de *Sagonte*, on laisse, sur la gauche, **Teruel**, chef-lieu de province situé à environ cent kilomètres; c'est l'ancienne *Turbula* qu'Alphonse VIII enleva aux Maures en 1171. Pierre le Cruel en fit le siège en 1365, et la livra au pillage.

On y voit encore une double enceinte de murailles et une tour, de construction mauresque, dans le style *mudéjar*, qui fait partie de l'église de *San Martin*; cette tour, de forme carrée, est percée à sa base d'une arcade ogivale qui sert d'entrée à la ville; elle est décorée, jusqu'à son sommet que garnissent des créneaux, de dessins formant des arabesques à jour, exécutés en briques et relevés par des *azulejos*, ou faïences peintes et vernissées.

La Cathédrale de *Teruel*, divisée en trois nefs, et bâtie dans le style gothique, a malheureusement été altérée, dans son caractère primitif, par des constructions modernes. On y trouve quelques peintures de *Bisquert*, de *Vidal* et de *Ximenez*, ainsi que des sculptures de *Gabriel Joli*, artiste français.

Il faut encore citer *l'aqueduc* édifié, en 1560, par *Pierre Bedel*, architecte français, et dont l'aspect rappelle les beaux monuments de ce genre laissés par les Romains; dans la partie la plus profonde de la vallée, il mesure cinquante mètres de hauteur.

C'est à *Teruel* enfin, que vivaient, au commencement du

xiii⁰ siècle, au temps de *Don Jayme d'Aragon*, *Isabelle de Segura* et *Diego de Marcilla*, les célèbres *amants de Teruel*, dont la tendresse, la constance et la fin tragique, ont inspiré les poètes espagnols de tous les temps.

La légende raconte que les deux amants, étant séparés par une grande différence de position, le père d'*Isabelle* avait refusé son consentement à leur mariage; mais, à force d'instances, elle obtint de son père d'attendre, durant cinq années, que son amant eut fait fortune; passé ce temps, *Isabelle* s'engageait à épouser le futur que lui désignerait son père. *Diego* partit sur cette promesse, pour faire fortune en guerroyant contre les Maures. Le soir même du jour où expirait le délai fatal, *Diego*, riche et noble, se présente à sa fiancée, qui, obéissant à son père, venait d'épouser le seigneur *Azagra*.

C'est en vain qu'il lui demande, dans la chambre nuptiale même où il avait pénétré, un baiser, un seul, comme suprême récompense de tant d'efforts. *Isabelle* fut inflexible, et devant cette chaste fermeté, *Diego*, frappé d'un désespoir profond, tomba mort à ses pieds. Le lendemain, le corps fut porté à l'église: Isabelle, en habits de deuil, se présente tout à coup au milieu de la cérémonie; elle s'approche du cercueil, le découvre, colle ses lèvres sur le visage de *Diego*, lui donne un baiser retentissant et rend le dernier soupir en restituant ainsi à son amant le baiser qu'elle lui avait refusé. Les corps des deux célèbres fiancés ont été réunis dans un même tombeau, et l'on peut voir encore, dans l'église de *San Pedro*, leurs momies parfaitement conservées.

Dans la même église, on montre aussi, un moulage fait sur la tête de l'anti-pape *Gil Sanchez Muñoz*, élevé au Pontificat par les cardinaux dissidents, en 1424, et qui abdiqua en 1429.

De **Sagonte** à **Tarragone**, on trouve sur le chemin, **Nules**, petite ville entourée de murailles, et **Castellon de la Plana**, chef-lieu de province, l'antique *Castalia*, que Jacques Ier d'Aragon conquit sur les Arabes en 1233; la ville s'élevait alors au sommet d'une colline; il la transféra dans la plaine. Son église paroissiale, de style ogival, décorée d'une porte gothique, contient une *Assomption*, de Carlo Marata; une *Descente de croix*, de Zurbaran; diverses toiles de Francisco Ribalta, entr'autres une *Gloire*; enfin, sur la place de l'hôtel de ville, s'élève isolée, la tour dite des cloches, qui est de la fin du xvie siècle.

On passe ensuite, en vue: de **Benicasim**, ville arabe, aux maisons terminées en terrasse, qu'entourent des palmiers et des aloès; d'**Oropesa**, ainsi que de son beau château, et de **Peñiscola**, perchée sur un rocher escarpé, presque entouré d'eau de tous côtés; c'est là, dit-on, qu'Annibal, par un terrible serment, voua une haine éternelle aux Romains.

On traverse l'Èbre à **Tortosa**, ville qui a peu d'importance artistique: sa cathédrale, de style gothique, contient quelques tableaux de *Vidal;* l'Institut est installé dans un bâtiment, remarquable par un gracieux *patio*.

Mentionnons enfin, le phare de *Buda*, construit tout en tôle, de plus de cinquante mètres de hauteur et qui signale de loin, aux navigateurs, l'une des embouchures de l'Èbre.

Tarragone, qu'on atteint bientôt, est une ville très ancienne qui jouissait d'une importance considérable au temps des Romains: elle fut d'abord, le centre et la base d'opération des généraux qui venaient en Espagne; elle devint ensuite la résidence des consuls et des préteurs, des Scipions, d'Octave et d'Adrien. On l'appelait alors *Tarraco*, et elle était la capitale de la *provincia Tarraconensis*. Détruite par les soldats d'Euric et dévastée plus tard, par les Maures, elle fut finalement conquise par Alphonse le Batailleur, en 1220.

Tarragone conserve encore des restes curieux de ses premiers fondateurs: près de la porte *del Rosario*, on voit des assises de roches, attribuées tantôt aux Celtes et tantôt aux Phéniciens, sur lesquelles les Romains ont édifié à leur tour. On y trouve des pans de murailles, de construction cyclopéenne, et une fort curieuse porte, nommée *la Portella*, qui présente un appareil semblable à celui des murs de Tirynthe et d'Argos.

Nous citerons encore, parmi les monuments Romains, le palais dit de *Pilatos*, qui était celui d'Auguste et est transformé aujourd'hui en prison; puis, une vieille tour appelée *la Tour romaine*, et les murailles de la porte de *San Antonio*. Notons, en passant près de cette porte, une croix en pierre, de style gothique, appelée *Cruz de San Antonio*.

La Cathédrale de Tarragone est un beau spécimen de l'architecture gothique du xiv⁰ siècle: elle est située dans la partie la plus haute de la ville et les escaliers, qui y conduisent, ajoutent encore à l'aspect imposant qu'offre la façade. Celle-ci est décorée d'un vaste portail formé de plusieurs arcs, ou ogives concentriques, s'appuyant sur deux piliers terminés en pyramides que surmonte une belle et grande rosace; à partir de là, la façade est restée inachevée. Ce portail est divisé en deux parties, par un pilier richement décoré et surmonté d'une statue de *la Vierge tenant dans ses bras l'enfant Jésus*; la porte est revêtue d'une feuille métallique, curieusement ouvragée et accompagnée de ferrures du plus grand goût. Le portail enfin, est orné de statues d'apôtres et de saints: tout à côté, sur la droite, on voit une autre fort belle porte, datant du xii⁰ siècle, et du style roman le plus pur. L'intérieur de l'église, divisée en trois nefs, est vaste et d'une grande sobriété d'ornementation; mais l'aspect en est lourd, à cause du peu d'élévation des voûtes; cette impression disparait, lorsqu'on pénètre dans la partie du transept, qui est beaucoup plus élevée. L'église est décorée de vitraux peints, en 1574, par Jean Guasch; le retable de la chapelle principale, sculpté en albâtre, représente des scènes de *la vie de Jésus* et de *Santa Tecla*, patronne de *Tarragone*. On y remarque encore, un superbe baptistère de marbre, trouvé dans les ruines du palais d'Auguste, et des tombeaux curieux.

Le cloître de la *Cathédrale* est très beau: les arcades extérieures sont soutenues par de légères colonnettes groupées par trois, sous un grand arc gothique; tous les chapiteaux sont richement sculptés. Dans un des angles du cloître, se trouve la Chapelle du *Corpus Cristi*; là, un coffre en bois, renferme la momie de *Don Jayme I*ᵉʳ, *le Conquérant*; d'autres coffres contiennent les restes de différents rois d'Aragon, rapportés du monastère de *Poblet*. Signalons encore, dans le cloître, une curieuse fenêtre, du style arabe byzantin du viiie siècle, qui provient de la mosquée construite par *Abder-Rhaman Ier*.

La porte de la chapelle de *San Pablo*, appartenant au style byzantin du xe au xie siècle, mérite une mention.

Le Musée de *Tarragone* contient des antiquités romaines, parmi lesquelles nous signalerons divers objets de céramique, des bustes d'empereurs romains et, surtout, une fort jolie statuette en bronze, représentant *un petit nègre*, d'une étonnante exécution et d'un curieux réalisme.

Une voie ferrée, passant par **Reus** et **Montblanch**, relie **Tarragone** à **Lérida**, où elle rejoint la ligne générale de **Barcelone** à **Saragosse**.

A dix kilomètres de **Montblanch**, ville située sur la ligne de *Lérida*, à environ quarante kilomètres de *Tarragone*, se trouve le fameux monastère de **Poblet**, fondé, au xve siècle, par Ramon Berenguer, et qui servit jadis de lieu de sépulture aux rois d'Aragon; les tombeaux, nous l'avons dit, sont vides aujourd'hui. Les ruines de ce monastère sont des plus intéressantes. Mentionnons particulièrement: la belle porte dite *Puerta real*, flanquée de deux tours octogones; les restes du *palais du roi Martin*; la riche *chapelle de St Georges*; le curieux pavillon du cloître, de style roman; enfin, le magnifique cloître où sont disposés, en saillie le long des parois, de grands coffres en pierre, soutenus en l'air par trois piliers en manière de consoles, qui produisent un effet grandiose; c'est dans ces étranges bahuts, d'un si grand caractère, qu'étaient placés les corps des rois d'Aragon, transférés aujourd'hui à Tarragone.

Un autre monastère, non moins digne d'intérêt, c'est celui de **Santas Creus**. Rien ne saurait donner l'idée de la morne solitude qui règne dans ces vastes ruines, vouées à l'abandon, et dont la tristesse semble s'étendre jusqu'au village lui-même. Et cependant, rien n'est plus grandiose que l'aspect de la porte principale de l'église, d'un très bon style ogival, toute crénelée à son sommet, de même que la porte principale du cloître.

A l'intérieur de celui-ci règne le style ogival le plus pur; rien de plus élégant que les fines nervures de ses ogives, qui reposent, d'un côté, sur les chapiteaux sculptés de colonnettes réunies en faisceaux et formant piliers et, de l'autre, sur d'élégantes consoles, que soutiennent des figures d'anges et de chimères, en manière de cariatides.

Entre chaque arcade, des sépultures, affectant la forme de bahuts, sont placées sous des arcs en plein cintre du plus grandiose effet. Malheureusement la dévastation a fait disparaître les belles rosaces dentelées, que soutenaient des piliers à arcades ogivales, et qui constituaient les fenêtres de ce cloître merveilleux.

En sortant de *Tarragone*, et à quelque distance de la ville, se présentent les restes d'un aqueduc romain, à deux rangées d'arcades superposées, que l'on nomme l'aqueduc de *las Ferreras*, ou encore *le pont du Diable*.

Du reste, sur la route de *Tarragone* à *Barcelone*, on rencontre encore, d'autres constructions d'origine romaine, fort intéressantes. C'est d'abord, à quelques kilomètres de *Tarragone*, une sorte de tour carrée, élevée sur un socle et à deux corps, construite en pierres délicatement travaillées, et dont le couronnement fait défaut: deux figures, dans l'attitude de la douleur, sculptées en demi-relief et debout sur des piédestaux, également réservés dans la pierre, constituent la décoration de ce monument, que l'on appelle *la Tour des Scipions*, et dont les inscriptions ont disparu.

Puis, au-delà d'un petit village nommé *Torre dem Barra*, se trouve, aussi placé sur la route, un arc de triomphe nommé *el Arco de Bará*: c'est un remarquable monument élevé au temps des Romains. On y conservait encore, au commencement du siècle, une inscription commémorative en latin que le général *Van Halen* fit effacer, pour la remplacer par une dédicace en l'honneur du général *Espartero*; à la chute de ce dernier, elle céda la place à une autre inscription dédiée à la reine *Christine*, supprimée à son tour aujourd'hui.

Sur le chemin de **Tarragone** à **Barcelone**, dès que l'on a dépassé la station de **Villafranca del Panadés**, on aperçoit, sur la gauche, la montagne si pittoresque du **Montserrate**; puis, après **Martorell**, le *pont du Diable*, dont la fondation est attribuée à Annibal. Formé de trois arches, dont celle du centre, de courbure ogivale, est d'une hauteur démesurée, ce pont est d'une pente fort raide: la clef de voûte est surmontée d'un arc de triomphe érigé, dit-on, en l'honneur d'Amilcar.

La voie ferrée passe ensuite sur le pont du *Lladoner*, formé d'un double rang d'arcades d'une hauteur considérable. Au sortir de **Molins del Rey**, l'on aperçoit un autre grand pont de pierre blanche, et l'on atteint bientôt les faubourgs de **Barcelone**: **Sans** avec ses nombreuses usines et **San Gervasio**, avec ses jolies villas, qui annoncent la proximité de la plus grande et de la plus industrieuse ville de l'Espagne.

Barcelone. *Barcelone* fut fondée 230 ans avant notre ère, par Amilcar Barca; elle passa, comme le reste de l'Espagne, sous la domination romaine; puis, sous celle des Visigoths; en 801 elle tomba au pouvoir de Charlemagne, qui divisa la Catalogne en neuf comtés et l'incorpora à la *Septimanie*. Elle releva longtemps de la France, jusqu'à ce qu'en 872, Wilfred le velu en fut reconnu comme comte souverain, par Charles le Chauve, au nom de qui il l'avait, jusqu'alors, gouvernée.

La Catalogne resta ainsi indépendante, lorsqu'en 1137, Raymond Bérenger IV, comte de Barcelone, par son mariage avec une princesse d'Aragon, réunit la Catalogne à ce royaume. Cette souveraineté ainsi constituée, et augmentée encore des îles Baléares et du royaume de Valence, fut réunie plus tard à la couronne de Castille, par le mariage de Ferdinand V d'Aragon, avec la reine Isabelle Ire de Castille, tous deux connus dès lors, sous le titre de Rois Catholiques.

Plus tard, Barcelone se souleva contre les gouverneurs qui l'administraient au nom de Philippe IV et, pour se soustraire à leurs vexations, elle en appela à la France: elle subit alors toutes les rigueurs d'un siège terrible; durant la guerre de Succession enfin, elle prit parti pour l'archiduc Charles contre Philippe V.

Barcelone est une grande et belle ville: elle a renversé, il y a peu d'années, ses fortifications, pour s'étendre dans la plaine et depuis, elle a vu doubler le chiffre de sa population.

Elle possède de belles promenades: la *Rambla*, qui la traverse en entier, depuis la place de *la Paz*, située sur le port, jusqu'à la place de Catalogne, d'où part la jolie avenue de *Gracia*, qui la relie au faubourg de ce nom; puis, des boulevards, nouvellement tracés au milieu *del Ensanche*, ou nouvelle ville en projet; des places, parmi lesquelles, nous citerons la *place Royale*; celle du duc de *Medinaceli*, décorée d'une colonne rostrale en fonte, élevée à la mémoire de *Galceran Marquet*, vice-amiral catalan et conseiller de Barcelone, dont la statue surmonte cette colonne; la *place du Commerce* ou *du Palais*, avec sa jolie fontaine; la *place neuve*, où se trouvent deux vieilles tours, dont l'une a gardé son caractère ancien.

Barcelone possède aussi plusieurs théâtres, parmi lesquels nous citerons le *Théâtre du Lycée*, avec sa belle façade et sa jolie et vaste salle, construite sur le modèle de *La Scala* de Milan. Nous mentionnerons encore: la *Bourse*, ou *Lonja*, d'un aspect monumental; le *Palais de la Diputacion*, ou *Audiencia*, avec son curieux escalier et la jolie façade de la *chapelle de Saint Georges*, de style ogival fleuri. On y conserve divers objets précieux, entr'autres un devant d'autel représentant *Saint Georges*, admirablement brodé en relief, sur un drap d'or, enrichi encore des plus riches dessins. N'oublions pas la façade de ce même édifice qui donne sur la rue *del Obispo*: c'est un chef-d'œuvre de l'art ogival, que déparent malheureusement les croisées, garnies de persiennes, qu'on y a ménagées; dans les salles, richement lambrissées, de cet édifice, se réunissaient autrefois, les Etats de Catalogne; puis, la *Casa Ayuntamiento*, beau palais dont on admire la cour et surtout l'ancienne façade du xive siècle, avec sa riche architecture de style gothique.

Nous mentionnerons aussi: l'*ancien palais des comtes de Barcelone et des rois d'Aragon*, converti aujourd'hui en couvent des religieuses de *Santa Clara*; la *Casa de la Canongia*, avec sa curieuse porte; la *Casa-gremio des Cordonniers*, dont la façade, en partie conservée, est à signaler; la casa de *la Gralla*, remarquable par ses belles salles lambrissées; *la casa de Dusay*, un bijou du xvie siècle; une maison de la rue de *Moncada*, qui conserve un charmant escalier dans le goût de la Renaissance; dans la rue du Paradis, un groupe de maisons élevées sur les restes d'un ancien temple romain, dont il reste quelques colonnes, de dimensions colossales, aujourd'hui mêlées aux constructions intérieures; la *casa Cardenas*, dont la cour, l'escalier et les salons, sont dignes d'attention et enfin, le *palais de la Reine*, sur *la Rambla*, où se trouve une collection de tableaux.

La *Cathédrale* primitive de Barcelone fut fondée vers 878, sous l'invocation de *Sainte Eulalie*, patronne de la ville; mais l'église actuelle a été édifiée par Raymond Bérenger Ier, en 1058, et continuée par les rois d'Aragon; sa façade est toujours restée inachevée. Parmi les portes qui donnent accès à ce temple, nous citerons: celles de *la Piedad* et de *Santa Eulalia*, qui appartiennent à l'époque gothique; celle de *Santa Lucia*, du plus pur roman; puis encore, la porte latérale de droite et enfin, celle qui donne accès au cloître, merveilleusement décorée dans le goût du xve siècle.

L'intérieur de la Cathédrale est de style ogival et d'une grande élégance, grâce à la hauteur et à la hardiesse des voûtes de ses trois nefs: on y remarquera surtout, la disposition du maître-autel, qui forme une sorte de temple soutenu par des colonnettes sculptées, que couronne à son sommet, *un Christ en croix;* au-dessous, existe une crypte avec une chapelle, où sont déposés les restes de la patronne de la ville, *Sainte Eulalie*. A la droite du Chœur, un escalier conduit à une tribune; l'abside, d'un très bel aspect, est décorée de grandes fenêtres et de rosaces garnies de vitraux de couleur, qui répandent dans l'église leur mystérieuse lumière. Plusieurs chapelles sont décorées de sculptures de *Forment*, et de peintures de *Villadomat*, de *Tramolles* et de *Juncosa;* on y trouvera également, des tombeaux remarquables, parmi lesquels nous citerons celui de l'évêque *Don Ramon Escalas*.

Le cloître est, sans contredit, la partie la plus curieuse de la Cathédrale, avec ses nombreuses fontaines qui jaillissent au pied même des piliers, sur lesquels reposent les voûtes ogivales, et que décorent des chapiteaux richement sculptés. Le cloître contient diverses chapelles fermées par des grilles en fer forgé, du plus souple travail. Tout à côté de la porte intérieure de *Sainte Lucie*, on a pratiqué une petite niche formée par des colonnettes supportant trois arcs trilobés, dans le goût ogival: devant un petit tombeau, décoré de deux écussons et orlé d'une inscription formant bordure, la Vierge, tenant l'enfant Jésus, semble s'incliner au-dessus d'une statuette jacente, dont les mains sont jointes dans l'attitude de la prière, la tête sur un coussin et les pieds appuyés sur une sorte de lion ou de chien: c'est l'effigie du nain *Mossen Borrá*, dont le costume, garni de grelots, rappelle qu'il fut le bouffon du roi Alphonse V d'Aragon, lequel lui avait concédé, solennellement, le droit de boire à discrétion de tous les vins de ses caves, et lui a fait élever ce curieux et minuscule tombeau.

Parmi les autres églises ou couvents de Barcelone, nous devons mentionner: celle de *Santa Maria del Mar*, décorée d'un beau portail dans le style ogival, avec ses deux autres portes de même style et dont l'intérieur, divisé en trois nefs, renferme de superbes boiseries, des sculptures d'*Agustin Pujol*, de *Caldaliver* et de *Salá*, ainsi que des peintures de *Viladomat*, peintre catalan d'un grand mérite; l'église *del Pino*, dont le portail, de style gothique, est surmonté d'une jolie rosace; l'église collégiale de *Santa Ana*, de ce même style, avec son beau cloître, où se trouve le tombeau de *Don Miguel Bohera*, qui commandait les galères de Charles-Quint; le couvent de *Monte Sion*, dont le cloître est aussi de style ogival; l'église de *Santa Maria de los Reyes*, reconstruite en 1380; et enfin, le couvent de *San Pablo*, dont le portail et le cloître singulier, sont de style byzantin.

Le *Musée provincial* offre un intérêt tout particulier: on y trouve des tableaux de *Viladomat* représentant des *passages de la vie de St François;* des *Carracci;* une toile remarquable de *Juncosa*, représentant *Jésus tenant l'hostie;* un *apôtre*, de *Ribéra;* un *David vainqueur de Goliath*, du *Guide;* un *personnage*, en costume oriental, attribué à *Rembrandt;* une chasse de *Weenix;* un très beau portrait d'*Holbein;* deux batailles du *Falcone;* un *Poussin; Jésus présenté au peuple*, de *Lanfranc; Vénus et Adonis*, de l'*Albane;* un portrait par *Mignard;* des œuvres de *Pacheco*, de *Mengs*, de *Ribalta*, de *Carlos Maratta*, de *Gentileschi*, et des ouvrages remarquables de l'école flamande.

Le Musée *Salvador*, de fondation et de propriété particulières, est un des établissements les plus complets de l'Espagne, comme échantillons d'histoire naturelle; on y trouve une collection d'armes, un médaillier, des manuscrits et une bibliothèque importante. La Bibliothèque publique, et celle de l'Evêché, renferment un assez grand nombre de manuscrits et des monnaies anciennes; nous devons aussi mentionner, dans cet ordre d'idées, les *Archives générales de la couronne d'Aragon*, que l'on dit aussi riches que celles de *Simancas*.

L'Université est un monument important, de construction moderne. *Barcelone* compte enfin, divers établissements d'éducation publique, dus à l'initiative privée, qui prouvent que la culture des beaux-arts y est en grand honneur.

Nous recommanderons enfin, à l'étranger, de visiter le fort de *Monjuich*, d'où l'on embrasse un vaste panorama. La vue s'étend sur le port nouvellement agrandi, sur la rade, la ville, et tout le pays environnant, ainsi que sur le faubourg de *la Barceloneta*, situé près du port, avec ses rues toutes parallèles et se coupant à angle droit.

Montserrate. L'excursion la plus intéressante que l'on puisse faire aux alentours de *Barcelone*, c'est sans contredit celle de **Montserrate**, dont l'immense masse rocheuse se dresse, isolée de tous côtés, au milieu des plaines de la Catalogne, élevant à plus de onze cents mètres, au-dessus du niveau de la mer, ses cônes immenses, formés de cailloux roulés et agglomérés, d'un aspect grisâtre, que les eaux ont arrondi en manière de pains de sucre.

Cette énorme montagne, dont la circonférence à la base est de plus de trente-cinq kilomètres, n'est accessible que sur deux de ses côtés: du côté de *Martorell*, station de la ligne de *Tarragone*, d'où l'on se rend à *Collbató* par un chemin des plus pénibles; ou mieux encore, de *Monistrol*, station du chemin de fer de *Saragosse*, à cinquante kilomètres de *Barcelone;* de là, un chemin de voitures, conduit jusqu'au fameux monastère situé au haut de la montagne, en longeant un ravin qui sépare les deux cimes les plus élevées.

De l'ancien monastère fondé en 880, il ne reste plus debout que quelques murailles, avec des ouvertures de fenêtres et une ou deux portes de style byzantin, ainsi qu'un pan du cloître, à double galerie superposée, datant du XVe siècle. Le monastère actuel comprend d'immenses bâtiments, percés, sur huit étages, de quantité de fenêtres de toutes dimensions et distribuées sans régularité aucune. L'église est décorée d'un portique à colonnes que surmontent quelques statues.

La renommé du sanctuaire de

Montserrate et de sa célèbre Vierge, remonte à la fin du ix⁰ siècle. A cette époque, suivant la tradition, des bergers, ayant entendu des sons mélodieux semblant provenir du sommet de la montagne, en avisèrent l'évêque de *Manresa*. Après maintes recherches, celui-ci finit par découvrir, dans une grotte, une Vierge en bois noir, sculptée par l'évangéliste *saint Luc* et que *saint Pierre* avait apportée en Espagne. Cette statue appartenait, dès les premiers temps du Christianisme, à l'église de *St Just et St Pastor* de Barcelone: on l'avait cachée dans la montagne de *Montserrate*, lors de l'invasion des Arabes. L'évêque voulut l'emporter, mais une force irrésistible l'en empêcha: il fonda alors, à cet endroit même, un petit Sanctuaire qui fut confié à la garde de *Juan Garin*, un saint ermite établi dans une grotte voisine.

La légende raconte encore, que le Diable, incommodé de la sainteté de l'anachorète, prit la forme d'un vieillard et vint s'installer dans une autre grotte, où une touchante intimité ne tarda pas à lier les deux voisins. Or il advint que *Riquilda*, fille de *Wilfred le velu*, alors comte de Barcelone, se trouva possédée du démon; dans un de ses accès, elle déclara que ce démon ne sortirait de son corps, que par la volonté du frère *Garin*. Le comte s'empressa de la confier aux soins de l'ermite qui, après avoir abusé de *Riquilda*, lui coupa la tête et l'enterra, aidé de son voisin le Diable; pris de remords, il partit pour Rome, et alla confesser son crime au Pape.

Le souverain Pontife lui imposa, pour pénitence, de marcher constamment à quatre pattes, et de vivre comme une bête, jusqu'au jour, où Dieu lui-même lui annoncerait le pardon de sa faute. Frère *Garin* revint à *Montserrate*, où il accomplit scrupuleusement sa pénitence: un poil épais vint remplacer ses vêtements et lui donner l'aspect d'une bête fauve. La légende ajoute finalement, qu'un jour que *Wilfred* chassait dans la montagne, ses batteurs lui amenèrent cet être étrange: il le fit conduire dans son palais où on le tint enchaîné. Un jour qu'il le faisait voir à ses courtisans, un fils du comte, encore à la mamelle, prononça tout d'un coup ces paroles: *Lève-toi Juan Garin, Dieu t'a pardonné!* Celui-ci se redresse aussitôt et se jette aux pieds de *Wilfred*, pour implorer un pardon qui lui fut accordé. On déterra la jeune fille que l'on trouva vivante, et ne portant au cou, qu'un mince filet rose, seule trace qui attestât la décollation qu'elle avait soufferte.

En mémoire de ce miracle prodigieux, *Wilfred* fonda un monastère près de la petite chapelle de la Vierge de *Montserrate*, où il installa des moines de l'ordre de Saint Benoit. Leur abbaye devint bientôt l'une des plus riches du monde: le monastère possédait un trésor, aujourd'hui disparu, d'une richesse prodigieuse que tous les rois, princes et grands, depuis le xv⁰ siècle jusqu'au commencement du nôtre, s'empressaient d'accroître par de riches offrandes.

Au sommet de la montagne, la vue est splendide et d'une étendue immense: en regardant, par une fenêtre de l'ermitage de *San Gerónimo*, l'œil plonge à pic sur une profondeur à donner le vertige. Un peu au-dessus de cet ermitage, se trouve la cime la plus élevée de *Montserrate*; de cette hauteur se déroule, aux yeux du spectateur, un panorama grandiose qui s'étend sur l'Aragon, les Pyrénées, le littoral de la Méditerranée et même, par un temps favorable, jusqu'aux îles Baléares.

Parmi les curiosités que présente la montagne de *Montserrate*, on cite d'immenses grottes toutes revêtues de stalactites, qui saisissent l'imagination par leur disposition, aussi capricieuse qu'inattendue, et par leur grandeur; les plus remarquables sont: celle de *l'Espérance* et celle qu'on appelle *el Camarin*, dont les murailles semblent décorées de mille colonnes, et des voûtes de laquelle pendent, des stalactites qui affectent la forme de grosses grappes de raisins; puis, *le cabinet des Sylphides*, tout diapré et couvert de cristallisations. De la grotte de *l'Espérance*, on descend, par un puits qui porte le nom de *puits du Diable*, à une belle galerie voûtée, dite de *saint Barthélémy;* de là, on passe au *cloître des moines*, décoré d'élégantes et délicates colonnes naturelles.

La *grotte de l'Éléphant* vient ensuite: elle doit son nom à une masse rocheuse, figurant assez exactement un éléphant qui porterait deux tours sur son dos; on y admire surtout, un arc ogival naturel, qui s'élance vers la voûte et dont la courbure est d'une régularité et d'une correction merveilleuses. La *galerie des Fantômes*, celle de *la Dame blanche* et, enfin, le Salon qui simule une véritable *abside gothique*, terminent cette promenade fantastique et souterraine.

Iles Baléares. De **Barcelone**, le voyageur peut se rendre facilement aux **îles Baléares** et visiter **Palma**, capitale de l'ancien royaume de **Majorque**, chef-lieu de la province qui porte actuellement le nom de *Baléares* et qui comprend les îles de *Majorque, Minorque, Iviça, Formentera, Cabrera, Dragonera* et *Conejera:* ces trois dernières, sont sans aucune importance et presque inhabitées. Le climat, dont jouit ce groupe d'îles, est certainement des plus beaux que l'on connaisse: le sol, malgré la rareté de cours d'eaux importants, y est couvert d'une végétation luxuriante; précisément l'île *Formentera* tire son nom de l'abondance, relativement extraordinaire, de ses récoltes de froment.

L'île d'*Iviça* est également très habitable, malgré l'opinion contraire, généralement répandue, qui la peuple d'animaux vénéneux; ce sont les *îles Columbrettes*, situées non loin de là, sur la côte de Valence, en face de Castellon, qui méritent plutôt cette réputation, on a sans doute confondu avec celle d'*Iviça*, d'ailleurs située plus au Sud, ces îles devenues inhabitables, à cause du grand nombre de serpents qu'on y trouve; le nom de *Mont Colobrer* ou des couleuvres, par lequel on désigne également ces îles, vient évidemment de cette circonstance.

On croit que l'éthymologie de *Baléares* est le mot *Baal*, ou *dieu du Soleil*, que les habitants primitifs de ces îles auraient adoré, longtemps encore, après les populations de la Péninsule. Ils vivaient dans des cavernes, et étaient fort réputés pour leur habileté à manier la fronde; aucune cuirasse, aucun casque ne résistait, paraît-il, à leurs coups terribles.

On raconte, à ce sujet, que les femmes, pour habituer de bonne heure leurs enfants à ce genre d'exercice, les dressaient à ne recevoir leur nourriture quotidienne, qu'après l'avoir gagnée, en la touchant avec la pierre de la fronde.

C'était là, au dire de Strabon, la population de ces îles, avant l'arrivée des Phéniciens qui y apportèrent les premiers éléments de civilisation. Lorsque plus tard, les Carthaginois s'emparèrent d'*Iviça*, leur domination s'étendit rapidement sur les îles voisines: on vit alors, dans leurs rangs, des fronteurs baléariens qui se distinguèrent principalement au combat du lac de Trasimène et à la bataille de Cannes. Les insulaires, devenus à leur tour les alliés de Rome, furent attaqués de nouveau par *Magon*, général des Carthaginois; ce dernier put toutefois se maintenir dans l'île *Minorque*, où il fonda la ville de *Mahon*, qui porte encore son nom. Après la destruction de Carthage, les Baléares recouvrèrent leur indépendance: ils se livrèrent, plus que jamais, à leur profession naturelle, la piraterie, et leurs déprédations les faisaient redouter sur toutes les côtes méditerranéennes. Pour les châtier, les Romains entreprirent la campagne Baléarique; le général *Q. C. Metellus* fit la conquête des îles, en l'an 153 av. J.-C., ce qui lui valut les honneurs du triomphe, et le surnom de *Balearicus*.

Les nouveaux maîtres donnèrent, aux deux îles principales du groupe, les noms de *Major* et de *Minor*, qu'elles ont conservé. On raconte qu'au temps de Jules César, elles furent tellement ravagées par les lapins, que les insulaires crurent devoir lui adresser une ambassade, pour lui demander des secours contre ce singulier fléau.

Au ve siècle, les Vandales, chassés de Galice, les incorporèrent à leur royaume d'Afrique: Bélisaire les soumit à l'autorité des empereurs romains; mais les Baléariens ne tardèrent pas à y échapper. Il en fut de même avec les Maures, qui les incorporèrent, en 798, au Califat de Cordoue; ils surent se soustraire à l'autorité des Arabes en l'an 1009, pour se livrer de nouveau à la piraterie.

Pour mettre fin à leurs déprédations, les Catalans, Génois et Pisans réunis, qui tous en avaient tant souffert, saccagèrent *Majorque* et s'emparèrent, en 1116, de l'île *d'Iviça*. Enfin, en 1232, Don *Jayme Ier* d'Aragon débarqua à *Majorque*, à la tête d'une nombreuse armée et s'en rendit maître au bout de quatre mois; il laissa le royaume de *Majorque* à son troisième fils *Jayme III*. Le roi d'Aragon, *Don Pedro IV*, son beau-frère, en le dépouillant du trône, incorpora ces îles à sa couronne. En 1521 elles se révoltèrent contre l'autorité de Charles-Quint; durant la fameuse guerre de Succession, elles prirent parti pour l'archiduc d'Autriche, et ne reconnurent Philippe V qu'en 1715.

Telle est, à gros traits, l'histoire de ces îles voisines de l'Espagne, dont elles ont, nécessairement, subi l'influence centralisatrice et toutes les agitations politiques.

Ile Majorque. Palma, située dans *l'île Majorque*, est le chef-lieu de la province formée avec les îles Baléares; c'est une ville, aux rues étroites, qu'entoure un riant paysage formé par des bois et des jardins. On y trouve des édifices remarquables, parmi lesquels nous mentionnerons d'abord: *la Lonja* ou ancienne Bourse, bel et somptueux édifice dans le style ogival, commencé en 1426 et terminé vingt-deux ans plus tard, qui possède une salle remarquable, et dont les voûtes sont soutenues par de jolies colonnes torses et cannelées. Puis, *la Casa Consistorial*, ou hôtel de ville, monument d'un style sévère, bâti à la fin du xvie siècle, que surmonte un vaste auvent, en bois sculpté, sous lequel s'allongent, en manière de cariatides, des chimères aux attitudes variées, qui se couvrent le visage de leurs mains; signalons, à l'intérieur, un tableau attribué à *Van Dyck*, qui représente *le martyre de Saint Sébastien*. Le palais du Capitaine général, où est installée *la Audiencia*; celui du comte de *Montenegro*, qui renferme une belle galerie de tableaux et une riche bibliothèque, sont dignes également d'être cités, au même titre que les palais de *Ariañy*, de *Solleria* et d'autres encore.

La Cathédrale de *Palma* est un beau temple fondé par le roi *Don Jayme* le Conquérant, en 1230, et terminé seulement en 1601. Ce monument, bâti dans le style gothique, est surmonté d'un clocher nommé *la Torre del Angel* et présente, du côté sud, une belle façade malheureusement restée inachevée.

A l'intérieur, divisé en trois nefs, que soutiennent de légères et sveltes colonnes, et que garnissent de beaux vitraux, on remarque surtout *la Capilla Real*: située derrière le maître-autel, elle a servi de lieu de sépulture à divers princes et rois de Majorque. Au centre, se dresse un beau sarcophage en marbre noir, élevé en 1779, par les ordres du roi Charles III, à la mémoire de *Don Jayme II*, mort en 1311.

La chapelle de la famille des *Salas* contient le mausolée du général *marquis de la Romana*, chef de partisans devenu célèbre, au temps de la guerre de l'Indépendance. Mentionnons aussi, *le Baptistère*, richement décoré de marbre et de stuc, et le Chœur, avec ses belles sculptures extérieures et ses stalles, d'une exécution délicate.

Le cloître de la Cathédrale est de construction moderne et n'offre rien de particulier.

L'église paroissiale de *Santa Eulalia* est un somptueux monument partagé, intérieurement, en trois nefs et qui n'exige aucune description spéciale.

Les fortifications de *Palma* furent construites au temps de Philippe II: la baie est protégée par le château de *San Carlos*; les tours de *los Pelaires* et *du Lamparon* servent, l'une de vigie, l'autre de phare.

Entre la ville et le port, appelé *Portopi*, se dessine le célèbre *château de Bellver*, dont la position admirable justifie amplement le nom. Cette forteresse, de forme circulaire, défendue par de hautes tours rondes et de larges et profonds fossés, fut construite, au xive siècle, par Henri II; un *patio*, orné d'une superbe galerie, en occupe l'intérieur. C'est dans une des tours de cette forteresse, transformée en prison d'Etat, que le célèbre jurisconsulte *Jovellanos* expia les attaques que, dans son fameux pamphlet *Pan y Toros*, il avait publié, sous Charles IV, contre *Godoy*, où il mettait en relief la scandaleuse toute-puissance du favori de la reine *Marie Louise*. C'est dans ce même château de *Bellver*, que fut aussi retenu prisonnier, pendant deux mois, l'astronome français *François Arago*, venu à Majorque, durant les terribles événements de 1808, pour mesurer le méridien de la terre; c'est là enfin, que le général *Lacy* fut fusillé; la veille de l'exécution, il se vit obligé de demander un peu de pain à la sentinelle qui le gardait.

Majorque prétend être le berceau de la famille des *Bonaparte*. Un ancêtre de cette famille, *Hugo Bonapart*, natif de *Majorque*, serait allé, en 1411, dans l'île de Corse, en qualité de gouverneur, au nom du roi *Martin*, quand cette île appartenait à la couronne d'Aragon. On voit, du reste encore, derrière la Cathédrale, le palais de *los Bonaparts* avec sa façade timbrée d'un écusson où figure un aigle, semblable à celui qui plus tard, servit de devise à l'empereur Napoléon. Dans l'église du couvent de *Santo Domingo*, où siégeait le tribunal de l'Inquisition, et dont les ruines témoignent de la magnificence passée de ce monastère, on voit la tombe de la famille. En confrontant les armoiries qui la décorent, avec d'autres retrouvées dans des documents authentiques Mr *Tastu* a établi, que le nom de *Bonapart* est d'origine provençale ou languedocienne, et que l'ancien gouverneur de l'île de Corse, originaire de l'île Majorque, est véritablement la souche des *Bonaparte*.

De **Palma** on peut se rendre à **Valldemosa**, pour visiter l'ancien couvent des Chartreux, qui domine une montagne voisine et ressemble, avec sa tour carrée garnie de créneaux, plutôt à une forteresse qu'à un monastère.

La Chartreuse est une réunion de constructions faites à diverses époques: elle n'a de remarquable, que son église bâtie à une seule nef et décorée de faïences; signalons un devant-d'autel, la stalle du prieur et un lutrin, sculptés en bois, d'une exécution remarquable.

De **Palma** on se rend à **Alcudia**, ville située au Nord-est de l'île, en passant par **Inca**, ou encore, en allant à **Montuyri** et puis, à **Manacor**.

Manacor est une jolie ville, où la noblesse majorquine va passer la belle saison: de là on peut visiter **Arta**, située au Nord-Est de l'île et où, au milieu d'antiques forêts de chênes, se dressent des constructions cyclopéennes nommées les *clapers des gegantes*. Ces constructions, dont l'origine remonte à des temps fort reculés, sont formées par des roches énormes, placées les unes sur les autres, et réunies sans ciment; elles ont la forme de cônes tronqués, les uns creux et les autres massifs. On pénètre, à leur intérieur, par une sorte de porte basse et étroite, pratiquée à la base, ou encore, par l'ouverture ménagée au sommet du cône, à l'aide d'une sorte d'escalier formé de pierres, laissées en saillie, tant à l'extérieur qu'à l'intérieur. On a lieu de supposer que ce sont là des sépultures anciennes, car on a découvert, dans quelques unes d'entre elles, diverses urnes cinéraires. Tout autour de ces singuliers monuments, on voit encore debout, quelques *dolmens*.

Non loin de là, se trouve la célèbre *Cueva de la Ermita*; on pénètre par un sentier, ouvert sur les bords d'un précipice, à pic sur la mer, dans une vaste grotte, dont toutes les parois sont recouvertes de stalactites et de cristallisations de formes étranges; c'est ainsi qu'au centre, se dresse une sorte d'idole gigantesque, imitant la forme humaine, qu'entourent d'autres figures plus petites.

Ces agglomérations, formées par des stalagmites nées du sol, donnent au visiteur, l'impression qu'il éprouverait en pénétrant dans une immense pagode de l'Inde. On descend aussi, par une échelle de corde, dans une caverne encore plus profonde et de dimensions considérables, nommée *el Infierno* (l'Enfer): de légères colonnettes, formées par la nature, semblent supporter avec peine, l'immense et imposante voûte suspendue au-dessus du visiteur, sur lequel elles paraissent vouloir s'effondrer. De là, on aperçoit une troisième grotte, bien plus profonde encore, où nul n'a jamais, dit-on, pénétré.

De **Arta** l'on peut se rendre à **Alcudia**.

Alcudia est une ville située au Nord-Est de *Palma*, du côté opposé de l'île, entre deux grandes baies, et à trois kilomètres de la mer. Son nom lui vient des Arabes, et signifie *montagne* ou *hauteur*. De fortes murailles, des fossés et deux châteaux, la font considérer, encore aujourd'hui, comme une place de guerre. On trouve à *Alcudia* des vestiges nombreux de sa splendeur passée. L'église paroissiale de *Santa Maria la mayor*, qui renferme un grand nombre de chapelles, se glorifie d'avoir compté, parmi ses anciens desservants, les Papes Clément VII et Alexandre VI, ce dernier de la trop célèbre famille des *Borgia*.

On signale, aux environs de la ville, une grotte naturelle nommée de *San Martin*.

On se rend, en quelques heures, de **Alcudia** à **Ciudadela**, située dans l'île **Minorque**.

Ile Minorque. Ciudadela est l'ancienne capitale de l'île; bâtie dans une plaine, cette ville, encore entourée de murailles et de fossés, n'offre d'autre monument que la Cathédrale.

Cet édifice, élevé au centre de la ville, ne contient, à l'intérieur, qu'une seule nef construite dans le style gothique, et est flanqué, extérieurement, d'une belle tour carrée.

A trois kilomètres de la ville, on visite la curieuse grotte appelée *Cova Perella*: elle est revêtue de belles pétrifications, qui affectent les formes les plus étranges, et dont l'ensemble présente l'aspect d'une riche église gothique. Ce temple, créé par un caprice de la nature, est soutenu par de sveltes colonnettes et présente à l'œil de belles nervures courbées en ogive, et semble orné de gracieuses tribunes; le sol est, lui-même, couvert d'une sorte de mosaïque, formée par des débris de pétrifications tombés de la voûte. Près de là, dans une autre grotte, qui renferme un lac en communication avec la mer, on entend mugir les vagues qui viennent s'y engouffrer dans des cavernes profondes, avec un bruit analogue à celui que ferait un gigantesque soufflet de forge; c'est, pour cette raison, que les habitants l'appellent *el Fuelle del Diablo*, ou le Soufflet du Diable.

Mahon est une belle ville, propre et bien bâtie, dont le port, un des meilleurs de l'Europe, est fréquenté par des navires de tous pavillons et possède une réputation de sécurité qui, déjà au temps de Charles-Quint, faisait dire au fameux amiral génois, André Doria, commandant des flottes de l'Empereur, que *Juin, Juillet, Août et Port Mahon, étaient les meilleurs ports de la Méditerranée.*

Parmi les monuments de la ville, nous signalerons: *l'hôtel de ville*; *l'Église paroissiale*, de style greco-romain, qui possède un orgue remarquable; celle de *San José*, qui fut consacrée au culte protestant pendant toute la durée de l'occupation anglaise, et finalement, *le Lazareth*, fondé par le roi Charles IV, et dont les dispositions générales, en font un des meilleurs établissements de ce genre de la Méditerranée.

On signale encore, comme une curiosité à visiter, le cimetière, auquel donne accès un beau portail.

De l'ancien arsenal, des fameux chantiers d'où sont sortis maints hardis corsaires, aux temps des guerres avec la France, ainsi que du célèbre fort de *San Felipe*, que les Anglais croyaient avoir rendu imprenable, il ne reste plus aujourd'hui, que des ruines.

Les Anglais s'étaient, en effet, emparé de *Mahon*, durant la guerre de Succession, lorsque cette ville se déclara en faveur de Philippe V, afin d'en assurer la possession à l'archiduc Charles d'Autriche; ils n'évacuèrent l'île qu'en 1782.

Mahon a donné le jour à *Orfila*, l'éminent chimiste naturalisé français, devenu célèbre par ses beaux travaux toxicologiques.

L'île de *Minorque* possède de curieux *dolmens*: ce sont de vastes quartiers de roches, plantés perpendiculairement dans la terre, dont quelques-uns atteignent sept et huit mètres de hauteur au-dessus du sol, et qui servent de support à des pierres plates horizontales, de quatre mètres de longueur, trois mètres de largeur et un mètre et demi d'épaisseur.

Ile Cabrera. Pour se rendre de **Mahon** à **Iviça**, on passe en vue de l'île **Cabrera,** située au sud de l'île *Majorque*. C'est un îlot aride, presque inhabité, défendu par un vieux château d'origine mauresque, auquel se rattache, pour les Français, un souvenir des plus tristes. Sur ce rocher, brûlé par le soleil et privé d'eau, furent débarqués, en deux fois en 1808, au nombre de plus de huit mille, les soldats français faits prisonniers après la capitulation de Bailen. Tous les quatre jours, une barque leur apportait de *l'île Majorque* des vivres insuffisants: un jour, par imprévoyance sans doute, la barque n'arriva pas.

On vit alors ces malheureux, à bout de forces, se traîner jusqu'aux sommets des rochers de l'île, afin de découvrir à l'horizon, la voile qui devait apporter les secours tant désirés. Il y eut un retard de quatre jours, involontaire sans aucun doute. Durant cette terrible période d'angoisse, un grand nombre de soldats succombèrent aux tortures de la faim; le nombre des victimes alla toujours en croissant, à tel point que la moitié des prisonniers, jetés sur cette roche inhospitalière, mourut victime des ardeurs du climat, et des maladies engendrées par la faim et la soif.

Ile d'Iviça. La ville d'**Iviça** est bâtie sur un rocher élevé, que baigne la mer du côté du Nord, et qu'entourent des fortifications: on y pénètre par deux portes. Les monuments y sont rares; on peut visiter l'église paroissiale de *San Pedro*, bâtie au XVIIe siècle, qui fut élevée au rang de Cathédrale en 1782; elle n'offre rien de particulièrement intéressant pour l'artiste.

L'aspect de l'île est d'ailleurs des plus riants: le sol est couvert d'une belle végétation; les bois y sont toujours verts.

C'est au sud d'**Iviça**, que se trouve la petite ile de **Formentera**, qui n'offre aucun intérêt.

De Barcelone à la frontière française. Au sortir de Barcelone, pour se rendre à **Gerona** et de là en France, on atteint successivement **San Andrés de Palomar**, ville manufacturière; puis **Granollers**, localité intéressante, avec sa vieille tour, ses pans de murailles, et son église du XIIe siècle.

Près de *Granollers*, on visite la jolie église byzantine du petit village de **San Feliu de Canovellas**, et les ruines du monastère de **San Miguel de Fay**, admirablement situé, au milieu d'un cirque formé de roches basaltiques, où viennent se déverser de bruyantes cascades; à travers la nappe d'eau de l'une de ces cascades, apparaissent, comme derrière un rideau de cristal, les ruines de la petite église du monastère.

Tout à côté, se trouvent d'immenses grottes, dont le sol tremble et retentit sous la masse incessante des eaux: de belles stalactites les décorent et revêtent leurs parois de mille caprices, empruntés à une architecture des plus fantastiques.

A **Granollers**, s'embranche aussi une voie ferrée qui se dirige vers **Vich**, et qui devra se prolonger sur **Ripoll** et **San Juan de las Abadesas**, en pleines montagnes des Pyrénées. Sur ce parcours, on rencontre, après **La Garriga**, **Centellas**, qui possède une jolie église dans laquelle on trouve quelques panneaux remarquables; puis on atteint **Vich**, vieille ville qui conserve encore quelques restes de ses anciennes murailles. Sa Cathédrale, fondée vers 1040, fut reconstruite au commencement de notre siècle; on trouve, à l'intérieur, un maître-autel de style gothique, taillé dans l'albâtre, et des sculptures représentant la *Vie de l'apôtre saint Pierre;* son cloître, du XIVe siècle, est de style ogival et richement décoré.

A environ vingt kilomètres au Nord de **Vich**, nous recommandons aux artistes la petite ville, déjà nommée, de **Ripoll**, autrefois détruite par le feu et qui renait aujourd'hui de ses cendres; on y visite les ruines de l'ancien et fameux monastère de l'ordre des Bénédictins, fondé par *Wilfred le velu*, pour servir de sépulture aux comtes de Barcelone.

De ce riche monastère, il reste debout, une curieuse façade, qui est décorée, avec la plus extrême profusion, de figures d'animaux, de monstres fantastiques et de chimères, entremêlées d'ornements de toutes sortes, formant le pêle-mêle le plus bizarre et le plus extraordinaire: à côté de cette étrange façade, se trouvent encore d'autres restes intéressants, appartenant à tous les styles d'architecture, depuis le IXe jusqu'au XVIe siècle.

Après **Granollers**, et en se dirigeant sur **Gerona** et vers la frontière française, on atteint **Hostalrich**, petite ville qui a conservé intactes les murailles de son enceinte, ainsi que les tours de son ancienne citadelle: tout près, s'embranche la ligne du littoral qui, partant de **Barcelone**, vient rejoindre la ligne principale, en passant par **Mataró**, et **Arenys de Mar**, en longeant constamment la mer.

La voie ferrée continue ensuite

jusqu'à la frontière française: elle atteint d'abord,

Gerona, chef-lieu de province, située au pied de montagnes, où sont établies des fortifications, et que la rivière *Oña* sépare en deux parties. *Gerona* a conservé le souvenir du siège qu'en fit, en 1809, le général français Gouvion Saint-Cyr, siège mémorable par la vaillante résistance qu'opposèrent les défenseurs de la place.

Parmi les monuments curieux de la ville, nous mentionnerons l'église collégiale de *San Félix*, avec son clocher décoré d'aiguilles gothiques: puis, la *Cathédrale*, à laquelle on accède par un escalier monumental, dont les marches, de vingt mètres de largeur, sont au nombre de plus de quatre-vingts, divisés en trois paliers.

La façade est de construction moderne; sa nef unique, est occupée par le Chœur. On y trouve quelques belles sculptures, parmi lesquelles nous citerons la statue du fondateur de la Cathédrale, *Don Bernardo de Paro*, bel ouvrage du xve siècle; le maitre-autel est un curieux monument où sont sculptées des scènes de la Bible, et que décorent des statuettes de métaux précieux, entremêlés de pierres fines et d'émaux.

La Cathédrale possède aussi une curieuse Bible du xiiie siècle, qui a appartenu, dit-on, à Charles V roi de France.

On arrive ensuite à **Figueras**, dont la citadelle de *San Fernando*, et les fortifications, sont creusées dans le rocher; elles sont, par conséquent, à l'épreuve de l'artillerie. Peu après l'on atteint **Portbou**, dernière ville de l'Espagne: c'est là que sont situés les bureaux de la douane espagnole, renseignement utile aux voyageurs qui pénètrent en Espagne par cette partie de la frontière; quelques minutes après, on arrive à **Cerbère**, première ville française, située à quarante kilomètres de **Perpignan**.

De Barcelone à Saragosse.

Au départ de **Barcelone** pour **Saragosse**, la voie ferrée s'élève constamment, et sur un long parcours, par des rampes très fortes: elles atteignent parfois deux pour cent. **Sabadell**, qu'on rencontre d'abord, est la ville industrielle par excellence de la Catalogne; on passe en vue des ruines du vieux château des chevaliers de *Egara*; peu après on atteint **Tarrasa**, renommée pour ses fabriques de draps; puis **Olesa**, d'où on se rend à *la Puda*, qu'ont rendu célèbre ses eaux sulfureuses.

Au sortir d'**Olesa**, on passe sur le magnifique viaduc de *Buxadell*, ouvrage considérable, et dont la hauteur dépasse quarante mètres; on contourne la fameuse montagne de *Montserrate*; on arrive à la station de **Monistrol**, d'où l'on se rend, généralement, au célèbre monastère dont nous avons déjà parlé plus haut et enfin, à **Manresa**, ville bâtie en amphithéâtre et que domine son église collégiale; cette ville est également réputée pour ses fabriques de draps.

De **Manresa** on peut se rendre à **Cardona**, petite ville fortifiée, située au nord de *Manresa*, au milieu de montagnes, sur la route qui mène à *Puigcerdá*, dans le voisinage du *Val d'Andorre* et sur l'extrême frontière d'Espagne, d'où l'on peut se rendre à *Bourg-Madame*, en France.

Cardona possède une ancienne église, dont la fondation remonte au IXe siècle et qui fut réédifiée au XIVe. La véritable curiosité de *Cardona*, c'est une montagne de sel gemme, qui se trouve à un kilomètre de la ville. C'est un énorme rocher qui émerge du sol et s'élève à près de cent mètres de hauteur; il occupe une surface de plus d'une lieue de tour. Sa masse cristalline et blanche, est d'une grande transparence: lorsque les rayons du soleil se brisent sur ses cristaux, la montagne offre à l'œil les éclatantes couleurs du spectre solaire, ou de l'arc-en-ciel. A l'intérieur, on a creusé des grottes de dimensions considérables, sur les parois desquelles, la lumière des torches produit également des reflets d'un coup d'œil merveilleux.

Cette curieuse masse de sel est la propriété des ducs de *Medinaceli*, et donne lieu à une exploitation importante: on en fait aussi des objets de fantaisie de toutes sortes; certains morceaux sont parfois, d'une si complète transparence, qu'on a pu les tailler en lentilles, qui réfléchissent les rayons lumineux avec une parfaite netteté.

Après **Manresa**, on gagne **Cervera** qui, en récompense de son dévouement à la cause de Philippe V, se vit gratifiée par lui, d'une Université aujourd'hui déserte; puis **Bellpuig**, qui conserve le curieux cloître de son couvent de Franciscains, fondé au commencement du XVIe siècle, par *Don Ramon de Cardona*, vice-roi de Sicile, mort en 1522. L'église renferme le beau tombeau, en marbre blanc, que lui fit élever sa femme: il est dû à *Juan Nolano* et c'est là une œuvre véritablement incomparable par la richesse, la pureté et la profusion de son ornementation, toute entière dans le goût de la Renaissance.

On atteint **Lérida**, chef-lieu de province, fameux par le siège qu'en fit, au XVIe siècle, le prince de Condé et qu'il dut lever, à la suite d'un suprême effort des habitants, accourus en masse aux murailles pour repousser les assiégeants.

Lérida conserve encore des restes de sa cathédrale construite en 1202; son cloître est du style byzantin.

C'est dans la nouvelle cathédrale, bâtie sous Charles III, que l'on garde les langes qui enveloppèrent, dit-on, l'enfant Jésus le jour de sa naissance. Il existe aussi à *Lérida* une autre église, dite de *San Lorenzo*, dont la nef centrale aurait été primitivement un temple romain et plus tard une mosquée arabe.

Un embranchement de chemin de fer, récemment terminé, relie **Lérida** à **Tarragone**, en passant par **Montblanch** et **Reus**.

Sur la route de **Lérida** à **Saragosse**, on trouve **Monzon**, située au pied d'un rocher que couronnent, à son sommet, les murailles d'un château qui fut considérable et a appartenu aux Templiers.

De **Monzon** on se rend à **Barbastro**, petite ville qui n'offre de remarquable que son église principale, partagée en trois nefs, que supportent des colonnes cannelées et que décore un maître-autel dont la base est en albâtre sculpté; une grille de fer, revêtue d'ornements en bronze, ferme la chapelle principale.

A **Tardienta** s'embranche la ligne qui conduit à **Huesca**, chef-lieu de province; ce trajet se fait en trois quarts d'heure.

Huesca est une vieille et curieuse ville, d'un aspect étrange, et dont l'origine remonte au temps des Romains, qui l'appelaient *Osca;* elle fut la capitale des rois d'Aragon et on voit encore, dans la partie haute de la ville, les primitives tours de sa muraille d'enceinte.

La Cathédrale de *Huesca*, commencée en l'an 1300, et achevée en 1515, présente une façade gothique, formée de sept arcs, décorée d'un grand nombre de statues d'apôtres et surmontée d'une belle rosace. L'intérieur est occupé par une nef centrale très élevée; à droite et à gauche de laquelle, règnent d'autres nefs latérales, basses et sombres. Le retable, tout en albâtre et d'un effet superbe, offre différentes scènes de *la Passion du Christ:* c'est un merveilleux travail où l'artiste a sculpté, avec une prodigalité inouïe, des statuettes, des figures et des ornements de tout genre; il est dû au ciseau de *Damian Forment*, qui l'exécuta de 1520 à 1533; c'est le même sculpteur qui fit le retable de l'église du *Pilar*, à Saragosse. Signalons encore, les belles boiseries du Chœur, formées de quatre-vingt cinq stalles et les Archives, qu'on dit fort riches en documents du plus haut intérêt.

Huesca possède encore une autre église, celle de *San Pedro el viejo*, qui faisait partie de l'ancien monastère des Bénédictins: c'est de ce cloître que l'on vint arracher *Don Ramiro II*, pour le faire monter sur le trône; de là lui vient le surnom de *roi moine*. Le cloître contient de curieux et très anciens tombeaux: dans la chapelle de *San Bartolomé*, se trouve une urne, décorée de bas-reliefs dans le goût roman, qui contient les restes de ce roi; près de là l'on remarque aussi, un coffre en bois, où sont renfermés ceux d'Alphonse 1er le Batailleur.

On visite, enfin, le *palais des Rois d'Aragon*, aujourd'hui transformé en *Université:* on pénètre dans une salle basse, de forme ovale, où l'on fait remarquer, accroché à la voûte, un gros anneau de fer.

C'est dans cette salle que le roi moine fit exécuter, en 1136, un certain nombre de grands de son royaume, dont l'insolence et les menées turbulentes tenaient en échec son autorité. La légende raconte que *Don Ramiro* en convoqua un certain nombre dans son palais, sous prétexte de les consulter *sur l'exécution d'une cloche dont le son devait être entendu par tout l'Aragon*. Introduits, l'un après l'autre, dans la salle voûtée, ils y trouvèrent le bourreau: celui-ci trancha successivement la tête à quinze d'entr'eux. Au fur et à mesure qu'une tête tombait, elle était suspendue à la voûte et venait former une sorte de cercle.

Quand le seizième seigneur pénétra dans la salle, c'était le *comte de Monteagudo, Don Pedro Tizon*, le plus insolent de tous, on lui fit voir l'anneau du milieu de ce cercle de têtes, en lui disant que là serait suspendue la sienne, *pour qu'elle servit de battant à la sinistre cloche, afin que ses vibrations s'entendissent de plus loin.*

De **Huesca** on se rend, par diligence, à **Jaca** et de là, à **Panticosa**, située à une grande hauteur dans les montagnes des Pyrénées, et dont les eaux minérales jouissent de la plus grande réputation.

De **Panticosa** on peut se rendre, à cheval, aux **Eaux-Bonnes**, sur l'autre versant des Pyrénées, en France.

De **Huesca** à **Saragosse**, le trajet se fait en moins de trois heures.

Saragosse, chef-lieu de province, est assise sur les bords de l'Ebre, et au confluent de deux autres rivières. Elle existait déjà au temps des Romains. César Auguste, étant venu soumettre les Cantabres soulevés, y fonda une colonie militaire, à laquelle il donna son nom de *Cesarea Augusta*. Elle tomba, en 452, aux mains des Suèves, auxquels elle fût arrachée, en 466, par Euric, roi des Goths; ceux-ci la nommèrent *Cesaragosta;* en 542, elle passa aux mains des Francs et finit par faire partie de la monarchie des Visigoths; en 713, elle tomba, après une honorable capitulation, aux mains des bandes mauresques, commandées par *Tarif* et *Muza*; les Arabes lui donnèrent le nom de *Saracusta*, dont les Espagnols ont fait *Zaragoza*, et en firent la capitale d'une des cinq provinces de leur empire en Espagne. Assiégée, en 798, par les Francs commandés par Charlemagne, celui-ci fut repoussé et, c'est peu de temps après, qu'il fit sa célèbre et sanglante retraite à travers les défilés de *Roncevaux*.

Nous devons dire quelques mots des *fueros* ou libertés, dont l'Aragon a joui pendant plusieurs siècles. Durant la domination arabe, il s'était formé à *Sobrarbe*, dans un coin des montagnes de l'Aragon, une petite république demeurée indépendante, qui élisait son chef ou roi, avec une formule devenue trop célèbre, pour que nous ne la reproduisions point ici: «*Nous qui valons autant que vous* »*et qui pouvons plus que vous,* »*nous vous élisons roi, à la condi-* »*tion que vous respecterez nos pri-* »*vilèges et libertés, et que vous re-* »*connaîtrez qu'il y a, entre vous* »*et nous, quelqu'un qui comman-* »*dera plus que vous; sinon, non!*»
Ce quelqu'un, qui pouvait plus que le Roi, se nommait *El Justicia de Aragon*.

C'est ce petit royaume de *Sobrarbe*, qui fut le berceau de la monarchie aragonaise et, de même que *Pelayo* et ses successeurs, réfugiés dans un coin des Asturies, reconquirent peu à peu les Asturies, Léon et la Galice, les chefs de la petite république de *Sobrarbe* étendirent leur domination à la Navarre et à l'Aragon. Ces royaumes, souvent séparés, souvent réunis, finirent par ne plus former qu'une seule monarchie dont la capitale était tantôt *Huesca*, tantôt *Saragosse*. Cette dernière ville était restée indépendante depuis la chute du Califat de Cordoue, mais elle tomba, en 1118, aux mains d'Alphonse Ier dit le Batailleur. Désirant contre-balancer la prépondérance des seigneurs feudataires, ce roi accorda, en 1124, aux habitants de *Saragosse*, le droit de nommer un conseil composé de vingt membres; le gouvernement intérieur était exercé par douze jurats, nommés pour un an et les paroisses présentaient six candidats, parmi lesquels le roi choisissait *el Zalmedina*, ou Juge ordinaire, qu'il ne faut pas confondre avec *El Justicia*, dont l'origine, ainsi qu'on l'a vu, remonte à une plus haute antiquité.

La charge du *Justicia*, qui était d'abord concédée pour une période de temps limitée, fut, dès 1441, concédée à vie: ses attributions le rendaient supérieur en pouvoir, au Roi lui-même, et c'est à son tribunal que se jugeaient, en dernier ressort, tous les différends entre particuliers, et même ceux qui s'élevaient entre eux et le Roi: ses décisions avaient force de loi. Il avait en outre, le privilège appelé de *la Manifestacion*, en vertu duquel, il arrachait des mains de tout tribunal, même de celui de l'Inquisition, tout accusé qui en appelait à son autorité, de l'arrestation arbitraire dont il se prétendait victime; en ce cas, *El Justicia* pouvait le mettre en liberté pendant vingt-quatre heures, et même, favoriser son évasion. Par contre, la responsabilité du *Justicia* était aussi terrible que sa puissance était grande et, dans les actes d'injustice qu'il commettait, il était soumis à la peine du talion, et passible de la peine capitale: aussi, dans les assemblées des Cortès, s'occupait-on, avant tout, des réclamations que tout citoyen, le roi excepté, pouvait formuler contre les actes du *Justicia*.

C'est entre ses mains que les Rois prêtaient le serment de respecter les *fueros* d'Aragon; de nombreuses générations de princes jurèrent ainsi, suivant l'arrogante formule que nous connaissons, jusqu'à Pierre IV qui, ayant inutilement invité, en 1336, les Cortès d'Aragon à la modifier, lacéra avec son poignard le parchemin sur lequel était inscrit le privilège dit de *l'Union*, d'après lequel, entr'autres clauses, le Roi s'engageait à ne rien tenter contre tout citoyen, sans sentence préalable du *Justicia*; cet acte audacieux lui valut le surnom de *Pierre du poignard*.

Ces privilèges, tantôt accrus, tantôt restreints, motivèrent plus d'une lutte: lors de l'établissement de l'Inquisition, qui constituait une véritable institution rivale de celle des *fueros*, les défenseurs coalisés de ceux-ci, assassinèrent, en 1485, l'Inquisiteur *Pedro Arbuès de Epila*, chanoine de *la Seo*. Au XVIe siècle, les Rois de Castille se présentaient encore, dans les murs de Saragosse, pour y prêter le fameux serment; mais Philippe II leur imposa, dès lors, un vice-roi né hors du royaume, ce qui était contraire à leurs anciens privilèges.

En 1590, *Antonio Perez*, ministre de Philippe II, fuyant la colère de ce roi, était venu se réfugier dans Saragosse, comme étant un territoire libre et indépendant: durant sa captivité il sut s'attirer les sympathies du peuple et de la noblesse, si bien que quand l'Inquisition vint s'emparer de sa personne, le peuple vint l'arracher de ses prisons de *l'Aljaferia* et le réintégrer dans sa première retraite: tombé, une deuxième fois, entre les mains du Saint Office, il fut une nouvelle fois arraché à ses griffes, et put ainsi gagner librement la frontière. C'est alors que *Alonso Vargas*, à la tête de douze mille castillans, triompha de la résistance des Aragonais et pénétra dans la ville: la tête du *Justicia* d'Aragon, *Juan de Lanuza*, jeune homme de vingt-sept ans, vint alors rouler aux pieds de l'échafaud et, avec lui, disparurent les libertés de Saragosse, dont les derniers défenseurs furent les *Justicias Jayme de Lanuza* et *Francisco de Ayerbe*, qui eurent également la tête tranchée, une année plus tard.

Les privilèges de Saragosse furent définitivement abolis par Philippe V, cette ville ayant pris parti pour son compétiteur l'archiduc d'Autriche. Ajoutons, pour terminer d'un mot l'histoire politique de Saragosse, que cette ville opposa à l'armée de Napoléon une résistance opiniâtre, qui rendit à tout jamais célèbre, le mémorable siège de 1808.

Saragosse montre encore, ses murailles criblées de boulets, que l'on respecte comme des témoignages vivants de l'héroïsme dont firent preuve ses habitants; nous citerons, entr'autres ruines de ce genre, la porte de *Nª. Sʳª. del Cármen*.

Cette ville possède de belles promenades, parmi lesquelles nous mentionnerons: *el paseo de Santa Engracia*, décoré de la statue de *Ramon Pignatelli*, chanoine de Saragosse, qui acheva, en 1772, le canal dit impérial, dont le projet primitif est attribué à l'empereur Charles-Quint; puis, la promenade *del Salon*, et surtout la rue si animée *del Coso*, où se trouve le palais de *la Audiencia*, construit au xvɪe siècle; il est décoré d'un portail en plein cintre, flanqué de deux guerriers romains, et de pilastres soutenant un entablement décoré d'un beau bas-relief, qui représente l'entrée triomphale d'un empereur romain au retour d'une expédition en Orient.

Un pont de pierre, dont l'arche centrale a plus de quarante mètres d'ouverture, relie la ville au faubourg *d'Altabas*, où se trouve la gare du chemin de fer de *Barcelone*; on jouit de là, d'une vue magnifique sur la ville, sur l'église de *N. D. del Pilar*, et les principaux monuments de la ville, dont les hautes et curieuses tours se découpent sur le ciel; c'est justement le point de vue choisi par *J. B. del Mazo*, gendre de *Velazquez*, dans le remarquable tableau, où le maître a peint lui-même les groupes de personnages qui l'animent, tableau que nous avons signalé au Musée du Prado à Madrid.

En entrant à *Saragosse* par la porte qui fait suite au pont, on trouve, à main droite, *la Casa Municipal* ou *Lonja*, bel édifice de l'époque de transition du style gothique au style de la Renaissance, terminé en 1551 et où il faut surtout remarquer la superbe salle, à trois nefs, que supportent des colonnes surmontées de chapiteaux décorés des écussons de la Ville.

Le monument le plus intéressant de *Saragosse*, pour l'artiste aussi bien que pour l'archéologue, c'est sans contredit l'église de *La Seo*, de *Sedes*, siège: c'est en effet un des *deux* Sièges épiscopaux de Saragosse. Sa fondation remonte au temps des Arabes qui avaient bâti, sur son emplacement même, une mosquée que l'on consacra, en 1119, au culte chrétien. On dut, dès 1316, en raison de son mauvais état, songer à sa réédification.

En 1412, le pape *Don Lope de Luna*, connu sous le nom de Benoît XIII, affecta des ressources spéciales à l'achèvement de cette église, et c'est vers 1432, que commencèrent les travaux du Chœur et de son magnifique retable. Elle conserve encore quelques restes des constructions primitives, telles que: les fenêtres du style byzantin de l'abside, qui remontent sans doute à l'époque des réparations qui se firent à la fin du xɪɪe siècle; les magnifiques revêtements en briques, qui forment des enlacements et enfin, les décorations de faïences émaillées.

Toutes ces parties constituent des restes précieux de l'art arabe, dont les *Mudéjares* surent conserver la tradition après la conquête des Chrétiens et dont on trouvera de beaux fragments encore, à la tour de *San Salvador*, à la *Torre nueva*, ou tour penchée, et ailleurs. Cette partie de l'édifice de *La Seo*, seul vestige de l'ancienne Cathédrale, remonte probablement au xive siècle.

Quant au portail extérieur, il fut bâti, au xviiie siècle, par *Julian Yarza*, dans le goût gréco-romain; la tour, de forme octogone, fut construite, en 1685, par *Jean Baptiste Contini*.

L'église, se trouvant plus large que longue, l'archevêque Don Alonso d'Aragon y fit ajouter, en 1547, deux nefs; ce qui lui a valu sa forme actuelle rectangulaire et presque carrée.

L'intérieur de l'église cause au visiteur une impression étrange; la gravité solennelle de ses nefs, où règne constamment une lumière mystérieuse, et la somptuosité de son ornementation, en font un monument typique et bien marqué au coin du goût national, même parmi tant de riches monuments religieux que possède l'Espagne.

Elle est divisée en cinq nefs par de minces piliers, dont les chapiteaux, portant les écussons du fondateur, et la courbure des voûtes, où sont suspendues de jolies rosaces, présentent tous les caractères de l'art ogival de la seconde moitié du xve siècle et du commencement du xvie. La coupole, avec ses capricieuses nervures et sa belle lanterne, quoique décorée des armes de Benoît XIII, n'est pas celle que ce pape avait fait construire, mais bien celle que l'on réédifia en 1520.

Mais rien ne l'emporte, dans cette église, sur le retable, auquel le sculpteur *Pedro Johan de Catalogne*, travaillait au temps de l'archevêque *Mur*, de 1431 à 1456. Ce bel ouvrage, continué par *maître Ans* de 1473 à 1477, et terminé par *Gombao*, qui en acheva les portes, est, en entier, exécuté en albâtre: il représente diverses scènes *de l'Histoire du Sauveur*, telles que *l'Adoration des Mages*, *l'Ascension*, etc.; et d'autres, se rapportant à l'histoire religieuse de Saragosse, telles que *le Martyre de St Laurent*, *l'Enterrement de St Vincent*, et *des épisodes de la vie de St Valère*.

Dans la chapelle principale se trouve placé un coffre en bois, qui renferme les restes et l'effigie de *Doña Maria*, fille de Jacques Ier le Conquérant, morte en 1267, et le tombeau, en marbre, de l'archevêque *Don Juan d'Aragon*, frère de *Ferdinand le Catholique*.

Les stalles du Chœur, commencées par l'archevêque *Mur*, n'offrent aucune particularité remarquable, à l'exception du Siège archiépiscopal, qui est richement décoré et couvert de figures sculptées.

Le Chœur fut commencé en même temps que le retable, vers 1446; c'est l'œuvre de *Juan Navarro* et des frères *Gomar*; les vitraux furent apportés de Catalogne, en 1447, par maître *Ferri*. On y remarquera aussi, un beau lutrin, exécuté en 1413, par un artiste nommé *Solanas*, le même sans doute qui a sculpté les lions sur lesquels il repose.

Le *trascoro* est l'œuvre du célèbre sculpteur *Tudelilla* de *Tarazona*: c'est un des plus beaux d'Espagne et il appartient à la plus belle période de la Renaissance. Sur une base richement décorée, se dressent des portiques, formés par des colonnes en balustre, profusément ornés; des statues, placées dans des niches, représentent *St Vincent*, *St Laurent* et d'autres martyrs; les autres parties, sont occupées par des bas-reliefs figurant des scènes de la vie et de la mort de ces saints, telles que: *le martyre de St Laurent*, celui de *St André*, *la présentation de St Vincent au tyran*, et d'autres encore.

Les chapelles de *La Seo* ont, en grande partie, été restaurées à une époque où le goût de *Borromini* dominait partout et que l'on a injustement attribué, depuis lors en Espagne, à *Churriguéra*.

Dans les chapelles de *Santiago* et de *San Vicente* sont placées trois grandes toiles de *Rabiella*, célèbre peintre de batailles. Citons encore: celle de *San Juan*, dont l'entrée est décorée dans le goût *plateresque*; celle de *San Bernardo*, qui contient un beau retable de ce même style, et les tombeaux de *Don Alonso de Aragon* et de sa mère, exécutés, en 1552, par *Morlanas*.

Dans la chapelle de *San Gabriel*, fondée en 1579 par *Gabriel Zaporta*, dont elle porte aussi le nom, on remarquera une grille en cuivre repoussé, ainsi qu'un portail en marbre; dans celle de *San Pedro*, il y a deux grandes toiles de *Francisco Fernandez* de *Tarazona*, et une statue de *San Pedro Arbuès*, œuvre du sculpteur *José Ramirez*.

La chapelle de *San Agustin* est l'une des plus anciennes, puisqu'elle a été restaurée en 1420; celle de *San Miguel* possède un remarquable retable gothique, constituant un autel portatif et le superbe tombeau, gothique également, du fondateur, l'archevêque *Don Lope de Luna*, mort en 1382.

Parmi les objets précieux que l'on conserve à *La Seo*, nous citerons: la croix, en or et enrichie de pierreries, de l'archevêque *Luna*, sur laquelle les rois juraient d'observer les *fueros* d'Aragon; les bustes en argent de divers saints, envoyés d'Avignon en 1405, par ce même archevêque, alors qu'il occupait le trône pontifical; la grande *custodia* en argent, superbe travail exécuté en 1537; une chasuble enrichie de pierres précieuses et celle de l'archevêque *Don Alonso*, toute brodée en soies de couleurs.

La *Sacristie* et la *Salle Capitulaire* renferment quelques peintures de mérite; ajoutons que cette église possède une très belle collection de tapisseries, parmi lesquelles, on remarque une suite exécutée d'après les célèbres cartons de Rapahël.

Le temple le plus populaire de *Saragosse* et celui qui est l'objet de la plus fervente dévotion, c'est l'église de *Notre-Dame del Pilar*, bien autrement fréquentée que *La Seo*, quoique bien moins intéressante comme monument; elle ne présente en effet, qu'une énorme masse de pierres, lourdement entassées, et sans caractère architectural.

D'après la tradition, ce serait à cette place, et pour la première fois, qu'un temple, sous l'invocation de la Vierge, aurait été élevé, et ce serait St Jacques en personne, qui l'aurait construit en l'an 40 de notre ère, pour obéir aux ordres de la Vierge elle-même. C'était alors une petite chapelle, de huit pieds de largeur sur seize de longueur, fondée sur l'emplacement où la Vierge aurait fait son apparition. La Vierge aurait pris soin d'y apporter le pilier et la statue qu'on vénère aujourd'hui, et qui n'a jamais été changée de place. Ce petit sanctuaire se perpétua sous le nom de *Ste Marie la majeure*, et fut conservé par les *Mozarabes*, même au temps de la domination des Musulmans. Le mauvais état du temple était déjà tel au XIIIe siècle, qu'on dut procéder à sa réédification; en 1675, cette chapelle, ayant obtenu le rang d'église métropolitaine, au même titre que celle de *La Seo*, les membres du Chapitre jugèrent l'ancienne construction gothique peu en rapport avec sa nouvelle dignité et décidèrent sa démolition. La première pierre de l'édifice actuel fut posée en 1681, et l'œuvre a été exécutée sur les plans du peintre *Francisco Herrera*. C'est ainsi que cette lourde masse a été substituée à l'élégante et légère construction des architectes du moyen âge.

Partagée en trois nefs, de gros et lourds piliers supportent les coupoles des deux nefs latérales: l'absence de décoration, donne, à l'intérieur de l'église, un aspect de nudité et de froideur, qui impressionne désagréablement le visiteur. Et puis, par une singulière et confuse disposition du temple, et s'écartant complétement en cela, des modèles consacrés pour les édifices du culte catholique, *N. D. del Pilar* se trouve divisée en deux parties principales, qui se tournent réciproquement le dos.

De l'ancien édifice, il s'est fort heureusement conservé quelques beaux restes, tels que: le magnifique retable représentant des *scènes de la vie de la Vierge*, ouvrage du célèbre sculpteur *Damian Forment*, qui l'exécuta de 1509 à 1515; puis, les stalles du Chœur, admirablement sculptées dans le goût *platéresque*, par *Juan Obray*, aidé par *Juan Moreto Florentino* et *Nicolas Lobato*, qui les exécutèrent de 1542 à 1548; et enfin, la grille en bronze qui ferme le Chœur et que surmontent de gracieuses figures; cette grille est de *Juan Tomas Celima*, qui fit ce travail en 1574.

Dans un petit temple, isolé de tous côtés, se trouve placée l'image vénérée de la Vierge, sur le pilier de marbre, et à la même place où, suivant la tradition, St Jacques l'avait posée: une balustrade en argent, empêche d'en approcher; le fond sombre d'un rideau de velours, semé d'étoiles, et la multitude des lumières qui se reflètent sur la sainte image, empêchent d'en distinguer la figure, d'ailleurs noircie par le temps. La ferveur des fidèles pour la Vierge *du Pilar*, est extrême: c'est une procession continuelle de gens qui, après avoir fait leurs prières et jeté des pièces de monnaies au travers de la grille, soigneusement ramassées chaque jour, s'en vont baiser le fameux pilier, au travers d'une petite ouverture, entourée d'un cadre en cuivre, et augmenter le sillon profondément creusé dans la pierre, par les bouches de tant de générations pieuses. Par suite de ces aumônes abondantes, le trésor de *N. D del Pilar* a toujours été, et passe encore, pour être extraordinairement riche: les Rois et les Grands se sont plu à le doter de joyaux d'une valeur considérable et, parfois, d'un grand mérite artistique. Toutefois des besoins urgents, la guerre, ou la nécessité d'achever quelques travaux dans l'église, ont donné lieu, plus d'une fois, à ce qu'on y puisât largement.

Le Sanctuaire de la Vierge, dû à l'architecte *Don Ventura Rodriguez*, est une construction du style greco-romain, de forme elliptique et décorée de jaspe: des colonnes, couronnées de chapiteaux corinthiens, soutiennent une grande coupole surmontée d'une

En face de la Chapelle de N. D. du Pilar, se trouve un petit chœur dont la voûte a été peinte à fresque par *Goya*; le dôme de l'église, également décoré de fresques, a été peint par *Antonio Velazquez* et les coupoles des angles, par *Francisco* et *Ramon Bayeu*.

Derrière la Chapelle existe un fort beau bas-relief en marbre blanc, qui représente *l'Assomption de la Vierge* et qui est de *Carlos Salas*. La Sacristie de l'église renferme un *Ecce-Homo* attribué au *Titien*; c'est là que se conservent les riches ornements sacrés, et que se trouve le Trésor de ce Sanctuaire.

Après N. D. del Pilar, il faut citer l'église souterraine de *Santa Engracia*, où sont les restes des innombrables martyrs chrétiens qui, à la suite du décret de Dioclétien, furent expulsés de la ville et mis à mort par ses soldats. Les cendres réunies de ces martyrs, et dénommées les *Saintes Masses*, furent confiées, plus tard, à la garde de moines dominicains ou hiéronymites, qui y bâtirent un couvent. Une excavation, faite en 1389, amena la découverte des corps de *Santa Engracia* et de *San Supercio*, enfermés dans des tombeaux de pierre; Ferdinand le Catholique, en exécution des volontés de son père, Jean II d'Aragon, réédifia, en 1473, ce monastère; il en confia la construction à l'architecte *Juan de Morlanes*. Une terrible explosion, survenue en 1808, détruisit l'édifice à l'exception du portail en marbre, richement décoré dans le goût *plateresque*, qui tranche si nettement dans la façade greco-romaine qui l'enchâsse actuellement.

Dans les cryptes de cette église, reconstruites de nos jours, on trouve des tombeaux d'un grand intérêt archéologique: l'un d'eux sert d'autel dans le presbytère: ce tombeau est décoré de vingt-sept figures grossièrement exécutées, et toutes décapitées; au milieu d'elles se détache une tête de femme, sans doute celle de *Santa Engracia*. A l'entrée de la crypte, se trouve une colonne sur laquelle cette sainte fut, dit-on, massacrée et, à droite et à gauche de l'autel, sont rangées des urnes portant des inscriptions latines, se rapportant aux reliques qu'elles contiennent.

On y trouve encore d'autres tombeaux, ornés de figures assez semblables à celles qui décorent le précédent: l'un d'eux montre, sur une face, les images *d'Adam et d'Eve et du Serpent* et, sur l'autre face, l'on voit seize figures qui semblent représenter les martyrs qui y ont été ensevelis: on y déchiffre aussi différents noms de saints. Ce tombeau, ainsi que celui de l'autel, remontent certainement aux premiers siècles du Christianisme; ils sont, par suite, des monuments du plus haut intérêt pour l'histoire des premiers temps de l'art chrétien.

Au milieu du temple existe un puits, que l'on n'ouvre qu'avec les plus grandes solennités, car il est rempli, suivant la tradition, des cendres d'un grand nombre de martyrs.

Signalons rapidement, quelques autres édifices de *Saragosse*, qui méritent l'attention du touriste ou de l'archéologue; c'est d'abord: l'église de *San Pablo*, avec sa tour de style mauresque ou plutôt *mudéjar*, et qui contient le beau tombeau de l'évêque de Huesca, *Don Diego de Monréal*, ainsi qu'un retable, en bois doré, attribué à *Damian Forment*; puis, les tours de *San Gil*, de *San Mi-*

guel et de la *Magdalena*, toutes du style arabe *mudéjar; la Torre nueva*, ou tour penchée, qui prouve, avec quelle pureté, les *mudéjarès* d'Aragon ont su conserver la tradition de ces constructions en briques, formant des arabesques, et que décorent des faïences de couleur vernissées, dont *la Giralda* de Séville est le plus ancien spécimen.

Cette tour est construite sur un plan polygonal résultant du croisement de deux étoiles octogones; à partir du second étage, ce plan se transforme en un octogone régulier. Elle est décorée, jusqu'à son sommet, de frises délicates, de corniches et de balustrades exécutés en briques, et de deux séries de fenêtres en ogive. Érigée, en 1504, par les *jurats* de Saragosse, sous la direction de *Gabriel Gombao*, aidé par *Juan de Sariñena*, le juif *Ince de Gali* et les *mudéjarès Ezmel Ballador* et *Maestre Monferiz*, elle offre la singularité d'être inclinée, comme les célèbres tours de Pise et de Bologne.

Saragosse contient aussi un grand nombre d'édifices particuliers, dont l'architecture est des plus remarquable; nous citerons, parmi les plus importants, d'abord: *la Casa de Zaporta*, appelée aussi de *la Infanta*, que recommande un superbe *patio* appartenant, par sa décoration, à la plus belle époque de la Renaissance; puis, *la Casa de Pardo*, décorée également d'un beau *patio*, dans le même style; celle du *comte de Argillo*, avec ses curieuses corniches et sa cour, bâtie dans le même genre d'architecture; et finalement, hors des murs de la ville, et dans le voisinage de la gare de Madrid, l'édifice nommé *la Aljaferia*, un des plus intéressants d'Espagne. Ce palais, et la tour de *la Giralda* de Séville, sont, en effet, les deux seuls monuments qui subsistent et caractérisent nettement la période architecturale arabe, appelée de transition. La fondation de *la Aljaferia* est antérieure à l'année 1118, époque à laquelle *Saragosse* passa aux mains des rois d'Aragon: ceux-ci en firent, dès lors, leur résidence; les rois Catholiques y établirent plus tard, à la suite de l'assassinat de *Pedro Arbuès*, le tribunal de l'Inquisition. Convertie aujourd'hui en caserne, il ne reste plus, à l'*Aljaferia*, que des fragments, comme le Sanctuaire ou Mosquée, décoré de riches arabesques, où l'on voit déjà poindre l'art mauresque de Grenade, si original, et caractérisé par ses arcades capricieuses, où l'on voit apparaître l'arc en fer à cheval, ainsi que d'autres dispositions encore, de formes étranges et non motivées.

Des chapiteaux, des frises ou des impostes et divers autres restes, provenant de cet édifice, ont été transférés au Musée provincial de Saragosse; d'autres enfin, et les plus importants, au Musée Archéologique de Madrid.

On voit encore, au palais de *la Aljaferia*, un curieux escalier et des plafonds lambrissés, restes de cet art mauresque appelé *mudéjar* et, enfin, la chambre où est née, en 1271, *Sainte Isabelle*, fille de *Don Pedro III* et de *Constance de Sicile*, qui devint reine de Portugal.

Le Musée provincial de Saragosse n'est pas dépourvu de tableaux intéressants; les plus remarquables sont: *Un portement de croix*, attribué à *Moralès*; un très vieux panneau représentant *l'entrée du Christ à Jérusalem*; une *Vierge avec l'enfant Jésus*, attribuée à *Van Eyck*; un *St Jean*, de *Joseph Moreno*; *un buste de la Vierge*, de *Sebastiano del Piombo*; *Jésus chez Marthe*, attribué à *Rubens*; *un St Joseph*, de *Lucas Giordano*; *une Annonciation*, de *Bayeu* et *une Apparition de la Vierge à St Bernard*, par *Verdusan*. Le Musée possède aussi des fragments de sculptures du XVe siècle, provenant de la vieille Douane et, comme nous l'avons déjà dit, divers morceaux d'ornements provenant de *la Aljaferia* et de sa mosquée.

Au sortir de **Saragosse**, le voyageur qui se dirige sur **Pampelune** ou sur **Madrid**, passe nécessairement à **Las Casetas**, petite station située à quelques kilomètres, et où les deux voies ferrées se séparent.

De Saragosse à Madrid. Dans la direction de **Madrid**, on rencontre d'abord **Ricla**, que domine la tour carrée de son église, surmontée d'un clocheton octogone; en longeant la vallée du Jalon, dont on abandonne sans cesse un versant pour l'autre, au moyen de ponts, de tunnels et d'autres ouvrages importants, on atteint **Calatayud**.

Calatayud est une ville d'origine arabe, que couronnent encore d'anciennes fortifications: elle possède aussi sa *Moreria*, ou quartier mauresque, creusé dans la montagne.

L'église collégiale de *Sainte Marie* est décorée d'un fort beau portail, dans le style de la Renaissance; il est enchâssé dans le reste de la construction, bâtie en brique, de même que son élégante tour, de style *mudéjar*; on remarque dans cette église, divisée à l'intérieur en trois nefs, un beau retable. D'autres églises encore, sont à noter: *San Pedro*, avec une abside de style gothique, et une tour construite dans le style arabe de transition, et *San Andrès*, dont la tour est revêtue *d'azulejos*, ou faïences vernissées.

Après **Calatayud**, vient **Ateca** où se trouve une tour de style arabe; on passe bientôt, au moyen d'un tunnel, sous le village de **Bubierca**; puis, on arrive à **Alhama de Aragon**, dont le village est dominé par une ancienne forteresse, bâtie sur un rocher sous lequel pénètre la voie ferrée.

Alhama est célèbre par ses eaux thermales: leur réputation était déjà fort grande au temps des Romains, et les Arabes ont laissé des traces du grand cas qu'ils faisaient de ces eaux, dans un ancien établissement de bains qui subsiste encore actuellement. Les Thermes modernes d'*Alhama* peuvent être comptés parmi les meilleurs établissements de ce genre: ils sont situés au milieu de plantureux jardins.

A proximité d'**Alhama** existe le monastère de **Piedra**, qu'on peut non seulement visiter, mais habiter commodément.

Le trajet d'**Alhama** à **Piedra** se fait en deux heures, par une bonne route. Le monastère est situé près de la rivière nommée *Piedra*, qui a la propriété de couvrir de pétrifications tout ce qu'on y plonge: les sels calcaires, dont les eaux sont chargées, ont formé, dans un espace de terrain peu étendu, des grottes curieuses, comme on n'en trouve qu'en Écosse, que revêtent des stalactites et des pétrifications des plus singulières. La nature y a créé des cascades, comme la Suisse seule en possède; tout cela, au milieu d'une végétation splendide comparable, pour sa vigueur, à celle des tropiques.

Ce monastère, propriété de *Don F. de Muntadas*, fut fondé, en 1195, par des moines venus du monastère de *Poblet*. La façade, flanquée à droite et à gauche de deux figures modernes qui représentent, croit-on, le roi Alphonse le Chaste et Jacques Ier le Conquérant, sous la protection desquels le monastère s'est élevé, est demeurée debout, ainsi qu'une tour dite de l'Hommage, et une curieuse fenêtre de la Salle du Chapitre.

Parmi les merveilles que les caprices du *rio Piedra* ont créé autour du monastère, nous citerons la Cascade de *la cola de Caballo*, la plus extraordinaire de toutes: à travers une fente de rocher, qui semble ouverte par la main de l'homme, la rivière *Piedra*, toute entière, s'élance dans un abîme de près de soixante mètres de profondeur, au fond duquel elle tombe sous forme de poussière humide. Puis viennent: *la Cascade Iris*, et *la Cascade des frênes*, que l'on contemple d'un endroit d'où il semble que l'on va être englouti par les eaux bouillonnantes qui mugissent de tous côtés.

Sous le lit même de la rivière se trouve une caverne de dimensions considérables, que l'on nomme la grotte de *la Cola de Caballo*: un escalier, habilement ménagé dans ses flancs, permet d'en examiner les curieuses décorations naturelles; les eaux, qui tombent en cascade devant l'ouverture de la grotte, forment une sorte de rideau transparent, sur lequel les reflets de l'arc-en-ciel produisent le plus charmant effet. Mentionnons encore: la grotte de *l'Artiste*, dont l'entrée simule une façade gothique; celle de *la Carmela*; celle *des Morts* et d'autres encore fort curieuses.

Ajoutons que l'abondance des eaux y favorise tellement la végétation, qu'un abandon de quelques années, joint au travail incessant de la rivière, suffiraient à cacher rapidement aux yeux les merveilles de ce curieux coin de pays.

Après **Alhama**, on arrive à **Siguenza**. Cette ville renferme des monuments importants, et évoque d'intéressants souvenirs. Pour y arriver, on traverse une belle promenade, mais elle est dans un état d'abandon regrettable; le bas quartier est bien tracé et ses constructions ont un certain aspect de grandeur. La Cathédrale est un monument fort remarquable de style gothique; sa façade est percée de trois portes et ornée d'un médaillon représentant *l'Apparition de la Vierge* à *St Ildephonse*. Le maître-autel est décoré de belles statues et la chapelle de *Santa Librada*, d'un très beau retable. Les boiseries du Chœur sont aussi très délicatement sculptées, ainsi que diverses parties du portail de la chapelle de *l'Enfant Jésus;* le cloître est de style ogival, et décoré de sculptures des plus remarquables; il y a enfin, dans la Salle Capitulaire, quelques tableaux de *García Hidalgo*.

Siguenza possède deux Séminaires: dans l'un se trouve un tableau du *Greco*. Parmi les autres monuments de cette ville, nous noterons: une ancienne église dont le portail est du style roman; sur la même place, une fort jolie maison, dans le style de la Renaissance; tout près de là, une ancienne porte, flanquée de deux tours, d'un aspect pittoresque; puis enfin, les restes des vieilles murailles; un ancien aqueduc;

un château, transformé en évêché, qui renferme des salles dignes d'être visitées.

Après **Siguenza**, viennent **Guadalajara**, chef-lieu de province et enfin **Alcala de Hénarès**, dont nous nous sommes déjà occupés, aux pages 86 et 87.

De Siguenza à Soria. De Siguenza l'on peut se rendre à Soria; le trajet se fait en diligence, en attendant qu'une voie ferrée vienne relier, au réseau général des chemins de fer de la Péninsule, ce chef-lieu d'une province, fort renommée pour ses forêts de pins et qui, jusqu'à ce jour, semble avoir été oublié dans tous les tracés en projet.

La route traverse **Almazan**, petite ville bâtie sur la pente d'une montagne, sous laquelle s'étend un vaste réseau de galeries souterraines, qui se dirigent vers la partie haute de la ville; c'est sans doute, en raison de cette circonstance, qu'elle passait, au temps des Romains, pour l'une des mieux fortifiées. Il subsiste encore des restes de l'ancienne enceinte; la porte, nommée *Puerta del Mercado*, véritable forteresse d'un aspect imposant, semble l'œuvre des Arabes. L'église de *Santa Maria*, bâtie au point le plus élevé de la ville, offre, elle aussi, l'aspect d'une vraie citadelle: elle remplissait sans doute ce rôle dans les cas de siège.

Soria, chef-lieu de province, est une petite localité située au milieu des montagnes: on trouve également autour d'elle, des vestiges d'anciennes murailles et de jolies promenades. Henri de Transtamare, auquel l'histoire a donné le surnom *de las Mercedes*, ou *le généreux*, avait fait don des villes de *Soria* et d'*Almazan*, à *Bertrand Duguesclin*, en récompense de ses nombreux et loyaux services; elles firent retour plus tard au roi, avec d'autres biens.

Parmi les monuments de *Soria*, nous mentionnerons seulement: l'église principale de *San Pedro*, bâtie à trois nefs, dans le style dorique; elle possède de belles stalles de Chœur, une *Descente de croix*, attribuée au *Titien* et un cloître, dans lequel il y a un grand nombre de tombeaux anciens. Puis, encore, le palais du comte de *Gomara*, surmonté d'une haute tour, dont la façade, ornée d'écussons et d'ornements sculptés, est décorée de deux statues de massiers, aux formes lourdes et disproportionnées.

Aux portes de **Soria**, est situé l'ermitage de *San Saturio*, bâti sur la pente de la montagne et sur un énorme rocher, sous lequel on a creusé diverses salles, et du haut duquel on jouit d'un superbe point de vue.

C'est aussi à une vingtaine de kilomètres de Soria, près du hameau de *Garay*, que les archéologues placent la fameuse *Numancia*, l'infortunée ville qui, bloquée étroitement par Scipion Emilien, en l'an 133 av. J.-C. imita l'exemple de Sagonte, qu'Annibal avait assiégée près d'un siècle auparavant: elle préféra, comme Sagonte, s'ensevelir sous les cendres et débris de ses murs, plutôt que de capituler et de subir le joug des conquérants.

De **Soria** on peut se rendre, par diligence, à **Logroño**, chef-lieu de province, situé sur le chemin de fer de **Tudela** à **Miranda**.

De Saragosse à Pampelune. Si, au sortir de **Saragosse**, le voyageur se dirige sur **Pampelune**, dès qu'il a dépassé la station de **Las Casetas**, point de bifurcation de la ligne de Navarre et de celle de Madrid, il aperçoit, sur la droite et de l'autre côté de l'Èbre, le château de *Castellar*. La voie franchit le *Jalon*; on voit, sur la gauche, le Canal impérial d'Aragon; on traverse **Tudela**, dont on aperçoit les jolies promenades. La voie ferrée passe ensuite en vue d'un vieux pont jeté sur l'Èbre, composé de dix-sept arches, aux formes et aux courbures des plus variées, pour atteindre la station de **Castejon**, d'où se détache la voie qui, par **Logroño** et **Miranda**, où elle croise la ligne de **Madrid** à **Irun**, va aboutir à **Bilbao**.

Au sortir de **Castejon**, on traverse l'Èbre sur un pont de plus de sept cents mètres de longueur; on aperçoit la ville de *Alfaro*, que dessert la ligne de *Bilbao* et l'on atteint **Villafranca**. La tour de son église fut, en 1834, le théâtre d'une scène sanglante, qui marquera longtemps dans les fastes de la guerre civile dont l'Espagne a été affligée: les habitants, réfugiés dans la tour, s'y défendaient courageusement contre les carlistes commandés par *Zumalacarreguy*, quand celui-ci fit mettre le feu à l'église. Durant toute une nuit, l'incendie et la fusillade continuèrent leur œuvre de destruction; quand le feu fut éteint, on trouva nombre de cadavres d'hommes, de femmes et d'enfants, percés de balles ou brûlés; ajoutons que ce qui resta des défenseurs, fut passé au fil de l'épée.

Viennent ensuite: **Marcilla**, où subsiste encore le château de *Perez de Peralta*, qui fut connétable de Castille au xve siècle; **Caparroso**, que domine le vieux château féodal de *San Martin*; **Olite**, qui possède deux églises: celle de *San Pedro*, surmontée d'une tour de style ogival et celle de *Santa Maria*, que décore un portique orné des statues des apôtres. On atteint enfin **Tafalla**, surnommée, ainsi que *Olite, la fleur de la Navarre*: elle conserve encore ses vieux murs, avec ses tours carrées, et a servi de résidence aux rois de Navarre. On montre, dans son église de *Santa Maria*, un retable de *Michel Ancheta*, et quelques peintures de *Juan de Olanda*.

A partir de **Tafalla**, la voie s'élève par des pentes rapides, pour descendre, peu après, vers **Campanas**; on arrive en vue de l'aqueduc de **Subiza**, construction en briques, faite par l'architecte *Ventura Rodriguez* qui, par une série d'arcades de 18 mètres de hauteur et sur plus d'un kilomètre de longueur, conduit les eaux à Pampelune.

La voie ferrée pénètre sous deux de ces arcades, atteint **Noain** et, peu après, **Pampelune**.

Pampelune, chef-lieu de province et capitale de l'ancien royaume de la Navarre, demeura longtemps indépendante; les Goths l'appelaient *Bambilona*; Euric s'y établit en 466; les Arabes s'en emparèrent en 738, pour la perdre douze ans après. *Charlemagne* s'étant présenté devant Saragosse, sans pouvoir y pénétrer, dut commencer sa légendaire retraite, à travers les défilés de la Navarre; voulant châtier les habitants de ce pays de leur attitude hostile, il ravagea leurs campagnes; mais les Navarrais le suivirent comme des loups affamés, harcelant sans cesse ses colonnes et, quand son armée fut engagée dans le fameux défilé de Roncevaux, ils lancèrent sur elle, du sommet des montagnes, des quartiers de roches qui venaient écraser les masses des Francs; douze des pairs de *Charlemagne* tombèrent ainsi et, parmi eux, le preux *Roland*. Cette légende s'est perpétuée jusqu'à nos jours parmi les Navarrais, par le chant d'*Altabizcar*, composé, croit-on, par des bardes gascons du xie siècle.

Le premier chef élu par les Navarrais, fut *Sancho Iñigo*, en 873; son fils, *Garcia Iñiguez*, ayant été tué, ainsi que sa femme *Doña Urraca*, dans une embuscade dressée par des Arabes, *Sancho de Guevara*, qui passait dans l'endroit où venait d'avoir lieu ce double meurtre, aperçut les cadavres des deux victimes et vit que du sein de *Doña Urraca*, morte enceinte, sortait une main d'enfant; cet enfant, parfaitement vivant, fut baptisé et élevé sous le nom de *Sancho*. Les Navarrais réunis, le proclamèrent roi: il fut surnommé *Sancho Cœso*, ou le Césarien, et devint la souche des rois de Navarre. Quant à son libérateur, *Sancho de Guevara*, il reçut le titre de *Ladron* ou voleur, parce qu'il avait dérobé le jeune roi à la mort: ses descendants, comme de juste, s'honorèrent de ce titre et devinrent illustres, sous le nom de *Ladrones de Guevara*.

Parmi les descendants du roi *Sancho el Cœso*, nommé aussi *Sanchez Garcia Abarca*, nous citerons *Sancho VI, le Fort*, qui combattit à *las Navas de Tolosa* et dont l'intrépidité décida du sort de cette mémorable bataille, en brisant les chaînes de fer qui entouraient le camp des Maures; c'est depuis lors, que la Navarre blasonne de gueule aux chaînes d'or. Nous citerons encore, parmi les rois de Navarre, *Catherine*, sœur de *François Phœbus*, de la maison de Foix, mariée à *Jean d'Albret*, qui fut le dernier roi de la Navarre indépendante. Une armée nombreuse, commandée par le duc d'Albe au nom de Ferdinand le Catholique, vint, en 1512, mettre le siège devant Pampelune; quatre jours après, Jean d'Albret et sa femme sortirent des murs de la ville, et, c'est en vain qu'en 1521, il tenta, avec l'aide du roi de France, de s'en emparer de nouveau. Parmi les défenseurs de la ville, qui furent alors blessés, se trouvait un jeune gentilhomme de Bizcaye, capitaine au service des rois de Castille: c'était *Ignace de Loyola*, le fondateur de l'ordre de Jésus; une chapelle, encore debout, fut élevée plus tard, quand le nom de *Loyola* devint célèbre, à la place même où il était tombé blessé.

Enfin, au temps de l'occupation française, deux navarrais s'illustrèrent par les nombreux combats qu'ils livrèrent aux armées de Napoléon: les célèbres *guerrilleros Mina*, oncle et neveu; le dernier ayant été pris et enfermé à Vincennes, son oncle obtint de prendre sa place en prison; le neveu, rendu à la liberté, se rendit, à son tour, fameux par la hardiesse de ses entreprises.

La Cathédrale actuelle de *Pampelune* fut construite au xve siècle, sur les ruines d'une église construite en 1023, terminée en 1101, et qui s'écroula trois siècles plus tard. On conserve encore, dans la chapelle de Sainte Catherine, dix chapiteaux du plus beau style roman, seuls restes de l'ancienne église du xiie siècle. La façade actuelle, qui est du siècle dernier, et bâtie dans le goût greco-romain, fait vivement regretter le monument primitif qui s'est effondré.

L'intérieur de l'église, partagé en cinq nefs, est néanmoins d'un bel aspect, avec ses ogives que décorent les écussons d'Aragon et de Navarre. Des grilles, en fer forgé, ferment le Chœur et la chapelle du maître-autel: celle du Chœur date de 1507; elle est l'œuvre de *Guillaume Croenat;* ce Chœur renferme aussi de magnifiques stalles en chêne, sculptées, en 1530, par *Michel Ancheta.*

Au-dessus d'une merveilleuse porte, de la fin du xvᵉ siècle, et qui conduit dans le cloître, se trouve un bas-relief représentant la *Mort de la Vierge,* entouré de sculptures et d'ornements du meilleur style.

Le cloître contient un grand nombre de tombeaux, parmi eux, celui du *guerrillero Mina* et une gracieuse chapelle, de style ogival, nommée *la Barbazana,* du nom de son fondateur, l'évêque *Barbazano;* elle renferme son tombeau et on y conserve un curieux autographe de l'empereur *Manuel Paléologue,* attestant l'authenticité d'un morceau de la vraie croix envoyé par lui, en 1400, à Charles le Noble. On trouve aussi, dans le cloître, une sculpture représentant *l'Adoration des Mages,* qui est l'œuvre de *Jacques Perut.*

La Sacristie possède une image de *N. D. del Pilar,* des tableaux de *Carreño,* et un curieux coffret d'ivoire, ayant appartenu à la reine Blanche de Navarre.

Nous mentionnerons encore, *un Christ,* en bois peint, exécuté par *Michel Ancheta.*

Du cloître on pénètre, par une très belle porte, dans la Salle *Pretiosa,* ainsi nommée du premier mot du cantique qu'entonnaient les chanoines de la cathédrale, quand ils se rendaient dans cette salle pour y tenir le chapitre; c'est dans cette même salle que s'assemblaient aussi, jadis, les Cortès du royaume de Navarre. Nous mentionnerons finalement, la grille qui ferme la chapelle de *Santa Cruz* et fut forgée, en 1219, avec le fer des chaînes enlevées par les Navarrais, lors de la bataille de *las Navas de Tolosa,* comme le rappelle une inscription placée à l'entrée.

Pampelune possède aussi une autre église fort ancienne, celle de *San Saturnino,* où l'on trouve de curieuses sculptures. Parmi ses autres monuments, citons encore: le Palais de *la Diputacion,* dont la salle est décorée des portraits des anciens rois de Navarre, et *la Casa Ayuntamiento,* ou hôtel de ville, qui possède une curieuse et ancienne mosaïque, découverte dans des fouilles pratiquées dans la ville.

La place, dite de *la Constitucion,* est décorée d'une fontaine: la ville est fière de sa grande promenade nommée *la Taconera,* qu'ornent de jolis jardins. C'est, du reste, une ville des mieux bâties et fort propre; nous ajouterons qu'elle passe aussi, pour la mieux administrée par ses autorités municipales.

De **Pampelune**, on rejoint la ligne générale de **Madrid** à **Irun**, à la station d'**Alsasúa**; le trajet de cinquante kilomètres, qui la sépare de ce point, n'offre aucune particularité.

On passe d'abord à **Zuasti**; puis, à travers un pays accidenté et pittoresque, on atteint **Osquia**, où l'on franchit, sur des ponts, dont l'un est courbe, la rivière nommée *Araquil*. Après avoir longé la vallée de ce nom, la voie atteint **Irurzun**, pénètre dans la vallée de *la Borunda*, pour aboutir enfin, à **Alsasúa**, où l'on change de train, tant pour l'intérieur de l'Espagne, que pour rentrer en France, par **Irun** et **Hendaye**.

VIIE. RÉGION.

LA RIOJA, BISCAYE, CASTILLE, LES ASTURIES ET LA GALICE.

Logroño.-Bilbao.-Vergara.-Azpeitia.-Palencia.—Santander.—León.—Oviedo.—Covadonga. —Gijon.—Lugo.—Coruña.—Ferrol.-Santiago de Compostela.— Pontevedra. — Tuy.— Orense.— Zamora.—Salamanque.

De Castejon à Bilbao. C'est à la station de **Castejon**, sur la ligne de *Navarre*, que vient se greffer la ligne nommée de **Tudela à Bilbao**.

Après **Castejon** et **Alfaro**, ancienne ville aujourd'hui presque déserte et qui n'offre rien de remarquable, on arrive à **Calahorra**, l'ancienne *Calagurris* des Romains, devenue à jamais mémorable par l'horrible famine qu'y subirent ses défenseurs lorsque, assiégés l'an 55 av. J.-C. par les légions de Pompée, commandées par *Afranius*, ils en vinrent à se nourrir de la chair de leurs femmes et de leurs enfants, plutôt que de se rendre: Rome fut profondément émue d'un héroïsme qui allait jusqu'à la férocité et la *faim Calagurrienne* y devint légendaire. Prise et rasée, ce qui resta d'habitants dans la ville fut massacré; César la reconstruisit plus tard. Ajoutons encore, que c'est ici qu'est né le célèbre rhéteur M. Fabius Quintilien.

En 1045, *Don Garcia de Navarre* arracha la ville aux Arabes, plus tard, le roi Ferdinand Ier de Castille et *Don Ramiro* d'Aragon, s'en disputant la possession, convinrent de vider la querelle par un combat singulier; le Cid, qui était le champion du roi de Castille, en sortit vainqueur. Henri de Transtamare s'en empara, en 1366, avec l'aide de Duguesclin.

La Cathédrale n'a de remarquable que quelques peintures de *Luzon*.

Au sortir de *Calahorra*, on arrive à **Logroño**, chef-lieu de province, située sur les bords de l'Èbre. Cette ville n'a guère d'autres monuments que son église de

Santa Maria de Palacio; on en fait remonter la fondation au IXe siècle; aussi son cloître semble-t-il vouloir s'effondrer de vétusté. On y trouve des peintures de *José Vexes.* L'église de *Santiago,* où se fonda l'ordre de St Jacques, offre cette particularité d'être construite à une seule nef et sans aucun pilier, malgré sa grande largeur. C'est à *Logroño* que fut installé, en 1572, le fameux tribunal de l'Inquisition: en 1610 on y célébra un mémorable auto-dafé dans lequel figurèrent cinquante-trois accusés, dont vingt-neuf furent condamnés comme faisant partie d'une secte de *sorciers,* dont le lieu d'assemblée s'appelait *Aquelarre,* mot basque qui signifie *le pré du Cabron* ou du Bouc, et où ils se rendaient, pour faire le sabbat, *les lundis, mercredis et vendredis, à partir de neuf heures du soir et avant le chant du coq.*

Logroño est fière de ses promenades et de sa jolie place nommée *la Redonda.* Cette ville a donné le jour au peintre *Navarrete el Mudo* et au poète *Lopez de Zárate:* c'est à Logroño enfin, que s'est éteint, tout dernièrement, le maréchal *Espartero,* où il vivait depuis longtemps dans une retraite absolue.

A deux lieues de cette ville se trouve le petit village de *Clavijo,* dominé par un sanctuaire élevé en l'honneur de l'apôtre St Jacques aux frais de Philippe II. C'est dans la plaine de *Clavijo,* que se serait livrée la légendaire bataille de ce nom. Le roi de Léon *Don Ramiro II,* ayant refusé de payer à l'émir de Cordoue le fameux tribut des cent jeunes filles, une armée innombrable vint l'assaillir dans les plaines de Nájera et de **Albelda;** les chrétiens, mis en déroute, fuyèrent jusqu'aux environs du petit village de *Clavijo.* Là, accablé de fatigue et découragé, le roi tomba en léthargie: il vit alors en songe l'apôtre saint Jacques qui lui commanda d'attaquer le lendemain l'armée musulmane, lui promettant de combattre personnellement les infidèles, monté sur un cheval blanc, et tenant en main une bannière blanche.

Au point du jour, après avoir communié et invoqué saint Jacques, l'armée chrétienne se précipita sur celle des Maures au cri de *Santiago! y á ellos!* et la mit en complète déroute: plus de soixante mille musulmans restèrent, suivant le légendaire récit, sur le terrain de cette sanglante bataille. Ajoutons que le cri d'invocation, poussé à cette occasion par les troupes chrétiennes, s'est perpétué depuis lors, dans les armées espagnoles, dont il est resté le cri de guerre.

Au sortir de **Logroño,** on passe aussi à quelque distance de **Nájera,** petite ville, située sur la gauche, qui fut jadis la capitale de l'ancien royaume de Navarre et dont l'origine remonte à la plus haute antiquité. Elle possède une ancienne et belle église nommée *Santa Maria la Real,* qui renferme un nombre considérable de sépultures de princes et d'hommes célèbres. St Ferdinand y fut proclamé roi de Castille en 1217, et c'est, sous les murs de la ville, qu'eut lieu, en 1367, la célèbre bataille dans laquelle Henri de Transtamare et Duguesclin furent battus par *Don Pedro* de Castille, aidé du *Prince noir.*

Sur la droite, se trouve **Laguardia,** ville encore entourée de remparts flanqués de tours, et dont le climat est célèbre par sa douceur.

On arrive ensuite à **Cenicero**, située au centre d'un territoire, où la vigne est cultivée sur une grande échelle; à **Briones**, entourée encore de remparts qui servent de promenade à la ville; puis à **Haro**, au milieu d'une contrée très fertile. Peu après, la voie s'engage dans des passages profonds et étroits, que l'on appelle *las Conchas del Ebro*, pour atteindre **Miranda**, point d'embranchement avec la ligne générale de **Madrid** à **Irun**.

La ligne de **Bilbao** passe au-dessous de celle de *Madrid*; puis, au-delà de **Pobes**, la voie s'engage sous le tunnel de *las Techas* et, en passant par **Izarra**, sous celui de *Cujuli*, point culminant de la ligne. Au sortir d'une tranchée, on découvre sur la droite, et à une grande profondeur en contre-bas de la voie, la vallée *de l'Orozco*, et une cascade formée par la rivière qui s'y précipite. La voie descend, au moyen de courbes successives, repliées sur elles-mêmes, jusqu'à **Lezama**; et on voit alors, presque au fond de la vallée, la voie décrivant un immense circuit, pour atteindre le niveau du fond d'une espèce de cirque, occupé par *Orduña*.

Orduña est une petite ville située au pied du rocher, nommé *la Peña de Orduña*, qni possède une église curieuse, appelée *la Antigua*.

On franchit le *Nervion* au-delà de **Amurrrio**; on atteint bientôt **Miravalles**, joli village entouré de moulins alimentés par des dérivations de la rivière; puis **Arrigorriaga**, où sont conservées de curieuses archives, la plupart écrites en langue basque.

On voit bientôt *el Puente nuevo* où, dans un combat, le général *Espartero* fut un instant entouré de carlistes et reçut même une blessure. La voie pénètre alors dans la jolie vallée de *la Peña*, passe en vue de la fonderie de *Bolueta* et, au sortir d'un tunnel, on se trouve à *Bilbao*.

Bilbao est la capitale forale du *Señorio de Bizcaye*: c'est sous un antique et vénérable chêne, situé à environ vingt-cinq kilomètres de Bilbao, nommé *el arbol de Guernica*, auprès duquel on dresse un trône et qu'entoure une grille de fer, que se réunissent encore les représentants des trois provinces basques; et, c'est à son ombre, que les Rois de Castille juraient de respecter les privilèges et libertés de ces contrées. Jean I$^{er.}$, en devenant roi de Castille, incorpora le *Señorio de Vizcaye* à sa couronne.

Bilbao, fut souvent assiégée durant les guerres carlistes et, une de ses gloires, c'est d'avoir toujours su résister à toutes les tentatives que firent les bandes carlistes pour s'en emparer; le général Zumalacarréguy reçut, dans une de ces tentatives, une blessure qui lui occasionna la mort.

Bilbao est une grande et jolie ville à la fois commerçante et industrielle, située sur la rive droite du *Nervion*, rendu navigable, depuis *Bilbao* jusqu'à la mer, pour des bâtiments d'un tonnage moyen. Cette ville ne possède aucun monument intéressant: son église de *Santiago* fut réédifiée, en 1404, dans le style gothique; à l'intérieur, règne le mauvais goût le plus regrettable. On visite, hors ville, le Sanctuaire de *Begoña*, où l'on vénère une Vierge d'une haute antiquité.

Bilbao possède une jolie place, *la plaza nueva*, entourée d'une galerie: un vieux pont de pierre joint la ville neuve à la vieille ville; les faubourgs d'*Albia*, de *Sendeja*, d'*Achuri* et de *Bolueta*, sont très pittoresques. On y trouve de fraîches promenades, comme celle *del Arenal*, située sur les bords du *Nervion*, et celle du *Campo Volantin*, qui se trouve à la suite.

En suivant la rive gauche du fleuve, on arrive à **Portugalete**, située à l'embouchure du fleuve: sur la rive droite, on passe sur le fameux pont de *Luchana*, où eut lieu un combat de nuit, dans lequel le général *Espartero* demeura vainqueur des carlistes et qui lui valut le titre de comte de *Luchana*. C'est en face de *Portugalete*, et à l'embouchure même du *Nervion*, que se trouve un établissement important de bains de mer, nommé de **las Arenas**, que dessert une ligne de tramways, dont le point d'attache est à *Bilbao*.

De Bilbao à Zumarraga. On peut se rendre de **Bilbao** à **Durango** et de là à **Vergara**, pour rejoindre la ligne du Nord de l'Espagne, à la station de **Zumárraga**, ou encore, aller de **Vergara** à **Azpeitia**, pour visiter le monastère de *saint Ignace de Loyola*, et rejoindre le chemin de fer du Nord de l'Espagne, à **Tolosa**.

Durango est une petite ville située dans une plaine qu'arrose la rivière dont elle tire son nom, et à la base de hautes montagnes. Sa position, éminemment stratégique, a souvent été disputée par libéraux et carlistes durant la guerre civile, dont ces contrées ont été le théâtre si longtemps. Parmi les rares monuments de la ville, nous citerons l'église de *Santa Ana*, dont le maître-autel est remarquable, et l'église principale de *San Pedro de Tavira*, de fondation ancienne, où se trouvent deux tombeaux en pierre, sur lesquels aucune inscription n'est restée, qui puisse révéler les noms des personnages à la mémoire desquels ils ont été élevés.

De **Durango** à **Vergara**, on passe par **Abadiano**, petit village dont un grand nombre de maisons sont timbrées d'écussons aux armes de ses anciennes et nobles familles; puis, par **Elorrio**, où se trouvent des eaux minérales qui jouissent d'une certaine réputation, on atteint enfin, **Elgueta**, puis **Vergara**, jolie ville, dans une situation des plus pittoresques, restée célèbre par suite du *convenio* qui porte son nom: c'est en effet à *Vergara*, que le général *Espartero* signa, en 1839, avec le général carliste *Maroto*, la célèbre convention, à la suite de laquelle, le prétendant *Don Carlos* dut se réfugier en France. On vit, en cette occasion, deux armées, qui s'étaient combattues avec acharnement pendant nombre d'années, jeter bas les armes et, à l'exemple de leurs chefs, s'embrasser les uns les autres. Plus d'un ami, rapporte un écrivain, retrouva son ami; plus d'un frère rencontra son frère, plus d'un père ses enfants. La plaine de *Vergara* fut témoin de ce grand drame où deux armées, confondues en une seule, offrirent au monde le majestueux spectacle de la réconciliation et de la paix.

Après **Vergara** on atteint **Anzuola**, et **Zumárraga**, station de la ligne du Nord de l'Espagne (Voir page 3).

De Vergara à Tolosa. Au Nord de **Vergara**, se trouve

Azpeitia, jolie ville située sur les bords de *l'Urola* et berceau de *saint Ignace de Loyola*, fondateur de la célèbre Compagnie de Jésus. Dans l'église paroissiale de *San Sebastian*, bâtie à trois nefs qui reposent sur huit hautes colonnes, on conserve encore les fonts baptismaux où St Ignace fut baptisé, et sa statue en argent, œuvre du sculpteur *Francisco Vergara*, le jeune.

C'est à un kilomètre *d'Azpeitia* que se trouve le célèbre sanctuaire de *Loyola*, surnommé la *merveille du Guipúzcoa*. C'est un vaste édifice, d'un caractère sévère et imposant, dans une situation des plus pittoresques, au bord de *l'Urola*, entouré de bois et de massifs de verdure. La reine Marie Anne d'Autriche, veuve de Philippe IV, voulut fonder, avec l'assentiment du roi Charles II son fils, un collège de la compagnie de Jésus, dans la maison même où était né saint Ignace. La construction en fut commencée en 1689 : la *Santa Casa*, où était né le fondateur de la célèbre société, fut enclavée dans l'édifice. L'architecte italien *Carolo Fontana*, qui traça les plans du monument, lui donna la figure d'un aigle qui va prendre son essor, en souvenir de la fondatrice, qui était fille de Ferdinand III, empereur d'Allemagne : c'est ainsi que, dans le plan, l'église en forme le corps, le portail, la tête ; les ailes et la queue de l'oiseau, étant figurées par la *Santa Casa*, le collège et d'autres édifices annexes.

Un superbe perron à trois corps, garni de balustrades et décoré de lions, conduit au portail revêtu de marbres. L'intérieur de l'église, que précède un vestibule semi-circulaire, a la forme d'une vaste rotonde, que surmonte une coupole de près de soixante mètres de hauteur, soutenue par huit piliers ; les chapelles qui l'entourent, sont restées inachevées.

Les mosaïques en marbres de couleur foncée, dont ce temple est revêtu, lui donnent un aspect sombre et froid qui le font ressembler à un Panthéon funèbre.

Huit portes font communiquer le temple avec ses deux sacristies, la *sainte maison* et le collège. En pénétrant par l'une d'elles, dans une cour étroite, on a devant soi, les restes de l'ancien manoir où naquit saint Ignace.

Cet édifice présente un aspect sévère : la porte est surmontée du blason des *Loyolas* ; on y montre encore les pierriers qui, jadis, servaient à la défense de la forteresse, en partie démolie sous Henri IV de Castille. Les trois étages, dont le château se compose, ont été transformés en oratoires.

Un tableau rappelle que Saint François de Borja célébra sa première messe dans l'oratoire du second étage ; au troisième, se trouve la Sainte Chapelle qui occupe la chambre même où naquit St Ignace. Ce sanctuaire, bas de plafond au point de pouvoir le toucher, est orné à profusion de décorations : on y remarque trois bas-reliefs, œuvres du sculpteur portugais *Jacinto de Vieyra*, qui représentent le *saint prêchant ses compatriotes*, ou *remettant l'étendard de la Foi à St François Xavier*, ou encore, *recevant Saint François de Borja, en costume de grand d'Espagne*, lorsqu'il vint se jeter à ses pieds.

On visite enfin, le collège, vaste et somptueux édifice, resté inachevé, dont l'escalier est magnifique.

Ajoutons quelques mots sur la vie *d'Ignace de Loyola*.

Né en 1491, il entra, en qualité de page, au service de Ferdinand le Catholique et montra, de bonne heure, un goût décidé pour la carrière des armes. Quand Pampelune se vit assiégée par les Français, déjà maîtres de presque toute la Navarre, il mérita qu'on lui confiât la défense du château; un éclat de boulet lui brisa la jambe et le fit rouler dans le fossé. Tombé au pouvoir des Français, il en reçut les meilleurs soins et fut transporté par eux à son château de Loyola. On n'avait plus aucun espoir de lui sauver la vie, quand il eut une vision durant laquelle Saint Pierre lui apparut et le guérit, en le touchant de la main. La lecture de livres traitant de la vie des saints, à laquelle il se livra durant la convalescence qui fut longue, lui inspira la conviction qu'il était plus aisé de *vaincre un ennemi puissant, que de se vaincre à soi-même*. Il renonça dès lors à tous les honneurs et à toutes les dignités, pour se consacrer exclusivement au service de Jésus: il se rendit au célèbre monastère de *Montserrate*, y suspendit son épée à un pilier du temple; puis, après avoir partagé ses vêtements entre les pauvres, il s'en fut, nu pieds, la tête découverte, et le corps couvert d'un sac grossier, à *Manresa* et de là en Terre Sainte.

Il alla ensuite étudier aux Universités d'Alcalà, de Salamanque et de Paris, où il connut St François-Xavier; c'est dans cette ville, en 1534, qu'il lui proposa, ainsi qu'à cinq autres compagnons, de prononcer des vœux et de s'occuper, en commun, du salut de leurs âmes. Ils partirent pour Rome, où Paul III les autorisa à recevoir les ordres; c'est là que *Loyola* fixa la règle de la naissante institution dont *la croix* fut l'enseigne, *la plus grande gloire de Dieu*, la devise, et le nom, celui de *Compagnie de Jésus*. *Loyola* mourut le 31 Juillet 1556, avec la satisfaction de voir son institution répandue sur les deux continents, et après avoir fondé plus de cent collèges. Béatifié par Paul V, en 1609, il fut canonisé en 1622, par le pape Grégoire XV.

A quelques kilomètres d'**Azpeitia**, se trouve le bel établissement thermal de **Cestona**, dans une position des plus pittoresques, et fort visité durant la saison.

D'**Azpeitia** on se rend à **Tolosa**, où l'on rejoint la voie ferrée d'*Irun* à *Madrid*.

De Venta de Baños à Santander. La ligne de **Santander** vient se rattacher à la ligne générale de *Madrid* à *Irun*, à la station de **Venta de Baños** (voir page 7); on arrive, après quelques minutes de trajet, à **Palencia**, point de bifurcation de la ligne qui conduit à **Léon**, d'où partent, à leur tour, les deux embranchements qui mènent dans les **Asturies** et en **Galice**.

Palencia, chef-lieu de province, est située sur les rives du Carrion; c'est l'ancienne *Pallantia* des Romains, sous la domination desquels elle est restée pendant plusieurs siècles. En 457, Théodoric, à la tête des Visigoths, la laissa couverte de ruines; les Goths la possédèrent pendant plusieurs siècles; c'est au viie siècle que *Recesvinto* fonda l'église de *San Juan à Baños*; les Arabes l'envahirent au viiie siècle. L'expulsion des Maures commença avec *Pelayo* en 719; vingt ans après, *Alonso Ier* purgea, enfin, toute cette contrée, de la présence des Arabes. En 921, sous le règne d'*Ordoño II*, premier roi de Léon, *Palencia* fut restaurée.

Les évêques de cette ville en furent longtemps les seigneurs, sous le titre de comtes. En 1195, *Alonso VIII* agrandit la ville et, quelques années après, il y fonda la première Université, celle où vint étudier *Domingo de Guzman*. Henri Ier succéda à ce roi sous la tutelle de *Doña Berenguela*, sa sœur; mais, en jouant dans la cour du palais épiscopal de *Palencia*, une tuile vint l'atteindre et le tua. *Doña Berenguela* fit proclamer alors, en 1217, son propre fils, Ferdinand III, surnommé le Saint, qui fut plus tard le Conquérant de Séville. Le roi Alphonse X accorda d'importants privilèges à cette ville. Enfin, à la mort de *Don Sancho IV*, surnommé *le Brave*, *Doña Maria de Molina* se chargea de la tutelle de son fils Ferdinand IV; c'est pendant qu'il était malade à *Palencia*, que son ami et favori, *Don Juan Alonso de Benavides*, fut assassiné, et que prit naissance le fameux procès des frères *Carvajales*, dont nous avons déjà fait mention (page 90), que ce roi condamna à être précipités du haut de la montagne à *Martos*, en Andalousie. Assigné par ses malheureuses victimes au Tribunal de Dieu, le roi mourut dans les quarante jours qui suivirent cette exécution, événement mémorable que l'histoire a consigné, en infligeant à Ferdinand IV le surnom de *El Emplazado*.

C'est encore à *Palencia* que *Doña Maria de Molina* et l'infant *Don Pedro*, son fils, furent proclamés tuteurs et régents du royaume, durant la minorité d'Alphonse XI, son petit-fils, en même temps que, dans *Palencia* même on proclamait, pour ces mêmes charges, *Doña Constanza*, mère du roi et l'infant *Don Juan: Doña Maria de Molina* mourut en 1322. Plus tard, les évêques de *Palencia* recouvrèrent leur puissance, pour la perdre définitivement sous les Rois Catholiques et leurs successeurs.

Parmi les monuments de *Palencia*, nous citerons, en premier lieu, la Cathédrale, fondée en 1321, sous le patronage de *San Antolin*, et sur l'emplacement même de la grotte dans laquelle ce saint martyre s'était retiré. Au xie siècle on y avait d'abord bâti une église dans le style byzantin; la construction de l'édifice actuel dura plus de deux siècles; aussi, l'unité de style de son architecture, s'est-elle ressentie considérablement des modifications survenues durant une si longue période d'achèvement; elle présente donc tous les caractères de l'époque de transition de l'art gothique fleuri, mêlés à ceux du style de la Renaissance.

La Cathédrale n'offre, à l'extérieur, rien de remarquable, si ce n'est son abside, percée de grandes fenêtres, et entourée d'un grand nombre d'arcs-boutants qui soutiennent les murs de la nef centrale; puis, la belle porte, dite *del Obispo*, faite au commencement du xvie siècle, et celle appelée de *los Novios*, d'une élégante simplicité, et dans le goût ogival; tout à côté, se dresse une énorme tour carrée qui se termine brusquement, et ressemble à la tour massive d'une forteresse. Puis encore, la porte dite *des Rois*, dans le style ogival, mais décorée dans le goût de la Renaissance.

Par suite des agrandissements successifs de cette église, il en est résulté qu'elle a deux transepts, ce qui lui donne la forme d'une croix patriarcale; c'est ainsi que la nef centrale est traversée par l'ancien transept primitif et, un peu plus loin, par le transept véritable postérieur, qui aboutit aux deux portes *del Obispo* et *des Rois*.

A l'intérieur, d'élégants piliers, formés de faisceaux de colonnes, soutiennent d'abord, une galerie percée de fenêtres qui fait le tour du transept, puis, les belles ogives des voûtes, ornées des écussons des divers évêques qui ont présidé à la construction de la Cathédrale.

Le retable de la chapelle principale, remonte au commencement du xvie siècle; il est, par conséquent, de la Renaissance; le maître-autel, décoré de douze tableaux, est divisé en un grand nombre de compartiments ornés de gracieuses statuettes: le centre est occupé par la statue de *San Antolin*, patron de la Cathédrale; au-dessus se trouve celle de la Vierge, surmontée, à son tour, d'un Calvaire de grandes dimensions. Ajoutons enfin, que la chapelle principale est fermée par une grille construite aux frais de l'évêque *Don Antonio de Rojas* et que, sur les côtés de la chapelle, se trouvent divers tombeaux, parmi lesquels nous citerons celui de *Don Luis Cabeza de Vaca*, précepteur de Charles-Quint, mort en 1556.

Le Chœur est une des plus belles parties de la cathédrale: une grille, en fer repoussé, et décorée de figures coloriées, en ferme l'accès; c'est l'œuvre de maître *F. Villalpando*, artiste du commencement du xviie siècle. A l'intérieur, se trouvent des stalles sculptées dans le style gothique, parmi lesquelles nous mentionnerons, d'une façon spéciale, la stalle ou trône de l'évêque, dont la forme est des plus élégantes.

Un orgue et deux autels, dont l'un est dans le goût ogival et l'autre de la Renaissance, tous deux richement décorés de statues, complètent cet ensemble.

La partie la plus intéressante, *El Trascoro*, est un splendide travail dû au ciseau de *Gil de Siloé*, et à la munificence de l'évêque *Fonseca*, dont on voit l'écusson au-dessous du joug et des flèches, emblèmes des Rois Catholiques.

Au milieu se trouve placé le beau retable, peint par *Juan de Olanda*, venu de Flandres, au temps de Philippe le Beau: sur les portes qui le ferment, sont peintes les images de St *Bernard* et de St *Ignace;* au centre, l'image de *la Vierge soutenue par saint Jean*. Tout autour, règnent les sept compartiments, qui représentent, de bas en haut et dans l'ordre suivant: la *Circoncision de N. Seigneur*, la *Fuite en Egypte*, *Jésus au milieu des Docteurs*, le *Portement de croix*, *Le Calvaire*, *la Descente de croix* et *la Mise au tombeau*.

L'ensemble de ces merveilleuses peintures est de la plus extrême finesse d'exécution, et d'un sentiment admirable.

Au pied même de ce retable, se trouve la balustrade entourant l'escalier qui mène à la crypte, où vécut *San Antolin*, le patron de la ville.

Devant le *trascoro* s'élève une chaire en bois, exécutée, dans le goût de la Renaissance, par le sculpteur *Higinio Balmaseda*. Sur l'un des côtés de la Cathédrale, s'ouvrent des chapelles qui, toutes, renferment des tombeaux intéressants, des décorations et des œuvres d'art de toutes sortes.

Dans la chapelle dite *del Sagrario* ou de *los Curas*, se trouvent, dans un coffre en bois, les restes de *Doña Urraca*, femme du roi de Navarre *Garcia Ramirez* et fille de l'empereur Alphonse VII, morte en 1189. A l'extérieur de cette même chapelle, on voit un tombeau avec une statue couchée: c'est celle de *Doña Inès de Osorio*, morte en 1492.

Sur le côté droit de cette chapelle, nous signalerons une curieuse grille en fer, d'un travail mauresque intéressant, et une singulière arcade construite en biais et fermée par une grille, en fer repoussé, d'une belle exécution Renaissance.

Citons encore, la chapelle de *San Pedro*, du XIVe siècle, qui a été richement décorée au XVIe siècle, par *Don Gaspar Fuentes*, archidiacre de *Carrion*. Dans la Salle Capitulaire, ornée avec magnificence, on remarquera: un tableau de *Mateo Cerezo*; un beau tableau de *Zurbaran*, représentant *sainte Catherine*, et *une Mise au tombeau* du *Titien*.

Une porte, dont les panneaux en bois sont l'œuvre d'*Alonso Berruguete*, conduit dans le cloitre, qui n'offre rien de remarquable, et a été singulièrement défiguré par la fermeture des fenêtres en ogive, que l'on a murées.

La Cathédrale de *Palencia* possède des objets du culte, du plus grand mérite; nous signalerons, en premier lieu, une *Custodia* en argent, richement décorée de statuettes d'apôtres, d'anges, d'évêques, et de jolis bas-reliefs; la partie, destinée à recevoir l'hostie, est d'un travail particulièrement remarquable; c'est l'œuvre de l'orfèvre *Juan de Benavente*. Cette riche pièce d'orfèvrerie est renfermée dans une sorte de coupole, soutenue par quatre colonnes, exécutée au XVIIIe siècle par *Espetillo*, dans le goût baroque de cette époque. Nous mentionnerons encore: une autre *Custodia*, en vermeil, de style gothique, du XVe siècle; un Coffret, en argent repoussé, richement décoré dans le goût du XVIe siècle; un statue, en argent, de *San Antolin*, patron de *Palencia*, sans mérite artistique et qui offre la singularité d'avoir un riche coutelas, planté dans l'épaule droite du saint et, au milieu de la poitrine une châsse en cristal, renfermant des reliques; c'est l'œuvre d'un orfèvre de Salamanque, nommé *Juan Alvarez*.

La Cathédrale possède aussi de beaux fronteaux d'autel brodés à *Palencia* et à *Tolède*, au XVIe siècle; de magnifiques chasubles, parmi lesquelles nous signalerons celle brodée par *Marie Thérèse* cousine de Charles-Quint et celle brodée à *Tolède*, au XVe siècle, cadeau du chanoine *Zapata;* puis un splendide tapis persan, ainsi qu'un curieux petit cadre, de forme allongée, dans lequel on chercherait vainement le portrait de Charles-Quint, si l'on n'était averti de le placer verticalement et d'appliquer l'œil à une échancrure du cadre.

Après la Cathédrale, nous devons mentionner à *Palencia*, l'église du couvent de *San Pablo*, fondé au XIIIe siècle, et dont la jolie façade, a été construite au XVIIe siècle, dans le goût de la Renaissance, par *Herrera*. A l'intérieur, les nefs en ogive, n'offrent aucune particularité digne d'être signalée; la chapelle principale occupe un édifice octogone, nommé le Château, qui fut relié à l'église au XVIe siècle; une grille, faite au commencement de ce même siècle, d'un effet grandiose et d'une exécution remarquable, en ferme l'accès. Le retable est un curieux monument, décoré dans le goût *plateresque*, et dont les nombreux compartiments sont occupés par des statues et de curieux bas-reliefs. A gauche, on remarquera la riche sépulture des Comtes de *Salinas*, superbe monument, décoré dans le goût *plateresque*, que surmonte une statue représentant *le Christ attaché à la colonne;* puis, au-dessous, les statues agenouillées et dans l'attitude de la prière, du *Comte de Salinas et de son épouse*. En face, se trouve un autre tombeau, d'une décoration plus sévère, avec les statues également agenouillées, de *Don Francisco de Rojas*, marquis de *Poza*, et de sa femme, *Doña Francisca Enriquez de Cabrera*.

Trois fils et un petit-fils du premier marquis de *Poza*, ont péri d'une façon tragique: l'aîné est mort en exil; les trois autres, furent accusés d'hérésie comme luthériens et brûlés, par l'Inquisition, à Valladolid, en présence du roi Philippe II.

Parmi les autres monuments de *Palencia*, nous mentionnerons encore: l'ancien couvent de *San Francisco*, où sont aujourd'hui installés les bureaux du gouverneur de la province; l'église de cet ancien couvent est dans le style ogival, mais sa nef a été restaurée, au xviie siècle, dans le goût greco-romain; on y remarque un curieux tombeau gothique, situé dans la chapelle de *San Antonio*. Ensuite vient: l'église de *San Miguel*, bâtie dans le style latino-byzantin de la fin du xiie siècle, dont on remarque l'abside, curieuse par sa simplicité, et sa jolie porte, terminée pendant l'époque gothique; au-dessus se dresse une haute tour, malheureusement couronnée d'un toit qui cache les créneaux dont elle est ornée; puis, c'est l'église de *San Lázaro*, dont la façade n'est pas belle, mais dont les côtés et l'abside sont curieux; derrière le maître-autel, on voit *une Sainte Famille*, attribuée à *Andrea del Sarto*. Nous mentionnerons enfin, le Couvent de *Santa Clara*, de style ogival, décoré d'un joli portail et d'une abside percée de fenêtres gothiques: on en a malheureusement arraché les stalles qui ornaient le chœur; dans le cloître, en ruines, on trouve encore quelques vestiges intéressants.

Hors de *Palencia* se dressent, au milieu d'une vaste plaine, dont elles semblent émerger, et à une grande distance l'une de l'autre, deux collines coniques, d'une forme étrange et à peu près semblable: au sommet de l'une d'elles, sur la plus rapprochée, se trouve un petit sanctuaire nommé *la Ermita del Cristo de Otero*. C'est là que, suivant la tradition, s'était retiré le moine *Santo Toribio* qui, ayant exhorté les habitants de *Palencia* à abjurer l'hérésie, fut lapidé par eux: le Ciel, pour les punir de ce méfait, fit déborder le *Carrion;* cette rivière, en sortant de son lit, inonda la ville entière, et les eaux en fureur, vinrent battre le pied de la colline jusqu'à un endroit marqué par un petit temple, soutenu par quatre colonnes, et nommé *el Humilladero*. C'est à ce niveau que, grâce à l'intercession du Saint, l'inondation s'arrêta et, c'est aussi en mémoire de ce châtiment du Ciel que, tous les ans, au jour anniversaire, les autorités de la ville, ayant le Chapitre de la Cathédrale à leur tête, viennent y *lapider*, à coups de petits pains et de morceaux de fromage, les pauvres et les gamins.

Disons encore, que le célèbre peintre et sculpteur *Alonso Berruguete*, est né à *Paredes*, tout près de *Palencia;* que dans cette même province, existe une petite ville nommée *Husillos*, d'une origine fort ancienne; on retrouve, dans sa vieille église, quelques vestiges d'architecture du xii⁹ siècle. C'est de *Husillos*, que provient l'intéressant tombeau, datant des premiers temps de l'ère chrétienne, et l'un des monuments les plus importants de cette époque, que conserve le Musée Archéologique de Madrid, et sur les côtés duquel est reproduite la fameuse tragédie d'Oreste et le meurtre d'Egisthe et de Clytemnestre. Ce même Musée garde aussi une belle mosaïque, trouvée à *Palencia*. Enfin, divers particuliers de cette dernière ville, possèdent aussi d'intéressants objets, trouvés aux environs.

De Palencia à Santander. En sortant de *Palencia*, dans la direction de *Santander*, la voie ferrée traverse des plaines immenses, que l'on nomme la *tierra de Campos:* on atteint **Monzon** que domine une tour crénelée et d'anciennes murailles en ruines; puis, **Amusco**, dont le village semble comme écrasé par l'énorme masse de son église, nommée *el Pajaron de Campos*, ou le *gros oiseau des champs*, sans doute par allusion au peu de légèreté avec laquelle cette église semble planer sur la campagne environnante; à l'intérieur règne la même lourdeur, le même manque de proportions: le maître-autel, richement doré, occupe toute la largeur et toute la hauteur de la nef, et est décoré de statues colossales tout à fait disparates.

On arrive à **Piña de Campos,** où se voient encore, les ruines d'un château crénelé et flanqué de tours rondes; puis, à **Fromista,** à **Cabañas,** dont on aperçoit une tour carrée entourée de murailles et à **Espinosa de Villagonzalo.**

La voie s'élève rapidement pour descendre vers **Herrera**, et à **Alar del Rey** *(San Quirce);* puis, au delà de **Mave**, on pénètre dans une étroite gorge, bordée de rochers qui dominent la voie; on atteint **Aguilar del Campo.** Dans les environs de cette ville, se trouvent les ruines d'un couvent, bâti dans le goût arabe, près duquel existent deux tombes qui seraient, dit-on, celles de *Bernardo del Carpio* et de son lieutenant *Fernando del Gallo*. Charles-Quint vint visiter ces tombeaux en 1517. Le nom de *Bernardo del Carpio* est si populaire en Espagne, presque à l'égal de celui du Cid, que nous ne pouvons nous dispenser de le faire connaître à nos lecteurs.

En 792 régnait dans les Asturies, le roi Alphonse II, surnommé le *Chaste* parce que, quoique marié à *Berthe*, sœur de Charlemagne, il ne connut jamais sa femme. Ce roi avait une sœur nommée *Jimena*, de laquelle devint amoureux *Don Sancho Diaz*, comte de *Saldaña;* les relations des deux amants furent dénoncées au roi: *Doña Jimena* fut enfermée dans un couvent. Quant au malheureux comte, mis en prison dans le château de *Luna*, situé sur les confins de la province de Léon et des Asturies, il y fut martyrisé: attaché sur une chaise, un homme se présenta, muni d'un réchaud, dans lequel il y avait deux fers rougis au feu, qu'il introduisit dans les yeux du comte; la chevelure du malheureux en devint instantanément blanche. *Doña Jimena* avait donné le jour à un enfant, nommé *Bernardo;* celui-ci fut recueilli au palais, à peine âgé de trois ans. Il y fut si bien élevé qu'on le croyait fils du roi; l'enfant lui-même le croyait aussi. Quand plus tard, *Bernard* connut le nom de son père, il demanda au roi la liberté du malheureux aveugle. La réponse fut évasive: elle laissait cependant entrevoir qu'il l'obtiendrait au prix d'actions de valeur et d'éclat. Quand Charlemagne vint en Espagne, *Bernard* sauva les États de son maitre: les Francs furent mis en déroute à Roncevaux; *Bernard* y combattit le preux *Roland*, et la légende espagnole ajoute qu'il l'étouffa même dans ses bras. Il crut alors avoir mérité la liberté de son père et, pour se l'assurer, il courut s'enfermer dans le château du *Carpio*, à deux lieues de Salamanque, où il se déclara en complète rébellion contre le roi. Celui-ci vint l'y assiéger; mais, craignant l'impopularité, en vue de la sainteté de la cause que défendait *Bernard*, il négocia avec lui, et convint de lui livrer son père, en échange de la forteresse. Pendant que les troupes d'Alphonse prenaient possession du château, *Bernard* s'avance au-devant de l'escorte, au milieu de laquelle venait à cheval, le comte de *Saldaña*, son père, vêtu d'une armure et la visière baissée. Le fils accourt, s'empare de la main de son père, et reconnait que cette main est glacée; il lui adresse la parole, le comte ne répond pas: ce n'était que le cadavre du malheureux aveugle qu'on lui livrait ainsi.

La légende ajoute que *Bernard*, fou de désespoir, s'en fut guerroyer contre les Maures; suivant d'autres, il alla finir ses jours dans un couvent.

A **Pozazal** l'on atteint le point culminant de la ligne, à près de mille mètres de hauteur au-dessus de la mer, niveau qu'il s'agit de racheter, sur un parcours de moins de cent kilomètres; aussi, le trajet se fait-il constamment sur des pentes, et dans des courbes du plus faible rayon, qu'accompagnent des ouvrages d'art importants et qui font, de cette ligne, l'une des plus habilement tracées du réseau espagnol.

On passe à proximité du village de **Cervatos**, dont l'église collégiale est décorée de figures dans les attitudes les plus grotesques, et souvent des plus risquées, telles que les concevaient les sculpteurs du xie siècle.

Reinosa, qui vient après, n'offre aucun intérêt au voyageur; au sortir d'un tunnel on pénètre dans la vallée du *Besaya*, que la voie suit presque constamment, en passant d'un versant à l'autre, pour atteindre bientôt la vallée de **Barcena** et la station de ce nom. La voie franchit une série de tunnels et trace des courbes du plus faible rayon: il reste encore à racheter près de six cents mètres de hauteur sur le court trajet de *Reinosa* à *Barcena* et ce n'est, qu'après avoir passé maintes fois en vue de cette station, qu'on finit par se ranger le long des quais de sa gare.

On arrive ensuite à **Molledo-Portolin**, à **Santa Cruz**, **Las Fraguas** et **Los Corrales**, toujours dans une verte et jolie vallée, qui devient parfois si étroite qu'elle semble sans issue. L'on atteint ainsi la jolie station de **Las Caldas de Besaya**, qui ressemble à un petit château-fort du moyen âge, et où existent des sources minérales de grande réputation. Sur la montagne, pleine de verdure, qui s'élève derrière l'établissement des Thermes, on aperçoit un vieux couvent, qui sert de maison de correction et de pénitencier aux missionnaires Dominicains.

Au sortir de *Las Caldas* la voie ferrée suit la vallée, étroite et si pittoresque du *Besaya*, pour déboucher, au bout de quelques instants, sur la superbe plaine de **Torrelavega**, en laissant à gauche les petits hameaux de *Riocorbo* et de *Cartès*, et en passant en vue des riches mines de calamine de *Riocin*. La vue s'étend, à gauche, sur la campagne de **Torrelavega**, qu'on aperçoit à une certaine distance de sa station.

A quelques kilomètres de **Torrelavega**, se trouve située **Santillana**, dont l'église collégiale est fort curieuse en raison de son antiquité; à l'entrée de l'église, à gauche, on remarque des fonts baptismaux très anciens, décorés à leur base d'un bas-relief d'une exécution grossière et représentant le *prophète Daniel, et deux lions qui lui lèchent les pieds*. Les dimensions du bassin font penser qu'il servait à baptiser les catéchumènes par immersion, et ne laissent aucun doute sur sa haute antiquité. Le cloître, attenant à l'église, est un monument dans le style roman du XIIe siècle et sert, encore aujourd'hui, de cimetière au village.

Au sortir de la station de *Torrelavega*, on remarque, sur la droite, le pont de *Vargas*; on arrive à **Renedo**, d'où l'on se rend aux bains de *Alceda* et de *Ontaneda*; peu après, à **Guarnizo** et puis à **Boó**, située au fond de la baie de Santander, où se trouvent les chantiers de construction maritime de l'*Astillero*, d'où sont sortis quelques-uns des vaisseaux qui se sont illustrés au combat de Trafalgar.

On découvre enfin **Santander** et sa magnifique baie. La voie pénètre dans la ville, en longeant un faubourg habité par les pêcheurs, et dont l'aspect est des plus pittoresque.

Santander est le port le plus important du littoral Cantabrique; le monopole de l'exportation des farines à l'île de Cuba, que cette ville s'est arrogé, à l'exclusion des autres ports, lui a donné un développement extraordinaire.

La ville renferme peu de monuments intéressants; les principaux sont: l'*hôtel de Ville;* l'*ancienne Douane;* les quais, le long desquels on a bâti de magnifiques maisons; et puis, dans la ville haute, le château de *San Felipe* et la *Cathédrale*, vieux monument de style ogival, divisé en trois nefs, qu'entourent diverses chapelles, et bâti sur une crypte, à plein cintre, que l'on fait remonter à une haute antiquité. Près de la porte, on remarque un vaste bassin de marbre qu'entoure une inscription en caractères arabes.

Santander a d'assez jolies promenades: *la alta*, fréquentée, quand le vent de mer le permet; l'*Alameda* est plus abritée et réunit, par suite, le plus de promeneurs. Une belle route conduit à la plage du **Sardinero**; on s'y rend également par *tramway* et en longeant la côte. D'importants établissements indiquent que cette belle plage est fréquentée par de nombreux baigneurs durant la saison; sur la gauche, se dresse le phare du cap *Mayor*.

Au point de vue de l'histoire, *Santander*, faisant partie de la Vieille Castille, passa, avec tous les territoires qui la constituaient, sous le sceptre des rois de Castille, quand le comté primitif de Burgos fut transformé en royaume par Ferdinand Ier, en 1035.

De Palencia à Léon. C'est aussi à **Palencia** que viennent se souder, à la ligne générale de *Madrid* à *Hendaye*, les lignes du Nord-ouest de l'Espagne, qui conduisent en Asturies et en Galice.

Au départ de **Palencia** pour **Léon**, on franchit le Carrion et le canal de Castille; on atteint successivement **Grijota**, **Villaumbrales**, où l'on voit, sur la gauche, le lac de *la Nava*, à sec durant l'été; puis **Paredes de Nava**, patrie du peintre et sculpteur *Berruguete* qui a laissé, dans la paroisse de sa ville natale, un très beau maître-autel, sculpté de sa main; on dépasse successivement **Villaumbroso**, **Cisneros** et **Villada**, qui n'offrent aucun intérêt; puis **Grajal**, qui possède une vieille forteresse crénelée et flanquée de tours. On atteint **Sahagun**, très ancienne ville, que signalent les ruines considérables du fameux monastère de *San Benito*, où se tenait le chapitre du riche et puissant ordre de ce nom, et dont l'incendie a occasionné la perte du remarquable tombeau d'Alphonse VI, roi de Léon. *Sahagun* possède quelques curieuses églises, parmi lesquelles nous mentionnerons celle de *San Lorenzo*, dont la tour et l'abside sont du style arabe, nommé *mudéjar*, de même que l'église de *San Tirso* et l'ermitage de *la Peregrina*.

Après **Sahagun** viennent **Calzada**, **El Burgo**, **Santas Martas**, qui n'offrent aucun intérêt. De la station de *Santas Martas* on se rend, par la route, à **Mansilla de las Mulas**, qui conserve encore de vieilles murailles et des églises sans importance, quoique fort anciennes. Près de cette ville et, en suivant la route qui conduit à Léon, on rencontre les hauteurs de **Villasavariego:** on suppose que c'est là qu'existait la fameuse *Lancia* des Cantabres, conquise par *Vipsanius Agrippa*, lieutenant d'Auguste. Non loin de ce site subsistent aussi, quelques monuments Celtiques.

Enfin, à une faible distance de la station de *Palanquinos*, se trouve situé le couvent de *Sandoval*, précieux monument du XIIe siècle, dans le style roman et, en suivant *la Rivera de Gradefes*, on rencontre le couvent de femmes situé au cœur même du village de *Gradefes*. C'est un monument appartenant au style ogival de transition, qui dépendait du monastère de *las Huelgas* de Burgos. Finalement, et dans cette même vallée, on trouve aussi l'intéressant monastère de *San Miguel de Escalada*, le plus ancien de la province de Léon, édifié sur les ruines d'un autre couvent, fondé à une époque plus reculée encore. Ce sont des moines fuyant Cordoue, alors au pouvoir des Arabes, qui vinrent le bâtir en l'an 913.

Cet édifice, du style latino-byzantin, possède de curieux arceaux en fer à cheval, et des fragments d'architecture, richement sculptés, qui proviennent évidemment de constructions datant de l'époque des Visigoths. Le temple est couvert de superbes lambris dans le goût *mudéjar*, d'une époque postérieure.

Après **Santas Martas**, et **Palanquinos**, où les habitants de Léon viennent se récréer dans sa belle *Huerta*, on atteint enfin **Torneros**, d'où l'on aperçoit les élégantes flèches de la Cathédrale de *Léon*, et son célèbre monastère de *San Marcos*.

LÉON.

Léon fut fondée vers l'an 70 de notre ère, au confluent du *Torio* et du *Bernesga*, par la *Legio Septima gemina pia felix*, à une faible distance de l'ancienne et célèbre *Lancia:* du mot *Legio*, l'on a fait *Léon*. Peu de villes ont aussi bien conservé que celle-ci, leur histoire écrite sur leurs monuments: aussi, devons nous relater, en peu de mots, quelques-uns des faits les plus saillants de son histoire. *Léon* a d'ailleurs donné son nom à un des royaumes les plus importants de la Péninsule, ainsi qu'à une longue suite de rois.

A la chute de l'Empire d'Occident, les Romains conservèrent encore quelque temps cette province; mais elle leur fut bientôt arrachée par *Léovigildo*, roi des Visigoths; *Witiza* respecta les murailles de *Léon;* plus tard elle tomba au pouvoir des Arabes, auxquels elle fut reprise par Alphonse Ier dit le Catholique; d'après une autre version, *Pelayo*, premier roi des Asturies, la leur avait déjà reprise auparavant. Tombée de nouveau au pouvoir des Maures en 846, elle leur fut arrachée une seconde fois par *Ordoño Ier*, qui repeupla la ville, et son successeur *Ordoño II*, en fit sa capitale en 914; c'est, à partir de ce moment, que *Léon* prend une véritable importance. Rasée de nouveau en 984 par *Almanzor*, *Léon* fut repeuplée et restaurée par Alphonse V, qui lui donna, en 1020, ses célèbres *fueros*. Avec *Veremundo*, ou *Bermudo III*, s'éteignit, en 1027, la descendance directe de *Pelayo* et le dernier des onze rois de *Léon*. Dès lors, le royaume de Léon traverse, tantôt réuni au trône de Castille et tantôt séparé, la période qui s'écoule jusqu'à la mort d'Alphonse IX, survenue en 1188: il était le père de Ferdinand III dit le Saint, et le dernier monarque qui ait fixé le siège de ses États à *Léon*. Abandonnée par la cour, *Léon* perdit peu à peu toute importance politique, pour ne plus conserver que l'intérêt artistique qui s'attache à ses monuments.

Nous croyons devoir placer quelques mots sur le règne d'Alphonse VI, surnommé le Brave, qui dura de 1066 à 1072, et qui fut fécond en événements mémorables. Ce prince, fils de Ferdinand Ier, hérita de la couronne de Léon; mais il se vit détrôné par son frère Don *Sancho le Fort*. Quand ce dernier mourut assassiné, sous les murs de Zamora, par *Bellido Dolfos*, il recouvra sa couronne, ainsi que celle de Castille, à la suite du fameux serment que lui fit prêter le *Cid*, à *Santa Gadea* de Burgos. C'est sous son règne que Tolède fut enlevée aux Arabes; que prit naissance le royaume de Portugal, à la suite du mariage de Henri de Lorraine avec Thérèse, fille du roi Don Alphonse, et que de l'union de *Don Rodrigo Gonzalez de Cisneros* avec *Doña Sancha*, fille légitime dudit monarque, se forma la souche de la maison de los *Girones*, d'où sont sortis les ducs d'*Osuna*. C'est encore sous le règne d'Alphonse VI, que le rite latin fut substitué à l'ancien rite gothique ou mozarabe; que le caractère français vint remplacer le type gothique usité dans les manuscrits et, finalement, qu'eut lieu l'invasion des *Almoravides*.

Léon conserve encore des restes de ses vieilles murailles; il est facile d'y reconnaître la forme quadrilatérale des anciens camps Romains, que ces derniers lui ont laissée; sur divers points, surtout du côté du Nord et du Levant, on retrouve les traces des constructions de la primitive enceinte et des grosses tours rondes qui la complétaient. Les constructions nouvelles tendent à faire disparaître ces restes intéressants.

Après avoir été rasée par *Almanzor*, la muraille fut reconstruite par Alphonse V et ses successeurs et, c'est du commencement du xive siècle, que date la mesquine enceinte, percée de sept portes, qui subsiste et qui devait renfermer les faubourgs populeux du Sud de la ville, habités alors par les Juifs et les Arabes *mudéjares*.

Après l'avoir franchie, le premier édifice important que l'on rencontre, c'est le palais de *los Guzmanes*, bâti en 1560, par l'évêque de Calahorra, *Don Juan Quiñones y Guzman*, dans le plus pur goût de la Renaissance; malheureusement la cour et les façades, aux lignes sévères et sobres d'ornements, ont perdu leur caractère primitif, par suite de la démolition des tours qui les flanquaient, et de la fermeture des fenêtres, ouvertes dans les angles, et actuellement murées. La grande quantité de fer, employé dans les grilles du rez-de-chaussée et dans les balcons du premier étage, fit dire au roi Philippe II que *tant de fer employé, était vraiment une grosse faute de la part d'un évêque* (tanto *hierro* era, en verdad, mucho *yerro* para un obispo); il jouait ainsi sur la consonnance de deux mots espagnols, et faisait sans doute allusion aux dangers qu'encourrait l'évêque, s'il advenait qu'un palais, aussi fort et résistant, lui donnât des velléités d'indépendance.

En remontant la rue du *Christ de la Victoire*, on rencontre à quelques pas, à gauche, le palais des *Marquis de Villasinta*, bâti dans le style de la Renaissance.

Le centre de la ville contient quelques monuments dignes d'attention: c'est, d'abord, l'ancien palais des Rois, situé *calle de la Rúa*, converti aujourd'hui en caserne, et qui fut bâti par Henri II; il n'en subsiste plus guère qu'une tour et un plafond lambrissé dans le goût *mudéjar*. Dans le couvent de la *Concepcion*, on trouve aussi quelques fragments de ce même style d'architecture, de même que dans le palais des *Comtes de Luna*, situé près de là, et qui appartient aujourd'hui au duc de Frias: des réparations modernes ont fait disparaître de belles arcades, finement décorées dans le goût *mudéjar;* cependant quelques lambris subsistent, ainsi que des morceaux des façades des xiiie et xvie siècles, au milieu d'autres restes sans intérêt. De ce côté on trouvera encore, la petite église de N[ra]. S[ra]. *del Mercado*, appelée autrefois *la Antigua del Camino*, parce qu'elle se trouvait alors hors de l'ancienne enceinte: des réparations récentes lui ont fait perdre tout son caractère; elle n'a conservé, de l'ancienne construction, qu'une petite abside, précieux échantillon du style roman, caractère d'architecture dont participait d'ailleurs tout le sanctuaire, et dont on trouve encore quelques fragments à l'intérieur; puis, deux anciennes et curieuses grilles, scellées dans des fenêtres de la façade.

L'église de *San Martin* montre des fragments du style roman de la période de transition, et une partie de son ancienne abside: ce sont les seuls restes qui aient échappé, lors de la construction de l'église, dans le goût *churriguéresque*, qui est venue remplacer l'édifice primitif.

En sortant de l'église on traverse la *plaza mayor*, entourée de mesquines galeries, et l'on aperçoit la tour carrée de *los Ponces*, qui forme un des angles de l'enceinte primitive de la ville. En suivant la direction des autres tours, encore debout et enclavées dans le palais épiscopal, on passe près de la vieille église de *San Salvador del Nido*, aujourd'hui bien défigurée; c'est dans cette église que, le 8 Avril 1849, vint recevoir la communion le roi de Sardaigne, *Charles Albert* qui, vaincu à Novare, avait abdiqué en faveur de son fils, Victor Emmanuel.

Nous voici dans le quartier de *San Pedro*, qui conserve encore sa vieille et petite église de *San Pedro de los Huertos*: c'était, d'après la tradition, l'église qui servait de Cathédrale durant la construction de l'édifice actuel; peu après, l'on voit se détacher, sur la ligne vigoureuse des tours rondes de la vieille muraille, les flèches et les fines aiguilles qui couronnent la belle cathédrale de Léon, monument le plus intéressant de la ville et, à coup sûr, le plus bel échantillon du style gothique qu'il y ait en Espagne.

Moins somptueuse et moins vaste que celles de Tolède, de Burgos et de Séville, la cathédrale de Léon les surpasse toutes par sa légèreté et son élégance: elle affecte la forme d'une croix latine et rappelle ses sœurs d'Amiens et de Reims; c'est, nous le répétons, le temple le plus beau et le plus caractéristique que le moyen age ait légué à l'Espagne. Les proportions de ses hautes nefs, ses élégantes fenêtres appartiennent à l'art ogival et à l'époque de sa plus grande pureté. Cette cathédrale occupe l'emplacement d'anciens Thermes romains, sur lesquels *Ordoño Ier* avait bâti son palais et dont son successeur, *Ordoño II*, fit abandon pour y construire la Cathédrale primitive, qui subsista jusque vers 1199. A cette époque, l'évêque *Don Manrique de Lara* la fit réédifier; les travaux durent s'exécuter bien lentement, puisque l'édifice actuel ne présente, extérieurement, que les caractères de la dernière période du XIIIe siècle.

La façade principale qui regarde au couchant, est flanquée de deux tours appelées *des cloches* et de *l'horloge;* la première est du XIIIe siècle, et par conséquent, presque entièrement *romane* et l'autre, de la fin de XVe siècle. Au centre, trois grandes ogives, accompagnées de deux autres plus petites, s'ouvrent sur le riche portique qui donne accès au temple; les piliers supportent plus de quarante belles statues; les tympans des portes et les archivoltes, sont profusément décorés de figures. Au centre, l'on voit *Jésus présidant au Jugement Dernier;* à la partie inférieure du tympan, *un ange tient une balance et pèse les âmes; les bienheureux sont rangés d'un côté et les Réprouvés de l'autre: ceux-ci, escortés de démons, ceux-là conduits par des anges*. Les archivoltes enfin, sont décorées de groupes en harmonie avec le sujet principal, qui sont interprétés d'une façon souvent malicieuse et satyrique.

Le reste de la partie centrale de la façade comprend un grand balcon, situé à la hauteur des nefs latérales, une série de fenêtres, et une grande rosace, percée à jour, que couronne un attique du style de la Renaissance, œuvre de *Juan de Badajoz*, qui s'est efforcé de se conformer aux lignes générales du style ogival.

. L'intérieur de la Cathédrale est partagé, jusqu'au transept, en trois nefs; celle du centre est plus élevée que les nefs latérales. A partir du transept, deux nouvelles nefs, placées sur les côtés des autres, viennent se rejoindre derrière la chapelle principale; ces deux nefs s'y transforment alors en petites chapelles et forment l'abside, si caractéristique et surtout si bien motivée, des églises du style ogival.

La nef centrale est séparée des nefs latérales par de sveltes et élégants piliers, formés de faisceaux de minces colonnettes, qui s'élancent à la rencontre des arcades et des nervures des voûtes. La partie inférieure du mur de séparation des nefs latérales, est décorée par des arceaux simulés, sur lesquels viennent reposer d'élégantes fenêtres qu'on a murées jusqu'à la naissance des ogives. Cette partie est ornée de figures de Saints et de Prophètes, peintes en grisaille au XVe siècle, et dans le goût de cette époque; elles ont malheureusement été restaurées et, par suite, défigurées, cela tout récemment.

La nef centrale principale, celle du transept et celle du presbytère, sont divisées en trois zônes: la première est occupée par les arcades qui communiquent avec les nefs latérales; la seconde est décorée d'une élégante galerie qui fait tout le tour de l'église et qui, dans l'origine, était percée à jour et fermée par des vitraux, comme l'est aujourd'hui la façade du Couchant; la troisième zône, enfin, est occupée par de hautes fenêtres, garnies de beaux vitraux des XIIIe et XIVe siècles, et d'autres, fort remarquables du XVIe. Par suite d'additions faites à ce bel édifice au siècle dernier, avec aussi peu de bon sens que de goût, les architectes de l'époque de *Churriguéra*, ont, entr'autres choses, surchargé la croix du transept d'une énorme coupole, dont la masse écrasante a fait fléchir le bras gauche du transept. Il a fallu démonter la coupole et démolir, jusqu'aux fondations, le bras sud de l'église, qui menaçait ruines. Le travail de reconstruction de cette partie, commencé il y a quelques années, est loin d'être terminé: il est à souhaiter que les ressources ne fassent pas défaut pour mener avec rapidité, à bonne fin, une restauration aussi indispensable qu'intéressante.

La porte nord du transept donne accès aux chapelles de *San Andrés* et de *Ste Thérèse*, qui cachent en partie la façade Nord de la Cathédrale; de là, on pénètre dans le cloître, construction où l'on trouve le style ogival mélangé à celui de la Renaissance, et dont les murs sont couverts d'intéressants tombeaux. Quelques unes de ces sépultures sont d'une époque antérieure à la Cathédrale actuelle. Nous mentionnerons spécialement, une ancienne et importante sculpture, qui représente *un prêtre offrant un temple à la Vierge*, et une belle statue de celle-ci, nommée N^{ra} S^{ra} *de Regla*: c'est devant cette figure, que se faisait la célèbre cérémonie, instituée en mémoire de la bataille de *Clavijo* et de l'abolition du fameux tribut des cent jeunes filles, que le royaume de Léon payait annuellement, à l'émir de Cordoue.

Les chapelles du cloître sont, en général, peu importantes; la partie supérieure de la galerie est décorée de peintures intéressantes pour l'histoire de l'art, et qui ont été exécutées par un artiste inconnu du xv⁰ siècle. On pénètre par une jolie porte et, après avoir gravi un escalier, richement décoré dans le goût de la Renaissance, on arrive à la Salle du Chapitre.

La belle chapelle de *Santiago*, élevée à cette même époque, est décorée de beaux vitraux et ornée d'arceaux, enrichis de feuillages, de plantes, d'animaux et de chimères, où l'esprit railleur du tailleur d'images s'est souvent donné libre carrière, comme le prouve, au besoin, la figure d'un moine gros et gras tenant un livre à la main, et que souligne cette légende épigrammatique: *legere et non intelligere.*

Pour achever d'indiquer ce que cette belle cathédrale contient encore de précieux ou d'intéressant, nous devons mentionner: les Sacristies, quoiqu'elles soient d'une époque plus récente; la célèbre arcade, nommée del *Cardo* ou *Cardon,* de style ogival, qui se trouve dans l'abside, véritable dentelle de pierre, datant de la fin du xv⁰ siècle; le beau *Trascoro*, du style de la Renaissance; les riches stalles du Chœur, sculptées par maître *Theodoric* en 1480, des plus belles et des plus anciennes d'Espagne, et décorées, avec une rare profusion, de figures, d'aiguilles, de dentelures et d'une foule d'ornements du meilleur goût; puis encore, l'autel, du style de *Churriguéra,* avec sa masse écrasante de statues, d'anges et de colonnes, d'un mauvais goût que ne parviennent à racheter ni la richesse de ses dorures, ni la beauté des marbres employés dans la décoration; il fut exécuté, au siècle dernier, par *Gabilanes*, neveu et digne disciple de *Don Narciso Tomé,* l'auteur du célèbre *Transparent* de la Cathédrale de Tolède.

Les chapelles, ainsi que le Trésor de cette Cathédrale, renferment d'importants tableaux, parmi lesquels nous mentionnerons: l'ancien retable de la chapelle principale; deux panneaux représentant *San Cosme* et *San Damian,* placés dans une des chapelles de l'abside; un troisième dans la chapelle de *Sainte Thérèse,* qui représente la *Translation des restes de San Froilan* et d'autres encore, répartis dans différentes chapelles et dans les Sacristies.

Nous signalerons aussi, divers coffrets en argent repoussé, du plus beau travail et de l'époque du xvi⁰ siècle, dans lesquels sont renfermés des reliques.

La célèbre *Collégiale,* située à l'angle Nord-Ouest de la ville, a été bâtie sur l'emplacement occupé, de temps immémorial, par une église consacrée à St Jean Baptiste, sous le patronage duquel, Alphonse V construisit un monument en brique, destiné à recevoir les sépultures des rois.

Ferdinand Ier le réédifia avec plus de somptuosité pour y déposer les restes de St Isidore rapportés de Séville: c'est cet édifice qui existe encore aujourd'hui. Bâti dans le style roman, en l'an 1065, par l'architecte *Pedro de Deus,* dont le tombeau est aux pieds de l'église, ce temple a la forme d'une croix latine et présente, au milieu de sa sévère simplicité, des ornements remarquables et caractéristiques, particulièrement sur la porte Sud du transept. C'est près de cette porte, que l'infant *Don Garcia* de Castille, fut traîtreusement assassiné par *los Velas*; la tradition se réfère sans doute à la porte de l'édifice primitif, car la porte actuelle est un peu postérieure à l'époque où se passa ce tragique événement.

Cette église a perdu son harmonie, par suite de la substitution de l'abside centrale, par une autre, de style ogival, construite au xvᵉ siècle par *Juan de Badajoz*, et de l'installation du chœur aux pieds de l'église, disposition qui est venue couper la nef centrale, à près de la moitié de sa hauteur. On y remarque aussi des fonts baptismaux fort intéressants, et qui proviennent de l'église primitive.

Mais, ce qu'il y a de plus remarquable dans cette église, c'est son obscur et curieux *Panthéon des Rois*, situé aux pieds de l'église, et qui renfermait les cendres d'un grand nombre de Rois, de Reines et d'Infants. Le Panthéon comprend deux parties: l'une, presque carrée, est divisée en trois nefs, séparées, dans les deux sens, par de robustes colonnes: l'autre, de forme rectangulaire, est plus spacieuse. Ce Panthéon, probablement d'une époque antérieure à celle du reste de l'église, est décoré de peintures murales fort anciennes et, à ce titre, des plus importantes pour l'histoire de l'art. Ces peintures, qui remontent à la fin du xiᵉ siècle, couvrent les voûtes de la première salle, les archivoltes des arcs et les tympans qui reposent sur les murs; dans la seconde partie, le tympan seul de l'un des arcs est décoré de peintures, et il n'en existe aucune trace sur les autres parties. Les sujets représentés se rapportent à *l'Apocalypse*, au *nouveau Testament*, aux *travaux agricoles des différents mois de l'année*; sur la voûte centrale est figurée *la Sainte Cène* et les symboles, si caractéristiques de cette époque, des *quatre Évangelistes*. Les autres parties du monastère offrent peu d'intérêt, à l'exception cependant, de la tour, qui est du style roman, de l'escalier qui conduit aux bureaux de *la Diputacion*, et du cloître, qui sont tous deux de la dernière période de la Renaissance.

Parmi les œuvres d'art que possède encore *la Collégiale*, nous citerons de riches vêtements sacerdotaux du commencement du xvıᵉ siècle; un beau calice, en agate, monté en or, qui fut donné par la reine *Doña Urraca*; une précieuse petite croix en filigranes d'argent, de la fin du xvᵉ siècle; une autre du xvıᵉ, également en argent, attribuée, sans preuves, à *Enrique de Arfe*; puis encore, un reliquaire en argent contenant la mâchoire de Sᵗ Jean Baptiste, beau travail de la Renaissance, et très probablement de l'orfèvre léonais *Juan de Arfe*; puis aussi, une vieille bannière du temps d'Alphonse VII, portant brodée l'image de *Sᵗ Isidore*, figuré tel qu'il apparut, suivant la tradition, à la bataille de *Baeza*; et finalement, deux précieux coffrets, contenant des reliques, et placés sur le maître-autel; l'un est en bois et ivoire et l'autre, recouvert de riches émaux.

La Bibliothèque, située au premier étage du couvent, est peu nombreuse; mais elle renferme par contre, de belles et anciennes éditions, qui remontent aux premiers temps de l'imprimerie, et de précieux manuscrits, entre autres, deux très importantes Bibles, enluminées de miniatures grossièrement exécutées, et dont les sinistres et étranges figures, revêtues de curieux costumes, sont d'intéressants spécimens de l'art à ces époques reculées; l'une d'elles date de l'an 960 et l'autre, de 1162. On y conserve également un manuscrit des *Morales* de Saint Grégoire, copié en l'an 951.

En sortant de *San Isidoro*, on rencontre, au bout du modeste faubourg de *Renueva*, et sur la route de Galice, le célèbre couvent de *San Marcos*, situé sur les bords du *Bernesga;* ce beau monument fut bâti à l'époque de la Renaissance; peu d'édifices en Espagne pourraient lui disputer le premier rang, au point de vue de la beauté et de la richesse des détails qui composent sa décoration.

L'histoire de ce monument est intimement liée à celle de l'ordre des chevaliers de *Santiago*, institué en 1170.

En 1184 on enterra, dans son église, le premier grand-maître général de l'Ordre, nommé *Pedro Fernandez de Fuente Encalada;* depuis lors, cette famille et celle des *Uclès*, se disputèrent toujours et se partagèrent cette haute dignité.

En 1514, Ferdinand le Catholique ordonna la réédification de l'église, mais elle ne s'opéra en réalité que sous Charles-Quint.

En 1537, on construisit la partie comprise entre le portail et l'église; cette dernière fut consacrée au culte en 1541, et présente, ainsi que la galerie inférieure du cloître, la structure ogivale associée à des décorations dans le goût *plateresque*. La partie de la façade construite à cette époque, est ornée, à sa base, de beaux médaillons avec les bustes de personnages empruntés à la mythologie et à l'histoire sacrée. Sur cette base, s'élève le corps du rez-de-chaussée, avec des fenêtres en plein cintre, dont les jambages et les archivoltes sont décorés richement, dans le goût de la Renaissance, ainsi que les pilastres et la corniche. Les parties pleines sont occupées par de doubles niches, ornées de piédestaux, qui attendent encore les statues qui devaient en achever la décoration. Le deuxième étage enfin, présente des balcons rectangulaires, avec de beaux jambages et des colonnes en balustre; il est couronné par une robuste corniche et un appui, percé à jour, formé de figures et d'ornements dans le goût de la Renaissance.

A droite et à gauche du portique de l'église, on remarque deux beaux bas-reliefs dont l'un est dû à *Orozco* et le second, sans doute à quelqu'autre artiste, alors en compétition avec lui. Le cloître et les somptueuses sacristies, exécutées par *Juan de Badajoz*, à qui on attribue les plans de tout l'édifice, sont de structure ogivale et richement décorés dans le goût *plateresque;* on y conserve quelques objets d'art. La Salle Capitulaire est également ornée de beaux lambris contemporains de l'édifice et, par conséquent, dans le grand goût Renaissance. Un somptueux escalier conduit au premier étage du cloître et dans le Chœur, qui est une des merveilles de ce bel édifice. C'est le sculpteur *Guillermo Doncel* qui l'exécuta vers l'an 1541. Sa décoration, faite dans le plus pur style Renaissance dit *plateresque*, comprend des bas-reliefs et de riches ornements.

Au siècle dernier, on construisit la partie de l'édifice comprise entre le portail et la rivière et on a cherché, avec une louable intention, à imiter la partie ancienne du monument: on y a réussi, quant à l'ensemble, mais non dans les détails, qui dénotent clairement la période de décadence durant laquelle ils ont été exécutés.

Ce bel édifice a servi de prison à *Quevedo*: il y fut relégué, en sa qualité de chevalier de St Jacques, par ordre du Comte-duc d'Olivarès, sur le soupçon d'avoir composé certain écrit anonyme, que le roi Philippe IV trouva dans sa serviette. C'est, dans cette retraite, que *Quevedo* écrivit quelques-unes de ses fameuses lettres, entre autres sa célèbre *Exposition au Roi*, considérée comme le modèle le plus achevé de la littérature de son époque.

Ajoutons encore, que c'est dans les Salles de ce beau couvent, que l'on a récemment installé le *Musée provincial*; les tableaux qu'on y a réunis, n'offrent aucun intérêt. Parmi d'autres objets, plus dignes de remarque, nous mentionnerons: un Christ en ivoire, du xie siècle; une tête d'un *Saint François*, en bois peint; quelques fragments d'architecture, provenant du palais des Comtes de Luna; d'autres, provenant des fouilles faites sur l'emplacement de l'ancienne *Lancia* et, finalement, une collection épigraphique romaine, des plus riches d'Espagne, ainsi qu'un curieux autel romain, consacré à Diane.

De **Léon** partent deux voies ferrées: l'une, dans la direction de **Galice**, et l'autre, dans la direction des **Asturies**; toutes deux sont actuellement encore inachevées, sur une partie importante de leur parcours.

De Léon à Oviedo. Si l'on sort de **Léon**, dans la direction des Asturies, on remonte, d'abord, le cours du *Bernesga*; on atteint successivement **Santibañez, La Robla, La Pola de Gordon,** nom que prend dès lors le *Bernesga*, à travers un pays des plus accidentés, et au moyen d'ouvrages d'art des plus considérables. On arrive à **Villamanin**, et puis, à **Busdongo,** après un parcours de deux heures. C'est à **Busdongo** que s'arrête, pour l'instant, la voie ferrée; il s'agit en effet de franchir la haute chaine de montagnes, qui s'étend depuis la Biscaye jusqu'en Galice et, pour cela, de grands travaux, non encore terminés, ont été entrepris depuis quelques années.

Le trajet de **Busdongo à Pola de Lena,** située sur l'autre versant de la montagne, se fait donc encore en voiture, par le seul point accessible, nommé le port de *Pajarès* ou de la *Perrusa*, par une belle route, qui a coûté des sommes d'argent si considérables qu'elle faisait demander au roi Charles IV, si elle était pavée d'argent. En hiver, le passage est souvent obstrué par les neiges: des piliers, placés des deux côtés de la route, servent alors de guides au voyageur. Près du faîte de la montagne, qui divise la province de Léon de celle d'Oviedo, se trouve, de même que dans la traversée du mont Saint Bernard, une abbaye, celle *d'Albas*, qui servait anciennement de refuge aux pèlerins qui traversaient la montagne.

Peu après, la descente commence: on atteint *Pajarès*, petit village encore situé dans les montagnes. On jouit de là d'un superbe panorama qui s'étend sur toute la contrée: partout ce ne sont que des hauteurs dont les flancs sont couverts d'une végétation splendide, que forêts qui semblent encore vierges et qu'habitent des chevreuils, des sangliers et même des ours; de tous côtés on voit des cours d'eau se précipiter en cascades dans les vallées profondes, des collines riantes de verdure, des hameaux épars, des clochers d'églises, et des tours féodales.

Après avoir franchi le *Lena*, à **Puente de los Fierros,** on atteint **Pola de Lena,** petit village où on retrouve la voie ferrée; un trajet, d'une heure et quart seulement, sépare cette station de la ville d'**Oviedo.** Au sortir de **Pola de Lena,** l'on atteint successivement **Santullano** et **Miérès,** petite ville pittoresquement située, et célèbre par ses mines de fer et de charbon; au moyen d'importants ouvrages, de tunnels et de courbes, on atteint **Olloniego, Las Segadas** et enfin, **Oviedo,** chef-lieu de province, et ancienne capitale des Asturies, de ce royaume qui a la prétention de n'avoir jamais été vaincu et qui fut le berceau de la monarchie espagnole.

Les Astures, ou Asturiens, ont en effet, de tous temps, été très jaloux de leur indépendance; les Romains durent faire les plus grands efforts pour les soumettre à leur autorité: César Auguste vint en personne pour les réduire; mais, prévoyant leur longue résistance, il dut, étant malade, laisser ce soin à ses lieutenants *Caristius* et *C. Antistius.*

Plus tard même, il dut envoyer son gendre *Marcus Vipsanius Agrippa;* les Astures furent alors mis en déroute, et ceux qui survécurent, se réfugièrent à *Lancia,* où ils s'empoisonnèrent, ou se tuèrent les uns les autres, plutôt que de se soumettre au joug des Romains. C'est à la suite de cette campagne mémorable, qu'Auguste ferma solennellement le temple de Janus.

Les Astures durent encore céder au nombre devant les Vandales et les Goths, lorsqu'ils envahirent l'Espagne et les Arabes les trouvèrent mêlés à ceux-ci, quand ils firent irruption dans la Péninsule, en 711, à la suite de la bataille du *Guadalete*. Les Maures pénétrèrent alors jusqu'au cœur des Asturies, et soumirent cette contrée, du moins en apparence, en retenant *Pelayo* comme otage. Celui-ci parvint à s'échapper et, réfugié dans les montagnes, il donna bientôt le signal de la révolte. A la tête d'une poignée de montagnards, *Pelayo* chassa les Maures de la contrée.

L'émir de Cordoue envoya contre lui, en 716, une armée qui pénétra jusque dans les défilés de *Covadonga: Pelayo* et les siens, qui s'étaient réfugiés dans ces montagnes, l'y écrasèrent complétement, en précipitant sur ses masses serrées, d'énormes quartiers de roches, en même temps qu'une violente tempête, suscitée, suivant la légende, par Notre-Dame-des-Batailles, achevait de les anéantir. Les Maures respectèrent dès lors ce petit pays et, c'est au sein de ses montagnes inaccessibles, que prit naissance le royaume des Asturies. C'est à *Cangas de Onis* que *Pelayo* fut acclamé par les siens: la tradition rapporte qu'ils n'étaient que 519 nobles qui jurèrent d'obéir à *Pelayo*, en lui donnant le titre de *Dominus*, origine de la particule *Don*, qui précède les noms espagnols. *Pelayo* fut le premier à s'en servir, ainsi que du titre d'*Infant*; aussi est-il constamment cité dans l'histoire, sous le titre de *Infante Don Pelayo*, que la tradition du pays lui a conservé.

El Infante Don Pelayo fut donc le premier roi des Asturies: ses successeurs passèrent bientôt les montagnes et étendirent leur domination jusqu'au *Duero*.

Ordoño II fonda à Léon, la capitale d'un royaume nouveau, dont les Asturies ne furent plus qu'une province. En 984 eut lieu un retour offensif des Arabes: Almanzor envahit la Castille, l'Aragon et le royaume de Léon. Cette capitale se vit alors rasée, et le roi *Don Bermudo* dut, comme autrefois *Pelayo*, chercher un refuge dans les montagnes, en y emportant tout ce qu'il possédait de plus précieux.

A la mort d'Alphonse VII, *Doña Urraca* établit de nouveau sa capitale à *Oviedo*; dans la lutte de *Don Pedro* avec son frère *Henri de Transtamare*, cette ville se déclara contre le dernier. Enfin, quand Don Juan Ier maria en 1388 son fils Don Enrique, avec Catherine, fille du duc de Lancastre, il lui donna en apanage la principauté des Asturies; c'est depuis lors, et par décision des *Cortès* du Royaume, assemblées à *Briviesca*, que le premier-né de la Couronne de Castille prend le titre de *Prince des Asturies*, de même qu'en Angleterre, le prince héritier porte le titre de Prince de Galles et que l'on désignait, sous la monarchie française, le successeur au trône, du nom de Dauphin.

Oviedo, l'ancienne *Mansilla* des Romains, fut bâtie en 762, sous le règne de Fruela Ier; en 802 Alphonse II le Chaste, y fixa le siège du royaume qui avait déjà été transféré de Cangas de Onis à Pravia. C'est une ville heureusement située, qu'entourent de riches campagnes. Son hôtel de ville, ou *Casas Consistoriales*, est un imposant édifice: une galerie règne au rez-de-chaussée, et sert de promenade.

Il existe à *Oviedo* diverses institutions de Charité qui remontent à une haute antiquité et qui fonctionnent encore aujourd'hui: nous mentionnerons particulièrement, la confrérie de *los Alfayades* qui possède, depuis le XIIIe siècle, une maison de refuge, nommée *la Balesquida*, du nom de sa fondatrice, et dont les statuts sont des plus intéressants, en raison de leur antiquité; les habitants de toutes les classes de la société d'*Oviedo* considèrent comme un grand honneur, de faire partie de cette confrérie.

De tous les monuments d'*Oviedo*, la Cathédrale vient se placer au premier rang; le temple actuel fut élevé en 1380, au temps du roi Don Juan Ier, par *Don Gutierre de Toledo*: elle a la forme d'une croix latine, à trois nefs, et comprend un certain nombre de chapelles latérales. Bâtie dans le style ogival, elle est richement décorée: la tour surtout, semble une dentelle; elle est bien proportionnée, et flanquée, à l'étage des cloches, de quatre sveltes tourelles; comme élégance, elle est la première d'Espagne et dépasse, en hauteur, les flèches fameuses de la Cathédrale de Burgos. De l'édifice primitif, fondé par Alphonse II, et construit par l'architecte *Thioda*, il ne subsiste que le clocher et la Chambre Sainte, qui sont de style roman. La chapelle principale fut terminée en 1412 et la tour, en 1556; au sommet de celle-ci figure une croix à quatre branches d'égale longueur, qui a la forme de la fameuse *Croix des Anges*, que l'on conserve dans la Chambre sainte; c'est l'emblème qui figure partout dans la Cathédrale, et c'est aussi le blason de la ville d'*Oviedo*.

Le portail de la Cathédrale est

formé de trois grandes arcades qui correspondent aux trois nefs de l'intérieur: celle du centre est plus élevée que les deux autres; une deuxième tour devait être construite sur l'arcade de gauche. Ce portail est richement décoré de fleurons, de guirlandes, et de niches destinées à recevoir des statues qui n'y ont pas encore été placées; au-dessus de la croix des anges, et de deux médaillons, on a figuré, en demi-relief, *la Transfiguration;* on y a également placé les bustes de *Fruela* et d'*Alphonse le Chaste.*

A l'intérieur, on remarque encore cette même sobriété d'ornementation: les chapiteaux sont décorés d'un simple feuillage; les arcs s'élancent, sans ornements, au sommet des nefs; le nombre des ouvertures semble aussi accroître les proportions si belles de cette église, qui est cependant de dimensions réduites. Une galerie entoure la nef et le transept; des fenêtres, en ogive, accouplées et séparées par de frêles colonnettes et des balcons percés à jour, en complètent la décoration; du côté du Sud enfin, de beaux vitraux garnissent les grandes fenêtres qui s'élèvent jusqu'à la voûte, que des arêtes en pierre divisent en compartiments.

La chapelle principale est située dans l'abside, qui a la forme d'un pentagone; le retable en suit les contours et est composé de cinq corps, divisés en divers compartiments, dans lesquels le sculpteur a représenté *la Vie et la Passion de Jésus;* au centre, se trouve *le Sauveur* qu'entourent les *quatre Évangélistes;* au-dessus, est représentée *la Vierge au milieu d'anges; la Scène du Calvaire,* et différentes statues, couronnent cette œuvre immense, qui a coûté des sommes considérables et près d'un siècle de travail; mais son exécution minutieuse manque des vraies qualités de l'art de la sculpture, et la richesse des dorures qui est vraiment prodigieuse, souligne, plutôt qu'elle ne rachète, le manque général de goût.

Le chœur contient des boiseries sculptées, représentant des scènes de l'ancien Testament, et quelques sujets profanes en contradiction avec la sainteté du lieu; de grandes orgues, de mauvais goût, en occupent les deux côtés; une grille, formant cinq arcs gothiques, en ferme l'accès.

Le *trascoro* est de deux styles différents: au centre, se trouve l'autel de N^{ra} S^{ra} *de la Luz,* que surmonte un riche retable, orné de statuettes, de fleurons, d'arabesques, de niches, de style ogival, et que domine, à son sommet la *Croix des anges.*

Contre un pilier, se trouve une ancienne statue du *Sauveur,* que l'on fait remonter au xiie siècle.

La vieille basilique de *Santa Maria* est aujourd'hui jointe à la Cathédrale, dont elle forme une des chapelles, sous le nom de N^{ra} S^{ra} *de Recasto,* ou du *Roi chaste;* sur le maître-autel est placée l'image de *Notre-Dame-des Batailles,* que le roi Alphonse le Chaste portait avec lui dans ses expéditions guerrières; près de la porte, se trouve le *Panthéon des Rois,* reconstruit en 1712, sous Philippe V, dans le goût *churriguéresque;* c'est là que se trouvent les sépultures du roi Alphonse II et de ses successeurs. Entre les piliers on voit six niches, qui contiennent les restes de chaque roi, depuis *Fruela Ier* jusqu'à Don *Garcia Ier,* et ceux de leurs femmes. Dans le sol, on remarque une grande tombe, formée de deux pierres grossières; c'est là que, suivant la tradition, se trouve le tombeau d'Alphonse le Chaste, qui, par vénération sans doute, n'a pas été touché, ni renouvelé; une belle grille en fer ferme l'accès du Panthéon et le sépare du reste de la chapelle.

L'ancienne église de *San Miguel*, la même que contruisit Alphonse le Chaste, aujourd'hui enclavée dans la cathédrale, n'était, dans le principe, que l'oratoire du Roi, car il était compris jadis dans l'enceinte de son palais: c'est aujourd'hui l'une des curiosités de la Cathédrale. Cette église est divisée en deux étages: l'étage inférieur est recouvert d'une forte voûte; on accède à l'étage supérieur, appelé *la Camara Santa*, ou *Sainte Chambre*, par un escalier qui prend naissance dans le transept; c'est une jolie petite église, de style roman, dont la voûte repose sur les murs, quoiqu'elle semble s'appuyer sur six colonnes de marbre, que décorent douze figures d'apôtres, sculptées dans les colonnes mêmes; une petite chapelle, plus basse, s'ouvre au chevet; une seule fenêtre étroite éclaire la *Chambre Sainte*. Au centre se trouve placé, en manière d'autel, le fameux coffre en bois incorruptible, rapporté de Jérusalem à Carthagène, de là à Tolède, et puis enfin, à *Oviedo*, lors de l'invasion arabe. Ce coffre est couvert de lames d'argent, sur lesquelles sont sculptées les figures *du Christ, de la Vierge et des Apôtres*; il aurait été, suivant la tradition, construit par les disciples mêmes des Apôtres. Nul n'a jamais osé ouvrir ce coffre mystérieux, et une sainte terreur a, plus d'une fois, arrêté la main des prélats qui ont tenté de le faire. Suivant d'autres, il aurait été solennellement ouvert, en 1075, en présence d'Alphonse VI et de sa sœur *Doña Urraca*, et l'on en aurait retiré alors, la majeure partie des reliques que possède la Cathédrale.

C'est là que l'on conserve la fameuse *croix des Anges*. Des Anges, sous la figure de pèlerins, se présentèrent, suivant la légende, au roi Alphonse le Chaste, et lui ayant fait entendre qu'ils étaient orfèvres, le roi leur confia de l'or et des pierres précieuses, provenant du butin enlevé sur les Maures dans diverses batailles, et leur désigna une maison isolée, en leur commandant de lui faire une croix. Pendant que le Roi s'en fut dîner, il envoya ses domestiques pour savoir ce qu'ils faisaient: ceux-ci revinrent rapporter au Roi que les faux pèlerins avaient disparu, mais non sans laisser, par un vrai prodige, la croix entièrement terminée. Telle est la légende de la fameuse *croix des Anges*, donnée à la Cathédrale par Alphonse le Sage: elle a les quatre bras égaux; deux anges sont agenouillés de chaque côté; elle est couverte de pierreries et décorée, au centre, d'un rubis d'une rare grosseur. Le travail est fait en filigranes d'or, et porte, à l'envers, une inscription latine, qui contourne les quatre branches de la croix. On y conserve également la fameuse *Croix de la Victoire:* c'est la croix, en bois de chêne, qui servait d'enseigne à *Don Pelayo*, et qu'Alphonse III, dit le grand, fit couvrir d'or ciselé, et enrichir de pierres précieuses. Elle porte, elle aussi, une inscription latine, qui contourne les bords des quatre branches de la croix, et nous semble l'œuvre des mêmes artistes qui ont fait la Croix des Anges; les pèlerins de la légende n'étaient probablement que de très habiles orfèvres arabes, venus de Cordoue.

La Cathédrale possède aussi d'anciens manuscrits, du plus grand intérêt pour l'histoire, parmi lesquels nous mentionnerons: le fameux *Livre Gothique*, gros volume richement embelli de miniatures, dans lequel l'évêque d'Oviedo *Don Pelayo*, a réuni au XIIe siècle, les privilèges et donations faites à la Cathédrale et qu'il a annoté de sa propre main; puis encore, la *Règle rouge* et la *Règle blanche*, qui contiennent les antiques constitutions de cette église. Les rares tableaux qui décorent la Cathédrale, sont de *Francisco Bustamante*.

Le cloître est d'une belle architecture de style ogival; de jolis chapiteaux supportent les nervures des voûtes qui viennent reposer, de l'autre côté, sur d'élégants faisceaux de colonnes qui séparent les fenêtres; celles-ci sont divisées, à leur tour, par trois piliers, que surmontent de jolies rosaces. Il contient diverses sépultures; mais, ce qu'il y a de plus curieux, ce sont les décorations des chapiteaux, où l'artiste a reproduit toutes sortes de figures faisant allusion la plupart, à la fin tragique du roi *Don Fávila*, le fils de *Don Pelayo*; c'est ainsi qu'on voit, sur l'un d'eux, la lutte tragique de ce roi avec l'ours qui l'étouffa.

Tout près de la Cathédrale se trouve le monastère de *San Pelayo*, bel édifice qui remonte au Xe siècle, et où venaient prendre le voile les dames de la plus haute noblesse; malheureusement, cet édifice a été reconstruit dans les temps modernes. Puis vient le monastère de *San Vicente*, qui conserve encore l'église érigée en 1592, et un curieux cloître; on y visite aussi la cellule qu'occupait le célèbre critique *P. Feyjóo*. Nous mentionnerons enfin: l'église de *Santo Domingo*, de style ogival, bâtie en 1554, et à une seule nef; celle de *San Francisco*, gothique également; le monastère de *la Vega*, situé hors ville, où l'on trouve deux tombeaux: l'un d'eux, du XIIe siècle, renferme les restes de *Doña Gontroda*, fondatrice du monastère, de laquelle Alphonse VII eut une fille, nommée *Doña Urraca, l'Asturienne*, qui se maria au roi de Navarre Garcia VI et qui, devenue veuve, gouverna les Asturies, avec le titre de Reine.

Ajoutons enfin qu'*Oviedo* possède de belles promenades, parmi lesquelles nous mentionnerons celles dites de *Chambéri*, de la *Tenderia* et du *Campo de los Reyes*, où se trouve un monument élevé à la mémoire de *Jovellanos*, né à Gijon; celle enfin, de *San Francisco*, plantée d'aubépines qui ont atteint des dimensions si considérables qu'on les prendrait pour des chênes ou des hêtres.

Oviedo conserve encore un aqueduc fort remarquable, construit au XVIe siècle; sur le coteau qu'il traverse, avant d'atteindre la ville, est situé l'Hospice, vaste édifice bâti au siècle dernier.

Aux environs d'*Oviedo* se trouve l'important établissement thermal, nommé *Las Caldas de Priorio* et, à une courte distance de la Capitale, sont établies les fonderies de *Trubia*, propriété de l'Etat, où se fabriquent des canons de fusil, des baïonnettes, des boulets et autres engins de guerre, de fonte ou de fer.

Au mont *Naranco*, qui se dresse

près d'*Oviedo*, on va visiter deux églises fort célèbres, et nommées l'une *Santa Maria de Naranco*, et l'autre, *San Miguel de Lino*. Toutes deux furent fondées par le roi *Ramiro I*er, en reconnaissance des victoires remportées sur les Musulmans, avec le produit du butin fait sur eux, et sur l'emplacement même d'un palais et de jardins d'agrément, que les rois d'*Oviedo* possédaient dans cette contrée. L'église de *Santa Maria* est double: elle se superpose, suivant la coutume de l'époque, à une autre église souterraine ou crypte, très simple, et sans autres ornements que quelques figures sculptées représentant des femmes prisonnières, et des guerriers armés de lances et de boucliers, sur lesquels figurent des lions. L'état de conservation des deux églises est parfait, malgré leur haute antiquité, car elles datent toutes deux du IXe siècle.

De **Oviedo** à **Covadonga**. Le voyageur qui visite les Asturies, ne manquera pas de se rendre au pèlerinage fameux de **Covadonga**: il voudra voir les sites qui furent le théâtre des hauts faits de *Don Pelayo*.

L'excursion à **Covadonga** ne peut se faire qu'à cheval: on atteint, successivement: **Aramil, Lieres, San Bartolomé de Nava**, située dans une belle vallée; de là on aperçoit la **Peña mayor**, montagne toute couverte de végétation, et l'on passe près de **Buyeres de Nava**, où il y a des sources minérales. Après **Infiesto**, on traverse un beau pont de trois arches, élevé, en 1719, dans une étroite vallée, qu'entourent de hautes montagnes; près de là, se trouve le sanctuaire de la *Virgen de la Cueva*.

Au sortir de **Infiesto**, le trajet qui reste à faire jusqu'à *Covadonga*, est encore de six lieues; en suivant un beau chemin, qui longe le *Pilona*, on rencontre une colline nommée *Peleon*, où, suivant la tradition, eut lieu le premier combat entre les Maures et ceux qui suivaient *Don Pelayo*. On arrive au joli village de **Villamayor**, qui possède une belle église romane; on entre dans le *Concejo de Parres*, pays très montueux; on passe par **Llames de Parres**, ou **Collado del Otero**, et on atteint bientôt le monastère de *San Pedro de Villanueva*, qui s'élève au pied de la montagne nommée *Osuna*. C'est là qu'en 739, *Fávila* s'arracha aux bras de la belle *Froilima*, sa femme, pour aller à la chasse: en poursuivant un ours, il pénétra dans la caverne qui servait de retraite au fauve, et c'est là qu'eut lieu le terrible combat, dans lequel le roi et la bête succombèrent tous deux. A sa mort, Alphonse, duc de Cantabrie, fut élu pour lui succéder; un de ses premiers actes fut de convertir son palais en église, sous l'invocation de Sainte Marie et, ensuite, de bâtir le couvent de *San Pedro de Villanueva*.

A la porte du temple, on plaça les deux célèbres bas-reliefs représentant l'un, la *mort de Don Favila*, et l'autre, le *départ de celui-ci pour la chasse*, bas-reliefs qui n'existent plus. Il reste encore la porte bysantine: sur les chapiteaux on a représenté *Favila à cheval, tenant un faucon à la main, et Froilima, à la porte de son palais*. Un autre, montre *le roi, en costume de guerrier, combattant l'ours*; un troisième, *Favila entre la gueule de l'ours, et entouré de gens qui cherchent inutilement à éviter la catastrophe*. De belles colonnes, de style roman, ornent la chapelle principale; les chapiteaux qui les couronnent, répètent la tragique fin du roi. Ce monastère fut rebâti en 1687, et l'on n'a conservé de l'ancien édifice, que le portail, la chapelle principale, les colonnes, les arceaux, divers tombeaux, et de beaux fonts baptismaux du XIIe siècle; on montre, tout près du monastère, la caverne qui fut le théâtre de la lutte avec l'ours.

C'est à **Villanueva** que commence la plaine de **Cangas de Onis**; c'est là que *Pelayo*, s'étant enfui de Gijon, vint se mettre à la tête des 519 nobles qui lui jurèrent obéissance; c'est dans cette même plaine qu'il remporta, en 718, son premier et glorieux triomphe; c'est à *Cangas* qu'il fixa le siège de son autorité.

Cangas de Onis est une jolie petite ville: on y pénètre par un ancien et curieux pont de trois arches en pierre, sur *le Sella*, remarquable par sa prodigieuse hauteur.

L'église fut rebâtie au siècle dernier; il ne reste nulle part de traces de l'ancien palais des rois des Asturies; un chapiteau du portail de *San Pedro de Villanueva*, en a seul conservé le souvenir.

Près de *Cangas* se trouve l'ermitage de *Santa Cruz*; c'est là que se réunirent les premiers guerriers de *Pelayo*; c'est là aussi, que se termina la grande bataille commencée à *Covadonga* et que, d'après la légende, apparut dans le ciel, comme jadis à l'empereur Constantin, une croix rouge, en signe de victoire, et c'est à l'imitation de cette croix, que *Pelayo* fit construire celle en bois de chêne qui lui servit d'étendard. L'église de *Santa Cruz* fut reconstruite en 1637; il n'est resté, de l'ancien édifice, que la fameuse inscription votive, que Fávila avait placée sur la porte, et qui est un curieux échantillon, peut-être le seul, du latin barbare et corrompu qui constituait la langue espagnole au VIIIe siècle.

De *Cangas de Onis* à *Covadonga*, il n'y a plus que deux petites lieues; une route, construite par Charles III, conduit au Sanctuaire, en longeant constamment les belles rives du *Gueña*; celui-ci se réunit bientôt au *Deva* ou *Diva*, dont on n'abandonne plus les bords jusqu'à *Covadonga*. On trouve sur le chemin, **Soto**, avec un ancien palais flanqué d'une tour, où *Pelayo* est souvent venu se reposer, au retour de ses expéditions. Tout près de là, est situé *el Campo de la Jura*, où, après la fameuse bataille, les nouveaux vassaux prêtèrent serment au nouveau roi, et où *Pelayo* jura de respecter les sages lois des Goths, nommées *el Fuero-juzgo*.

On rencontre bientôt de grandes roches granitiques: ce sont celles que, d'après la légende, les Chrétiens lancèrent sur les Maures; quelques pas de plus, et la vallée se resserre encore.

On arrive à un endroit nommé *Repelayo*: c'est là que les Asturiens arrêtèrent un moment le combat, déjà tourné en leur faveur, pour élever leur chef sur le pavois, à l'ancienne mode des Goths, et pour le proclamer leur roi; quelques pas encore, et l'on aperçoit trois hautes montagnes: la plus élevée, celle du milieu, est la montagne appelée de *la Vierge*. Un énorme rocher lui sert de base; le *Deva* l'a brisé, et s'élance au travers en formant une cascade. Au centre de ce rocher gigantesque, l'on voit la célèbre grotte qui servit de refuge à *Pelayo* et à ses vaillants compagnons. Un escalier de marbre y conduit; de grands travaux furent commencés sous Charles III, pour couvrir la rivière *Deva*, et servir de base au temple somptueux projeté à cette époque. Le sol de cette grotte, dont les dimensions ne sont pas grandes, est, en partie, le sol du rocher même; un plancher, soutenu par des poutres engagées par un bout seulement dans le roc, forme une sorte de balcon sur le devant de la grotte. A l'un de ses bouts, se dresse le petit ermitage de *Covadonga;* c'est dans une des parois de ce sanctuaire, que se trouve scellé le tombeau d'Alphonse Ier le Catholique, mort en 757, qui contient ses restes et ceux de sa femme.

En face du petit ermitage, et dans une grotte, se trouve le grossier tombeau qui renferme les restes de *Don Pelayo;* c'est un coffre en pierre, plus étroit d'un bout que de l'autre, et d'une seule pièce, que ferme un couvercle d'un seul bloc également, sans ornement, ni inscription aucune: la rusticité et la pauvreté même de ce tombeau, peuvent faire croire réellement à son authenticité. L'entrée du caveau, de forme ogivale, est fermée par une grille en fer, au travers de laquelle, et grâce à une meurtrière qui y répand une clarté suffisante, on peut lire une inscription qui indique que c'est dans ce tombeau que reposent les restes du roi *Don Pelayo*, élu en l'an 716, et mort en 737, réunis à ceux de sa femme et de sa sœur.

Un incendie détruisit, en 1777, l'ancienne église de la grotte; à cette époque, l'on voyait, suspendus près du tombeau de *Pelayo*, son épée et son estoc; l'épée fut transportée au Musée de la *Real Armeria* de Madrid, où elle existe encore; quant à l'estoc, on le conserve dans la sacristie de la collégiale; il est en fer, à quatre tranchants et d'une forme étrange; la garde est faite de quatre branches, qui entourent la poignée et montent jusqu'au pommeau, qui est en figure de lyre.

Disons quelques mots des évènements dont la grotte de *Covadonga* fut le théâtre, et qui l'ont rendue célèbre. La légende raconte que cete grotte était depuis longtemps habitée par un saint ermite, quand *Pelayo* y pénétra, en poursuivant un bandit, qui vint se réfugier au pied de l'image de la Vierge, et auquel il accorda la vie, par respect pour la sainteté du lieu. L'ermite lui prédit alors, que cette sainte grotte lui servirait également de refuge à lui et aux siens, et qu'il y remporterait un éclatant triomphe. En même temps, il remit à *Pelayo*, en gage de victoire, la croix grossière en bois qui ornait l'autel de l'ermitage. Peu de jours après, *Pelayo* vint en effet, avec les montagnards qu'il commandait, s'y réfugier contre les masses musulmanes lancées à sa poursuite; c'est là que *Notre-Dame-des-Batailles*, faisant éclater subitement la tempête, et grossir les torrents, anéantit, sans qu'il en restât un seul homme, l'armée du Croissant, qu'un chroniqueur fait monter à plus de cent vingt mille hommes.

Ajoutons que l'on a souvent songé à construire, à *Covadonga*, un Panthéon digne du premier roi d'Espagne, et que ces projets, qui avaient déjà reçu, à une autre époque, un commencement d'exécution, semblent devoir être repris de notre temps.

A une lieue de *Covadonga*, se

trouve l'église de Ste Eulalie d'*Abamia*, vieille église, bâtie au sommet d'une colline et dans un riant et poétique paysage; elle existait déjà au temps de *Pelayo*, et celui-ci l'aurait restaurée et agrandie; son aspect est des plus vénérable.

Une étrange corniche, formée de têtes d'hommes et de dragons, fait le tour de la partie supérieure de l'édifice; le portail, très ancien et remarquable, est décoré d'un curieux bas-relief, en demi-cercle, qui représente l'enfer: un diable soutient une chaudière; dans celle-ci, on aperçoit une tête d'homme; sous la chaudière, des flammes; un autre diable entraîne par les cheveux un condamné. La tradition prétend que *Don Pelayo* fit exécuter cette sculpture en souvenir de la trahison d'*Opas*, frère du roi *Witiza*, et évêque de Séville, le même qui, avec le comte *Julien*, avait livré les portes de l'Espagne aux bandes mahométanes, et qui, combattant avec celles-ci, était venu jusqu'à *Covadonga*, pour tâcher de corrompre les braves montagnards commandés par *Pelayo*, au moment même où commençait la mémorable bataille. Celui-ci lui fit alors expier sa double trahison, en le faisant précipiter du haut des rochers; la légende ajoute que, l'Enfer guettant depuis longtemps cette proie, il fut instantanément enlevé par les diables.

C'est près de l'église, à un endroit nommé *el Cueto*, que se trouvait la demeure rustique, dont on fait encore voir les fondations, dans laquelle *Pelayo* vivait, et où la mort vint le frapper en 737; son corps fut dans le principe enterré dans cette église.

De Oviedo à Gijon. Le trajet d'**Oviedo** à **Gijon** se fait en une heure et quart; on atteint successivement **Lugones**, puis **Lugo:** ce petit village tire son nom du voisinage d'une forêt sacrée, que les Romains nommaient *Lucus Asturum*, où l'on célébrait, sans doute encore de leur temps, le culte druidique; on y trouve souvent des vestiges d'anciennes constructions, des fûts de marbre, des monnaies et autres objets; l'on arrive à **Serin**, à **Veriña** et enfin, à **Gijon**, presque entièrement entourée par la mer.

Gijon est le meilleur port de la côte Cantabrique: c'est aussi la ville la plus riche et la plus jolie de la province. Parmi les édifices publics, le plus important est l'*Institut asturien*, fondé par *Jovellanos*, qui l'a enrichi d'une bibliothèque de choix. Vient ensuite, l'église paroissiale de *San Pedro*, qui n'a guère de remarquable que quelques sépultures anciennes et le tombeau de *Jovellanos*, né dans cette ville, qui se trouve à côté du maître-autel.

Gijon possède une *Collégiale*, qui a l'aspect d'un château féodal et que flanquent deux tours crénelées.

Cette ville offre une jolie plage, très fréquentée pendant la saison des bains et de charmantes promenades. A l'entrée de la ville, du côté d'*Oviedo*, se dresse un monument élevé à la mémoire du roi *Don Pelayo;* c'est un arc de triomphe, de style dorique, décoré simplement, mais avec goût et érigé, en 1785, à l'instigation de *Jovellanos*.

A un quart de lieue de *Gijon*, se trouve le célèbre sanctuaire de *Nuestra Señora de Contrueces*, bâti sur une petite colline qui domine toute la campagne, avec une belle vue sur la mer et sur la ville. Il fut fondé par Alphonse III, et est encore entouré d'une muraille crénelée, pour rappeler qu'il faisait jadis partie d'une forteresse, où vinrent se réfugier les fils de ce roi, quand ils se révoltèrent contre lui.

A quatre lieues de **Gijon** se trouve **Villaviciosa**, qui possède une église d'architecture latino-byzantine, et divers monastères. C'est près de là que débarqua Charles-Quint en 1517, quand il vint, pour la première fois, en Espagne. On raconte qu'en touchant le sol, il se mit à genoux, et baisa la terre sur laquelle il avait été engendré: on sait que sa mère venait d'Espagne, quand elle arriva à Gand, où elle lui donna le jour; de *Villaviciosa* l'empereur se rendit à *Tordesillas*, où résidait sa mère.

Près de *Villaviciosa* enfin, se trouve la belle église, de style latino-byzantin, de *San Juan de Amandi*, bâtie sur la crête d'une colline et dont la fondation remonte à l'année 634; c'est une des plus curieuses de la province et elle offre un grand intérêt artistique. La chapelle principale est remarquable par la solidité, l'élégance et les proportions de ses décorations, étonnantes surtout pour l'époque à laquelle on fait remonter sa construction première: elle est ornée de colonnes basses, placées les unes au-dessus des autres. Les chapiteaux, richement ornés, représentent *des hommes et des femmes faisant de la musique*, avec des instruments de formes variées, et d'une exécution surprenante.

Ce curieux et intéressant édifice menaçait de s'effondrer en 1780; mais il fut alors restauré, sous la direction et aux frais d'un prêtre éminent, *Don José Antonio Caunedo*, qui l'a ainsi sauvé d'une ruine totale. On trouvera, au surplus, en Asturies, un grand nombre d'églises fort intéressantes, dont la fondation est antérieure au xe siècle et dont le type d'architecture appartient au style latino-byzantin. Leur fréquence dans cette région, s'explique par ce fait que l'invasion de la Péninsule par les Arabes, chassant devant elle tout ce qui était chrétien, les évêques venaient chercher un refuge dans ces montagnes, où nous avons vu l'élément chrétien opposer une résistance invincible aux entreprises des Arabes. Le roi Alphonse III réunit tous ces évêques en Concile à *Oviedo*; l'église de cette ville prit alors le titre de métropolitaine; les évêques, dont les diocèses étaient au pouvoir des infidèles, lui servirent de vicaires et reçurent des concessions de terrains, de dimensions réduites, où ils construisirent des églises, auxquelles on donna le nom des évêchés au pouvoir des infidèles, et qui devinrent le germe des diocèses à créer plus tard, et au fur et à mesure des progrès de la conquête. De là, le nom de *ville des évêques*, donné à *Oviedo*, et le grand nombre d'églises qu'il y a en Asturies, ayant toutes la même origine, et remontant à une époque si intéressante pour l'histoire de l'art.

De Gijon à Oscura. Une voie ferrée conduit de **Gijon** à **Oscura**: elle porte le nom de chemin de fer de **Langreo**; son extension est d'environ quarante kilomètres. On rencontre, dans cette direction, successivement **la Florida, San Pedro** et **Noreña**, vieille ville où l'on voit les ruines d'un château féodal; puis **Carbagin, Vega, et Sama de Langreo**, où se trouvent d'importants gisements de charbon, et enfin **Oscura,** où s'arrête cette ligne.

A l'ouest de *Gijon*, se trouve le port d'**Avilès;** dans son église de *San Nicolás de Bari*, on remarque un bénitier, creusé dans un grand chapiteau renversé, et provenant sans doute de quelque édifice d'origine romaine. On trouve aussi, dans cette église, divers tombeaux anciens et une chapelle appelée de *los Alas*, bâtie au XIIIe siècle, où l'on remarque un bas-relief, représentant *la vie de Jésus*. Nous mentionnerons encore, à *Avilès*, le palais du *marquis de Santiago*, grand et somptueux édifice, décoré de colonnes et d'arabesques du meilleur goût, que flanquent deux tours sur sa façade principale; puis, la maison de la famille de *Peon de la Vega*, de style bysantin, dont on fait remonter la construction au XIe siècle, et où a logé *Don Pedro le Cruel*; *la casa Ayuntamiento*, l'un des meilleurs édifices de ce genre en Espagne, où est conservé un curieux manuscrit, du temps d'Alphonse VII, et qui porte la date de 1155.

De ce côté encore, se trouve la petite ville de **Pravia,** qui fut la résidence des premiers rois des Asturies, avant que leur capitale ne fut transférée à *Oviedo*. On y visite l'église de *Santiyanes*, située près de là, de construction bysantine, malheureusement blanchie à la chaux: c'est là que furent enterrés le roi *Silo* et l'usurpateur *Mauregato*, et qu'existait la fameuse inscription, effacée par un ignorant, mais que rappelle une pierre d'origine récente. Cette curieuse inscription comprend deux cent quatre-vingt cinq lettres de l'alphabet, distribuées en quinze lignes, que l'on peut lire de plus de trois cents manières différentes, et dans tous les sens, et qui figure toujours les trois mots: *Silo princeps fecit*.

De Léon à Lugo. C'est à **Léon** que viennent se souder, à la ligne générale, les voies ferrées de *Galice*. On rencontre successivement dans cette direction, **Quintana, Villadangos;** l'on traverse la rivière d'*Orbigo* et l'on arrive à **Veguellina** et à **Astorga,** vieille et ancienne cité, encore entourée de murailles flanquées de tours rondes, et formant un quadrilatère. Cette ville a quelquefois disputé à *Oviedo* le rang de capitale; du temps des Romains elle jouissait d'une grande importance. On voit encore, aux environs de la ville, les étonnants travaux de mines, nommés *las Médulas*, superbes restes de l'industrie des Romains dans cette contrée, où était située l'ancienne *Belgidum*, et d'où ils tiraient de l'or et surtout un vermillon d'une grande finesse, qui servait à peindre les portes des habitations où demeuraient les citoyens romains revêtus de fonctions publiques.

Astorga possède une Cathédrale qui remonte au XVe siècle; elle est bâtie à trois nefs et dans le style ogival; on y remarque surtout un retable, œuvre de l'architecte *Gaspar de Herrera*, qui représente divers passages de *la vie de Jésus et de sa Mère*, *l'Ascension et le Couronnement de la Vierge*. Le Chœur, orné de superbes vitraux et de magnifiques stalles, est fermé par une grille en fer, exécutée en 1622. On signale encore, dans cette église, la Sacristie et le cloître, dont la nudité des murs forme un étrange contraste avec la décoration, élégante et pure de style, des arcades extérieures.

C'est au Sud, et tout près d'*Astorga*, que se trouve la *Maragateria*, ou pays des *Maragatos*, dont le nom de *Mauros captos*, semble indiquer quelque tribu arabe, installée, après sa soumission, dans ces montagnes. Ses habitants se sont dédié, depuis des siècles, aux transports à dos de mulet, et au commerce de marée dans toute l'Espagne; il est vraiment étonnant, qu'étant constamment en voyage et, par conséquent, en contact avec les populations de toutes les contrées, les *Maragatos* aient toujours conservé intacts leurs mœurs particulières et leur costume, qui ressemble à celui des Bretons en France.

Au sortir d'**Astorga**, on atteint **Vega** et puis, **Brañuelas**, où s'arrête pour l'instant la ligne de *Galice*; quand cette voie ferrée sera terminée, elle atteindra successivement **Ponferrada**, vieille ville située au confluent du *Sil* et du *Boeza*, qui l'entourent presque entièrement, et que deux ponts rattachent à ses faubourgs. Son église principale renferme, entre autres curiosités, de belles glaces de Venise, et une peinture représentant *la Bataille de Lépante*. Au sommet de la ville, l'on voit encore les ruines d'un vieux château qui a appartenu aux Templiers. La voie ferrée laissera sur la droite, **Villafranca del Vierzo**, située dans une gorge formée par les montagnes et au confluent de deux rivières et que domine l'ancienne forteresse des marquis de *Villafranca*, bâtie au commencement du XVIe siècle.

L'église du couvent de *Nuestra Señora de la Anunciacion* possède un riche maître-autel, décoré de marbres, d'agates et de bronzes dorés.

La voie atteindra ensuite **Barco de Valdeorras**, en laissant sur la gauche **Puebla de Tribes**; puis, au delà de **Quiroga**, un embranchement se dirigera sur **Orense** et **Vigo**, tandis qu'un autre, prenant à droite, atteindra successivement **Monforte, Castro del Rey**, et **Sarria**, pour aller rejoindre, à **Lugo**, la voie ferrée déjà en exploitation entre cette ville et la **Corogne**.

La *Galice*, qui comprend les provinces de *Lugo, la Coruña, Pontevedra* et *Orense*, est une des contrées les plus fertiles d'Espagne et où il existe le moins de misère, ceci contrairement à l'opinion généralement reçue, basée sans doute sur ce que les hommes émigrent dans les autres provinces, et surtout en Portugal, tandis que les femmes restent seules au pays, pour y cultiver la terre. Cette province fut peuplée par les *Galo-Celtes*, qui lui ont laissé le nom de *Galicia*. Aux environs de *Lugo* existait la forêt sacrée, où l'on adorait, les nuits de pleine lune, ce dieu innommé, dont l'idée de grandeur était telle, chez les peuples du culte druidique, qu'il ne pouvait entrer dans aucun temple construit par l'homme, et que la forêt seule pouvait le contenir.

La Galice fut conquise par les Romains commandés par *Decius Junius Brutus*, l'an 136 avant J.-C.; sa conquête valut à ce général le surnom de *Gallæeus*.

Au siège mémorable de *Bracara*, les femmes mêmes combattaient les soldats romains: ceux-ci n'en triomphèrent que grâce au nombre, et le vainqueur lui-même dut les qualifier de héroïnes. César Auguste s'empara facilement de *la Corogne*, en se présentant devant ce port avec une flotte, dont les trirèmes chargées de soldats, aux armes étincelantes, étonnèrent les simples habitants de cette contrée.

Les habitants de la Galice aidèrent les Astures et les Cantabres, dans leur soulèvement contre les Romains. Réfugiés dans la montagne appelée *Medulio*, considérée comme inaccessible, le général *Antistius* dut, pour les réduire, entourer la montagne d'un large et profond fossé de plus de cinq lieues de développement. Préférant alors la mort à l'esclavage, et suivant l'exemple de *Sagonte* et de *Numance*, ils se traversèrent de leurs épées ou s'empoisonnèrent; ceux qui tombèrent aux mains des vainqueurs périrent crucifiés, et, dans les affres de la mort, on les entendait entonner encore des chants de guerre.

En 411, les *Suèves* et les *Vandales* firent irruption en Galice; à la suite d'un combat singulier célébré entre eux sur la possession de cette contrée, et dont l'issue fut favorable aux premiers, les Vandales abandonnèrent la Galice aux Suèves; les *Alains* se mêlèrent à eux.

En 456 elle tomba aux mains de Théodoric; en 696, Witiza se chargea du gouvernement de cette province, et établit le siège de son autorité à *Tuy*. Les Arabes s'en emparèrent en 715. Alphonse Ier le Catholique, roi des Asturies, devenu maître de la Galice en 742, en forma un comté feudataire de son royaume; c'est sous Alphonse II, dit le Chaste, que fut découvert, près de *Santiago*, le tombeau de l'apôtre St Jacques. Plus tard, la Galice fut confondue avec le royaume de Léon; et quand *Don Garcia*, dernier roi de Galice, fut détrôné par son frère *Don Sancho II*, roi de Castille, le royaume de Galice fut incorporé à la Couronne de Castille et de Léon, pour ne plus jamais s'en séparer.

Lugo, chef-lieu de province, située au centre d'une plaine sur les bords du Miño, est la vieille *Lucense* des Romains, dominée successivement par les Suèves et les Arabes. Reprise à ceux-ci en 755, elle fut détruite, deux siècles plus tard, par Almanzor; rebâtie de nouveau, elle ne joua aucun rôle important dans les événements de la Péninsule. Cette ville conserve encore son ancienne enceinte carrée, flanquée de tours rondes, qui sert aujourd'hui de lieu de promenade. Sa cathédrale, bâtie dans le style ogival, présente les traces des différentes époques durant lesquelles elle a été construite. L'intérieur est partagé en trois nefs: le Chœur est orné de stalles, dues au ciseau du sculpteur *Alonso Moure*. Le maître-autel, construit en marbre, est décoré de bronzes dorés et n'offre rien de particulier, de même que le cloître, dont la construction est moderne. La *plaza mayor*, le *palais épiscopal*, et quelques jolies promenades, sont les seules choses, encore dignes de mention, dans cette ville.

Tout près de *Lugo* se trouvent des sources minérales bien connues des Romains, qui y ont laissé des restes d'anciens Thermes.

De Lugo à la Coruña. De **Lugo** on se rend à **la Coruña,** ou **Corogne,** par chemin de fer. Sur ce parcours, on rencontre successivement **Rábade, Bahamonde, Parga, Guitiriz, Teijeiro, Curtis, Cesures,** villages ou hameaux sans le moindre intérêt; puis encore, **Oza et Betanzos,** dans une jolie position, et entourée de collines couvertes de vignes. Près de Betanzos se trouve le hameau de *San Martin de Tiobre*, dont l'église, de style bysantin, est couronnée à son sommet par des dragons, l'ancienne devise guerrière des Suèves; elle fut bâtie au VIIIe siècle. Dans une autre direction, on trouve aussi le monastère de *San Felix de Monfero*, qui est également un édifice de style byzantin; puis encore, l'ancienne collégiale de *San Juan de Caaveiro*.

On se rend de **Betanzos** au **Ferrol**, en passant le pont de la rivière *Eume*, à **Puentedeume**, anciennement *Ponte-do-Demo*, ou pont du Diable, construit en 1382, et qui a cinquante-deux arches. Près du village s'élève l'ancien château d'*Andrade*, bâti, au XIVe siècle, au sommet d'un rocher isolé, d'où il domine toute la contrée environnante; on traverse le *Jubia*; près de là se trouve la fonderie de cuivre de ce nom, où l'on fabrique les feuilles de cuivre et les clous nécessaires au doublage des navires, et où l'on frappe aussi de la monnaie de billon.

L'on atteint **el Ferrol**, dont le nom vient du mot *Farol*, ou de la lanterne qui éclairait l'entrée de son port. Sous Philippe II, *le Ferrol* avait pris une grande importance: c'est de ce port qu'il fit partir la fameuse *armada*, dirigée contre l'Angleterre, et que la tempête dispersa. C'est dans ce port encore, que débarqua, en 1690, Marie Anne de Neubourg, deuxième femme de Charles II. Le marquis de *la Ensenada* y fonda, sous Ferdinand VI, un important arsenal qui ne fut achevé que sous Charles III. *Le Ferrol* est divisé en trois parties: *Esteiro*, la vieille ville aux rues tortueuses; puis, *la ville nouvelle*, qui a la forme d'un parallélogramme et est bâtie avec une régularité parfaite; elle fut fondée au siècle dernier et entourée de murailles garnies de meurtrières, et, enfin, les constructions qui comprennent le port et l'arsenal. *Le Ferrol* est, en somme, un établissement militaire des plus importants, qui possède un vaste bassin de radoub, nommé de *la Campana*, construit tout récemment, ainsi que deux arsenaux, et que sa position naturelle, au fond d'une baie, et d'importants ouvrages de défense, ont rendu inexpugnable. Cette ville possède une belle église paroissiale, une jolie place, appelée *del Carmen*, que décore une fontaine élevée à la mémoire de *Churruca*, le célèbre amiral espagnol, qu'un boulet emporta au combat de Trafalgar.

A l'est du *Ferrol*, et au nord de *Lugo*, se trouve **Mondoñedo**, dont la cathédrale actuelle fut bâtie en 1636, dans le style corinthien: elle a la forme d'une croix latine et est surtout remarquable par sa nef, qui est un modèle d'architecture, et que l'on a richement décorée; elle possède aussi une belle sacristie.

Au Nord-est de cette ville, se trouve situé le petit port de **Rivadeo**, tout à fait sur les confins des deux provinces de Lugo et d'Oviedo. Le titre de *comte de Rivadeo* a donné lieu à un privilège singulier, dont jouit son possesseur, et dont nous allons faire connaître l'origine. Un ancien roi de Castille, on ne dit pas lequel, fut invité à un banquet par un de ses vassaux: celui-ci, d'accord avec d'autres conjurés, devait profiter de cette occasion pour le faire assassiner. Un jeune page de la famille *Villandrado*, au service du roi, ayant découvert la trame vint, pendant le repas, appeler son maître dans une pièce voisine de la salle du festin, sous prétexte d'une communication importante à lui faire.

Profitant de cette circonstance, les conjurés apostèrent des hommes d'armes à la seule issue qu'avait cette chambre, en leur enjoignant de ne laisser échapper vivant, que le jeune page. Pendant ce temps, celui-ci mettait le roi au courant du complot et l'obligeait à échanger son costume et à revêtir le sien: grâce à cette substitution, le roi échappa au poignard, tandis que le page fidèle tombait sous les coups des assassins. Les conjurés payèrent de leur tête cet attentat, et le Roi institua, en mémoire du service rendu, et en faveur de la famille des *Villandrado, comtes de Rivadeo*, le privilège de dîner avec les rois de Castille, le jour de la fête des Rois, et de recevoir le costume complet que le monarque porte ce jour-là.

Suivant d'autres, l'institution de ce privilège remonterait à l'année 1441, et rappellerait le signalé service que prêta le comte de Rivadeo au roi Jean II, en le faisant pénétrer, le jour de l'Epiphanie, dans la ville de Tolède, en même temps qu'il lui sauvait la vie.

Telle est l'origine, quelque peu incertaine, d'une coutume qui ne s'en est pas moins perpétuée jusqu'à nos jours: en effet, tous les ans, une voiture de gala, escortée de hallebardiers, conduit un haut personnage du palais qui va présenter sur un plateau d'argent, au duc de *Hijar*, en sa qualité de comte de *Rivadeo*, le costume complet que le roi d'Espagne a porté le jour de l'Epiphanie.

De **Betanzos** à la **Coruña**, le trajet ne mérite aucune mention particulière: on atteint successivement **Cambre**, **El Burgo**, et enfin **la Coruña**, chef-lieu de province, située à la pointe extrême Nord-Ouest d'Espagne, sur une étroite langue de terre, au bout de laquelle se dresse la *tour d'Hercule*, vieux monument bâti au sommet d'une colline par l'empereur Trajan, pour guider, comme aujourd'hui, les navigateurs et indiquer l'entrée du port. Cette tour, possédait anciennement une rampe en spirale, située à l'extérieur, et assez large pour en permettre l'ascension à une charrette; en 1788 on l'a revêtue, pour lui donner plus de solidité, d'un mur en maçonnerie; à son sommet existait jadis une statue du dieu Mars, ainsi que le rappelle une vieille inscription: un phare de premier ordre l'a remplacée de nos jours.

La ville se divise en deux parties: la vieille ville, aux rues étroites et tortueuses, renferme les vieux monuments, les églises, les couvents et les maisons décorées de blasons; c'est le quartier qu'habitent les autorités, le clergé et la noblesse. La ville neuve, aux rues bien alignées, est, à son tour, habitée par les commerçants et les marins. Des forts importants défendent l'accès de la ville par mer et par terre.

Parmi les églises nous mentionnerons seulement la collégiale de *Santa Maria del Campo*, bâtie dans le style ogival, et l'église paroissiale de *Santiago*, recommandables, toutes deux, par leur ancienneté.

La Coruña possède quelques jolies promenades, parmi lesquelles nous mentionnerons: celle dite de *la Réunion;* la promenade de *San Carlos*, dont le centre est occupé par un monument funèbre qui renferme les cendres de sir *John Moore*, général anglais tué en 1809; de cette jolie promenade l'on jouit d'une vue magnifique qui embrasse les trois ports du *Ferrol*, de *Betanzos* et de *la Corogne;* puis vient encore, la promenade de *Santa Margarita*, d'où l'on voit la baie et la tour d'Hercule.

Jeanne la folle débarqua à *la Coruña* avec son mari, Philippe le Beau, en 1506. En 1520 Charles-Quint s'y embarqua: son départ fut alors le signal de la guerre des Communes. Philippe II s'y embarqua également, quand il fut se marier, en Angleterre, avec Marie Tudor surnommée la Sanglante. Durant le siège que vint en faire, en 1589, l'escadre anglaise envoyée par la reine Elizabeth aux ordres de *Franc. Drak*, une femme du peuple, *Maria Pita*, s'y distingua en tuant de sa main l'officier anglais qui montait à l'assaut, et en lui arrachant son drapeau. Philippe II la récompensa de son courage, en lui accordant le grade de lieutenant, transmissible à ses descendants.

De la Coruña à Santiago. On se rend de **la Coruña** à **Santiago,** ou mieux encore, à *Saint Jacques de Compostelle*, par une route qui n'offre aucun intérêt.

C'est près de *Padron* que fut trouvé, l'an 813, sous le règne d'Alphonse II le Chaste, et d'une façon miraculeuse, le tombeau du Saint Apôtre. Dans une montagne située près de ce village, on voyait de nuit, une étoile brillante et des lueurs étranges; l'évêque *Teodomiro*, ayant vérifié le fait, fit faire des fouilles et découvrit trois tombeaux en marbre; celui du milieu renfermait les restes de l'apôtre St Jacques, qui était venu prêcher en Espagne; les deux autres contenaient les corps de ses disciples St Athanase et St Théodore. Le roi vint sur les lieux rendre hommage aux saintes reliques et fit élever, sur l'emplacement même, un petit sanctuaire qui reçut le nom de *Compostela*, dérivé, suivant les uns, de *Campus stellæ*, champ de l'étoile, par allusion à l'étoile miraculeuse qui avait fait découvrir le saint tombeau et, suivant d'autres, de *Campus-Apostolus*, ou *champ de l'Apôtre*, nom donné au lieu même où il avait été trouvé. Une ville se bâtit bientôt autour du tombeau: elle devint la métropole de Galice. Le roi Alphonse III la fit rebâtir; l'évêque *Sisenando* la consacra une nouvelle fois, en l'an 899; elle fut alors entourée de murailles pour la protéger contre les incursions des Normands. Ces derniers pénétrèrent dans la ville en 968, et firent de grands ravages dans la cathédrale.

Don Bermudo, fils de *Ordoño III*, fixa sa cour à *Santiago* en 981. Cette même année le terrible *Almanzor*, à la tête des bandes musulmanes, y pénétra à son tour et détruisit un des murs du temple. En 1004, sous le règne d'Alphonse V, les Maures y pénétrèrent une nouvelle fois, ayant à leur tête un général du nom de *Mahomet;* la ville fut alors incendiée: les portes et les cloches de la Cathédrale furent décrochées, et conduites en trophée à Cordoue, sur les épaules d'esclaves chrétiens. Quand, en 1236, Cordoue fut enlevée aux infidèles par St Ferdinand, celui-ci fit reporter, en justes représailles, les cloches et les portes à *Compostelle*, sur les épaules de captifs maures.

La cathédrale actuelle fut bâtie en 1118, sous le règne d'Alphonse VII; le Pape Calixte II concéda aux chanoines de cette église, le titre de cardinaux et le droit de porter la mitre; les travaux ne furent entièrement terminés qu'en 1211; elle fut alors consacrée pour la troisième fois. La réputation du Sanctuaire s'étendit dans le monde entier; les Rois de tous pays l'enrichirent à l'envi. Louis XI, roi de France, fit don à la cathédrale d'énormes cloches; les Rois Catholiques lui firent des présents à l'occasion de la prise de Grenade; le conquérant du Pérou, Pizarre, n'oublia pas non plus d'envoyer à *Compostelle* des trésors provenant de sa conquête; Philippe IV, enfin, fit don à la Cathédrale d'un disque d'or de deux pieds de diamètre, *el Doblon*, comme on l'appelait, et qui portait d'un côté le buste du roi et de l'autre, ses armes.

Le nombre des pèlerins, qui arrivaient de tous pays, fut immense: on venait à *Compostelle*, comme l'on allait en *Terre Sainte*, ou comme les Mahométans vont visiter *la Mecque*. Des hauteurs de *San Marcos* on distingue les tours de la Cathédrale: les pèlerins s'y prosternent, dès qu'ils aperçoivent le monument qui renferme la tombe de l'Apôtre. Une belle route conduisait au Sanctuaire, qui était si visité alors par les pèlerins français, qu'on l'appela *le chemin français*. La nuit, la voie lactée les guidait au saint tombeau; c'est de là que vient le nom de *chemin de Saint Jacques* donné à cette bande d'étoiles, dont la direction, dans le ciel, correspond à peu près à celle de la Galice. Sur le toit de la Cathédrale les pèlerins pendaient, en guise de trophées, à un pilier en pierre, nommé la *Croix des Guenilles*, leurs vieilles loques, en échange des effets neufs qu'ils recevaient des chanoines.

Ajoutons encore que des chevaliers-changeurs se tenaient constamment aux portes de la Basilique, pour échanger, contre des monnaies du pays, celles que les pèlerins apportaient de l'étranger.

D'autres chevaliers, réunis en confrérie, surveillaient au loin les routes, pour protéger les pèlerins contre les bandits: ce fut l'origine de l'ordre fameux de *Santiago de la Espada*.

Charlemagne, le preux Roland, le Cid, Don Pedro, Isabelle et Ferdinand, Jeanne la folle et son mari, Philippe II, le magicien et alchimiste Nicolas Flamel, sont tous venus en pèlerinage à *Compostelle;* nous citerons encore, parmi tant d'autres pèlerins illustres, Guillaume, duc de Poitiers, qui y vint en expiation des calamités qu'il avait causées à la Normandie, et c'est, après avoir reçu la communion devant le tombeau de l'apôtre, qu'il y rendit le dernier soupir.

La vénérable Basilique élève sa robuste masse au centre de la ville; son aspect est lugubre et mystérieux. La façade principale du temple forme un des côtés de la grande place de l'hôpital royal fondé par les Rois Catholiques, et qui renferme une vaste hôtellerie pour les pèlerins. Cette façade de la Cathédrale, nommée del *Obradoiro*, se compose de quatre corps flanqués de deux sveltes tours, dont l'une contient jusqu'à douze cloches: elle fut construite en 1738; son aspect est sévère et majestueux, mais dépourvu d'élégance. Les portes de la Cathédrale s'ouvrent au haut d'un perron à deux rampes; c'est sous cet escalier que se trouve l'*ancienne cathédrale*, sorte de temple souterrain, à la mode des VIII et IXe siècles, et qui vient tomber sous le transept de la Cathédrale neuve, que soutiennent les forts piliers, de style bysantin, de la *Cathédrale vieille*.

Sur l'un des côtés de cette facade, se trouve situé le cloître ainsi que le Trésor; de l'autre, est le palais épiscopal.

La façade nord, appelée de *la Azabacheria*, se compose de trois corps, que décorent des colonnes et que couronne une statue de St Jacques en costume de pèlerin; elle fut bâtie au siècle dernier.

La façade du midi ou de *la Plateria*, fut construite au XIIe siècle; elle est décorée de statues et de bas-reliefs, et offre une singularité architecturale remarquable: une coquille soutient tout le poids d'une partie de la façade. Trois autres tours dominent l'édifice de ce côté.

La Cathédrale a la forme d'une croix latine; son style est de la période de transition du style byzantin à l'ogival: partagée en six nefs, celles du centre soutiennent une galerie qui en fait tout le tour; vingt-trois chapelles communiquent avec les nefs latérales. Le Chœur, comme dans toutes les églises d'Espagne, est placé au centre; il est décoré de sculptures et de deux buffets d'orgues. Deux grilles en bronze, parallèles, ferment le chœur et la chapelle principale avec son autel, du style de *Churriguéra*, construit en 1612. Une antique statue de St Jacques, de dimensions colossales, en forme la seule décoration: l'apôtre est assis, tenant le bourdon à la main; une pèlerine en argent, ornée d'or et de pierres précieuses, lui couvre les épaules; deux petits escaliers en pierre conduisent derrière le Saint; les pèlerins y montent pour baiser le dos de la statue: ils ont alors atteint le but de leur pèlerinage. Près de l'autel, et dans une armoire garnie de barreaux de fer, on montre le bourdon du Saint; les pèlerins le touchent avec ferveur et reprennent en-suite le chemin de leur pays, non sans garnir leur pèlerine de ces fameuses *coquilles de saint Jacques*, particulières aux côtes de la Galice, et qu'ils rapportent chez eux, comme preuve de leur voyage à *Compostelle*.

C'est au pied même de la chapelle principale que vinrent expirer l'archevêque *Don Suero de Toledo*, et son doyen, *Pedro Alvarez*, assassinés tous deux à la porte du temple et sous les yeux mêmes du roi *Don Pedro*. Jusqu'au XIIIe siècle, on pouvait arriver, par un escalier dérobé, aux tombeaux de l'apôtre et de ses deux disciples. Saint François d'Assise allait tous les jours se prosterner devant le saint tombeau: une grande dalle brisée, qui se trouve près de la *Puerta Santa*, conduisait à l'escalier. Mais, depuis longtemps, il n'avait plus été possible de retrouver l'endroit exact où s'ouvrait ce mystérieux passage, lorsque des recherches, entreprises tout récemment, ont enfin abouti à retrouver les tombeaux sous le maître-autel même.

Sous la tour de l'horloge il existe une autre porte: elle se nomme la *Puerta santa* et est murée; elle n'est ouverte que les années de jubilé, et de la seule main du prélat.

Nous mentionnerons enfin, le fameux portique de la *Gloria*, où le sculpteur a traduit en pierre, et dans une œuvre colossale, la mystérieuse description que l'Apocalypse fait du Ciel. *Le Sauveur est assis sur son trône, entouré des Évangélistes, des vingt-quatre vieillards, des patriarches, des apôtres, des prophètes et des saints; à droite et à gauche le purgatoire et l'enfer, représentés par des monstres, qui personnifient les péchés et les passions.* Cet immense travail, d'une belle exécution, est l'œuvre d'un artiste nommé *Mateo*, qui l'aurait sculpté sous le règne de St Ferdinand.

Parmi les chapelles que renferme la Cathédrale de *Santiago*, nous mentionnerons: celle de *Santa Maria de la Cortizela*, fondée par Alphonse le Grand; celle de *la Soledad*, où l'on voit un bas-relief qui représente la bataille de *Clavijo*, où St Jacques combat et terrasse les Maures; puis, celle *du Pilar*, la plus belle de toutes, fondée au xviie siècle. Dans la chapelle des *Reliques*, dont le grand autel est l'un des plus célèbres reliquaires d'Espagne, il y a divers tombeaux, parmi lesquels nous mentionnerons celui de *Doña Juana de Castro*, reine de Castille, de Léon et de Galice, épouse d'un jour du roi *Don Pedro*, et l'une de ses nombreuses victimes.

La Sacristie est richement décorée de peintures: on y conserve une belle *custodia* en or et argent, à base hexagonale, et du goût *plateresque*; c'est l'œuvre de l'orfèvre de Léon, *Antonio de Arfe*, qui l'exécuta en 1564.

A droite se trouve le cloître, de vastes dimensions, et du style gothique fleuri; nous mentionnerons encore, les belles archives de cette cathédrale et les tapisseries remarquables de la Salle Capitulaire. Ajoutons aussi, que de riches tentures, en velours cramoisi, décorent la grande nef les jours de solennité, et qu'au milieu de la coupole, construite au xive siècle, on suspend un immense encensoir, qu'un mécanisme très simple met en mouvement, et qui emplit de parfums toute la Basilique.

Près de la porte méridionale, on remarque un ancien et célèbre bas-relief qui représente St Jacques à cheval tenant d'une main un drapeau et de l'autre, une épée; devant lui se tiennent à genoux, et dans l'attitude de la prière, trois jeunes filles; derrière le saint, trois autres tiennent les mains levées au ciel.

Santiago contient encore d'autres églises, et des monastères qui ne méritent pas de mention spéciale: l'église de *Santo Domingo* possède des tombeaux gothiques ornés de têtes de loups. *Las Casas Consistoriales*, (l'hôtel de ville,) sont décorées d'une façade que surmonte une statue équestre de St Jacques, et d'un bas-relief, représentant *la bataille de Clavijo*; puis vient le *Séminaire*, édifice datant du siècle dernier, ainsi que *l'Université* et le Collège de *Fonseca*, fondé en 1544. Mentionnons enfin, aux environs, les belles ruines de l'ancienne forteresse *d'Altamira*.

De Santiago au Carril. Un chemin de fer relie **Santiago** au **Carril**; c'est un trajet qui se fait en une heure et demie. On atteint successivement **Casal, Osebe, Esclavitud** et **Padron**, jolie petite ville bien située; la voie continue par **Cesures** et **Catoira**, pour atteindre **El Carril**, petit port situé au fond d'une baie, d'une certaine activité commerciale.

De Padron à Pontevedra. De **Padron** on se rend à **Pontevedra**, en passant près du *Pico Sacro, Mons Sacer*, ou montagne sacrée des Romains, à cause des mines d'or qu'elle renfermait dans son sein et dans laquelle il était défendu, pour cette raison, de labourer ou de porter la pioche; on passe sur une superbe route, construite sous Charles IV, et qui n'avait rien à envier aux célèbres voies romaines: d'élégantes pyramides y marquaient les distances; elles étaient munies de cadrans solaires pour marquer l'heure; des fontaines rafraichissaient les voyageurs; des sièges commodes, de beaux arbres, leur offraient le repos et l'ombrage; tout cela a malheureusement disparu.

On atteint **Caldas de Reyes**, dans une superbe campagne, où croissent l'oranger et le citronnier, et au confluent de deux rivières. Il y a là des bains minéraux très fréquentés; quant au surnom de *Reyes*, ou des Rois, il lui vient de ce que le roi Alphonse VII, surnommé l'Empereur, y a vu le jour.

On arrive à **Pontevedra**, chef-lieu de province: on traverse un vieux pont (Pons vetus) de douze arches, d'où cette ville a tiré son nom.

Pontevedra est située au fond d'une baie près de la rivière *Lerez*, dans un site plantureux et verdoyant qui en fait une des plus jolies villes de la Galice; c'est la patrie du sculpteur *Gregorio Hernandez*. On y voit encore les ruines de l'ancien palais de *los Turrichaos*, dont il reste debout deux tours; l'une d'elles est crénelée et garnie de fenêtres en ogive.

Son église, appelée de *Santa Maria la Mayor*, est décorée d'un portail dont l'architecture, de style ogival, est des plus somptueuse.

De Pontevedra à **Vigo**. De **Pontevedra** on se rend à **Puente San Payo**, petit port situé tout au fond de la baie de *Vigo*, et renommé par les huîtres qu'on y pêche en abondance; on découvre de là le fameux lazareth de *l'île de St Simon*. C'est près de ce port que se trouve le mont *Ameo*, où se livra la célèbre bataille dans laquelle Alphonse le Chaste vainquit les Arabes en 821; on y ramasse encore des fers de lances et d'autres fragments d'armes.

On atteint peu après, **Redondela**, petite ville située sur la baie; l'on se rend de là, par chemin de fer, et en une demi-heure, en longeant constamment la côte, à

Vigo, magnifique et vaste port, d'un fond excellent et d'un accès facile.

Des îles désertes, les îles *Cies*, en ferment l'accès. C'est l'ancienne *Vico Spacorum* des Romains, qui fut détruite par les Arabes, et que repeupla, en 750, le roi Alphonse le Catholique.

En 1702 les flottes anglaises et hollandaises réunies, vinrent y battre une escadre espagnole, escortant des galions qui venaient d'Amérique, chargés d'or; ceux-ci, plutôt que de se rendre, se laissèrent couler à fond. On voyait encore, il y a peu d'années, les navires échoués au fond de la baie; une entreprise a essayé récemment d'en retirer les trésors qu'ils contenaient, mais sans grands résultats, croyons-nous.

Vigo est une ville de commerce sans aucun intérêt artistique; on y jouit de splendides vues, surtout du haut du fort nommé *El Castro*, d'où l'on embrasse la baie, ou golfe, et la belle campagne environnante toute couverte de vignes, de forêts et de villages.

L'on visite, à trois lieues de *Vigo*, un endroit nommé **Bayona**; c'est une vieille ville qui possède une église collégiale appelée de *Santa Maria*, qui appartenait à l'ordre des Templiers. On va de là visiter les îles *Cies*, situées à l'entrée de la baie de *Vigo*, où les Phéniciens et les Carthaginois venaient chercher de l'étain.

On cite encore, aux environs, le monastère de *Santa Maria de Oya*, bâti aux bords de la mer, au xiie siècle, par Alphonse VII, et dont il reste debout l'église paroissiale.

De Vigo à Tuy. De **Vigo** on se rend à **Tuy** par chemin de fer; on repasse par **Redondela,** l'on atteint **Porriño** et **Tuy,** après un parcours de deux heures.

Tuy est située sur un plateau élevé, dont la base est baignée par le Miño, nommée *Minius* par les Romains, du minium que charriait ce fleuve, et qui sépare de ce côté le Portugal de l'Espagne; les Portugais le nomment *Minho*. On aperçoit de *Tuy*, le château **da Insua,** forteresse portugaise, située dans une petite île, à l'embouchure du fleuve, et la ville de **Camiña.**

Tuy est une vieille ville placée sur la voie romaine qui conduisait à *Bracara Augusta;* elle fut la résidence de *Witiza*, vice-roi de la Galice en 698. C'est dans cette ville qu'a dû naître *Don Pelayo*, issu de *Doña Luz*, duchesse de Cantabrie, et de *Fávila*, que *Witiza* tua d'un coup de bâton. C'est à *Cabeza de Francos*, au sommet du mont *Alloya*, que fut transportée *Tuy*, en 766; son enceinte et les hautes tours subsistent encore en partie. *Tuy* fut reconstruite, dans son emplacement actuel, en 1170, sur une colline aux bords du Miño; à son sommet, se trouve la Cathédrale et l'Évêché, qui affectent la forme d'une forteresse que flanquent des tours et qu'entourent des murailles crénelées. La ville est bâtie en amphithéâtre, et au confluent de deux autres rivières, qui viennent se jeter dans le *Miño;* une superbe campagne entoure la ville, dont les rues sont étroites et tortueuses.

La Cathédrale est un curieux monument de l'architecture religieuse et militaire du xiie siècle; à l'intérieur, qui est partagé en quatre nefs, de robustes colonnes, dont les chapiteaux sont ornés de figures d'hommes, de monstres, d'animaux et de fleurs, soutiennent des arcs qui sont déjà presque des ogives; neuf chapelles en occupent les côtés; dans celle de *la Espectacion,* il y a un immense retable, du style *churriguéresque* le plus caractérisé. Le cloitre de cette église est vaste, mais n'offre rien de particulier; par contre, les stalles du Chœur sont d'un beau travail; on y remarque aussi deux belles orgues.

Les murailles dont *Tuy* est entourée, sont en mauvais état et en partie en ruines. Une riche campagne, appelée *la Vega del oro*, l'entoure: elle doit sa fertilité aux débordements du *Miño* qui, semblable au Nil, vient périodiquement y déposer un limon des plus fécondant.

On visite, aux environs de *Tuy*, le petit port de **La Guardia;** c'est au sud de cette ville que se trouve le pic de *Santa Tecla*, où le *Miño* débouche dans la mer; les Portugais fréquentent sa plage durant la saison des bains.

L'on visite encore *Goyan*, avec son ancienne tour féodale ou *atalaya*, berceau de la famille des *Correas*, de laquelle descendit le célèbre guerrier *Pelayo Perez Correa*. Élu grand-maître de l'ordre de *Santiago* en 1242, il se rendit fameux à la bataille de *Ten-*

tu-dia. Ayant rencontré avec ses cavaliers, aux environs de la *Sierra Morena*, un corps de troupes musulmanes, il l'attaqua. La nuit allait l'empêcher de le mettre en déroute: il s'écria alors, en s'adressant à la Vierge: *Señora, deten el dia!* Sainte Vierge, prolongez le jour! et, de même que jadis pour Josué, le jour se prolongea suffisamment pour lui permettre d'exterminer les ennemis de la Foi du Christ. Quelque aurore boréale suffirait sans doute à expliquer ce miracle; toujours est-il qu'il fonda, en mémoire de cet événement, l'église de *Santa Maria de Ten-tu-dia*, où il fut enterré en 1275.

L'origine du nom des *Correas* est assez singulière pour que nous croyions devoir la rapporter. Un des ascendants du célèbre chevalier était gouverneur d'une place assiégée par les Maures; réduite à la famine la plus extrême, la garnison en vint à dévorer les courroies, ou *correas*, et les harnais des chevaux, en les faisant bouillir. Dans ces circonstances, un aigle vint à planer au-dessus de la forteresse et y laissa tomber une énorme truite; tous se précipitèrent pour la saisir. Le comte réussit, non sans peine, à leur faire comprendre que c'était là bien maigre pitance pour tant de monde et leur persuada qu'il valait mieux offrir la pièce, en cadeau, au général des assiégeants. Les conséquences furent telles qu'il l'avait prévu: le général ennemi croyant en effet que les victuailles abondaient dans la place, donna l'ordre de lever le siège.

De Tuy à Orense. De **Tuy** le chemin de fer se prolonge jusqu'à **Caldelas**, où se trouve un établissement de bains minéraux. Pour se rendre à **Orense**, on prend la voie ferrée jusqu'à la station de **El Porriño**, d'où part la diligence qui se rend à **Orense**. On traverse **Rivadavia**, située dans une fertile et délicieuse vallée; on franchit *l'Avia*, affluent du *Miño*, sur un pont de trois arches, et on atteint **Orense**, chef-lieu de province, située sur la rive gauche du Miño, et sur la pente du *Monte Alegre*.

Un beau pont de sept arches est jeté sur le Miño. Sa construction, attribuée à Trajan, est fort remarquable, surtout par la hardiesse de son arche centrale, qui mesure 44 mètres d'ouverture sur 38 mètres de hauteur.

La Cathédrale de Orense est une construction de style ogival, qui a été souvent restaurée et, par suite, très défigurée. Le chœur placé au centre de l'église, possède des stalles en noyer délicatement sculptées et deux grandes orgues; le maître-autel est formé d'un vaste retable de style gothique; à gauche, l'on remarque un tombeau en marbre, œuvre du sculpteur moderne *Antonio Solá*, qui renferme les restes du cardinal *Don Pedro Quevedo*. La chapelle du *Santo Cristo* contient l'image d'un Christ fort vénérée en Galice: elle est attribuée à *Nicodemus*, et fut amenée au XIVe siècle de la petite église de *Finisterre*. Les autres chapelles de la Cathédrale n'offrent rien d'intéressant. Parmi les autres édifices religieux *d'Orense*, nous mentionnerons: l'église de *Santa Maria*, d'une architecture élégante; les deux églises du centre et du nord, toutes deux sous l'invocation de *Santa Eufemia*, et enfin, celle de *la Trinidad*.

Orense possède trois sources, ou *burgas*, d'eau chaude, que les Romains avaient déjà canalisées et que les Suèves appelaient *Warmsee* (lac d'eau chaude); le nom d'*Orense* viendrait donc de ce mot saxon. Les trois *burgas*, ou sources, débitent en abondance de l'eau à la température de 67° centigrades: le débit de la source supérieure augmente et décroit périodiquement chaque 16 ou 18 secondes; celle d'en bas tombe dans un grand réservoir qui sert de lavoir; la troisième source, nommée *El Surtidero*, verse ses eaux dans un autre réservoir plus petit. Les habitants du pays s'en servent, de même que ceux de *Dax* en France, pour tous les usages domestiques.

On peut se rendre de **Orense** à **Zamora** par diligence; quand la ligne ferrée sera achevée, elle viendra rejoindre, par **Quiroga** et **Ponferrada**, à **Brañuelas**, le réseau général de la Péninsule, en passant par **Léon, Palencia** et **Venta de Baños**.

A **Medina del Campo**, sur la ligne générale de *Madrid* à *Hendaye*, viennent se souder deux lignes: l'une qui se rend à **Zamora** et l'autre, à **Salamanque**.

De Medina del Campo à Zamora. Le trajet de **Medina** à **Zamora** se fait en quatre heures; on rencontre d'abord **Villaverde**, **Nava del Rey**, avec sa belle église du style bysantin et puis, **Venta de Pollos**.

Au nord de cette station, et sur la route qui mène de *Toro* à *Valladolid*, se trouve le petit village de **Villalar**, bâti au milieu d'une vaste plaine. En 1521 celle-ci fut le théâtre de la fameuse bataille de ce nom, dont l'issue fut si fatale aux libertés des communes de Castille. *Juan de Padilla, Bravo* et *Maldonado*, les célèbres chefs des *comuneros*, tombés aux mains des troupes impériales commandées par le comte de *Haro*, furent condamnés à mort. Ils marchèrent à l'échafaud, dans la nuit même qui suivit la bataille, au point du jour, accompagnés d'une nombreuse escorte et précédés d'un crieur *(pregonero)*. Celui-ci, répétant à haute voix les paroles que lui dictait un *alcalde* et qui proclamaient qu'on les mettait à mort comme traîtres, *Bravo* indigné, et ne pouvant se contenir en vue d'une pareille insulte, s'écria d'une voix forte, que *l'alcalde en avait menti! Padilla*, au contraire, s'efforçait de calmer son camarade en lui faisant observer que *dans les discordes civiles, les vaincus sont toujours des traîtres et les vainqueurs seuls, sont considérés comme ayant agi avec loyauté.* «Ami, »ajouta-t-il, nous avons combat-»tu hier comme de vaillants ca-»valiers; ne songeons plus au-»jourd'hui qu'à mourir en bons »chrétiens!»

Après l'exécution, leurs têtes furent clouées au pilori: l'instrument qui servit à leur supplice est conservé encore aujourd'hui à *Villalar*; leurs corps, enterrés au pied même de l'échafaud, furent exhumés en 1821, et reposent aujourd'hui dans la Cathédrale de *Zamora*. La maison de *Padilla* à Tolède fut rasée: le sol labouré et semé de sel; sur l'emplacement, on fixa un écriteau indiquant qu'à cet endroit existait jadis la demeure du *traître Juan de Padilla;* un simple monument y a été élevé pour rappeler sa mémoire.

Quelques mois plus tard, en 1522, les sept *procuradores* des villes liguées en faveur des libertés des communes de Castille, furent exécutés, à leur tour, sur la place publique de *Medina del Campo*, après avoir été promenés montés sur des ânes.

Après **Venta de Pollos** vient **Castro Nuño**, où l'on traverse le *Duero* sur un beau pont en fer; puis, **San Roman**, et l'on atteint **Toro**, assise au milieu d'une riche campagne, renommée par sa fertilité et la qualité de ses produits en vins et en céréales.

Toro est une vieille ville, entourée de murailles percées de portes, qui fut détruite par les Maures et reconstruite en 904; aussi, ses plus anciens monuments datent-ils de cette époque. En 1327 Alphonse XI, surnommé *le Vengeur*, y attira l'infant *Don Juan*, appelé *le Borgne*, et l'y fit assassiner. Les Cortès de Castille et de Léon y furent plus d'une fois convoquées, et c'est dans cette ville qu'en 1515, furent proclamés Rois de Castille, *Jeanne la folle* et *Philippe le Beau*.

Toro renferme quelques anciens monuments: c'est, d'abord, son vieil édifice de l'*Ayuntamiento*, dont les fondations, au dire des habitants, ont été cimentées avec du vin et non de l'eau; puis, la Tour de l'horloge, située sur la place du marché, percée à sa base d'une voûte qui sert de porte, et surtout, son Eglise collégiale, d'une belle architecture de style bysantin, du milieu du XIIe siècle, et qui est décorée d'une très jolie porte du même caractère. Ce beau monument, bâti au temps d'Alphonse VII, est surmonté d'une admirable coupole entourée de tourelles, qui lui donnent un aspect tout à fait oriental. A l'intérieur de l'église, on est étrangement surpris, après avoir pénétré par une petite porte complétement dissimulée, et par un étroit couloir, de se trouver dans une chapelle décorée dans le goût bysantin le plus pur, une merveille de décoration du XIIe siècle. C'est la porte principale de l'édifice même qui a été murée à l'extérieur, et qui a ainsi été convertie en chapelle.

Nous citerons encore, à *Toro*, l'église de *San Lorenzo el Real*, du style *mudéjar* du XIIIe siècle, où l'on trouve un retable peint par *Fernando Gallego*, né à Zamora, qui représente des passages de *l'enfance de Jésus* et de *la vie de St Laurent*, et où l'on remarque aussi les tombeaux de *Don Pedro* de Castille, arrière petit-fils de *Don Pedro le Cruel*, mort en 1492, et de sa femme, *Doña Beatrix de Fonseca*, morte en 1487; puis, l'église de *San Pedro del Olmo*, où l'on admire un beau Christ en ivoire, fixé sur une croix en écaille, décorée à sa base avec une merveilleuse profusion de figures et de *scènes de la Passion;* puis encore, une jolie porte du style ogival de la troisième période, seul reste de l'ancien couvent de *Santo Domingo*, fondé par *Doña Maria de Molina*, aujourd'hui complètement en ruines. Ajoutons enfin, que beaucoup d'édifices de *Toro* possèdent de beaux plafonds lambrissés, dont quelques-uns sont encore en parfait état.

Sur la route qui mène de *Toro* à *Valladolid*, on trouve aussi la petite ville de **Tordesillas**, bâtie sur une hauteur d'où l'on domine de vastes plaines. Dans l'église consacrée à *San Antolin*, on remarque le beau mausolée de *Don Pedro Gonzalez de Alderete*, commandeur de l'ordre de St Jean, œuvre du sculpteur *Gaspar*, né dans cette petite ville. Tordesillas conserve encore les restes de son ancienne enceinte détruite par les *comuneros* de Castille, ainsi que les ruines d'un vieux château; elle possède aussi un beau pont, jeté sur le *Duero*, remarquable, par sa solidité.

Durant quelque temps, elle fut la résidence du roi *Don Pedro* et de sa favorite *Doña Maria de Padilla*, qui y donna le jour à deux de ses enfants. Ferdinand le Catholique vint s'y retirer en 1506, après que son gendre Philippe le Beau eut pris possession du gouvernement du royaume, par suite de la mort de la grande Isabelle. Trois ans plus tard, en 1509, la reine *Jeanne*, devenue folle par excès d'amour pour son mari Philippe le Beau, dont elle promenait partout le cadavre, vint également se retirer dans cette ville. L'infortunée reine y demeura renfermée pendant quarante ans: elle y fut souvent prise et reprise, comme on ferait d'une forteresse, tantôt par *Juan de Padilla*, le chef des *comuneros*, qui s'en servait d'otage précieux contre les rigueurs de son auguste fils, l'empereur Charles-Quint, tantôt par le comte de *Haro*, général des troupes impériales.

Jeanne la Folle mourut, en 1555, à *Tordesillas* et son corps fut transporté à Grenade, pour y être réuni à celui de son mari, amené de Burgos par les soins de l'Empereur; ils y reposent tous deux, dans le même caveau que les rois Catholiques.

Plus loin, sur la même route encore, à douze kilomètres seulement de Valladolid, se trouve le château de **Simancas**. Sous le règne de *Mauregato*, l'usurpateur du trône de Léon, sept jeunes filles, des cent que ce roi avait consenti à livrer en tribut au roi maure de Cordoue, enfermées dans le château de cette ville, s'étaient mutilées pour se soustraire à l'infâme tribut, en se coupant, dit-on, une main; du nom des *Siete mancas*, ou des sept manchotes, viendrait, suivant la légende, le nom de la ville; toujours est-il que son écu est orlé de sept mains sur gueules et porte une étoile dorée, à la cime d'une tour.

A *Simancas* naquit *Ferdinand*, frère de Charles-Quint, en faveur duquel celui-ci abdiqua plus tard la couronne impériale d'Allemagne. Au XVe siècle, le château de *Simancas* appartenait aux *almirantes* de Castille; il fut incorporé à la couronne de Castille par les Rois Catholiques et converti en prison d'Etat. Charles-Quint le fit disposer pour recevoir les Archives de la couronne; on y réunit alors les papiers de l'Etat auparavant disséminés à Ségovie, à Médina del Campo, à Valladolid, à Salamanque, et ailleurs. Les Archives de *Simancas* ont acquis une célébrité européenne, justifiée par la présence, sur les rayons, de documents historiques de la plus haute valeur et qui jettent un jour nouveau sur les événements de l'Histoire. Philippe II confia l'agrandissement du château à l'architecte *Herrera*; Philippe III l'augmenta encore. L'édifice étant devenu insuffisant, la suite des Archives nationales est installée, actuellement, dans le palais épiscopal d'*Alcalà de Henarès*. Ajoutons qu'à *Simancas*, les liasses sont rangées sur des rayons ménagés dans l'épaisseur même des murailles.

En sortant de **Toro** la voie pénètre dans des tranchées profondes, ouvertes dans des terrains mouvants; on atteint **Correses** et, peu après, **Zamora**, que les Arabes avaient nommée *Medina to-Samurâh*, la ville aux turquoises, à cause des pierres précieuses que l'on trouve dans ses environs, et qui sont encore exploitées.

aujourd'hui. Suivant d'autres, *Zamora* ne serait enfin que l'ancienne *Numance*, prise et détruite par Scipion Emilien. C'est à *Zamora* que serait né *Viriathe*, qui de berger se fit voleur de grand chemin, et réunit assez de monde pour devenir un capitaine redoutable; il possédait près de *Sayago*, aux environs de *Zamora*, une caverne et un château fort, d'où il livra maints combats aux Romains qui le rendirent célèbre. L'écu de *Zamora* porte le bras de Viriathe soutenant un drapeau, appelé l'étendard *Bermejo*.

Zamora fut reconquise sur les Maures en 753; fortifiée par Alphonse Ier le Catholique, elle joua un grand rôle pendant les trois siècles qui suivirent, sa position sur le *Duero*, lui assurant une importance considérable, au point de vue de la lutte avec les Arabes; aussi fut-elle constamment disputée par Maures et Chrétiens. Après des combats acharnés, et des sièges sanglants, elle finit par succomber, en 986, aux bandes d'Almanzor, émir de Cordoue, après une résistance mémorable, comme le rappelle le dicton populaire qui dit *que Zamora n'a pas été prise en une heure* (Zamora no se ganó en una hora); la ville fut alors rasée. Sa population était encore peu nombreuse, quand le roi Ferdinand Ier dut, en 1055, pour la restaurer, accorder à ses nouveaux habitants d'importants privilèges et des franchises. Ce roi avait, à sa mort, partagé ses Etats entre ses divers enfants: *Zamora* était échue en patrimoine à sa fille aînée, *Doña Urraca;* mais *Don Sancho el Fuerte*, frère de celle-ci, qui avait déjà dépouillé ses autres frères des royaumes de Galice et de Léon, réclama, en 1072, de *Doña Urraca* la livraison de *Zamora*, et chargea *le Cid Campeador* de ce message. *Doña Urraca* prit conseil des habitants qui, réunis par *Arias Gonzalo* dans l'église de *San Salvador*, jurèrent de défendre leur ville et leur reine jusqu'à la mort. Après sept mois d'assauts et de combats, *Bellido Dolfos*, feignant de fuir la colère des habitants de *Zamora* et d'*Arias Gonzalo*, passa dans le camp de *Don Sancho* avec trente des siens, et l'assassina. Le Cid, qui combattait dans les rangs de l'armée assaillante, accusa les habitants de *Zamora* de félonie: cet affront fut lavé dans le sang généreux des trois fils d'*Arias Gonzalo* en champ clos, avec *Diego Ordoñez*, événement souvent célébré par les chroniqueurs et les poètes. Alphonse VI vint précipitamment à *Zamora*, où l'appelait *Doña Urraca*, sa sœur, abandonnant l'asile que lui avait accordé le roi maure de Tolède. Les Castillans, Léonais et Galiciens, avant de le reconnaître pour leur roi, exigèrent de lui le serment qu'il n'était pour rien dans le crime de *Bellido*, serment célèbre que *le Cid* lui fit renouveler plus tard, à *Santa Gadea* de Burgos. Au XVe siècle *Zamora* fut reprise, un moment, par le Roi de Portugal, marié à la *Beltraneja*, qui disputait à Isabelle la Catholique la couronne de Castille.

Zamora possède encore de vieilles et fortes murailles, avec une citadelle qui renferme la Cathédrale, les ruines d'une maison où demeura le Cid, et les restes du vieux palais de *Doña Urraca*. On montre encore *el postigo de la Arena*, appelé aussi *la porte de la trahison:* c'est celle que le traître *Bellido Dolfos*, devait livrer à *Don Sancho;* et c'est quand il vint, seul avec lui, pour reconnaître cette porte, qu'il l'assassina, à un endroit signalé par une croix byzantine, sculptée en bas-relief sur une pierre circulaire incrustée dans le mur d'une vigne, qui se trouve à quelques pas de la petite chapelle de *Santiago el Viejo*, hors ville. Une autre croix, à deux kilomètres de la ville, indique l'endroit où *Don Sancho* expira.

Zamora est la ville la plus riche en monuments du style byzantin du Xe au XIIe siècles; c'est la ville aux curieuses portes et aux intéressantes absides de style roman; on y compte plus de vingt églises, qui ont plus ou moins conservé des restes de cette période si intéressante de l'architecture.

La Cathédrale est un beau monument fondé, vers 1126, par Alphonse VII l'Empereur, qui mourut en 1157, sans l'avoir vue achevée, car elle ne fut terminée qu'en 1174. Ce roi avait installé à *Zamora* un évêque nommé *Bernard*, français originaire du Périgord, et c'est lui qui introduisit sans doute le style byzantin dans cette partie de l'Espagne. La tour, dont cet édifice est flanqué, semble une véritable forteresse; elle a d'ailleurs servi plus d'une fois de point de résistance aux défenseurs de la ville. La façade méridionale, qui regarde le palais épiscopal, est du plus pur style latino-byzantin: elle est décorée d'un double perron, et formée par quatre gracieux arcs lobulés, dont les chapiteaux sont décorés de grosses feuilles: au-dessus, règne une galerie simulée, de cinq arcs semi-circulaires, avec leurs colonnes et, par-dessus, trois autres arcs, avec des fenêtres du plus pur style; sur les côtés il y a deux bas-reliefs décorés de sculptures capricieuses.

Outre cette belle porte, nous signalerons encore, la magnifique coupole, de style byzantin, qui surmonte cette église. Ce temple fut incendié en 1591; le cloître fut alors détruit, et, avec lui, les nombreuses sépultures qu'il contenait, ainsi qu'une grande partie des archives; réédifié au XVIe siècle, on reconstruisit alors la chapelle principale dans le goût ogival, et la façade, qui regarde au Nord, dans le goût greco-romain; aussi celle-ci ne présente-t-elle aucun intérêt. A l'intérieur, la Cathédrale est divisée en trois nefs, et marque bien le moment de transition du style byzantin au style ogival; elle est décorée d'un retable, en marbre blanc, avec des colonnes de marbre rouge et orné de bronzes. Le chœur possède de belles stalles sculptées dans le goût ogival, décorées des armes du fondateur *Don Diego Melendez Valdés*, évêque mort à Rome en 1506, et ornées de bas-reliefs. On trouve, dans une des chapelles de la cathédrale, des panneaux peints par *Fernando Gallego*, qui font allusion à *la vie de St Ildephonse;* ailleurs encore, et du même artiste, le *Baptême de Jésus* et *la Décollation de Saint Jean Baptiste*. La chapelle de *San Juan* renferme un tombeau avec la statue jacente du docteur *Grado*.

Parmi les œuvres d'art importantes, que possède cette cathédrale, nous signalerons un grand crucifix sculpté par *Becerra*; puis une remarquable collection de tapisseries des XV et XVI siècles, représentant des épisodes de la *guerre de Troie* et des sujets tirés de *l'ancien Testament;* puis enfin, une belle *custodia*, du style ogival du XVe siècle.

Après la Cathédrale, nous mentionnerons l'église de la *Magdalena*, construite dans le style roman le plus pur, que décore un portail surmonté d'une rosace, et dont l'abside est des plus remarquable. L'intérieur n'a qu'une nef et est d'une grande simplicité; il offre un grand intérêt, parce qu'il date de l'époque de transition, où le plein cintre roman emprunte la forme de l'ogive, et où le trèfle s'introduit dans la décoration.

Nous mentionnerons rapidement les autres églises de *Zamora*, qui offrent à l'archéologue de curieux vestiges du style roman; c'est ainsi qu'il devra visiter: l'église de *Santiago del Burgo*, divisée en trois nefs, qui est un curieux monument de la fin du xie siècle et du commencement du xiie, remarquable par la sévérité de ses arceaux en bossage; celle de *Santo Tomé*, avec son abside rectangulaire; l'église de *Nuestra Señora de la Orta*, dont la porte semi-circulaire est d'une grande simplicité; celles de *San Vicente* et de *San Juan*, dont les portails sont sculptés et décorés de gracieux feuillages; puis celle de *Santa Maria la nueva*, dont l'arc en fer à cheval est soutenu par deux colonnes surmontées de chapiteaux représentant *une sirène à deux queues et des oiseaux étranges*, et qui possède des fonts baptismaux du xie siècle; celle de *San Cipriano*, éclairée d'une fenêtre semi-circulaire, qui repose sur de grosses colonnes, et dont le tympan est orné d'un bas-relief; on y remarque aussi une curieuse grille en fer, qu'on fait remonter au temps de la construction de l'église et, finalement, celle de *San Pedro*, avec sa porte à lobes cannelées.

Il existe, hors des murs, diverses églises de style bysantin et des plus remarquables, parmi lesquelles nous mentionerons: celle de *Sancti Espiritus*, décorée d'une jolie rosace; celle de *San Claudio*, monument de l'époque de transition du xe au xie siècle, et qui offre des particularités que nous signalerons: l'abside n'est percée d'aucune fenêtre; une seule porte donne accès à l'intérieur; elle est formée de divers arcs concentriques, soutenus par des colonnes basses, dont quelques-unes sont striées ou tordues, et que décorent des figures mutilées qui représentent des passages de l'ancien Testament. L'intérieur de cette curieuse église est éclairé par des meutrières étroites, et couvert d'un plafond en bois; la chapelle est décorée aussi de fort curieuses figures de monstres, et d'animaux fantastiques. C'est enfin au Sanctuaire nommé *la ermita de Santiago el Viejo*, situé aussi hors la ville, que le *Cid Campeador* fut armé chevalier; cet intéressant édifice est un curieux monument, de la fin du xe ou du commencement du xie siècle: d'une modeste apparence extérieure, il est richement décoré, à l'intérieur, de curieux chapiteaux couverts de figures, surtout dans la chapelle principale.

L'église de *San Pedro de la Nave*, située à une assez grande distance de *Zamora*, dans la direction et près du curieux pont de *Ricobayo*, jeté sur la rivière *Esla*, est un intéressant monument du style latin du xe siècle.

On remarque à *Zamora*, une façade de style ogival fort curieuse, celle de la *Casa de los Momos*, d'une très élégante ornementation et qu'il serait regrettable de voir tomber complètement en ruines, ainsi qu'un fort ancien pont, jeté sur le *Duero*, d'une

De Medina del Campo à Salamanque.

Le trajet de **Medina del Campo** à **Salamanque** se fait en trois heures et demie; on atteint successivement **Campillo, El Carpio,** ancien apanage des comtes de ce nom, où existe encore une tour carrée de l'époque des Arabes; puis, **Cantalapiedra, Carolina, Pedroso, Gomecello** et **Moriscos,** villages sans le moindre intérêt, et au milieu de plaines arides, pour atteindre enfin **Salamanque,** chef-lieu de province, qui doit sa célébrité à la renommée de son Université, et à l'importance de ses monuments, qui lui ont valu le surnom de *petite Rome* et datent, presque tous, de l'époque de la Renaissance.

Située sur la rive droite du *Tormes,* **Salamanque** ne conserve plus, de son ancienne enceinte de la fin du XIIIe siècle, que quelques restes de murailles, encore debout dans la partie nommée *el Monte Olivete,* et une porte, celle dite *del Rio,* par où pénétra, dit-on, Annibal, et qui s'ouvre juste en face du pont, curieux monument, édifié sous l'empereur Auguste, et qui faisait partie de l'ancienne voie romaine, qui se dirigeait de Mérida à Saragosse et de là, à travers les Gaules et les Alpes, jusqu'à Rome: les quinze premières arches de ce pont sont encore celles que les Romains ont construites.

Salamanca, l'ancienne *Salmántica* des Romains, tomba au pouvoir des Arabes qui la dominèrent du VIIIe au Xe siècle; il n'est rien resté de la domination musulmane, à laquelle elle fut définitivement arrachée, en 1055, par Don Fernando Ier de Léon. Le comte *Don Ramon* de Bourgogne, marié à l'infante *Doña Urraca,* la repeupla, en 1098, avec des gens de toutes sortes de nationalités et bâtit l'ancienne Cathédrale. Les Cortès du royaume furent souvent convoquées à *Salamanque;* les *Comuneros Maldonado, Guzman* et *Zuñiga,* étaient de *Salamanque,* et payèrent de leur tête, ou de l'exil, leurs tentatives en faveur des libertés des Communes. Ajoutons enfin, que sa fameuse Université fut fondée par Alphonse IX, au XIIe siècle, et agrandie par son fils Alphonse le Sage; elle atteignit son apogée aux XV, XVI et XVIIe siècles, pour tomber après, dans la plus complète obscurité. A l'époque de sa splendeur, cette ville comptait jusqu'à dix mille étudiants et possédait cinquante-quatre imprimeries, vingt-neuf collèges, deux séminaires, quarante-sept monastères ou couvents, et dix-neuf hôpitaux.

Son Université, rivale de celles de Paris, d'Oxford et de Bologne. possédait des professeurs fameux, et *Christophe Colomb* vint les consulter sur ses projets de recherche d'un nouveau monde; ajoutons encore, qu'au XVIe siècle, on y enseignait le système de Copernic, réputé partout ailleurs comme une hérésie. Durant la guerre de l'Indépendance, enfin, elle devint la base des opérations de *Masséna,* et c'est à six kilomètres de *Salamanque,* que se livra, en 1812, la célèbre bataille de *Arapiles,* qui décida du sort de l'occupation française en Espagne.

Salamanca est fière de sa *plaza mayor,* qui jouit en Espagne d'une juste renommée; commencée en 1720, elle ne fut terminée que treize ans après. Elle est entourée d'un beau portique formé par des arcades, surmonté de trois étages et que décorent des médaillons représentant les rois et hommes célèbres d'Espagne; un des côtés est occupé par l'*Ayuntamiento* ou hôtel de ville.

Parmi les monuments dont cette ville abonde, nous citerons, au premier rang, sa vieille Cathédrale, un des plus beaux monuments de l'architecture bysantine des xi et xiie siècles. Son origine remonte au temps du comte *Don Ramon* de Bourgogne, qui la construisit en l'an 1098, et y installa un moine de l'abbaye de Cluny, l'évêque *Don Geronimo Visquio*; la circonstance d'être français tous deux, et d'avoir amené du dehors de nombreux ouvriers pour la construction de cette église, fait supposer qu'elle a été élevée par des artistes français, ce que semble d'ailleurs confirmer le style de l'architecture, qui rappelle exactement celui des églises du Midi de la France.

La Cathédrale vieille est partagée en trois nefs, avec trois absides rondes, percées de fenêtres en plein cintre; elle est surmontée, au-dessus du transept, d'une coupole conique nommée la *torre del Gallo*. Cette partie de la Cathédrale constitue certainement le plus beau morceau d'architecture de style bysantin que l'on puisse trouver; la solidité de sa construction qui la fait ressembler, sous ce rapport, à une citadelle, lui a souvent valu de servir de centre de résistance aux attaques dont la ville a été l'objet. L'intérieur de la *Cathédrale vieille* est décoré de chapiteaux ornés de feuillages, de branches, et de figures de toutes sortes. Le retable du maître-autel est l'œuvre de *Nicolas Florentin*, qui a représenté, sur cinquante-cinq panneaux, toute *la vie de Jésus Christ*; la voûte de l'abside est décorée d'une fresque: *le Jugement dernier*; on y trouve aussi de curieux et anciens tombeaux.

Le cloître contient différentes chapelles remarquables: celle dite de *Talavera*, où s'est conservé le rite *mozarabe*, est curieuse par son architecture bysantine; dans celle de *Santa Barbara*, fondée en 1344, les étudiants de l'Université venaient y recevoir leurs grades: on y garde encore, dans le même état qu'à ces époques fameuses, les sièges où prenaient place les Docteurs, la table, la lampe, et le fauteuil en cuir des aspirants. Dans la chapelle de *San Bartolomé*, dite aussi de l'évêque *Don Diego de Anaya*, on trouvera le tombeau de son fondateur qui fut évêque de Séville, et ceux de sa famille; on y remarque aussi une curieuse grille, remontant au temps de la fondation, un orgue gothique très joliment orné, et des plafonds lambrissés.

Ajoutons encore que c'est le cloître de cette Cathédrale qui fut le premier berceau de la célèbre Université, et où a pris naissance une école qui se rendit fameuse par ses doctrines. On trouvera, enfin, dans les chapelles, des peintures intéressantes, parmi lesquelles nous signalerons des panneaux peints par *Fernando Gallegos*; mentionnons encore, une belle *Descente de croix*, œuvre du sculpteur *Louis Carmona*.

La *Cathédrale neuve* est greffée sur l'ancienne, au point que le nouvel édifice a envahi une partie du transept et une partie d'une nef latérale de l'ancienne; elle fut commencée en 1513, par Ferdinand le Catholique; mais elle ne fut consacrée au culte qu'en 1565 et terminée seulement, en 1733, après deux cent vingt ans de travaux souvent interrompus. Ce monument, bâti dans le style ogival, rappelle la Cathédrale de Séville, dont il est d'ailleurs contemporain. La porte principale, qui regarde au couchant, est composée de cinq grands arcs, qui correspondent aux cinq nefs qui la divisent à l'intérieur, et auxquelles on accède par trois portes. Il est difficile d'exprimer la profusion avec laquelle ces portes sont décorées de feuillages, d'écussons, d'animaux, de bustes et d'ornements de toutes sortes, dans le goût du XVIe siècle, au milieu desquels se détachent d'élégantes statues et des bas-reliefs, qui représentent *la Naissance de Jésus* et l'*Adoration des rois*, dus aux sculpteurs *Juan de Juni* et *Gaspar Becerra*. Cette belle façade est flanquée, sur la droite, d'une énorme tour, complétement dépourvue de grandeur.

Trois autres portes donnent également accès à l'intérieur: nous signalerons celle du levant, dite des Rameaux, qui est décorée d'un bas-relief représentant l'*entrée de Jésus à Jérusalem*.

La coupole du transept, bâtie dans le goût greco-romain, n'offre rien de remarquable. Notons, en passant, que le maître-autel n'a pas de retable et que le chœur est l'œuvre de *José Churriguéra*, qui y a travaillé personnellement au commencement du siècle dernier: une grille en ferme l'accès; les stalles, richement sculptées, sont malheureusement d'une mauvaise époque. La Salle du Chapitre est de vastes dimensions; on y conserve encore un fauteuil qui servit à la présidence du Concile de 1310; les plafonds en sont curieusement lambrissés; ajoutons que les Cortès s'y sont plusieurs fois réunies. On y trouve un tableau de *Jac. Gerónimo Espinosa*, représentant *la Décollation de St Jean Baptiste* et deux Crucifix en bois, d'une exécution grossière et ancienne.

L'un d'eux, le plus grand, est appelé le *Christ des Batailles*: c'est celui dont l'évêque *Geronimo Visquio*, fondateur de la Cathédrale ancienne, qui accompagna le *Cid Campeador* dans ses campagnes de Valence, se servait pour haranguer les troupes avant la bataille. Tout à côté, on en voit un autre plus petit: c'est celui que *le Campeador* portait sous son armure dans les combats.

La Cathédrale contient différentes œuvres d'art: dans la première chapelle à droite, on remarque un *Ecce Homo*; celle qui suit, renferme *un Enterrement du Christ*, attribué au Titien, mais qui est de *Navarrete*, ainsi que le tableau représentant *le Christ qui apparait à sa mère*, que l'on voit tout auprès. La chapelle de *San Antonio* renferme des peintures de *Fernando Gallegos*, représentant *la Vierge, St André, St Jean* et une *Fuite en Egypte*; celle de *San José*, possède *une Piété* de *Juan de Juni* et *une Vierge à l'enfant*; celle de *Jésus Nazareno*, un *St Vincent de Paul*; puis, derrière le Chœur, on trouve l'*éducation de la Vierge* et *un St Jean Baptiste*, sculptés en bois, que l'on attribue à *Roldan*, mais qui sont de *Juan de Juni*. Nous signalerons encore: dans la chapelle de *San Clemente*, *une Conception de la Vierge*, sculptée par *Carmona*; dans un des retables, *un St Jérôme*, de *Becerra*; dans l'autel du transept, et près de la porte qui mène à la Cathédrale vieille, *une Vierge*, de l'école italienne, qui rappelle *le Perugin*; puis encore, près de la

17

porte de gauche, un grand tableau représentant *la Peste de Milan,* que l'on atribue à *Palomino.*

En face de la Cathédrale, se trouve situé le palais de la Députation provinciale, appelé aussi *le vieux collège,* dont la cour et la façade méritent l'attention: c'est un monument moderne qui n'est pas sans grandeur.

Après la Cathédrale, nous mentionnerons l'*Université,* qui fut bâtie vers 1415, sans doute avec la coopération de *Don Alfonso Madrigal,* surnommé *el Tostado,* le compilateur fameux, et *Don Pedro de Luna,* car on retrouve leurs écussons sur les murs et sur la porte d'entrée.

Au-devant de la façade de l'Université, on a récemment érigé une statue à *Fray Luis de Léon,* l'une de ses gloires.

Au XVIe siècle, il occupait la chaire de théologie et il fut condamné, par le Tribunal de l'Inquisition, à cinq années de prison, pour une interprétation jugée hérétique, d'un passage du Cantique des Cantiques; après sa mise en liberté, il reprit ses leçons, au point même où il les avait laissées avant sa captivité, et comme si leur cours n'eut jamais été interrompu.

La façade qui regarde au couchant est un des plus beaux monuments du style *plateresque* que l'on puisse trouver: les écussons qui la décorent, semblent indiquer qu'elle fut élevée sous le règne d'Isabelle la Catholique et de Ferdinand. La décoration de cette façade, admirablement conservée, est faite de branches de feuillages et d'animaux, auxquels se mêlent des statuettes et des ornements en bas-reliefs, qui en font une page sculpturale d'une richesse et d'une variété d'invention prodigieuse; son exécution est attribuée à *Sardiña,* et, par d'autres, à *Berruguete* lui-même. En face se trouve la partie appelée *las Escuelas menores,* dont la façade est des plus intéressantes. Elle est percée de deux portes: la première, qui conduit aux Archives, est richement décorée d'écussons et de statuettes, et surmontée d'une corniche sculptée à jour, représentant des figures, des chimères et autres ornements, dans le goût de la plus pure Renaissance. Dans l'angle se trouve l'autre porte, décorée de superbes écussons, des bustes de *St Pierre* et *St Paul,* et d'autres ornements du plus grand goût; on pénètre dans une cour entourée d'une galerie, formée par des colonnes surmontées d'arceaux composés de cinq courbes, dont les trois supérieures sont convexes, ce qui produit un effet peu agréable. Un curieux escalier conduit à la Bibliothèque que ferme une magnifique grille; ajoutons enfin, que la *Chapelle de l'Université* renferme un retable dont les peintures sont de *Fernando Gallegos.*

Nous devons encore mentionner la façade qui se trouve derrière les petites écoles et qui, outre une jolie porte décorée d'écussons, est percée de fenêtres ornées avec la plus grande richesse dans le goût de la Renaissance. On visite aussi la salle où professait *Fr. Luis de Léon;* on y remarque un plafond lambrissé d'une curieuse exécution; on en trouve d'autres encore, dans diverses salles, et dans les galeries qui y conduisent.

Après l'Université, nous devons mentionner l'ancien couvent de *San Esteban,* nommé encore de *Santo Domingo,* qui fut reconstruit au XVIe siècle; ce monument est décoré d'une riche façade dans le style *plateresque*; c'est une profusion indescriptible de colonnes, de statues, de bustes, auxquelles se mêlent des animaux, des feuillages et des ornements variés, en bas-reliefs, dus aux sculpteurs *Sardiña* et *Ceroni*, et que dominent un Crucifix et les statues de St Pierre et de St Paul. A l'intérieur on remarque la voûte qui supporte le chœur; elle est décorée, dans sa partie supérieure, d'une peinture à la fresque, exécutée par *Palomino*, représentant *le Triomphe du Christianisme*. Le retable est l'œuvre des frères *Churriguéra*, et d'un mauvais goût frappant; il est décoré, dans sa partie supérieure, d'un tableau, *le martyre de St Etienne*, par *Coello*. Cette église possède encore: un tableau placé dans le transept, qui représente *la Samaritaine*, œuvre de *Tibaldi*; dans la chapelle de *San Pedro, la Chute de Jésus*, par *Carlos Marati*; là encore, se trouve un panneau ancien où est peint *le Martyre de sainte Ursule*. Les tableaux qui représentent *Saint François* et *St Dominique*, et qui se trouvent dans les autels du transept, sont de *Simon Petti*. Ajoutons que les fresques des chapelles *del Rosario* et du *Cristo de la luz*, ont été peintes par *Antonio Villamor*, et que les statues de St Dominique, de St Etienne, de St Laurent et de St François, sont l'œuvre de *Salvador Carmona*.

La Sacristie est une vaste salle voûtée qui n'offre rien de remarquable; par contre, nous devons mentionner le cloître de ce couvent formé par une double galerie; celle du rez-de-chaussée présente, à sa voûte, de jolies nervures dans le style ogival; la galerie supérieure est décorée de riches chapiteaux et de médaillons; un escalier remarquable conduit à l'étage supérieur du cloître. Au rez-de-chaussée, on pénètre dans la salle du Chapitre; là encore, une porte, richement décorée dans le goût de la Renaissance, donne accès à la Salle appelée *De Profundis*, où la Communauté des moines de St Dominique reçut pour la première fois *Christophe Colomb*, et où le fameux navigateur célébra les conférences qui lui valurent l'appui décisif des religieux de cet ordre.

C'est dans cette église enfin, que l'on conserve les cendres du célèbre *Duc d'Albe*, le fanatique dominateur des Flandres, et qu'on a récemment formé le Musée provincial. Nous citerons, parmi les œuvres qu'on y a réunies: une marine de *Tibaldi*; le *martyre de St Barthélémy*, attribué au *Caravage*, et qui pourrait bien être de *Navarrete*; un joli tableau de fruits, qui porte le numéro 4; une *Conception* de *Vaccaro*; une *N. D. del Popolo*, attribuée à *Van Dyck*, malheureusement très abîmée; un panneau de *Berruguete*, représentant *une Descente de croix*; un *Saint Antoine*, de *Vilamor*, dont ce Musée possède encore d'autres peintures.

Dans la Salle de la Bibliothèque, on trouve une *Vierge des Douleurs*, malheureusement détériorée; un curieux et très ancien tableau, peint à la détrempe sur toile, et représentant l'*Apparition de Jésus à la Madeleine*; enfin, dans le Secrétariat, une *Conception* de *Paret*.

Parmi les sculptures, il faut remarquer: un *Saint Michel*, en argent, de *Juan de Arfé*, objet de vives réclamations de la part de l'Université, sans doute à cause de la matière dans laquelle l'artiste a modelé assez faiblement son œuvre; puis, encore, une *Vierge de la Vega tenant l'en-*

fant Jésus, curieuse sculpture byzantine, affublée, à tort, de couronnes monstrueuses et de mauvais goût, et une *Conception de la Vierge*, par *Carmona*. Nous citerons aussi, parmi les objets curieux de ce Musée: un joli modèle d'un autel ou petit temple, destiné à recevoir la *Custodia* de la Cathédrale, exécuté en bois par *Don Manuel Rodriguez*, architecte du XVIIe siècle; le fauteuil de *Fr. Antonio de Sotomayor*, et, près de l'escalier, un de ces anciens taureaux en pierre, semblable à ceux de *Guisando* à Avila, et aux sangliers de Ségovie. Il était anciennement placé à l'entrée du pont, construit par les Romains sur le *Tormes*, et symbolisait le municipe; il figure aussi dans les armes de la ville, ce qui prouverait que ces anciennes et grossières représentations n'étaient point des idoles, comme on l'a prétendu. Le taureau de *Salamanque* tomba en défaveur auprès d'un gouverneur qui le fit jeter à la rivière, d'où la commission archéologique l'en a tiré, pour le faire porter au Musée.

Salamanque possède encore un grand nombre d'autres monuments remarquables, que nous allons mentionner rapidement. C'est, d'abord, le Collège de *la Compañia*, ou Séminaire, vaste édifice dominé par une coupole et des tours, que fonda Philippe III vers 1627, et pour lequel il a fallu démolir plus de quatre cents maisons, des églises et des paroisses entières. On y remarque une vaste cour et une belle Sacristie, dans laquelle on trouve deux toiles de *Rubens*, qui représentent *Abraham offrant à Melchisédech le pain et le vin*, et *la Reine de Saba visitant Salomon*, ainsi qu'une statue en bois, représentant *le Christ flagellé*, de *Salvador Carmona*. Nous mentionnerons encore, la Salle du Chapitre, ou plutôt *des Grades*, garnie de stalles à double rang de sièges, et où se trouve un bon tableau représentant le *Concile de Trente*.

En face, se trouve une curieuse maison nommée la *Casa de las Conchas*, à cause des coquilles nombreuses de saint Jacques dont ses deux façades sont couvertes; elle semble avoir été construite au temps des Rois Catholiques, par la famille des *Maldonados*, et est actuellement la propriété du marquis de *las Amayuelas*. C'est une curieuse construction, dans le style gothique fleuri, décorée de ravissants grillages ciselés qui ferment toutes les fenêtres du rez-de chaussée; à l'intérieur, on trouve un *patio*, décoré dans le goût de la Renaissance et orné d'une double galerie, dont les arceaux renversés rappellent ceux de la cour de *las Escuelas menores;* on y remarque aussi un escalier tout lambrissé.

Parmi les églises nombreuses qui existent à *Salamanque*, nous mentionnerons: la paroisse de *San Martin*, dont l'architecture, de style bysantin, est semblable à celle de la Cathédrale vieille, moins la coupole. On y remarque deux portes: l'une, dans le goût bysantin, avec ses arcs concentriques lobulés, que surmonte un bas-relief représentant *St Martin partageant son manteau avec le pauvre;* l'autre, est décorée dans le goût de la Renaissance. A l'intérieur cette église se compose de trois nefs; celle du milieu a été remplacée par une voûte dans le style greco-romain. Puis viennent l'église de *la Magdalena*, où se trouvent de curieux panneaux peints par *Berruguete;* celle de *San Marcos*, bâtie en forme de rotonde, où tous les styles d'architecture se trouvent mêlés dans la plus étrange confusion. Nous citerons encore : la paroisse de *San Benito*, avec son joli portail gothique ; un autre portail, gothique également, dans le style du commencement du XVIe siècle, qui décore l'entrée du Couvent de *las Dueñas*, et où l'on remarque, dans l'ornementation, des colonnettes qui affectent la forme des lances des anciens temps.

On visitera aussi l'église paroissiale de *Sancti Spiritus*, édifice du commencement du XVIe siècle, avec son joli portail dans le goût plateresque, que surmonte un bas-relief représentant *St Jacques combattant les Maures*, et dont l'ornementation se complète par des bustes, en bas-reliefs, des apôtres *St Pierre et St Paul*, qu'accompagnent des ornements finement sculptés : à l'intérieur, se trouvent diverses peintures remarquables, entre autres un *Saint Jérôme* de *Matsys* ; puis, un *Bon pasteur*, sculpté dans l'ivoire. Le chœur de l'église est curieusement lambrissé et surmonté d'une frise : les stalles en sont fort simples, mais élégantes. Nous mentionnerons aussi la jolie porte de l'église de *San Justo*, décorée dans le même style que celle que nous venons de décrire, et probablement aussi du même auteur.

A l'église de *Santa Cruz* on conserve : un devant-d'autel, formé de vingt et un charmants petits tableaux, encadrés dans des guirlandes de fleurs ; une *Dolorosa*, du peintre *Corral* ; une tête d'un *Christ couché*, et un *Nazaréen*, d'une grande valeur artistique.

Le couvent des *Augustins* possède de magnifiques tableaux de *Ribéra*, mais dans un état déplorable ; c'est : la *Conception* du maitre-autel, une *Vierge au Rosaire* et une *Adoration des Bergers*, dans le transept ; puis, un *Saint Augustin* et un *Saint Janvier*, placés au-dessus d'autres autels. Citons encore : une *Madeleine* de *Véronèse*, et une *Annonciation*, attribuée à *Lanfranc*.

Le *collège des Irlandais* est un bel édifice du XVIe siècle dont la façade, dans le style de la Renaissance, est percée d'un riche portail ; on y trouve une vaste et superbe cour, entourée d'une galerie à deux étages, œuvre de *Berruguete*, et un remarquable escalier. Une porte, richement décorée dans le goût de la Renaissance, donne accès à l'Eglise ; on y conserve neuf panneaux de *Berruguete*.

Nous mentionnerons aussi : le Couvent de la *Ordenanza*, ou du *troisième ordre de St François*, dont la porte, l'église, et l'escalier méritent l'attention du visiteur ; puis, le *Collège de Calatrava*, fondé sous Charles-Quint, en 1552, et reconstruit au XVIIIe siècle, avec sa belle façade et son curieux escalier à quatre paliers, d'une construction hardie ; et aussi l'édifice de *la Gobernacion*, où est installé le gouvernement de la province, et dont la Cour est remarquable.

Salamanque possède encore un curieux monument, nommé la *Torre del Clavero* ; c'est une tour octogone, décorée, au sommet et sur chacune de ses faces, d'une tourelle ronde, en forme de poivrière, ornée d'écussons, qui fut fondée vers 1480, par un chevalier de l'ordre d'Alcantara.

Parmi les nombreux et intéressants édifices particuliers que cette ville renferme, nous devons mentionner spécialement: la *Casa de la Salina*, ainsi nommée à cause des magasins de sel qu'on y a installés; c'est un bel édifice, de la fin du xve siècle, dont le *patio* intérieur et les riches et curieuses sculptures qui décorent sa galerie, sont à remarquer; puis, *la Casa de Monterey*, grandiose édifice de la première moitié du xvie siècle, du plus pur style de la Renaissance et dont la corniche, en forme de balustrade, offre de curieux enlacements d'hommes et d'animaux, sculptés en plein relief; la *Casa de las Muertes*, ou des assassinats, à laquelle la tradition a conservé cette lugubre désignation, à cause de certain drame sinistre dont elle fut jadis le théâtre, sans qu'on puisse aujourd'hui en préciser les circonstances: c'est un bel édifice, du commencement du xvie siècle, bâti par *Don Alfonso de Fonseca*, le même qui fit élever la *Casa de la Salina*, pour une dame de son intimité.

Nous mentionnerons enfin, la *Casa de Doña Maria la Braba*, décorée d'un joli portail. C'est dans cette maison que demeurait, au milieu du xve siècle, *Doña Maria de Monroy*, veuve de *Don Enrique Enriquez*, dont elle avait deux fils, amis de deux autres jeunes gens de la famille des *Manzanos*. Une querelle, survenue à la suite d'une partie de paume, mit les armes dans les mains de ces jeunes gens; dans la lutte qui s'en suivit, les deux *Monroy* succombèrent et leurs adversaires s'enfuirent en Portugal. La mère des malheureuses victimes, dissimulant sa haine et sa soif de vengeance, alla les chercher dans leur exil, et n'eut de repos que quand elle les eut mis tous deux à mort. De retour à *Salamanque*, elle étala, aux yeux des habitants saisis d'horreur, les têtes des jeunes *Manzanos*, qu'elle alla ensuite déposer sur la tombe de ses fils.

Ce tragique événement donna lieu à une guerre locale qui, pendant plus de quarante ans, ensanglanta le territoire de cette ville, et que l'histoire a enregistrée sous le nom de guerre de *los Bandos*, nom que porte encore la place où est située la maison des *Monroy*.

Ajoutons que, hors des murs de la ville, on trouve les ruines, fort intéressantes, de la *Escuela de la Vega;* on y remarque les restes d'un ancien cloître de style byzantin du xiie siècle, dont les chapiteaux sont richement décorés d'oiseaux, d'animaux et de figures diverses, sculptés dans les attitudes les plus étrangement fantastiques, et confondus au milieu d'enlacements du plus capricieux caractère.

VIIIE· RÉGION.

MANCHE ET ESTRÉMADURE.

Talavera.—Plasencia.—Coria.—Las Batuecas.
Yuste.— Trujillo.—Monastère de Guadalupe.
Caceres.— Alcántara.—Ciudad-Real.
Mérida.—Badajoz.

De **Madrid** à **Malpartida** et à **Caceres**. La ligne de chemin de fer, nommée **Ligne du Tage**, met en communication *Madrid* avec les populations situées le long de ce fleuve, et deviendra dans l'avenir, par son prolongement depuis **Malpartida** jusqu'en *Portugal*, le chemin le plus court entre *Lisbonne* et *Madrid*.

De la gare d'*Atocha*, à Madrid, commune aux lignes de *Saragosse*, d'*Alicante* et d'*Andalousie*, on atteint successivement les stations de **Villaverde, Leganés, Fuenlabrada, Humanes** et **Griñon**, sans que rien d'intéressant n'éveille l'attention du voyageur. **Illescas**, petite ville située sur la route royale de *Madrid* à *Tolède*, présente encore quelques traces d'anciennes constructions mauresques. Viennent ensuite: **Azaña, Villaluenga** et **Cabañas**, point de la ligne le plus rapproché de *Tolède*, et d'où part un omnibus qui conduit à cette capitale. Puis, après avoir dépassé les stations de **Bargas**, de **Villamiel**, de **Rielves**, on arrive à **Torrijos**: c'est une petite ville située dans une grande plaine, fort peu salubre, qui conserve des vestiges de ses anciennes murailles, et un ancien palais des comtes d'*Altamira*, défiguré aujourd'hui par les nombreux badigeons de chaux qui en recouvrent les décorations.

Santa Olalla, située dans une contrée fertile, **Erustes, Illan-Cebolla, Monte-Aragon**, viennent à la suite. Après avoir traversé l'*Alberche*, affluent du Tage, sur un pont de grandes dimensions, qui n'a rien d'exagéré les jours où le torrent grossit ses eaux, on arrive à **Talavera**, nommée de **la Reina**, parce qu'elle fut donnée par Alphonse XI, en douaire, à sa femme *Doña Maria*, fille du roi de Portugal. Cette ville est située dans une plaine arrosée par le Tage et fut, en 1809, le théâtre d'une bataille entre l'armée française et celles des Espagnols et des Anglais réunies, qui valut à Sir *Arthur Wellesley*, qui commandait ces derniers, le grade de capitaine général de l'armée espagnole, avec les titres de *lord* et de *vicomte Wellington de Talavera*.

Parmi les monuments de *Talavera*, qui sont sans importance artistique, nous ne citerons que l'église collégiale de *Sainte Marie*, construite dans le style ogival, et celle des *Dominicains*, qui renferme quelques tombeaux remarquables par leur exécution.

On atteint successivement les stations de **Calera**, d'**Alcañizo** et d'**Oropesa**: cette dernière ville est située sur une hauteur, entourée de murs, et dominée par un vieux château et le palais des comtes d'*Oropesa*.

Après **la Calzada de Oropesa**, située sur les confins de la province de *Tolède*, on atteint **Navalmoral de la Mata**, déjà située dans la province de *Cacerès*, l'une des deux provinces formées avec le territoire de l'ancienne Estrémadure, et enfin, **Casatejada** et **Malpartida**, *terminus* actuel de la *Ligne du Tage*, et dont les localités n'offrent aucun intérêt au touriste.

On a appelé cette province *Estrémadure* ou *Estrema-Duri*, parce que la rive gauche du *Duero* était, au temps des Arabes, l'extrême frontière des domaines chrétiens: elle comprenait alors les territoires compris entre *Soria* et le *Portugal*.

Plus tard, cette vaste région se réduisit à la partie occidentale du royaume de *Tolède*: c'est, actuellement encore, une province dont le tiers du territoire est en friche. Dans ses vastes *dehesas* ou pâturages, viennent paître, chaque hiver, les nombreux troupeaux de moutons nommés *trashumantes*, ou voyageurs, qui, fuyant les rigueurs du climat de la province de Léon, se réfugient alors dans les régions plus tempérées de l'Estrémadure. Les propriétaires de troupeaux jouissent, depuis des temps reculés, du droit de vaine pâture dans les *Cañadas*, sortes de larges voies en friche, habilement ménagées à travers les montagnes et les vallées, et qui conduisent du nord de l'Espagne au cœur de l'Estrémadure. Ces curieuses voies, respectées de tous temps par les propriétaires riverains, franchissent à gué les petits cours d'eau et vont rejoindre les ponts jetés sur les grandes rivières; les nombreux troupeaux qui les parcourent, trouvent ainsi, sur leur chemin, l'eau nécessaire et l'alimentation d'une herbe fine, qui croît spontanément et à laquelle doivent leur réputation les *mérinos* d'Espagne. Dès que la belle saison est revenue, les pasteurs, aussi nomades que les troupeaux qu'ils dirigent, les poussent devant eux de nouveau, lentement et à petites journées, et leur font regagner les frais pâturages de la province de Léon, où ils séjournent l'été.

De **Malpartida** on peut se rendre à **Plasencia**, la *Dulcis Plácida* des Romains, qui tire son nom de sa belle campagne et de son ciel toujours pur et serein. *Plasencia* est le siège d'un évêché; les rois de Castille et de Portugal y célébrèrent une entrevue en 1301, et Don Juan II vint la visiter en

1423. Le roi de Portugal s'en rendit maître en 1474, et quand il se maria avec *Doña Juana*, surnommée *la Beltraneja*, il y fut proclamé roi de Castille: les dispenses papales, nécessaires par suite de leur parenté, avaient seules empêché le mariage de se consommer. Sous le règne d'Isabelle la Catholique, il y eut des combats sanglants au sujet de la seigneurie de *Plasencia*. Ferdinand le Catholique y vint en 1515, étant malade, pour y célébrer une conférence avec *Adrien*, le fameux doyen de Louvain, que lui avait envoyé son gendre Philippe le Beau.

Plasencia conserve encore ses hautes murailles, sur lesquelles règne une belle promenade, et les nombreuses tours rondes dont la fortifia Alphonse VIII, ainsi que les ruines d'un vieux château. Parmi les monuments de la ville nous citerons: le palais du *marquis de Miravel*, décoré de colonnes et de statues et qui possède, à l'intérieur, un bel escalier; le *palais épiscopal*; puis, la *Cathédrale*, construite à la fin du XVe siècle et qui est restée inachevée. C'est un monument de style ogival moderne, de belles proportions, et dont la façade est ornée de bustes, et de sculptures délicatement exécutées. Des colonnes colossales soutiennent la voûte de la nef principale; le maître-autel, dans le style de *Churriguéra*, présente quatre grandes toiles dues au pinceau de *Francisco Rizi*. Appelons l'attention sur la grille qui ferme le chœur et sur le chœur lui-même, remarquable par des stalles sculptées dans le goût de la Renaissance. Cette Cathédrale possède trois orgues, quelques tombeaux intéressants, et des objets d'art de mérite. Le couvent de *Santo Domingo*, qui possède une jolie église et un bel escalier, et puis, un curieux aqueduc de cinquante-trois arches, méritent aussi d'être cités.

Plasencia revendique l'honneur d'être la patrie des ancêtres de *Christophe Colomb:* cette famille émigra à Gênes en Italie, à la suite des troubles dont le pays était alors le théâtre; sans cette circonstance, Christophe Colomb aurait probablement vu le jour dans cette ville.

Plasencia jouit d'une fertile et délicieuse vallée, qui commence à la ville même, et s'étend vers l'Est, sur une longueur de plusieurs lieues, entre deux chaînes de montagnes qui se détachent des cimes de *Gredos* et de *Béjar* et sont tellement élevées, que, de leur sommet, on découvre, dit-on, au loin, jusqu'aux plages de Cadiz.

Un autre territoire, non moins important, et qui se croise avec cette vallée, est ce qu'on nomme la *Vera de Plasencia*: des montagnes inaccessibles, couvertes de forêts et coupées de ruisseaux et de précipices, donnent, à cette région, la physionomie des Asturies, et forment un étrange contraste avec l'aspect général de la contrée.

Coria, qu'il faut visiter, est située près de la rivière *Alagon* et entourée de vieilles murailles; les Romains la nommaient *Caurium* du mot grec *Cayros*, qui veut dire en espagnol *bobo*, et en français *niais*, d'où le mot vulgaire de *bobo de Coria*, sans doute par allusion à la naïveté des anciens habitants de cette contrée, naïveté qui semblerait trouver son explication dans le voisinage du pays de *las Batuecas* et des *Hurdès*. Cette région constitue une véritable *Béotie espagnole*, dont nous dirons quelques mots tout à l'heure.

C'est en l'an 338, au temps de Constantin, que fut fondé, suivant les chroniques, le siège épiscopal de *Coria* qui subsiste encore aujourd'hui, quoique très rapproché de celui de *Plasencia*. La ville a été souvent prise et reprise par les Maures; elle leur fut arrachée, une fois entre autres, le 25 Février 1077, jour d'une éclipse totale de soleil en plein midi, la plus centrale dont on eut gardé le souvenir. Ce jour-là même, Alphonse VI y planta l'étendard de Castille; c'est à *Coria* qu'il se retira, peu après, à la suite d'une blessure que lui fit un coup de lance. A sa mort, *Coria* retomba au pouvoir des Arabes; reprise par Alphonse VII l'Empereur, et puis, par Alphonse VIII, celui-ci y rétablit le siège épiscopal et restaura la ville, que des guerres continuelles avaient presque détruite.

Les murailles de *Coria*, encore debout, affectent la forme d'un cercle duquel se détachent, par endroits, des tours crénelées, et un château remarquable par sa hauteur et sa solidité. La Cathédrale est un édifice d'architecture gothique et d'un intérieur vaste, quoique bâti à une seule nef; comme elle est enfouie de tous côtés, dans les constructions qui l'environnent, elle ne présente aucune façade extérieure. On y remarque les mausolées des évêques *Galarza* et *Jimenez de Préxamo*, de belles stalles de Chœur, sculptées dans le goût du xve siècle, et deux orgues. Derrière le Chœur se trouve la chapelle des Reliques, et trois autels qui laissent entre eux un grand espace, appelé *Campo de la Virgen*; cette église possède aussi un beau cloître, qui renferme une vaste cour, et où est située la Salle Capitulaire.

Dans le voisinage de *Plasencia* se trouve la vallée de **las Batuecas**, située dans les montagnes des *Hurdès*, à l'ouest de *Béjar*, dans la *Sierra de Gata*, sur les limites de la province de *Caceres* et de celle de *Salamanque*, et sur la frontière du Portugal.

Les *Hurdès* constituent une contrée sauvage et inculte, qui s'étend sur une longueur de 50 à 60 kilomètres de l'Est à l'Ouest, et de 34 du Nord au Sud; ce pays est essentiellement montagneux et les contreforts, de hauteur variée, présentent à l'œil une végétation très vigoureuse, mais complètement livrée à l'abandon.

Dans les parties les plus profondes de ce désert, habitent quelques milliers d'individus d'une race indolente et dégénérée, n'ayant que très peu de relations avec les gens des contrées voisines, et que quelques-uns d'entre eux ne vont visiter que pour mendier. Leurs demeures sont enfouies dans le sol: ce sont des cabanes ou plutôt des tanières creusées dans la montagne où vivent, pêle-mêle avec la famille, des porcs et quelques chèvres.

Des troncs d'arbre leur servent de meubles: un trou laisse échapper la fumée d'un foyer qui, seule, trahit à l'extérieur la présence d'êtres humains.

Ils vivent de pommes de terre, de fèves, de racines sauvages, de glands et de châtaignes. Les hommes se couvrent de peaux de bêtes; les femmes sont à peine vêtues de guenilles sordides, qu'elles ne raccomodent jamais; elles marchent pieds nus, ne peignent jamais leur chevelure et ne se lavent point. Cette race n'a aucune idée religieuse et vit sans magistrats, dans un état complet de sauvagerie; ignorants sur toutes choses, ces malheureux vivent dans l'immoralité la plus grande, commettant tous les crimes, sans en avoir conscience.

Un homme généreux s'était occupé de ce coin de pays nommé, à juste titre, *les Indes d'Espagne*: l'évêque du diocèse *Don Antonio Parras*. Il y avait fait construire des églises et jeter quelques ponts sur les torrents; mais, à sa mort, son œuvre de rédemption fut oubliée et abandonnée. Les bienfaits de la civilisation ne pénétreront dans cette contrée, malgré les grands éléments de vie et de prospérité qu'elle offre, malgré une végétation vigoureuse et des cours d'eau abondants, que lorsque une administration bienveillante se chargera et prendra à tâche de changer les mœurs, de modifier les coutumes, et d'améliorer la situation physique et morale des infortunés parias qui l'habitent encore.

On entre dans la vallée de *las Batuecas*, soit en passant par le village de *l'Alberca*, situé au Nord, soit en prenant un autre sentier, mais plus périlleux parce qu'il est bordé d'abimes, et qui pénètre dans la vallée du côté Sud, par le hameau appelé de *las Mestas*. Le chemin serpente à travers des gorges profondes, qu'entourent des rochers qui se dressent à pic comme des murailles, et au fond desquelles la lumière du soleil parvient à peine durant l'hiver. En suivant les sinuosités du chemin qui conduisent sur les crêtes rocheuses qui le bordent, on jouit fréquemment de points de vue pittoresques: rien d'imposant comme cette nature alpestre et sauvage, qui semble n'avoir jamais été foulée par le pied de l'homme. On ne s'attend guère à rencontrer là une croix de pierre: de ce point, la vue s'étend sur une vallée au fond de laquelle apparait, tout d'un coup, le monastère, autrefois célèbre, de *las Batuecas*, aujourd'hui encore debout. Depuis qu'il a été abandonné par les moines qui l'habitaient, les herbes, les plantes parasites et les ronces l'ont envahi de tous côtés, et c'est avec quelque peine qu'on parvient à se frayer un passage pour arriver à l'édifice.

Le monastère, aujourd'hui la propriété du duc d'Albe, appartenait à l'ordre des Carmes déchaussés: on l'appelait le *saint désert*; les moines qui l'habitaient, gardaient un silence absolu, parfaitement en rapport avec la morne solitude au milieu de laquelle ils vivaient.

Rien n'est imposant comme de voir, au milieu du spectacle grandiose de cette véritable Thébaïde, ce monastère dont la cloche est encore là, prête à appeler à la prière, où rien ne vient troubler le silence morne et sépulcral qui règne partout. On pénètre dans le cloitre; on visite les bâtiments dont les portes sont ouvertes et que personne ne garde; on monte jusqu'aux petits ermitages, perchés sur les rochers des environs ou creusés dans le tronc des arbres; tout cela est aujourd'hui abandonné. Les jardins, demeurés incultes, sont également silencieux; les oiseaux eux-mêmes semblent en avoir fui, avec le dernier des habitants!

A **Navalmoral de la Mata** on se trouve à proximité d'un autre monastère, d'une grande célébrité historique, celui de **Yuste**: c'est une excursion fort intéressante à faire, en raison du souvenir qui est resté attaché à ces lieux qui ont servi de retraite et de dernière demeure à l'Empereur *Charles-Quint*. On peut également s'y rendre de *Plasencia;* dans les deux cas, l'excursion doit forcément se faire à cheval.

En partant de **Navalmoral**, on franchit le *Tiétar* sur un bac, et on se dirige sur le village de **Jaraiz**, en laissant, sur la droite, la petite ville de **Jarandilla**, pour atteindre le hameau de **Quacos**, situé à deux kilomètres seulement de l'ancien couvent des Hiéronymites.

Le monastère, aujourd'hui en ruines, conserve encore intacte son église, ainsi que le palais qui fut la résidence de l'Empereur: les deux édifices sont aujourd'hui vides des meubles et des ornements qui les décoraient, et qui furent transportés à Valladolid après sa mort. Le corps de Charles-Quint fut à son tour transféré en 1574, à l'Escurial, quand ce monastère fut suffisamment avancé dans sa construction, pour que Philippe II put, lui aussi, et à l'exemple de son père, s'ensevelir vivant dans l'immense mausolée de granit qu'il faisait élever.

La retraite de l'Empereur à *Yuste* fut alors complétement abandonnée et, si elle est aujourd'hui encore debout, on le doit à la munificence de Mgr le duc de Montpensier, à qui revient l'honneur d'avoir sauvé d'une ruine totale, l'intéressant édifice où vint se réfugier, dans la solitude du cloître, celui qui, pendant quarante ans, avait occupé la scène du monde et possédé un empire plus vaste que celui de Charlemagne, et plus étendu que celui des Romains.

Le monastère de *Yuste* fut fondé, en 1402, dans une chaîne de montagnes de l'Estrémadure et près d'un petit cours d'eau dont il prit le nom, par quelques individus de *Plasencia* qui voulurent s'y retirer. En 1408 ils se soumirent au riche et puissant ordre de Saint Jérôme; protégés par *Don Garcia Alvarez de Toledo,* seigneur d'*Oropesa,* dont le château de *Jarandilla* était à deux lieues de *Yuste,* ils se virent bientôt assez riches pour reconstruire leur église et agrandir leur cloître, dont les restes, échappés à l'incendie, témoignent de l'élégance du style gréco-romain qui avait servi de règle à sa construction.

Charles-Quint était un fervent catholique: il entendait, d'habitude, plusieurs messes par jour et communiait aux principales fêtes de l'Eglise. Il se préparait aux grandes expéditions, par des retraites dans les cloîtres: c'est ainsi qu'il avait passé plusieurs jours au couvent de *Santa Engracia* à Saragosse, fait neuf fois, dans sa vie, le pèlerinage de *Montserrate,* près Barcelone. Il nourrissait depuis longtemps l'idée de se retirer complétement du monde: une première fois cette pensée lui était venue, après l'heureuse et brillante expédition de Tunis, en 1535, quand l'impératrice Isabelle, sa femme, vivait encore. Lors de la mort de cette dernière, en 1539, et pendant qu'on transportait ses restes à Grenade, auprès de ceux de Ferdinand, d'Isabelle, et de son père Philippe le Beau, il s'était également enfermé, durant plusieurs jours, au couvent hiéronymite de *la Sysla,* près de Tolède.

C'est dans cette circonstance, comme nous l'avons dit ailleurs, que le *marquis de Lombay, duc de Gandie,* et grand écuyer de l'Impératrice, désigné par Charles-Quint pour accompagner jusqu'à sa dernière demeure le cadavre de sa souveraine, ne pouvant la reconnaître, tant les traits de son beau visage avaient été défigurés par la mort, fut frappé de dégoût de la beauté et de la puissance humaine et résolut d'embrasser, lui aussi, la vie monastique.

Il devint le troisième général de la société de Jésus et fut béatifié plus tard, sous le nom de *saint François de Borja*, après avoir racheté, par une vie de piété, le souvenir odieux attaché à son nom de famille par le Pape Alexandre VI et César Borgia, ses parents. Ce saint personnage était venu à *Plasencia*, dans le voisinage de *Yuste*, pour y faire construire un collège, au moment où Charles-Quint était déjà retiré au monastère de *Yuste*; ils y eurent de fréquentes entrevues.

Dans cette disposition d'esprit, miné par les maladies qui l'avaient vieilli avant l'âge, car il avait, dans sa jeunesse, ressenti des attaques d'épilepsie et été atteint de la goutte dès l'âge de trente ans, accablé par la multitude des occupations, obligé de diriger personnellement le gouvernement de ses vastes Etats, on conçoit que *Charles-Quint* eut hâte de se décharger de ce lourd fardeau, dès qu'il put croire son fils Philippe, capable de lui succéder.

Le 25 Octobre 1555, il convoqua, à Bruxelles, les représentants des Etats de Flandres, les Sénateurs, les chevaliers de la Toison d'or, les nobles de l'Empire, les Princes et ambassadeurs: et, en leur présence, commença solennellement la cérémonie de l'Abdication, par la cession, au prince des Asturies *Don Philippe*, de la grande maîtrise de la Toison d'or.

Un banquet fut célébré; puis, l'Empereur, vêtu de deuil, portant le collier de la Toison d'or, appuyé d'une main sur un bâton, de l'autre, sur l'épaule de *Guillaume de Nassau*, passa à la Salle du Trône, suivi de tous les assistants, parmi lesquels se trouvaient les rois *Maximilien* de Bohême et *Don Philippe*, déjà roi de Naples, les reines *Marie de Hongrie* et *Eléonore de France*, ses sœurs.

Le président du Conseil des Flandres lut alors l'acte d'abdication, rédigé en latin, que l'Empereur mit en ses mains et par lequel il cédait, à son fils Philippe, le comté de Flandres et le duché de Bourgogne. Charles-Quint, se levant à son tour, et appuyé sur le prince d'Orange, raconta à l'assistance tout ce qui lui était arrivé depuis son enfance et déclara, au milieu de l'émotion générale, que ses forces étant épuisées par les maladies et les travaux, il désirait déposer le fardeau de son vaste empire sur les épaules de son fils, qui, quoique jeune encore, était déjà rompu à l'art difficile du gouvernement des peuples.

Le 16 Janvier suivant, en 1556, Charles-Quint réunit les grands d'Espagne et, avec la même solennité, il renonça, en faveur de Philippe, les royaumes d'Espagne, ses îles, les domaines d'Amérique et toutes ses possessions héritées ou conquises. Il ne lui restait plus que le sceptre et la couronne de l'Empire, qu'il avait hâte de déposer de la même manière, mais qu'il ne put envoyer à son frère *Ferdinand* que plus tard, en Mars 1558, quand il était déjà retiré à *Yuste* depuis plusieurs mois.

La nouvelle de l'abdication de *Charles-Quint* eut un grand retentissement dans le monde: quand le pape Paul IV apprit cette nouvelle, il considéra *Charles-*

Quint comme ayant perdu l'esprit et le déclara atteint de la même folie que sa mère. L'Empereur partit enfin, le 8 Août 1556, de Bruxelles, après avoir fait de tendres adieux à sa fille, la reine de Bohême, et à son gendre Maximilien; Philippe II l'accompagna jusqu'à Gand, où ils se séparèrent pour toujours: puis, suivi de ses deux sœurs, les reines *Éléonore* et *Marie*, il sortit du port de *Rammekens* le 17 Septembre, et vint débarquer le 28, dans le port de *Laredo*, où rien n'était disposé pour le recevoir, malgré ses recommandations et celles de Philippe.

Aux environs de Valladolid son petit-fils, l'infant *Don Carlos*, dont la fin fut si tragique, vint à sa rencontre.

Après quelques jours de repos dans cette ville, l'Empereur prit congé de ses sœurs et de sa fille *Doña Juana*, qui gouvernait l'Espagne au nom de son frère Philippe. Il se mit en route pour *Yuste*, où il avait fait construire, dès le mois de Juin 1553, un édifice contigu au monastère, mais séparé toutefois du cloître, de façon qu'il eut le libre usage de l'église et, quand cela lui conviendrait, la compagnie des moines: il conservait ainsi son indépendance et respectait la leur.

Il arriva à *Jarandilla*, où il s'établit dans le beau château du comte d'*Oropesa*, et y demeura près de trois mois, jusqu'à ce que tout fut prêt à *Yuste* pour le recevoir.

Le 3 Février 1557 il alla enfin s'enfermer dans son habitation, située au midi du monastère, et à l'étage supérieur, auquel on monte au moyen d'une rampe douce, sans degrés, et qui débouche sur une terrasse couverte: c'était le lieu favori des promenades de l'Empereur, et il aimait à s'y asseoir avant le coucher du soleil; de là il pouvait également descendre sans fatigue dans le jardin. Dans sa chambre, qui est contiguë à l'église, s'ouvre une porte-fenêtre, placée au niveau du maitre-autel, par laquelle il pouvait passer à l'église, ou voir de son lit, lorsqu'il était malade, le prêtre officiant à l'autel. Son cabinet était situé en plein midi, avec une belle vue sur le jardin, sur les forêts voisines, sur la belle *Vera* ou vallée de *Plasencia*, et jusque sur les cimes lointaines de *la Sierra de Guadalupe*.

Charles-Quint ne menait pas à *Yuste*, tant s'en faut, la vie rigide du cloître: un personnel de cinquante serviteurs de tous rangs et d'offices divers, logé à *Yuste* et au village voisin de *Quacos*, était chargé de son entretien.

Ses appartements étaient décorés avec luxe, et ornés d'œuvres d'art: le fameux tableau de *la Gloire*, d'après *le Titien*, actuellement au Musée du Prado à Madrid sous le numéro 462, y figurait parmi d'autres œuvres de mérite; une copie est venue prendre la place même que l'original occupait au chevet du lit de l'Empereur. On y avait disposé encore des tapisseries, et apporté des reliquaires et maints autres objets. Le célèbre mécanicien de Crémone, *Giovanni Torriano*, connu en Espagne sous le nom de *Juanelo*, était près de lui, car il s'intéressait beaucoup aux ingénieux appareils et aux horloges que l'artiste inventait. Son confesseur *Juan Regla*, son fidèle valet de chambre *Quijada*, son médecin *Mathys*, lui tenaient compagnie; il y recevait fréquemment la visite d'ambassadeurs et de personnages importants; enfin, une correspondance suivie, sur les affaires de l'Etat, avec son fils et sa famille, l'occupait presque toujours; mais, en somme, la vie sédentaire qu'il menait lui fut fatale. Ne sachant pas modérer ses appétits, il mangeait plusieurs fois par jour, beaucoup à la fois, et des aliments fortement épicés. La conformation défectueuse de sa mâchoire inférieure, qui dépassait de beaucoup la mâchoire supérieure, ne lui permettait pas de broyer convenablement ses aliments, de sorte que les attaques de goutte devinrent, chaque jour, plus fréquentes et plus graves, et amenèrent rapidement la mort.

Quoique retiré à *Yuste*, Charles-Quint dut continuer à s'occuper des affaires de l'Empire: il prodigua des conseils à son fils, engagé, dès les débuts de son règne, dans les guerres de France et d'Italie. Il se préoccupa surtout des suites de la bataille de *St Quentin*, et quand on lui en donna la nouvelle, il faisait le compte que son fils devait être en marche sur Paris; aussi se montra-t-il fort mécontent quand il sut, que Philippe II n'avait même pas paru sur le champ de bataille; il fut aussi extrêmement sensible à la perte de *Calais*, dont le duc de Guise s'empara. Quand survinrent les complications qui se présentèrent dans les premiers temps du règne de son fils, il fut sollicité vivement, mais toujours en vain, à reprendre la direction de la monarchie espagnole.

Durant son séjour à *Yuste* il fit venir près de lui, à *Quacos*, le jeune *Don Juan d'Autriche*, que Charles-Quint avait eu, en 1545, d'une jeune et belle fille de Ratisbonne, nommée *Barbe Blomberg*, et qu'il faisait élever secrètement sous le nom de *Gerónimo:* il passait pour le fils de *Quijada*, majordome de l'Empereur. Le secret de sa naissance n'était connu que du roi Philippe II, et d'un très petit nombre de personnes.

Les rudes paysans de *Quacos* et des environs ne montraient guère de respect pour le puissant cénobite, qui vivait dans leur voisinage, ni pour le jeune *Gerónimo*: l'on raconte même qu'un jour ils firent descendre, à coups de pierres, d'un arbre dont il cueillait les fruits, celui qui fut plus tard le vainqueur des Maures et des Turcs, le héros des *Alpujarras*, de *Tunis* et de *Lépante*.

On a prétendu longtemps que Charles-Quint avait, quelques jours avant sa mort, fait célébrer ses propres funérailles: on avait été jusqu'à raconter qu'il y avait assisté, couché dans une bière, et que cette imposante cérémonie avait hâté la crise qui devait occasionner sa mort.

Mr Mignet, le savant auteur du livre sur Charles-Quint, auquel nous empruntons la plupart de ces faits, et auquel nous renvoyons le lecteur qui voudra étudier à fond l'histoire des événements qui précédèrent et accompagnèrent l'entrée de Charles Quint au monastère de Yuste, a clairement démontré que c'était là un pur récit, inventé par les moines hiéronymites.

En effet, cette cérémonie, contraire aux règles de l'Eglise, eut constitué une sorte de profanation; l'Empereur était malade et retenu au lit, le jour assigné à cette singulière cérémonie, par les moines auteurs du récit et, par conséquent, incapable d'y assister; d'ailleurs ses serviteurs les plus intimes, qui ont relaté, jour par jour et tout au long, les moindres incidents de son séjour à *Yuste*, sont complètement muets sur un événement aussi important que singulier.

Charles-Quint succomba à un accès de sa terrible maladie le 21 Septembre 1558, précédé, dans la tombe, par la reine *Eléonore* de France, morte près de *Mérida* le 18 Février de cette même année, et suivi, à vingt-sept jours de distance, par la reine de Hongrie, son autre sœur, morte le 18 Octobre.

Le cadavre de *Charles-Quint* fut renfermé, sans être embaumé, dans un cercueil de plomb et placé dans un coffre en bois, que l'on conserve encore à *Yuste;* puis, déposé sous le maître-autel. Le 4 Février 1574 ses restes furent transférés à *l'Escurial*, où ils occupent le premier rang, du côté gauche, du Panthéon des Rois.

Ferdinand VII eut la curiosité de voir le cadavre et, il y a quelques années, le public fut également admis à le contempler. Le corps, quoique non embaumé, est assez bien conservé: le visage surtout, est encore facilement reconnaissable à l'angle proéminent du menton, si caractéristique dans la grande figure de l'Empereur-roi.

Près de *Navalmoral*, et sur la route qui conduit de *Madrid* à *Lisbonne* par *Trujillo* et *Badajoz*, on rencontre, à quelques kilomètres d'**Almaraz**, un magnifique pont à deux arches, de cent mètres de longueur et de cinquante et un de hauteur: il fut jeté, au temps de Charles-Quint, sur le Tage, et est d'une solidité de construction et d'une correction de lignes, comparables à celles des meilleurs ouvrages de ce genre laissés par les Romains. L'une des deux arches, de trente-sept mètres d'ouverture, et sous laquelle coule le Tage, vient s'appuyer d'un côté sur les rochers qui bordent le fleuve et, au centre du pont, sur une pile qui forme una place circulaire, et qui est décorée des armes de la ville de *Plasencia*, où vient également reposer la deuxième arche, qui est de moindre élévation. Coupé durant la guerre de l'Indépendance, il fut réparé, il y a quelques années, sous la direction d'un prêtre nommé *el Padre Ibañez*, qui se chargea de démentir ainsi la croyance populaire, qui prétendait que, *ce pont une fois tombé, nul ne saurait le relever.*

Un autre bel ouvrage encore, nommé le *pont du Cardinal*, également jeté sur le Tage, se trouve plus en aval de celui d'*Almaraz.*

Après avoir franchi le Tage, et en suivant la route royale, on rencontre la petite ville de **Jaraicejo,** que domine une vieille tour mauresque; après avoir traversé, sur un autre pont, le *rio Almonte*, on gravit le défilé ou *Puerto de Miravete*, pour atteindre, peu après, **Trujillo.**

Trujillo est une très ancienne ville, située au sommet d'une colline, que couronne un vieux château et une ancienne tour attribuée à Jules César, d'où son nom de *Turris Julia* dont les Arabes, qui estimaient également la position stratégique qu'elle offrait, ont fait son nom actuel de *Trujillo.* Elle fut conquise une première fois en 1184, par Alphonse VIII de Castille, mais ce roi ne put la garder; elle ne fut définitivement arrachée aux Arabes qu'en 1233. Plus tard, le connétable *Don Alvaro de Luna* vint, avec *Don Pedro*, y assiéger l'infant *Don Enrique.*

Trujillo est divisée en trois quartiers: le château, situé dans la partie la plus élevée; la vieille ville qu'entourent encore des murailles flanquées de hautes tours, munies de sarbacanes et de meurtrières, et qui était le quartier de la noblesse; et enfin, la ville neuve, qui s'étend dans la partie basse.

Parmi les monuments de cette ville nous citerons, sur la place principale, qui forme un carré régulier entouré de portiques, les palais du *marquis de la Conquista* et du duc de *San Carlos*; l'église de *Santiago*, qui possède un retable gothique, et l'église de *Santa Maria la Mayor*, d'architecture de style ogival: c'est là qu'est enterré le fameux *Diego Garcia de Paredes*, qui mérita le surnom de *Samson d'Estrémadure*. Né à *Trujillo* en 1466, il était d'une taille gigantesque et d'une force telle, qu'il arrêtait, dit-on, d'une seule main, la roue d'un moulin lancée à toute volée. On raconte qu'il souffrait chaque jour d'une sorte de fièvre, semblable à celle du lion, et que, dans les moments d'accès, il mettait en miettes tout ce qui se trouvait à sa portée. Une étroite amitié le lia avec *Gonzalve de Cordoue* et il prit part, avec le grand Capitaine, à la prise de Grenade. Le roi Ferdinand V d'Aragon l'avait récompensé de ses exploits, en l'armant chevalier de sa main. En Italie, où il était passé, il s'empara de *Fiascone*, en brisant de ses mains les chaînes et verrous d'une des portes de la ville. Désigné par le grand Capitaine pour aller au secours des Vénitiens, qui assiégeaient *Céphalonie* occupée par les Turcs, ceux-ci s'emparèrent de lui par ruse et l'enfermèrent dans une tour chargé de fers; mais, au moment où les assiégeants montèrent à l'assaut, il brisa ses chaînes, s'empara des armes de la sentinelle qui le gardait, et courut au secours des siens. A la bataille du pont du *Garigliano*, près de Gaëte, en 1503, aidé par quelques soldats, il mit hors de combat plus de quatre cents hommes. Charles-Quint le fit chevalier de l'éperon d'or à la bataille de Pavie; il mourut à Bologne, en 1530, d'une chute de cheval. Ajoutons encore, qu'au Musée de la *Real Armeria* à Madrid, on conserve une demi-armure qui lui est attribuée.

Trujillo a également donné le jour à *Francisco Pizarro*, capitaine fameux qui, à la tête d'une poignée d'aventuriers, entreprit et fit la conquête du Pérou. Né vers 1480, *Francisco Pizarro* était fils naturel de *Gonzalo Pizarro*: il s'en fut au Nouveau-Monde, à la recherche d'aventures, en qualité d'officier subalterne du célèbre marin *Vasco Nuñez de Balboa*. Là, il conçut le projet d'entreprendre la conquête de l'empire péruvien, l'un des plus vastes et des plus riches pays du globe. Le 14 Novembre 1525, il partit du port de *Panama*, à la tête d'une armée de *cent quatorze hommes*; mais il fut abandonné dans l'île *del Gallo*, par presque tous ses soldats; treize compagnons lui restèrent seuls fidèles et souffrirent, avec lui, les horreurs d'une faim épouvantable.

Cependant son compagnon d'aventures et associé, *Diego de Almagro*, réussit à le rejoindre, après mille peines et fatigues, avec un renfort de quatre-vingts hommes: au bout de vingt jours de navigation, ils découvrirent enfin les riches côtes du *Pérou*. *Pizarro* envoya une ambassade à l'*Inca Atahualpa*, souverain du pays, en lui intimant l'ordre de se déclarer vassal du roi d'Espagne. *Atahualpa*, qui venait d'usurper le trône de son frère *Huascar* qu'il avait fait prisonnier, reçut fort mal l'ambassade et marcha aussitôt avec une armée de quarante mille hommes contre la faible troupe des aventuriers espagnols. *Pizarro*, qui n'avait que soixante hommes, n'hésita cependant pas à attaquer l'*Inca*.

Avant de commencer le combat, il s'avança audacieusement, accompagné d'un missionnaire nommé *Fray Francisco Valverde*, jusqu'à la litière dans laquelle des esclaves portaient le roi, et le somma de nouveau de se soumettre au roi de Castille. Le missionnaire avait à la main les Evangiles; l'*Inca* prit le livre saint, le jeta à terre et donna ainsi le signal de la bataille. *Pizarro* la gagna à grand'peine: en ce point on peut en croire aisément la légende. *Atahualpa* fut fait prisonnier et, peu après, mis à mort.

Pizarro était doué d'un caractère affable, magnanime et même généreux, mais il s'est montré souvent despotique et cruel, sans doute en raison des circonstances difficiles et vraiment extraordinaires, dans lesquelles il s'est trouvé. *Diego de Almagro*, son ancien ami et compagnon, jaloux de sa puissance et de sa renommée, devint son rival; il lui suscita de continuelles difficultés, et se fit l'âme de nombreuses conspirations contre sa personne et son autorité. *Pizarro* lui avait déjà pardonné à plusieurs reprises: mais, quand son frère *Ferdinand* eut fait de nouveau *Almagro* prisonnier au *Cuzco*, il ne sut pas être magnanime jusqu'au bout: il donna l'ordre de l'étrangler, sans pitié pour l'âge avancé de son compagnon, qui avait alors 75 ans, et sans égards pour leur amitié des anciens temps. Les partisans d'*Almagro*, commandés par *Juan Rodas*, vengèrent leur chef en attaquant le Conquérant dans l'église même de Lima: *Pizarro* s'y défendit vaillamment, en donnant la mort à quatre de ses assassins; mais les autres finirent par l'atteindre et l'achevèrent en s'enfuyant. Ils revinrent toutefois, peu après, chercher le cadavre de *Pizarro* pour le traîner dans les rues de la capitale: mais il avait disparu; un prêtre lui avait donné la sépulture à l'endroit même où il était tombé. Ainsi finit misérablement, à l'âge de 61 ans, dix années après la conquête du Pérou, cet audacieux aventurier qui avait acquis à la couronne de Castille, à la tête de moins de cent hommes, un des plus riches royaumes du nouvel empire d'outre-mer.

A l'Est de Trujillo, se trouve le fameux monastère de **Guadalupe**. En 1366 un vacher de *Caceres*, nommé *Gil*, trouva, dans ces parages et aux bords du Guadalupe, une image de la Vierge que St *Léandre* avait rapportée de Rome, et qui avait été enfouie à cet endroit, lors de l'invasion des Arabes. Alphonse XI y fonda une chapelle et une ville; *Gil, le vacher*, reçut le titre de *Don Gil de Santa Maria de Albornóz*. En 1389, sous le règne de Jean Ier, le sanctuaire fut érigé en monastère et remis aux moines hiéronymites de *Lupiana*. L'église est à trois nefs, et possède une sacristie qui passe pour l'une des plus belles d'Espagne. La chapelle, ou *Camarin de la Vierge*, est décorée de belles peintures de *Zurbaran* et de *Giordano*, et de huit statues représentant *les Vertus*. La chapelle *des Reliques* est de forme elliptique; on remarque encore, dans l'église, une belle coupole, la grille qui ferme le maître-autel et la Salle du Chapitre.

Cette église renferme, parmi un grand nombre d'autres, les tombeaux du roi Henri IV de Castille, et de sa mère *Doña Ma-*

ria, tous deux décorés de leurs statues agenouillées et dans l'attitude de la prière.

Le sanctuaire de *Guadalupe* était, autrefois, l'objet d'un culte général en Espagne. Il fut visité fréquemment par des rois et de grands personnages: les Rois Catholiques y vinrent souvent; Charles-Quint, l'Impératrice Isabelle sa femme, et Philippe II, y célébrèrent, en 1557, des conférences avec *Don Sebastian*, roi de Portugal. De nombreux pèlerins affluaient de toutes parts et étaient logés dans *l'Hospederia*. Bâtie avec le produit des biens confisqués à quelques habitants de *Guadalupe* brûlés comme hérétiques, cette hôtellerie recevait gratuitement, à sa table, tous ceux qui se présentaient; ajoutons que la table était mise six ou sept fois par jour. Plus tard, on construisit, sur l'emplacement même, un palais. Le monastère, aujourd'hui abandonné, était alors, en raison de sa richesse et de sa magnificence, appelé *l'Escurial d'Estrémadure*: il avait la grandeur d'une ville en étendue, et offrait la sécurité d'une citadelle, en raison de ses fortifications. Les moines hiéronymites y gardaient un trésor considérable, renfermé dans une tour, et leurs possessions étaient immenses. L'église est aujourd'hui la paroisse du village.

Non loin de *Guadalupe*, se trouve la petite ville de **Logrosan**, aujourd'hui célèbre par ses fameux gisements de phosphate de chaux, ou *fosforita*.

Une belle route conduit de **Trujillo** au chef-lieu de la province qui est **Caceres**. Construite sur une chaîne de montagnes, *Caceres* se divise en deux parties: la *vieille ville* au haut de la colline, qui conserve encore ses vieilles murailles, et la *ville neuve* qui s'étale à ses pieds. C'est l'ancienne *Castra-Cecilia* des Romains, nom qui lui a été donné parce qu'elle fut rebâtie par le consul *Cæcilius Metellus*. Alphonse VII l'Empereur, la conquit en l'an 1142: c'est dans cette ville que fut fondé alors l'ordre de Santiago, qui, dans les premiers temps, s'appelait *la Congregacion de Caceres*, et ses membres portaient le nom de *Fratres de Caceres*. Les Maures s'en emparèrent de nouveau; elle fut restaurée, en 1184, par le roi Ferdinand II de Léon et, en 1225, par Alphonse IX.

Des galeries font, comme presque partout en Espagne, le tour de la place *de la Constitucion*; on y remarque encore beaucoup de vieilles constructions, parmi lesquelles nous citerons: la *Casa de los Carbajales*, où est situé aujourd'hui le gouvernement de la province; l'ancien *Alcazar*, au sommet de la ville, et que l'on nomme la *Casa de las Veletas; la Casa de los Golfines*, décorée sur sa façade d'une curieuse mosaïque; celle du *comte de Torre Mayorazgo*, dont le *patio* est orné d'une statue antique de Diane, en marbre blanc. Dans beaucoup d'autres maisons, on trouve encore des inscriptions et des statues d'origine romaine. On remarque aussi, dans le haut de la ville, un curieux arc nommé *Arco de la Estrella*, fort solidement construit, ouvert dans les deux sens, et donnant passage à quatre rues.

L'église paroissiale de *Santa Maria*, de style ogival, est bâtie à trois nefs; elle fut reconstruite en 1556. On y trouve un beau retable, en bois de cèdre, qui n'a pas été doré: il représente les principaux événements de *la vie de Jésus* et est orné des statues des Apôtres, des Evangélistes et des Docteurs de l'Eglise. C'est dans l'église de *Santiago*, que fut fondé le premier couvent de l'ordre militaire de ce nom, en 1171, par son premier grand-maître *Don Pedro Fernandez de Fuente Encalada*.

Le couvent de *Santo Domingo*, bâti au xvie siècle, est aujourd'hui transformé en hôpital, et celui de *San Francisco*, situé hors ville, en caserne.

Caceres possède aussi une jolie place de taureaux. Ajoutons enfin, que, tout près de la ville, s'élève le sanctuaire de *Nuestra Señora de la Montaña* et, qu'en face, se dresse la montagne du *Calvaire*, où, il n'y a pas bien longtemps encore, ainsi que cela se pratiquait d'ailleurs dans diverses villes du Portugal, on représentait au naturel, durant la Semaine sainte, la scène du Golgotha. Une confrérie de pénitents se partageait les différents rôles et l'on exécutait alors, toutes *les scènes de la Passion du Christ*, depuis *l'Arrestation de Jésus* jusqu'à son *Crucifiement* et *la Mise au tombeau*. Celui qui jouait le rôle du Seigneur était attaché à la croix, que l'on dressait au sommet du Calvaire, entre *le bon* et *le mauvais larron*. Au moment solennel, et quand le Sacrifice était censément consommé, l'on voyait s'avancer, au milieu des huées et des sifflets de la multitude, un individu costumé en cavalier romain, monté sur un cheval blanc et armé d'une lance: il venait faire le simulacre de percer d'un coup de lance le flanc du Sauveur, pour s'assurer qu'il était bien mort. Le rôle de ce cavalier était regardé comme tellement ignominieux que celui qui le remplissait, n'osait pas se présenter, sans avoir la figure masquée, et souvent il a fallu payer, à prix d'argent, l'acteur qui consentait à le jouer. Il est à remarquer que presque toutes les villes et les villages d'Espagne possèdent, hors des murs, et sur la colline la plus rapprochée, ce que l'on nomme le *Calvaire*, ou *chemin de la Croix:* c'est là que, pendant la Semaine sainte, se font les stations de la Croix, et qu'on célébrait, anciennement, sans doute des scènes semblables, proscrites aujourd'hui, en raison des épisodes peu édifiants auxquels ces mascarades donnaient lieu.

Une belle route a été nouvellement construite pour le transport des minerais de phosphate de chaux, que l'on embarque sur le Tage; elle conduit, de **Caceres**, par **Arroyo del Puerco** et **Brozas**, à **Alcantara**, située sur la rive gauche du fleuve. Une belle voie romaine, attribuée à *Trajan*, et nommée *la Calzada de la Plata* ou la chaussée de l'Argent, réunissait autrefois les deux points; on en rencontre encore, cà et là, d'importants vestiges, tels que de larges dalles, dont elle était pavée, des pierres milliaires et des inscriptions. Cette voie pénétrait hardiment à travers les montagnes les plus inaccessibles, et traversait les rivières sur des ponts d'une construction somptueuse.

C'est ainsi que l'on trouve à *Alcantara*, mot arabe qui signifie *le Pont*, un des plus beaux ouvrages de ce genre que nous aient légué les Romains. Ce pont magnifique et gigantesque, formé de six arches, mesure près de 190 mètres en longueur et près de 60 mètres de hauteur; sur 8 de largeur; il est construit en blocs de granit et ses assises ne sont pas cimentées. A la tête du pont se trouve un cu--

rieux petit temple romain, complétement intact, qui conserve, encore aujourd'hui, l'autel en pierre destiné aux sacrifices et une inscription, soigneusement transcrite sur le marbre, qui rappelle que cette œuvre superbe, dédiée à l'empereur *Trajan*, par l'architecte *Caius Julius Lacer*, dont le nom nous est ainsi resté, fut commencée en l'an 98 de notre ère et terminée, six ans après, avec le concours des dix municipes de la Lusitanie. Ce pont, qui, d'après l'inscription de l'architecte, doit durer autant que le monde, était resté intact jusqu'en 1213. Les Maures, poursuivis par Alphonse IX de Léon, coupèrent alors la plus petite arche. Charles-Quint la reconstruisit en 1543. Les Portugais en 1707, et les Espagnols en 1810, durant la guerre de l'Indépendance, le coupèrent de nouveau. Aujourd'hui, ce magnifique pont a été rétabli dans toute sa majestueuse grandeur, grâce à la munificence du gouvernement de la Reine Isabelle et à l'habile direction de l'ingénieur *Don Alejandro Millan*: la tour de treize mètres de hauteur, qui en occupait le centre, a été remplacée par un bel arc de triomphe, en l'honneur de l'empereur Trajan.

On trouve encore, autour d'*Alcantara*, des ruines et des vestiges d'anciennes villes romaines, des fragments de temples et de tombeaux. Alphonse VIII de Castille enleva *Alcantara* aux Arabes en 1214, et en fit don à l'ordre de *Calatrava*. Des contestations s'étant élevées, à cette occasion, entre le maître de l'ordre de *San Julian del Pereiro* et celui de l'ordre de *Calatrava*, Alphonse VIII décida qu'*Alcantara* serait livrée au premier, mais que lui et ses successeurs, demeureraient soumis à l'ordre de *Calatrava*; c'est alors que l'ordre *del Pereiro* prit le nom d'*Alcantara* et fonda, dans cette ville, son principal couvent. Vingt-sept grands-maîtres se sont succédé jusqu'en 1495, époque à laquelle cette dignité fut absorbée par les Rois Catholiques.

Ajoutons enfin, que c'est à *Alcantara* qu'Isabelle la Catholique et la duchesse Doña Béatrix célébrèrent, en 1479, une entrevue, à la suite de laquelle les prétentions respectives des rois de Castille et de Portugal, et celles de *Doña Juana*, surnommée *la Beltraneja*, furent définitivement réglées.

Alcantara est encore entourée de murailles et conserve les ruines de son ancien château, demeure primitive de ses chevaliers. Les deux paroisses, *la Antigua de San Pedro de Alcántara* et *Nuestra Señora de Almocobar*, se partagent les fidèles de la ville d'une curieuse façon: tous ceux qui entrent dans la cité par le pont, appartiennent à la première, et ceux qui y pénètrent de tous les autres côtés, font partie de la paroisse de *Almocobar*.

L'église de N*ra* S*ra* *de Almocobar* a été bâtie au XIIIe siècle dans le style gothique: on y remarque la curieuse épitaphe suivante: «Ci-gît Maître Frey Martiamus, celui qui, pour la moindre des choses, avait la peur dans le cœur »

Le couvent de *San Benito*, ou la maison des *Caballeros*, est l'édifice principal d'*Alcantara*: bâti en entier en pierres de taille, au temps des Rois Catholiques, on trouve, à l'intérieur, construit à trois nefs, ainsi que dans le cloitre attenant, un grand nombre de sépultures de commandeurs et de chevaliers de l'ordre. Des tourelles garnissent deux des angles du couvent et sont décorées de l'écusson royal; l'une d'elles porte le nom de prison de Charles-Quint. Cet édifice est aujourd'hui en ruines: on y voit aussi le Sarcophage de *Don Frey Antonio de Xerez*, commandeur de *Piedra-Buena*: il est placé dans la chapelle qui porte son nom.

Citons encore, parmi les autres monuments d'*Alcantara*, les palais du marquis de *Torre-Orgaz*, du comte de *Camilleros*, et la belle façade de la caserne des vétérans.

Une route conduit de **Caceres** à **Mérida**, située sur la voie ferrée de *Madrid* à *Badajoz*, par *Ciudad-Real*.

De Madrid à Ciudad-Real.

Une ligne de chemin de fer, nouvellement construite, est venue, tout récemment, mettre **Ciudad-Real** en communication directe avec **Madrid** et, par suite, avec **Mérida, Badajoz** et **Lisbonne**.

Une gare spéciale, située sur la promenade de *las Delicias*, à Madrid, dessert cette ligne; elle vient même de se charger du service des voyageurs entre **Madrid** et **Tolède**.

Au départ de *Madrid*, on rencontre successivement les stations de **Getafe, Parla, Torrejon de Velasco, Yeles y Esquivias, Pantoja, Alameda** et **Algodor**, où cette nouvelle ligne vient croiser l'embranchement qui conduit à **Tolède**. (Voir Tolède page 59).

Après **Algodor**, viennent successivement les stations de **Almonacid, Mascarrasque**, avec un château de construction mauresque qui appartenait à Juan de Padilla et est aujourd'hui au duc d'Abrantès; puis **Mora**, où l'on fabrique des savons renommés et aux environs de laquelle on voit encore un château, aujourd'hui en ruines, qui servit longtemps de prison d'Etat.

A **Manzaneque**, on a laissé, sur la droite, la petite ville d'**Orgaz**, avec son ancien château de la famille des comtes d'Orgaz, de laquelle est issue *Chimène*, la femme du *Cid*. *Orgaz* possède une église surmontée d'une belle tour, mais qui n'offre rien de remarquable à l'intérieur. C'est aux environs d'*Orgaz*, que se trouvent les fameuses carrières de granit bleu et blanc, d'où l'architecte *Juanelo*, fameux au temps de Charles-Quint, tira les célèbres monolithes qu'on voit dans la ville, et qu'on nomme *los Postes de Juanelo*; ils devaient, paraît-il, être transportés à *Aranjuez*, pour l'édification d'un somptueux palais: les monolithes, déjà extraits de la carrière, sont restés là, sans emploi, et à courte distance l'un de l'autre.

On atteint la station de **Yévenes**, où l'on récolte du miel en abondance; puis celles de **Urda**, de **Emperador**, de **Malagon**, dont les maisons sont construites en pisé, et où l'on voit les ruines d'un vieux château; puis, **Fernan-Caballero**, située au milieu d'une grande plaine et dont l'église, incendiée par les Carlistes, a conservé dans ses cloches, les traces de leurs balles; et enfin, **Ciudad-Real**.

Un embranchement de voie ferrée réunit cette ville au chemin de fer de *Madrid* à *Cordoue*, qu'elle atteint à la station de **Manzanarès**, en passant successivement par **Miguelturra, Almagro**, où l'on fabrique des blondes et des dentelles assez estimées, et **Daimiel**, située au centre de la fertile plaine appelée *el Campo* *de Calatrava*, dont le domaine appartenait aux chevaliers de ce nom et qui passa, lors de la suppression de l'Ordre, au Domaine de la Couronne avec le reste de ses immenses possessions.

Ciudad-Real, chef-lieu de la province de ce nom, fut fondée, en 1262, par le roi Alphonse le Sage qui, passant par là, trouva l'endroit à son goût et résolut d'y bâtir une grande ville: avec son épée il traça, lui-même, les lignes de l'enceinte actuelle. En 1273, il concéda à la ville le titre de *Villa-Real* qui fut changé, en 1420, par Don Juan II, en celui de *Ciudad-Real* qu'elle porte aujourd'hui; ce roi se trouvait dans cette ville en 1431, quand survint un terrible tremblement de terre. Isabelle la Catholique y établit le Tribunal de l'Inquisition et la Chancellerie royale, pour récompenser les habitants d'avoir embrassé son parti contre *la Beltraneja;* ces institutions furent transférées, plus tard, à *Tolède* et à *Grenade*.

Les murailles qui entourent la ville lui donnent un assez bon aspect: la porte d'entrée, avec son arc en ogive flanqué de tourelles crénelées, semble promettre quelques édifices remarquables, soit par leur antiquité, soit par leur mérite architectural; il n'en est rien: l'illusion tombe dès les premiers pas que l'on fait dans la ville, dont la circonférence embrasse une surface bien supérieure aux besoins de ses habitants.

Parmi les monuments de la ville nous mentionnerons seulement: l'église paroissiale de *Santa Maria del Prado*, de style ogival, construite à une seule nef, qui est immense, et ne manque pas de mérite; on y voit un beau maitre-autel, et, de la voûte, pendent des étendards qui servent lors de la proclamation des rois d'Espagne; puis, l'église paroissiale de *San Pedro*, de très ancienne construction, et divisée à l'intérieur en trois nefs et enfin, la porte dite *de Tolède*, qui conserve encore ses curieuses arcades en forme de fer à cheval. C'est à *Ciudad-Real* que fut institué, en 1245, par le roi St Ferdinand, le tribunal de *la Hermandad*, dont on voit encore l'ancienne prison: cette institution avait pour mission de purger la contrée de malfaiteurs; elle jugeait, par elle-même, les délinquants que l'on appréhendait au corps et qu'on attachait aux arbres, où ils étaient achevés à coups de flèches.

De Ciudad-Real à Mérida. En sortant de **Ciudad-Real** on rencontre successivement les stations de la **Cañada** y **Caracuel, Argamasilla de Calatrava, Puertollano,** célèbre par ses eaux ferrugineuses en même temps que gazeuses, et **Veredas;** la voie pénètre alors dans le *Valdeazogues*, ou vallée du mercure; on atteint les stations de **Caracollera,** de **Almadenejos** et de **Almaden.** célèbre par ses fameuses mines de mercure, déjà exploitées au temps des Romains et les plus riches qui soient en Europe.

Le principal filon de cinabre, aujourd'hui en exploitation, a une puissance de près de 12 mètres; la profondeur des travaux dépasse trois cents mètres. Cette mine, actuellement affermée à une puissante maison, constitue l'une des plus solides richesses de l'Espagne; son exploitation n'est malheureusement pas exempte de graves inconvénients pour la santé des populations minières de la contrée: aussi, le gouvernement a-t-il dû leur accorder certaines immunités, telles que l'exemption du service militaire.

auquel les inhalations mercurielles les rendent d'ailleurs impropres.

Après **Almaden**, on atteint **Pedroches**, **Belalcázar**, qui conserve encore quelques restes de la fameuse forteresse qui lui valut son nom; c'était la plus considérable de ce genre dans la Péninsule. Viennent ensuite: **Cabeza del Buey** et enfin, **Almorchon**, où l'on voit encore les ruines d'un ancien château mauresque.

A **Almorchon** vient s'embrancher la voie ferrée qui traverse les riches bassins houillers de **Belmez** et **Espiel**, et va rejoindre **Cordoue**, après un parcours de 136 kilomètres, à travers un pays des plus accidenté et des plus pittoresque.

Les stations de **Castuera**, de **Campanario**, **Magacela** et de **Villanueva de la Serena**, se succèdent ensuite: ces villes sont toutes situées dans le territoire nommé de *la Serena*, région renommée par la qualité des herbages où viennent paître de nombreux troupeaux *trashumantes* ou voyageurs, et qui joua un rôle important lors de la conquête de la Péninsule sur les Maures.

La Serena était alors défendue par une ligne de forteresses situées sur des points avancés, formant un vaste demi-cercle et qu'on nommait les sept châteaux de *la Serena*.

On arrive ensuite à **Don Benito**, ville fondée au commencement du xvie siècle, par les habitants d'un village voisin qu'avaient détruit les débordements du *Guadiana* et par d'autres, venus de la petite ville de *Medellin*, fuyant les cruautés et les exactions du comte de ce nom. Puis vient **Medellin**, patrie de *Fernan Cortés*, le fameux conquérant du Mexique.

Le château de *Medellin*, dont on voit encore quelques restes, dominait la contrée environnante et faisait partie du système de fortification imaginé, dans *la Serena*, pour faciliter l'expulsion des Arabes.

On arrive enfin à **Guareña** et **Villagonzalo**, où l'on franchit, sur un beau pont de 550 mètres de longueur, le *Guadiana*, ce fleuve curieux dont nous dirons quelques mots.

Le *Guadiana*, d'un parcours de plus de 150 lieues, prend son origine dans les marais ou lacs de *Ruidera*, où il jaillit par quatorze sources différentes, dont les principales sont celles de *la Cañada del Sabinar*, et de *Valde-Montiel*. Il y a, d'un lac à l'autre, de belles chutes d'eau qui font mouvoir des moulins, et une cascade très belle, de plus de dix-sept mètres de hauteur, appelée *El Hundimiento*.

Le fleuve passe ensuite par *Argamasilla de Alba*, où Cervantes a placé la patrie de l'ingénieux hidalgo *Don Quichotte de la Manche*, pour disparaître, après un cours de dix lieues, dans un endroit nommé *el Herradero de Guerrero*, situé près d'*Alcazar de San Juan*. Son cours reste souterrain sur une étendue de contrée de sept lieues: il ressort enfin, au jour, à deux lieues de *Villa-Rubia de los Ojos*, par sept sources, appelées *ojos*; puis il serpente dans les plaines désertes de *la Mancha*, pénètre dans la province de Badajoz et, après avoir passé près de *Medellin*, de *Mérida* et de *Badajoz*, il forme la ligne de séparation de l'Espagne et du Portugal, pénètre sur le territoire de ce royaume, puis revient séparer du

Portugal la province de Huelva, pour déboucher finalement dans l'Océan, par deux bras, près de la ville d'*Ayamonte*.

Après avoir franchi le Guadiana à **Villagonzalo**, on atteint **el Apeadero de la Zarza, Don Alvaro** et enfin **Mérida**, située sur les bords du *Guadiana*.

Octave-Auguste, voulant récompenser les soldats vétérans de la cinquième et dixième légion qui venaient de terminer, par la conquête des Asturies, celle de toute l'Espagne, leur donna de vastes terrains situés sur les bords du fleuve *Annas*, dont les Arabes ont fait *Guadiana*.

C'est là, qu'en l'an 25 avant notre ère, ils fondèrent une ville, sous le nom de *Emerita-Augusta*, en souvenir des soldats *émérites* et de l'Empereur, qui lui accorda sa puissante protection; elle devint l'une des plus belles cités de l'Empire et il lui concéda le droit de battre monnaie. Strabon, Pline et d'autres écrivains, ont vanté les merveilles de *Mérida*, qui possédait une enceinte de six lieues de circonférence, défendue par trois mille sept cents tours et percée de quatre-vingt-cinq portes; une armée de 80,000 fantassins et de 10,000 cavaliers la garnissait. Les habitants de *Mérida* opposèrent une résistance décidée à l'invasion des Arabes, qui durent, pour pénétrer dans la ville, en 715, leur accorder une capitulation honorable. Mohammed en fit démolir les fortifications en 862. Alphonse IX en chassa les Arabes en 1228, et restaura la ville; elle tomba, plus tard, sous l'autorité du grand-maître de l'ordre de *Santiago*, qui reçut la mission spéciale de la défendre contre les Sarrasins.

Mérida ne conserve plus que quelques ruines qui témoignent faiblement de son antique splendeur. A l'intérieur de la ville, se trouve le grand Arc-de-triomphe érigé en l'honneur de Trajan, nommé aujourd'hui *el Arco de Santiago*. Vient ensuite l'*Amphithéâtre*, appelé *las Siete Sillas*, qui était l'un des plus vastes de l'empire, malheureusement converti actuellement en champ de labour. Tout près de là, on voit encore les traces, de forme elliptique, de *la Naumachie*, aujourd'hui appelée par le vulgaire *le Bain des Romains*, où l'on figurait des batailles navales, et qui était alimentée par un superbe aqueduc, dont on voit encore les belles ruines, à trois étages d'arcades, que l'on nomme *los Milagros*. Un autre aqueduc, assez bien conservé, conduit, encore aujourd'hui, les eaux à la ville.

Il faut visiter: les restes du *temple de Diane*, dont les colonnes, décorées de beaux chapiteaux corinthiens, sont enclavées dans les constructions d'une maison particulière; un petit temple, dédié au *dieu Mars*, où *Sainte Eulalie* fut martyrisée; l'église de *Sainte Marie*, construite avec des colonnes antiques et des fragments arrachés aux monuments romains. Puis, c'est encore une citerne, très bien conservée, dans laquelle on descend par un double escalier et que décorent de beaux fragments antiques; et une colonne dite de *la Concorde*, formée par des chapiteaux entassés les uns sur les autres et surmontés d'une statue romaine mutilée, représentant un empereur, que le vulgaire prend pour un Saint.

Nous mentionnerons encore, le château appelé *Conventual*, édifice aux fortes murailles, qui fut la résidence des proviseurs de l'ordre de *Santiago*; un curieux pont de sept cent quatre-vingt mètres de longueur, jeté sur le *Guadiana*, où l'on remarque les traces des constructions de toutes les races et de toutes les époques qui se sont succédées. Ajoutons que l'on trouve à *Mérida*, des fragments de marbres sculptés, répandus çà et là, ou enchâssés dans des constructions modernes. Quelques fouilles ont amené des objets précieux; on montre, entre autres choses, un petit groupe en bronze représentant *la chasse de Méléagre*, qui a été trouvé ainsi. Un particulier, plus éclairé que ses concitoyens, se fait un plaisir de montrer aux étrangers, une collection d'objets de l'époque romaine qu'il a réussi à former. Il est vraiment regrettable que l'on n'ait pas montré à *Mérida*, plus de souci de conserver les belles mosaïques et les curieuses ruines que recouvre la ville moderne et qui achèvent de disparaître, au milieu de l'indifférence générale.

De Mérida à Séville. A **Mérida** s'embranche une nouvelle ligne de chemin de fer qui se dirige sur **Séville**, en passant par **Almendralejo**, ville située sur la droite, au milieu d'une belle campagne et sous un heureux climat, qui en ont fait l'une des villes les plus agréables de l'Estrémadure; puis vient **Villafranca de los Barros,** centre d'une région agricole à terre argileuse et grasse, qui a valu à toute la contrée le nom de *tierra de los Barros*, ou *terre des boues*. La voie atteint également, sur la droite, **Zafra**, surnommée *la petite Séville*, en raison de sa propreté et de son activité. *Zafra* est situé dans une belle vallée, entourée des montagnes de *Castellar* et de *los Santos*. Jules César la nomma *Restituta Julia* et les Maures *Zafra*, qui, en arabe, signifie mois de Juillet; elle fut restaurée et repeuplée de chrétiens, en 1240, par Saint Ferdinand.

On y remarque le beau *palais des Ducs de Feria* de style ogival, et la maison de la famille *Daza*, d'une remarquable architecture; les églises offrent peu d'intérêt.

A l'Ouest de **Zafra**, se trouve la ville de **Jerez de los Caballeros,** à cheval sur la cime de deux collines et entourée de murailles bâties par les Arabes. Son nom lui vient des chevaliers Templiers qui en étaient les seigneurs: on y voit encore *la Torre sangrienta*, ou tour sanglante, dans laquelle ces chevaliers furent égorgés. Elle fut donnée en 1375, par Henri II à l'ordre de *Santiago;* Charles-Quint accorda en 1528, à tous les habitants de la ville, le privilège de porter l'épée et la dague. De l'ancienne ville il ne reste que quelques vestiges: ses édifices publics n'offrent aucun intérêt.

Jerez de los Caballeros est la patrie du célèbre navigateur *Vasco Nuñez de Balboa*, qui découvrit l'Amérique du Sud et dont le nom brille, à côté de celui de *Christophe Colomb*, au même titre que ceux de *Fernand Cortès*, d'*Améric Vespuce* ou de *Magellan*. Né en 1475, il partit, en 1513, à la découverte des mers du Sud: quand il fut en vue du golfe Saint Michel, *Balboa* se mit à l'eau jusqu'à la ceinture; puis, brandissant d'une main son épée et tenant l'adargue de l'autre, il cria à ses compagnons: «*Soyez témoins »qu'au nom du roi de Castille, je »prends possession de cette mer et »que cette épée saura lui en con-»server la souveraineté.*» En 1517, il fut mis à mort par ordre du gouverneur espagnol *Don Pedro*

Arias qui, jaloux de sa gloire, l'avait accusé de trahison.

Après **Zafra**, la ligne de *Mérida à Séville* atteindra **Llerena**, ville qui conserve encore ses anciennes murailles fortifiées par de nombreuses tours rondes. L'église de *Santa Maria de la Granada*, d'architecture greco-romaine, flanquée d'une tour, est le seul monument digne d'être indiqué. Le roi Alphonse XI réunit les Cortès du royaume à *Llerena*, en 1340.

Puis, après avoir desservi la petite ville de **Cazalla**, la ligne ferrée rejoindra la ligne générale de **Cordoue** à **Séville**, à la station de **Tocina**, à trente-cinq kilomètres de *Séville*.

De Mérida à Badajoz. En partant de **Mérida**, dans la direction de **Badajoz**, l'on atteint successivement les stations de **la Garrovilla**, de **Montijo**, avec l'ancien palais des comtes de ce nom, de **Talavera la Real**, et enfin de **Badajoz**, chef-lieu de la province.

Badajoz, située sur la pente d'une colline dont le sommet est couronné des ruines d'un ancien château, est assise au confluent du *Rivillas* et du *Guadiana*, dans une campagne très fertile. C'était l'ancienne *Pax Augusta* des Romains, dont les Arabes ont fait *Badajoz*. Elle fut conquise sur ces derniers, par Alphonse IX de Léon. *Badajoz* fut du petit nombre des villes qui restèrent fidèles à Alphonse le Sage, quand son fils *Don Sancho*, conspira contre lui: aussi, quatre mille de ses habitants furent-ils passés au fil de l'épée par ce dernier. Cette ville a souvent été le théâtre des entrevues des rois de Castille et de Portugal. En 1396, elle tomba au pouvoir des Portugais; sous Philippe II, le duc d'Albe vint s'y mettre à la tête de l'armée avec laquelle il fit la conquête du Portugal. C'est aujourd'hui une place de guerre de premier ordre, entourée de fortes murailles, d'un large fossé, et de défenses rendues imposantes par sa situation au milieu de deux rivières.

Sur la place de la *Constitucion*, appelée el *Campo de San Juan*, s'élève la Cathédrale, solide édifice dont la fondation remonte à Alphonse le Sage, et qui est construit à l'épreuve de la bombe, afin de servir d'asile aux habitants en cas de siège. L'intérieur, divisé en trois nefs, est décoré d'un maître-autel du style de *Churriguéra*; on y trouve des chapelles qui méritent l'attention et sont, en quelque sorte, un Musée des œuvres du peintre *Luis de Moralès*, né dans cette ville et où il s'était retiré après les dédains qu'il eut à souffrir de Philippe II. On y conserve de lui: une *Tête de Saint Paul*; un *Ecce Homo*; deux saints et deux saintes; une *Annonciation*; une *Sainte Famille*; une *Adoration des Mages*; *Saint Ildephonse recevant la chasuble de la Vierge* et un *Saint Jean*. Dans la Sacristie on trouve, de lui encore, une *Piedad*, *Saint François recevant les stigmates du Christ*; une *Epiphanie*, une *Incarnation*, et plusieurs autres tableaux moins importants. La Cathédrale possède également de belles stalles de chœur, sculptées dans le goût du XVIe siècle, et un cloître remarquable.

Parmi les autres églises de *Badajoz* nous citerons: celle du couvent de *Santo Domingo*, construite à une seule nef et dont l'ensemble est somptueux; celle de *San Agustin*, qui possède une *Piedad* et un *Christ attaché à la colonne*, de *Moralès*, et celle de la *Concepcion*, où se trouvent trois toiles du même peintre, représentant *le Portement de croix*, *Saint Joachim embrassant Sainte Anne*, et une *Vierge à l'oiseau*.

Badajoz tomba, en 1811, aux mains de l'armée française, commandée par les maréchaux Soult et Mortier, après un mois et demi de siège; quelques jours après, la garnison française succomba aux assauts réitérés des assaillants. Lord *Wellington*, qui les commandait, livra la malheureuse ville au pillage de ses troupes.

A proximité de *Badajoz*, et sur la frontière du Portugal, se trouve **Olivenza**, place forte située sur les bords du *Guadiana* et bâtie au temps du roi *Don Manuel* de Portugal: elle conserve, au centre, un ancien château à trois tourelles, construit en 1306. Sa paroisse de *Santa Maria* est remarquable par l'élégance et la légèreté des colonnes qui forment ses trois nefs. L'église de *Santa Magdalena* est décorée d'un beau portail en marbre blanc; l'intérieur, divisé en trois nefs, possède un maître-autel orné d'un retable du genre *plateresque*.

La frontière du *Portugal* est à sept kilomètres de **Badajoz**: la voie ferrée espagnole se relie à la ligne portugaise à **Elvas**, située elle-même à neuf kilomètres au-delà de la frontière. **Elvas** est la première station du Portugal; c'est là qu'est situé le bureau des Douanes portugaises.

RENSEIGNEMENTS SUPPLÉMENTAIRES.

Jerez de la Frontera. Une excursion faite récemment en Andalousie, et pendant que notre Itinéraire était sous presse, nous permet de rectifier et de compléter quelques-uns des renseignements qu'il contient. C'est ainsi qu'à *Jerez de la Frontera*, nous avons à recommander au visiteur le beau retable en bois sculpté, qui représente le *Jugement Dernier*, qu'on attribue à *Montañez* et qui occupe le maître-autel de l'église de *San Miguel*; à *l'hôpital général* on devra aussi visiter un bel escalier en jaspe, d'une grande hardiesse de construction. C'est par erreur que nous avons désigné, comme construit à la fin du XVIe siècle, son hôtel de ville; c'est *el Cabildo viejo* qu'il faut lire. Signalons encore, aux portes de *Jerez* même, le magnifique réservoir des eaux de la ville appelé *el Tempul*, d'où l'on jouit d'un splendide panorama sur la ville, et sur les environs à dix lieues à la ronde.

San Lúcar de Barrameda. A *San Lúcar de Barrameda*, renommée pour le vin dit de *manzanilla*, signalons le vieux château de *Santiago*, dont la construction remonterait au XVe siècle; du haut de sa tour, transformée en sémaphore, on jouit d'une superbe vue sur la ville et sur l'embouchure du Guadalquivir. Une belle route conduit à *Chipiona*, qui n'en est éloignée que de neuf kilomètres.

Trocadéro. Mentionnons au *Trocadéro*, le magnifique bassin de radoub et les chantiers de réparation des bâteaux Lopez, et ajoutons que l'on peut aller facilement du *Trocadéro* à *Cadix*, par bâteau à vapeur.

Cadiz. C'est par erreur que nous indiquions (page 125) que la belle *Custodia* de Cadiz, faite par *Antonio Suarez*, a appartenu à l'ancienne cathédrale: cette belle pièce est un don fait au clergé par la ville; aussi, la municipalité s'est-elle réservé le droit de la conserver sous sa garde, dans une salle dépendant de la vieille Cathédrale, d'où elle ne sort que le jour qui précède la Fête-Dieu. La municipalité vient alors en faire la remise au clergé, qui la transporte à la Cathédrale en grande pompe, et en opère la restitution aussitôt après la procession. Ajoutons que, pendant sa durée, on pousse les précautions jusqu'à fermer les portes de la ville, un peu avant la sortie de la procession, et qu'elles demeurent closes tant que la *Custodia* n'est pas rentrée dans la Cathédrale. Singulière coutume qui avait sans doute sa raison d'être jadis, mais qui ne s'en est pas moins perpétuée jusqu'à notre temps!

De Chiclana à Algéciras et Gibraltar. De *Chiclana* à *Algéciras* c'est une belle route qui est venue se substituer aux anciens mauvais chemins: sous peu, la dernière section comprise entre *Tarifa* et *Algéciras* sera livrée à la circulation et alors on fera facilement, par les diligences, le voyage de Chiclana à Algéciras.

Une voie ferrée, dont le point d'attache sera *Jerez*, est également à l'étude et devra rejoindre *Algéciras* et *Gibraltar*.

Une erreur matérielle nous a fait dire qu'à *Vejer de la Frontera*, dont les rues, presque inaccessibles, ont conservé toute leur physionomie arabe, les femmes portaient une mante percée d'un trou à la hauteur des yeux; nous aurions dû dire, pour être corrects, que la mantille ne porte pas de trou, mais qu'étant attachée à la ceinture, les femmes la remontent sur la tête et s'en cachent la figure, de manière à ne laisser voir qu'un œil.

San Roque, bâtie au sommet d'une colline, est à trois ou quatre kilomètres de la plage et non aussi rapprochée d'elle, comme nous l'avons fait entendre: cette ville n'a point perdu son cachet espagnol, malgré le voisinage de la forteresse anglaise de Gibraltar. Une route conduit de *San Roque* au *Campamento*, situé au bord de la mer et où campa, dit-on, l'armée française; mais il n'en est pas de même pour aller de ce point à *Gibraltar* ou à *Algéciras*; en d'autres termes, le trajet entre ces deux villes se fait facilement en bâteau, mais il n'y a pas de route qui permette de faire commodément le tour de la baie. En sortant de *Gibraltar*, par l'étroite chaussée qui relie le *Peñon* à la Péninsule, on arrive à *la Linea*, petite ville dont la fondation ne remonte pas au-delà de dix ans; c'est la ligne de démarcation entre les deux nations; elle sert de refuge à la classe moyenne de Gibraltar, aux travailleurs du port, et aussi aux contrebandiers.

Terminons par un renseignement utile. Pour pénétrer dans *Gibraltar* on délivre, à la porte, un ticket ou laisser-passer, valable seulement pour vingt-quatre heures. Si l'on veut y prolonger son séjour, il faut se présenter au bureau de police accompagné d'un répondant; les logeurs se prêtent aisément à ce rôle. Là, votre permis est visé pour huit ou dix jours de plus, et ce n'est qu'après avoir justifié d'un motif sérieux, qu'on réussit parfois à obtenir un sursis. Ajoutons que, du sommet du *Peñon*, on tire chaque jour trois coups de canon; l'un, à la tombée de la nuit, c'est le signal de la fermeture des portes de la ville; un autre, à neuf heures et demie, pour faire rentrer les troupes dans les casernes et, jusqu'au coup de canon qui se tire au lever du soleil, pour l'ouverture des portes de la ville, personne ne peut en sortir ni y rentrer sous aucun prétexte. Tel est le régime en vigueur dans la forteresse anglaise de *Gibraltar*, qu'une expérience toute récente nous permet de faire connaître, avec toute exactitude, aux visiteurs étrangers.

De Gibraltar à Ronda. A une demie lieue de *San Roque*, le chemin qui mène à *Gaucin* et à *Ronda* se change en un sentier abrupt, qui traverse des forêts et franchit à gué les rivières, souvent dangereuses en hiver, de *Gualmansa*, *Genal* et *Guadiaro*, qui descendent des *Sierras Bermeja* et de *Casares*.

A moitié chemin de *Gaucin* se trouve la colonie agricole nommée *el Tesorillo*, qui appartient à Mrs Larios.

C'est à *Gaucin* que commence la *Serrania de Ronda*: on suit alors un chemin fort accidenté à travers la Sierra; on traverse les villages de *Algatocin*, *Benadalid* et *Atajate;* de chaque côté on en aperçoit d'autres, situés dans des vallées pittoresques et profondes.

El cortijo de *Ronda la vieille* est à trois lieues de la ville moderne: c'est l'ancienne *Acinipo* de l'*Hispana Bætica*, que Ptolémée appelle la ville des Celtes; on y trouve les ruines d'un amphithéâtre, les restes d'un château et des murailles du temps des Romains et des Arabes, et surtout de belles portes mauresques, situées sur le chemin de Gibraltar.

De *Ronda* enfin, un bon service de diligences mène le voyageur, par une bonne route et en cinq heures, non plus à la station de *la Pizarra*, mais à celle de *Gobantès*, située près de l'embranchement de *Bobadilla*, sur le chemin de fer de *Malaga* à *Cordoue* et à *Grenade*.

De Utrera à La Roda. Sur la ligne transversale de *Utrera* à *La Roda*, qui met en communication la ligne de Séville à Cadiz avec celles de Cordoue à Malaga et Grenade, on vient de livrer à la circulation la section de *Marchena* à *Ecija*, ce qui nous oblige à fournir quelques renseignements sur ce parcours.

Utrera, située sur la ligne de Cadiz, dans une belle vallée, possède des ruines d'un vieux château et, dans son église principale, bâtie au xive siècle, se trouve le tombeau de *Don Diego Ponce de Leon, comte d'Arcos*; son autre église de *Santiago*, possède une chapelle souterraine qui a la propriété de momifier les corps qu'on y ensevelit.

Peu après l'embranchement qui conduit à **Moron**, on arrive aux stations de **Arahal** et **Paradas** et puis, à celle de **Marchena**, qui possède une église, bâtie à cinq nefs, avec un maître-autel et des stalles de chœur, en bois de cèdre. Un nouvel embranchement, sur la gauche, conduit à **Ecija**, ville importante et d'une physionomie fort originale, avec des clochers revêtus de faïences ou *azulejos*, et des toits couverts de tuiles vernissées et disposées en damiers, qui sont pour la plupart d'anciens *alminars* mauresques. On entre dans la ville par un pont fort étroit jeté sur le Genil, au bout duquel se trouve *el Triunfo*, que décore une colonne surmontée d'une statue de saint Paul; puis, par une curieuse porte, reste de l'ancienne enceinte bâtie par les Arabes, on atteint les rues étroites et tortueuses de la ville, dont la situation, dans un basfond encaissé de toutes parts, lui a valu le nom de *la Sarten*, ou *la poêle à frire*, d'Andalousie.

La *plaza mayor*, occupée au centre par une promenade, est entourée d'édifices avec des arcades, parmi lesquels nous mentionnerons celui de l'*Ayuntamiento*. On visite sa curieuse rue de *los Caballeros*, avec ses maisons décorées dans le goût le plus extravagant; puis, parmi ses églises, nous indiquerons celle de *Santa Cruz*, qui possède une image de la Vierge dite *del Valle*, qui serait, au dire de la légende, l'œuvre de saint Luc même et qui aurait été envoyée à Saint Léandre, évêque de Ecija, par son frère saint Grégoire le Grand. Dans la chapelle principale du couvent de *la Merced*, se trouve un retable décoré de sculptures, dont quelques-unes sont attribuées à *Montañez*.

Après **Marchena** on rencontre **Los Ojuelos** et **Osuna**, apanage des ducs de ce nom, située dans une plaine des plus fertiles et dont l'église paroissiale, de style gothique, possède quelques œuvres de peinture remarquables, entre autres un *Christ à l'agonie* de *Ribéra l'Espagnolet*, et trois panneaux attribués à *Albert Dürer*. Osuna appartenait à l'ordre de Calatrava; le grand-maître prenait le titre de commandeur d'Osuna. Philippe II en fit un duché au profit du comte de Ureña, *Don Pedro Tellez Giron*.

Peu après **Osuna,** on atteint les stations de **Aguadulce, Pedrera** et **La Roda,** située sur la ligne de *Cordoue à Malaga*.

IXE. RÉGION.

PORTUGAL.

Court résumé historique du Portugal.

Avant de conduire nos lecteurs dans ce pays, il nous a semblé qu'il pourrait leur être agréable et utile de jeter un coup-d'œil rapide sur les principaux événements qui constituent l'histoire peu connue de ce pays. Si notre récit est assez succinct, pour être lu au cours du trajet de la frontière portugaise à la Capitale du Royaume, notre but sera rempli: rien de plus facile d'ailleurs, que de passer outre à ce chapitre.

Nous nous sommes guidés, pour sa rédaction, d'après l'excellente histoire du Portugal de M. Ferdinand Denis, * à laquelle nous renvoyons le lecteur désireux d'étudier plus à fond l'histoire si intéressante de ce pays.

Le territoire du Portugal correspond à la majeure partie de la province romaine appelée *Lusitania*, que les Romains avaient conquise sur les Celtes qui en étaient les premiers habitants. La domination romaine ne cessa que lorsque les Barbares attaquèrent l'empire; alors les Alains, les Visigoths et, en dernier lieu, les Arabes, envahirent le Portugal et l'occupèrent successivement.

Ce sont les rois des Asturies qui le reconquirent peu à peu sur les Maures jusqu'au Tage et le rattachèrent à leur couronne. Lorsque le comte Henri, un compagnon du Cid, descendant de Hugues-Capet, et quatrième fils du duc Henri de Bourgogne, épousa, en 1093, la fille d'Alphonse VI roi de Castille, nommée *Theresa* ou *doña Tareja*, il reçut en dot le pays désigné sous le nom de Portugal: ce n'était alors qu'un

---

* L'Univers. Histoire et description de tous les peuples.—Le Portugal par M. F. Denis.—Ed. Firmin Didot frères. Paris.

comté qu'en cette occasion on constitua en Etat indépendant, et dont la première capitale fut *Guimaraens*. Quant au nom de Portugal il viendrait d'un lieu appelé *Portus Cale*, situé au sud du *Douro* et sur sa rive gauche, à l'endroit où se trouve le village de Gayá.

Le comte Henri mourut en 1114 âgé de 77 ans; son fils, *Don Affonso Henriquez*, n'avait alors que trois ans: sa mère gouverna l'Etat jusqu'à ce qu'en 1125, s'armant lui-même chevalier dans la cathédrale de Zamora qui dépendait alors de son royaume, il dut obliger par la force sa mère à lui laisser le pouvoir; le 24 Juin 1128 il défit les partisans de celle-ci à la bataille de Saint Mamède près Guimaraens. Les Portugais lui donnèrent le titre de roi dès 1130, à la mort de sa mère. La monarchie portugaise fut définitivement fondée lors de la victoire *do campo d'Ourique*, remportée près de cette ville, en 1139, sur Ismaël, le chef arabe qui gouvernait l'Estrémadure et l'Alem-Tejo au nom des émirs de Cordoue. En 1143, les cortès de *Lamego* confirmèrent D. Affonso Henriquez dans son titre de roi, après avoir discuté et juré les lois fondamentales du royaume.

En 1147 *Affonso Henriquez* assiégea Lisbonne qu'il enleva aux Maures; il mourut, âgé de 76 ans, en 1185, à Coïmbre où reposent ses cendres, laissant la couronne à *Don Sancho Ier*. Celui-ci conquit sur les Maures le pays d'Algarve et prit, dès lors, le titre de roi des Algarves. *Affonso II* lui succéda en 1211; il avait épousé *Doña Urraca*, fille d'Alphonse IX roi de Castille, et pris part, en 1212, à la fameuse bataille de las *Navas de Tolosa*, qui commença la ruine de l'Islamisme dans la Péninsule. A sa mort, en 1223, il eut pour successeur *Don Sancho II*, surnommé *Sancho Capello, Don Sanche au capuchon;* il alla mourir à Tolède, après avoir été dépossédé du trône qu'on offrit à son frère l'infant *Don Affonso*, devenu, par son mariage avec la comtesse Mathilde, française de naissance et d'habitudes, comte souverain de Boulogne. Don Affonso III entra en 1248 en Portugal, avec le titre de *Regedor;* il avait épousé, du vivant même de la comtesse Mathilde sa femme, et vers 1233, *doña Brites*, fille illégitime d'Alphonse le savant.

Quand il mourut en 1279, il laissa le trône à *Diniz*, alors âgé de 17 ans. Son éducation fut confiée à Aymeric Ebrard, homme éminent du clergé français, un des fondateurs de l'Université de Coïmbre. Encore tout enfant, à peine âge de six ans, Diniz avait été envoyé en ambassade à Alphonse le Sage son grand-père, dans le but de relever la couronne du vasselage que le Portugal payait à l'Espagne, et qui consistait dans l'envoi de deux cents hommes d'armes au souverain de Castille, toutes les fois qu'il en était requis. La mission de l'enfant eut un plein succès, grâces aux larmes abondantes versées, dont le grand-père s'émut vivement.

Don Diniz épousa, en 1282, l'infante Isabelle, fille du roi don Pedro III d'Aragon et de Constance de Sicile, que l'Eglise mit au nombre de ses saintes les plus illustres sous le nom de sainte Isabelle.

Il avait obtenu, en 1288, du pape Nicolas IV, que l'ordre de Santiago, fixé en Portugal, cessât de relever de la grande-maîtrise de Castille et, lors de l'abolition de l'ordre des Templiers, il institua en 1319, à sa place, le fameux ordre du Christ, dont le siège, d'abord à *Castro-Marim* dans les Algarves, fut transporté plus tard, sous D. Fernando, à Thomar. Il mourut en 1325, et fut enterré dans le splendide monastère de Saint Denis d'Odivellas qu'il avait élevé en 1295, et où l'on voit encore son tombeau.

Affonso IV surnommé *O Bravo*, septième roi de Portugal, monta sur le trône en 1325; il inaugura son règne par un fratricide et, s'il n'en commit pas un second, sur la personne d'Affonso Sanchez, c'est que ce dernier se réfugia en Castille. Il persécuta également un troisième frère, ami de la paix; c'est lui enfin, qui fit égorger la malheureuse et célèbre *Inez de Castro*, amante de son fils. Il prit aussi part, en 1340, à la bataille du *Salado*, qui mit fin aux incursions des Maures en Espagne.

Don Pedro, l'amant de la belle Inez, succéda à son père à l'âge de trente-sept ans. On raconte de lui qu'il était fort enclin à la danse et qu'il s'y livrait publiquement et même dans les rues: pour le recevoir, le peuple sortait en danses et en fêtes; quand il débarquait de son bateau, il se mettait, dit-on, à danser avec tout le monde, et c'est en dansant qu'il se rendait au palais. Il vengea la mort de son *Inez*, en faisant couronner publiquement *celle qui ne fut reine qu'après sa mort*. Il mourut en 1367: on n'avait pas encore vu jusqu'alors, en Portugal, dix années d'un règne comme le sien, que les grands et le clergé qualifiaient en lui donnant le surnom de Don Pedro *le Cruel*, à l'imitation de cet autre Pierre le Cruel qui régnait, à cette même époque, en Castille, tandis que le peuple l'appelait au contraire *le Justicier*, et disait de lui qu'un tel monarque *ou n'eût pas dû naître, ou n'eut pas dû finir*.

Son successeur, Don Fernando, épousa la fille de Don Pedro d'Aragon et fit alliance avec le roi musulman de Grenade, pour appuyer ses droits à la couronne de Castille, à laquelle il prétendait, comme petit-fils de Don Sancho, et que Henri de Transtamare avait enfin conquise sur Don Pedro le Cruel de Castille. Ce même Don Fernando s'éprit d'une violente passion pour Doña Lianor Tellez, femme de Joam Lourenço da Cunha, seigneur de Pombeiro; il fit casser son mariage et bénir son union publique avec elle, à Eixo, par les mains de l'évêque Don Affonso, celui-là même que Pierre le Justicier avait jadis menacé du fouet pour cause d'adultère.

Doña Lianor Tellez, redoutant les enfants d'Inez, imagina, dans sa perfidie, de faire épouser secrètement sa sœur Maria Tellez, belle comme elle, par Don Joam, frère du roi, et fils d'Inez et de Don Pedro; à son instigation, Maria Tellez fut poignardée un matin par son propre mari, qui fut ainsi obligé de fuir en Espagne sous le poids de ses remords. L'autre fils d'Inez, Don Diniz, ayant refusé de baiser la main de la reine adultère que son frère lui présentait, dut, à son tour, s'éloigner et errer en exil: un naufrage le jeta sur la côte de Flessingue, où il fut recueilli dans la cabane d'un pêcheur; plus tard il revint en Espagne et y devint la souche de la maison de Villar. Tous ces événements ont fait dire à un chroniqueur, que les sanglantes amours d'un fils d'Inez continuèrent le drame du règne précédent.

A la mort de Don Fernando (1383) la couronne de Portugal est revendiquée à la fois par Jean Ier de Castille, comme y ayant droit, par son mariage avec l'infante D.ª Brites, en même temps que par *Don Joam*, fils aîné d'Inez, l'assassin de Maria Tellez, qui faisait valoir ses droits du fond de la prison où le roi de Castille l'avait plongé; mais la faveur populaire appartenait au grandmaître de l'ordre d'Aviz, Don Joām, fils bâtard du roi Don Pedro, qui l'avait eu en 1357, d'une femme du pays de Galice, nommée Teresa Lourenço. D.ª Lianor Tellez avait auprès d'elle le comte *Andeiro*, seigneur du pays de Galice, qui jouissait de toutes les faveurs de cette reine. Pénétrant dans le palais, le grand-maître d'Aviz frappa du glaive celui que le peuple avait déjà jugé: il ne fut toutefois salué du titre de roi qu'en 1383, après la retraite de D.ª Lianor, qui s'était réfugiée auprès du roi de Castille et mourut dans l'oubli à Séville.

Il fut alors nommé gouverneur et défenseur du royaume et trouva, parmi les grands, un ami sincère et dévoué, Nuno Alvarez Pereira, le Scipion portugais, le saint connétable, comme l'appellent les vieux écrivains, dont la noble figure occupe, à côté de la sienne, le premier rang. Pereira s'était marié, dès l'âge de dix-sept ans, à une noble dame appelée Doña Léonor de Alvim, et de ce mariage naquit Doña Brites, qui épousa Don Affonso, fils du roi Joam Ier et que celui-ci avait eu longtemps avant son mariage et quand il n'était encore que grand-maître d'Aviz, d'une dame nommée Doña Ignez Pirez. Cet Affonso devint premier duc de Bragance, et le chef de toute une lignée de rois.

Les Cortès assemblées en 1385 à Coïmbre déclarèrent nul le mariage qui légitimait les fils *d'Inèz de Castro* et le grand-maître d'Aviz fut proclamé roi de Portugal et des Algarves, sous le nom de Joām Ier, en même temps que Nuno Alvarez Pereira fut investi de la dignité de connétable.

Le roi de Castille Jean Ier voyant ses droits à la couronne méconnus, envoya une flotte considérable contre Lisbonne: l'armée de Joam Ier quoique bien faible, rencontra l'armée Espagnole près d'un village nommé *Aljubarrota*, et livra bataille. L'ennemi avait seize pièces de canons, les premières qu'on eut encore vues en Portugal. Commandés par le Connétable, exaltés par l'archevêque de Braga, qui allait de rang en rang, distribuant les indulgences accordées par Urbain IV à ceux qui combattaient les Castillans partisans de l'antipape Clément, les Portugais triomphèrent: le roi de Castille faillit être pris. Joām Ier vit alors son trône assuré. Avec le butin, qui fut immense, le connétable Nuno Alvarez fit construire la magnifique église *do Carmo*, détruite plus tard par un tremblement de terre et, sur le champ de bataille même, le roi fit élever le fameux monastère de *Batalha*. La paix avec l'Espagne ne fut toutefois signée qu'en 1389.

Relevé du vœu de chasteté qu'il avait prononcé comme grand-maître de l'ordre d'Aviz, le roi épousa à Porto, en 1387, Doña Filippa, fille du duc de Lancastre. De ce mariage il eut huit enfants, dont quelques-uns sont devenus célèbres, entr'autres: *Don Pedro*, nommé duc de Coïmbre, savant, musicien et poète remarquable; *Don Henrique*, spécialement adonné aux sciences mathématiques et fondateur de l'école nautique de Sagres, école devenue fameuse par les recherches scientifiques qui s'y firent et par les explorations lointaines sur les mers qui s'y préparèrent, et amenèrent les découvertes des Portugais aux Indes; l'infant *Don Joām* fut troisième connétable du royaume; *Don Fernando*, qui porte le titre de saint, et dont un poète espagnol a célébré, sous le nom de *Prince Constant*, la triste destinée, mourut en esclavage en Afrique; puis encore, l'infante *Isabelle*, qui épousa en 1430 Philippe le Bon, et fut la mère de Charles le Téméraire; enfin, *Don Duarte*, qui reçut, pour apanage, la grande-maîtrise de l'ordre d'Aviz et succéda sur le trône à son père.

En 1415 Joām Ier s'embarqua, à la tête de deux cents voiles, pour l'Afrique et s'empara de la ville de Ceuta: là, dans la grande mosquée, il donna l'ordre de chevalerie à ses fils. La prise de Ceuta est le premier anneau de la longue chaîne que les hardis marins portugais tendirent autour de la côte d'Afrique, et dont le dernier, scellé d'or, se rattachait au paradis de l'Inde, à ces contrées que les Orientaux ont poétiquement nommées les *paupières du monde*.

La mort de Joām Ier, que le peuple appelait le roi *du bon souvenir*, survint en 1433 et fit monter Don Duarte sur le trône. Celui-ci ne sut résister, malgré les remontrances de Don Pedro, ni aux supplications de Don Fernando qui lui demandait de le laisser aller à la conquête de Tanger, ni à celles de l'infant Don Henrique, qu'un secret instinct poussait également vers cette côte d'Afrique, où l'on devait bientôt faire tant de découvertes: c'est alors que l'expédition malheureuse de Tanger fut résolue. Nous raconterons ailleurs le triste épisode de la captivité du malheureux *Prince Constant*, don Fernando, qui dut rester prisonnier des Musulmans, tant qu'on ne leur rendrait pas Ceuta.

Ici se placent des découvertes importantes: vers 1418 celle de Porto et de l'île Madère, ains nommée à cause des bois magnifiques dont elle était couverte; puis, en 1431, on découvrit le Açores; en 1447 enfin, on arriv au cap Vert.

Don Duarte mourut en 1438 avec le chagrin de n'avoir pu racheter son frère bien-aimé. L reine Doña Lianor resta chargé de la tutelle de Don Affonso V tandis que Don Pedro, son oncle reçut le titre de défenseur du royaume. La reine, fort jalouse d l'autorité de Don Pedro, se vi bientôt obligée de se retirer e Castille et mourut à Tolède e 1445, presque dans la misère. L pouvoir tout entier vint alors au mains de Don Pedro qui remit en 1446, loyalement le sceptre Don Affonso V. Conformémen au désir exprimé par le défun roi Don Duarte, Alphonse épous en 1448, Doña Isabel, fille de Do Pedro. Celui-ci, qui avait gouverné l'Etat avec perfection et pr dence, fut injustement accus d'avoir fait périr par le poison l roi défunt Don Duarte, l'infa Don Joām, ses frères, et même l reine Lianor. En 1449 il dut pre dre les armes pour se défendr il parlementait inutilement ave le roi, près d'un ruisseau appel *Alfarrobeira*, d'où lui est resté nom de *Don Pedro d'Alfarrobeir* lorsqu'il fut tué d'un coup d'a balète et, avec lui, son fidèle am Don Alvaro d'Almada comte d' vranches.

En 1458 Don Affonso V jeta u armée déterminée sur la cô d'Afrique, où le sang du *prin Constant* criait vengeance. avait amené avec lui l'héritier royaume, l'infant Don Joām, qui y fut armé chevalier. Débarquer sur les plages d'*Alcaçar* et vaincre, fut une seule et même chose. Il répéta l'expédition treize ans plus tard, et la place d'*Arzila* tomba alors en son pouvoir; les historiens le désignent sous le nom d'*Africain*, en raison de ces deux expéditions.

Devenu veuf, Affonso V reconnut comme son épouse *la Beltraneja*, fille de Don Enrique, et acquit ainsi des droits sur la Castille: les dispenses papales empêchèrent seules le mariage de se consommer. Vaincu à Toro en 1476, il dut fuir le champ de bataille, en même temps que son adversaire, Ferdinand d'Aragon, auquel tenait tête l'infant Don Joām. La bannière royale était tenue ce jour-là par le brave Duarte d'Almeida: celui-ci ayant eu une main coupée, avait saisi l'étendard de l'autre, lorsqu'on lui abattit le bras; alors il enleva avec les dents la lance où flottait le drapeau portugais et, ce n'est qu'après avoir été frappé d'innombrables coups, et lorsqu'il fut renversé de cheval, qu'il perdit l'étendard. Almeida n'était pas mort; il revint en Portugal, où sa récompense fut de vivre plus pauvrement que lorsqu'il avait l'usage de ses mains. La Cathédrale de Tolède conserve encore ses armes, que le roi Ferdinand fit suspendre dans la Chapelle des Rois.

Affonso V fit un voyage en France afin d'obtenir de Louis XI des secours contre l'Espagne, laissant pendant son absence, le gouvernement du royaume à son fils Don Joām. Là, il prit la résolution de s'embarquer pour la Palestine; mais il renonça à son pèlerinage, et revint à Lisbonne en 1477, où Joām, qui avait été invité par son père à prendre le titre de roi, n'hésita pas à lui rendre de nouveau le sceptre. La paix signée en 1479 avec l'Espagne, reléguait la *Beltraneja* dans un couvent, et Affonso V expirait lui-même bientôt, en 1481, à Cintra, dans la même chambre où il était né.

Joām II fut alors proclamé roi: il mit ordre aux prodigalités de son père, et eut à châtier sévèrement les grands vassaux qui conspiraient contre lui: c'est ainsi que Ferdinand II, troisième duc de Bragance, monta sur l'échafaud en 1483, pour avoir embrassé avec trop d'ardeur le parti de la noblesse mécontente. Le comte de Montemor, connétable du royaume, réussit à fuir, mais il fut exécuté en effigie; lorsqu'il apprit les détails de cette exécution il en mourut de chagrin, en Castille, où il était réfugié.

En 1484 pour Don Diogo, duc de Viseu, le propre frère de la reine, le tribunal ne fut même pas assemblé: se trouvant à Sétubal, il manda de Palmella le jeune duc, et le tua de sa propre main, à coups de poignard, en présence d'un juge et son secrétaire, qu'il avait fait venir comme témoins; d'autres conjurés enfin, furent jetés en prison, condamnés à l'échafaud, ou furent atteints à l'étranger, par le poignard de quelque assassin: c'est ainsi que Don Gotterez fut frappé dans une rue d'Avignon, en 1489.

Grâces aux découvertes et aux conquêtes lointaines, Joām II put prendre, dès 1481, le titre de seigneur de Guinée.

En 1486 il fit partir une flotte sous la direction du fameux *Bartholomeu Diaz*; on sait qu'obligé par son équipage de revenir en arrière, il en obtint, à force de prières, un délai de trois jours, passé lequel on devait retourner décidément en Europe. Ce fut en vue de l'îlot de *la Cruz* qu'il fallut sérieusement rétrograder: Bartholomeu Diaz en montra alors une si grande douleur que les matelots en furent vivement émus; heureusement, dès que l'on abandonna l'îlot, on découvrit enfin le *grand Cap*, caché pendant tant d'années, et que Diaz nomma avec ses compagnons, le *cap des Tourmentes*, image et souvenir des périls et des tempêtes qu'il leur avait fallu essuyer avant de le doubler. Le roi voulut au contraire, qu'on l'appelât le *Cap de Bonne-Espérance*. Bartholomeu revint en Portugal, après avoir découvert, en une seule expédition, trois cent cinquante lieues de côte.

Sous ce même règne, Christophe Colomb était aussi venu, une première fois, en 1486, à Lisbonne, pour tâcher de décider Joam II à armer des bâtiments pour son entreprise; nous savons qu'il ne réussit qu'auprès des rois de Castille Isabelle et Ferdinand, qui lui accordèrent leur protection. Colomb débarqua encore à Lisbonne en 1493, mais cette fois, de retour de *Guanahani*, avec de l'or et des Indiens. On raconte à ce sujet, que des courtisans offrirent au roi de tuer l'illustre navigateur, pour qu'il ne put faire connaître à ses maîtres les brillants résultats de son entreprise; le roi repoussa cette offre et Colomb put quitter paisiblement Lisbonne et aller en Espagne jouir de son triomphe mérité. Grâces aux audacieuses entreprises de leurs hardis navigateurs, l'Espagne et le Portugal allaient désormais se partager les mers et les terres à découvrir.

Joam II avait vu périr, sous ses yeux, à la suite d'une chute de cheval, son fils l'infant Don Affonso; sentant sa fin prochaine, il sollicita inutilement du pape Alexandre VI la légitimation de son fils Jorge de Lancastre. Ce grand roi fit alors un sacrifice en donnant, lui-même, le titre de roi à Don Manoel, duc de Beja, dont le frère, Don Diego duc de Viseu avait succombé sous ses propres coups. *L'homme*, c'est ainsi que le nommait la grande Isabelle de Castille, après avoir donné cette preuve de noblesse et d'intérê pour le bien du royaume, mouru le 25 Octobre 1495. «La mort vien d'enlever le plus grand roi qu soit né du meilleur des hommes, dit, en apprenant sa mort, le vieu: cardinal d'Alpedrinha qui vécu 102 ans.

Sous le règne de Don Manoel petit-fils de Don Duarte, se réali sa cet immense fait qui change la face du monde: savoir la dé couverte des Indes orientales, pa la voie du Cap de Bonne-Espéran ce. C'était la réalisation de l grande pensée de Joam II, de ce lui qu'on a surnommé *le prince parfait*, et elle valut à son suc cesseur, Don Manuel, le titre d *roi fortuné*. En 1497, à son tou Vasco da Gama part pour les Ir des, avec une flotille de quatr navires; Bartholomeu Diaz, le cé lèbre explorateur du Cap de Bor ne-Espérance, les accompagna jusqu'au pays de Mina.

Ce fut le 20 Mai de cette anné que le pilote signala les monta gnes qui s'élèvent au-dessus d Calicut.

Vasco da Gama, après trois ar nées d'absence, rentra à Lisbor ne, où il fut salué par Don Ma nuel du titre d'amiral des mer de l'Inde, et créé comte de Vid gueira, avec l'honneur, insign alors, de se faire appeler *do Vasco*.

En l'an 1500, douze navires furent expédiés pour l'Inde: après avoir doublé le Cap Vert, une tempête jeta cette flotte hors de sa route, et, le 24 Avril, elle touchait de nouveau terre; mais cette terre, c'était celle de *Santa Cruz!* C'était l'immense empire du Brésil, que Pedro Alvarez Cabral découvrait, et annexait au Portugal! En 1510 de nouveaux progrès s'accomplirent: Alburquerque s'empara aux Indes de Goa, *la Dorée*, comme on l'appela plus tard, et dont la possession devait avoir une influence si décisive sur les destinées de ces contrées.

Don Manoel avait demandé en mariage la fille aînée des Rois Catholiques, cette infante de Castille, veuve du fils de Joam II mort à la suite d'une chute de cheval, mais la réponse ne fut pas favorable d'abord. On avait déjà inauguré en Espagne le système des persécutions religieuses, par l'expulsion des Maures et des Juifs, et l'établissement du Tribunal de l'Inquisition; la princesse fit répondre qu'on ne la verrait jamais unir son sort à celui d'un prince, chez lequel les Musulmans fugitifs, et surtout les Juifs, étaient assurés de trouver un asile.

A leur tour commencèrent également en Portugal, les persécutions de cette population nombreuse d'iraélites, que tout le moyen âge avait tolérée. Don Manoel obtint, en échange, en 1497, la main de l'infante Isabelle, et il fut reconnu, du chef de sa femme, héritier du royaume de Castille; mais elle ne tarda pas à mourir, et sa sœur, doña Maria, lui succéda en 1500. Le seul résultat trop réel de l'union avec l'Espagne, se réduisit donc à cette persécution lamentable des Juifs et des nouveaux chrétiens: les Juifs de Lisbonne disaient cependant bien haut, comme ceux de Tolède, qu'ils descendaient d'une tribu établie depuis des siècles dans la Péninsule et qui n'avait pu, pour cette raison, participer au crime du Golgotha reproché à leur race. Chassés d'Espagne, ils avaient dû refluer à Lisbonne, où Joam II leur avait permis de séjourner, jusqu'à leur départ pour les contrées de l'Orient. D'horribles boucheries de Juifs eurent donc lieu pendant plusieurs jours à Lisbonne, durant lesquelles plus de deux mille individus succombèrent; beaucoup périrent brûlés vifs: femmes, enfants, vieillards, nul n'échappait à la fureur populaire; des fournaises étaient constamment allumées et on y jetait ceux que le fer épargnait! Nombre de vieux chrétiens trouvèrent également la mort, victimes de la vengeance individuelle.

La peste venait ajouter à ces horreurs: elle tenait malheureusement Don Manoel éloigné de Lisbonne, durant ces horribles scènes; mais il sut punir les assassins, malgré les pleurs et les supplications de sa femme. Les Juifs virent enfin cesser les ordonnances barbares qui les régissaient, par leur soumission à la juridiction commune. Ajoutons encore, pour la gloire de ce souverain, qu'il fut le premier dont la prévoyance alla jusqu'à prélever un pour cent sur les revenus royaux, dans le but de venir au secours des gens pauvres et nécessiteux.

Après sa mort, survenue en 1521, Joao III lui succéda; il se maria, en 1525, avec la fille de Philippe II d'Espagne, et commença par réparer une grande injustice commise envers *Vasco da Gama, l'almirante* des mers de l'Inde, en le décorant du titre de vice-roi. Gama partit alors pour prendre le pouvoir qu'il attendait depuis plus de vingt ans. C'est, durant ce dernier voyage, et quand sa flotte approchait de l'Inde, qu'une agitation inaccoutumée se manifesta au sein des eaux: les flots se gonflèrent sans que rien indiquât la tempête, heurtant de chocs violents les navires; une terreur profonde envahit les équipages, qui ne se rendaient pas compte de ces effets d'un tremblement de terre sous-marin. Vasco da Gama, seul, conserva sa tranquilité d'esprit au milieu de ce sinistre événement, et se contenta de dire: «Quelle crainte faut-il donc ressentir ici? N'est-ce pas la mer qui tremble devant nous?» L'intrépide navigateur mourut peu après, le 25 Décembre 1524, et c'est seulement en 1598, soixante quatorze ans plus tard, qu'on lui éleva une statue sur une des places de la ville de Goa.

Parmi les nombreux vice-rois qui lui succédèrent dans le gouvernement des Indes, nous ne mentionnerons que *Nuno da Cunha*, qui en fut le dixième gouverneur et qui, sur des accusations calomnieuses, fut ramené en Portugal, par ordre du roi, chargé de chaînes: il était borgne comme Camoëns, et avait perdu l'œil dans un carrousel où figurait Joao III. Il mourut durant la traversée et demanda que son corps fut jeté à la mer: «*la terre ne veut pas de moi, dit-il; elle a si mal reçu mes services qu'il ne convient pas de lui laisser mes os!*»

Parmi les hardis navigateurs portugais, il ne faut pas oublier Don Fernando de Magalhaens, ou *Magellan*, comme nous l'appelons: le roi Don Manuel lui ayant refusé un privilège, son esprit s'était aigri au point d'aller offrir ses services à la Castille. Il s'était fait, dit-on, naturaliser espagnol, afin d'éviter qu'on le qualifiât de traître. Charles-Quint, à qui il avait promis de découvrir un nouveau chemin pour se rendre dans les mers de l'Inde, lui confia une *armada*, avec laquelle il partit de San Lúcar de Barrameda le 21 Septembre 1519, et se dirigea directement vers les côtes du Brésil. Arrivé au cap des Vierges, il parvint enfin à l'île de *Zebu*, dans l'archipel des Philippines, non sans avoir eu à sévir sévérement contre son équipage qui s'était révolté contre lui; deux ans plus tard, il périt dans une lutte avec les Indiens.

Citons encore Alvaro Sayavedra, qui partit, en 1527, pour les îles Moluques, en se dirigeant vers l'isthme de Panamá, avec la persuasion qu'il pourrait le franchir et raccourcir d'autant le voyage.

Mentionnons aussi: Martim Affonso de Souza, qui partit de l'embouchure du Tage pour les Indes, avec cinq navires; Diogo Botelho Pereira, un héros, exilé aux Indes parce qu'on l'avait accusé de trahir son pays pour le roi de France et qui, pour apprendre à Joao III la nouvelle que Nuno da Cunha avait enfin réussi à fonder la forteresse de Diu, vint, dans une petite barque, avec cinq compagnons, jusqu'à Lisbonne, où il débarqua le 1er Novembre 1536, après avoir doublé le cap de Bonne-Espérance et manqué d'être dévoré par eux, durant ce voyage audacieux, accompli uniquement pour prouver sa fidélité au roi.

Puis, ce sont encore de hardis navigateurs comme Pero Gallego et Salvador Ribeiro; ce dernier, avec 30 Portugais et trois navires, fit face à toute une flotte qui portait six mille musulmans et se fit nommer roi de Pégu. Quant à João de Castro, vice-roi des Indes vers 1545, rappelons seulement, à sa gloire, que c'est aux pieds de sa statue que les malheureux Canarins, réduits à l'esclavage allaient encore, trois siècles plus tard, pleurer en lui demandant justice et protection contre les iniquités de leurs oppresseurs!

En résumé, les conquêtes des Indes furent aussi fatales au Portugal que le fût la découverte des Amériques pour l'Espagne: entraînés par cupidité, ou enlevés par les exigences de la guerre de conquête, le pays resta vide et sans bras pour l'agriculture.

Pour comble de malheur, Joao III introduisait en même temps dans ses Etats l'Inquisition: D. Fr. Diogo de Sylva fut le premier Inquisiteur général; il exerça ses fonctions jusqu'en 1539.

C'est aussi, sous son règne, que les Jésuites pénétrèrent en Portugal et, pendant trois siècles, ce pays fut la terre promise du Jésuitisme. En 1540, Paul III envoya au roi João III, François Xavier, l'austère religieux de la Navarre, le futur apôtre des Indes, qui s'appelait dans le siècle Francisco de Lasso y Javier. Ce dernier avait étudié à Paris avec Ignace de Loyola; c'est, dans une tourelle du collège de Sainte Barbe, à Paris, que les deux futurs apôtres célébraient leurs conciliabules. François Xavier partit pour les Indes dès 1541; repoussé de la Chine, qu'il avait prétendu convertir, il alla mourir, en 1552, à Sancian, où il fut enterré; ses cendres furent plus tard transportées à Goa. En même temps le roi avait fondé à Coïmbre, le collège qui a fourni tant de missionnaires à la Compagnie; ajoutons encore, que le Portugal fut le premier royaume d'Europe, où les jésuites purent posséder en propre des biens-fonds. Quand, plus tard, au XVIIIe siècle, le marquis de Pombal, l'ennemi acharné des jésuites, entreprit de briser l'immense pouvoir des humbles compagnons de Simão Rodriguez, la compagnie comptait en Portugal 24 grands collèges et 17 résidences, des plus riches du royaume. L'Inquisition proprement dite, ne fut établie aux Indes qu'en 1560, mais son pouvoir survécut à la puissance des Portugais et, au XVIIIe siècle, elle y était encore en pied, et armée de toutes ses rigueurs.

João III était mort en 1557, trois ans après la naissance de son petit-fils Don Sébastien: à ce moment déjà la fortune des Portugais commençait à décliner aux Indes. Don Sébastien, cet héritier si ardemment désiré, naquit à Lisbonne en 1554, dix-huit jours seulement après la mort du prince Don João son père. Doña Juana, sa mère, la propre fille de Charles-Quint, lui donna le jour au milieu d'un deuil universel: elle avait épousé le fils de João III le 11 Janvier 1552. La reine-mère Catherine, prit alors la direction des affaires, et l'intègre *Aleixo de Menezes* fut chargé de l'éducation du jeune monarque. A l'instigation de deux pères Jésuites, dont l'un était son conseiller et l'autre, son confesseur, il réclama, dès l'âge de 14 ans, les droits que lui donnait sa naissance et entra en possession du trône le 20 Janvier 1568. Peu après, il éloigna de sa personne, Menezes, l'homme probe et sévère qui avait guidé son éducation; c'est ainsi qu'il inaugurait un règne, qui eut un dénouement si tragique et des conséquences si funestes pour le Portugal.

A peine échappé à l'adolescence, il rêva une nouvelle croisade, une expédition contre les Musulmans, plus décisive que celle de João Ier et plus brillante que celles d'Alphonse V. Une première expédition sur la côte d'Afrique en 1574, se réduisit à une simple promenade le long de la côte, dans les environs de Tanger.

Il n'est pas douteux qu'un pouvoir occulte, mais persévérant, continuait à exercer son influence sur le jeune roi: de nouveaux projets insensés se firent jour; Philippe II d'Espagne seul les approuvait. Une seconde expédition en Afrique fut résolue, quatre ans plus tard: on prenait pour prétexte la restauration d'un sultan du Maroc; un roi chrétien allait remettre sur le trône un prince mécréant qu'il ne pouvait estimer.

A la petite armée de Don Sébastien, composée de 8 à 9.000 hommes, Philippe II joignit quelques renforts: entre les Espagnols et quelques aventuriers de tous pays, le chiffre total des combattants s'éleva à peine au double; cette petite armée traînait en revanche, à sa suite, une autre armée de femmes et d'enfants à la mamelle. On comptait sur un riche butin, et de naïfs paysans, n'ayant aucun doute sur le résultat de la journée, s'étaient même munis d'avance de fortes cordes pour lier les Sarrasins.

Philippe II avait bien donné à son neveu le casque de Charles-Quint, le vainqueur à Tunis, mais il lui refusait en même temps un chef aussi expérimenté que le duc d'Albe, car celui-ci reçut l'ordre formel de persister dans son refus d'accepter un commandement.

Le 24 Juin 1578 la flotte mit à la voile: Don Sébastien débarqua sur la plage d'Arzilla. Le souverain du Maroc, Muley Maluco, qu'on allait attaquer, luttait en vain de toute son énergie contre une maladie qui le dévorait, et l'on savait avec certitude, dans le camp portugais, que sa fin était prochaine. Aussi Don Sébastien différait-il sagement, quoique avec impatience, la bataille, dans le but de profiter des avantages évidents qu'amènerait une mort si opportune. Mais l'homme de Philippe II, Aldaña, le commandant des aventuriers, pénétra jusqu'au roi en se mordant les bras de rage, et en donnant les marques du plus violent désespoir de ce que l'on n'engageait pas l'action. Don Sébastien, se laissant entraîner, poussa enfin le cri de *Santiago, y á ellos!* si impatiemment attendu, et on se lança avec impétuosité sur les masses formidables et compactes des Musulmans. La victoire parut un moment appartenir aux chrétiens, dans cette mémorable journée d'*Alcaçar-Kébir* ou de *Kasr-el-Kébir*. La cavalerie arabe fuyait devant le roi et le duc d'Aveiro, lorsqu'on entendit, au fort de la mêlée, le mot *Volta! Volta!* arrière! arrière! lancé on ne sait par qui.

Dès cet instant tout fut perdu. *Sébastien de Sa*, frère du comte de *Matosinhos*, eut beau s'écrier: «*Fuir! fuir! mon cheval ne sait pas reculer.*» Et c'est en vain qu'il alla se faire tuer au milieu des Maures. Le roi et le duc d'Aveiro retournèrent avec une nouvelle énergie au combat: Don Sébastien allait en avant, frappant toujours, au point de disparaître au milieu des troupes musulmanes; mais jamais il ne put faire ployer l'infanterie des fiers *Azuagos*. A la fin, il se rua sur eux avec une telle impétuosité que, sur deux ou trois mille, il n'en resta, au dire des chroniqueurs, que dix-sept; à ce moment l'artillerie des musulmans vint tonner contre l'arrière-garde et Don Sébastien, brave à l'excès, mais général médiocre, ne sut prendre aucune disposition. *Don Jorge de Alburquerque Coelho* descendit de cheval pour faire monter le roi, l'engageant à fuir; mais Don Sébastien, ne voulant pas de la vie au prix de la liberté, s'élança sur le destrier de ce fidèle serviteur, mais pour aller, précédé de son jeune guidon, le brave Jorge Tello, se précipiter au milieu des ennemis, ayant l'air de poursuivre une victoire, mais en réalité cherchant la mort. Du côté des Maures il se passait un fait inouï: ils obéissaient, sans le savoir, aux derniers avis d'un prince que la mort avait frappé dès le début de l'action: Muley-Maluco s'était montré un instant, paré comme pour la victoire, sur son cheval de combat; l'armée l'avait vu, et le courage des siens s'était ranimé; puis, la mort l'ayant saisi, il alla expirer presque aussitôt derrière les splendides courtines de sa litière. Un renégat gênois ou portugais, Ahmed Talaba, plein de ruse et de sang-froid, se fit général en chef de fait: il marchait près de la litière, écartait les rideaux, improvisait des ordres comme s'ils provenaient du sultan. Cette feinte, dans laquelle un roi trépassé commandait encore à la foule ardente qui se ruait sur les chrétiens, fut exécutée avec une habileté parfaite et eut un plein succès. Don Sébastien, de son côté, n'avait cessé de frapper de la lance, mais il n'avait pas su commander; il comprit alors qu'il fallait mourir. L'étendard royal était porté par son digne alferez *Don Duarte de Menezes*; il fut à la fin renversé de cheval; plus d'un brave périt alors pour la défense de l'enseigne du roi. Un homme intrépide le sauva: Luiz de Brito, le bras gauche entouré de la bannière, s'élança vers le roi qui lui demanda si l'étendard était sauvé. «*Il l'est, sire, car il entoure un bras qui sait frapper.*» «Embrassons-le alors et mourons avec lui!» Telles furent les dernières paroles que Don Sébastien prononça. Christovam de Tavora fit des efforts énergiques pour décider le roi à se laisser prendre; il ne réussit lui-même qu'à se faire enlever par les Maures, qui, le prenant pour le Sultan des chrétiens, s'emparèrent de sa personne. Ils saisirent aussi un instant le roi, ce hardi cavalier qui frappait si rudement, mais qu'ils ne connaissaient pas: Brito le délivra, mais resta lui-même prisonnier. Lorsque ses regards cherchèrent encore le jeune monarque, il le vit sortant du champ de bataille, marchant en toute liberté, et sans qu'un seul arabe le poursuivit. Le chemin qu'il suivait était fort éloigné du lieu où l'on dit qu'on le trouva ensuite frappé de mort. Le jour même de la bataille, le corps de Don Sébastien fut reconnu par un page de la chambre du roi, parmi beaucoup d'autres corps, tous dépouillés de leurs vêtements. Son cadavre dut être racheté par les siens, et fut enterré d'abord à Alcaçar, puis, plus tard, au monastère de Belem à Lisbonne. Les gentilshommes convinrent également de se racheter tous en masse, afin d'obtenir un prix favorable et éviter que les plus riches, impatients de recouvrer leur liberté, n'entravassent le rachat des autres.

Nous avons relaté, peut-être longuement, le triste épilogue de la fatale journée d'Alcaçar-Kébir, mais aussi se rendra-t-on mieux compte de l'étrange disparition du roi Don Sébastien, et du peu de certitude que le cadavre, reconnu comme le sien, fut réellement celui du malheureux prince.

Ce fait donna naisance à toute une suite d'aventuriers et d'imposteurs qui, prenant simultanément le nom du roi Don Sébastien, revendiquèrent à chaque instant la couronne de Portugal.

Le premier parut en Estrémadure: c'était un maçon de l'île Terceire, qui prétendait aux honneurs de la royauté; il marcha droit sur Lisbonne et l'on prétend que, s'il eut choisi un jour plus convenable, il eut infailliblement réussi. La potence de Philippe II, alors déjà maître du Portugal, fit justice de ses prétentions.

Le second était un homme du peuple de la province de Beira: le cardinal d'Autriche y fut pris, et recommanda même qu'on lui rendit les honneurs royaux; il en fut quitte pour une rude fustigation et le sobriquet de *Sébastien*, qui lui resta parmi ses compagnons.

Le troisième était un personnage plus sérieux: il parut dans les États mêmes de son royal compétiteur; il exerçait l'humble métier de pâtissier en Castille et *Gabriel de Espinosa*, le *pastelero de Madrigal*, acquit bientôt une célébrité qu'il paya cher, car il fut exécuté sans pitié.

Deux ermites tentèrent également l'aventure: l'un d'eux était né à Alcobaça et résidait près du bourg d'Albuquerque. Il vivait avec tous les dehors de la sainteté, et réunit bientôt un assez grand nombre d'adhérents, parmi lesquels, deux personnages, à peu près aussi audacieux que leur chef, essayaient de se faire prendre, l'un pour *Christovam de Tavora*, celui qui durant la mémorable bataille avait fait des efforts énergiques pour décider le roi à se rendre; l'autre, pour l'évêque de *Guarda*. L'évêque supposé fut pendu et le faux roi, ainsi que son prétendu favori, allèrent ramer sur les galères.

L'histoire du second solitaire présente un caractère plus original: l'aventure eut lieu près de *villa de Ericeira*. C'était un jeune garçon de famille inconnue, et qui vivait dans un lieu abandonné où il menait, en apparence, la vie pénitente. Aussitôt que quelqu'un s'approchait de sa cabane, il saisissait sa discipline et s'écriait, au milieu des gémissements les plus douloureux: «Malheur à toi, Sébastien, toute pénitence n'est rien en comparaison de tes fautes.» Le récit des austérités de l'ermite se répandit dans les lieux d'alentour; un riche laboureur appelé *Pedro Affonso,* se déclara partisan du nouveau roi, arma plus de huit cents hommes et prit pour lui, le nom de *Don Pedro Duarte de Menezes,* l'alferez porte-étendard du roi, avec le rang de géneral, et les titres de comte de *Torres-Vedras*, seigneur de *Cascaes* et grand *alcayde* de Lisbonne; il donna même une de ses filles en mariage au faux monarque. Le dénouement amena l'exécution du prétendu roi, tandis que le gros de l'armée alla ramer sur les galères.

Le théâtre s'est emparé de tous les incidents dramatiques dont la mort de Don Sébastien a été environnée: bien des pièces de théâtre ont fourni leur carrière, grâce au nom de ce roi, que sa fin tragique a rendu sympathique.

Parmi tous ces aventuriers qui fondaient leurs prétentions, ou les faisaient valoir par des moyens plus ou moins vulgaires, il y en eut un dont l'histoire est plus extraordinaire. Ce personnage fort mystérieux, fut protégé par un prélat célèbre qui se fit son défenseur; il parut à Venise vers la fin du XVIe siècle, et se nommait *Marco Tullio Catizzone*, surnommé *le Calabrois*. En 1598 la seigneurie de Venise fit arrêter un homme qui prenait hautement le nom de Don Sébastien. Il portait sur lui, sans en excepter une seule, les marques secrètes auxquelles on pouvait reconnaître le jeune souverain, qui n'avait que vingt-quatre ans quand il disparût. Il désignait quels étaient les joyaux de la couronne, parmi certains bijoux volés dans ses malles; une bague, donnée jadis par lui à la duchesse de Médinaceli, laissa voir clairement son propre chiffre, que lui seul pouvait indiquer; il mentionnait nettement quels étaient certains présents diplomatiques qu'il avait reçus au temps de sa prospérité; les noms de tous les seigneurs qui avaient partagé sa mauvaise fortune, lui étaient familiers. Divers seigneurs portugais l'avaient reconnu à Venise même, entr'autres *Don João de Castro*, arrière petit-fils du grand vice-roi des Indes, qui avait assisté à la bataille d'Alcaçar-Kébir, et son témoignage avait certainement quelque valeur. Ce dernier était si profondément convaincu de l'identité de ce prétendant, qu'il vint à Paris, en l'an 1600, pour essayer de faire triompher une cause à laquelle il consacra son existence. Celui que l'on appelait *le Calabrois* racontait, qu'après la fameuse bataille, il était monté à bord d'un des gros bâtiments qui stationnaient le long de la côte et qui le conduisit au cap de St Vincent. Là, guéri de ses blessures, et désolé d'avoir compromis le royaume, comme son ancêtre Alphonse V, il avait résolu d'aller cacher sa honte à l'étranger; il s'était alors dirigé vers l'Orient, où il avait combattu dans les armées du schah de Perse; revenu en Europe, il se rendit à Paris en 1588, où, en effet, il habita le faubourg St Germain; de là il vint à Rome pour obtenir une audience du Pape qui, malade, ne put la lui accorder. Volé de ses bijoux précieux, tour à tour ermite et mendiant, il était enfin arrivé à Venise où, après avoir été retenu en prison durant deux ans et vingt-deux jours, il fut purement et simplement banni de la cité. Comme il dut s'embarquer sur une galère pour s'éloigner des Etats de Venise, le bruit courut qu'il avait été envoyé aux galères.

Tous ces récits, avec leurs curieux épisodes, expliquent pourquoi, pendant longtemps, le roi Don Sébastien n'était pas mort pour les Portugais; beaucoup d'entre eux conservèrent l'espoir de le voir un jour libre et heureux; pour quelques-uns il était devenu une sorte de héros légendaire, de chevalier enchanté, un nouvel Arthur, destiné à ranimer les espérances religieuses des peuples et à consolider leur bonheur. Il se forma ainsi au Brésil, dès la fin du XVIe siècle, une secte de rêveurs qu'on nommait les *Sebastianistas*, et qui prit sans doute son origine dans les prétendues prophéties de *Simão Gomez*, surnommé le *Sapateiro sancto*.

Durant les trois siècles écoulés depuis la mort du roi Don Sébastien, cette histoire extraordinaire a pris peu à peu la forme mythique, d'où est sorti quasi une religion nouvelle, dont le nombre des sectaires s'élevait, il y a quelques années, à rien moins que dix mille.

Par la disparition de Don Sébastien, le royaume de Portugal tomba entre les mains d'un prêtre, le cardinal Don Henrique, né en 1512, âgé, par conséquent, de soixante-six ans quand il monta sur le trône. Fils de *Doña Maria*, la seconde femme de Don Manuel, et destiné à l'église dès sa naissance, il fut évêque au sortir de l'adolescence, grand Inquisiteur à vingt-sept ans, et cardinal à trente-trois; on avait même songé à lui offrir la tiare, quand Paul III vint à mourir.

A la nouvelle du désastre d'*Alcaçar*, Don Henrique quitta le couvent d'Alcobaça, où il s'était retiré, et vint se faire sacrer. Devenu roi, il ne cessa pas pour cela de dire la messe; il fit cependant des instances auprès du pape Grégoire XIII, pour obtenir la permission de se marier; il songeait, paraît-il, à Catherine de Médicis, dont il se fit envoyer le portrait.

On se préoccupa dès lors, de ce que le royaume allait devenir à sa mort. Philippe II de Castille ne faisait pas mystère de ses intentions; beaucoup d'autres prétendants étrangers se mirent également sur les rangs et, parmi eux, Don Antonio, prieur *do Crato*, petit-fils de Don Manuel, que le cardinal-roi avait traité publiquement de neveu, et qui avait acquis les sympathies des Portugais au milieu desquels il vivait. Fait prisonnier des Maures à la désastreuse bataille d'Alcaçar, il avait su leur cacher sa naissance, et s'était fait racheter, comme les autres captifs, sans grever autrement le trésor public. Le 11 Avril 1579 le Cardinal-roi convoqua les Cortès; il y prit une attitude en opposition avec les sentiments du pays; sous prétexte de fuir la peste qui sévissait à Lisbonne, il transporta, l'année suivante, les Cortès à *Almeirim*, obéissant en cela réellement aux suggestions du monarque espagnol. Là, il proposa à l'assemblée une capitulation entre Philippe et le royaume, comme le seul moyen de sauver le Portugal de la violence des armes de Castille et il mourut aussitôt après.

Pendant ce temps Philippe II agissait; Don Antonio, le prieur *do Crato*, prenait le titre de défenseur du royaume et était même acclamé roi à *Santarem*, dans un rassemblement populaire.

Tous ces événements rappelaient les débuts glorieux du grand-maître d'Aviz, Joãm Ier, qui, dans des circonstances semblables, avait su conquérir un trône. A Lisbonne même on avait confirmé l'acclamation spontanée de Santarem, mais Don Antonio manqua de résolution. En attendant, le duc d'Albe, l'homme de fer de Philippe II, avançait, à la tête d'une forte armée jusque sous les murs de Lisbonne qui capitula, et vit ses faubourgs livrés au pillage pendant trois jours. Le duc n'avait rencontré de résistance qu'au château de Cascaes, où Don Diego de Menezes avait concentré quelques forces: sous prétexte d'avoir outrepassé les droits de la défense, l'impitoyable Don Fernando de Tolède lui fit trancher la tête. Quant au prétendant Don Antonio, il put s'enfuir de Lisbonne. Philippe II, dit le Prudent, avait transporté sa cour à Badajoz, où il tomba dangereusement malade, au point qu'on put croire à une mort prochaine.

Sur le bruit que Philippe était mort, Don Antonio se renferma dans Porto et s'y défendit avec vigueur; il dut toutefois abandonner cette ville et, après bien des difficultés, il réussit à s'embarquer pour Calais, d'où il passa en Angleterre, pour demander des secours à la reine Elisabeth. Philippe II le moribond, était en effet revenu à la santé: de terribles représailles ensanglantèrent alors Lisbonne; les partisans de Don Antonio furent jetés en prison, empoisonnés, ou exilés, et pas un homme de tête ou de courage ne fut laissé à Lisbonne, afin que rien ne vint le troubler dans la possession du royaume. Ajoutons que, plus tard, Don Antonio, réfugié en France, était parvenu à intéresser à sa cause Catherine de Médicis en lui offrant, dit-on, la cession du Brésil dont la France aurait convoité la possession. Elle lui fournit en effet les moyens de se rendre à l'île Terceire, dans les Açores, à la tête de quelques forces, mais cette expédition fut malheureuse. Après avoir erré aux Pays-Bas et en Angleterre, il se fixa définitivement aux environs de Paris, revêtu du titre de roi de Portugal, menant une vie obscure, et vivant d'une pension que lui faisait la France. Il mourut à Paris en 1595, âgé de soixante quatre ans, laissant dix enfants bâtards, car il n'avait pas été relevé de ses vœux, en sa qualité de grand-prieur *do Crato*, pour avoir pu contracter une union légitime.

Dès 1581; Philippe II d'Espagne recevait solennellement la couronne des Etats assemblés à Thomar, sous le nom de Philippe Ier de Portugal. Pendant soixante ans, jusqu'en 1640, *les soixante années de captivité*, comme disent les Portugais, le pays demeura annexé à l'Espagne. On vit alors le Portugal perdre successivement, et dès les premières années du XVIIe siècle, ses plus belles possessions de l'Amérique méridionale, de l'Afrique et des Indes. Chaque année marque une défaite, comme autrefois chaque année marquait une victoire. Ce sont d'abord les Anglais qui entrent dans le royaume, prennent *Cascaes* et *Peniche* et s'avancent à quatre journées de Lisbonne; en 1595 ils saccagent Faro, enlèvent les forteresses de St Vincent et de Sagres; en 1597, ils pénétrent dans les îles de San Miguel, de Fayal et du Pic et, au Brésil, ils saccagent la ville de St Vincent, s'emparent de la forteresse de Quixome aux Indes, ainsi que de l'île d'Ormuz.

Puis, ce sont les Hollandais qui, de leur côté, se rendent maîtres des Moluques et assiègent trois fois *Goa*; de tous côtés les possessions portugaises sont ravagées et incendiées. Le Portugal n'avait plus de flotte pour les défendre, parce que la Castille employait à ses propres besoins les droits et les revenus destinés à maintenir les forces navales du Portugal; les choses en vinrent au point qu'il n'y eut pas une seule frégate disponible, dans tout le royaume, pour mettre à la voile dans un cas urgent.

«Le Portugal sans flottes est une torche sans lumière, a dit un écrivain, car sa marine a rempli de splendeur les coins les plus obscurs du monde: que de fois une caravelle rasée de ce pays avait-elle suffi pour jeter les Maures dans la stupeur! Mais alors, les mers restèrent ouvertes à tout pirate qui voulait courir sus à sa marine affaiblie.» Parallèlement, la décadence financière de l'Espagne commençait de son côté, et, dès cette époque, elle avait pris une allure effrayante. Durant le seul règne de Philippe II, la dette publique s'était accrue de 65 millions de ducats et s'élevait, à sa mort, à cent millions de ducats, près de deux cents millions de francs; les revenus de plusieurs années étaient en outre engagés d'avance. L'Espagne était donc impuissante à faire, pour le pays qu'elle venait de s'annexer, ce qu'elle ne pouvait faire pour elle-même. Philippe II comptait bien, pour ranimer quelque peu ses finances, sur les riches galions qui venaient des Indes, où il avait envoyé pour le représenter, en qualité de vice-roi, *Don Francisco Mascarenhas;* mais les Hollandais, abrités dans le port de Ste Hélène, guettaient ces riches proies et s'en emparaient. La lutte s'engagea avec eux en 1599 et, en l'an 1600, on les voit paraître pour la première fois aux Indes, où ils font de nombreuses et riches captures.

Un hollandais, Corneille Houtman, venu à Lisbonne à la fin du XVIe siècle, avait deviné, d'un coup-d'œil, l'état d'abandon où était le commerce de Lisbonne, et ce que l'Espagne laisserait prendre à des hommes persévérants. Comme il manqua de prudence dans ses perquisitions, il fut emprisonné, et condamné à une amende considérable: il s'adressa alors avec confiance aux négociants d'Amsterdam; sa dette fut payée; la Hollande avait compris ce que valait la liberté de Houtman. Quatre vaisseaux sont équipés, et l'homme habile, qui a surpris le secret d'une prospérité commerciale presque fabuleuse, est nommé subrécargue de l'expédition: le 1er juin 1596 les Hollandais sont devant *Sumatra,* puis, devant *Java.* Peu après, se fonde la compagnie des Indes orientales et, désormais, la Hollande hérite des Vénitiens et des Portugais, le commerce avec ces contrées. Corneille Houtman, auteur de cette révolution, alla mourir dans une île de l'Orient.

Cependant le Portugal était gouverné, en 1640, par Marguerite de Savoie, duchesse de Mantoue, en qualité de vice-reine et pour le roi Philippe IV d'Espagne; mais l'autorité résidait entre les mains du portugais *Michel Vasconcellos,* qui, remplissant les fonctions de secrétaire d'Etat auprès de la vice-reine, était en réalité ministre absolu, puisqu'il ne recevait des ordres que du comte-duc d'Olivarès, dont il était la créature. Il n'y avait alors qu'une seule personne en Portugal qui put porter ombrage et donner quelque inquiétude à l'Espagne; c'était Don João, duc de Bragance. Son père, le duc Théodose, lui avait laissé en héritage toute sa haine contre les Espagnols, et les lui avait toujours fait considérer comme les usurpateurs d'une couronne qui lui appartenait. Sa femme était l'illustre descendante des Medinaceli, Doña Luisa Francisca de Guzman, qui disait *qu'elle aimait mieux être reine une heure seulement, que duchesse toute sa vie.*

En 1637, une véritable émeute avait éclatée contre les Espagnols à Evora; l'année suivante, on exécuta en effigie deux chefs de la révolte, hommes énergiques sortis de la classe ouvrière; puis, tout sembla rentré dans le calme, lorsqu'arriva le 1er Décembre 1640, date qui avait été désignée pour marquer l'ère nouvelle de l'indépendance et de la restauration du trône: l'heure des grands événements était sonnée. C'est alors qu'une dame noble de Lisbonne, *doña Filippa de Vilhena,* arma elle-même ses deux fils et leur dit, en leur présentant l'épée de leur père qui avait vaillamment servi aux Indes: «Allez, vous êtes chevaliers, gagnez un trône au roi et la liberté au pays!» D'autres dames imitent cet exemple. Un noble vieillard octogénaire, *Don Miguel d'Almeida,* passant le seuil du château, se montre au balcon, en tenant son épée et crie au peuple: «Vive le roi Don João IV jusqu'à ce jour duc de Bragance! meurent les traîtres qui nous ont retiré la liberté!» A ce signal répond une clameur immense, et c'est aux cris de mort pour la Castille, qu'on attaque la garde espagnole. *João Pinto Ribeiro*, homme éminent, qui avait toute la confiance du duc dont il était le surintendant, marche, à la tête des plus résolus, à l'appartement de *Miguel de Vasconcellos*; on le trouve réfugié dans une armoire, où il reçoit la mort sans proférer une parole; puis, le cadavre du ministre, jeté par la fenêtre, fut traîné dans les rues.

La vice-reine, menacée à son tour d'être lancée par une des fenêtres du palais, dut se réfugier à Xabregas; le duc de Bragance prit dès lors le titre de João IV. Il fut de même acclamé au Brésil, dont la Hollande occupait alors les plus riches provinces, et à Goa, dans les Indes orientales.

L'archevêque de Braga n'en conspirait pas moins pour le rétablissement du gouvernement de Castille; l'échafaud fut alors dressé, pour la première fois sous la dynastie de Bragance, et ce fut pour voir trancher les têtes du duc de *Caminha* et de trois autres grands seigneurs; quant à l'archevêque de Braga, il mourut empoisonné dans sa prison. En représailles, un frère de João IV, l'infortuné don Duarte, fut livré en 1642 à l'Espagne, par le roi de Hongrie, moyennant une somme d'argent: le malheureux prince, qu'on désigne sous le nom du *prince vendu*, mourut à son tour dans une prison à Milan. La bataille de *Montijo*, remportée en 1644, consolida la maison de Bragance sur le trône; enfin, dès 1654, le Brésil était rentré au pouvoir de João IV qui mourut en 1656. Don Affonso, son fils, fut salué du titre de roi, sous la tutelle de sa mère qui mourut dans un couvent en 1666; mais, dès 1662, et quoiqu'il fut paralytique et incapable, il avait pris les rènes du gouvernement.

La bataille d'*Ameixial*, près d'Estremoz, en 1663, où les Espagnols furent battus et, deux ans plus tard, la victoire de *Montesclaros*, forcèrent enfin les Espagnols à se retirer du Portugal. Quand Philippe IV reçut la nouvelle de cette dernière défaite, il laissa tomber la lettre à terre, en prononçant ces simples mots: «Dieu le veut!»

Don Affonso VI étant demeuré impuissant, son frère Don Pedro, plus jeune que lui de quelques années, était appelé à lui succéder; mais il convenait à la politique du comte de Castelmelhor de faire épouser quand même à Affonso VI, en 1666, Marie-Françoise Elisabeth de Savoie, fille du duc de Nemours. Le mariage se fit par procuration; il eut cela de curieux que le roi, ne voulant pas souffrir en cette occasion que le marquis de Sande, son représentant, donnât la main à la princesse, il fallut que celle-ci donnât à son tour procuration au duc de Vendôme, son oncle, pour la représenter dans la cérémonie des épousailles: l'évêque de Laon dut, par suite, marier les deux procureurs ensemble, c'est-à-dire l'ambassadeur avec le duc.

Elisabeth de Savoie, d'un esprit fin et résolu, fut sans pitié pour son mari, dont l'affaiblissement moral exigeait des soins et de la sollicitude: elle le fit même descendre du trône et partagea celui-ci avec le propre frère de la victime, sous la sanction de Rome. Le 2 Avril 1668, Alphonse VI n'était plus roi que de nom: Don Pedro prit le titre de régent du royaume, et l'exil devint le partage d'un souverain devenu le jouet d'une immoralité honteuse.

Alphonse, en abdiquant le trône, ne se doutait guère qu'il abdiquait aussi la liberté: on le transporta dans la petite île de Terceire; mais comme la cour de Madrid chercha, plus tard, à s'emparer de sa personne pour lui faire contracter mariage avec la veuve du roi d'Espagne, afin de renouveler sans doute une invasion en Portugal, le régent Don Pedro, fit revenir son frère sur le continent et conduire à Cintra, où il mourut d'apoplexie en 1688, après une captivité qui dura neuf ans.

Don Pedro II avait reçu, dès 1668, le serment des Etats en qualité de prince régent, car, malgré toutes les instances, il n'avait pas voulu consentir à prendre le titre de roi du vivant de son frère. Isabelle de Savoie mourut en 1683, en ne lui laissant qu'une fille. Quatre ans plus tard, Don Pedro épousa une princesse allemande d'une rare beauté, Marie Sophie Isabelle de Neubourg, fille de l'électeur palatin du Rhin, Philippe Wilhelm; de ce mariage naquirent l'héritier de la couronne Don João, Don Francisco, prieur *do Crato*, et d'autres encore.

Durant la guerre de Succession, Don Pedro II s'était allié à la France et à l'Espagne, contre les prétentions de l'Archiduc au trône d'Espagne; mais, en 1703, changeant de politique, il se joignit à l'Angleterre et à la Hollande contre la France. On vit alors, par deux fois, les troupes portugaises aller venger dans Madrid l'outrage qu'elles avaient reçu du drapeau castillan, lorsqu'il avait flotté soixante ans sur les tours de Lisbonne. Don Pedro avait en effet accompagné l'Archiduc qui, le 2 Juillet 1706, fut proclamé roi dans Madrid. Le 9 Décembre de la même année, de retour à Lisbonne, Don Pedro mourait, après un règne qui fut des plus longs.

João V fut acclamé en 1707, quand il n'était âgé que de seize ans, et lorsque la guerre de Succession compliquait encore la situation de la Péninsule; il régnait à peine depuis quelques jours, lorsque l'armée qui soutenait Philippe V et que commandait le duc de Berwick, battit, à Almansa, les troupes anglaises et portugaises réunies. En 1708 João V épousa Marie Anne d'Autriche, fille de l'empereur Léopold Ier, et le 13 Février 1715, deux ans après la grande paix d'Utrecht, la paix fut enfin signée entre l'Espagne et le Portugal.

C'est en 1717, que fut posée la première pierre du colossal monastère de Mafra, qui s'éleva grâce aux sommes prodigieuses expédiées du Brésil, d'où l'on avait reçu, en 1699, le premier or trouvé dans l'intérieur du pays; d'autres constructions encore, furent élevées par João V, qui prenait modèle sur Louis XIV. La peste se déclara en 1720 dans plusieurs villes et, en 1723, on vit succomber, dans Lisbonne seulement, plus de quarante mille personnes. João V est le premier roi de Portugal qui ait porté le titre de *Majesté très Fidèle;* c'était une faible compensation aux sommes énormes qu'il avait envoyées à Rome et qui, durant son règne, s'élevèrent à plus de cent quatre vingt millions de cruzades. Par des messes nombreuses, il pourvoyait aussi au salut de ses sujets: sous son règne enfin, en 1745, eut lieu l'un des derniers auto-da-fés dont on ait gardé le souvenir, et dont fut victime le poète dramatique Antonio Jozé, qui périt au milieu des flammes.

A la mort du roi, survenue en 1750, son successeur Don José Ier, trouva les coffres vides; mais le Brésil, source inépuisable de trésors, comblait les vides et faisait disparaître les embarras financiers. Joseph Ier s'était marié, dès 1729, avec Doña Anna Victoria, fille de Philippe V et d'Isabelle Farnèse, la même qui avait dû épouser Louis XV. C'est sous son règne que s'illustra le marquis de Pombal: ce ministre sut, par des mesures énergiques, amener l'expulsion des Jésuites du royaume et, par des réformes nombreuses qui lui valurent le titre de *Colbert portugais*, relever les finances de l'Etat. Le mémorable tremblement de terre du Ier Novembre 1755, dont nous parlerons ailleurs, réduisit la ville de Lisbonne en un immense monceau de ruines; il fallut alors réparer d'effrayants désastres; dès 1756, Pombal réédifiait la ville et la reconstruisait avec solidité, tout en l'embellissant.

Parvenu au dernier terme de la vie, le roi Joseph ne manifesta qu'un désir, celui de voir sa fille aînée, Doña Maria, unie à son propre petit-fils, l'infant Don Pedro, duc de Beira, qui devint Don Pedro III: des dispenses ayant été obtenues pour ce mariage de la cour de Rome, au su de la reine régente du royaume, le mariage fut célébré dans une chapelle du palais. Le roi expira le 23 Février 1777; la jeune reine reçut solennellement la couronne le 13 Mai, sous le nom de Doña Maria Ire; le ministère fut changé et le marquis de Pombal, qui laissait, à la mort du roi Joseph, le Trésor public avec plus de dix-huit millions de cruzades (45 millions de francs), se vit déclaré criminel, et condamné à résider à vingt lieues de la capitale, dans sa retraite de Pombal, où il mourut en 1782, âgé de 83 ans.

Doña Maria Ire était d'une dévotion excessive; son confesseur avait sur elle un ascendant illimité; aussi, les terreurs religieuses dont on environna son âme, ne tardèrent pas à développer en elle une maladie fatale, et, jeune encore, elle fut frappée de démence. Don Pedro était mort en 1786; ce fut donc son fils, Don João, le prince du Brésil, qui dut prendre, dès cette époque, la direction des affaires. Il s'était marié, une année avant la mort de son père, à Doña Carlota Joaquina, fille du roi Charles IV d'Espagne. En 1795 il se résigna, à la face de l'Europe, à porter le lourd fardeau de la couronne dont il redoutait avec raison le poids, et prit ostensiblement, le 5 Juin 1799, les rênes de l'Etat.

Ici se placent les événements, presque contemporains, qui ont marqué les premières années de notre siècle: comme ils sont plus connus, nous n'indiquerons que, très sommairement, les faits les plus saillants de l'histoire du Portugal jusqu'à nos jours.

Dès 1806, João avait fermé ses ports aux Anglais; malgré ces concessions à Napoléon, un article du Moniteur du 11 Novembre 1807, déclarait la maison de Bragance déchue du trône de Portugal, que le traité de Fontainebleau divisait en trois parties, en même temps qu'il créait, dans les Algarves, une principauté souveraine pour le prince de la Paix.

L'invasion du Portugal fut résolue, et le 30 Novembre, le général Junot entrait dans Lisbonne: trois jours auparavant, Don João nommait une régence et abandonnait l'Europe pour se retirer au Brésil, avec la reine Doña Maria, l'infant don Pedro, et le prince d'Espagne, neveu de Don João. Une escadre, composée de 14 bâtiments, emportait quinze mille individus, qui tous émigrèrent alors pour le Brésil. L'esprit affaibli de Doña Maria se réveilla à cette heure solennelle; elle voulut quitter le pays en reine: «Pas si vite, disait-elle à ceux qui l'emmenaient; ne croirait-on pas que nous fuyons!» Le jeune Don Pedro, âgé de neuf ans à peine, de son côté, demandait si l'on ne combattait pas avant de partir.

Une proclamation de Junot, du 1er février 1808, abolit la régence nommée par don João, et annonce la déchéance de la famille régnante. Parvenu à Rio, le 8 Mars de la même année, Don João annule à son tour, le traité de Badajoz de 1801, et celui de neutralité conclu en 1804. Porto ne tarda pas à se soulever contre l'armée d'invasion. Le 19 Juin 1808 les Anglais débarquent en Portugal, et le 21 Août, à la bataille de *Vimeiro*, Junot, duc d'Abrantès, fut contraint de se replier sur Torres-Vedras. Le 30, on signa la célèbre convention de Cintra qui permit à l'armée française de rentrer, avec armes et bagages, en France, à bord de la flotte anglaise; un mois après, elle rentrait de nouveau toute entière dans la Péninsule. En 1809 le maréchal Beresford prit le commandement de l'armée portugaise, tandis que le maréchal Soult entrait dans Porto. Pendant ce temps le général Welesley, le futur duc de Wellington, débarquait à Lisbonne avec de nombreux renforts et obligeait le duc de Dalmatie à battre en retraite. En 1810 Masséna prend, à Salamanque, le commandement d'une armée de soixante et dix mille hommes pour envahir une troisième fois le Portugal; mais Wellington, en construisant les fameuses lignes de *Torres-Vedras*, annule tous les efforts de Masséna, qui opère, en Novembre, une retraite admirable. Le 3 Avril 1811, l'armée française toute entière est enfin obligée de retourner en Espagne pour rentrer, bientôt après, en France.

La nouvelle de ces grands événements arriva au Brésil, avec le traité de paix générale signé le 30 Mai 1814. Don João envoie ses plénipotentiaires à Vienne; l'abolition de la traite est adoptée et le Portugal convient de cesser désormais tout commerce d'esclaves au nord de la Ligne. Le 16 Décembre 1815, une loi, promulguée à Rio de Janeiro, érige le Brésil en royaume. Le 20 Mars 1816, la reine Doña Maria ayant succombé, à l'âge de 81 ans, le régent prend le titre de roi, sous le nom de João VI; il est de même acclamé au Brésil en 1818.

Le 4 Avril 1819, naît à Rio, l'infante Maria, fille de Don Pedro, qui s'était marié, en 1817 et par procuration, avec l'archiduchesse Léopoldine; le 3 Mai elle fut baptisée sous le titre de princesse *da Beira*, titre que prend depuis lors le fils du prince héréditaire de Portugal.

Le 20 Août 1820 éclate la révolution de Porto; on proclame, pour la première fois, les principes constitutionnels; un congrès national souverain est ouvert à Lisbonne le 26 Janvier 1821, et les Cortès constituantes sont établies. Le 21 Juillet de cette même année,

João VI débarque à Lisbonne. Sous l'impression de la nouvelle que le Brésil a proclamé son indépendance, il jure une nouvelle Constitution qui est bientôt annulée. Les Cortès sont dissoutes, à la suite d'un mouvement militaire qui a pour chef *Don Miguel.* La femme de João VI, *Carlota Joaquina*, est envoyée en exil pour s'être refusée obstinément à suivre les nouvelles lois du royaume.

Autour d'elle, se forme un parti absolutiste qui va grossissant, et va bientôt livrer le pays à toutes les horreurs de la guerre civile.

En Mai 1823, sous l'action persévérante de Don Miguel, la terreur règne dans Lisbonne; les arrestations se succèdent, lorsque, le 18 Juin, João VI, recouvrant le pouvoir absolu, nomme une junte pour aviser au mode le plus convenable de constituer la nation.

La faction miguéliste voit ses projets renversés et, le 13 Mai 1824, don Miguel reçoit l'ordre de quitter le Tage pour voyager; le 5 Juin, João VI déclare que la Constitution, propre à la nation, est celle de Lamego, et convoque les Cortès; le 25 Novembre 1825, l'indépendance du Brésil est reconnue par le roi, qui omet de la faire ratifier par les Cortès et enfin, le 10 Mai 1826, João VI meurt.

Conformément à la Charte, l'infante Isabelle Marie est déclarée régente du royaume et, à la tête du ministère, on place le général Saldanha, petit-fils du célèbre marquis de Pombal, connu par ses principes libéraux.

Don Pedro apprenant à Rio de Janeiro la mort de son père, abdique la couronne du Portugal en faveur de sa fille aînée *doña Maria*, et donne au royaume la Charte qui porte son nom; le 3 Juillet 1827 parait un décret qui confère la régence à son frère don Miguel qui, au lieu de s'embarquer pour Rio, et portant le titre d'Infant, rentre à Lisbonne le 22 Février 1828, pour y prêter serment. La régente Isabelle Marie se démet noblement du pouvoir, mais, le 15 Avril, a lieu le mouvement populaire qui porte don Miguel sur le trône, pendant qu'à Porto, au contraire, éclate une révolution en faveur de la reine; mais, la résistance à Don Miguel manqua d'ensemble et les troupes constitutionelles furent obligées de pénétrer en Espagne, ou de s'embarquer pour l'Angleterre.

Pendant ce temps, Doña Maria II, âgée de neuf ans, partait de Rio pour aller en Autriche terminer son éducation dans le palais de son aïeul; arrivée à Gibraltar, elle est conduite en Angleterre, où elle est reçue, lors de son arrivée à Falmouth le 24 Septembre, avec la pompe due aux têtes couronnées; ce n'est toutefois que le 22 Décembre, qu'a lieu sa réception solennelle à Londres. Une expédition, composée d'émigrés, et dirigée sous le commandement du comte de Saldanha sur l'île Terceire en 1829, est repoussée par les Anglais; ils durent se réfugier à Brest, où ils furent reçus avec une franche hospitalité. Don Pedro rappela alors la jeune reine auprès de lui, au Brésil.

Le 7 Janvier 1830 survient la mort de la reine Doña Carlota Joaquina, veuve de João VI et, en Juillet, éclate la révolution française, qui change l'aspect politique de l'Europe. Enfin, le 16 Mai 1831, une escadre française commandée par le contre-amiral Roussin, arrive dans les eaux du Tage, commence les hostilités contre le gouvernement de Don Miguel, et s'empare de sa flotte.

Don Pedro, sous le titre de duc de Bragance, revenu du Brésil, va résider en Angleterre, tandis que Doña Maria arrive à Brest: le 11 Juillet, le contre-amiral Roussin force le port de Lisbonne et oblige Don Miguel à se mettre à la discrétion du vainqueur. Le 16 Août, Don Pedro se rend à Paris, avec l'Impératrice et la jeune reine: ils sont accueillis par Louis Philippe au palais de Meudon, qui leur sert de résidence. Pendant ce temps, le comte de Villa-Flor a obtenu des succès aux îles Açores; Don Pedro y arrive lui-même le 22 Février 1832, et en repart, le 27 Juin, avec quelques navires et une petite armée de sept à huit mille hommes. Le 7 Juillet il débarque près de Porto, où il fait son entrée aux acclamations des habitants; les troupes de Don Miguel en font le siège; cette opération dure onze mois. Les forces maritimes de la reine, sous le commandement de l'amiral anglais Napier, livrent, le 5 Juillet 1833, à la hauteur du cap Saint Vincent, un combat dans lequel la flotte de Don Miguel est enfin complétement détruite.

La guerre civile va cesser, par la reconnaissance que la reine régente d'Espagne, Marie Christine, fait, en 1834, des droits de la jeune reine Marie: le 8 Mai les troupes royales, commandées par le comte de Villa-Flor, entrent dans Coïmbre, passent le Tage, et la convention d'Evora, du 29 Mai 1834, donne enfin un trône paisible à Doña Maria II. Don Miguel s'embarque le 1er Juin à Sines, après s'être engagé à ne plus jamais se mêler des affaires politiques du royaume; on lui accorde en même temps une pension.

Don Pedro mourut le 24 Septembre de la même année et quand survint, en 1853, la mort de Doña Maria, la régence échut à son mari, le roi Don Fernando, encore vivant aujourd'hui. Il administra avec prudence le Portugal, au nom de son fils aîné, proclamé roi en 1855, sous le titre de Don Pedro V.

Ce dernier, en mourant en 1861, laissa le trône à son frère, Don Luiz Ier, né en 1838: Don Luiz épousa, en 1862, Doña Maria Pia, fille du roi d'Italie Victor Emmanuel, et tous deux occupent aujourd'hui dignement le trône de Portugal.

1.—De **Badajoz** à **Lisbonne**. Un trajet de seize kilomètres seulement, sépare **Badajoz** de **Elvas**, première ville du Portugal que l'on rencontre sur ce parcours, peu après avoir franchi le Cayá: c'est là que sont situés les bureaux de la Douane de ce royaume.

On aperçoit de la gare, les maisons blanches d'**Elvas**, bâtie sur une hauteur et en amphithéâtre. Cette ville appartient au district de *Portalegre*, qui faisait partie de l'ancienne province de l'*Alem-Tejo*: elle est le siège d'un évêché. Au temps du roi Don José Ier, et sous l'administration du célèbre marquis de Pombal, à la suite du pacte de famille, l'Espagne, alliée à la France contre l'Angleterre, déclara en 1762 la guerre au Portugal. On appela alors dans ce pays, le général de Schaumbourg-Lippe, comte immédiat de l'empire d'Allemagne, *o gram conde*, comme l'appellent encore les Portugais, pour le placer à la tête de la défense du pays. Ce général éleva alors, autour d'*Elvas*, les fortifications qui en font, encore aujourd'hui, la forteresse la plus importante du royaume.

Elvas possède une cathédrale qui n'offre aucune particularité remarquable ; par contre, son aqueduc est une vaste construction, de plus de trois kilomètres de longueur, formée, par endroits, de quatre rangs d'arcs superposés et comparable aux meilleurs travaux de ce genre laissés par les Romains: ce canal amène les eaux dans une vaste citerne située dans l'enceinte de la forteresse, et offre la singularité d'avoir été tracé en zig-zag: est-ce pour neutraliser la pression des vents, comme le prétendent quelques-uns; ou n'est-ce pas plutôt, comme nous le croyons, pour lui donner plus de résistance, dans les cas de tremblements de terre dont les monuments du Portugal ont si souvent été victimes?

Au sortir d'Elvas, la voie atteint successivement **Santa Eulalia**, **Assumar** et **Portalegre**, chef-lieu de district, et siège d'un évêché; elle est située sur une hauteur qu'entourent également des fortifications, mais n'offre aucun intérêt particulier; puis vient **Crato**, défendue aussi par des murs; elle fut célèbre jadis, lorsqu'elle était le siège du grand-prieur de Malte.

A travers de belles campagnes, on atteint successivement les stations de **Chanca**, **Ponte de Sor**, et de **Bemposta**. A partir de là, la voie ferrée suit la vallée du Tage ou *Tejo*, comme disent les Portugais, pour atteindre **Abrantès**, bâtie au sommet d'un plateau dans une position éminemment stratégique.

Lorsque Joám II fut définitivement proclamé roi de Portugal en 1481, il dut sévir avec la plus grande rigueur contre les grands du Royaume, qui avaient usurpé les possessions de la couronne; le troisième duc de Bragance monta alors sur l'échafaud, et le *comte de Montemor*, connétable du royaume, impliqué dans une des conspirations permanentes qui enveloppaient sans cesse la personne du monarque, avait réussi à fuir; mais il n'en fut pas moins exécuté en effigie. On dressa, à cette occasion, sur la place publique d'Abrantès où se trouvait le roi, un vaste échafaud tout tendu de draperies noires; on y amena une statue du marquis, faite à sa ressemblance: elle était armée de toutes pièces, revêtue de sa cotte d'armes et tenait dans la main droite une épée et, dans la gauche, une bannière carrée blasonnée de ses armoiries. Là, en présence des autorités, des juges, et des officiers de justice, on lut l'acte d'accusation, on le jugea et condamna à être décollé publiquement. Un héraut d'armes vint ensuite procéder à la dégradation: on lui enleva successivement, l'épée, la bannière et toutes les pièces de l'armure, jusqu'à ce que la statue fut en simples chausses et en pourpoint. Le bourreau coupa la tête de la statue, et de cette tête jaillit du sang artificiel, de sorte qu'il semblait que ce fut celui d'un homme vivant; la statue et l'échafaud furent ensuite livrés aux flammes et réduits en cendres. Quand le *comte de Montemor* apprit les détails de cet imposant simulacre, il tomba en hypocondrie et mourut de tristesse peu après, en Castille, où il était réfugié.

Rappelons encore, qu'au mois de Novembre 1807, le maréchal Junot, à la tête d'une armée française, et par une marche restée fameuse, envahit le Portugal et pénétra dans Lisbonne. Napoléon le récompensa de cette campagne, par le titre de duc d'Abrantès. Parmi les monuments de cette ville, il faut citer le couvent et l'église de Sam Vicente, l'une des plus vastes du royaume, et dont quelques parties sont intéressantes au point de vue architectural.

Au sortir d'**Abrantès**, on atteint la station de **Tramagal**, où l'on franchit le Tage sur un beau pont de 16 arches et de 30 mètres d'ouverture, sur 22 de hauteur; puis, après les stations de **Praia** et de **Villanova da Barquinha**, vient la station de **Entroncamento**, ou d'embranchement de cette ligne avec celle du Nord, qui se dirige sur **Porto** et la frontière de Galice, et avec celle de **Lisbonne**.

Après la station dite de **Entroncamento**, la voie ferrée de Lisbonne, laissant sur la droite **Torres-Novas**, longe constamment une des rives du Tage, que sillonnent des embarcations de toutes sortes, tandis que l'autre, offre aux regards de très beaux jardins garnis de fleurs et très ombragés, ainsi que des champs cultivés avec soin. Après les stations de **Mato de Miranda** et de **Valle de Figueira**, voici celle de **Santarem**, dont le nom rappelle que Sainte Irène y souffrit le martyre.

Santarem, chef-lieu de district, bâtie sur la rive droite du Tage, aux pieds d'un vieux château nommé l'*Alcaçora*, occupe une position éminemment stratégique; elle est appelée la sentinelle du pays et considérée comme la clef de Lisbonne. C'est l'ancienne *Scalabis* des Romains, qu'Affonso Henriquez enleva aux Maures en 1147; on y remarque encore quelques vestiges d'architecture arabe. L'église de *San Juan de Alporão* fut, dit-on, un temple romain et puis, une mosquée: *l'alminar*, d'où *l'Iman* appelait les fidèles à la prière, et le souterrain qui communiquait avec le Tage, subsistent encore. Le couvent de *San Francisco*, avec son église de style latino-bysantin, et son remarquable cloître bâti à la fin du XIIIe siècle, mérite l'attention: chacun de ses côtés est d'un style différent, et les colonnes, ainsi que les arcades, en sont richement décorées; on y trouve de curieux tombeaux anciens, dont quelques-uns ont servi d'abreuvoirs.

Nous mentionnerons aussi l'édifice du Séminaire construit vers le milieu du XIIe siècle, dont l'église, bâtie à une seule nef chargée de peintures, n'offre aucun intérêt. C'est, d'une des fenêtres du grand corridor de la façade principale du collège, que le roi Pierre Ier assista au châtiment terrible qu'il infligea à *Pedro Coelho* et à *Alvaro Gonzalez*, deux des assassins de la malheureuse et belle *Inès de Castro*; c'est là que, sous ses yeux, il leur fit arracher le cœur et ensuite brûler leurs corps. Rappelons, à cette occasion, que *Santarem* fut la résidence des rois de Portugal, depuis Affonso III qui régna en 1248, jusqu'à João I, vers la fin du XIVe siècle.

La tour dite *das Cabaças*, ou des calebasses, est une curiosité en raison du peu de grâce de ses proportions; aussi tire-t-elle son nom de sept grosses calebasses que le roi Don Manoel fit accrocher à son sommet, en témoignage du peu de génie qui inspira les sept exécuteurs de ce monument, aux formes lourdes et massives.

Après **Santarem** viennent les stations de **Sant'Anna**, de **Ponte Reguengo**, d'**Azambuja** et de **Carregado**; un service de voitures conduit de cette station à

Alemquer et à **Caldas da Reinha**; puis l'on atteint **Villa Franca da Xira**, petite ville bien bâtie et fondée, dit-on, par un parti de croisés Français demeurés dans le pays, après l'expulsion des Maures.

On arrive, peu après, à **Alhandra**, d'où l'on se rend, par la route, à **Sobral**, et de là à **Torres-Vedras**, dont le nom retentit encore au souvenir des célèbres retranchements qu'y éleva en 1810 sir Arthur Wellesley, marquis de Torres-Vedras, et duc de Wellington. Battant en retraite devant Masséna, le général anglais alla se réfugier derrière ces fameuses **lignes de Torres-Vedras**, dont son adversaire ne connut l'existence qu'à ce moment-là.

Ce chef-d'œuvre du génie militaire, dont on visite encore les restes, était défendu par cent cinquante deux redoutes, et environ sept cents canons de position: cinquante mille oliviers avaient été abattus pour l'établir; une sorte de champ de bataille avait été préparé à l'avance, pour que l'armée anglaise toute entière pût y donner, couverte par les feux environnants. En avant de ces lignes, on avait fait du pays un véritable désert: de vastes surfaces avaient été systématiquement ruinées, afin d'enlever à l'armée d'invasion toute chance de trouver des vivres. Masséna attendit inutilement, pendant six mois, des renforts, et dut se replier pour rentrer en Espagne.

Non loin de là se trouve le petit village de **Vimeiro**, où, deux ans auparavant, le 21 Août 1808, le duc d'Abrantès, général Junot, avait dû également se retirer devant les troupes de sir A. Wellesley, après avoir perdu le cinquième de son effectif: c'est, à la suite de cette bataille, que l'on signa la célèbre convention de Cintra qui permit à l'armée française toute entière de s'embarquer.

Après la station de **Alhandra**, viennent celles de **Alverça**, d'où l'on se rend à **Bucellas**, de **Povoa**, et, après avoir traversé les salines établies le long du Tage, se présentent les jolis villages de **Sacavem**, de **Olivaes**, qui tire son nom des bois d'oliviers qui l'entourent, et de **Poço do Bispo**, que de nombreuses constructions ont rattaché à Lisbonne et ont converti en un faubourg de la capitale.

Le train s'arrête enfin dans la belle gare de **Lisbonne**, bâtie dans le quartier de *Santa Apollonia*, au nord-est de la ville, aux bords mêmes du Tage, et sur des terrains conquis sur le fleuve.

II.—Lisbonne. *Lisbonne*, capitale de l'Estrémadure et du royaume de Portugal, est située sur la rive droite du Tage, le long duquel elle affecte une disposition à peu près semi-circulaire, et à peu de distance de son embouchure dans l'Océan. Ce beau fleuve, qui charriait autrefois des pépites d'or, puisque le roi Don Manuel possédait un sceptre et une couronne provenant de l'or trouvé dans ses sables, y forme, à son entrée dans la mer, un des meilleurs ports de l'Europe, que des navires de guerre de toutes les nations fréquentent, y compris ceux de l'escadre anglaise qui y stationne constamment, pour maintenir le protectorat de l'Angleterre sur ce pays.

Lisbonne jouit d'un climat des plus doux et présente, dans son ensemble, grâce au grand fleuve qui la baigne, un panorama comparable par sa beauté à celui de Constantinople, assise sur les rives du Bosphore. Une vieille légende allemande raconte qu'un chevalier du moyen âge, ayant demandé à voir à Jérusalem, dans un miroir magique, la plus belle cité de l'Europe, aussitôt Lisbonne la grande, comme on disait à cette époque, vint se peindre à ses yeux éblouis. «*Quem não vé Lisboa, não vé cousa boa.*» Qui n'a vu Lisbonne, n'a rien vu de beau, disent les Portugais. Son aspect en effet est des plus pittoresque: elle est bâtie aux bords du Tage, sur une extension de douze kilomètres, et sur la pente d'un grand nombre de collines toutes couvertes de monuments, de jolies *quintas* entourées de *pomars*, nom qu'on donne aux plantations d'orangers et de citronniers, de maisons revêtues d'*azulejos*, ou faïences de couleur. Cet ensemble lui donne un aspect à la fois gai et magnifique; mais, en raison même de cette grande extension, des vastes jardins, et même des champs de culture qu'elle contient dans son enceinte, elle ne présente pas au voyageur l'animation des grandes capitales.

Les nombreuses rues en pente qui conduisent dans le haut de la ville, sont fort incommodes quoique larges, à cause des descentes et des montées continuelles motivées par l'inégalité du terrain.

Une inscription romaine, trouvée à Lisbonne même, en 1749, montre que l'ancienne capitale de la *Lusitanie*, portait, au temps des Romains, le nom d'*Olyssipo* ou *Olissipo* (on compte jusqu'à douze variantes de ce nom), en souvenir d'Ulysse, son fondateur; elle changea ce nom contre celui de *Felicitas Julia*, au temps de Domitien. On y a trouvé, de la même époque également, les restes d'un amphithéâtre.

Lisbonne était une ville toute musulmane quand *Affonso Henriquez*, premier roi du Portugal, résolut, en 1147, de l'enlever aux Arabes. Une flotte de croisés, composée de deux cents voiles, venant du Nord et se dirigeant vers la Palestine, sous la conduite d'*Arnold d'Aerschot*, joignit ses rudes combattants aux braves soldats d'Henriquez, et la cité tomba en son pouvoir après un siège de cinq mois.

Au moyen âge elle possédait un grand nombre d'églises et de couvents, parmi lesquelles on distinguait l'antique *Sé*, ou Cathédrale, et le couvent *do Carmo*, qui était un des édifices les plus admirés de la chrétienté.

Malheureusement elle a été souvent le théâtre de catastrophes terribles: des tremblements de terre nombreux, des incendies formidables, des épidémies pestilentielles horribles ont, plusieurs fois, ravagé la ville et décimé ses habitants. Lors de la dernière catastrophe de 1755, sans l'énergique résolution d'un homme éminent à plus d'un titre, le marquis de Pombal, *o gram marquez*, comme l'appelle encore le peuple, Lisbonne se serait sans doute difficilement relevée de ses ruines.

Retraçons en peu de lignes quelques-uns des événements sinistres qui ont sévi sur Lisbonne, d'autant plus que le visiteur trouvera, à chaque pas, des vestiges des cataclysmes qu'elle a eu à souffrir, car Lisbonne a été dévastée, au cours des siècles, rien moins que par huit incendies formidables, et dix-huit tremblements de terre!

Dès 1344, sous le roi Don Diniz, un grand tremblement de terre secoua Lisbonne; en 1356 la terre trembla de nouveau, et un grand nombre d'édifices s'écroulèrent dans la ville; la chapelle principale de la Cathédrale s'entrouvrit du haut en bas. En 1512, sous le roi Don Manuel, quelques mouvements convulsifs de la terre détruisirent deux cents édifices. En 1531, des abîmes s'entrouvrirent à *Almeirim*; un déluge d'eau et de sable, menaça d'engloutir la résidence royale: quinze cents maisons furent renversées dans Lisbonne, et presque tous les temples abattus. Ce tremblement de terre dura huit jours: les bicoques résistaient, tandis que les palais s'écroulaient de toute part; les flots s'élevaient en même temps à une hauteur extraordinaire. On vit des navires dont la quille plongeait jusqu'au fond de la mer et qui, rejetés ensuite, s'en allaient comme perdus.

Au fléau succéda une misère affreuse; le clergé persuada au peuple que ces preuves évidentes de la colère divine, avaient leur cause dans la présence, dans la ville, des Juifs et des nouveaux chrétiens, et les malheureux durent aller camper aux champs, mesure qui eut l'avantage de mettre à l'abri des écroulements, ceux-là même qui étaient considérés comme la cause occasionnelle de la catastrophe.

Après le tremblement de terre de 1531, vint celui du 28 Janvier 1551; il fut accompagné d'une pluie de sang, phénomène que la science explique par la formation instantanée de champignons microscopiques et vénéneux de couleur rouge, affectant la figure de taches de sang; plus de deux mille individus périrent en cette mémorable circonstance, et près de deux cents édifices furent renversés. En 1597, un terrible événement jeta l'épouvante dans Lisbonne: la montagne *Sainte Catherine* formait alors un promontoire qui, dominant la mer, venait se joindre à celui *das Chagas* l'extrémité de la montagne se détacha en se partageant; trois rues furent englouties, et cent dix édifices disparurent ensevelis sou une prodigieuse masse de terre heureusement les habitants s'étaient enfuis à temps.

En 1719 une nouvelle secousse ruina, en quelques secondes, la ville de *Portimão* dans le royaume des Algarves; elle fut suivie d'une autre, en 1722: *Albufera Loulé, Faro* et *Tavira* euren leurs principaux édifices renversés. En 1723 la peste enleva, rien qu'à Lisbonne, plus de quarante mille personnes; en 1734, trois grands incendies dévastèrent la cité.

Mais le plus terrible des tremblements de terre, fut celui de 1755. Le 1er Novembre, à neuf heures du matin, la terre trembla durant deux minutes: après un intervalle de deux autres minutes, une secousse bien plus violente encore, et qui dura plus de dix minutes, fendit la plupart des maisons qui commencèrent à s'écrouler. Après un intervalle de deux ou trois minutes, durant lesquelles la poussière des ruines qui obscurcissait le soleil, s'affaissa quelque peu, survint une secousse si horrible, que les maisons qui avaient résisté jusqu'alors tombèrent avec fracas. Après vingt minutes, tout parut rentrer dans le calme. La consternation fut si grande que les plus résolus n'osèrent s'arrêter, même un moment, pour dégager les êtres les plus aimés, des pierres qui les couvraient; chacun ne pensait qu'à sa propre conservation; on fuyait et on cherchait un asile dans la campagne. Comme le 1er Novembre était un jour de fête et que la catastrophe survint à l'heure de la messe, les églises regorgeait de monde; lorsque les clochers et les voûtes s'effondrèrent, presque tous périrent: il n'échappa que peu de monde. Huit cents personnes succombèrent dans la prison civile; douze cents, dans l'hôpital général; l'ambassadeur d'Espagne périt écrasé avec trente-cinq domestiques. Le roi et la famille royale étaient heureusement à Belem à une lieue de Lisbonne: à la première secousse, le palais royal dans la ville s'écroulait. A peine commençait-on à respirer quelque peu, que le feu se déclara en trois endroits différents de la ville, attisé par un vent violent qui avait succédé au calme; l'incendie acheva ce que le tremblement de terre avait épargné; au bout de trois jours la ville fut réduite en cendres. L'eau vint, à son tour, contribuer au désastre: la mer monta de quarante pieds au-dessus du niveau le plus élevé observé jusqu'alors et, en se retirant subitement, elle entraîna dans les flots les malheureux qui s'étaient réfugiés sur les quais. Enfin, le 7 Novembre, survint un nouveau tremblement si violent que l'on crut que la catastrophe allait se reproduire. Le Tage qui, par endroits, a plus de deux lieues de large, était, le 2 Novembre, presque à sec du côté de la ville, tandis qu'à l'autre rive, il ne constituait qu'un faible ruisseau dont on découvrait le fond.

Santarem, Setubal, Alemquer, Mafra, Obidos, et en général toutes les villes à vingt lieues à la ronde, et même dans le royaume des Algarves, ainsi que Porto, furent détruites. Dans Lisbonne seule, trente mille personnes avaient trouvé la mort et les pertes s'élevaient à près de deux milliards et demi de francs.

Plus de vingt ans après, la capitale du Portugal était, au dire de *Dumouriez*, un amas effrayant de palais renversés, d'églises brûlées, de décombres semblables à ceux d'une fortification que l'on aurait fait sauter. On marchait au travers des emplacements des maisons, au moyen de passages pratiqués sur les décombres relevés des deux côtés; on voyait çà et là s'élever quelques maisons isolées, au milieu de ruines aussi bizarres, et aussi horriblement belles, que les restes des monuments grecs et romains.

Il fallait toute l'énergie et le caractère courageux du marquis de Pombal pour oser entreprendre la reconstruction de la ville. «Que ferons-nous?» lui dit le roi Joseph Ier, en présence du spectacle horrible que présentait la capitale. «Sire, il faut enterrer les morts, songer aux vivants et fermer les portes!» Telle fut la réponse que fit le ministre au roi, réponse que d'autres attribuent à l'illustre général *Pedro d'Almeida, marquis d'Alorna*. Toujours est-il que Pombal fit enterrer les morts, enlever les décombres, et empêcher le départ des gens peureux, en dressant, à chaque porte de la ville, une potence, afin de contenir les fuyards et aussi les pillards: plus de deux cents individus furent pendus en trois jours; dès le mois de Février 1756, commença la réédification de la ville.

L'étranger dans Lisbonne dirige nécessairement ses premiers pas vers la belle *praça do Commercio* ou place du Commerce, située au centre de la ville nouvelle, qui fut alors construite sur l'emplacement de l'antique *Terreiro do Paço*, ou esplanade du palais. C'est en ce lieu qu'était situé jadis, l'ancien palais du roi aux bords du Tage; de là, le monarque pouvait voir les vaisseaux partir, manœuvrer, se mettre à l'ancre et étendre sa vue sur l'horizon lointain de la mer.

La place du commerce fut bâtie sur les plans de l'ingénieur *don Santos de Carvalho:* c'est un vaste quadrilatère, entouré d'édifices appartenant tous à l'Etat, et ornés d'élégants portiques; là se trouvent installés: la Bourse, la Douane, les Ministères, la Poste, le Télégraphe, et d'autres administrations. Un des côtés de la place est occupé par un immense escalier de marbre blanc, dont les degrés descendent jusque dans le fleuve et auquel la place sert de splendide palier.

En entrant dans Lisbonne par mer, on jouit du très beau panorama que présente la rade et la ville, et on aborde par ce magnifique escalier; c'est également par là qu'on embarque pour le Brésil et les Indes!

Au centre de la place se dresse la statue en bronze du roi Joseph Ier, œuvre de *Joaquim Machado de Castro,* qui fut fondue d'un seul jet par *Bartholomeu da Costa,* le 15 Octobre 1774: la ciselure seule, exigea le travail de quatre-vingt trois artistes durant six mois. Elle fut inaugurée le 20 Mai 1775, par un banquet royal admirablement servi: chaque pièce de la vaisselle reproduisait la statue équestre du roi. Sur la face qui regarde le Tage, on remarque le médaillon du marquis de Pombal: durant les dernières années du XVIIIe siècle, ce bas-relief fut arraché par les ennemis du grand ministre; mais il fut recueilli dans l'arsenal, et replacé de nouveau par Don Pedro IV, en 1833, à l'endroit qu'il n'aurait jamais dû quitter.

Un arc de triomphe domine de sa lourde masse les édifices environnants, et donne accès à la belle *rua Augusta* qui conduit, en droite ligne, à la *place de Don Pedro IV,* le long de laquelle s'étend une jolie promenade qui porte le nom du *Rocio.* De chaque côté de la *rua Augusta,* et parallèlement à elle, s'étendent, à gauche et à droite, les rues *do Ouro, da Prata,* et deux autres encore. Au centre de la place de Don Pedro IV, appelée aussi du *Rocio,* et dont le pavé forme de capricieux dessins, se dresse la statue élevée à la mémoire de l'empereur Don Pedro IV, celui-là même qui décréta, en 1826, la Charte constitutionnelle: le monument est l'œuvre de l'architecte français *Davioud* et la statue en bronze, celle du sculpteur Elie Robert, également français.

Derrière la statue se trouve le théâtre de *Doña Maria de la Gloria,* ou *Doña Maria II,* fille de l'empereur: sur la façade on remarque la statue de *Gil Vicente,* auteur dramatique du commencement du XVIe siècle, que ses compatriotes décorent du titre de *Plaute portugais*. Ce théâtre occupe l'emplacement même où s'élevait jadis le palais du Tribunal de l'Inquisition qui, dans un des derniers auto-da-fé célébré en 1745, faisait périr, au milieu des flammes, un autre poète dramatique *Antonio Jozé,* dont les œuvres inquiétaient le Saint Office.

Nous aurions dû mentionner en premier lieu, à cause de son importance, le *Théâtre de San Carlos,* ouvert le 23 Avril 1793 et construit, dans le court espace de six mois, par l'architecte *Jozé da Costa é Sylva,* qui avait étudié en Italie; c'est une construction remarquable, dont les issues sont tellement bien distribuées que la salle peut être évacuée en un instant; ses conditions acoustiques sont des plus remarquables et la scène est si profonde, qu'on a pu y faire manœuvrer quatre-vingts chevaux.

Lisbonne possède encore d'autres théâtres d'un ordre inférieur; des cercles, parmi lesquels nous mentionnerons celui de la *Société littéraire*, qui occupe l'ancien palais du comte de *Farrobo*. L'*Académie des Sciences de Lisbonne*, installée dans le couvent de Jésus, fut fondée en 1778 par le duc de *Lafões*, et possède une fort belle Bibliothèque. Dans le nouvel édifice de la *Escola politechnica*, on a installé le Muséum d'histoire naturelle, qui existait jadis au palais de *Ajuda*.

El Archivo da Torre do Tombo renferme les Archives du royaume, depuis l'origine de la monarchie portugaise; c'est là que sont également gardées les liasses des monstrueux procès de l'Inquisition.

La *Bibliothèque publique* qui occupe, *rua de San Francisco*, l'ancien couvent de ce nom, possède un grand nombre de volumes et jusqu'à dix mille manuscrits. Parmi les ouvrages les plus remarquables de cette riche collection, nous mentionnerons: une édition de *Os Lusiadas*, de Camões, de 1572; les *Lettres familières de Cicéron*, imprimées en 1469; la *première édition de la Bible, imprimée par Gutenberg même, à Mayence*; la *vie de Vespasien*, exemplaire unique, imprimé à Lisbonne en 1496, et d'autres encore des plus rares.

Au rez-de-chaussée du même édifice qui renferme la Bibliothèque publique, est installée l'*Académie royale des Beaux-arts de Lisbonne*; elle contient quelques œuvres importantes de peinture. Le Portugal qui a produit, comme peintres, le grand *Vasco* et *Francisco de Hollanda*, miniaturiste compagnon de Michel-Ange, dont la Bibliothèque de l'Escurial conserve une si belle collection de dessins, représentant les antiquités de l'Italie, ne possède point, au Musée de l'Académie, d'œuvres de ces deux artistes.

Parmi celles d'artistes portugais que possède l'Académie royale, nous mentionnerons toute une suite de panneaux, attribués à des maîtres de l'ancienne école portugaise, et qui offrent tous les caractères des anciens maîtres flamands. Il y en a de fort remarquables, tels que: *un St Jean Baptiste tenant dans ses bras un agneau*, et qui porte le numéro 678 de la collection Laurent; *la Vierge, l'enfant Jésus et deux anges* (N.° 683); *la Visitation de la Vierge* (N.° 686); *l'Adoration des Rois* (N.° 688); *la Prédication de St Jean* (N.° 697); *la Vierge et l'enfant Jésus au milieu d'un concert d'anges* (N.° 704); tous ces tableaux possèdent le caractère des peintures des Van Eyck et des Van der Weyden.

Nous citerons encore: divers panneaux, peints par *Marco Paeo Perez*, peintre portugais du commencement du xvie siècle; *le Mariage mystique de Sainte Catherine*, (N.° 709), de *Josefa Ayalla*, vulgairement nommée *Josefa d'Obidos*, peintre portugais du xviie siècle; puis, un *Saint Augustin* (N.° 710), de *F. Vieira de Mattos*, vulgairement appelé *V. Lusitano*.

On trouve aussi à l'Académie royale, de remarquables dessins de *Amaro de Valle*, peintre portugais du xviie siècle, de *P. Alexandrino* et de *Domingo Antonio de Sequeira*, artistes contemporains; des œuvres du sculpteur *J. S. Almeida* et des peintres modernes *Andrade*, *Annunciacion*

Fonseca, *Nuñes* et *Tomasini*.

Parmi les peintures appartenant aux autres écoles, nous signalerons: deux très belles natures mortes de *Pereda*, peintes sur cuivre en 1654; un très beau *Moralès* représentant *la Vierge et l'enfant Jésus* (N.º 716); deux peintures attribuées à *Raphaël*, la *Patience* (N.º 718) et *le prophète Elie* (Numéro 717); d'autres encore, de L. *Mazzolino*, de *Bacio Bandinelli*, des *Caracci*, et divers dessins d'artistes italiens; un superbe *Holbein* représentant *la Vierge et l'enfant Jésus* (N.º 726); un splendide *portrait d'une princesse* (Numéro 728), par *Moro*; un *Peter Neefs*; des *Ruines* de *Monper*; des *Buveurs* de *Brauwer*; un *Saint Hubert* de *Breughel*; une *Danse* d'*Adrien van Ostade*; un *Poussin* représentant *la Peste* (N.º 732); trois *marines* de *Vernet*; deux bonnes toiles de *Bourguignon*, et un *Débarquement de troupes* par *Callot*, ainsi qu'un fort intéressant portrait de *Vasco de Gama* (Numéro 733), attribué à *Cornelius de Lyon*.

A côté de ces peintures dont le nombre est peu important, l'Académie royale possède quelques sculptures, dont les plus remarquables sont: une statuette de *la Madeleine*; un bas-relief représentant *le Christ mort*, par le chevalier *Bernini*, le même qui fut chargé, sous Louis XIV, de la restauration du Louvre; un *Christ* et deux bas-reliefs de Mr *Cerqueira*; *le Camoëns composant les Lusiades*, de Mr *Rudrego*.

Puis, c'est une collection merveilleuse d'objets d'église, provenant des anciens couvents supprimés d'*Alcobaça*, d'*Evora*, de *Thomar* et de *Belem*, tels que des calices, des croix, des ostensoires, un admirable coffret et d'autres objets encore, en vermeil, ou en argent, du plus beau travail et exécutés au repoussé; ils figurent pour la plupart, dans la collection Laurent, pag 184, du catalogue de cette maison.

Lorsqu'on entre, par *la Rua do Ouro*, sur la place du *Rocío*, on aperçoit, dans la maison qui fait face, deux pyramides qui s'élèvent au-dessus des toits: c'est, dans la salle qu'elles couvrent, que *João Pinto Ribeiro* se réunissait avec ses compagnons, pour conspirer contre la domination espagnole du roi Philippe IV, et que se préparèrent les événements qui amenèrent la restauration portugaise par l'avénement au trône de la maison de Bragance, dans la personne de *João IV*.

Dans la direction de la place du *Rocío*, se trouve la *Promenade publique*, enclavée entre deux collines qui la privent de points de vue et de la circulation d'air nécessaire. Dans les jardins qui la décorent on remarque deux belles statues allégoriques qui représentent *le Tage* et *le Douro*: l'allée principale conduit aux bords d'un bassin; à l'extrémité opposée à l'entrée principale, une élégante terrasse domine toute la promenade. De ce côté aussi, se trouve la Promenade du *Campo Grande*, qui sert de champ de foire à ses jours, et qu'entourent des jardins et des *quintas*. C'est certes la plus belle promenade de tout Lisbonne, mais elle est quelque peu éloignée du centre; un boulevard la reliera un jour à la Promenade publique et à celle du *Aterro da Boa vista*, située sur les bords mêmes du fleuve; cette dernière sert le matin de marché et se transforme, vers le soir, en brillante promenade, el devient alors le rendez-vous des équipages et des cavaliers.

Plus loin encore que le *Campo Grande*, se trouve *Nova Cintra*, belle propriété qui offre une charmante promenade pleine d'ombrage et de fraicheur; ceux qu'attirent les courses de taureaux vont, la veille, attendre là ces animaux pour les escorter jusqu'à l'arène du cirque.

Si, au sortir de la Promenade publique, l'on prend à gauche, on peut aller visiter une curiosité de Lisbonne, nommée *Mai d'Agua do Rato*; c'est le réservoir des eaux de la ville, situé *do largo das Amoreiras*, dans l'allée des muriers.

Ce curieux réservoir, achevé en 1834, s'élève de 81 mètres au-dessus du niveau du Tage et est couronné d'une terrasse d'où l'on jouit d'un superbe point de vue sur la ville et ses alentours. L'aqueduc qui l'alimente, nommé *das Agoas livres*, rivalise de beauté et de hardiesse avec tout ce que les Romains ont créé dans ce genre: la construction, due au roi don *João V*, fut commencée en 1713 et a duré vingt-neuf ans. L'ingénieur militaire, *Manuel de Maia*, fut chargé de son érection; le tremblement de terre de 1755, respectant ses arcades, a laissé debout ses immenses pans de murailles.

L'aqueduc commence à dix-huit kilomètres environ de la ville, au ruisseau de *Carenque*, près du village de *Caneças* et comprend, dans toute son étendue, cent vingt-sept arceaux en pierre; d'espace en espace des tours carrées, munies de fenêtres grillées, servent à maintenir la ventilation. La partie la plus grandiose, est au village de *Bemfica*, où l'aqueduc franchit la rivière *Alcantara*, sur trente-cinq arcades immenses qui unissent deux collines et amènent l'eau au réservoir, situé dans la partie de Lisbonne, qui s'appelle *Cidade-nova*, ou ville neuve.

En revenant vers la place du Commerce, et au bout de la *Rua do Chiado*, sorte de *puerta del Sol* de Lisbonne, et rendez-vous de tous les promeneurs, se trouve une place appelée de *Loreto*, qu'entoure une grille: au milieu se dresse un monument de forme octogone, dont chaque pan a reçu une statue. Là figurent *Fernão Lopes*, historien portugais, le cosmographe *Pedro Nunes*, et les chroniqueurs *Eannez d'Azurara*, *João de Barros* et *Fernão Lopes de Castanheda*, qui ont raconté en détail les voyages de découverte des Portugais; puis, celles de *Vasco Musinho de Quevedo*, de *Jeronymo Corte-Real* et de *Francisco de Sà Menezes*, poètes épiques, qui ont tous chanté les découvertes et conquêtes portugaises. Enfin, par-dessus les statues de toutes ces gloires du pays, et les dominant toutes, se dresse la statue de **Luiz de Camoëns**, tenant une épée à la main, et ayant des livres à ses pieds. *Camoëns* a été, de même que *Cervantes*, un soldat en même temps qu'un écrivain, et, de même que l'illustre auteur de Don Quichotte qui perdit un bras au service de sa patrie, en combattant les Turcs, l'auteur des Lusiades avait, en combattant également les Musulmans, versé, vingt ans auparavant, son sang et perdu un œil.

Nous croyons être agréables au lecteur en rappelant ici, en quelques lignes, ce qu'était *Luiz de Camoëns*, l'illustre chanteur des *Lusiades*; ce récit nous l'empruntons à l'excellente histoire de Portugal de Mr Ferdinand Denis.

Camoëns vint au monde vers

1525, l'année même où mourut *Vasco de Gama*; il étudia à l'Université de Coïmbre, où *Diego de Gouvea*, l'ancien recteur de l'Université de Paris, celui-là même qui se vantait d'avoir servi sous cinq rois en Portugal et sous quatre rois en France, y occupait, dès 1539, le premier rang. Ses études une fois terminées, *Camoëns* revint à Lisbonne, où il se lia avec des hommes d'une haute valeur, et où il connut cette *Catarina de Atayde*, fille d'un favori du roi don João III, dont il a tracé bien des portraits, et pour laquelle il ne tarda pas à éprouver une passion ardente qui lui valut l'exil. A son retour il passa à *Ceuta*, en Afrique, et y perdit l'œil droit, dans une affaire contre les Maures.

Après un séjour de deux ans en Afrique, il revit Lisbonne en 1552. L'année suivante il s'embarqua pour l'Inde et, en quittant le Tage, il répéta les paroles de Scipion: *Ingrata patria, non possidebis ossa mea*. Il accompagna à *Goa Don Alphonse de Noroa*, et y publia les *Disparates na India*, qui le firent exiler par *Francisco Barreto*, qui avait succédé, dans le gouvernement des Indes, au brave *Mascarenhas*. Il se rendit aux Moluques et, en 1559, il occupait un emploi à *Macao*: c'est là qu'il reçut sans doute ses plus nobles inspirations. Quand *Don Constantin de Bragance* succéda à *Barreto*, il revint à *Goa* avec une fortune laborieusement acquise: il avait déjà dépassé les terres de la Cochinchine, et il allait entrer dans le golfe de Siam, lorsqu'une effroyable tempête entraîna le navire qui le portait à la côte et le brisa. Il se sauva cependant et, avec lui, il sauva le précieux manuscrit des Lusiades.

En 1561 on le retrouve à Goa, ayant sans doute déjà avec lui, depuis son naufrage, *Antonio*, l'esclave javanais, dont l'affection pour son maître fut si touchante. Hardi avec les seigneurs, railleur avec les lâches, implacable avec les fripons, son langage continua à être aussi franc que ce qu'il avait toujours été. Sur une accusation banale, il est jeté dans les fers, et peut-être composa-t-il là, quelques-uns de ces vers immortels où il peint si bien l'amour d'une généreuse liberté. Camoëns triompha noblement de l'odieuse calomnie et fut remis en liberté, après s'être adressé au vice-roi; une épigramme fort spirituelle, le vengea de ses persécuteurs. A la fin de 1567 il partit pour Mozambique, avec un parent de ce *Barreto* qui l'avait jadis fait exiler: il n'eut point à se louer de lui non plus, et quelques amis durent le tirer de la déplorable position où il se trouvait à *Sofala*, en quêtant le linge indispensable pour lui permettre de faire la longue traversée de Lisbonne. Il y débarqua en 1568, quand la peste y faisait rage; il y eut telle journée où six cents personnes périrent, et, depuis les derniers mois de cette année, jusqu'à la fin de 1569, soixante et dix mille habitants succombèrent. L'entrée du Tage était alors fermée: il fallut plus de deux mois, pour obtenir un ordre qui permit aux navires, en vue des côtes, de jeter l'ancre dans le port; de sorte que Camoëns ne revit Lisbonne qu'en Juin 1570, après dix sept ans d'absence. Ce fut en 1752 que Camoëns publia son poème et, chose inouïe jusqu'alors en Portugal, *les Lusiades* eurent une deuxième édition dans la même année. Sa noble poésie devint rapidement populaire, et dès que la personne de Camoëns paraissait dans quelque rue, appuyé sur une béquille, tous les passants s'arrêtaient, en signe de respect et d'admiration, jusqu'à ce qu'il eût disparu.

Cela ne l'empêcha pas de vivre d'aumônes, et celui qui la demandait pour lui, le soir, n'était autre que cet *Antonio*, l'esclave naturel de Java. Le roi Don *João* était mort depuis treize ans; et le roi Don *Sébastien* lui avait bien accordé, pour la dédicace de son poème épique, une pension de quinze mille réis, moins de cent francs, sa vie durant, mais on les soldait si inexactement que le poète avait coutume de dire qu'il demanderait au roi la commutation de ses quinze mille réis, en quinze mille coups d'étrivières pour les ministres dont le payement dépendait. Une mulâtresse nommée *Barbe*, connaissant sa misère, lui donnait souvent un plat de ce qu'elle vendait et, quelquefois aussi, un peu d'argent provenant de sa vente. Personne ne tendit une main secourable à ce prince des poètes, qu'un pauvre nourrissait d'aumônes, dans son triste réduit de la *rua Santa Anna*. Le fidèle javanais succomba: peut-être était-il depuis longtemp épuisé lui-même par la misère; alors Camoëns dut aussi songer à mourir. Quand on vint lui annoncer le grand événement de la journée d'*Alcaçar-Kébir*, où le roi don Sébastien périssait au milieu des plus nobles du royaume, en lui disant que c'en était fait de l'honneur du Portugal et de la vieille gloire de la patrie, il leva les yeux vers le ciel et dit: «au moins je meurs avec elle!» Il mourut à Lisbonne en 1579, âgé de cinquante-cinq ans, à l'hôpital, et sans avoir un drap dont il put se couvrir. Son corps fut enseveli dans l'église de *Santa-Anna*, alors paroisse. Sa tombe fut creusée dans la terre; plus tard on enterra, à côté de lui, *Diogo Bernardes*, poète qui lui avait été préféré pour célébrer les hauts faits de Don Sébastien en Afrique.

Le cardinal-roi, successeur de Don Sébastien, ne fit rien, durant tout son règne, qui rappelât la gloire de Camoëns. Le peuple cependant rendait un tacite hommage au poète, en respectant sa pauvre habitation, qui depuis sa mort demeura déserte. Seize ans plus tard, *Don Gonzalo Coutinho* fit chercher avec soin la place où il avait été enterré: ses cendres furent alors transportées dans un endroit voisin du chœur des religieuses franciscaines: on y grava, sur une simple pierre en marbre, cette noble inscription: «Ci-git Louis de Camoëns, prince des poètes de son temps. Il vécut pauvre et misérablement, et mourut de même. Année de MDLXXIX.» Le tremblement de terre de 1755 détruisit de fond en comble l'église de *Santa-Anna*; la tombe du poète disparut alors sous les décombres; une statue est venue enfin rappeler sa gloire à la postérité!

Tout près de la place du Commerce, sur la gauche, est située la place du *Pelourinho*: c'est là que se trouve la façade principale de l'*Arsenal de marine*, et que, du côté du levant, se dresse le nouveau palais de la Municipalité ou *Hôtel de ville*, de construction toute récente. Au centre de la place, qui est le point de départ de toutes les lignes d'omnibus qui desservent Lisbonne, se dresse une colonne torse, de marbre blanc et d'une seule pièce, qui soutient une sphère armillaire en bronze: c'est le *Pelourinho* dont la place tire son nom, ou *pilori*, et qu'on appelle en Espagne *la picota*.

Les monuments de ce genre, qui constituaient le symbole de

la puissance des municipes et annonçaient son droit de justice, sont encore fréquents en Portugal; ils sont souvent si finement sculptés qu'ils peuvent être considérés comme de véritables objets d'art. C'est là qu'on lisait les édits et les sentences: on y exposait et exécutait les coupables, et les notables de la ville s'y assemblaient pour délibérer.

Lisbonne renferme un grand nombre d'églises: *la Sé*, ou Basilique de *Santa Maria la Mayor*, est le temple le plus ancien de la capitale; elle fut fondée peu après la prise de la ville par Don Affonso Henriquez, en 1150; une bulle de Boniface IX l'a élevée à la dignité d'église métropolitaine en 1393. Assise sur la pente d'une colline que domine le *fort Saint Georges*, avec lequel elle communique par un souterrain, elle a beaucoup souffert des diverses catastrophes dont la ville a été le théâtre, de sorte qu'il ne reste que bien peu des constructions primitives.

En 1344, un effroyable tremblement de terre lui fit subir de tels dommages, que la chapelle principale dut être réédifiée complètement par *Affonso IV*; ses restes et ceux de la reine *Doña Béatrix*, y reposaient. Le tremblement de terre de 1755 fut encore plus funeste: il détruisit la coupole qui surmontait la nef principale; l'incendie anéantit la toiture du côté qui regarde le Tage, et le majestueux clocher ne put résister; le trésor si riche de l'église, disparut alors également. De l'ancien édifice il ne subsiste donc plus guère que la façade principale, qui reçut ses principaux changements au temps du roi *Don Fernando*, au xive siècle, les deux chapelles de l'entrée, celles de l'abside, et le Chœur. Ajoutons que la tour de l'horloge a été réédifiée sous l'administration de Pombal, et que c'est du haut de la tour du Nord, que fut précipité, en 1383, l'évêque espagnol *Don Martin*, lorsque le peuple portugais, soulevé à la voix du grand-maître d'Aviz, mit fin à l'autorité de *Doña Lianor Telles*, veuve du roi *Don Fernando* et à celle de son favori, le comte *Andeiro*.

A l'intérieur, où règne une grande profusion de dorures, on remarque des revêtements de faïences, avec des peintures religieuses et de belles grilles; mais la nef a perdu toute son imposante grandeur primitive, à la suite de la reconstruction de 1767; dans la sacristie des chanoines on découvre, encore aujourd'hui, des fragments de colonnes appartenant au temple primitif, et qui permettent d'apprécier combien elle a dû perdre dans ses vastes proportions.

On y voit les sépultures du vainqueur *do Salado*, le meurtrier d'*Inez de Castro*, *Don Affonso IV* et de *Doña Brites*, sa femme: mais ce ne sont plus les tombes primitives du xive siècle qu'on voit; le dernier tremblement de terre les a détruites en laissant, toutefois, intacts les cercueils dans lesquels reposaient leurs ossements. *Doña Maria* Ire les fit transporter, en 1779, dans une chapelle et, deux ans plus tard, elle fit élever les monuments que l'on voit actuellement, mais qui ne reproduisent malheureusement pas l'aspect des tombes antérieures. La *Sé* conserve aussi les reliques de Saint Vincent, le patron de Lisbonne et du royaume des Algarves, ainsi que les fonts baptismaux sur lesquels fut présenté Saint Antoine. Tout à côté de *la Sé*, qu'elle cache en partie, se trouve l'église dédiée à ce saint martyr: elle fut bâtie, dans un style sévère, au temps du roi Jean II, sur l'emplacement même où il était né. Ce temple a également eu à souffrir du grand tremblement de terre. C'est aux environs de *la Sé* que l'on peut voir les restes du vieux Lisbonne, les débris de palais et d'édifices écroulés à la suite du dernier cataclysme. Parmi ces monuments en ruines, nous ne mentionnerons que le monastère *do Carmo*, édifié au xve siècle par le dévot connétable *Nuno Alvarez Pereira*, mort en odeur de sainteté, l'un des plus beaux édifices qu'on admirât dans la chrétienté et où il était enterré. Le tremblement de terre, en bouleversant complétement la tombe qui renfermait ses restes, ouvrit une fissure par laquelle une foule de dévots se procuraient, en secret, quelques parcelles de la terre qui recouvrait le vieux guerrier, regardant cette poussière comme une sorte de relique.

L'église de *San Vicente da Fora*, dont le nom de *fora*, ou extra-muros, lui vient de ce qu'il n'existait autour d'elle, lors de sa fondation en 1147, après la conquête de Lisbonne sur les Maures, aucune construction, est un des temples les plus spacieux de la capitale: dans une crypte voisine de l'église, se trouve le Panthéon, ou lieu de sépulture de la dynastie de Bragance. C'est là que reposent les restes de *Don João IV*, mort en 1656, et que se trouve le splendide mausolée du roi *Don João V*, mort en 1750.

L'édifice contigu à l'Église, sert actuellement de résidence au Cardinal Patriarche de Lisbonne.

Mentionnons ensuite: l'église paroissiale de *Santo Domingo*, la plus vaste de Lisbonne; celle de *San Roque*, où l'on admire une chapelle dédiée à Saint Jean Baptiste, située sur la gauche, en regardant le maître-autel; le roi *Don João V* la fit construire à Rome en 1744. Après que le Pape Benoit XIV l'eut consacrée, elle fut démontée et envoyée à Lisbonne, où elle a été ouverte au public en 1751. Elle est entièrement construite en pierres rares ou précieuses, et décorée de beaux tableaux en mosaïque, représentant, celui du fond, *le Baptême du Christ*, d'après *Michel-Ange;* celui de droite, l'*Annonciation*, d'après *Guido Reni* et, celui de gauche, *la Pentecôte*, d'après *Raphaël*. Au centre du pavé de la chapelle, également en mosaïque, se trouve figuré un globe terrestre; les marches de l'autel sont en porphyre et en granit d'Égypte; l'autel est en améthyste, en lapis-lazuli, et en argent massif; les huit colonnes sont également en lapis et en cornaline. Le reste de la chapelle est entièrement recouvert d'albâtre, de rouge antique et de vert antique et rehaussé de moulures en bronze doré. Cette chapelle, merveilleuse par les richesses accumulées, a coûté près de vingt-huit millions de francs.

Parmi les autres églises de Lisbonne, citons encore: l'église *da Graça*, qui contient les cendres d'*Affonso de Alburquerque*, le plus célèbre capitaine portugais; la paroisse des *Martyrs*, la plus ancienne de Lisbonne, reconstruite récemment; l'église de *la Conception vieille*, qui fut jadis une synagogue, et dont le portail et les fenêtres latérales sont décorés dans le style du monastère de Belem; la petite église *do Monte*, dans une situation très élevée, et d'où l'on jouit certainement d'un des plus beaux points de vue de Lisbonne; il en est de même du sanctuaire de *la Penha de Francia*, d'où le regard embrasse des horizons différents et fort étendus.

L'église de *la Estrella*, appelée aussi du *Sacré-cœur*, est le plus somptueux temple de la capitale: bâti sur le modèle de St Pierre de Rome, il est tout en marbre blanc et revêtu, à l'intérieur également, de marbres blancs et de couleur. Cette église, commencée en 1779, fut achevée en dix ans; elle contient le tombeau de sa fondatrice, la reine *Doña Maria I*re. Du haut de son dôme, on jouit d'une superbe vue sur la ville, sur le Tage et jusque sur l'Océan.

Ajoutons, et l'étranger aura certainement déjà fait cette remarque dès son arrivée, que les églises de Lisbonne ne possèdent point de cloches, dont les nôtres ne veulent se passer et nous assourdissent les oreilles, mais qu'elles font au contraire résonner de gais carillons, que l'on écoute avec plaisir.

Dans la même direction, on trouvera une autre curiosité de Lisbonne: c'est le cimetière nommé de *os Prazeres*, ou *des plaisirs*, dénomination étrange pour un lieu aussi funèbre et qui lui vient, parait-il, d'une chapelle consacrée à une Vierge qui portait ce nom; il renferme un grand nombre de mausolées et de monuments funèbres, des plus remarquables.

Le palais *das Necesidades*, habité aujourd'hui par le roi *Don Fernando*, et où résidait habituellement la reine *Doña Maria*, se trouve dans la même région. Durant la peste de 1599, quand il mourait soixante-dix personnes au moins par jour, quand tout le monde fuyait vers l'intérieur, il s'était formé, sous l'invocation de la Vierge nommée *das Necesidades*, una association dédiée à son culte et qui construisit, en 1659, un temple qui porta le nom de *Nossa Senhora das Necesidades*, et devint l'objet de la sollicitude successive des souverains; c'est là qu'Isabelle de Savoie, femme de l'infortuné *Affonso VI*, venait faire ses dévotions. *João V* y fit construire non seulement la somptueuse église, mais encore le palais qui lui est contigu, et sert de résidence royale: c'est plutôt une riche maison de plaisance qu'un château royal dont l'aspect extérieur n'a rien de remarquable, et qui n'offre d'agrément que par ses jardins, aux eaux abondantes, que décorent des statues de jaspe, dues à *Giusti*, appelé d'Italie pour fonder l'école de *Mafra*. Dans la chapelle royale on remarque une belle statue de Saint Paul, œuvre de *Jozé d'Almeida*. Le palais renferme un grand nombre d'objets d'art de valeur; parmi les peintures, on signale un beau tableau d'Holbein; puis, ce sont de remarquables collections d'histoire naturelle, et une riche bibliothèque qui contient un grand nombre de manuscrits et d'éditions anciennes précieuses.

C'est dans ce palais que furent célébrées, en 1821, les premières Cortès extraordinaires; c'est là aussi, que moururent, simultanément et d'une façon mystérieuse, le 11 Novembre 1861, le roi *Don Pedro V* qui était très populaire, et l'infant *Don Juan*, frères du roi actuel: l'infant *Don Augusto* eut le bonheur d'échapper.

Le palais d'*Ajuda*, résidence du roi actuel de Portugal *Don Luiz*, ne doit pas être oublié: la première pierre en fut posée par *Don João VI*, quand il exerça la régence au nom de sa mère. C'est une vaste construction, non encore terminée, enfouie d'une façon regrettable au milieu de vilaines maisons et de petites rues, et à laquelle ont travaillé sucessivement les architectes *Jozé da Costa*, les deux *Fabri*, *Manoel Gaetano* et *Francisco da Rosa*. Quatre vastes pans de murs en marbre, disposés sur un plan quadrangulaire, et terminés à leurs angles par de magnifiques pavillons, devaient compléter ce palais.

On trouvera, au palais d'*Ajuda*, une bibliothèque, propriété particulière de la Couronne, riche en belles éditions; des tableaux remarquables quoique en petit nombre; des statues; une intéressante collection de médailles, et des œuvres d'art fort précieuses, parmi lesquelles nous mentionnerons: un gorgerin ayant appartenu au roi de France François Ier; des plateaux en vermeil, faits au repoussé, des XVe, XVIe et XVIIe siècles, de la plus merveilleuse exécution et d'un grand goût décoratif; puis, ce sont des croix, des calices, et une splendide *custodia* en or fin, somptueux chef-d'œuvre exécuté par *Gil Vicente* en 1506, pour le monastère de Belem, et avec le premier or payé par les tributaires des Indes, à la suite de la conquête de *Vasco de Gama*. Nous renvoyons, au surplus, le lecteur à la collection Laurent, où figurent photographiés presque tous ces objets, dont on trouvera également la description détaillée aux pages 185 et suivantes du catalogue de cette maison.

Sur la route qui conduit du palais d'*Ajuda* à celui de *Belem*, se trouvent les remises de ce palais: là, sur une grande plateforme, on a rangé des chaises à porteurs et exposé trente-neuf voitures de gala de la cour de Portugal. Parmi les plus intéressantes, citons: une voiture de l'an 1619, qui a appartenu au roi Philippe III d'Espagne; une autre de l'année 1656, de l'époque du roi Alphonse VI; puis, celle qui servit, en 1687, aux noces du roi Don Pedro II avec Marie Sophie Isabelle de Neubourg. Puis, c'est une voiture construite à Paris en 1665, et que Louis XIV donna, comme présent de noces, à Marie Françoise Isabelle de Savoie, quand elle vint s'unir à Alphonse VI; elle est ornée du portrait de cette reine; une autre voiture, faite à Paris en 1727, appartenait au roi Jean V; une autre appartenant à Jean IV, qui date de 1640; et enfin, celle qui fut restaurée en 1862, pour servir au mariage du roi actuel et qui est de 1708, de l'époque de Jean V. A cette même époque encore, appartiennent deux magnifiques chars de triomphe, tout dorés et ornés de grandes figures allégoriques sculptées représentant le Tage et le Douro, qui figurent également dans la collection Laurent.

Au-dessus du palais d'Ajuda, c'est-à-dire du haut de *Monsantos*, on jouit d'un splendide panorama qui embrasse, dans son étendue, les rives du Tage, et l'Océan dans toute son imposante grandeur.

Tout à côté se dresse le *palais de Belem*, construit sur une colline et faisant face à la place de *Don Fernando*: on y arrive par une série de plans inclinés décorés de beaux jardins, au centre desquels se dresse le palais, qui n'a rien de remarquable; on y jouit, en revanche, d'une fort belle vue.

Nous devons aussi faire mention de la petite *église de Belem*, située dans le voisinage de ces deux palais, dans un endroit presque désert, et qui fut élevée en actions de grâces, lors de l'attentat commis, le 3 Septembre 1758, sur la personne du roi Don José Ier. Nous avons dit ailleurs avec quelle sévérité cet attentat fut puni, sous l'administration du grand marquis de Pombal. Quant au monument, sa forme intérieure affecte celle d'une croix grecque, à laquelle correspond une élégante rotonde.

Tout près de là, à côté de la place de Belem, à un endroit très rapproché du fameux monastère des hiéronymites presque sur la route de *Galvão*, se dresse une colonne: quelques maisons pauvres l'entourent, et semblent n'avoir été élevées là que dans le but d'en dérober la vue. Une inscription indique qu'en ce lieu s'élevait jadis le *palais du duc d'Aveiro*, l'un des principaux auteurs de l'attentat dont nous venons de parler, et qu'il fut condamné par sentence du 12 Janvier 1759; elle rappelle aussi que la demeure du duc fut rasée, le sol semé de sel, avec défense à tout jamais de rien édifier sur ce terrain maudit. L'aristocratie, ou probablement les descendants de la famille, ont dû chercher à dissimuler aux regards, ce monument ignominieux à l'aide de constructions; car, c'est à peine si un pied de terrain l'isole, au fond de l'impasse où il se trouve relégué et presque ignoré.

On se trouve là dans le voisinage du *monastère de Belem*, vulgairement appelé de *los Jeronimos*: on peut s'y rendre par les rues de Lisbonne, ou encore mieux, par le Tage, au moyen des bâteaux à vapeur, dont le point de départ est au centre de la ville, à l'embarcadère du *Caés do Sodré*, vis-à-vis l'hôtel central, et qui font la traversée de ce point à *Alcantara* et à *Belem*.

Le monastère des hiéronymites de Belem fut bâti, dès l'an 1500, sur l'emplacement qu'occupait jadis l'humble chapelle fondée par *Don Henrique* et qu'on désignait sous le nom de *Rastello*. C'est dans cet ermitage que *Vasco de Gama* alla prier, avant de partir pour la découverte des Indes Orientales; c'est là qu'il prit congé du roi Don Manuel, qui fit vœu d'élever un monument à sa mémoire, s'il réussissait dans son entreprise; et c'est, en exécution de cette promesse, qu'il fit élever le somptueux monastère qui resta inachevé à sa mort. *Don João III* le continua, mais, en même temps que ce roi activait les travaux du couvent de Belem, il donnait des ordres pour qu'on anéantît impitoyablement les monuments religieux de l'Inde. Rappelons enfin, que c'est sous son règne, que l'on bâtit aussi le sinistre palais de l'Inquisition.

Le premier architecte du monastère fut un italien, du nom de *Boitaca*, dont quelques œuvres se trouvent aussi au monastère de *Batalha*; un grand nombre d'autres artistes y ont travaillé et, parmi eux, une femme devenue célèbre; toute l'œuvre fut néanmoins ramenée à un caractère unique, essentiellement original du reste, et qui constitue le style du règne de Don Manuel, style qui se reproduit dans plusieurs monuments de la même période, et est connu sous le nom de *style Manuelin*; c'est, en somme, un mélange de gothique, de Renaissance, d'arabe et de bysantin, rappelant celui qu'on désigne en Espagne sous le nom de style *plateresque*. La porte latérale de la Basilique est un chef-d'œuvre d'architecture gothique; elle est toute décorée de fleurons et de statues. Le portail, légèrement surbaissé, est soutenu par trois arcs en plein cintre, circonscrits dans un grand arc en ogive, et est accolé et surmonté d'une croisée, sur le devant de laquelle se trouve placée une statue de la Vierge. La porte est divisée en deux parties, par une colonne torse en marbre, qui sert de base à une statue de guerrier. Une autre porte, richement décorée de statues et d'ornements de toutes sortes, qui avait été murée, a été rendue au jour il y a peu d'années.

L'église est divisée à l'intérieur en trois nefs: celle du milieu est beaucoup plus large que les deux autres; de belles verrières garnissent ses fenêtres et augmentent encore la magnificence de son aspect qui est splendide. Quatre minces piliers de marbre blanc, de plus de quarante mètres de hauteur, soutiennent la voûte qui a conservé toute son élégance et sa légèreté, malgré l'énormité de sa masse; la construction en est si parfaite qu'elle a résisté aux tremblements de terre. Une immense tribune soutient les orgues et est décorée de stalles, sculptées dans le goût *plateresque*; mentionnons, en passant, un beau pupitre placé du côté de l'Evangile.

Le monastère contigu à l'Eglise, communique avec elle par une porte qui conduit dans un cloître d'une rare magnificence; tout autour de la cour, transformée en jardin, règne une galerie à deux étages, soutenue par des piliers et des arceaux légèrement surbaissés et décorés avec une profusion inouïe d'ornements.

Chaque arcade du rez-de-chaussée est, à son tour, divisée en quatre espaces par de minces colonnettes torses, qui soutiennent des petits arceaux en plein cintre percés à jour, du plus charmant effet, où l'on a également prodigué des ornements dans le goût *plateresque*.

La partie occupée autrefois par les moines est, actuellement, transformée en *Casa Pia*: c'est un asile de bienfaisance remarquablement organisé.

Le monastère de Belem renferme les sépultures de plusieurs monarques et de personnages illustres. Dans la grande chapelle du couvent, se trouve la tombe du roi *Don Manoel*, mort en 1521, et dont les cendres furent apportées au monastère en 1551. Puis, c'est le tombeau du grand *Don João III*, celui dont nous parlions plus haut, et pour lequel *Luiz de Camoëns*, qui fut cependant toujours sobre de louange et peu enclin à la flatterie, avait composé une magnifique et pompeuse épitaphe; elle n'y a jamais été gravée et, en raison de sa longueur, nous rappellerons seulement ici que c'est celle où l'illustre poète se demande qui repose dans cette tombe: *Est-ce Alexandre?.. dit-il. Serait-ce Adrien?... Est-ce donc Numa?... Non, mais c'est Jean III de Portugal, et jamais il n'y en aura un second!*

Là encore se trouve le tombeau qui renferme le corps du roi *Don Sébastien*, si on ne s'est point abusé sur l'authenticité de son cadavre, et qui porte l'inscription suivante: *Hic jacet in tumulo, si vera est fama. Sebastus, quem dicunt Libycis occubuisse plagis.*

Les restes de son successeur, le cardinal-roi Don Henrique, mort en 1580, reposent à côté de ceux des infants *Don Carlos* et *Don Luiz*, fils de *Don Manuel*, ce *Don Luiz* qu'on avait surnommé *les délices de Portugal*, en raison de ses compositions dramatiques.

Là également, repose le cadavre

de l'infortuné *Alphonse VI;* il est placé à part, comme il est toujours demeuré durant sa triste existence.

Mais le plus joli monument de Lisbonne, c'est, sans contredit, *la tour de Sam Vicente de Belem*, qui s'élève au milieu du fleuve, à l'entrée de la rade, et autour de laquelle l'eau a amoncelé des sables qui ont isolé le château dans une sorte de presqu'île. Rien n'est gracieux comme cette forteresse carrée, qui a perdu tout caractère de sévérité menaçante, décorée, comme elle l'est, d'élégantes galeries et de jolies fenêtres à balcons avec des colonnettes de marbre; elle est surmontée de deux étages de terrasses et d'une plateforme à créneaux, formés par des écussons portant la croix de Malte et flanquée, finalement, de jolies guérites en poivrières, qui achèvent de donner à cette tour un cachet de grâce et d'élégance incomparable. Et cependant elle comprend dans le bas un terreplein fortifié, et même casematé, qui s'avance dans le Tage et est armé d'une double rangée de canons. Au premier étage de la tour se trouve le salon royal, vaste salle elliptique et voûtée, qui en occupe toute la façade: une jolie porte le fait communiquer avec la terrasse; on y conserve une image de Notre-Dame de Belem. Du haut de sa plateforme, on jouit d'une superbe vue sur Lisbonne et ses environs, sur le port et sur l'Océan.

C'est le chroniqueur de la fin du XVe siècle *Garcia de Resende*, le factotum de *Joām II*, qui a donné, paraît-il, le plan de cette gracieuse forteresse dont la construction avait pour but de faire croiser ses feux avec ceux de la *Torre Velha*, que Joām Ier le grand-maître d'Aviz, avait élevée; mais, ce n'est que sous le roi Don Manuel que celle de Belem fut construite. Une escadre française l'avait battue en brèche en 1821, ce qui fait croire qu'elle avait encore, à cette époque là, des conditions de résistance qu'elle n'a plus aujourd'hui; aussi ne sert-elle plus guère maintenant que de prison d'Etat. On raconte que, durant la dernière guerre de sécession, deux vaisseaux de guerre américains entrèrent dans le port, se poursuivant l'un l'autre: le commandant de la tour de Belem, voulant leur faire observer les lois de la neutralité, envoya un boulet au vaisseau de l'Union, sans lui causer heureusement aucun dommage. L'orgueilleux capitaine américain, dédaignant de répondre, répliqua simplement qu'il aurait vraiment du regret à démolir un aussi joli jouet que la précieuse tour de Belem.

L'entrée de Lisbonne est d'ailleurs fortement défendue par le fort de *St Julien*, qui domine la barre, et croise ses feux avec la tour de *Sam Lourenço do Bugio*, bâtie sur un îlot, au milieu même de l'embouchure du Tage; c'est, dans les cachots du fort de St Julien, converti en prison d'Etat au temps de l'absolutisme, que mourut le vénérable prêtre espagnol *Muñoz Torrero*, dont les cendres furent rapportées à Madrid en 1865.

Lisbonne possède aussi une citadelle, que l'on appelle le *château* ou *fort de Saint Georges*: on y jouit, en raison de la position élevée qu'il occupe, d'un point de vue incomparable. C'est là qu'on voit encore la porte, au travers de laquelle, le légendaire *Martin Moniz* passa d'abord la lance, puis son corps, afin qu'au prix de sa vie, les siens parvinssent à enlever cette importante position aux

Arabes, lors de la conquête de Lisbonne.

Nous ne nous éloignerons point de Lisbonne sans citer la superbe promenade de *San Pedro de Alcántara*, divisée en deux parties, et qu'une grille sépare de la rue de ce nom. Un perron conduit dans le jardin situé en contre-bas, et là, on jouit d'un point de vue aussi beau le jour, que merveilleux le soir, quand la terre et l'eau, se couvrant de milliers de lumières, offrent le spectacle d'une splendide nuit étoilée.

En traversant le Tage sur un des bâteaux qui font la traversée de *Caes de Sodré* à *Cacilhas*, village situé en face de Lisbonne sur la rive gauche du fleuve, on aperçoit, dans tout son ensemble grandiose, la capitale portugaise, et si de là, on monte jusqu'au château de *Almada*, on découvre le panorama de Lisbonne dans toute son extension et dans toute sa magnificence: c'est sans contredit l'un des plus grandioses spectacles de l'Europe.

III.—Environs de Lisbonne.

Peu de villes se prêtent, autant que *Lisbonne*, à servir de centre à un grand nombre d'excursions charmantes aux alentours. Ce sont d'abord des villages pittoresques comme **Pozo do Bispo**, et **Pedrouços**, qui est située plus loin que *Belem;* puis **Cascaes**, *à la fin du monde*, comme on dit dans le pays, en raison de sa situation extrême à l'embouchure même du Tage, et qui est le rendez-vous des baigneurs.

Dans une autre direction, ce sont les villages de **Paço de Arcos, Oeiras, Lumiar,** qui tous se trouvent dans des positions charmantes avec de ravissantes *quintas*, remplies de fleurs rares, et pourvues d'épais ombrages.

Vient ensuite le palais de **Bemposta,** bâti, à la fin du XVIIe siècle, par Catherine de Portugal, veuve de Charles II d'Angleterre, et qui est situé au commencement de la route de *Arroios*, près du *Campo de Sant'Anna;* c'est là qu'est mort, en 1826, le roi João VI. Puis, encore, les *quintas* du marquis de *Pombal;* de *Vispo*, propriété de M. le marquis de Salamanca; le château de plaisance du *Ramalhão*, où la reine *Carlota Joaquina*, femme de Jean IV, fut exilée pour ne pas avoir voulu prêter serment à la Constitution de 1822, et où vécut aussi, dix ans plus tard, *Don Carlos* de Bourbon; c'est de là qu'il protesta contre l'avénement de la reine Isabelle et, c'est du *Ramalhão*, que partit aussi la première étincelle qui alluma la guerre civile d'Espagne.

Mais de toutes ces excursions, celle qui, sans contredit, offre le plus d'intérêt, c'est celle de **Cintra,** avec ses célèbres environs. Sur la route même de *Cintra*, se trouve située la propriété ou *quinta de Larangeiras*, véritable Eden, dans lequel on pénètre par une entrée grandiose, que ferme une superbe grille. Cette belle résidence contient des lacs, des ponts, des grottes, des cascades, des kiosques, des pavillons, un somptueux théâtre, et jusqu'à une ménagerie avec des cages pour des bêtes fauves. Cette propriété, réellement princière, où le comte de *Farrobo* a dépensé plusieurs millions, renferme de superbes allées que décorent des statues, des jardins splendides, de magnifiques serres: déjà elle possédait un gazomètre pour son illumination, quand on ne songeait pas encore à éclairer au gaz la capitale portugaise.

On peut aussi se rendre à **Cin-**

tra par le tramway à vapeur: on atteint alors, successivement, à travers un ravissant pays que dominent des centaines de moulins à vent, les stations de **Portas de Rego, de Sete-Rios,** dans une charmante position, de **Bemfica,** où se trouvent la jolie *quinta do Lodi*, le bel aqueduc qui conduit les eaux à la capitale, et le célèbre couvent de *Santo Domingo;* puis viennent: **Porcalhota, Ponte de Carenque** *(Bellas)*, où se trouve la jolie propriété du comte de *Pombeiro;* **Queluz,** avec son château royal bâti au siècle dernier par le roi don Pedro III. C'est une construction, à divers corps de bâtiments, surchargée de décorations de tous les styles, quelque peu abandonnée, où il y a cependant encore de belles salles, qu'ornent des glaces et des statues. Dans la chapelle on conserve une belle colonne en agate, donnée par Pie VII au roi João VI. C'est dans ce palais que naquit et mourut Don Pedro IV de Portugal, premier empereur du Brésil: on y conserve encore la chambre, telle qu'elle était à ses derniers moments.

On atteint ensuite **Cacem, Rio do Mouro** et **Ranholas,** et bientôt on se trouve à l'entrée de **Cintra,** sous une voûte épaisse de verdure, formée par les branches entrecroisées d'arbres séculaires. *Cintra* est située à vingt-six kilomètres au nord-ouest de Lisbonne, dans une belle montagne qui s'étend jusqu'au cap de *Roca*, dans la mer, et du haut de laquelle on découvre l'embouchure du *Tage*, la baie de *Setubal* et jusqu'aux îles *Berlengas*, vis-à-vis de *Péniche*. Rien n'est comparable au charmant pays chanté par Camoëns et qui entoure Cintra: assise au fond d'une vallée, toute peuplée d'ormes gigantesques, de chênes-lièges, d'orangers, au milieu de torrents qui se précipitent de tous côtés, elle est située dans une contrée que lord Byron a qualifiée de nouvel Eden, en raison du printemps perpétuel qui y règne.

Dès la descente de *Sam-Pedro*, on aperçoit le *Paço-real*, ou palais royal, vaste amas de constructions d'époques diverses, que dominent deux énormes cheminées coniques, sorte de hauts-fourneaux gigantesques qui correspondent aux vastes cuisines du château, et que le fondateur de la maison d'Aviz, *Don Joam I*^{er} fit bâtir, au commencement du XVe siècle, sur les restes d'un ancien palais arabe. On trouve encore des traces des constructions mauresques dans les fenêtres, divisées en deux parties par de sveltes colonnettes, qui soutiennent des petits cintres en fer à cheval dans le goût oriental, et qu'encadrent des ornements de l'époque de transition du style ogival à celui de la Renaissance. C'était, anciennement, une sorte d'Alhambra des Rois Maures de Lisbonne, dont les souverains actuels ont fait leur résidence d'été. On conserve encore, du temps des Arabes, une salle qui était, dit-on, leur *salle à manger;* puis, celle *du Bain*, appelée aussi *la Citerne des Maures:* les parois en sont de pierre de taille, et le sol constitue un vaste bassin dans lequel l'eau, qui y pénètre par deux anfractuosités, conserve, en toutes saisons, un niveau constant; d'imperceptibles ouvertures permettent à volonté d'arroser en tous sens les visiteurs; c'est là que reposerait, d'après la légende, dans un tombeau de bronze, un roi maure environné de richesses.

A l'intérieur du palais, on visite diverses salles curieusement ornées. On remarque une grande cheminée en marbre, décorée de bas-reliefs attribués à *Michel Ange*. Au premier étage, après le vestibule et le café, se trouve la *salle des cygnes*, qui tire son nom des oiseaux de cette espèce qui couvrent son plafond; puis, le cabinet où le roi Don Sébastien résolut cette désastreuse expédition d'Afrique dans laquelle il mit en jeu, avec sa vie et sa couronne, l'indépendance du Portugal (voir pag 298); puis la *salle das pegas*, ou des pies, où sont peints des oiseaux en grand nombre; du bec de chacun d'eux sort un ruban, avec la devise de *Por bem*, qui fut celle de Joām Ier.

La chronique prétend qu'un jour sa femme, *doña Philippa de Lencastre*, l'ayant surpris au moment où il embrassait une dame du palais, il s'écria: *E por bem!*; c'est pour *le bien!* dont il fit dès lors sa devise. Puis, c'est encore la *salle du Bain* et, au deuxième étage, la *salle du Lac*, garnie de faïences bleues et vertes, avec un bassin de marbre au centre. Au troisième étage se trouve le *salon des Cerfs*: des têtes de cerfs soutiennent les écussons des soixante et quatorze familles les plus nobles de Portugal; deux de ces écussons ont été grattés: ce sont ceux qui portaient les armes des familles du marquis de *Tavora* et du duc d'*Aveiro*, morts sur l'échafaud, comme complices dans l'attentat commis sur la vie du roi Joseph Ier.

On visite encore, la chambre, où Alphonse VI, le monarque déchu, languit durant neuf ans; les murailles de ce palais ont entendu les imprécations de rage que proférait ce prince, outragé dans son honneur et dans sa dignité. C'est là que ce monarque promenait son désespoir; les carreaux laissent voir encore la trace du mouvement continu par lequel il cherchait à se distraire! Dans la chapelle qui avait été jadis une mosquée, on voit une ouverture pratiquée dans l'épaisseur de la muraille; c'est par là qu'il entendait la messe sans être aperçu du peuple. On sait que ce roi avait épousé, en 1666, Marie Françoise Elisabeth de Savoie, fille du duc de Nemours (voir page 305), et que celle-ci le fit descendre du trône peu après, pour épouser, du vivant de son mari, le propre frère de celui-ci, Don Pedro, avec qui elle partagea le trône qu'elle fit abdiquer au roi Alphonse, en même qu'elle le privait de la liberté. Déchu de son rang, abandonné de ses favoris, n'ayant pour toute société que le valet demandé par lui et auquel il confiait le soin de ses chiens, Don Alphonse se vit forcé d'accepter, pour y finir ses jours, la petite île de Terceire, aux Açores. Il y reçut bientôt la nouvelle officielle du mariage de son frère avec sa propre femme, la reine Elisabeth de Savoie; il poussa alors la condescendance jusqu'à envoyer complimenter les nouveaux époux; on lui entendait dire que *son pauvre frère verrait bientôt ce que valait la française*. La cour de Madrid cherchait cependant, à se procurer des intelligences avec quelques habitants de l'île Terceire, dans le but de s'emparer du roi captif, pour le marier à la veuve du roi d'Espagne, et envahir de nouveau le Portugal. Le régent Don Pedro s'empressa alors, de faire revenir sur le continent celui qu'il en avait éloigné six ans auparavant.

Comme Alphonse hésitait à descendre du navire qui l'amenait à *Paço de Arcos*, irrité qu'il était contre l'ancien gouverneur, le duc de *Cadaval* vint l'y chercher en personne et, le persuadant que le navire allait sombrer, l'emmena comme un enfant. Transporté dans les bras de deux matelots, il fut conduit dans une litière à *Cintra*. La captivité du monarque, enfermé à l'île Terceire pendant six ans, continua encore neuf autres années à Cintra, jusqu'à ce qu'il succombât à une attaque d'apoplexie en 1688; il fut enterré derrière le maître-autel, au monastère de Belem, où il git séparé encore des siens, comme il l'avait été durant la plus grande partie de sa triste existence.

Après le château royal de Cintra, on visite celui de la **Penha**, auquel on arrive en gravissant une montagne toute hérissée d'énormes rochers et bientôt, à l'un de ses sommets, se dressent à la vue, le donjon et les tourelles du *palaço acastellado*, ou château *da Penha*, résidence d'été du roi Don Fernando.

Cette création fantastique, due au caprice de ce prince ami des arts, présente aux regards, au milieu de massifs de verdure, un vaste développement de murailles crénelées, au flanc desquelles s'accrochent des tours des formes les plus variées, avec des guérites en poivrières, à pic sur les rochers d'alentour, que dominent également de nombreuses terrasses, et d'où l'on jouit de vues splendides jusque sur l'immensité de l'Océan qui seul borne l'horizon.

On attribue à *Don João de Castro*, quatrième vice-roi des Indes au XVIe siècle, la construction de ce château: il en avait fait alors un couvent. Les tours, les coupoles, les murailles, les créneaux, le pont-levis, les fossés, les cours, les portes, tout est revêtu de décorations, de sculptures du goût le plus étrange, au milieu des revêtements de marbre et de faïences vernies, et dans un mélange étourdisant de tous les ordres d'architecture. La chapelle, richement décorée, possède deux sculptures en marbre de dimensions réduites, qui représentent la *Passion* et la *Mort de Jésus*.

Le roi Don Fernando a réuni, à l'intérieur du palais, quantité d'œuvres d'art de toutes sortes: des peintures, des sculptures, des antiquités, ainsi qu'une remarquable bibliothèque. Du haut de la plateforme, on aperçoit la statue colossale de *Vasco de Gama*, qui se dresse au sommet d'un amas de roches inaccessibles et dont la silhouette gigantesque se détache sur le ciel, et se reproduit en miniature sur une des vitres de la chapelle. C'est un pieux souvenir élevé par le prince, à la mémoire du grand homme auquel le Portugal doit une de ses plus brillantes conquêtes. De là encore, le regard plonge sur un immense horizon, et découvre les montagnes de l'Alemtejo, les tours de Mafra, le Tage, les édifices les plus élevés de Lisbonne, et la mer.

A la base du château, où il semble que l'on ait voulu donner un corps aux rêveries de l'imagination orientale, se développe un merveilleux parc, de plusieurs lieues d'étendue, où des eaux limpides circulent de tous côtés, avec des allées impénétrables au soleil, bordées de bananiers, de myrthes, de camélias, de géraniums et d'hortensias aux proportions gigantesques et inconnues ailleurs. Là, vivent, en pleine liberté, des animaux de toutes sortes, des oiseaux rares, au milieu de bosquets formés par des arbres de tous les climats et des fleurs les plus variées et des plus précieuses.

Un chemin ravissant conduit au *chalet de Madame*, charmante construction rustique; puis l'on gravit l'autre sommet de la montagne, que couronnent les immenses ruines du *castello de Mouros*, ou château des Maures. Au bout d'une allée qui surplombe un précipice, se trouvent les vestiges d'une mosquée et, tout auprès, un tombeau, dans lequel ont été réunis des ossements humains et sur lequel on a sculpté à la fois la croix et le croissant, car on ignorait si ces restes avaient appartenu à des chrétiens ou à des musulmans.

On visite encore d'autres belles propriétés aux alentours de *Cintra*. C'est d'abord: la **quinta de Monserrate**, qui possède un joli palais, de style oriental, avec une belle galerie extérieure sur une de ses façades, et décoré, avec une richesse prodigieuse, de marbres et d'albâtres: le propriétaire, un riche anglais, M. Kook, a réuni là, quantité d'œuvres d'art, des meubles précieux et des richesses de toutes sortes, parmi lesquelles on mentionne particulièrement, un merveilleux *Saint Antoine*, et le trône authentique du Doge de Venise. On raconte que le gouvernement portugais a exempté du paiement des droits d'entrée tous ces objets, dont le montant ne s'élevait pas à moins d'un demi-million de francs, et accordé, à leur propriétaire, le titre de *vicomte de Monserrate*, en récompense de son enthousiasme pour le Portugal, et en compensation de sa générosité envers les artistes du pays.

Il faut mentionner ensuite: la **quinta de Regaleira**, charmant lieu de promenade pour les habitants de Cintra; celle de **Setiaes** (les sept soupirs), ainsi nommée d'un écho du palais qui répète sept syllabes, et où fut signée en 1808, entre Wellington et Junot, la célèbre convention dite de Cintra; puis encore, **la Penha Verde** appartenant au comte de *Castro*, qui renferme plusieurs tombeaux du XVIe siècle, entr'autres celui du grand *João de Castro*, qui fut vice-roi des Indes et qui avait assisté, avec Fernand Cortès, à la fameuse expédition de la Goulette que Charles-Quint dirigea contre Tunis. Étant gouverneur des Indes, il trouva à emprunter, pour les besoins de la guerre, auprès des habitants de Goa, une forte somme d'argent en donnant en gage une poignée de ses propres moustaches: il les envoyait, disait-il, en gage de sa parole, ne pouvant leur envoyer les ossements de son fils Don Fernando, que les Maures venaient de tuer.

Cette relique fut, parait-il, longtemps gardée dans la famille de *Castro*, dans une urne en verre posée sur un socle d'argent.

Puis viennent encore, d'autres châteaux comme celui de *Pombal*, avec sa belle allée d'arbres nommée *Passeio dos Amores*; celui du duc de *Saldanha*, d'une architecture fort originale; les *quintas de Vianna*, de *Palmella*, de *Cadaval* et bien d'autres, toutes situées dans des positions les unes plus charmantes que les autres, au milieu d'une végétation tropicale, entourées de cascades et de fleurs qui font, de ce coin de pays, un vrai Paradis terrestre.

A une demi-lieue de *Cintra*, se trouve le village de **Collares**, réputé pour ses vins, et dans une situation ravissante, sur les bords du *rio Maças*, d'où l'Océan se présente dans toute son imposante grandeur; tout près se dresse le phare du cap *da Roca*, situé sur la pointe la plus occidentale de la côte du Portugal. Il y a là deux rochers, presque à pic sur l'Océan, nommés *o Tojo* et *a Pedra de Alvidrar*, à la base desquels viennent s'entrechoquer les flots écumeux de la mer: là, des enfants, appartenant au pays de *Almoçageme*, montent et descendent avec une agilité extrême, le long de ces énormes roches et se tiennent constamment suspendus sur l'abime, pour gagner quelques *réis* que leur donnent les amateurs de cet horrible spectacle!

On visite aussi le couvent de *Santa Cruz*, nommé aussi *da Cortiça*, ou *couvent de liège*, parce que ses murs sont couverts de liège. Il fut fondé au XVIe siècle par *Don Alvarez de Castro*, et servit de retraite à *Honorius*, l'un des saints les plus vénérés du Portugal. Le couvent est pratiqué dans le rocher et on y pénètre par une ouverture formée par deux pierres tombées l'une sur l'autre.

La première salle est à ciel ouvert et garnie de bancs taillés dans le roc; tout autour, on a creusé des petites chapelles ornées de saints coloriés; dans une autre salle, également à ciel ouvert, on jouit d'une belle vue sur le pays. Le couvent est formé d'une réunion de petites cabanes: on y a pratiqué des cellules dans lesquelles on ne peut entrer qu'en rampant; une cavité, creusée dans le rocher, constitue le réfectoire; on y a taillé de même, la table et les bancs qui l'entourent.

A trois lieues de *Cintra*, se trouve située **Mafra**, sur la route qui de Lisbonne conduit à *Torres Vedras*. *Mafra* a donné son nom au vaste et lourd édifice surnommé l'*Escurial du Portugal*. Le roi *Don João V* avait fait vœu, si le ciel lui accordait un héritier, d'élever une abbaye à l'endroit où se trouverait le couvent le plus pauvre. Quand Don José vint au monde, le roi fit, en exécution de sa promesse, bâtir le monstrueux édifice où vinrent s'engloutir les richesses du Brésil. Ce monument ruina le Portugal, mais il valut à son fondateur le titre de *Majesté très Fidèle*, que lui accorda le Pape Benoit XIV, et que les rois de Portugal portent depuis lors.

La façade principale, située au couchant, présente trois vastes corps de logis et, au centre, se dresse le fronton du temple qui porte le nom de *Basilique de Mafra;* au sud s'étend la partie du palais consacrée à la résidence de la reine; le côté nord était habité par le roi. Un magnifique pavillon se dresse à chaque angle de l'édifice; la base est en talus. Cette immense construction a été élevée sur les plans de l'architecte *João Federico Ludovici*, né à Ratisbonne; son fils *João Pedro*, lui succéda dans la direction des travaux; un italien, *Giusti*, fut chargé de la statuaire. On employa cinq mille ouvriers pour niveler le terrain et, le 17 Novembre 1717, date choisie à cause de la réunion étrange de ces chiffres, on posa solennellement la première pierre de l'édifice. Pendant treize années entières, vingt à vingt-cinq mille ouvriers y travaillèrent journellement; à certain moment même, on n'en compta pas moins de quarante-cinq mille, y compris sept mille soldats qu'on leur avait incorporés; jusqu'à deux mille cinq cents chariots étaient, parfois, occupés au transport des matériaux. La basilique fut enfin consacrée le 22 Octobre 1730: ce jour-là on donna à manger gratuitement à neuf mille personnes; les fêtes qui accompagnèrent cette solennité, durèrent toute une semaine. L'ameublement, les ornements religieux, les étoffes de soies brodées de pierreries, coûtèrent des sommes encore plus considérables, que le vaste édifice qu'on venait d'élever à si grands frais, et qui contient huit cent quatre-vingt salles et cinq mille portes et fenêtres. La Sacristie possède encore des restes de tant de richesses: nous citerons, entr'autres, une mitre couverte de pierres précieuses, du plus merveilleux effet.

Le temple est orné, à profusion, de marbres de toute couleur, de riches mosaïques, et des bois les plus rares. Tout autour on compte onze chapelles, dont les autels sont ornés de peintures. Au-dessus du maître-autel, un tableau, de l'école romaine, représente les patrons titulaires de l'église, la *Sainte Vierge* et *Saint Antoine*. Parmi les nombreuses statues en marbre que possède *Mafra*, d'un travail assez remarquable, citons un *Saint Jérôme* de *Felipe Valles*. On y voit deux orgues, garnies de bronzes dorés; mais, ce qui mérite surtout l'attention, c'est le dôme de l'église, tout en marbre, que soutiennent seize colonnes corinthiennes, et que couronne une seule pierre, hardiment mise en place, par l'ingénieur portugais *Custodio Vieira*; cent soixante hommes la posèrent en deux heures de temps. A l'intérieur du palais, outre des fresques représentant des épisodes de la découverte du nouveau-monde et de l'histoire du Portugal, on trouve une chapelle et une bibliothèque.

Cette immense construction, aujourd'hui convertie en un collège pour les fils de militaires, a coûté, au Portugal, l'énorme somme de 34 millions de cruzades, près de 170 millions de francs! Les deux tours possèdent chacune, un carillon de 57 cloches, construit à Anvers par Levache.

Comme on faisait observer au roi qu'un carillon coûterait deux millions et demi de francs: «C'est bien peu, dit-il, faites m'en venir deux.» Et voilà comment, sans que le monarque s'effrayât le moins du monde de la dépense, il y eut un carillon pour chaque clocher.

A côté de cette phrase si caractéristique, écoutons ce qu'écrit M. A. Herculano. «Mafra, dit-»il, est un monument riche, mais »sans poésie et, par cela même, »sans véritable grandeur; c'est le »monument d'une grande nation »qui doit périr, après quelque »banquet à la Lucullus... Pour la »merveilleuse inutilité de *Don* »*João V*, on a dépensé, pendant »nombre d'années, les millions »que prodiguait l'Amérique; les »efforts renouvelés de cinquante »mille hommes se sont épuisés à »dégrossir, puis à polir ces pierres »vouées maintenant à l'oubli, et »servant tout au plus à occuper »la curiosité de ceux qui passent, »durant quelques heures. Avec »le prix qu'a coûté Mafra, le Por-»tugal se serait couvert des meil-»leures routes de l'Europe... Ce »palais, habitué aux pompes de-»puis tant d'années, est là com-»me un illustre mendiant, assis »aujourd'hui à part, dans une »sorte de solitude. La vie robuste »des siècles que lui avait prophé-»tisée son fondateur, va se con-»vertissant en une décrépitude »anticipée; c'est inutilement qu'a-»vec sa grande voix de bronze, il »demande qu'on l'abrite contre »l'injure des saisons; l'eau du »ciel filtrant à travers ses mem-»bres, les disjoint lentement; le »soleil brûle son front et fait pros-

»pérer les mousses qui hérissent »sa rugueuse surface. Le vent se »glisse à travers ces fenêtres mal »fermées et s'en va bramant dans »les solitudes intérieures; il ap- »porte la poussière dont il s'est »chargé dans la montagne, et la »disperse sur le visage des sta- »tues, entre les acanthes des cha- »piteaux et à la surface polie des »murailles de marbre. Au milieu »des bruits du monde, personne »n'écoute gémir le géant de pier- »re; personne ne se soucie de »tirer du Trésor de l'Etat la plus »petite somme pour lui, et pour- »quoi donc? Parce que sa misère »ne parle ni à l'esprit ni au cœur. »Où sont ses glorieux souvenirs? »il n'en a pas; quelle est son uti- »lité? nul ne peut dire à quoi sert »cet immense monceau de pier- »res.»

Dans cette même direction, à six lieues et demie au Nord-Ouest de Lisbonne, est située **Trocifal,** et près de là, à un kilomètre, se trouve le curieux ermitage de *Nossa Senhora do Socorro.* Le pont du *Sang,* qui traverse le *rio Sisandro,* parait devoir rappeler le souvenir de quelque grande bataille contre les Maures, livrée dans ces parages. Le toit ogival de l'église indique une recons- truction; mais les colonnettes qui la soutiennent, appartiennent évidemment à l'architecture mau- resque.

A peu de distance de l'église se dresse le *Penedo do thesouro,* ou rocher du trésor, qui renfermait, au dire de la tradition, un trésor enfoui au moment de la fuite des Arabes.

IV.—Sud du Portugal.—De Lisbonne à Setubal, Evora, Serpa, Casevel et les Algarves. On traverse par les bâteaux, dont le point d'embarquement est situé sur la place du Commerce, la baie qui sépare **Lisbonne de Barrei- ro,** tête de ligne du chemin de fer qui conduit à **Setubal, Evora, Beja,** et dans le royaume des **Al- garves.**

Barreiro est située en face de **Seixal,** dont elle est séparée par une petite rivière qui se jette dans le Tage.

La voie atteint successive- ment les stations de **Lavradio, Alhos Vedros, Moita** et **Pinhal Novo,** où s'embranche la petite ligne qui conduit à **Setubal.** Dans cette direction, on arrive d'abord à la jolie petite ville de **Palmella,** dans une ravissante position, au pied d'une colline qu'entoure une verte campagne, et que dominent les belles ruines d'un ancien châ- teau que l'on aperçoit de Lisbonne.

Quelques kilomètres plus loin, se trouve située **Setubal,** l'an- cienne *Cœtobriga,* dont il subsiste d'importants vestiges. Des fouil- les faites sur son emplacement, ont mis au jour des marbres, des colonnes et des tombeaux de l'épo- que romaine; en 1850, on découvrit même deux maisons qui conser- vaient, dans toute leur fraîcheur, les fresques dont elles étaient or- nées. Un particulier, Mr *Xaro,* a formé un Musée de tous les objets qui ont été trouvés sur l'emplace- ment de cette cité romaine, que le vulgaire désigne sous le nom de *Troia.*

Située sur la rive droite du *Sa- do,* Setubal possède un port de mer que défendent le fort de *Al- barquel* et la tour de *Outão,* élevés par *Don João Ier:* quoique d'un accès assez difficile, il se fait né- anmoins, par son port, une expor- tation importante de sel, de vins, et surtout d'oranges de l'espèce nommée *tangerine,* ou *mandarine.* A l'extrémité du port se trouve une petite chapelle, nommée de *la Arrabida*, qui mérite d'être visitée. L'église principale, d'un style assez remarquable, possède un certain nombre de tableaux qui ne sont pas sans mérite artistique. Nous mentionnerons encore: le *couvent de Jésus*, dont le portail, de l'époque de transition du style ogival à la Renaissance, est encore veuf des statues qui devaient le décorer; puis, la porte de *San Julian*, curieux échantillon du *style Manuelin*, avec ses enlacements de cordons en grosses torsades, au milieu desquels apparaissent çà et là des feuillages finement exécutés.

C'est à *Setubal* qu'est né, en 1765, le poète satyrique *Manuel Maria de Barbosa da Bocage*, mort en 1805: une souscription publique a fait les frais d'une statue qui a été élevée à sa mémoire, en 1871, sur l'ancienne place *do Sopal*. Setubal est aussi la patrie d'un autre poète, *Vasco Mousinho de Quevedo*, qui eut le malheur de fleurir à l'époque de la domination espagnole, et que ses compatriotes ont sans doute oublié pour cette raison.

En partant de la station d'embranchement de **Pinhal Novo**, dans la direction de **Casa-Branca** pour **Evora**, on traverse successivement les stations de **Poceirao, Pegoes, Vendas Novas, Montemor o Novo**, où subsistent encore les ruines d'une ancienne forteresse arabe et enfin, de **Casa-Branca**, d'où un embranchement se dirige sur **Evora**, chef-lieu de l'ancienne province de l'*Alem-Tejo*, appelée communément le grenier du Portugal, et siège d'un archevêché et d'un gouvernement militaire.

Evora est l'ancienne *Ebura*, que les Romains appelèrent *Liberalitas Julia* quand ils la prirent: elle était le centre des opérations de Sertorius, qui y fit construire le bel aqueduc, connu dans le pays sous le nom d'*aqueducto da prata*, qui fut rebâti au xvie siècle, sous le règne de *João III*, sur les restes de celui des Romains. Les Maures prirent Evora en 715 et la conservèrent jusqu'en 1165. Don João II y tint, en 1482, une diète célèbre, où il arracha aux nobles la plupart de leurs privilèges. Cette antique cité ne conserve plus guère, de l'époque romaine, que les restes d'un temple qui fut dédié à Diane et dont les belles colonnes, surmontées de chapiteaux corinthiens, constituent un fort beau spécimen d'architecture antique. C'est près de cet intéressant monument, qui avait été, à une époque, transformé en boucherie, que se trouve située la tour carrée, connue sous le nom de *tour de Sertorius*.

Parmi les autres monuments de la ville, nous citerons: les restes des vieilles murailles qui entouraient la ville; les ruines de deux châteaux; la façade de l'*ancien palais du roi Don Manuel*, avec ses jolies fenêtres divisées en deux parties par une colonnette, dans le goût mauresque.

Puis, c'est la *Cathédrale*, restaurée au commencement du siècle dernier, avec les grosses tours massives qui flanquent son entrée, reliées par une arcade et qui sont percées, d'une manière irrégulière, de belles fenêtres appartenant à l'époque de transition du style roman à l'architecture ogivale. Mentionnons encore: la curieuse porte, de la même époque, de l'église de *St Jean;* la façade de l'ancienne *Université*, décorée avec un goût médiocre; celle de l'ancien couvent *da Graça*, du siècle passé, aux angles de laquelle sont perchés des géants de pierre dans les attitudes les plus nonchalantes; puis, l'ancienne *Chartreuse*, dont la façade offre un bel aspect, avec sa décoration de colonnes de divers ordres d'architecture dans le goût du XVIIe siècle. Mais, le monument le plus singulier d'*Evora*, c'est, sans contredit, l'église dite de *Chamblas* flanquée d'un grand nombre de tours que garnissent des créneaux, qui lui donnent l'aspect d'une sombre et imposante forteresse.

Evora possède finalement un Musée et une Bibliothèque, qui contiennent quelques tableaux, dont l'un est attribué à *Van Dyck*; des ivoires sculptés; un bas-relief en ardoise représentant *un combat des Juifs contre les Philistins*, et un superbe *émail de Limoges*, l'un des plus beaux spécimens de l'art français à l'époque de la Renaissance. Sur ce précieux triptyque sont représentées les scènes principales de *la Passion du Christ*. Une inscription en latin, placée sur le couvercle de la boîte qui renferme cette pièce, dont la monture est en or massif, unie et sans ciselures, indique que ce précieux calvaire aurait appartenu au roi de France François Ier, qui l'aurait perdu dans ses bagages à la bataille de Pavie: on ignore à travers quelles vicissitudes cet objet, d'une si grande valeur historique pour la France, a passé des mains des Espagnols à celles de l'archevêque d'*Evora*; il figure aussi dans la collection Laurent.

Au sortir d'**Evora** la voie ferrée atteint successivement les stations d'**Azaruja, Venta de Pereiro** et **Extremoz**, célèbre par ses carrières de marbre, et ses *alcarazas*, que les rois ne dédaignaient pas jadis de faire figurer sur leur table, à côté de la vaisselle d'argent. C'est à *Extremoz* que le chemin de fer s'arrête pour l'instant; il devra sans doute rejoindre la voie de *Badajoz*, dans les environs de *Elvas*.

De **Casa-Branca** la ligne de chemin de fer se dirige vers **Beja**, en traversant successivement les stations de **Alcaçovas**, de **Vianna de Alem Tejo**, de **Villanova, Alvito** et **Cuba**. A proximité de *Cuba*, se trouve la petite ville de **Vidigueira**. C'est là, dans le couvent appelé *Nossa Senhora das Reliquias*, de l'ordre des Carmes, fondé un an avant la découverte des Indes, que repose le corps du grand *Vasco da Gama* mort, en 1524, à *Cochin*, où il fut d'abord enterré; quatre ans plus tard, ses restes furent transportés dans le superbe mausolée où ils reposent aujourd'hui.

Peu après **Cuba**, on atteint l'ancienne ville de **Beja**, siège d'un évêché, et qu'entourent encore d'anciennes murailles presque circulaires, qui relient entre elles plus de quarante tours; on y remarque aussi, parmi d'autres restes intéressants, les ruines du château bâti au XIVe siècle par le roi *Don Diniz*, un aqueduc, et divers vestiges de monuments de l'époque romaine.

Deux lignes ferrées se séparent à **Beja**; l'une se dirige vers l'Est et dessert les stations de **Baleizao, Quintos** et **Serpa**, où elle s'arrête pour l'instant; l'autre, destinée à relier au réseau général le royaume des Algarves, prend la direction du sud, et atteint successivement les stations de **Outeiro, Figueirinha, Carregueiro** et **Casevel**, *terminus* actuel de cette ligne.

La route qui conduit à **Faro** traverse le petit bourg d'*Ourique*, célèbre par la bataille *do Campo de Ourique*, qu'y livra, le 25 Juin 1139, *Affonso Henriquez*, contre six chefs arabes, dont le principal était Ismaël, gouverneur de l'*Alem-Tejo* au nom des émirs de Cordoue. Avant la bataille, les grands, auxquels commandait Henriquez, acclamèrent celui-ci pour leur roi; les musulmans furent vaincus et c'est, de cette journée mémorable, que date la fondation et l'indépendance de la monarchie portugaise; le choix de l'armée fut confirmé en 1143, par l'assemblée nationale réunie en *Cortès* à *Lamego*.

On atteint ensuite **Almodovar**, située dans une délicieuse vallée de la montagne de *Calderão*, continuation de la *Serra de Monchique*, d'où la vue s'étend sur les sites les plus pittoresques; puis, **Corte-Figueira**; peu après on pénètre dans la province d'*Algarve*. L'ancien royaume des Algarves, mot arabe qui signifie *la contrée du couchant* ou, suivant d'autres, la *terre plate et fertile*, comprenait autrefois la vaste région qui s'étend depuis le cap Saint Vincent jusqu'à la ville d'Almeria, sur la Méditerranée.

On arrive à **Loulé**, qui possède un vieux château et quelques églises, avec des objets assez intéressants; puis, à travers une plantureuse végétation, à **Faro**, place forte, capitale de la province, et siège d'un gouvernement militaire et d'un évêché. *Faro* est située à l'embouchure du *Val-Formoso*, et son port fait un commerce d'exportation assez important. Parmi les monuments de la ville, nous citerons la cathédrale, dont les proportions sont vastes et belles, et l'église paroissiale, remarquable par la noble simplicité de son style.

A l'Est de *Faro*, se trouve, dans une position des plus pittoresque, la petite ville de **Tavira**, la cité des traditions légendaires. Son port, aujourd'hui peu important, recevait jadis les galères portugaises envoyées en course contre les Barbaresques. Parmi ses monuments, nous citerons, comme une œuvre capitale, son pont de sept arches sur le *Seca;* ses deux intéressantes paroisses; puis, la vieille église de *Santa Maria*, qu'on a dû rebâtir à la suite du terrible tremblement de terre de 1755, qui a occasionné de si grands désastres dans tout le Portugal; elle conserve encore des restes de la construction antérieure. C'est, dans cette église, qu'une pierre, portant sept croix rouges, rappelle la légende des sept chasseurs: leur histoire a quelque rapport avec celle des sept infants de Lara. Une trêve avait été conclue entre les Maures et les Chrétiens, à la suite des expéditions que Don Affonso III dirigea contre les Algarves, pour reprendre cette contrée aux Musulmans: pendant la durée de l'armistice, les chrétiens vivaient sans nulle défiance au milieu des populations arabes des environs de *Tavira*, lorsqu'un jour, six chevaliers portugais, qui se livraient au plaisir de la chasse, furent indignement attaqués par les Maures. Un marchand chrétien qui traversait la contrée, courut à leur secours; mais, malgré leur défense héroïque, tous les sept succombèrent. Aussitôt que *Payo Perez Correa* qui, quoique portugais, avait été nommé grand-maître de l'ordre de Santiago en Castille, et s'était plus d'une fois distingué dans les Algarves contre les maures, connut l'indigne trahison des populations de *Tavira*, il courut venger les sept chrétiens et s'empara de la ville. On voit encore, à l'angle d'une place, un buste en pierre, fixé, depuis des siècles, dans la muraille et qui, au dire de la tradition, représente le grand-maître de Santiago. A sa mort il avait été enterré en Castille dans la capitale de sa maîtrise; mais son corps fut transporté à *Tavira*, puis enterré dans la mosquée qu'il avait convertie en église, et c'est là qu'il repose, près des braves chantés par Camoëns.

En se dirigeant vers l'Est, et en longeant presque constamment la côte, on rencontre la petite ville de **Castromarim**, située presque en face de *Ayamonte*, ville espagnole de la province de Huelva, dont elle est séparée par le *Guadiana*. Elle fut jadis le siège de l'ordre du Christ, et ne conserve plus rien d'intéressant, si ce n'est un vieux château, d'où l'on jouit d'un magnifique point de vue.

A l'embouchure même du *Guadiana* est située **Villa-Real de San Antonio**, fondée en 1774 par ordre du marquis de Pombal; quoique bâtie sur les plans les plus réguliers, sa faible importance actuelle offre la preuve qu'il ne suffit pas d'une volonté puissante, pour édifier une ville, quand elle ne possède pas les éléments indispensables au développement de sa prospérité.

Au nord-ouest de **Faro** se trouve **Sylves**, dont la cathédrale fut fondée, à la fin du XIIe siècle, par *Don Sancho Ier*, le second roi de Portugal; elle conserve le nom de cité, seul souvenir d'un temps meilleur, où elle s'enorgueillissait de son siège épiscopal, supprimé en 1580, alors qu'il était occupé par *Osorio*, celui qu'on appelait, au XVIe siècle, *le Cicéron chrétien*.

Au sud-ouest de *Sylves* est située **Villa-Nova de Portimao,** cité bien fortifiée, et qui tire son nom du fleuve sur les bords duquel elle est bâtie, et qui vient déboucher dans son port. A quelques kilomètres se trouve **Lagos**, l'ancienne *Lacobriga*, dont on fait remonter l'origine aux Carthaginois: elle est construite sur trois collines qui s'élèvent sur la rive droite du bras de mer qui baigne ses antiques murailles. Au XVe siècle, son port était fréquenté par les galères vénitiennes.

Lorsque, en 1441, *Antão Gonçalvez* fut envoyé par *Don Henrique*, à la découverte de la côte d'Afrique, il en rapporta quelques nègres faits prisonniers à la suite de combats sanglants avec les naturels du pays: parmi eux, un chef du nom d'*Andahu*, désirant ardemment revoir son pays, réussit dans son projet, apparemment en faisant de merveilleux récits touchant la quantité d'or qu'on pourrait obtenir en échange de sa personne. *Affonso Gonçalvez* partit avec lui pour l'Afrique, dans l'intention de réaliser toutes ces offres. *Andahu* fut mis à terre, sur la promesse qu'il reviendrait; au bout de huit jours il ne vint pas en personne, mais un Maure parut sur un chameau blanc, et la traite fut alors organisée, pour la première fois. Pour *Andahu* et son compagnon, *Gonçalvez* reçut dix individus tant noirs que négresses. Le premier personnage chargé de cet odieux commerce, fut un alfaquis de l'infant Don Henrique, nommé *Martin Fernandez*. Sur les bords du *rio do Ouro*, où l'on donnait des hommes en échange d'autres hommes, on livra aussi aux Européens un peu de poudre d'or. De nombreuses expéditions s'organisèrent, succesivement, sur les côtes du pays d'Algarve, pour aller sur les plages de la côte d'Afrique, d'où l'on rapportait ainsi de la poudre d'or, des peaux de loups marins, des dents d'éléphants, des œufs d'autruche et malheureusement aussi des nègres: on venait les vendre ensuite à *Lagos*, où ils étaient l'objet d'un trafic considérable; le cinquième de la valeur revenait à *Don Henrique*, grand-maître de l'ordre du Christ. Cet odieux commerce trouvait une excuse dans le sentiment religieux de l'époque: en effet, dès que les esclaves arrivaient, on les catéchisait et convertissait à la religion chrétienne.

Le tremblement de terre de 1755 fit des ravages considérables à *Lagos:* aussi c'est à peine si on peut citer, parmi ses curiosités monumentales, un aqueduc qui a dû être fort beau, mais qui est aujourd'hui dans un état de détérioration regrettable.

A l'ouest de **Lagos**, se trouve le petit bourg de **Sagres**, qui tire son nom du *promontorium sacrum*, ou cap Sacré des anciens, sur lequel il avait été construit. C'est à *Sagres*, comme le rappelle un monument élevé en 1839, que le grand-maître de l'ordre du Christ, l'infant *Don Henrique*, celui dont nous venons de parler et qui s'est illustré par sa science, avait construit, au commencement du xve siècle, le *collège maritime de l'Infant*, désignation que l'on donnait à son habitation; il y avait appelé, dès 1438, le célèbre *Jacome de Mallorca*. C'est là, dans ce lieu facilement accessible par mer, que le grand infant se livrait à l'étude de la science de son époque, entouré de quelques savants, et qu'il priait pour ceux qu'il envoyait sonder le grand mystère de l'Océan. C'est par son impulsion, c'est par ses soins, que le redoutable cap *Bogador* est enfin doublé; c'est là, sous ses yeux, que se sont préparées ces expéditions nombreuses et hardies qui amenèrent, peu après, la découverte de la route des Indes par le cap de Bonne-Espérance.

Tout près de *Sagres*, se dresse le *cap de Saint Vincent*, point extrême de l'Europe; son nom lui vient d'un petit couvent solitaire, placé sous l'invocation de ce saint martyr, qui s'élevait, au xve siècle, sur ce promontoire: une tour, qui le dominait, servit longtemps d'observatoire au grand-maître du Christ. Trois terribles batailles navales se sont livrées dans ces parages. C'est là, qu'en 1693, Tourville, à la tête d'une escadre nombreuse, triompha d'une flotte anglo-hollandaise; en 1797, les Espagnols y furent battus par l'amiral anglais lord Jervis; finalement, en 1833, sir Charles Napier y captura la flotte de don Miguel.

V.—De Lisbonne à Pombal, par Carregado, Caldas da Reinha, Alcobaça et Batalha.

Pour visiter les célèbres monastères d'*Alcobaça* et de *Batalha*, on se rend, par chemin de fer, à **Chao de Macas**, deuxième station, après celle de **Entroncamento**, sur la ligne de *Porto*; de *Chao de Macas*, le voyageur se rend à **Batalha** et à **Alcobaça** par des voitures. Notre itinéraire le conduira à ces couvents si dignes d'être visités, en lui faisant abandonner la voie ferrée à **Carregado**, huitième station, au départ de **Lisbonne** pour celle de **Entroncamento**. De **Carregado** un service combiné de voitures conduit à **Alemquer**, petite ville encore entourée de murailles d'origine mauresque; puis, à **Caldas da Reinha**, ou thermes de la Reine, déjà renommés, au temps des Romains, par la qualité de leurs eaux sulfureuses.

Vers la fin du xve siècle, la reine *Doña Leonor*, femme de *João II*, y fonda un établissement; celui qui existe actuellement fut construit au siècle dernier, sous le roi *Don João V*, en même temps que l'hôtel de ville dont les proportions sont extraordinaires.

Caldas possède une belle promenade, un Casino, une bibliothèque, de belles fontaines, au nombre de neuf, qui portent les noms des neuf Muses, et un hospice, avec une curieuse église attenante, consacrée à *Nossa Senhora do Populo*. Elle fut construite au commencement du xvie siècle, et est surmontée d'un gracieux clocher: pour y pénétrer il faut descendre un escalier d'une vingtaine de marches; une arcade, décorée des armes du Portugal, sépare le Chœur de la nef de l'église. On y remarque de curieuses peintures sur faïences bleues, faisant allusion à la fondation de l'église, et des sculptures d'une grande finesse d'exécution.

Une partie vitrée met l'église en communication avec les salles de l'hospice, de manière à permettre aux malades d'assister aux offices.

L'église est dominée, sur tout un côté, par des terrains sur lesquels on a créé des jardins ornés de beaux arbres; on jouit de là d'une superbe vue sur la contrée, et sur la ville d'**Obidos**, située à une courte distance de *las Caldas*, à laquelle conduit une route agréable, à travers une végétation luxuriante. Au pied d'une montagne, on rencontre la chapelle de *Nossa Senhora da Pedra*, où l'on vénère l'image d'un Christ creusée sur une croix en granit. C'est au sommet de la colline qu'est située *Obidos*, entourée de murailles d'une grande épaisseur, et que garnissent des créneaux; leur origine semble remonter au temps des Arabes. On trouve à *Obidos*, de curieux fragments d'architecture, les beaux restes d'un aqueduc qui fut jadis important, ainsi que diverses églises qui renferment d'anciens tombeaux.

A l'Ouest d'*Obidos* se trouve **Peniche,** petite ville située sur l'Océan, presque isolée du continent, au milieu de rochers qui en rendent l'accès difficile, et que domine le phare du cap *Carvoeiro*. C'est à *Peniche* que les Anglais, commandés par sir F. Drake, vinrent débarquer en 1589, quand ils vinrent aider contre Philippe II, le prétendant au trône de Portugal, *Don Antonio*.

De **Caldas da Reinha,** on se rend à **Alcobaça,** qui possède une abbaye fameuse, fondée, en 1148, par *Don Affonso Henriquez*, le roi Saint, et premier roi du Portugal. Il se rendait de Coïmbre à Santarem pour enlever cette ville aux Arabes, lorsque, arrivé à une montagne nommée *Serra de Albardos*, il fit vœu de donner, s'il réussissait dans son entreprise, aux religieux de l'ordre de Saint Bernard, toutes les terres qu'il voyait du haut de ces montagnes jusqu'à la mer.

C'est ainsi que l'ordre de Citeaux fournit à *Alcobaça* ses premiers religieux, et c'est là que fut fondé, en 1167, en souvenir de la conquête de Santarem, l'ordre militaire *da Aza de S. Miguel*, ou *de l'aile de Saint Michel*. Le successeur de *Affonso Henriquez*, *Don Sancho Ier* continua les travaux du monastère qui ne fut terminé qu'en 1222, au temps du roi *Affonso II*.

Les vastes proportions de ce couvent, et les revenus énormes qui lui avaient été octroyés, lui ont permis d'admettre, dans son enceinte, plus de neuf cents moines: il devint l'asile de quelques hommes d'élite et d'un petit nombre d'esprits éclairés, si rares dans ces temps de barbarie; ces moines furent les premiers qui, dès 1269, ouvrirent des cours publics d'étude en Portugal.

Le monastère s'élève dans une vallée étroite, arrosée par *l'Alcoa* et la *Baça*, rivières qui ont valu au village son nom. On arrive à l'église du monastère, qui est d'un aspect grandiose, par un portail de construction plus récente que celle de l'église. Celle-ci, qui est dédiée à *N. D. de l'Assomption*, est partagée, à l'intérieur, en trois nefs de style gothique et d'égale hauteur, de même que le transept et la chapelle principale; le tout semble ne former qu'une seule et même nef, deproportions immenses. Les retables sont ornés de curieuses statues de grandeur naturelle, en terre cuite peinte.

Cette église possède le tombeau de *Don Pedro Affonso*, le frère illégitime du premier roi de Portugal, qui fut le premier grand-maître de *la Ordem nova*, ou de *l'ordre nouveau*, qui s'appela plus tard *l'ordre d'Evora*, lors de la conquête de cette ville, et qui prit finalement, le nom *d'Aviz*, en 1211, sous Don Affonso II, dont cette église possède le tombeau, avec celui d'Affonso III et ceux de leurs femmes.

C'est là également, à main droite, près de la grande chapelle, que se dressent les tombeaux d'*Inez de Castro* et de *Don Pedro*, placés non côte à côte sous la même voûte, mais, comme a dit un écrivain, en face l'un de l'autre, de telle sorte qu'au jour de la résurrection, le premier regard des deux célèbres amants fut un regard d'éternel amour.

Sur un coffre de pierre, fouillé comme de la dentelle, que supportent six sphinx, et dont les quatre faces sont décorées de bas-reliefs, repose la statue d'*Inèz* revêtue d'une robe à longs plis, les bras nus croisés sur la poitrine, et tenant d'une main le collier de perles qui entoure son cou; six anges sculptés sont agenouillés autour de la princesse, dont les traits, exécutés sous les yeux mêmes de son amant, reproduisent la beauté et l'ineffable douceur de la femme qui fut *la plus aimée au monde*, de la princesse qui ne fut couronnée reine qu'après sa mort.

Six lions supportent le sarcophage sur lequel est étendu la statue du roi *Don Pedro:* une longue barbe encadre sa figure; le corps est enveloppé d'un manteau aux larges plis, la main est posée sur l'épée; un chien, l'emblème de la fidélité, est couché à ses pieds. Durant la guerre civile les deux tombes furent violées et les corps, à demi consumés qu'ils renfermaient, demeurèrent abandonnés sur les dalles de l'église; ils furent recueillis et replacés pieusement, en 1835, par le regretté baron Taylor, dans le tombeau où ils reposent depuis lors; mais une couronne d'or, des bagues qui se trouvaient dans le tombeau d'Inez, ainsi que l'épée de Don Pedro, ont disparu.

Retraçons, en quelques lignes, l'histoire de *Doña Inez de Castro*. Elle descendait d'une famille alliée à toutes les maisons souveraines, et qui prétendait descendre de celle qui avait donné *le Cid* à l'Espagne; son frère était ce *Don Fernando Ruiz de Castro, toute la loyauté de l'Espagne,* comme dit son épitaphe. Lorsqu'en 1340 *Doña Constança*, fille du duc de Peñafiel, vint épouser l'infant *Don Pedro*, fils de *Don*

Affonso IV, septième roi de Portugal, Doña Inez l'accompagnait en qualité de dame d'honneur. Celle-ci était douée d'une beauté merveilleuse et, en raison de sa grâce, de sa noblesse, et de sa bonne façon, on l'avait surnommée *Port de héron;* malheureusement sa naissance était illégitime. L'infant *Don Pedro* s'éprit d'elle et, malgré tous les obstacles imaginés par Doña Constanza, lorsque celle-ci mourut en 1345 à Santarem, il en eut plusieurs fils. Il l'avait épousée secrétement, ou feignit de l'avoir fait; toujours est-il que, tant que le roi son père vécut, il ne consentit jamais à avouer ce mariage, comme il le fit hautement plus tard, lorsqu'il occupa le trône à son tour. Cependant le roi, son père, le pressait d'autant plus de se marier, pour l'éloigner d'Inez, que les grands du royaume le poussaient vivement aussi à se débarrasser d'elle, parce qu'ils redoutaient de voir les fils de cette femme succéder au trône. En 1355, un jour qu'il se trouvait à *Montemor-o-Velho*, tout près de Coïmbre, le roi se rendit dans cette ville où Doña Inez occupait le palais de *Santa Clara*, résolu à la tuer, en profitant de l'absence de Don Pedro qui était à la chasse.

Devinant la résolution du roi, et transportée de douleur en ne voyant pour elle aucun salut, Inez vint le recevoir à la porte, accompagnée de ses trois fils, enfants très beaux et encore en bas âge, en implorant pardon et miséricorde. Le roi, à la vue de cette femme si belle qu'embrassaient ces innocents enfants dont elle se faisait un bouclier, se retirait déjà, et lui laissait la vie; mais, quelques chevaliers qui venaient pour assister à sa mort, le supplièrent de les envoyer tuer Inez; ils pénétrèrent en effet jusqu'à elle et l'égorgèrent.

L'infant tomba dans un si violent chagrin de la mort de Doña Inez que l'on crut qu'il en deviendrait fou. A la mort de son père, et quand il était déjà depuis quatre ans sur le trône, il fit publier que *Doña Inez* était sa femme, et que, sept ans auparavant, il avait été uni à elle légitimement par l'évêque *da Guarda*, alors prieur de cette ville, en présence d'un de ses serviteurs, et en vertu d'une bulle du pape Jean XXII, qui lui accordait dispense de se marier avec toute femme qu'il désirerait, quelque proche qu'elle lui fut.

On sait que les *Cortés*, assemblées à Coïmbre, déclarèrent plus tard, en 1385, la nullité du mariage de *Don Pedro* et de *Doña Inez* qui avait légitimé ses deux fils *Don Joam* et *Don Diniz;* le serment prêté jadis par l'évêque *da Guarda* fut, alors aussi, mis à néant.

Les meurtriers d'Inez, réfugiés près du roi de Castille, furent arrêtés le même jour, et devaient être livrés au roi de Portugal, en échange d'autres seigneurs castillans réfugiés en ce pays. L'un d'eux, *Diogo Lopez*, fut averti à temps par un pauvre estropié qui recevait souvent quelque aumône de lui; il put gagner le royaume d'Aragon, et se mettre en sûreté en France. *Don Pedro* fit mettre les deux autres à la torture, pour leur faire avouer qu'ils étaient coupables de la mort d'Inez; puis il leur fit, devant le palais et sous ses yeux, arracher le cœur, à l'un par la poitrine, à l'autre par les épaules et, enfin, livrer leurs corps aux flammes.

Il ordonna ensuite de déterrer le corps d'Inez qui reposait au monastère de *Santa Clara*, à Coïmbre: son cadavre fut placé sur un trône et couronné comme reine;

ses vassaux durent alors baiser les os décharnés qui avaient jadis constitué les belles mains de son amante. Il lui fit enfin élever un mausolée, dans le monastère d'Alcobaça, et placer sur la pierre du tombeau son image, avec la couronne sur la tête, comme si elle eut été reine. Plus tard, au moment de mourir, il se rappela qu'il avait été prouvé que *Diogo López* n'avait pas été coupable de la mort d'Inez; il lui pardonna alors tous les griefs qu'il avait contre lui, et ordonna qu'on lui rendit tous ses biens. On suivit ponctuellement les dernières volontés de *Don Pedro* et, à sa mort, on transporta, également à *Alcobaça*, le corps de celui que les grands et le clergé surnommèrent *le Cruel*, tandis que le peuple l'appela *le Justicier*, titre qui lui a été conservé.

D'autres chapelles, sur la gauche, couvertes de sculptures, de dorures, et d'ornements faisant contraste avec la noble sévérité de la nef, contiennent, l'une, sur un sol revêtu de faïences ou *azulejos* d'une remarquable exécution, de médiocres statues, en plâtre, de tous les rois de Portugal depuis *Affonso Enriquez*, le roi Saint, qui monta le premier sur le trône en 1128, jusqu'à *Affonso VI*, mort en 1668; dans une autre, l'on voit des bustes de saints, accrochés aux murs, qui portent, suspendus au cou, des fioles en verre contenant des reliques, dont beaucoup ont disparues.

L'abbaye d'*Alcobaça*, entourée de beaux et grands jardins aujourd'hui détruits, était considérable: elle comptait, à l'époque de sa splendeur, et d'une façon constante, suivant M. de Grouchy, neuf cent quatre vingt dix-neuf moines, pourvus chacun d'une chambre et d'un cabinet: le réfectoire, la cuisine, sont autant de curiosités; autour d'une immense cheminée, sont disposées des tables de dix mètres de longueur ayant leur destination spéciale: l'une recevait les viandes, l'autre les légumes; telle autre, les fruits, une autre était destinée aux poissons.

Il y avait des étables pour des centaines de bœufs; une rivière aux eaux abondantes traversait le couvent; elles étaient distribuées partout au moyen de nombreux canaux.

Dans cet immense monastère qui comprend six cloîtres, nous mentionnerons spécialment celui du milieu, le plus remarquable par son architecture, qui porte le nom du roi Diniz, et que domine une statue colossale du roi *Affonso Enriquez*; puis, le bel escalier qui conduit au premier étage; la vaste bibliothèque, revêtue de peintures en grisaille, et où existaient jadis, cent mille volumes et de précieux manuscrits, transportés depuis à Lisbonne, à Braga et ailleurs; puis encore, la chapelle de *Sainte Constance*, avec de remarquables revêtements en porcelaine, et de riches dorures.

En remontant vers le nord, on rencontre, à quelques kilomètres d'**Alcobaça**, le petit village d'**Aljubarrota**. Une pelle de boulanger, scellée dans la maison de ville, rappelle qu'une femme courageuse s'en servit pour assommer six castillans qu'elle jeta ensuite dans son four, lors de la mémorable journée du 15 Août 1385, où le grand-maître d'Aviz, proclamé roi de Portugal et des Algarves sous le nom de *Joam Ier, de boa memoria*, attaqua, à la tête d'environ onze mille hommes, l'armée espagnole au moins trois fois plus nombreuse, au dire de la chronique. Avant d'engager l'action, *Joām* arma de ses propres mains plusieurs chevaliers; c'est là que figurait cette brillante phalange *dos enamorados* ou des amoureux, qui formait l'aile droite, et dont Camoëns a chanté les prouesses. L'aile gauche était commandée par *Nuno Alvarez Pereira, le Scipion Portugais, le saint connétable,* comme on l'appelait aussi. Les deux armées en vinrent aux mains au déclin du jour; les Espagnols avaient seize pièces de canon, les premières qu'on eût encore vues dans le pays; du côté des Portugais, tous les hommes de valeur étaient à cette bataille, et l'on voyait l'archevêque de Braga *Don Lourenço,* couvert du harnais militaire, distribuer de rang en rang les indulgences qu'Urbain VI accordait à ceux qui combattaient les Espagnols, partisans alors de l'antipape Clément. La bannière castillane fut abattue ce jour-là, et le roi de Castille *Don Juan,* dut prendre la fuite; le butin fut immense. *Don Joām* vit désormais son trône assuré, et le fondateur de la dynastie d'Aviz fit élever, sur l'emplacement même où eut lieu cette action mémorable, le célèbre couvent de **Batalha**.

Batalha est une petite bourgade célèbre par son fameux monastère. Un grand nombre d'architectes se sont succédé dans sa construction: nous citerons les noms d'*Affonso Domingues,* de *Huguet,* de *Martim Vasquez,* de *Fernão de Evora* et de *Matheus Fernandes.*

Le monastère fut commencé vers 1387; il n'était pas encore achevé sous don Duarte, successeur de Joām Ier. Une douzaine de marches, qu'il faut descendre, mettent de plain-pied avec la porte de l'église. D'une élégance incomparable, le portail est richement décoré d'un grand nombre de figures en grand relief: *Moïse* et *les Prophètes,* des saints, des apôtres, des anges, des rois, des papes et des martyrs, avec les attributs qui leur sont propres, s'y trouvent représentés. Une niche triangulaire contient un relief, représentant *Jésus assis sur un trône et dictant l'Evangile.*

Ce magnifique portail constitue un spécimen des plus remarquable de l'architecture gothique de cette période. La porte *Travessa,* située sur un des côtés de l'église consacrée à *Sainte Marie de la Victoire,* est également digne de fixer l'attention. L'intérieur est d'un effet grandiose, en raison même de sa grande simplicité: de belles verrières décorent les hautes fenêtres en ogive; elles sont, pour la plupart, du xve siècle, et dues aux maîtres-verriers *Guilherme João* et *Antonio Taca* père. Devant le maître-autel se dresse une tombe, formée d'un seul bloc de marbre, sur laquelle sont couchées les statues grossièrement sculptées du roi *Don Duarte,* qui régna de 1433 à 1438, et de sa femme *Léonor d'Aragon.*

A droite, en entrant par la porte principale de l'église, se trouve la chapelle du fondateur, que surmonte un clocher bâti en forme d'obélisque, entouré de huit clochetons: c'est une vaste et magnifique salle carrée, au milieu de laquelle se dresse un tombeau en marbre blanc, avec les statues jacentes de *Joām Ier* et de sa femme *doña Felippa de Lancastre,* qui gardent encore les traces de la peinture qui les recouvrait. Au milieu des feuillages qui ornent la frise supérieure, se détache la devise du monarque: *Il me plet*, suivie des mots *por bem* (Voir pour l'origine de cette devise, à la page 332).

Au côté sud sont placés, dans l'épaisseur de la muraille, quatre cercueils de pierre, où reposent quatre fils du fondateur de la maison d'Aviz. Nous empruntons à l'excellente histoire de Portugal par M. Ferdinand Denis, les renseignements qui suivent, touchant les personnages que ces tombeaux renferment.

C'est d'abord, celui de *Don Pedro*, surnommé *d'Alfarrobeira*, né à Lisbonne en 1392, *un de ces hommes qu'on ne peut jamais assez louer*, comme a dit un poète; il était humaniste admiré des savants, musicien habile, et poète, dont la renommée n'est pas tout à fait éteinte. Dès l'année 1424, il visitait l'Europe et l'Orient, et rapportait de Venise un précieux exemplaire des voyages de *Marco Polo*, qui servit d'étude et de méditation à son frère, le prince *Don Henrique*, dont la gloire est toute scientifique. Don *Pedro* fut, durant dix ans, régent avec le titre de défenseur du royaume, sous la minorité d'Affonso V; quoiqu'il se fut acquitté avec honneur de ses fonctions, ses ennemis ne l'en accusèrent pas moins lâchement, d'avoir empoisonné le roi Duarte, l'infant don Joām, ses frères, et la reine Lianor, mère du roi. Obligé de songer à se défendre les armes à la main, il était, en 1449, près d'un ruisseau désigné sous le nom d'*Alfarrobeira*, à quatre lieues de Lisbonne, suivi de près par les troupes d'Affonso V, avec lequel il essaya inutilement de parlementer. Il vint alors au monastère de *Batalha*, pour s'y préparer à la mort par la vue des tombeaux de tous ceux qu'il avait aimés. Là, il se prosterna devant la tombe de son père, le mestre d'Aviz; devant la sépulture de son frère Don Duarte, dont le successeur le payait de ses soins par l'infamie; devant celle qui était consacrée au saint infant, son frère, qui souffrait, encore alors, comme esclave, le martyre chez les Musulmans; puis il resta longtemps immobile en présence de sa propre tombe qu'il voyait ouverte! Sentant que l'heure du combat était devenue imminente, il fit appeler *Alvaro d'Almada*, qui portait le titre français de comte d'Avranches, son noble et fidèle ami; il lui demanda s'il était prêt à mourir comme lui. «Ne suis-je votre frère d'armes!» furent les seuls mots qu'il répondit.

Il communia avec lui; puis, ayant envoyé quelques-uns des siens pour rappeler au roi ses services passés et les lui offrir de nouveau, les arbalètriers de celui-ci s'étant approchés du camp en grand nombre, commença une escarmouche durant laquelle *Don Pedro* fut atteint mortellement d'un trait d'arbalète dans la poitrine. Lorqu'*Alvaro d'Almada*, le fidèle ami, sut, au fort du combat, que son frère d'armes était mort, il fit le dernier sacrifice avec la simplicité qu'il avait mise à le promettre: à bout de forces, car il avait soutenu l'effort de l'armée, il se coucha à terre les bras étendus, et mille coups de mort vinrent le frapper. La tête de ce héros fut coupée pour en faire un trophée, et son corps subit toutes les injures de cette soldatesque. Le cadavre de l'infortuné *Don Pedro* resta exposé comme le corps d'un martyr, percé de la flèche d'angoisse: ce ne fut que, sur les instances de la reine, qu'il fut placé dans la tombe qu'il occupe parmi les rois.

Puis, c'est le tombeau qui porte la devise *Talan de bien fer*, et qui contient les restes de don Henrique, le seigneur *don Amrrique*, comme l'écrivent les manuscrits contemporains: né en 1394, il s'était appliqué spécialement aux sciences mathématiques et fut le fondateur de cette école nautique de *Sagres*, située près du cap de Saint Vincent dans le royaume des Algarves. Il s'était couvert de gloire lors de la prise de Ceuta en 1415, et avait fait des prodiges de valeur durant la désastreuse expédition contre Tanger. C'est lui qui prépara les explorations maritimes qui illustrèrent le Portugal à cette époque; c'est par ses soins que l'île de Madère fut découverte en 1420; qu'en 1431, les Açores furent explorées pour la première fois et que, pour la première fois aussi, les Portugais se montrent sur la voie des Indes. Parmi les hardis navigateurs qui recevaient alors la généreuse impulsion de Don Henrique, et fréquentaient l'école de l'infant, nous citerons *Barth. Perestrello*, né en Portugal mais d'une famille de Lombardie, et dont Christophe Colomb épousa, en Portugal même, la fille, *doña Felipa Muniz Perestrella*: il est à supposer que les travaux de *Perestrello* ne furent point inutiles à l'insigne navigateur, son gendre.

Dès 1438 Don Henrique avait fait venir, à *Sagres*, *Jacome de Malhorca*; grâce aux conseils du premier, *Gil Eannez* double enfin, en 1434, le cap de *Bojador*, si redouté et enveloppé de tant de mystères, événement qui allait changer la face du monde; c'est don Henrique qui, ne pouvant agrandir le territoire de son pays, de ce cap ou *promontorium Sacrum*, où il avait construit son observatoire, lui donna l'Océan; c'est à lui enfin, que revient la gloire d'avoir brisé, le premier, les chaînes qui eussent probablement arrêté *Colomb et Gama*.

Le troisième tombeau porte la devise: *Je ai bien reson*, et renferme les restes de *Don Joam*, qui fut troisième connétable du royaume.

Sur le quatrième enfin, en marbre blanc, on lit la devise: *Le bien me plet*, et contient le corps du malheureux *Don Fernando*, celui qui porte le titre de saint, et que Caldéron de la Barca a célébré dans un chef-d'œuvre, sous le nom de *Prince Constant*, le frère aimé du roi *Don Duarte*. Né à Santarem en 1402, il reçut pour apanage la grande-maîtrise de l'ordre d'Aviz. Quand Don Duarte monta sur le trône, ce roi ne sut pas résister aux instances du noble infant qui le suppliait de le laisser aller à la conquête de Tanger, dont sa raison éclairée et son instruction peu commune lui laissaient cependant entrevoir tout le danger; il y consentit, malgré les remontrances de l'infant Don Pedro, qui s'opposait énergiquement au départ de l'expédition projetée. Une bulle, émanée de Rome, vint sanctifier la résolution chevaleresque de *Don Fernando*, à laquelle s'associa *Don Henrique*, qu'un secret instinct et l'amour des découvertes, entraînait, avec son frère, vers les plages africaines. Huit mille hommes seulement, purent prendre part à l'aventure; on commit la faute de ne pas se maintenir en constante communication avec la flotte. Aussi l'infant *Don Henrique* fit-il, inutilement, des prodiges de valeur, devant la multitude innombrable des Maures qui renouvelaient sans cesse leurs forces; l'infant Don Fernando se montra, de son côté, chevalier dans la plus noble acception de ce mot. Il fallut enfin abandonner les plages de ce continent et sauver cette armée en péril: l'ennemi y consentit, mais à la dure condition que *Don Fernando* resterait prisonnier et, en échange de sa personne, les Musulmans exigèrent qu'on leur rendit *Ceuta*. Conduit à Fez avec quelques serviteurs fidèles, le malheureux infant y fut l'objet des persécutions les plus déplorables, contraint aux travaux les plus durs, et voué à une solitude complète. Pendant ce temps, l'âme dévouée de son frère, le roi Don Duarte, épiait le moment du rachat; mais Rome prétendait qu'il n'appartenait à aucun prince chrétien de rendre des mosquées à l'islamisme, du moment qu'elles avaient été consacrées au vrai culte, comme cela aurait eu lieu pour *Ceuta*.

Don Duarte rencontrait, dans la famille royale même, une vive opposition, lorsqu'il s'agissait de la liberté du prince.

Le saint infant, comme on l'appelait déjà, n'éleva pas une plainte contre la rigueur de sa destinée: il comprenait ce que valait Ceuta; il sut se dévouer. La mort vint enfin le délivrer, au bout de six années de captivité: il succomba dans sa prison en 1443. Le prince musulman, réservant une odieuse insulte aux chrétiens, obligea les serviteurs du noble infant à préparer le cadavre de leur maître pour un dernier outrage: son corps fut rempli de paille, et accroché au-dessus de la porte de la citadelle, où il fut le jouet du vent. Ils avaient su néanmoins conserver le cœur de l'infortuné prince, en le cachant sous un tapis en lambeaux: il fut religieusement rapporté, quelques années après, et déposé dans le tombeau où, plus tard, on put y réunir également, les lambeaux du corps que le roi de Fez rendit.

La même chapelle contient encore huit autres sépultures qui ne renferment, croit-on, aucun personnage de race royale.

Parmi les autres merveilles de *Batalha*, citons la *Salle du Chapitre*, qui forme un carré parfait de dix-sept mètres de long et qui se termine par une coupole d'une extrême hardiesse; elle n'est soutenue par aucun pilier, et semble comme suspendue en l'air; aussi, dut-on la recommencer trois fois et employa-t-on, pour la construire, à ce qu'on prétend, des condamnés à mort; il n'y avait en effet aucune certitude de la voir se soutenir sans appui. Une large et belle rosace la termine à l'intérieur; de splendides vitraux, représentant *la Passion de Jésus*, garnissent l'unique fenêtre que décorent extérieurement de délicates sculptures. Cette curiosité architecturale est l'œuvre de *Matheus Fernandez*, dont on voit le buste en haut-relief dans un coin de la Salle. Au milieu se trouvent les tombeaux d'Affonso V et de Doña Isabel sa femme; reconnu pour roi quand il était encore enfant, et aussitôt après la mort de Don Duarte, ce fut Don Pedro d'Alfarrobeira, dont nous avons vu le tombeau tout à l'heure, qui gouverna le royaume en qualité de régent et se vit si persécuté par lui, lorqu'il lui remit le sceptre. Ce roi reçut le surnom d'Africain à la suite des deux expéditions qu'il fit en Afrique, pour venger le sang du *Prince Constant*, et qui amenèrent la prise d'*Alcaçar* et d'*Arzila*, où son fils *Don Joam*, l'héritier de la couronne, fit des prodiges de valeur. C'est ce même *Affon-*

so V qui, devenu veuf, prétendit à la main de cette *Jeanne*, qu'on appelait en Castille *la Beltraneja*, et par laquelle il acquérait les prétendus droits de celle-ci sur la Castille. C'est à *Plasencia*, en 1475, qu'il vit celle qu'on traita un moment de reine, et qu'il reconnut par simple promesse comme épouse, en attendant les dispenses papales. Une guerre de cinq années fut la conséquence de tout cela: à la mémorable bataille de *Toro*, livrée en 1476, les deux rois rivaux, *Don Affonso* et Don Fernando, l'époux d'Isabelle la Catholique, s'étaient trouvés opposés chacun au lieutenant de son compétiteur et mis en déroute par lui. Le roi de Portugal fut battu et dut prendre la fuite; mais l'infant *Don Joam*, qui supporta avec intrépidité l'effort des troupes de Ferdinand, obligea à son tour celui-ci à abandonner le champ de bataille, ce qui fit dire à Isabelle que *si le poussin ne fût pas venu, le coq ce jour-là eut été pris*. C'est enfin, dans cette bataille de *Toro*, que s'illustra le fameux *Duarte de Almeida*, à qui l'on coupa successivement les deux mains qui soutenaient la bannière royale portugaise. Affonso V partit pour demander inutilement l'appui de Louis XI roi de France, et résolut de se rendre en Terre-sainte; mais son pèlerinage n'aboutit qu'à Lisbonne; enfin, en 1479, il se vit contraint à conclure un traité de paix avec l'Espagne, qui reléguait l'infortunée *Doña Juana* dans un couvent; lui-même, mourut deux ans après, à *Cintra*, dans la chambre même où il était né. A côté de son tombeau, se trouve celui de l'infortuné fils de Joam II, l'infant *Don Affonso*, qui mourut en 1491 d'une chute de cheval, âgé à peine de seize ans.

Le cloître de *Batalha* est formé par des arcades en ogive que supportent, d'un côté, des chapiteaux soutenus par des faisceaux de sveltes colonnettes et, de l'autre, par des piliers laissant entre eux des arcs dont les espaces sont occupés par de minces colonnes ouvragées, qui soutiennent une vraie dentelle de pierre percée à jour, et formant des dessins variés, peu en harmonie d'ailleurs avec le style architectural du monument.

Dans le corridor qui conduit du couvent à la chapelle de *Santa Barbara*, on trouve, derrière celle-ci, une petite porte; puis, à la sortie, une autre un peu plus grande: la croix de l'ordre du Christ sculptée à son sommet, et les sphères qui servent de devise parlante au roi Don Manuel, indiquent une architecture d'une autre époque. Cette porte donne accès à une enceinte découverte qui se trouve derrière le maître-autel et communique avec l'église, par une vaste arcade, l'une des œuvres les plus richement ciselée, qu'on puisse imaginer.

C'est une profusion incroyable de faisceaux de colonnettes, de niches, de dais richement fouillés, de chaînes, de feuillages, de cordons, de nœuds, d'enlacements et d'ornements de toutes sortes, creusés dans la pierre avec une patience merveilleuse, où, au milieu de réminiscences moresques, le goût décoratif de la Renaissance se manifeste clairement, et constitue le plus beau spécimen de ce qu'on a appelé le *style Manuelin*.

Rien n'est plus original que cette chapelle délaissée, qui porte le nom de *Imperfeita*, ou imparfaite, parce qu'elle ne fut jamais achevée: elle était destinée à servir de lieu de sépulture au roi *Don Manuel:* de forme octogone, elle est ouverte aux quatre vents; aucun dôme n'est venu encore la couronner et les piliers, formés de faisceaux de colonnettes reliés extérieurement par des cordons, et qui devaient soutenir la coupole, sont restés inachevés un peu avant la naissance des arcades qui devaient fermer les fenêtres en ogive. Sur sept côtés de la chapelle, s'ouvrent autant de chapelles complétement terminées, et qui devaient recevoir des sépultures; le huitième côté est occupé par la porte d'entrée qui la fait communiquer avec l'église. Don Manuel fit abandonner, dit-on, vers 1509, les travaux de ce merveilleux édifice pour donner ses préférences à un autre monument, également plein de hardiesse et d'originalité, élevé à Belem, par ses soins, et en souvenir des immenses découvertes qu'on venait d'accomplir.

Partout, dans la chapelle dite *imparfaite*, on lit les mots *Tanyas erei*, qui semblent vouloir dire: *chercher de nouvelles contrées*. On avait en effet parcouru la terre, cherché, et découvert les régions de l'Orient qui commençaient à envoyer leurs richesses à Lisbonne; déjà Belem, avec ses magnificences, commençait à s'élever!

A quelques kilomètres au nord de **Batalha**, se trouve **Leiria**, chef-lieu de district qui possède deux églises, de style gothique. Cette petite ville fut jadis la résidence de *Don Diniz*, surnommé *le roi laboureur*, qui monta sur le trône en 1282, et mourut en 1325. Il était marié à l'infante Isabelle, fille du roi *Don Pedro* d'Aragon, cette noble femme que l'église compte au nombre de ses saintes les plus illustres, sous le nom de Sainte Isabelle.

Tout autour de *Leiria* s'étendent encore les magnifiques forêts de pins, que planta Don Diniz pour combattre l'envahissement des sables de la mer, et dont les bois furent si utiles à la construction des flottes, qui ouvrirent au Portugal une ère d'incomparable prospérité.

Leiria, située dans une fertile vallée, près d'un petit fleuve appelé le *Lis*, conserve aussi les ruines d'un château bâti au sommet d'un rocher, où vivait *Don Diniz*, ce roi d'heureuse mémoire; les portes et les fenêtres en avaient été fournies par les dépouilles d'antiques ruines romaines, situées près de Batalha, où l'on en trouve encore des vestiges. Des souterrains dont on voit, sur la place de l'évêché, les trois ouvertures, conduisaient probablement au vieux château aujourd'hui en ruines; deux d'entre elles, renferment, dit la légende, la peste, et la famine; derrière la troisième se trouvent des trésors; la crainte de faire erreur empêche, seule, les gens du pays d'aller les y chercher.

A trois lieues de **Leiria** s'élève la jolie ville de **Porto de Moz**, avec ses poétiques traditions: les ruines de ses environs sont intéressantes. Au milieu de la place principale, se dresse une jolie croix de pierre, de style ogival: c'est un petit monument plein d'élégance, qui semble avoir servi anciennement de pilori.

Près de *Leiria* enfin, est située **Marinha-Grande**, où sont établies des verreries qui trouvent leur principal élément, le combustible, dans les forêts voisines.

Un service de voitures relie **Marinha-Grande** à la station de **Pombal**, située sur le chemin de fer de l'**Entroncamento** à **Porto**.

VI.— De la station de Entroncamento à Porto. En remontant vers le nord, dans la direction de *Porto*, on rencontre, immédiatement après la station de **Entroncamento**, celle de **Payalvo**, d'où l'on se rend à **Thomar**, située dans une belle et fertile plaine. Cette petite ville fut autrefois la résidence des Templiers, et sa curieuse église renferme des tableaux, que l'on prétend être plus anciens que ceux même de l'école de Sienne.

La réunion d'édifices, aujourd'hui abandonnés, que l'on appelait le *Couvent du Christ de Thomar*, se compose de trois parties: le couvent proprement dit, avec son église rebâtie par Don Manuel et ses cloîtres; le château avec son enceinte, et *la Quinta*, ou parc mûré du couvent. La porte principale de l'église présente le caractère de l'époque de transition du style ogival à celui de la Renaissance, et est ornée, au centre, d'une statue de la Vierge entourée d'autres figures de saints. Le monastère offre, dans sa décoration, un bizarre enlacement de sphères, et d'attributs nautiques de toutes sortes, tels que des cordages, des amarres, auxquels se mêle la croix de l'ordre du Christ; le tout symbolisait sans doute la mission d'exploration que les chevaliers de cet ordre s'étaient donnée. La fenêtre de la Salle du Chapitre, toute entourée d'un réseau de cordes tordues et nouées, qui s'enlacent et forment des enchevêtrements singuliers en haut relief, en est un fort curieux spécimen.

La grande chapelle de l'église, plus ancienne que le reste, est de forme octogone: elle fait partie de l'œuvre primitive fondée par le grand-maître des Templiers, Gualdim Paez, de même que le curieux retable, nommé *la charola* ou la niche aux saints, et les petites chapelles qui l'entourent. La *charola* est une sorte de reliquaire de bois, placé autour de la grande chapelle: son élégante et fine structure, ses bas-reliefs, ses peintures avec des parties dorées, forment une espèce de châsse très originale et de grand goût; tout révèle, dans cette œuvre, un monument du XVe siècle et non du XIIe, comme on l'a prétendu; elle daterait par conséquent, de l'époque de la restauration de l'église.

L'église de *Santa Maria-do-Olival*, aujourd'hui abandonnée, ne retient plus, du monument primitif, que la façade tournée au couchant. L'édifice s'élève sur une colline que baigne le *Nabão*, non loin de l'emplacement où s'élevait jadis l'antique ville de *Nabancia*, dont il ne reste aucun vestige authentique: c'est là enfin, que repose Gualdim Paez, le grand-maître des templiers. On remarque aussi à *Thomar* un aqueduc, commencé par Philippe II en 1595, et terminé, en 1613, sous Philippe III.

Après la station de **Payalvo**, on atteint celle de **Chao de Macas**, d'où l'on peut aller visiter les monastères de **Batalha** et d'**Alcobaça** (voir page 342 et suivantes); puis viennent celles de **Caxarias, Albergarias, Vermoil** et **Pombal**, d'où l'on se rend à **Marinha-Grande** et à **Leiria**.

Pombal possède une curieuse chapelle des Templiers, qui fut tour à tour mosquée et église, comme le témoignent la porte d'entrée, dont l'arc est en forme de fer à cheval, ainsi que d'autres restes d'origine mauresque, entremêlés aux chapiteaux et aux voûtes de style roman. On trouve aussi à Pombal, les ruines d'un château qui a appartenu successivement aux musulmans et aux chrétiens.

Cette ville fut la dernière retraite du célèbre *marquis de Pombal*, auquel Lisbonne doit de s'être relevée de ses ruines. Quelques lignes sur cet éminent personnage, qui occupe une des plus grandes places dans les annales du Portugal, ne sont pas, croyons-nous, déplacées ici.

Né à Lisbonne en 1699, Sebastião Jozé de Carvalho e Mello n'était que membre de l'Académie d'Histoire, quand, à la surprise générale, il fut nommé ministre du roi Joseph Ier à Londres, puis à Vienne. Il gagna une grande influence sur l'esprit du roi et sut la garder jusqu'à la fin de son règne, en la mettant à profit pour diminuer le pouvoir de l'Inquisition et évincer les Jésuites du Palais. Le Ier Novembre 1755, survint le fatal tremblement de terre qui détruisit Lisbonne: la cité n'était plus qu'un monceau de ruines; les familles se trouvaient dispersées; les capitaux enfouis dans le sein de la terre; partout on ne voyait plus que des veuves et des orphelins. Dès Février 1756, la réédification de la ville fut commencée: pour subvenir à ces immenses besoins, Pombal, nommé ministre, frappa d'un impôt toutes les marchandises étrangères. On vit alors manquer les draps et les toiles expédiées par l'Angleterre, la France et la Hollande.

Un grand nombre d'habitants de Lisbonne, se voyant dépourvus de vêtements pour l'hiver, s'arrangèrent des draps du pays, et le monarque lui-même donna l'exemple, en portant du *saràgoça*, en dépit du bon marché de cette étoffe. *Pombal* n'hésita pas à faire pendre, après le tremblement de terre, aux gibets de Lisbonne, deux cents individus, afin d'arrêter les fuyards et d'intimider les pillards: ce système de terreur inspira une crainte salutaire, mais il eut une trop longue durée et dégénéra en tyrannie. En 1758 éclata la conspiration du duc d'*Aveiro* et de plusieurs membres de la noblesse, qui aboutit à une tentative d'assassinat sur le roi Joseph et où celui-ci fut blessé d'un coup de feu. Le marquis de Pombal affecta de ne pas s'occuper de cette affaire: il fit promener le roi dans la ville, comme si rien ne s'était passé. Le fait était oublié lorsque, six mois après, les conspirateurs furent arrêtés à la fois et jugés: le glaive du bourreau abattit alors la tête de la *marquise de Tavora*, qui était l'âme de la conspiration; ses fils et son gendre furent étranglés, et achevés avec la massue de fer. Le *marquis de Tavora* et le *duc d'Aveiro* furent traités avec moins d'indulgence: leurs membres furent brisés sur une croix, les corps brûlés, et les cendres ramassées puis jetées dans la mer, par la main du bourreau; la maison du duc d'*Aveiro* fut finalment rasée et le terrain semé de sel.

Quand le marquis de Pombal entreprit de briser le pouvoir des Jésuites, ceux-ci comptaient, en Portugal, vingt-quatre grands collèges et dix-sept résidences des plus riches du royaume; déjà chassés de la cour, ils se virent interdire le droit de se livrer au commerce; on leur défendit également de prêcher et de confesser. Ces mesures enlevèrent ses dernières armes à une société d'une influence et d'une puissance si formidables.

Enfin, en 1759, leur expulsion du Portugal fut décidée: à cet effet il envoya à tous les gouverneurs de province un pli cacheté, ne contenant que du papier blanc, avec l'injonction de ne l'ouvrir qu'un mois après sa remise. Avant l'époque fixée, il leur ordonna de renvoyer le pli. Le résultat fut la suspension d'un certain nombre de gouverneurs, qui n'avaient pas su résister à la tentation de briser le cachet. L'épreuve, renouvelée une seconde fois, motiva encore de nouvelles destitutions; enfin, à la troisième épreuve, les plis étant tous revenus intacts, il donna l'ordre d'expulser, dans la même nuit et à la même heure, les Jésuites de toutes leurs maisons. La mesure fut radicale; il fit jeter sur les côtes d'Italie ceux qui ne voulurent pas quitter la robe.

Toutes ces mesures, aussi habilement conçues qu'exécutées avec énergie, amassèrent contre lui des haines implacables: aussi, dès que le roi Joseph mourut en 1777, il dut se retirer dans la petite ville de Pombal. Le ministère fut changé, aussitôt que la jeune reine Doña Maria reçut solennellement la couronne. On envoya alors, à Rome, des sommes considérables, pour indemniser le Saint-Siège des dépenses que l'expulsion de la Compagnie de Jésus avait pu lui causer; plusieurs de ses membres étaient même déjà rentrés dans Lisbonne. Le grand procès contre les Tavora fut révisé, et les juges déclarèrent innocentes toutes les personnes tant mortes que vivantes, qui avaient été tenues dans les cachots; quelques-uns des juges qui abolissaient cette sentence, l'avaient donnée eux-mêmes! Le marquis de Pombal se vit finalment déclaré criminel et on lui ordonna de résider à vingt lieues de la Capitale. Mais le peuple révisa le jugement; et lorsque le vieillard paraissait en public dans son lieu d'exil, les paysans ne l'appelaient pas autrement que le *Grand Marquis*. Il y mourut, le 5 Mai 1782, âgé de quatre-vingt trois ans, dans la solitude où on l'avait relégué.

La petite chapelle du bourg de Pombal a longtemps renfermé son cercueil; mais les haines politiques l'ont poursuivi jusque dans la tombe, et les cendres de celui que l'on a appelé le *Colbert portugais*, ont été profanées; recueillies plus tard, par ses descendants, elles furent transportées dans la capitale qui lui doit de s'être relevée de ses ruines.

A la station de **Pombal** succèdent celles de **Soure**, de **Formoselha** et de **Taveiro**, où la voie traverse le *Mondego*, sur deux ponts fondés sur des piles tubulaires; on atteint, peu après, **Coimbre**, la troisième ville du Portugal comme importance, et la capitale intellectuelle du royaume.

Coimbre, qu'entoure un sol fertile et une belle végétation, est le siège d'un évêché, le chef-lieu d'un district, et l'ancienne capitale de la province de Beira. Elle fut jadis aussi la résidence du comte *Don Henrique*, le fondateur de la monarchie portugaise. Lorsque *Don Sancho II*, surnommé *Sancho Capello*, fut déposé du trône, et qu'on offrit la couronne au comte de Boulogne qui régna sous le titre d'*Affonso III*, le château de Coïmbre était sous la garde de *Martim de Freitas*, le type de la loyauté portugaise; celui-ci avait juré, entre les mains de *Don Sancho*, de défendre cette forteresse jusqu'à la mort, à moins que le roi lui-même ne le relevât de ses serments. *Freitas* fut fidèle à *Don Sancho* par delà le tombeau, puisque, quand son maître mourut à Tolède en 1246, il ne se tint pas encore pour allégé de son serment et partit secrétement de Coïmbre pour cette ville. Bien qu'il sut de tous comment le roi *Don Sancho* était mort, bien qu'on lui montrât le lieu où il était enterré, cela ne le satisfit point: il fit enlever la pierre qui le recouvrait et, quand il eut vu que c'était bien lui, il mit, devant nombre de témoins, les propres clefs de la forteresse au bras droit du cadavre du roi et fit dresser, par des notaires, un acte public de ce fait et ensuite, refermer la tombe. De retour à Coïmbre, il rentra secrétement dans le château et envoya dire au comte de Boulogne de venir recevoir la forteresse; il lui en remit solennellement les clefs, après avoir montré au nouveau roi les écritures qu'il avait fait faire à Tolède pour son honneur et sa décharge. Celui-ci essaya, mais en vain, de lui faire conserver la garde du château, en le relevant, pour lui et ses successeurs, du serment de fidélité: il ne voulut en aucune manière y consentir.

Bâtie en amphithéâtre sur une éminence, aux pieds de laquelle coule le *Mondego*, Coïmbre est devenue fameuse par son Université, considérée comme l'Athènes du Portugal.

Fondée d'abord à Lisbonne en 1290, l'Université fut transportée, peu après, en 1308, à Coïmbre, par le roi *Diniz*, le roi laboureur, dont le peuple dit encore de nos jours: *O rey D. Diniz, que fiz quanto quiz* (le roi D. Diniz qui fit tout ce qu'il voulut faire). A la tête de l'Université figurèrent Aymerich d'Ebrard, qui devint évêque de Coïmbre, Diogo de Gouvea, l'ancien recteur de l'Université de Paris, Brissot, qui était venu y combattre les partisans exclusifs de la doctrine arabe, pour remettre en honneur les sages principes d'Hippocrate; elle a produit le célèbre écrivain Barros, l'illustre Camoëns, et bien d'autres hommes remarquables. Transférée de nouveau à Lisbonne, elle fut rétablie à Coïmbre en 1772, par le marquis de Pombal, qui y appela des professeurs éminents de l'étranger. Elle occupe de vastes bâtiments, qui entourent une immense cour, et sont désignés sous le nom de *Paços reaes das escolas*. On y remarque la façade, dont le portique a des éléments de l'art ogival; la chapelle, décorée dans le goût *Manuelin* et surtout, la Bibliothèque, divisée en trois salles richement ornées et aménagées, dont la création est due à Jean V et qui reçut les soins et la protection éclairée du marquis de Pombal. Coïmbre possède aussi un *Observatoire astronomique*, et un *Muséum d'Histoire naturelle*.

Mentionnons ensuite la *Sé velha* ou vieille cathédrale: c'est une ancienne construction, garnie de créneaux, qui lui donnent l'aspect d'une forteresse et qui a été convertie en paroisse, sous l'invocation de Saint Christophe. Elle possède deux intéressantes façades surtout celle qui correspond à la porte latérale, dont le portail est divisé en deux corps et surmonté d'un beffroi. Une arcade en plein cintre surmonte, en manière de tribune, la voûte qui donne accès à l'église; elle est curieusement divisée en arcs concentriques que supportent des pilastres, surmontés de chapiteaux du style roman le plus pur; à droite et à gauche, la façade est percée de fenêtres étroites à plein cintre, divisées en deux parties par des colonnettes, que décorent des chapiteaux de même style. La façade principale, d'une époque bien postérieure, offre moins d'intérêt.

En somme, la cathédrale est un curieux monument dont certaines parties, peuvent être ramenées à une époque antérieure à celle de l'occupation arabe. A l'intérieur, qui se trouve revêtu de faïences ou *azulejos* aux vives couleurs, se trouvent diverses chapelles remarquables, entr'autres celle de *l'Apostolat*. Nous mentionnerons aussi le retable de la chapelle principale et, parmi les tombeaux que l'église renferme, le mausolée, aujourd'hui vide, de *Don Sisenando* qui fut gouverneur de Coïmbre en 1630, au temps de la domination espagnole.

Puis vient l'ancien couvent de *Santa-Cruz*, dont la fondation première remonte à 1132, c'est-à-dire à la naissance de la monarchie. La façade de l'église, de style gothique, rebâtie sans doute au temps de Don Manoel, au commencement du XVIe siècle, est la partie intéressante de l'édifice, quoiqu'elle ait été défigurée par un portail d'une époque plus récente, et qu'elle soit revêtue d'une décoration lourde et d'un goût douteux. Une belle chaire en pierre, d'une seule pièce, merveilleusement sculptée, derrière laquelle se trouve un bas-relief remarquable représentant *Jésus au tombeau*; des stalles, en bois sculpté, venues d'Allemagne, appellent aussi l'attention, de même que les somptueux mausolées, élevés par Don João III, pour remplacer les modestes tombes des fondateurs de la monarchie portugaise, *Don Affonso Henriquez*, le vainqueur de la bataille d'*Ourique*, qui régna de 1128 à 1185, et de *Don Sancho* son successeur, qui mourut en 1211. Leurs restes reposèrent longtemps à l'abri de l'église, mais en dehors de l'édifice religieux, suivant les exigentes prescriptions du concile de Braga; ils ne furent admis à l'intérieur que plus tard. *Santa Cruz* possède divers cloîtres: dans l'un on remarque un vaste bassin de marbre; dans le cloître principal, il y a quatre chapelles; dans les bâtiments du Chapitre se trouve la tombe de *Don Theotonio*, premier prieur de *Santa-Cruz de Coïmbre*, dû à l'architecte *Thomé Velho*. Un autre cloître enfin, celui *da Manga*, doit son nom à cette circonstance que le plan de cette portion de l'édifice, fut dessiné par le roi João III sur la manche de son vêtement royal, lorsque, en 1527, il ordonna la continuation des travaux de son prédécesseur.

Citons encore, le couvent de *San Francisco*, où le grand-maître d'Aviz fut acclamé roi en 1385 sous le nom de Joām Ier; celui de *Santa Clara* bâti, de même que le précédent, sur les terrains de l'ancien couvent de ce nom, car les sables du *Mondego* ont depuis longtemps envahi et fait disparaître celui qu'avait fondé la reine Isabelle: tout criminel qui, dans sa fuite, parvenait à toucher la chaîne de fer qui était étendue devant la porte, était gràcié.

Dans le chœur des religieuses, se trouve une châsse en argent qui renferme le corps de la fondatrice du monastère, l'infante Isabelle, fille de Don Pedro III d'Aragon et de la reine Constance de Sicile, que le roi Diniz épousa en 1282, et que l'Eglise vénère sous le nom de Sainte Elisabeth. Il avait eu d'elle deux enfants: l'un, Doña Constanza, née en 1290, épousa Ferdinand IV de Castille; l'autre, Don Affonso, héritier du trône, naquit en 1291. D'une dame nommée *Doña Garcia Froyas*, il avait eu un autre fils nommé *Don Pedro*;

et enfin, de *Doña Aldonça Rodriguez Telha*, un autre fils encore, *Don Affonso Sanchez*; celui-ci semblait attirer toute l'affection paternelle au grand détriment de l'infant, son fils légitime. Excité par la jalousie, celui-ci déclara la guerre à son père et c'est, devant Coïmbre, après le siège de Guimaraens, quand une bataille devint inévitable entre le père et le fils, que sainte Elisabeth se présenta au milieu des deux armées, et fit abaisser les lances par ses prières. Plus tard, en 1325, *Diniz* va mourir; elle ramène le fils repentant auprès du lit de son père et, confondant dans son amour tout ce que le roi doit avoir aimé, elle fait partager aux fils illégitimes les derniers embrassements de leur père. A la mort de son mari, Elisabeth se retira au monastère de *Santa Clara* qu'elle avait fondé à Coïmbre: elle mourut le 4 Juillet 1336, dans le palais d'Estremoz, et fut canonisée, en 1625, par Urbain VII. Quand, en 1612, son corps fut exhumé, la mort avait si bien respecté le visage de la sainte reine, qu'on était frappé de la ressemblance qui existait entre ses traits et l'effigie de son mausolée, que les sables du *Mondego* ont fait disparaître peu à peu avec le monastère. Celui-ci était entouré d'immenses jardins avec de superbes ombrages, et décorés de fontaines et de statues; mais tout cela a disparu depuis longtemps. C'est aussi dans le palais de *Santa Clara*, que vint, en 1355, se retirer, pour se soustraire aux cruelles résolutions du roi Don Affonso IV, la belle *Inez de Castro*, dont nous avons raconté (page 345) la fin tragique.

C'est dans le jardin, près de la *fontaine des Amours*, qu'elle fut égorgée: elle fut alors enterrée à *Santa Clara* et y resta jusqu'à ce que son amant Don Pedro, devenu roi à son tour, vint la faire déterrer. Le corps exhumé, fut alors revêtu d'habits somptueux, et placé, couronne en tête, sur un trône; toute la cour vint rendre les honneurs du baisemain royal, au cadavre de cette princesse *qui ne fut reine qu'après sa mort*. Placé ensuite dans une magnifique litière, son corps fut processionnellement transporté par les dignitaires de la couronne, entre une double haie de peuple qui tenait des torches allumées, et durant les dix-sept lieues qui séparent Coïmbre d'Alcobaça, jusqu'au splendide tombeau préparé dans ce monastère, par son royal amant.

On visite, aujourd'hui encore, la *Quinta das Lagrimas*, où demeurait la belle *Inez* et la célèbre fontaine des amours, qui s'y trouve. Les beaux cyprès ombreux entourent encore, presque tous, la source qui coule sur un quartz blanc tacheté de rouge; le peuple croit y reconnaître les marques sanglantes qui attestent le meurtre d'Inez; les longs filaments des plantes aquatiques sont, pour lui, ses longs cheveux blonds. Sur une pierre, placée à la naissance de la source, on a gravé la stance des Lusiades qui fait allusion au nom de la fontaine, dont les ondes pures ont servi plus d'une fois, suivant le poète, de messager aux deux amants, en portant les lettres qu'on leur confiait en gages d'amour, et qu'un filet arrêtait au passage!

Sur la rive gauche du *Mondego*, il y a une autre *quinta* appelée *Lapa dos poetas*, et qui, avant 1862, s'appelait *Lapa dos esteios*: une inscription en marbre, cachée sous le feuillage de ses beaux jardins, rappelle que ce changement de nom fut effectué à l'occasion de la fête du printemps qu'y célébra le poète aveugle, vicomte *A. F. de Castilho*, avec ses amis et admirateurs.

Ajoutons que *Coïmbre* possède un beau pont et un remarquable aqueduc, construit en 1568, et formé de vingt-et-un arcs en plein cintre; il est malheureusement caché en partie par le collège de *San Benito* et les murailles du jardin Botanique; la plus élevée de ses arcades est ornée des images de *St Roch* et de *St Sébastien*.

Après **Coïmbre** on rencontre, dans la direction de **Porto,** les stations de **Souzella** et de **Mealhada;** en attendant qu'une ligne de chemin de fer, encore en projet, vienne mettre en communication Coïmbre avec la frontière d'Espagne, dans la direction de *Ciudad-Rodrigo* et de *Salamanque*, un service de voitures conduit à **Bussaco.** Aux environs de *Bussaco*, existe un couvent célèbre, bâti, en 1268, au sommet d'une montagne et au milieu de forêts entourées de murs. La route qui conduit au couvent, représente un chemin de croix coupé par des stations: c'est dans ces montagnes, que se livra, entre les Français et les Anglais commandés par Wellington, la bataille de *Bussaco*, de laquelle celui-ci sortit vainqueur, quoique les deux armées se soient attribuées tour à tour l'honneur de la victoire.

De **Bussaco** l'on se rend à **Vizeu,** l'ancienne *Vicus Aquarius*, bâtie sur une hauteur, et l'une des plus anciennes villes du Portugal; elle était, dès le sixième siècle, le siège d'un évêché. Sa cathédrale fut, dit-on, fondée par le comte *Don Henrique* et par sa femme *Doña Thareja*: les deux tours qui la dominent, sont de style roman et elle possède de curieuses peintures attribuées à *Gran Vasco*.

Vizeu possède aussi plusieurs ruines romaines, d'un grand intérêt, parmi lesquelles on signale la caverne de *Viriathe*, dont il n'existe plus que de légers vestiges. Le Sénat romain, pour soumettre les populations de la Péninsule, envoyait aveuglément des hommes comme Lucius Lucullus, ou comme Sergius Sulpicius Galba, qui massacra traîtreusement un grand nombre de Lusitaniens. Aussi, les infâmes trahisons de ce dernier produisirent-elles la révolte de *Viriathus*, célèbre Lusitanien, que les Romains nous représentent comme ayant été d'abord berger ou chasseur, ensuite brigand, et qui aujourd'hui s'appellerait un chef de *guérillas*. Il fut un des Lusitaniens qui échappèrent au perfide et sauvage massacre du peuple, ordonné par le proconsul Galba en l'an 150 av. J.-C. Après avoir réuni des forces considérables, et, pendant plusieurs années consécutives, il battit chaque fois une armée romaine. Neuf généraux romains furent successivement vaincus par lui, et, en 140, le proconsul Fabius Servilianus dut conclure la paix avec Viriathe, pour sauver son armée, enfermée par les Lusitaniens dans un passage de montagnes. Servilius Cœpio, qui lui succéda dans le commandement de l'Espagne Ultérieure, recommença la guerre qui se termina, peu de temps après, par l'assassinat de Viriathe, trahi, à prix d'or, par trois de ses amis.

Ajoutons enfin que, d'après une inscription que l'on trouve dans l'église de *San Miguel de Fetal* située *extramuros*, ce serait à *Vizeu* que serait venu mourir, après le désastre du *Guadalete* qui livra l'Espagne aux Maures, *Don*

Rodrigo, le dernier roi goth de Tolède, le séducteur de la fille du comte Julien. Suivant la légende, *Don Rodrigo* aurait été, au contraire, accueilli par un saint ermite chez lequel il s'était réfugié après la bataille, puis, par ordre de Dieu, enfermé vivant dans un tombeau, avec une couleuvre qui lui fit endurer pendant trois jours, les plus horribles tourments et finit par le dévorer.

De **Vizeu** on se rend à **May-Gualde** et à **Celorica**; une route conduit, vers l'est, à **Guarda**, sur le penchant de *la Serra da Estrella*, près des sources du *Mondego*, d'où l'on se rend à **Almeida**, place forte bâtie sur une plaine tellement élevée, que du haut de son château on découvre les limites de douze évêchés; puis à **Pinhel**, qui porte le titre de cité épiscopale, et à **Castel-Rodrigo**, place de guerre située sur la frontière d'Espagne.

Après la station de **Mealhada**, viennent, sur la ligne de Porto et dans la direction de cette ville, les stations de **Mogofores**, de **Oliveira do Barro**, et de **Aveiro**; cette ville est située aux bords d'un lac, séparé de l'Océan par une langue de terre, et qui s'étend depuis *Ovar* jusqu'à la *Barra Velha;* c'est ce vaste marais, parallèle à la mer, qui a fait comparer *Aveiro* à Venise et à la Hollande. *Aveiro* a joui, aux xve et xvie siècles, d'une grande réputation, alors que ses habitants pouvaient armer jusqu'à soixante bâtiments pour la pêche de Terre-Neuve; les sables sont malheureusement venus s'amasser dans son port et, malgré les efforts faits pour y porter remède, *Aveiro* ne s'est pas relevée de la décadence qui a suivi l'ensablement de son port. Rappelons, en passant, qu'un duc d'*Aveiro* se fit tuer dans la mémorable expédition de Don Sébastien en Afrique; un autre, au contraire, conspira contre le roi Joseph, et périt sur l'échafaud avec d'autres membres de sa famille.

La station suivante est celle de **Estarreja**, d'où un service de voitures conduit à **Caldas de San Pedro do Sal** et à **Feira**. Aux environs de *villa da Feira*, il y a un antique château dont on fait remonter la construction aux Maures, aux Goths et même jusqu'aux Romains; c'est, en réalité, un alcazar mauresque, bâti en granit, et surmonté d'une plateforme, de laquelle s'élèvent quatre pyramides. Aux angles se dressent d'autres petits donjons de granit massifs, terminés par des espèces de tulipes sculptées, d'un étrange aspect. A l'intérieur, on trouve un oratoire décoré de deux petites colonnes gothiques, et une espèce de trône auquel on monte par des degrés de granit. On y trouve aussi un puits carré, qu'on dit d'une extrême profondeur: il est revêtu intérieurement de pierres de taille et on y descend par un escalier en colimaçon, ménagé dans une paroi latérale, qu'éclairent de grandes fenêtres aux extrémités aiguës; ce puits aboutissait sans doute à quelque route souterraine, ou à une citerne cachée.

Après **Estarreja**, on arrive à **Ovar**, située au fond de l'immense lac de *Aveiro;* puis viennent les stations de **Esmoriz**, de **Espinho**, dont la plage est des plus fréquentée par les baigneurs; de **Granja**, et de **Valladarès**, qui n'offrent aucun intérêt, et l'on atteint enfin **Villa Nova da Gaia**, faubourg de **Porto**, située sur la rive gauche du *Douro*, qu'un pont suspendu sur ce fleuve, o *ponte pensil*, construit en 1841, relie à la ville. Il est venu remplacer un pont de bois qui fut détruit par une épouvantable catastrophe: quand le maréchal Soult pénétra dans Oporto, il y eut une si grande affluence de gens qui se précipitèrent sur le pont de bois qu'il s'écroula; on estime à quatre mille, le nombre des personnes qui périrent en cette triste circontance.

C'est à *Villa Nova da Gaia* qu'est établi le dépôt des fameux vins de *Porto*: on jouit, de cet endroit, du splendide panorama qu'offre aux yeux la ville bâtie en amphithéâtre, sur deux collines nommées *da Sé* et *da Victoria*. Les vallons formés par elles, sont ocupés par les maisons qui s'étendent jusqu'à de vastes faubourgs. Tout près du pont suspendu, se trouve le monastère de *la Serra del Pilar*, bâti en face de *Porto* et d'où l'on domine la ville. L'église du monastère, élevée au xvie siècle, est de forme circulaire; elle servit de centre de résistance durant le mémorable siège de 1832; aussi est-elle demeurée aux mains de l'administration de la guerre, qui la considère comme un point stratégique important.

Porto ou **Oporto**, la seconde ville du royaume, capitale de l'*Entre-Douro-e-Minho*, siège d'un évêché, fut bâtie par les Suèves sur la rive droite du *Douro*, à quatre ou cinq kilomètres de son embouchure. Cette ville ne conserve plus que de faibles vestiges des anciennes murailles qui l'entouraient. Parmi ses monuments, nous citerons l'ancienne paroisse de *Sam Martinho de Cedofeita*, dont on fait remonter la construction jusqu'en 556, époque à laquelle *Théodomir*, roi des Suèves, l'aurait bâtie; le rite mozarabe s'y est, en tous cas, conservé de tous temps. Suivant d'autres, sa première origine remonterait au roï goth *Réciaire*, qui régnait en Galice: celui-ci, craignant pour la santé d'une fille bien aimée, envoya, dit-on, chercher en France une précieuse relique de saint Martin de Tours et, au moment où ses messagers partirent, il fit commencer l'édifice, qui se trouva terminé, dès que les reliques désirées furent arrivées. La rapidité avec laquelle s'effectua cette construction lui aurait valu son nom de *Cedofeita* (Citofacta, la bientôt faite). C'est, en effet, un édifice de peu d'importance, et qui ne coûta pas de grands frais d'architecture à son fondateur; elle se recommande surtout par ses souvenirs. Les Arabes en auraient fait une mosquée, tandis que, suivant d'autres, le rite mozarabe s'y serait conservé, même au temps de leur domination.

La Sé ou Cathédrale, dont on veut également faire remonter la fondation au VIe siècle, fut, en tous cas, rebâtie par le comte *Don Henrique*, et sa femme *Doña Thareja*, après qu'il eut enlevé cette ville aux Arabes, en 1092. Un escalier, désigné encore aujourd'hui sous le nom *d'escada da Reinha*, faisait communiquer la Cathédrale avec le palais qu'ils habitaient.

Puis vient l'église de *Nossa Senhora da Lapa*, où l'on conserve le cœur de l'empereur *Don Pedro* et, non loin de celle-ci, au nord-ouest de la ville, un édifice nommé *la Mesquita*, dont les arceaux, et les chapiteaux qui supportent ses colonnes, offrent les caractères de l'architecture mauresque; mais cet édifice fut fondé en 559, par le roi des Suèves Theodomir, et approprié ensuite, par les Maures, au culte mahométan.

Nous citerons encore *la Torre dos Clerigos*, bâtie au sommet d'une rue fort élevée, nommée *da Natividade:* c'est la tour la plus haute du royaume; elle sert de point de mire aux navigateurs qui veulent pénétrer par la barre difficile du *Douro;* aussi jouit-on, de son sommet, d'un point de vue incomparable. L'église fut construite en 1732, sur les dessins de l'architecte italien *Nicolas Mazzoni;* elle fut consacrée au culte quarante-sept ans plus tard.

La tour, commencée en 1755, fut terminée en 1763; elle mesure quatre-vingt-un mètres de hauteur. Ce monument fut élevé aux frais des membres de trois associations du Clergé, d'où le nom de *Clerigos* imposé à la tour; poussées par un sentiment d'orgueil, elles voulaient ainsi démontrer qu'elles dominaient de toute cette hauteur, tous les couvents et tous les monastères du Portugal. La voûte de l'église reproduit le plan du temple, dont la base est très étroite; à l'intérieur, on remarque la chapelle principale, décorée de belles colonnes de marbre et ornée de beaux tableaux peints sur cuivre.

Puis vient l'église de *San Francisco*, toute remplie de retables sculptés et dorés, garnis de statuettes peintes, et ornés avec une exubérance prodigieuse de colonnes torses, autour desquelles s'enroulent des ceps de vignes avec leurs grappes, et voltigent des anges et des oiseaux. Nous mentionnerons finalement, l'église de *San Benito da Victoria*, et celle de *San Pedro de Miragaya*, avec une belle chapelle.

Porto possède d'importants édifices modernes: la Bourse est une construction vaste et somptueuse qui, de même que la Douane neuve ou *Nova Alfandega*, atteste par sa magnifique instalation, le degré de splendeur et de richesse auquel a su atteindre cette ville par son industrie et son commerce. Son *palais de cristal* fut construit en 1861 et inauguré en 1865; il est entouré de beaux jardins d'où l'on jouit d'une superbe vue sur la rive gauche du *Douro* et son embouchure.

Nous mentionnerons encore: l'*Hôpital royal*, l'*Hôtel de ville*, le *palais épiscopal*, le *Musée* dit de *Don Pedro*; et la Bibliothèque, qui renferme des manuscrits précieux; puis c'est la *rua das flores*, dont les vieilles maisons si pittoresques, méritent l'attention du touriste.

Porto est considérée comme l'arche sainte des libertés portugaises: le 24 Août 1824, elle s'est soulevée au cri d'indépendance et elle a fait un effort héroïque, durant le siège de 1832. Une statue équestre, à la mémoire de *Don Pedro IV*, se dresse sur la place qui porte son nom; une autre statue, située au *largo da Batalha*, rappelle le souvenir du regretté *Don Pedro V*.

Cette ville servit de retraite à Charles Albert, roi de Sardaigne, après la bataille de Novare: il y est mort dans une villa des environs.

Les environs de *Porto* sont des plus agréables: on vante, entre autres, à l'embouchure du *Douro*, *Sam João da Foz*, rendez-vous des baigneurs; et, à proximité du phare de *N. S. da Luz*, les villages de **Matozinhos** et de **Mendelos,** où Don Pedro débarqua en 1832.

On signale encore, aux environs, un antique château nommé

de **Cham** ou de **Monte de Muro**; bâti sur une roche aux bords du *rio de Bestança*, il semble par son architecture se rattacher à la période romane.

C'est enfin, à cinq lieues de Porto, au monastère des Bénédictins, désigné sous le nom de **Paço de Souza**, que se trouve le tombeau d'*Egaz Moniz*, qui est resté le symbole de la loyauté portugaise. Il y est représenté au moment où il s'écria «*ma langue a erré, mon corps doit payer.*». On sait que, dans la crainte de ne pas être cru sur parole, dans l'exposé des conditions verbales convenues entre lui et Alphonse VII, pour que celui-ci levât le siège de Guimaraens, il s'était présenté à ce roi, avec sa femme et ses enfants, tous pieds nus, la corde au cou et prêts à subir le dernier supplice.

VII.—De Porto à Povoa de Varzim et Famalicao. Une petite ligne de chemin de fer, d'une extension de quarante kilomètres, sort de **Porto**, au nord-ouest et, se rapprochant du littoral, dessert successivement les stations de **Senhora da Hora, Custoias, Pedras Rubras, Villar do Pinheiro, Modivas, Mindello, Azurara**, pour atteindre peu après **Villa do Conde**, ancienne petite ville, située dans une belle vallée, et dotée d'un bel aqueduc; puis **Povoa-da-Varzim**, bâtie sur le bord de la mer, **Amorim, Laundos, Rates** et **Fontainhas**, terminus actuel de cette ligne.

VIII.-Chemins de fer du Douro et du Minho (route de Galice). Une autre ligne de chemin de fer part de **Porto**, au nord de la ville, et atteint les stations de **Rio-Tinto** et d'**Ermezinde**, où vient s'embrancher une ligne nommée del *Douro*, qui se dirige vers l'est et dessert successivement les stations de **Vallongo, Recarei, Cette, Paredes, Penafiel, Cahide, Villa Mea, Marco, Juncal, Mosteiró. C. d'Aregos, Rezende, Barqueiros, C. de Moledo** et **Regoa**, où cette ligne s'arrête pour l'instant, après un parcours de cent quatre kilomètres, dans le voisinage de **Lamego**.

Lamego, l'ancienne *Lama*, bâtie aux bords de la petite rivière de *Balsamao*, et entourée de montagnes, fut le berceau de la monarchie portugaise; elle devait, dès 1143, offrir une certaine importance, puisque *Affonso Henriquez* y convoqua les *Cortès* dans son église de *Nossa Senhora d'Almacava*, afin de faire ratifier, par l'assemblée nationale, le titre de roi de Portugal que l'armée, après la bataille *do campo de Ourique*, lui avait donné par acclamation. C'est là qu'il fut couronné par l'archevêque de Braga, et que furent discutées et consenties les lois fondamentales du royaume. L'ancien édifice, qui fut jadis une mosquée, serait, suivant les uns, encore debout; suivant d'autres, l'antique cathédrale n'existerait plus, et l'église moderne aurait été édifiée par *Don Bernardo*, évêque de Tolède. Au nord-ouest de **Lamego** se trouve la petite ville d'**Amarante**, bâtie sur le *Tamega*.

La ligne du *Minho* dessert, au sortir de **Ermezinde**, successivement les stations de **San Romao, Trofa, Famalicao** et **Nine**.

A partir de **Nine**, la ligne du *Minho* dessert les stations de **San Bento**, de **Barcellos**, très jolie ville entourée de vieilles murailles, renommée par ses chasses et qui eut jadis une certaine célébrité historique; de **Tamel**, de **Barrosellas**, de **Darque**, et de **Vian-**

na do Castello, dont le port est situé près de l'embouchure du Lima; c'est une des plus jolies villes du Portugal. On laisse ensuite, sur la droite, **Ponte do Lima**, très ancienne ville avec un beau pont, de vingt-quatre arches, jeté sur la rivière dont elle tire son nom. Puis viennent: **Montedor, Ancora** et **Caminha**, forteresse portugaise, située à l'embouchure du *Minho*, fleuve qui sépare le Portugal de l'Espagne sur la frontière de Galice; on aperçoit de là, la forteresse espagnole de **la Guardia**, qui lui fait face. La voie remonte la rive gauche du fleuve, atteint, peu après, **Lanhellas, Villa Nova da Cerveira**, protégée par deux forts, et **San Pedro da Torre**, à proximité de **Valença da Minho**, forteresse portugaise, située au sommet d'une éminence pittoresque, et en face de la ville espagnole de **Tuy**; à ses pieds coule le fleuve, qu'on traverse pour pénétrer en Galice.

A **Nine**, située sur la ligne du *Minho*, se sépare aussi un petit embranchement de quinze kilomètres qui, après les stations de **Arentim** et de **Tadim**, s'arrête à **Braga**, l'ancienne *Bracchara Augusta* des Romains. C'est à l'époque romaine que, suivant la tradition, l'apôtre Saint Jacques Zébédée vint prêcher l'Evangile dans la ville de *Braga*: elle est aujourd'hui le siège d'un archevêché fameux qui a disputé, longtemps, à celui de Tolède, le droit de s'intituler *primat des Espagnes* et, de même que cette ville, elle conserve, dans sa cathédrale, le rite *mozarabe*. *Braga* est bâtie dans une plaine arrosée par le *Cavado* et le *Desta*, dont les eaux, admirablement aménagées, offrent de grandes ressources à la ville qui compte jusqu'à soixante et dix fontaines, et à la campagne environnante.

La Cathédrale de *Braga*, une des plus considérables du Portugal, fut bâtie au xiie siècle: elle possède trois nefs; on remarque, dans celle du milieu, un magnifique retable en pierre, sculpté, dit-on, par des artistes du pays de Biscaye appelés par l'archevêque *Don Diogo de Souza* et qui, en se fixant à *Braga*, laissèrent leur nom à l'une des rues de la ville. C'est, dans cette église, que reposent les restes du comte *Henri*, père du premier roi portugais *Don Affonso Henriquez*, mort à Astorga en 1114; on y conserve aussi un grand nombre d'objets précieux.

On trouve enfin à Braga, les débris d'un temple, d'un amphithéâtre et d'un aqueduc romains. A trois quarts de lieue de la ville, est situé le fameux sanctuaire du *Bom Jesus do Monte*, bâti au xviiie siècle, au sommet d'une belle colline, à laquelle on monte par un double escalier; c'est un lieu de pèlerinage renommé.

Un trajet, de dix-huit kilomètres seulement, sépare **Braga** de **Guimaraens**. Cette ville fut la capitale de la monarchie naissante du Portugal: elle est située dans une jolie vallée et entourée de murailles que flanquent des tours. Parmi les monuments de cette ville, nous mentionnerons les ruines du vieux château, où naquit, au commencement du xiie siècle, le roi *Affonso Ier duc de Bragance*, le fondateur de la monarchie. Puis, vient l'église de *Nossa Senhora da Oliveira*, à laquelle se rattache une curieuse légende. Lorsque, au temps des Goths, on vint annoncer à *Wamba*, occupé à labourer avec des bœufs, qu'il avait été élu roi, il répondit, en riant, aux envoyés qu'il serait roi lorsqu'il pousserait des feuilles à son aiguillon, et comme il l'enfonçait en même temps dans le sol, l'aiguillon prit aussitôt racine et se couvrit de branches et de feuilles. C'est à l'endroit même où s'accomplit ce miracle, que fut élevé, au XIVe siècle, un joli porche gothique: tout à côté existe encore, entouré d'une grille en fer ouvragé, l'olivier miraculeux lui-même, ou plutôt son rejeton, avec ses rameaux toujours verts et vigoureux.

Derrière le porche est située la porte de l'église, bâtie au XIVe siècle; elle est décorée de jolis piliers surmontés de chapiteaux, dans le style roman, qui soutiennent des arceaux concentriques légèrement courbés en ogive, qui appartiennent, par conséquent, à l'époque de transition du style roman à celui de l'architecture ogivale. Au-dessus de la porte, se trouve une grande arcade richement décorée de statues et d'ornements divers. Tout à côté, se dresse une tour basse et carrée, percée, à l'étage des cloches, de fenêtres cintrées, légèrement arquées.

Guimaraens doit être rattachée, par une ligne de chemin de fer en projet, à la *ligne générale du Douro*; elle se dirigera sur *Chaves*, dans la province de *Tras-os-Montes* (au-delà des monts), où viendra aboutir également celle qui, de *Regoa*, sur *la ligne du Douro*, doit passer par **Villa-Real** et se diriger sur *Bragança*.

Chaves occupe une position stratégique importante sur la frontière espagnole: elle est bâtie sur la rive droite du *Tamega*, et possède un beau pont de dix-huit arches, dont on fait remonter la construction au temps des Romains.

Bragança, chef-lieu de district, située à huit kilomètres de la frontière nord-est du royaume, sur les limites de la province espagnole de *Zamora*, est l'ancienne *Brigantia*, bâtie, dit-on, par Auguste, en l'honneur de Jules César; cette ville occupe une admirable situation sur les bords du *Fervenza*, au milieu d'une campagne fertile.

C'est à *Bragance* que l'évêque de *Guarda* aurait marié, secrétement en 1354, la belle *Inez de Castro* à *Don Pedro*. Cette ville fut érigée en duché par le grand-maître d'Aviz, proclamé roi en 1385 sous le titre de Joām Ier. Le premier duc de Bragance, fut Don Affonso, fils illégitime, né, en 1370, d'une dame nommée *Doña Inez Pirez*. C'est un descendant de ce prince qui fut proclamé roi de Portugal en 1640, sous le nom de João IV et c'est de lui qu'est issue la maison royale régnante.

Bragance ne possède aucun monument vraiment remarquable: la cathédrale, quoique ancienne, n'offre rien de particulier au point de vue architectural; il en est de même des autres églises.

GUIDE DU TOURISTE
EN
ESPAGNE ET EN PORTUGAL.

ITINÉRAIRE ARTISTIQUE.

GUIDE DU TOURISTE

EN

ESPAGNE ET EN PORTUGAL,

OU ITINÉRAIRE

À TRAVERS CES PAYS,

AU POINT DE VUE

ARTISTIQUE, MONUMENTAL ET PITTORESQUE.

CATALOGUE

des Chefs-d'œuvre de peinture ancienne et moderne des Musées du Prado, du Musée national et de l'Académie de Saint Ferdinand à Madrid; des Musées de Séville, de l'Escurial, de Valladolid, Valence, Salamanque et Lisbonne, ainsi que des principales Cathédrales et des Galeries particulières, reproduits en photographie d'après les tableaux originaux mêmes et sans retouches.

Œuvres de sculpture, de ciselure, d'ornementation, etc.
Gemmes et Joyaux du Musée du Prado.
Objets du Musée de la Real Armeria; tapisseries fameuses du Palais de Madrid.

Spécimens d'architecture; vues et monuments de toute l'Espagne et du Portugal; archéologie, etc.

Scènes de mœurs et coutumes du pays; types de races, costumes, courses de taureaux, etc.

La collection comprend au delà de 5.000 planches.

Envoi FRANCO, par la Poste, et pour tous les pays de l'Union postale, des Photographies en feuilles et du Catalogue général sur demande.

J. LAURENT ET C.ie

MADRID: *Carrera de San Gerónimo, 39.*
PARIS: *Rue de Richelieu, 90.*
STUTTGART: *Mr. B. Schlésinger, Königsstrasse, 60.*

1879.

NOTE DES ÉDITEURS.

En offrant au public ce nouveau *Guide du touriste en Espagne et en Portugal*, notre but a été de faciliter à l'étranger qui voyage dans ces pays, la visite rapide de tout ce que la Péninsule renferme de remarquable au point de vue de l'art.

Cette tâche était facile; nous n'avions en effet qu'à dresser l'inventaire de l'immense collection de photographies formée à grands frais par Mr. Laurent, en vingt années de labeur, et à procéder au classement méthodique des nombreux matériaux accumulés par lui. Si l'on songe que chaque ligne de ce livre, que chaque numéro de ce vaste inventaire des trésors de l'art en Espagne et en Portugal, est représenté par un cliché photographique et que l'on en peut obtenir une reproduction graphique ou un fac-simile aussi exact que précieux, on aura une idée des proportions du travail auquel cet artiste s'est dévoué.

L'œuvre entreprise est à coup sûr bien incomplète encore; mais telle qu'elle est, nous avons jugé utile de la rassembler et de l'offrir au public dans ce livre, pensant qu'il pourra rendre service au visiteur de ces contrées, par l'indication rapide et coordonnée de ce qui peut l'y intéresser, et, si les encouragements ne font pas défaut à notre œuvre, nous nous attacherons à la compléter et à la perfectionner dans la suite.

Nous avons donné à notre livre la forme d'un itinéraire à travers l'Espagne et le Portugal: à cet effet nous avons divisé le pays en huit régions différentes; et, quant à l'ordre suivi, nous supposons que le voyageur pénètre en Espagne par la frontière d'Irun; nous lui faisons visiter successivement les villes du parcours, depuis la frontière jusqu'à Madrid, en lui indiquant à chaque endroit les choses qu'il devra examiner.

A Madrid, où les trésors artistiques sont si nombreux, une longue halte devient nécessaire; sans nous départir du système adopté, nous le conduisons à travers les rues de la capitale, comme à travers le pays, en le supposant arrivé par la gare du Nord, pour lui signaler à chaque pas les choses qui doivent appeler son attention. Le touriste n'a donc qu'à considérer l'endroit où il se trouve et à le rechercher à sa place naturelle dans ce livre, pour trouver instantanément ce qui peut ou doit l'intéresser; et, en indiquant le numéro que porte le monument, le tableau ou l'objet signalé, il peut du même coup s'en procurer un exemplaire photographique. S'il ne s'intéresse qu'aux œuvres de peinture ou de sculpture, la lettre A, qui précède le numéro, lui indiquera tous les ouvrages de cette nature compris dans le livre; de même que, s'il ne recherche dans ces pays que les œuvres de ciselure, d'orfévrerie, de mobilier, de tapisserie ou autres, elles lui sont désignées par la lettre B précédant le numéro; finalement l'architecture, les scènes populaires ou pittoresques, les vues de monuments, en un mot, tout ce qui constitue le cadre ou l'itinéraire proprement dit, se distingue du reste de l'ouvrage par une impression d'un caractère différent.

Au sortir de la capitale de l'Espagne, et après avoir conduit le voyageur à travers ses rues et visité avec lui les

Musées et Monuments, nous lui faisons faire des excursions aux environs de Madrid, pour le diriger finalement vers l'Andalousie.

Après avoir parcouru Cordoue, Séville et Grenade, le voyageur, en suivant notre itinéraire, arrive sur le littoral de la Méditerranée qu'il peut remonter jusqu'en Catalogne et à la frontière française de ce côté. Veut-il pénétrer plus avant, au cœur de l'Espagne, l'itinéraire le conduit encore en Aragon, en Navarre, dans les provinces de l'Ouest, et, après lui avoir fait visiter Saragosse et Salamanque, l'amène à travers l'Estrémadure, sur la route de Lisbonne, dans le but de lui faire connaître également le Portugal.

Nous faisons précéder notre livre d'une table générale des matières et d'une indication sommaire que les artistes pourront consulter utilement, quand ils auront besoin de renseignements précis sur les grands personnages de l'histoire d'Espagne; nous y avons indiqué tout ce qui dans notre collection se rapporte à eux. Nous le terminons, à titre de suppléments divers, par une série de planches de toutes sortes qui ne pouvaient pas rentrer dans le cadre de l'ouvrage, par l'énoncé de tous les ouvrages des peintres et sculpteurs modernes reproduits par nous et enfin par la désignation d'un certain nombre de feuilles qui reproduisent les divers types de races du pays, et des scènes populaires, prises toutes d'après nature.

OBSERVATIONS DIVERSES.

1.º Les numéros des tableaux ou objets, énoncés à la suite du numéro des planches, indiquent celui sous lequel l'objet reproduit, figure dans les catalogues officiels; les dimensions, données à la suite de la description de l'œuvre, sont celles de l'original.

2.º Les tableaux originaux s'entendent peints sur toile, à moins d'une indication contraire.

3.º Pour demander des exemplaires, il convient d'indiquer le numéro des planches, ainsi que la lettre de Série qui le précède.

4.º Chaque exemplaire porte le numéro de la planche et un titre explicatif, en français ou en espagnol.

5.º Les exemplaires s'obtiennent à volonté, montés ou non sur carte; la grandeur des photographies est généralement de 20 à 26 centimètres sur 30 à 35 centimètres; et, montés sur carte à teinte fond de chine, les exemplaires mesurent 43 centimètres sur 53.

6.º Les vues panoramiques en une seule pièce, mesurent, non montées, 25 centimètres sur 55, et, collées sur carte 43 sur 72 centimètres; les dimensions des autres vues panoramiques varient, suivant le nombre d'épreuves dont elles sont composées.

7.º La collection n'est complète que dans le grand format de 0^m 26 sur 0^m 35 environ; tous les numéros précédés d'un astérisque peuvent être demandés également pour le stéréoscope; ceux suivis de l'astérisque, peuvent s'obtenir aussi en format carte-album.

8.º Envoi, franco par la Poste et pour tous les pays de l'Union postale, des photographies en feuilles et du Catalogue général, sur demande.

LISTE

DES DÉPOSITAIRES EN ESPAGNE & À L'ÉTRANGER.

Saint-Sébastien	D. Diego Campion, plaza de Guipúzcoa.
Búrgos	D. Calisto Avila, plaza Mayor, 41.
Búrgos	D. Santiago Rodriguez Alonso, pasaje de Flora.
Valladolid	D. Miguel de Sada, acera de la Fuente dorada, 34.
Ávila	D. Abdon Santiuste, calle de Caballeros, 2.
Escorial	Sr. Encargado de la fonda de Miranda.
La Granja	D. José Wicht, Fonda de Paris.
Toledo	D. Mariano Alvarez.
Córdoba	D. Manuel García Lovera, librería.
Sevilla	D. Juan Rossy, Génova, 26 y 27.
Cádiz	D. Manuel Morillas, San Francisco, 36.
Granada	D. José Robles, Zacatin, 77.
Málaga	D. Francisco de Moya, Puerta del Mar, 15.
Múrcia	D. Anselmo Arques, calle de la Trapería.
Cartagena	Sres. Viuda é hijos de Nadal, Marina española, 34.
Alicante	D. J. Lasalle, calle Mayor, 8.
Valencia	D. Faustino Nicolás, calle de Zaragoza, 22.
Tarragona	D. Cayetano Janini, calles del Trinquet Nou y Vell.
Barcelona	D. Juan Fayà, tienda de los Andaluces, plaza Nacional.
Palma de Mallorca	Sres. Lasalle Hermanos, ópticos.
Zaragoza	D. J. Nicolas Ballesteros, Coso, 62.
Alhama de Aragon	D. Pedro Carrère.

Lisboa	Mr. A. M. Antunes, Chiado, 88.
Porto	Mr. M. Costenla, rua de San Antonio, 198 á 202.

Paris	Mrs. J. Laurent et Cie, rue de Richelieu, 90.
Londres	Mrs. A. Marion et Co, Soho Square, 22 y 23.
Stuttgart	Mr. B. Schlésinger, 60, Königsstrasse.
Vienne (Autriche)	Mr. M. O. Miethke, 6, Plankengasse.
Bruxelles	Mr. Schmidt, Sr. H. V. Van Gogh, 58, Montagne de la Cour.
Rome	Mr. Eugène Aubert, 22, via Condotti.

TABLE DES MATIÈRES.

	Pages.
Académie roy. de Lisbonne.	180
Académie roy. de Saint Ferdinand	54
Agrasót (J.)	193
Aguirre (G. de)	10
Alameda de Osuna (La)	118
Albacete	246
Albano	56
Alcalà de Hénares	126
Alcántara (Cáceres)	177
Alcazar de Séville	142
Alcazar Tejedor (J.)	193
Alcobaça (Portugal)	188
Alcoverro (J.)	193
Aleu y Teixidó	193
Alexandrino (P.)	181
Alfaro	168 et 244
Algarra (Cosme)	193
Alhama de Aragon	166
Alhambra de Grenade	145
Alicante	152, 237, 246, 247, 251 et 256
Almeida (J. S.)	194
Alonso (Arsenio)	194
Alonso Cano	54, 63, 121, 123 et 140
Alsloot (Denis van)	71
Altorfer	15
Alvarez	91
Alvarez et Cie, ciseleurs	233
Amérigo (F.)	82 et 194
Amiconi	45
Amorós (Ant.)	194
Ancheta (Michel)	168

	Pages.
Andrade (Alf.)	82 et 194
Angelico da Fiesole (Il beato fra G.)	56
Annunciacion (T. J.)	194
Antolinez (J.)	62
Aranjuez	123 et 255
Araujo (J.)	194
Araujo Sanchez (C.)	194
Archena (Murcie)	155
Arfë (J. de)	8 et 172
Armeria real de Madrid	19
Arredondo (A.)	194
Arteaga y Alfaro (Matias)	136
Arthois (Jacob van)	72
Artistes modernes	193
Atalaya (E.)	194
Atocha (Eglise d')	112
Avila	7, 237 et 254
Ayalla (Josefa, vulg. J. d'Obidos)	181
Badajoz	177, 246, 247 et 251
Balaca (Eduardo)	195
Balaca (Ricardo)	195
Bandinelli (Bacio)	182
Barbalunga (Il)	56
Barcelone	160, 161, 162, 163, 247 et 251
Baroccio	56
Baron (E.)	131 et 195
Barzaghi (F.)	195
Bassano (F.)	57
Bassano (L.)	57
Batalha (Portugal)	188

	Pages.
Bayeu (R.)	9
Becquer (J.)	131, 195 et 196
Becquer (Valerio)	82 et 196
Béhobie	1
Bejarano (M. Cabral)	197
Belem (Portugal)	179 et 257
Bellino (G.)	57
Bellver (J.)	196
Bellver (Ricardo)	196
Belmonte y Vacas (M.)	196
Benjumea (R.)	18 et 196
Benlliure (J.)	82 et 196
Berdugo (F.)	197
Berruguete (P.)	6, 7 et 71
Bilbao	169, 170, 245 et 256
Bizcaye	237 et 247
Bles (Henri Met de)	72
Bocanegra	131
Bonardi	197
Borrás y Mompo (V.)	197
Bosch (P.)	11, 72, 117 et 192
Braga (Portugal)	189
Briones	169
Brœck (Crispinus van den)	72
Bronzino (Il)	57
Brueghel de Velours père et fils	72
Brueghel le vieux (Pieter)	72
Bubierca	168
Buonaroti (Michel Angelo)	57
Burgos	2, 247 et 254
Busato	197
Caballerizas reales, Madrid	38
Cabezalero	55
Cabral Bejarano (M.)	197
Cáceres	177, 237, 247 et 248
Cadiz	144, 246, 248 et 251
Cagliari (Charles)	183
Calahorra	168
Calatayud	167
Callet (Ant. Fr.)	81
Camaron	14
Campi (Jules)	183
Canaux	251
Cangiasi (L.)	10
Cano (Alonso)	54, 63, 121, 123 et 140
Cano (E.)	82 et 197
Canova	117
Carabanchel, près Madrid	117
Caracci (A.)	15, 131 et 182
Carducci (B.)	13 et 57
Carmona (Louis)	173 et 175
Carrarini	117
Carreño de Miranda (J.)	63
Carthagène (Murcie)	155
Casado del Alisal (J.)	17, 18, 56, 83, 114, 197 et 198
Casanova	198
Casino du prince (Escurial)	14
Castellano (M.)	51, 83 et 198
Castellon de la Plana	237, 248 et 251
Castiglione (G. B.)	57 et 183
Castillo (J. del)	10 et 135
Catena (V.)	57
Cathédrale d'Avila	8
» de Barcelone	161 et 162
» de Burgos	3
» de Murcie	153
» de Salamanque	174
» de Séville	139
» de Tarragone	159
» de Tolède	122
» de Valence	156
Cellini (Benvenuto)	12 et 123
Cenizero	169
Cerezo (Mateo)	63
Céspedes (Pablo de)	135
Chaves (J.)	198
Ciarini (Alexi)	183
Cieza (Murcie)	155
Cintra (Portugal)	187 et 257
Ciudad-Real	176, 237 et 246
Claude de Lorraine	81
Codina (V.)	198
Coello (A. S.)	13, 68 et 192
Coello (Claudio)	54 et 63
Coello (F.)	12
Cogolludo, près Espinosa	127
Coimbra (Portugal)	189
Collantes (Francisco)	63
Comeleran (A)	9 et 198
Conca (Sebastian)	182
Contreras	199
Cordoue	128, 238, 239, 246, 248 et 255
Cornelis Drooch Sloot (Joost)	73
Cornelius de Lyon	184
Corrado	15
Coruña (La)	251
Correggio (Il)	57

	Pages.
Cosa (J. de la)	50
Costumes et coutumes	237
Courses de taureaux	114 et 257
Coxcien (Michael de)	11 et 73
Craesbeck (Joost van)	73
Cranach le vieux (Lucas)	73
Crespi (D.)	58
Dehodencq (Alf.)	131 et 199
Delaroche (Paul)	131 et 199
Detaille (E.)	199
Diaz Carreño (F.)	199
Diez (Joaquin)	199
Domingo y Marqués (F.)	83, 114 et 199
Dominguez y Sanchez (M.)	83 et 200
Dominiquin (Le)	14
Durer (Albrecht)	39, 45, 46, 73 et 192
Dyck (A. van)	73
Ecoles allemandes	71
Ecole allemande des XVe et XVIe siècles	80
» de Castille, XVe siècle	71
Ecoles espagnoles	62
Ecoles flamandes des XVe et XVIe siècles	80
» flamande du XVIIe siècle	193
» de Florence	11
» française	81 et 82
Ecoles italiennes	56 et 191
Ecole d'Ombrie	62
» portugaise	180
» vénitienne	62 et 182
Elche	152
Elorriaga (R.)	200
Escurial (monastère de l')	9
Espina y Capo (J.)	200
Espinosa (Jac. Ger.)	158 et 175
Esquivel (A. M.)	83 et 200
Esquivel (C. M.)	200
Esquivel (V.)	200
Esteban (E.)	18 et 201
Esteban (J.)	200
Evora (Portugal)	189 et 257
Eyck (van)	42, 43, 46, 74 et 141
Fabricio et Granello	10
Fabrique d'armes de Tolède	123 et 233
Fernandez (Alejo)	140
Fernandez Barreras (M.)	201
Ferran (M.)	83 et 201
Ferrandiz (B.)	83 et 201
Ferrant et Fischermans (A.)	83 et 202
Fierros (D.)	131 et 202
Figueras (J.)	202
Floris le vieux (Frans)	74
Fonseca (A. M. de)	202
Fontarabie	1
Fortuny (Mar.°)	18, 202 et 203
Francés (Plácido)	203
Francia	52
Franco y Solinas	203 et 204
Fuensanta (Murcie)	155
Furini (F.)	58
Fuxá y Leal (M.)	204
Galerie de l'Académie de Saint Ferdinand	54
» de l'Alameda d'Osuna	118
« du Casino de l'Escurial	14
» de l'Escurial	11
» de Lisbonne	180
» du Prado	56
» de San Telmo	130
Gallait	131 et 204
Gallegos (Fernando)	71
Gamot y Lluria	204
Garay y Arévalo (M.)	204
Garcia y Alonso (C.)	204
Garcia Hispaleto (M)	204
Garcia Martinez (J.)	83 et 205
Garcia Mencia (Ant.°)	205
Garrido (E. L.)	205
Gelée (Claude)	81
Gemmes et Joyaux	94
Gentileschi (O.)	58
Gerino da Pistoja	58
German	136
Gerona	163 et 248
Gessa Arias (Seb.)	205
Ghering (Jan.)	74
Gibraltar	145
Gimenez Fernandez (F.)	83 et 205
Gimenez Fernandez (J.)	84 et 205
Gines (José)	91
Giordano (L.)	11, 12 et 15
Giorgione (il)	58
Gisbert (Ant.)	18, 55, 114, 117 et 206

Gleyre 206	Jordaens (Jacob) 74
Gomar (Ant.) 206	Jover (Fr.) ...... 84, 144, 209 et 210
Gomez (Seb.) 135	Juanelo 122
Gonzalez (Franc.) 206	Juanes (Juan de) ..... 55, 65 et 158
Gonzalez Ramirez (P.) 206	Juliá (Asensio) 118
Gonzalvo Perez (P) 84, 206 et 207	Juni (J. de) 6
Gossaert (Jan) 74	Kauffman (Angélique). 131 et 210
Goya (Franc.).. 9, 10, 14, 17, 54, 56, 63, 64, 118, 119, 130, 131, 140 et 191	Koninck (Salomon) 75
	La Alameda de Osuna 118
	La Granja, ou San Ildefonso. 124
Grajera (J.) 207	Laguna (J.) 210
Granello et Fabricio 10	Lameyer (F.) 210
Graner (A.) 207	La Penha (Portugal) 187
Granet (Fr. Mar.) ...... 131 et 207	Laplaza (R.) .... 120 et 210
Granja (La) .... 124 et 255	Las Huelgas (monastère de). 4
Greco (el) 11, 55, 58, 122, 131 et 140	Lazarini 117
Grenade. .... 145, 239, 248 et 255	Lehmann (Henri) ...... 132 et 211
Guadalajara. ..... 127, 239 et 248	Leleux (Ad.) .... 132 et 211
Guas (Jean) 74	Le Nain 81
Guercino (il) 58	Leon .... 170 et 239
Guide (le) .... 15 et 58	Leonardo (J.) .... 54 et 65
Guimaraens (Portugal) 189	Léoni (Pompeio) ...... 7, 87, 88, 93, 91 et 120
Gutierrez de la Vega (J.) 18 et 207	
Haes (C.) .... 84 et 207	Lérida .... 163 et 240
Haro 169	Leyden (Lucas de) 193
Hemessen (Jan van) 74	Lhardy (A.) 211
Hénarès (Canal de l') ... 252 et 253	Linares 128
Hendaye 1	Lisbonne 179
Hernandez 6	Lizcano (Ang.) 211
Hernandez (German) 208	Llorente (B. G. de) 65
Hernandez (V.) 208	Logroño .... 169 et 249
Herrer (J. M.) .... 84 et 208	Lopez (Enrique) 211
Herrera le vieux (F.) 133	Lopez (Luis) 211
Herrera y Velasco (E.), ... 208	Lopez y Portaña (V.) ... 65 et 211
Herrero y Perez 208	Lorca (Murcie) 155
Hiraldez Acosta (M.) ... 118 et 208	Lotto (L) 58
Holbein (Hans) .... 74 et 183	Lozano (J) 211
Huesca 248	Lozoya (Canal du) ..... 253 et 254
Huys (Peeter) 74	Lugo 249
Irun 1	Luini (B) 59
Isabey (Eugène) .... 131 et 208	Lupi (M. A.) .... 84 et 211
Ivoires 235	Lusitano 181
Izquierdo (V.) 208	Lyon (Cornelius de) 184
Jadraque Sanchez (M.).. 84 et 209	Mabuse (Jean de) 74
Jaen .... 128 et 249	Macnab (P.) 212
Jalabert .... 131 et 209	Madrazo (F. de) .... 17, 131 et 212
Játiva 156	Madrazo (J. de) 212
Jimenez y Aranda (J.) 209	Madrazo (L. de) .... 84 et 212
Jimenez (L.) 210	Madrazo (Raimundo de) 212
Johannot (Alf.) .... 131 et 209	Madrazo (Ricardo de) 212
Johannot (Tony) .... 132 et 209	Madrid .... 17, 240, 249 et 254

	Pages.
Mafra (Portugal)	188
Maison de Pilate à Séville	138
Malaga	145, 246 et 251
Mantegna (A.)	59 et 191
Manzano (V.)	84 et 212
March (Esteban)	65
Marinus	75
Marqués (Esteban)	136
Marti y Alsina (R.)	212
Marti y Monsó (J.)	213
Martin y Riesco (E.)	114 et 213
Martinez Cubells (S.)	85 et 213
Martinez (J.)	6
Martinez del Rincon (S.)	213
Martinez de la Vega (J.)	213
Masó (F.)	213
Masriera (F.)	18 et 213
Masriera (José)	213
Massimo (il cavaliere)	59
Mattoni (Virgilio)	213
Maureta (G.)	85, 213 et 214
Mazo (J. B. M. del)	65
Mazzolino (Louis)	182
Medina del Campo	7
Megia (N.)	214
Mélida (A.)	214
Mélida (E.)	85 et 214
Memling (Hans)	75
Mendiguchia (F.)	214
Mengs (Raphaël)	55 et 118
Mercadé (B.)	85 et 214
Mérida	176
Metsys (Quinten)	75
Migliara (G.)	59
Miraflores (chartreuse de)	4
Miranda sur l'Ebre	2 et 244
Miravalles	169
Moltó y Such (A.)	214 et 215
Monleon (R.)	85 et 215
Monserrat (Monastère de)	160 et 256
Monserrat (Portugal)	188 et 257
Montañéz (J. M.)	137, 141 et 142
Monteagudo	153
Moragas (T.)	215
Morales (Luis de)	55, 65, 131, 140 et 182
Moratilla (F.)	94 et 215
Moreno y Carbonero (J.)	215
Morera y Galicia (J.)	215
Moro (Antonio)	13, 75, 76 et 183

	Pages
Muñoz y Degrain (A.)	50, 85 et 21
Muñoz (Sebastian)	6
Muraton	21
Murcie	153, 240, 246 et 25
Murillo (B. E.)	6, 54, 66, 130, 133, 134, 137 140 et 19
Murviedro	15
Musée de l'Académie de Saint Ferdinand	5
» du palais d'Ajuda	18
» Anthropologique Velasco	11
» Archéologique de Madrid	5
» de la Real Armeria de Madrid	1
» d'Artillerie à Madrid	11
» provincial de Burgos	
» du Casino du prince à l'Escurial	1
» de l'Escurial	1
» des Ingénieurs, ou du génie	11
» de Peintures du Prado à Madrid	5
» provincial de Salamanque	17
» de San Telmo à Séville	13
» provincial de Saragosse	16
» de Sculptures du Prado	8
» provincial de Séville	13
» de Valladolid	
Nain (Le)	8
Nanquié	11
Navarrete (J. F.)	6
Navarrete (R.)	85, 114 et 21
Navarro y Cañizares	21
Neefs (Peeter)	76 et 18
Nicoly (C.)	21
Nin y Tudó (J.)	51, 216 et 21
Novás (R.)	52 et 21
Nuñes (A.)	21
Obidos (J. d')	18
Objets d'art divers	23
Ocon (E.)	21
Ojeda (M. de)	21
Ombrie (Ecole d')	6
Oms (M.)	21
Ordoñez	9
Orduña	169

	Pages.
Orense	249
Orihuela	153
Orrente	158
Ortego (F.)	85 et 217
Oviedo	170, 249 et 256
Pacheco (F.)	135
Padró y Pedret (R.)	50 et 217
Padró y Pedret (T.)	85 et 218
Paeo Perez (Marcos)	181
Pajes y Serratosa (F.)	218
Palais d'Ajuda	185
» de Belem	187
» de las Dueñas, Séville	138
» de Madrid	17
» de San Telmo	129
Pallarés (J.)	218
Palma il vechio	59
Palmaroli (V.) 18, 51, 52, 114 et	218
Palomino y Velasco (A.)	67
Pampelune	168, 240 et 245
Panini (G. P.)	59
Pantoja de la Cruz (J.)	11 et 67
Papety (Dom.)	132 et 218
Parcerisa (F. J.)	85 et 219
Pardo (el)	124
Pareja (J. de)	67
Parmigianino (il)	59
Parrasio (M.)	59
Passages	1
Patinir (Joachim)	11 et 76
Pedralves	256
Pellicer (J. L.)	86 et 219
Penha (La)	187
Perea (A.)	219
Pereda (A.)	54 et 67
Perez Rubio (A.)	219
Peyró Urrea (J)	219
Phares, ports et canaux	251
Piedra (monastère de)	167
Piombo (Sebastian del)	61 et 131
Pizarro (C.)	219 et 220
Plá (Francisco)	220
Plasencia (Casto)	86 et 220
Planella (J.)	220
Poblet (monastère de)	160
Poelenburg (Cornelis)	76
Poleró (V.)	220
Pontormo (J. da)	59
Pourbus (Franz)	76
Pordenone (L. da)	60
Porto	189

	Pages.
Portugal	179 et 257
Poussin (Nicolas)	81 et 184
Pradilla (Fr.)	86 et 220
Prado (Blas del)	67
Prado (Musée du)	56
Prudhon	220
Puebla de la Barca	169
Puebla (D.)	86 et 220
Quellyn (Erasmus)	76
Ramirez y Ibañez (M.)	221
Ramos (M)	221
Raphaël 6, 14, 41, 42, 60, 182 et	191
Reigon (F.)	221
Rembrandt van Ryn	76
Reus	245
Reynés y Gurgui (J.)	221
Ribalta (F. de)	67 et 158
Ribera (J. de)	11, 55, 67, 68, 131, 140 et 176
Ribera y Fernandez (J. A.)	68
Ricla	167
Rico (Martin)	136 et 221
Rigaut (Hyacinthe)	82
Rincon	192
Rincon (S.)	221
Riofrio	124
Rizi (Fr)	54, 68 et 192
Roca (M. de la)	221
Roelas (Juan de las)	133 et 135
Rodriguez (Manuel)	172
Rodriguez Olavide (G.)	222
Rodriguez (R.)	144 et 221
Roldan (Louise)	12
Rombouts (Theodor)	76
Romea (R.)	86 et 222
Romo	15
Rosales (Eduardo)	68, 114, 222 et 223
Rougeron (J.)	223
Rousseau (P.)	132 et 223
Rubens (P. P.)	6, 55, 77, 173, 183 et 192
Ruiz de Valdivia (N.)	223 et 224
Sacchi (A.)	60
Sagonte	158
Saint Ildephonse (la Granja)	124 et 255
Saint Yust (monastère de)	178
Saint Sébastien	2 et 254
Sainz y Saiz	86 et 224
Salá y Francés (E.)	86 et 224

	Pages.		Pages.
Salamanque. 172, 241, 249 et	256	Tableaux de l'hôpital de la Charité	137
Salvá (Gonzalo)	225	» du Musée provincial de Séville	133
Samartin (J.) 51 et	225		
Samsó (J.)	225	» de l'Académie de Lisbonne	180
Sanchez Blanco (P.)	225		
Sanchez Coello (Alonso) 13, 68 et	192	Tadolini	117
Sanchez del Vierzo	225	Talavera (L.)	227
Sanmarti y Aguiló (M.)	225	Tantardini (A.)	227
Sans (F.) 86, 225 et	226	Tapisseries du palais de Madrid	39
Santacruz y Bustamante (R)	226		
Santander 170, 249 et	252	Tapisseries du palais de l'Escurial	9
Santas Creus (monastère de)	160		
Sanzio de Urbino (Raphaël), 6, 14, 41, 42 et	60	Tarragone 159, 241, 245, 250 et	252
		Taureaux (place et courses de) 144 et	257
Saragosse 163, 250 et	256		
Sarto (Andrea del)	60	Tenerani	117
Sassoferrato (G. B. S. da)	60	Teniers (D.) ,16, 45 et	79
Sax	152	Teruel 158 et	252
Scènes militaires	243	Thomar (Portugal)	188
Scheffer (Ary) 132 et	226	Tibaldi (Peregrin) 10 et	13
Schidone (Bart.)	183	Tiepolo (G. B.) 17, 61 et	191
Sculptures du Prado (Musée de)	87	Tintoretto (il) 11 et	61
		Tiziano 11, 61 et	136
Sculptures de Séville (Musée de)	136	Tobar (Alonso Miguel de)	68
		Tolède 119, 241, 242, 250 et	255
Sebastiano del Piombo	61	Toledo (el capitan Juan de)	69
Ségovie 125, 241, 250 et	252	Tomasini (L. A.)	227
Sequeira (Dom.º Ant.º de)	181	Torregiano	132
Serret (N.)	226	Toro	171
Sesto (Cesar da)	182	Tortosa	158
Setubal 189 et	257	Travaux d'art de l'Espagne.	244
Séville 129, 241, 246, 250 et	255	Travaux de chemin de fer	244
Sierra morena (défilés de)	128	Travaux de routes	247
Siguenza 168, 226 et	227	Trujillo	178
Simon (J.)	11	Tusquets (R.) 87 et	228
Snayers	55	Types de races	237
Snyders (Franz)	78	Unceta (M. de)	228
Soler y Llopis (Ed.) 86, 144 et	227	Urbina (F. de)	11
Solis	136	Urgell (Mod.º)	228
Soriano y Murillo (B.)	227	Usel de Guinbarda	228
Suarez Llanos (I.) 86 et	227	Utrecht (Adriæn van)	79
Suñol (G.) 94 et	227	Vaccaro	11
Stuyck (G.)	50	Valdeperas (E.)	228
Tableaux de l'Académie de Saint Ferdinand.	54	Valdés Leal (J.) 135, 137 et	192
		Valdivieso (D.) 87 et	228
» du Musée du Prado.	56	Valence 156, 242, 250, 252 et	256
Tableaux de San Telmo à Séville	130	Valladolid 3 et	250
		Valle (Amaro de)	181
» de l'hôpital de la Sangre à Séville.	133	Vallés 136, 228 et	229
		Vallejo (J.)	228

	Pages.
Valls	197
Valmitjana (Ag.)	94 et 229
Valmitjana (V.)	229
Van der Weiden	11, 43 et 80
Van Eyck	42, 43, 46, et 141
Vanloo (Louis Michel)	55 et 81
Vasari (G.)	62
Vayreda (J.)	229
Vega (Ant.º M. de)	229
Vega (P. de)	229
Velazquez de Silva (Diego)	11, 69, 130 et 192
Vera (A.)	87, 136, 229 et 230
Vera y Calvo (J. A)	230
Vermeyen (J.)	39
Vernet (Claude Joseph)	82
Véronèse (C.)	11
Véronèse (P.)	11 et 62
Vidal (J.)	230
Viera de Mattos, vulg. Lusitano	181
Vilches	117 et 230
Villavicencio (P. N. de)	71
Villegas	230
Villodas (Ric.º de)	230
Vinci (L. de)	62
Vista Alegre (Carabanchel)	117
Vitoria	2
Volterra (D. R. da)	62
Vos (Martin de)	136
Vos (Paul de)	79
Vos, le vieux (Cornelis de)	79
Wael	193
Watteau (Ant.º)	16 et 82
Weiden (van der)	11, 43 et 80
Winterhalter (Francis)	131 et 230
Worms	231
Wouwermans (Ph.)	80
Yus (Manuel)	231
Yust (monastère de Saint)	178
Zamacois	87 et 231
Zamora	171, 242, 243, 244 et 250
Zaragoza	163, 250 et 256
Zarcillo	155
Zuloaga	37, 38, 112 et 233
Zurbaran (F. de)	54, 71, 130, 133 et 134

RENSEIGNEMENTS DIVERS

SUR LES GRANDS PERSONNAGES DE L'HISTOIRE D'ESPAGNE.

pour **Le Cid,** consulter les planches: A 638 et 886
B 93 et 826
C 97 et 431.
pour **les Rois Catholiques, Isabelle et Ferdinand,** consulter les planches: A 533, 621, 637, 661, 661 bis,
A 763, 852, 942, 1031, 1032, 1183,
A 1191, 1737, 1761.
B 89, 90, 92, 159, 160, 285, 287,
B 287 bis, 353, 467, 639, 639 bis,
B 810, 811, 812.
C 1147 et 1810.
pour **Boabdil,** consulter les planches: A 1338.
B 42, 43, 140, 176, 201, 202, 202 bis,
B 203 et 797.
pour **Christophe Colomb,** consulter les planches: A 590, 604, 614, 762,
A 788, 943, 1205, 1267, 1270, 1441,
A 1657, 1795, 1795 bis et 1795 ter.
B 25, 88, 178.
C 1524.
pour **Gonzalve de Cordoue, le grand Capitaine,** consulter les planches: A 959.
B 65, 89, 97 et 286.

pour **Charles-Quint**, consulter les planches: A 45, 89, 145, 412, 416,
A 434, 435, 455, 455 bis, 455 ter,
A 811, 955, 1514, 1603, 1605,
A 1605 bis, 1605 ter, 1606, 1608,
A 1612, 1613, 1615, 1616, 1644,
A 1645, 1738 et 1751.
B 3, 4, 5, 6, 7, 14, 15, 16, 17, 18,
B 19, 20, 21, 41, 59, 60, 61, 62, 77,
B 89, 92, 100, 117, 117 bis, 124, 125,
B 148, 149, 150, 157, 161, 162, 163,
B 174, 178, 416 à 428, 622, 623,
et B 640.
C 323 et 324.

pour **Philippe II**, consulter les planches: A 90, 93, 94, 140, 144, 175,
A 213, 214, 338, 409, 591, 906, 1525,
A 1546, 1604, 1607, 1739.
B 11, 12, 32, 34, 51, 52, 53, 54, 66,
B 67, 68, 69, 74, 75, 78, 93, 105,
B 106, 107, 108, 109, 121, 167,
B 167 bis, 168, 169, 175, 612 et 642.
C 1518 et 1608.

pour **Cervantès**, consulter les planches: A 957, 963, 1101 et 1101 bis.
C 939 et 1525.

pour **Don Juan d'Autriche**, consulter les planches: A 418, 751.
B 22, 23, 24, 118, 130, 170, 174,
B 175, 176, 178 et 273.

pour les **Effigies de tous les rois d'Espagne jusqu'à Philippe V**,
consulter les planches B 646 et 646 bis.

I^{RE.} RÉGION.

D'IRUN A MADRID:

| Numéros des planches. | La collection n'est complète que dans le grand format de 0. m. 26×0. m. 35 environ; les numéros précédés d'une * existent aussi pour stéréoscope; ceux suivis d'une * peuvent s'obtenir également en format carte-album. |

HENDAYE.

| 1542* | Vue générale d'Hendaye. |

BÉHOBIE.

| 1555 | L'île des faisans. |

IRÚN.

1529	Le pont international du chemin de fer, côté d'Espagne.
1529 bis	Autre vue du même pont.
1530*	Vue d'Irun.

FONTARABIE.

1531*	Vue de Fontarabie, prise d'Hendaye.
1556*	Autre vue de Fontarabie.
*1557	Une rue de Fontarabie.
1558*	Autre rue de Fontarabie.
B 360	*Bas-reliefs provenant de l'église paroissiale de Ste. Marie.*
B 361	*Une sainte, bas-relief, de la même provenance.*

PASSAGES.

*1532	Vue générale du port de Passages.
1540	Vue de la ville.
1541	Entrée du port.

| Numéros des planches. | La collection n'est complète que dans le grand format de 0 m. 26×0 m. 35 environ; les numéros précédés d'une * existent aussi pour stéréoscope; ceux suivis d'une * peuvent s'obtenir également en format carte-album. |

SAINT SÉBASTIEN.

1533	Vue du Château.
1537	Promenade de la Concha.
1538	Vue de la Concha, prise de la Antigua, en 2 morceaux.
1539*	Vue de la Concha, prise de la Antigua, en un morceau.
1594	Vue du pont.
*1595	Place de Guipúzcoa.
*1535	El Ayuntamiento ou hôtel de ville.
*1549	Promenade de la Alameda.
*1534	L'église de Sainte Marie.
*1550	Le Casino de Indo.
1551	Vue de la halle ou marché.
**1552*	Entrée du port.
1553	Le port de Saint Sébastien.
1554	Vue générale de Saint Sébastien, en 3 morceaux.
*1536	La même vue, en un morceau.

VITORIA.

443	Vue de la place de la Constitution.

MIRANDA sur l'EBRE.

*175	Viaduc de Miranda.
*176	Vue de Miranda.
*177	Station de Miranda.
*178	Cascade de Cujuli.
*179	Autre vue de la même cascade.
193	Tunnel de Pancorbo.
*194	Viaduc de Pangoa.

BÚRGOS.

84	L'arc de Sainte Marie.
85	La maison du cordon, ou capitainerie générale.
1559*	Portail de la dite maison.
1560	La plaza mayor.
1561	Promenade de l'Espolon.
86	Arc de Fernan-Gonzalo.

| Numéros des planches. | La collection n'est complète que dans le grand format de 0 m. 26×0 m. 35 environ: les numéros précédés d'une * existent aussi pour stéréoscope; ceux suivis d'une * peuvent s'obtenir également en format carte album. |

BURGOS.

1562	Porte de l'hôpital du roi.
1563*	Façade de l'église de l'hôpital du roi.
1564	Cour de l'hôpital du roi.

Musée provincial.

1565*	Vue intérieure du Musée.
1566*	Tombeau de Jean de Padilla, provt du Monastère de Fres del Val.
1567*	Arabesques de l'arc de Sainte Marie.
B 387	*Statue romaine*, trouvée dans les ruines de Salónica.
B 388	*Tombeau visigoth (VIe siècle)*, trouvé à Bribiesca.
B 389	*Fronton d'autel*, en bronze émaillé.

1568*	Vue de Burgos, prise du musée provincial.
87	Portail de l'église de Saint Etienne.
1569*	Portail de l'église de Saint Lesmes.
1570*	Portail de l'hôpital de Saint Jean.
1571*	Retable de l'église de Saint Nicolas.
97	El Solar du Cid, emplacement de la demeure du Cid.
98	Vue de Burgos et de la cathédrale, prise du château.
98 bis	Même vue.
101	Vue générale de Burgos, en 2 morceaux.
102	La même vue, en un morceau.

Cathédrale de Burgos.

88	Porte haute de la Coroneria.
93*	Autre vue de la même porte.
89	Vue extérieure de la chapelle du Connétable.
90	Porte du Sarmental.
91	Porte de la Pellegeria.
94*	Portail de la Pellegeria.
96	Vue générale de la cathédrale.
A 610	*La même vue*, peinture.
95	Vue intérieure.—Nef de la porte de la Pellegeria.
1592	Voûte centrale du transept.
99*	Nef principale et maitre autel.

| Numéros des planches. | La collection n'est complète que dans le grand format de 0 m. 26×0 m. 35 environ; les numéros précédés d'une* existent aussi pour stéréoscope; ceux suivis d'une* peuvent s'obtenir également en format carte-album. |

BURGOS.

1593	Vue derrière le maître autel.
100*	Vue intérieure de la chapelle du Connétable.
1572*	Porte intérieure du cloître.
1573*	Vue de la cathédrale prise du cloître.
92*	Tours de la cathédrale.

Chartreuse de Miraflores, près Burgos.

1574	Vue générale de l'église de la Chartreuse.
1575	Porte d'entrée de la Chartreuse.
1575 bis	Autre vue de la dite porte.
1576	Vue intérieure de l'église.
1577*	Tombeau du roi Jean II et d'Isabelle de Portugal.
1578	Détails du dit tombeau: La Justice, la Charité, la Tempérance et la Force.
1579	Id. id. L'Espérance, la Prudence et divers lions.
1580	Id. id. Deux statues.
1596*	Tombeau du roi Jean II et d'Isabelle de Portugal, dessin.
1581	Tombeau de l'Infant D. Alonso, de face.
1581 bis	Le même, de côté.
B 390	*Statue de Saint-Bruno*, bois.

Monastère de las Huelgas, près Burgos.

1582	Façade du monastère.
1583	Vue du temple.
1584*	Entrée de l'église.
1585*	Porte de la chapelle de Saint Salvador.
1586*	Entrée de la nef de Saint Jean.
1587*	Cloître de Saint Ferdinand.
1588*	Cour de Saint Ferdinand, avec des religieuses.
1589*	Les claustrillos.
1590	Autre vue des claustrillos.
1591*	Vue intérieure du chœur.
B 391	*Bannière célèbre de las Navas de Tolosa*, conquise sur les Maures par Alphonse VIII.

| Numéros des planches. | La collection n'est complète que dans le grand format de 0 m. 26×0 m. 35 environ; les numéros précédés d'une * existent aussi pour stéréoscope; ceux suivis d'une * peuvent s'obtenir également en format carte-album. |

VALLADOLID.

1501	Le Palais Royal ou Audience.
*1502	Vue générale de la cour du dit palais.
1503	Cour du Palais Royal.
1504	Détail de la dite cour.

Église de Saint Paul.

75	Façade de l'église.
1505	Partie inférieure de la façade.
1506	Partie inférieure centrale de la façade.
1507	Portail de Saint Paul.
1508	Détails du dit portail.
1509	Détails du côté gauche du portail.
1510	Détails du côté droit du portail.

Ancien collège de Saint Grégoire.

76	Façade de Saint Grégoire.
*1511	Partie centrale de la façade.
1512	Détails du côté gauche de la façade.
1513	Détails du côté droit.
*1514	Vue générale de la cour ou cloître.
1515	Angle gauche de la cour.
77	Détails du cloître.
1516	Une galerie du cloître, vue en perspective.
1517	Détail d'une portion de galerie.
78	Porte intérieure du cloître.

1518	Maison dans laquelle naquit Philippe II. C'est par la fenêtre, au bas de laquelle se trouve un mendiant, qu'on fit passer ce prince pour le baptiser.
*1519	Théâtre de Caldéron.
73*	L'Université.
82	Vue intérieure de la Bibliothèque.
*1520	Le Cathédrale.
74	El Ayuntamiento, ou hôtel de ville.
*1521	La acera de San Francisco, ou promenade d'hiver sur la place Mayor.

| Numéros des planches. | La collection n'est complète que dans le grand format de 0 m. 26×0 m. 35 environ: les numéros précédés d'une * existent aussi pour stéréoscope; ceux suivis d'une * peuvent s'obtenir également en format carte-album. |

VALLADOLID.

1522	Eglise de Saint Jean de Latran.
*1523	Paroisse de la Antigua.
1524	Maison dans laquelle mourût Christophe Colomb.
1525	Maison dans laquelle vivait Cervantes en 1605, lorsqu'il faisait imprimer Don Quichotte.
1526	Collège des Anglais.
1527	Collège des Ecossais.
1528	Vue du pont de pierre.
487	Le pont en fer de Prado, sur le Pisuerga.
80	Vue générale de Valladolid, en 2 morceaux.
83	La même vue, en un morceau.

Musée de Valladolid.

*79	Façade du Musée.
81	Vue intérieure du Musée.

Tableaux du Musée de Valladolid.

A 1166	*Raphaël.—Saint famille.*
A 1167	*Rubens.—Saint-François et un frère lai.*
A 1168	*Id. Saint-Antoine de Padoue et l'Enfant Jésus.*
A 1169	*Id. L'Assomption de la Vierge.*
A 1170	*J. Martinez.—L'Annonciation de la Vierge.*
A 1171	*Murillo.—Saint-Joachim et la Vierge enfant.*

Sculptures du Musée de Valladolid.

B 362	*Retable en bois*, fin du XVe siècle.
B 363	*Partie centrale du même.*
B 364	*Une tête de Saint-Paul*, bois, commt du XVIIIe siècle.
B 365	*Saint-François*, bois.
B 366	*Saint-Bruno*, bois, œuvre de J. de Juni.
B 367	*Le Christ au tombeau*, bois, œuvre du même.
B 368	*La Piété*, bois, œuvre de Hernandez.
B 369	*Sainte-Thérèse*, bois, œuvre du dit.
B 370	*Le baptême de N. S.*, bois, œuvre du dit.
B 371	*Le sacrifice d'Abraham et Saint-Sébastien*, bois, œuvre du Berruguete.

| Numéros des planches. | La collection n'est complète que dans le grand format de 0 m. 26×0 m. 35 environ; les numéros précédés d'une * existent aussi pour stéréoscope; ceux suivis d'une * peuvent s'obtenir également en format carte-album. |

VALLADOLID.

B 372	*Un prêtre disant la messe et l'adoration des bergers*, bois, œuvres du Berruguete.
B 373	*Divers fragments de sculptures de stalles*, provenant du chœur de San Benito, du dit auteur.
B 374	*Autres fragments de la même provenance*, du dit auteur.
B 375	*L'adoration des bergers, dossier d'une stalle de chœur*, du dit auteur.
B 376	*Buste en marbre d'un empereur romain*, trouvé à Rioseco.
B 377	*Le duc de Lerma*, statue en bronze doré, œuvre de P. Leoni.
B 378	*La duchesse de Lerma*, statue en bronze doré, œuvre du dit auteur.

MEDINA DEL CAMPO.

1900	Muraille de l'ancien château de la Mota.
**1901	Vue générale du château de la Mota.
1902	Porte principale du dit château.
1903	Tour du château.
1904	Vue de la ville prise du château.
*1905	Vue de la ville prise de Santiago el Real.
*1906	Galeries de la plaza mayor.
*1907	Rue de la Rúa.

ÁVILA.

Église de Saint Vincent à Avila.

**51*	Vue générale de l'église.
*52	Vue du portail.
1097	Partie centrale du portail.
1098	Partie latérale de gauche du portail.
1826	Entrée principale.
1797	Abside de l'église.

---

*53	Porte de Saint Vincent, entrée de la ville.
*54	Rue de Pedro Dávila.
*55	Célèbre grille de la maison de Pedro Dávila.
1811	Porte d'une maison située en face de la cathédrale.

— 8 —

| Numéros des planches. | La collection n'est complète que dans le grand format de 0 m. 26×0 m. 35 environ; les numéros précédés d'une* existent aussi pour stéréoscope; ceux suivis d'une* peuvent s'obtenir également en format carte-album. |

AVILA.

Cathédrale d'Avila.

56*	Vue générale.
*57	Portail principal.
58	Abside.
1798	Porte latérale.
1799	Vue derrière le chœur.
1800	Autel de Sainte Lucie.
1801	Autel de Saint Second.
1802	Tombeau du célèbre Tostado.
1803	Tombeau de Jean Dávila, XIVe siècle.
1804	Chaire en fer repoussé, renaissance.
1805	Autre vue de la même chaire.
1806	Chaire en fer forgé, XVe siècle.
A 1746	*Chapelle de Saint-Bernard, sacristie principale de la cathédrale, peinture.*
A 1747	*Petite sacristie de la cathédrale, peinture.*
B 793	*Ostensoire en argent, œuvre de Jean de Arfé, XVIe siècle.*

*65	Porte de l'Alcázar.
*1099	Eglise de Saint Pierre, sur la place de l'Alcazar.
70	Portail de la dite église.
*59	Porte gothique murée.
60	Porte du palais Polentinos.
*61	Cour du dit palais.
*62	Chapelle de Mosen Rubi.
*63	L'Académie.
*64	Couvent de Sainte Thérèse, fondé sur l'emplacement de la maison où elle naquit.
*1050	Palais du comte de Superunda.
71	Vue panoramique d'Avila, en 2 morceaux.
72	La même vue, en un morceau.

Couvent de Saint Thomas à Avila.

*66	Façade principale.
67*	Portail principal.
*68	Cloître du couvent.
*69	Le même, sous un autre point de vue.
1807	Cour du Silence.
1808	Porte du cloître.

Numéros des planches.	La collection n'est complète que dans le grand format de 0 m. 26×0m. 35, environ; les numéros précédés d'une* existent aussi pour stéréoscope; ceux suivis d'une* peuvent s'obtenir également en format carte-album.

AVILA.

1809	Stalles du chœur.
1810	Tombeau de l'infant D. Juan II, fils des Rois Catholiques, œuvre de D. Ordoñez de Burgos, XVIe siècle.
A 1586	Saint-Thomas invité par Saint-Louis, roi de France, tableau du réfectoire, œuvre de D. A. Comeleran.

MONASTÈRE DE L'ESCURIAL, près Madrid.

48	Vue de l'Escurial, prise de la gare.
47	Vue de l'Escurial, prise du Casino du Prince.
*1601	Vue de l'Escurial, prise de la Cruz de la Horca.
49	Vue de l'Escurial, prise de la presa.
49bis	Autre vue de l'Escurial, prise de la presa.
50	Vue de l'Escurial, prise à l'entrée du village.
*50bis	Autre vue de l'Escurial, prise à l'entrée du village.

Palais de l'Escurial.

*1602	Vue de la Salle à manger.
B 581	d'après Goya.—Les bûcherons, tapisserie.
B 582	Id. Bal champêtre, id.
B 583	d'après R. Bayeu.—Le Marchand d'orgeat, id.
B 584	Id. Promenade de las Delicias, id.
B 585	d'après Goya.—Marchand de vaisselle, id.
B 586	Id. La balançoire, id.
B 587	Id. Une promenade en Andalousie, id.
B 588	Id. Enfants cueillant des fruits dans un arbre, id.
B 589	Id. Le cerf-volant, id.
B 590	Id. Les petits géants, id.
B 591	Id. Les joueurs de cartes, id.
B 592	Id. Les Laveuses, id.
B 593	Id. Les enfants grimpant sur un arbre, id.
*1603	Vue de la Salle des Ambassadeurs.
B 594	d'après R. Bayeu.—La vaquilla ou enfants jouant au taureau, tapisserie.
B 595	Id. Le jardinier aux œillets, id.
B 596	Id. El tio Rico, ou le charcutier, id.
B 597	Calipso, id.
B 598	Télémaque, id.

| Numéros des planches. | La collection n'est complète que dans le grand format de 0 m. 26×0 m. 35 environ; les numéros précédés d'une * existent aussi pour stéréoscope; ceux suivis d'une * peuvent s'obtenir également en format carte-album. |

MONASTÈRE DE L'ESCURIAL.

*1604	Vue de la Salle du piano.
B 599	d'après R. Bayeu.—Les novillos ou courses de jeunes taureaux, tapisserie.
B 587bis	d'après Goya.—Une promenade en Andalousie, id.
B 600	Id. Les vendanges, id.
B 601	Id. Une dame et son cavalier, id.
*1605	Vue du cabinet en marqueterie.
*1606	Vue du salon des princes.
B 602	Danse de nymphes, tapisserie.
B 603	Neptune faisant échouer le navire d'Ulysse, id.
B 604	d'après G. de Aguirre.—Départ pour la chasse, id.
*1607	Vue du salon pompéïen.
B 605	Tapisserie de style pompéïen.
B 606	d'après Goya.—Enfant à cheval sur un mouton, tapisserie.
B 607	d'après J. del Castillo.—Jardins du Retiro, id.
B 608	d'après Goya.—Jeune homme avec un oiseau.—Un joueur de musette, id.
B 609	Id. Querelle dans une auberge, id.
B 610	Id. Les moissonneurs, id.
B 611	Id. Chiens en laisse, id.
A 1501	Salle des Batailles.—La bataille de la Higueruela, fresque en 12 morceaux, par Granello et Fabricio.
A 1502	Id. Fragment de la dite bataille.
A 1502bis	Id. Le même fragment plus petit.
A 1503	Id. Autre fragment de la dite bataille.
A 1504	Id. Expédition aux îles Terceires (Açores), fresque.
*1608	Chambre dans laquelle vécut et mourût Philippe II.
B 612	Chaises et banquettes, à l'usage de Philippe II.

Monastère de l'Escurial.

B 613	Marteau de la porte de l'église.
1609	Vue du cloître inférieur.
A 1505	P. Tibaldi.—Le mariage de la Vierge, fresque.
A 1506	L. Cangiasi.—L'annonciation, id.
A 1507	P. Tibaldi.—La visitation, id.
A 1508	Id. La Résurrection, triptyque du cloître.

Numéros des planches.	La collection n'est complète que dans le grand format de 0 26×0 55 environ; les numéros précédés d'une * existent aussi pour stéréoscope; ceux suivis d'une * peuvent s'obtenir également en format carte-album.

MONASTÈRE DE L'ESCURIAL.

Salle du Chapitre ou Musée de l'Escurial.

*1610	Vue de la salle du chapitre.
A 1509	F. de Urbina.—Le jugement de Salomon, plafond de la cellule du prieur.
B 614	J. Simon.—Un ange, lutrin en bronze fait à Anvers en 1571.
B 615	Id. Un aigle, id. de même matière.
A 1510	D. Velazquez.—Jacob recevant la tunique de Joseph, toile.
A 1511	J. Ribera.—La naissance du Seigneur, id.
A 1512	Id. La Sainte Trinité, id.
A 1513	Id. Jacob gardant les troupeaux de Laban, id.
A 1514	Pantoja.—Portrait de Charles Quint, id.
A 1190	Titien.—La Cène du Seigneur.
A 1190bis	Id. Même tableau.
A 1515	Ecole de Florence.—Jésus tirant les âmes des limbes, toile.
A 1516	Id. La résurrection, id.
A 1517	Le Tintoret.—La naissance du Seigneur, id.
A 1518	Id. La reine Esther, id.
A 1519	Id. Jésus chez le pharisien, id.
A 1520	Id. Enterrement du Christ, id.
A 1521	Id. Le lavement des pieds, id.
A 1522	P. Véronèse.—Jésus apparait à sa mère, id.
A 1523	Id. L'annonciation, id.
A 1524	C. Véronèse.—L'adoration des Mages, id.
A 1525	Greco.—Le songe de Philippe II, id.
A 1526	Id. Saint Maurice et autres compagnons martyrs, id.
A 1527	L. Giordano.—Le châtiment d'Arachné, id.
A 1528	Id. La Madeleine en prière, id.
A 1529	Id. Le satyre Marsyas est écorché vif par Apollon, id.
A 1530	Vaccaro.—Loth et sa famille, id.
A 1531	J. Patenier.—Saint Christophe.
A 1532	P. Bosch.—Les sept péchés capitaux, bois.
A 1533	Id. Oratoire avec portes, id.
A 1534	Id. Triptyque représentant les délices terrestres, bois.
A 1535	Id. Le couronnement d'épines, id.
A 1536	Van der Weiden.—La descente de la croix, id.
A 1537	Coxcie.—L'annonciation et la naissance de N. S., id.

Numéros des planches.	La collection n'est complète que dans le grand format de 0 m. 26×0 m. 35 environ; les numéros précédés d'une * existent aussi pour stéréoscope; ceux suivis d'une * peuvent s'obtenir également en format carte-album.

MONASTÈRE DE L'ESCURIAL.

*316	Vue de la cour des Rois.
316bis	Façade principale de la cour des Rois.
*1611	Vue de la cour des évangélistes.
*1612	Vue de l'escalier principal.
1612bis	La même vue.
*A 308	L. Giordano.—Plafond de l'escalier principal, allégorie à la fondation du monastère de l'Escurial.
A 1538	Id. Quatre frises du dit plafond.
**1613	Vue du cloître supérieur.
1613bis	La même vue.
B 616	Louise Roldan.—Saint Michel terrassant le démon, statue.

Chœur de l'église.

B 617	Statue de Saint Laurent, marbre.
*1614	Vue du chœur de l'église.
B 618	Lustre en cristal de roche.
B 200*	Célèbre Christ en marbre, œuvre de Benvenuto Cellini.
B 200bis	Même crucifix.
589*	Vue intérieure de l'église, prise du haut de la corniche.
317*	Vue des orgues.

Sacristie.

318*	Vue générale de la sacristie.
1615	Autel de la Sainte Forme.
A 1539*	Le fameux tableau de la Sainte Forme, œuvre de F. Coello.
1616	Porte de la Sainte Forme, en écaille et bronze.
B 619	Miroir, en cristal de roche.
B 620	Chapes, brodées à l'aiguille.
B 621	Devants d'autel, id.
B 622	Siège dit de Charles Quint, provenant du monastère de Saint Just.

Camarin ou cabinet de Sainte Thérèse.

B 623	Retable ou autel de Charles Quint, en cuivre repoussé.
B 624	Statue en albâtre de Saint Jean Baptiste.
B 625	Reliquaire, en cristal de roche.
B 626	Coffret en os, fin du XIIe siècle.
B 380	Le livre de la Passion, diptyque en ivoire, XIIIe siècle.

Numéros des planches. | La collection n'est complète que dans le grand format de 0 m. 26×0 m. 35 environ; les numéros précédés d'une * existent aussi pour stéréoscope; ceux suivis d'une * peuvent s'obtenir également en format carte-album.

MONASTÈRE DE L'ESCURIAL.

B 627 | *Couverture intérieure d'un reliquaire de Saint Pie V.*
A 1540 | *Peinture sur parchemin*, triptyque.

Reliquaire à droite du maître autel.

B 628 | *Coffret*, en malachite et lapis avec cristaux de roche gravés.
B 628bis | *Le dit coffret*, avec son couvercle.
B 629 | *Reliquaire* en fer repoussé et niellé.
B 629bis | *Le même, avec porte.*
B 630 | *Crucifix*, en cuivre repoussé.

A 811 | *Panthéon ou sépultures des Rois.—La momie de Charles Quint*, peinture.

Bibliothèque.

319* | Vue intérieure de face, en entrant.
319bis | Autre vue à l'entrée.
1617 | Vue intérieure, à l'autre bout.
1617bis | Autre vue, prise à l'autre bout.
A 1541 | *Apollon et Mercure*, fragment du plafond peint par P. Tibaldi.
A 1542 | *Le dieu Pan et Misène*, id.
A 1543 | *Les poëtes Homère et Virgile*, id.
A 1544 | *Les poëtes Pindare et Horace*, id.
A 1545 | *Salomon et la reine de Sabá*, peinture du plafond par B. Carducci.
A 1546 | Ant. Moro.—*Portrait de Philippe II, à l'âge de 71 ans*, toile.
A 1547 | A. S. Coello.—*Portrait du Père Siguenza*, id.
A 747 | *Portrait du père jésuite D. Melchior Cano.*

Quelques manucrits de la Bibliothèque.

B 631 | *Code Vigilano*, manuscrit de l'an 966.
B 631bis | *Autre page du dit Code.*
B 632 | *Code d'or*, manuscrit de l'année 1050.
B 633 | *L'arbre d'amour*, écrit en 1288 en rimes limousines.
B 634 | *Manuscrit grec*, de la fin du XIVe siècle.
B 635 | *Manuscrit persan*, œuvre de Muhammed Scham et Din Hapheth poëte du XIVe siècle.
B 635bis | *Autre page du dit manuscrit.*

| Numéros des planches. | La collection n'est complète que dans le grand format de 0 m. 26×0 m. 35 environ; les numéros précédés d'une * existent aussi pour stéréoscope; ceux suivis d'une * peuvent s'obtenir également en format carte-album. |

MONASTÈRE DE L'ESCURIAL.

B 636	*Première page d'une bible en hébreu*, manuscrit masorétique de la fin du XIVe siècle.
B 637	*Poësies de Virgile*, manuscrit du XVe siècle, écrit en Espagne.
B 638	*L'Apocalypse de Saint Jean*, manuscrit du XVe siècle.
B 639	*Livre de dévotion d'Isabelle la Catholique*, manuscrit du XVe siècle.
B 639bis	*Page 238 du dit livre*, dont la vignette contient le nom de la reine.
B 640	*Psautier de l'empereur Charles Quint*.
B 641	*Livre de dévotion de l'impératrice Isabelle*, mère de Philippe II.
B 642	*Bréviaire de Philippe II*, écrit au XVIe siècle.
B 643	*Livre de dévotion de Philipe III et de la reine Marguerite*.
B 644	*Frontispice du Coran de Muley Zidan, empereur du Maroc en 1594, conquis à la bataille de Lépante*.
B 644bis	*Deux pages du dit Coran*.
B 645	*Histoire naturelle de Pline le Jeune*, manuscrit italien du XVIe siècle.
B 646	*Effigies de tous les rois d'Espagne, Goths, Chrétiens et Catholiques*, tirées de chartes, médailles et peintures, jusqu'à Philippe V, en 3 morceaux.
B 646bis	*Suite des effigies des rois d'Espagne, jusqu'à Philippe V*, en autres 3 morceaux.

1618	Promenade des moines et galerie des convalescents.
1619	Glacière et étang des convalescents.
1620	Fontaine du Séminaire.
1621	Promenade de la fontaine du Séminaire.
1622	Balcon de la cour de la Compaña.

Casita de abajo ou Casino du Prince.

1623	Façade du palais.
1624	Jardins du palais.
1625	Vue intérieure du salon de la tour.
A 227	*Goya.—Fabrication de poudre dans un bois*, toile.
A 228	*Id. Fabrication de balles, dans une forêt*, id.
A 235	*Camaron.—La Conception de la Vierge*, sur porcelaine.
A 246	*Raphaël.—Sainte famille*, toile.
A 269	*Le Dominiquin.—Sainte Cécile*, id.

| Numéros des planches. | La collection n'est complète que dans le grand format de 0. m. 26×0. m. 35 environ; les numéros précédés d'une * existent aussi pour stéréoscope; ceux suivis d'une * peuvent s'obtenir également en format carte-album. |

MONASTÈRE DE L'ESCURIAL.

A 270	A Caracci.—Saint Jean Baptiste, toile.	
A 268	Le Guide.—Sainte Catherine, id.	
A 296	L. Giordano.—Allégorie de l'Europe, id.	
A 297	Id.	Allégorie de l'Asie, id.
A 298	Id.	Allégorie de l'Afrique, id.
A 299	Id.	Allégorie de l'Amérique, id.
A 300	Id.	La chûte et la mort de Julien l'Apostat, id.
A 301	Id.	La conversion de Saint Paul, id.
A 302	Id.	L'enlèvement des Sabines, id.
A 303	Id.	Pluton et Proserpine, id.
A 304	Id.	Phaéton foudroyé par Jupiter, id.
A 305	Id.	Sémiramis combattant les ennemis.
A 306	Id.	Présentation de l'enfant Jésus dans le temple, id.
A 307	Id.	La mort de la Vierge, id.
A 313	Corrado.—Saint Isidre laboureur, patron de Madrid, id.	
A 314	Id.	Sainte Marie de la Tête, femme du précédent, id.
A 236	Romo.—Saint Joseph et l'enfant Jésus.	
A 309	Auteur inconnu.—Allégorie, toile.	
A 310	Id.	Allégorie du premier crime, id.
A 311	Id.	La Conception de la Vierge, id.
A 312	Id.	Saint Paul prêchant dans la synagogue, id.
A 440	Alb. Altorfer.—Jésus calmant la tempête, bois.	
A 441	Id.	Le château d'Emaüs, id.
A 442	Id.	La femme adultère, id.
A 443	Id.	La résurrection de Lazare, id.
A 444	Id.	La multiplication des pains et des poissons, id.
A 445	Id.	L'entrée à Jérusalem, id.
A 446	Id.	L'arrestation de N. S., id.
A 447	Id.	Le Saint Sépulcre, id.
A 448	Id.	La descente aux Limbes, id.
A 449	Id.	Le Christ et la Madeleine, id.
A 450	Id.	La venue de l'Esprit Saint, id.
A 1548	Id.	Jésus chez le Pharisien, id.
A 1549	Id.	Jésus chez Pilate, id.
A 1550	Id.	Couronnement d'épines, id.
A 1551	Id.	L'ascension de N. S.

| Numéros des planches. | La collection n'est complète que dans le grand format de 0 m. 26×0. m. 35 environ; les numéros précédés d'une * existent aussi pour stéréoscope; ceux suivis d'une * peuvent s'obtenir également en format carte album. |

MONASTÈRE DE L'ESCURIAL.

A 1552	D. Teniers.—*Joueur de musette.*
A 1553	Id. *Femme lisant une lettre.*
A 1554	Id. *Un fumeur.*
A 1555	Id. *Portrait d'homme.*
A 471	Watteau.—*Un trouvère*, toile.
A 472	Id. *Scène d'amour*, id.

B 647	*Guéridon avec plateau en porcelaine de Sèvres.*
B 647 bis	*Plateau en porcelaine du dit guéridon.*
B 648	*Chaise, console et porcelaines diverses du Retiro.*
B 649	*Apollon attristé par la mort de son fils Phaéton*, porcelaine du Retiro.
B 650	*Les Héliades, filles du Soleil, changées en peupliers, après la mort de leur frère Phaéton*, porcelaine du Retiro.
B 651	*Deux médaillons*, porcelaine du Retiro, imitation de Wegdwood.
B 652	*Deux autres médaillons*, id.
B 653	*Deux porcelaines du Retiro, sujets décoratifs.*
B 654	*Deux autres porcelaines du Retiro*, id.
B 655	*Porcelaines du Retiro*, imitation de Wegdwood.
B 656	*La Madeleine*, biscuit du Retiro.
B 657	*Sangro, prince de San Severo, enveloppé dans un filet par allusion à ses vices*, statuette en ivoire.
B 657 bis	*La même statuette, sous un autre point de vue.*
B 658	*La princesse de San Severo, couverte d'un voile, emblème de la Pudeur*, statuette en ivoire.

IIE. RÉGION.

MADRID.

1. DE LA GARE DU NORD À LA PUERTA DEL SOL.

| Numéros des planches. | La collection n'est complète que dans le grand format de 0 m. 26×0 m 35 environ; les numéros précédés d'une * existent aussi pour stéréoscope; ceux suivis d'une * peuvent s'obtenir également en format carte-album. |

MADRID.

| 1015* | Porte de San Vicente, entrée de Madrid. |

Palais royal de Madrid.

**35*	Le palais, vu de la gare du nord.
1016	Le palais, vu de la montagne del Principe Pio.
*34	Le palais, du côté de la place d'Orient, en 2 morceaux.
*34 bis	Le même, en un morceau.
1017	Le palais du côté de la place d'Orient, vu en perspective.
327	Façade méridionale.
754	Escalier principal du palais.
755	Vue générale de la salle du trône.
756*	Le trône.
757*	Autre vue du trône.
758	Détail de la salle du trône.
A 1264	*Plafond de la salle du trône,* en 4 morceaux, peint par Tiepolo.
759*	Salle des glaces.
760*	Salon de Charles III.
B 393	*Cabinet garni de plaques en porcelaine du Buen Retiro.*
B 394	*Encoignure du dit cabinet.*
B 395	*Détails du dit cabinet.*
B 396	*Autres détails du dit cabinet.*

Tableaux du palais de Madrid.

A 1262	*Goya.—Portrait de Charles IV,* en costume de chasse.
A 1263	*Id. Portrait de la reine Marie Louise,* avec mantille.
A 166	*F. de Madrazo.—Godefroy de Bouillon.*
A 167	*Id. Les trois Maries.*
A 553	*J. Casado del Alisal.—La Capitulation de Bailen.*

Numéros des planches.	La collection n'est complète que dans le grand format de 0 26×0 55 environ; les numéros précédés d'une * existent aussi pour stéréoscope; ceux suivis d'une * peuvent s'obtenir également en format carte-album.

MADRID. **Tableaux du palais de Madrid.**

A 966*	J. Casado del Alisal.—Le roi Amédée Ier prêtant serment à la Constitution.
A 606	V. Palmaroli.—Les cinq patrons du prince Alphonse.
A 608	Id. La chapelle Sixtine à Rome.
A 546	R. Benjumea.—Le baptême de l'infante Isabelle.
A 547	Id. Le baptême du prince des Asturies.
A 648	Id. La présentation du prince des Asturies.
A 549	Id. Le conseil des ministres, présidé par la reine Isabelle II, décide la guerre du Maroc.
A 578	J. Gutierrez de la Vega.—La Conception de la Vierge; tableau inachevé par la mort de l'auteur.
A 1307	M. Fortuny.—Campement marocain, aquarelle.
A 1308	Id. Habitation de bohémiens à Grenade.
A 1323	Esteban.—Le peintre Goya dans son atelier.
A 1215*	A. Gisbert.—Le roi Amédée contemplant le cadavre de Prim.
A 1756	F. Masriera.—L'esclave.

Objets divers du palais royal de Madrid.

B 397	Trois vases avec fleurs, en biscuit du Buen Retiro, imitation de Wegdwood.
B 415	Deux vases en porcelaine à fond bleu, de Wegdwood.
B 398	Pendule en porcelaine du Buen Retiro.
B 399	Vase et fleurs en porcelaine du Buen Retiro.
B 400	Petite console en marqueterie, bronzes dorés et plaques de Wegdwood.
B 401	Cabinet en marqueterie, bronzes dorés et plaques de Sèvres, pâte tendre.
B 402	Fauteuil de Charles III et deux chaises de Charles IV.
B 403	Pendule en marbre blanc et bronze doré, Louis XVI.
B 404	Autre pendule en marbre et bronze doré, Louis XVI.
B 405	Deux candélabres en bronze, à bras en or mat, Louis XVI.
B 406	Deux candélabres en bronze vert et or mat, style Gouthière.
B 407	Deux potiches anciennes de la Chine.
B 408	Deux autres potiches anciennes de la Chine.
B 409	Deux potiches anciennes du Japon.
B 410	Vases anciens en porcelaine de Vienne.
B 411	Deux bustes en porphyre rouge.

| Numéros des planches. | La collection n'est complète que dans le grand format de 0 m. 26×0. m. 35 environ; les numéros précédés d'une * existent aussi pour stéréoscope; ceux suivis d'une * peuvent s'obtenir également en format carte-album. |

MADRID.   **Palais royal de Madrid.**

B 412	Deux autres bustes en porphyre rouge.
B 413	Deux autres bustes, de la même matière.
B 414	Quatre autres bustes, de la même matière.
B 813	Vase en marbre et bronzes, style empire.

| B 796 | Diadème de S. M. la reine Mercedès.—Epée de S. M. le Roi Alphonse XII. |

Bibliothèque du palais de Madrid:

B 810	Couverture du missel d'Isabelle la Catholique.
B 811	Une page du missel d'Isabelle la Catholique.
B 812	Autre page du missel d'Isabelle la Catholique.

MUSÉE DES ARMURES DU PALAIS, OU REAL ARMERIA.

B 143*	Vue générale intérieure de la Real Armeria, côté droit.
*B 144	Vue générale intérieure du dit Musée, côté gauche.
B 143 bis	Vue générale intérieure du dit Musée, de face.

Objets divers du Musée de la Real Armeria.

| B 1* | Un massier du XVIe siècle, aux armes de Castille et de Léon |
| B 158* | Un roi d'armes. |

Armures équestres.

B 2	Armure équestre de Fernand Cortés.
B 3*	Armure équestre de Charles-Quint; elle porte la date de 1538.
B 4*	Armure équestre que Charles-Quint portait en entrant à Tunis.—L'épée est faite par Jean Martinez le vieux; poids total des armes 86 k. 940.
B 5*	Armure équestre de Charles-Quint; elle porte la date de 1543.
B 6	La même armure, prise de profil.
B 7	Armure équestre à la romaine de Charles-Quint.—La barde

| Numéros des planches. | La collection n'est complète que dans le grand format de 0 m. 26×0 m. 35 environ; les numéros précédés d'une * existent aussi pour stéréoscope; ceux suivis d'une * peuvent s'obtenir également en format carte-album. |

MADRID. **Musée de la Real Armeria.**

	du cheval ne fait pas partie de l'armure.—L'épée est du XVIe siècle.—La selle de la planche 77 fait partie de la barde du cheval.
B 8*	*Armure équestre du marquis de Villena, XVIe siècle.*—La barde du cheval ne fait pas partie de cette armure. (C'est le marquis de Villena qui, ne pouvant refuser à Charles-Quint de loger dans son palais le Connétable de Bourbon, dit à l'empereur qu'il n'aurait pas à s'étonner s'il le voyait détruire son palais jusqu'aux fondations aussitôt que le Connétable en sortirait «attendu qu'une maison tachée par la présence d'un traître n'était plus digne de loger un homme d'honneur.»)
B 9*	*Armure équestre du prince Philibert de Savoie*, vainqueur à la bataille de Saint-Quentin.
B 10*	*Armure équestre de Fernand d'Alarcon. XVIe siècle.*—Fernand d'Alarcon fut chargé de la garde de François Ier après la bataille de Pavie.
B 11	*Armure équestre du roi Philippe II.* L'épée est de Valence.
B 12*	*Armure équestre complète du roi Philippe II.* L'épée est de Valence; le poids total de l'armure est de 69 kilog.
B 13*	*Armure équestre envoyée des Flandres par l'infant Cardinal Ferdinand d'Autriche, à son frère Philippe IV.*

Armures diverses.

B 25	*Armure de Christophe Colomb;* poids 18 k. 860.
B 26	*Armure d'Alphonse V d'Aragon et I de Sicile.*
B 97	*Armure du Grand Capitaine Gonzalve de Cordoue,* poids 17 kilog. 480; le Grand Capitaine vécut de 1443 à 1515.
145	*Armure de Louis Hurtado de Mendoza,* second marquis de Mondéjar. Ce capitaine servit successivement les rois catholiques, Philippe le Beau et Charles-Quint; il mourut sous Philippe II.
B 146	*Demi-armure du troisième comte d'Altamira;* il mourut à Bougie en Afrique en 1510.
B 147	*Demi-armure du fameux Diego Garcia de Paredes,* surnommé le Samson ou l'Hercule espagnol; à la bataille du pont du Garellano près Gaëte en 1503, aidé par quelques soldats, il mit hors

| Numéros des planches. | La collection n'est complète que dans le grand format de 0 m. 26×0 m. 35 environ; les numéros précédés d'une * existent aussi pour stéréoscope; ceux suivis d'une * peuvent s'obtenir également en format carte-album. |

MADRID. **Musée de la Real Armeria.**

de combat plus de 400 hommes; il mourut à Bologne en 1530, âgé de 74 ans.

Armures de l'empereur Charles-Quint.

B 17	*Armure de Charles-Quint.*
B 18	*Armure de Charles-Quint, rapportée du monastère de Saint Just après sa mort;* elle porte la date de 1539.—*Le bouclier de la planche 60 fait partie de cette armure.*
B 19	*Armure complète de Charles-Quint; c'est la même qui figure dans le portrait de l'empereur fait par le Titien.* (Voir ce portrait au n.° 145 du Catalogue des Tableaux.)
B 20	*Armure de Charles-Quint;* elle porte la date de 1533 et fut également rapportée de Saint-Just après sa mort.
B 21	*Demi-armure ou corselet de Charles-Quint.*
B 100	*Belle armure avec cotte de fer de l'empereur.*
B 148	*Armure de Charles-Quint;* elle porte la date de 1531.
B 149	*Armure de Charles-Quint;* elle porte la date de 1544.
B 150	*Demi-armure composée d'un casque de tournoi, d'un corselet de Charles-Quint et d'autres pièces de différentes armures.*

Armures de divers capitaines fameux du temps de Charles-Quint.

B 27	*Armure complète du Marquis de Pescara, un des généraux de Charles-Quint:* il mourut en 1525 à l'âge de 36 ans.
B 28	*Armure milanaise du fameux guerrier Antoine de Leiva.* Charles-Quint lui fit l'honneur de se faire inscrire comme simple soldat d'une des compagnies qu'il commandait; il mourut en 1536 âgé de 56 ans.
B 29	*Armure de Don Alvaro de Bazan, premier marquis de Santa Cruz;* cette armure faisait partie de la collection du roi Philippe II. Ce général, illustre par ses nombreux faits d'armes, prit sur l'ennemi plus de 1.800 canons; il mourut à Lisbonne en 1588, âgé de 63 ans.
B 30	*Demi armure de Jean de Aldana;* c'est à ce général que François Ier rendit son épée à la bataille de Pavie.

Numéros des planches.	La collection n'est complète que dans le grand format de 0 m. 26×0. m. 35 environ; les numéros précédés d'une * existent aussi pour stéréoscope; ceux suivis d'une * peuvent s'obtenir également en format carte album.

MADRID. **Musée de la Real Armeria.**

B 31	Panoplie complète de l'électeur Jean Fréderic le magnanime, duc de Saxe, fait prisonnier par Charles-Quint à la bataille de Mulberg en 1547.
B 99	Demi-armure de Jean Arias de Avila, comte de Puñonrostro.
B 101*	Belle armure du poëte Garcilaso de la Vega; il combattit aux ordres de Charles-Quint et mourut en 1536, âgé de 33 ans.
B 102	Demi-armure d'Alphonse d'Avalos, neveu du marquis de Pescara, auquel il succéda dans le commandement des armées de Charles-Quint; il mourut en 1546 âgé de 44 ans.
B 103*	Demi-armure de Jean de Padilla, le comunero de Castille: il fut décapité par ordre de Charles-Quint en 1520.
B 151	Demi-armure du capitaine Alonso Cespedes, le Brave, surnommé l'Alcide Castillan: il succomba en 1569, âgé de 54 ans, dans la guerre des Alpujarras contre les Maures «après en avoir pourfendu *plus d'une centaine*, des épaules à la ceinture, du poids de sa formidable épée qui pesait près de 7 kilogrammes.»

Armures de Philippe II.

B 32	Armure complète de Philippe II, remarquable par la cotte d'armes.
B 34	Magnifique Armure complète de couleur sombre, donnée à Philippe II par le roi Emmanuel de Portugal: XVIe siècle. (Voir le casque reproduit séparément, planches 167 et 167 bis.)
B 105	Armure du roi Philippe II.
B 106	Armure de Philippe II; c'est revêtu de cette armure que le Titien nous représente le roi, dans le portrait n.° 144 du Catalogue des Tableaux.—Le bouclier de la planche 66 fait partie de cette armure.
B 107	Magnifique Armure allemande de Philippe II, faite à Augsbourg par Desiderius Cólman de 1549 à 1550. (Voir le casque reproduit séparément à la planche 168.)
B 108	Armure complète de Philippe II.
B 109	Armure du roi Philippe II.

Armures de personnages contemporains de Philippe II.

B 22	Magnifique Armure polie de Don Juan d'Autriche, fils natu-

| Numéros des planches. | La collection n'est complète que dans le grand format de 0 m. 26×0 m. 35 environ; les numéros précédés d'une * existent aussi pour stéréoscope; ceux suivis d'une * peuvent s'obtenir également en format carte-album. |

MADRID. **Musée de la Real Armeria.**

	rel de Charles-Quint et vainqueur à Lépante; il mourut en 1578 âgé de 33 ans. Cette armure pèse 34 k. 500.
B 110	*Armure du grand-duc d'Albe, gouverneur des Pays-Bas;* il mourut en 1583 âgé de 74 ans.
B 152	*Demi-Armure d'Emmanuel Philibert, duc de Savoie, vainqueur à la bataille de Saint-Quentin;* il mourut en 1580 à l'âge de 52 ans.
B 33	*Armure complète du prince Charles, fils de Philippe II;* ce prince mourut d'une façon tragique en 1568, à peine âgé de 23 ans.
B 98*	*Armure de Don Pedro Alvarez de Toledo, cinquième marquis de Villafranca;* XVIe siècle.

Armures chinoises données à Philippe II par un empereur de la Chine.

B 38	*Armure chinoise complète en fer.*
B 39	*Armure chinoise en fer.*
B 153	*Armure chinoise ou japonaise en fer.*

Armures diverses d'Enfants.

B 104	*Demi-armure d'enfant, XVIe siècle.*
B 111	*Demi-armure d'enfant.*
B 112	*Demi-armure avec diverses figures.*
B 155	*Demi-armure de l'infant Ferdinand, enfant.*

Armures de Philippe III.

B 35	*Demi-Armure donnée à Philippe III enfant, par le duc d'Osuna, vice-roi de Naples.* (École florentine.)
B 154	*Demi-Armure donnée à Philippe III enfant, par le duc de Terranova:* elle pèse 6 k. 440.
B 156	*Armure milanaise de Philippe III enfant;* elle lui fut présentée par le duc de Terranova.
B 36	*Demi-Armure à l'épreuve du mousquet, sur laquelle existent les traces de trois balles comme essai. Cette armure porte le chiffre du roi Philippe III. Le bouclier de la planche 71*

| Numéros des planches. | La collection n'est complète que dans le grand format de 0 m. 26×0 m. 35 environ; les numéros précédés d'une * existent aussi pour stéréoscope; ceux suivis d'une * peuvent s'obtenir également en format carte-album. |

MADRID. **Musée de la Real Armeria.**

	en fait partie; le poids total de l'armure, y compris le bouclier, est de 73 k. 480.
B 113	*Armure faite à Pampelune et présentée par l'archiduc Albert, époux d'Isabelle Clara Eugénie, fille de Philippe II, au roi Philippe III quand il se maria à Valence.*
B 114	*Armure de Philippe III avec cotte d'armes.*
B 115	*Armure faite à Pampelune et offerte par cette ville au roi Philippe III:* elle pèse 23 k. 920.
B 37	*Demi-Armure à l'épreuve de l'arquebuse, du comte de Niebla qui en fit don à Philippe III en 1608:* elle pèse 32 k. 200.
B 116	*Armure envoyée des Flandres en 1624 par l'infante Isabelle Clara Eugénie à Philippe IV.*
B 40	*Costume complet d'un chef Lipan, tué sur le champ de bataille en 1831 par les troupes mexicaines.*

Heaumes, casques et Gorgerins.

B 41	*Heaume en carton très-fort, garni intérieurement d'éponges, de Jacques Ier le Conquérant.* (Voir planche 76 la selle du même.)
B 159*	*Cabasset ou casque de Ferdinand V le Catholique.*
B 160	*Beau casque de Ferdinand le Catholique.*
B 42*	*Casque arabe de Boabdil, dernier roi de Grenade;* commencement du XVe siècle. (Voir planches 149 et 176 deux épées du même.)
B 43	*Beau casque arabe de Boabdil, roi de Grenade.*
B 44	*Bourguignotte ou casque de l'empereur Charles-Quint;* elle porte la date de 1535; son poids est de 2 k. 100; dessin style renaissance.
B 117*	*Superbe bourguignotte de Charles-Quint;* elle pèse 1 k. 725.— Sujet: Un combat de guerriers romains.
B 117 bis*	*Le casque antérieur vu de l'autre côté.*
B 161	*Casque de Charles-Quint:* il fait partie de l'armure planche 20.
B 162	*Casque de Charles-Quint.*
B 163	*Casque de Charles-Quint:* il fait également partie de l'armure planche 20.
B 164	*Cabasset ou chapeau Césarien que les papes envoyaient aux capitaines, qui se distinguaient dans les guerres contre les infidèles.*

Numéros des planches.	La collection n'est complète que dans le grand format de 0 m. 26×0 m. 35 environ; les numéros précédés d'une * existent aussi pour stéréoscope; ceux suivis d'une * peuvent s'obtenir également en format carte-album.
MADRID.	**Musée de la Real Armeria.**
B 165*	Heaume du XVIe siècle.
B 118	Casque en forme d'oiseau, de Don Juan d'Autriche.
B 45	Magnifique casque du roi de France François Ier: il fût trouvé dans ses bagages à la bataille de Pavie. (Voir son écu ou targe planche 73.)
B 45 bis	Le casque antérieur vu de l'autre côté.
B 46	Bourguignotte de forme conique: XVIe siècle.
B 47	Bourguignotte à crête: poids 2 k. 185. Sujet: Le cheval de Troie. Elle accompagne le bouclier planche 129.
B 47 bis	Le casque antérieur vu de l'autre côté. Sujet: Le jugement de Pâris.
B 48	Bourguignotte d'Antoine de Leiva. (Voir son armure planche 28.)
B 119	Morion ou casque d'enfant faisant partie de l'armure de la planche 35.—Sujet: Cérès ou la déesse des moissons.
B 119 bis	Le même casque vu de l'autre côté. Sujet: La renommée.
B 120	Morion ou casque d'enfant faisant partie de l'armure planche 154, donnée à Philippe III enfant par le duc de Terranova. (École de Florence.)
B 166*	Casque bruni d'enfant: poids 1 k. 236.
B 49	Heaume de l'armure du grand-duc d'Albe, planche 110. (École de Florence.)
B 50	Casque d'Ali Pacha, amiral de la flotte turque à la bataille navale de Lépante: poids 1 k. 610.
B 51	Bourguignotte du roi Philippe II: poids 1 k. 868 (École italienne.) —Sujet: Bacchus et Ariane, montés sur un char attelé de centaures.
B 52	Le casque antérieur vu de l'autre côté. Sujet: Silène monté sur un âne.
B 121	Barrette ou casquette conique de Philippe II: elle fait partie de l'armure planche 12.
B 167	Magnifique casque de l'armure donnée à Philippe II par le roi Emmanuel de Portugal, représentée planche 34.
B 167 bis	Le même casque vu de l'autre côté.
B 168	Beau casque de l'armure allemande de Philippe II, faite à Augsbourg en 1549, représentée planche 107.
B 169	Armet ou casque de l'armure du roi Philippe II, planche 108.
B 122	Casquette ou barrette en fer.
B 170	Casque turc pris à la bataille navale de Lépante: il pèse 2 k. 300.

| Numéros des planches. | La collection n'est complète que dans le grand format de 0 m. 26×0 m. 35 environ; les numéros précédés d'une * existent aussi pour stéréoscope; ceux suivis d'une * peuvent s'obtenir également en format carte-album. |

MADRID. ## Musée de la Real Armeria.

B 123	*Casque genre bourguignotte figurant un dauphin.*
B 171	*Heaume de Philippe III.*
B 172	*Grand heaume de tournoi de Philippe III*, XV-XVIe siècle.
B 55	*Heaume avec gorgerin de Philippe III fait à Pampelune, faisant partie de l'armure planche 115 offerte par cette ville au roi.*
B 55 bis	*Le casque antérieur vu de face.*
B 53	*Superbe gorgerin en fer avec reliefs en argent du roi Philippe II.*—Partie antérieure représentant son armée s'emparant de la place de Saint-Quentin, qui est figurée dans la partie postérieure du gorgerin planche 54.
B 54	*Partie postérieure du gorgerin de la planche 53 représentant la place de Saint-Quentin.*

Écus et boucliers.

B 56	*Ecu ou bouclier dessiné et exécuté par Benvenuto Cellini. Sujet: L'enlèvement des Sabines, celui de Déjanire et d'Hellène, et le combat des centaures et des Lapithes; poids 4 k. 684.*
B 57	*Bouclier fait à Augsbourg par Désidérius Colman en 1552. Sujet: La guerre, la Paix, la Sagesse et la Force; poids 4 k. 600.*
B 58	*Bouclier, dessin de l'école romaine. Sujet: Alexandre domptant Bucéphale en présence de divers guerriers; poids 3 k. 500. XVIe siècle.*
B 59	*Bouclier de l'empereur Charles-Quint: une tête de lion au centre; fait en 1533 à Milan.*
B 60	*Ecu de Minerve: la tête de Méduse au centre. Ce bouclier appartenait à Charles-Quint et porte la date de 1541: poids 4 k. 656; il fait partie de l'armure planche 18.*
B 61	*Ecu ayant appartenu à Charles-Quint.*—Dessin de Raphaël.—*Sujet: Une bataille aux environs de Carthage.*
B 62	*Ecu ou bouclier dessiné par Jules Romain.*—*Sujet: Hercule transportant ses colonnes aux confins du vaste empire de Charles-Quint.*
B 63	*Bouclier de la fin du XVIe siècle.*—*Sujet: Le jugement de Pâris.*

| Numéros des planches. | La collection n'est complète que dans le grand format de 0. m. 26×0. m. 35 environ; les numéros précédés d'une * existent aussi pour stéréoscope; ceux suivis d'une * peuvent s'obtenir également en format carte-album. |

MADRID.   **Musée de la Real Armeria.**

B 64	*Bouclier; au centre une tête et divers ornements.* École milanaise, XVIe siècle; poids 4 k. 715.
B 65*	*Bouclier du Grand Capitaine Gonzalve de Cordoue.* Voir son armure planche 97.
B 66	*Bouclier faisant partie de l'armure de Philippe II, planche* 106.
B 67	*Bouclier faisant partie de l'armure planche 11 de Philippe II.*
B 68	*Bouclier faisant partie de la barde du cheval planche 12 de Philippe II:* poids 4 k. 140.
B 69	*Bouclier flamand ayant appartenu à Philippe II.* Sujet: Une mer orageuse; une femme nue dans une barque tenant une rame avec l'inscription *forteça;* sur un côté de la barque *caro;* sur une espèce de boîte, 1543 *gracia dei;* à la poupe sur une croix *fides;* sur le mât *vortuna.*—Explication d'après M. de Jubinal: l'humanité *(caro)* naviguant sur la mer du monde, à merci de la fortune *(vortuna)* dirigée par la foi *(fides)* qui lui sert de boussole, soutenue par la force *(forteça)* et par la grâce de Dieu *(Gracia Dei).*
B 70	*Ecu du marquis de Villena;* poids 2 k. 760; XVIe siècle. Fait partie de l'armure planche 8.
B 71	*Bouclier de Philippe III à l'épreuve du mousquet:* poids 22 k. 770; fait partie de l'armure planche 36.
B 72	*Ecu présenté à Philippe IV par les armuriers d'Euqui en Navarre:* poids 3 k. 220; dessin de l'école française de la fin du XVIe siècle.
B 73*	1772. *Targe ou écu du roi de France François Ier.* Cet écu est tombé au pouvoir de Charles-Quint à la bataille de Pavie en 1525, ainsi que le casque de la planche 45. Sujet: Un coq attaquant un guerrier et le mettant en fuite.
	1766. *Copie exacte de l'épée de François Ier faite d'après l'original qui se trouve actuellement au Musée du Louvre à Paris.*
B 124	*Bouclier de l'empereur Charles-Quint;* fait partie de l'armure planche 17.
B 125	*Bouclier de l'empereur Charles-Quint;* fait partie de l'armure planche 19.
B 126	*Bouclier représentant Jupiter, Saturne, Vénus et l'Amour, Mercure et Mars:* XVIe siècle.
B 127	*Bouclier en cuivre doré.—Un combat de guerriers,* XVIIe siècle.

| Numéros des planches. | La collection n'est complète que dans le grand format de 0 m. 26×0 m. 35 environ; les numéros précédés d'une* existent aussi pour stéréoscope; ceux suivis d'une* peuvent s'obtenir également en format carte-album. |

MADRID. **Musée de la Real Armeria.**

B 128	*Bouclier du marquis de Mantoue*, dessin de Jules Romain.
B 129	*Bouclier représentant l'enlèvement d'Hélène.* Voir le casque de la planche 47.
B 130	*Bouclier arabe en bois pris par D. Juan d'Autriche au chef des Maures soulevés dans les montagnes des Alpujarras.*
B 131	*Bouclier de la fin du XVIe siècle.*
B 132	*Bouclier dont le sujet est pris du* Trionfo d'Amore *de Pétrarque.*
B 133	*Écu ou bouclier à mascaron en relief.*
B 134	*Bouclier de l'armure d'enfant planche 35. Sujet: Jupiter dirigeant ses foudres sur des arabes; à ses côtés Mars et Neptune, etc.*
B 135	*Bouclier arabe en tissu d'osier.*
B 136	*Écu remis à Philippe III par les ducs de Savoie en 1603.*
B 137	*Écu, semblable au précédent, remis à Philippe III par les ducs de Savoie.*
B 74	*Écu qui semble avoir été fait pour Philippe II:* tous les dessins sont faits avec des plumes de couleurs. Sujet: Un armée de guerriers castillans mettant en fuite l'armée des Maures de Grenade, pendant que les rois catholiques entrent dans la ville par une porte et que Boabdil et sa mère en sortent par une autre. Dans le quartier inférieur, Charles-Quint et son armée débarquent en Afrique et se dirigent sur Tunis; dans le dernier quartier est représentée la bataille navale de Lépante. Don Juan d'Autriche debout sur un des vaisseaux et, près de lui, Philippe II assis sur son trône et recevant les palmes de la victoire.
B 138	*Élégante Adargue ou écu en cuir au blason de la famille des Mendozas.*
B 139	*Adargue en cuir d'un roi de Grenade.*

Selles.

B 76	*Selle de guerre de Jacques Ier d'Aragon surnommé le Conquérant.* (Vois le heaume du même, planche 41.)
B 77	*Selle de guerre, toute en fer, de la barde du cheval, planche 7;* poids 8 k. 510.
B 78	*Selle de bataille du roi Philippe II;* elle fait partie de l'armure planche 107.

Numéros des planches.	La collection n'est complète que dans le grand format de 0 m. 26×0 m. 35 environ; les numéros précédés d'une* existent aussi pour stéréoscope; ceux suivis d'une* peuvent s'obtenir également en format carte-album.

MADRID. **Musée de la Real Armeria.**

B 79	Selle de guerre du roi Philippe III; elle faite partie de l'armure planche 115.
B 80	Selle de guerre.—Dessin d'école espagnole; style du Berruguete.
B 81	Selle de guerre avec percées à jour.
B 82	Selle de guerre.—Sujet: Neptune accompagné de tritons et d'un monstre.—(Ecole florentine.)
B 83	Selle avec plaques couvertes de figures.
B 84	Selle arabe à la genette, prise dans le palais du Bey d'Oran lors de la reprise de cette ville en 1732.
B 85	Selle moresque à la genette.
B 86	Selle turque donnée à Charles III.
B 196	Marques usitées por les armuriers les plus célèbres de Tolède jusqu'au commencement du XVIIIe siècle.
B 196bis	Explication des dites marques.

Trophées divers.

B 23*	Trophée N° 1 composé des pièces suivantes: 1762. Epée de don Juan d'Autriche, faite à Saragosse: longueur 0m 84. Voir la même épée dans la planche 176. 1613 et 1624. Etendards chrétiens provenant de la bataille de Lépante.

B 88	Trophée N° 2, composé des pièces suivantes: 531. Tétière de cheval faisant partie de l'armure planche 115, de Philippe III. 534. Tétière et armure de cou de cheval, faisant partie de l'armure planche 110, du Grand-Duc d'Albe. 567. Tétière de cheval faisant partie de l'armure planche 25, de Christophe Colomb. (Voir la même, planche 178.)

B 89*	Trophée N° 3 composé des pièces suivantes: 1705. Epée d'Isabelle la Catholique, faite à Valence; longueur 0m. 83; poids 892 grammes. 1589. Pétrinal à roues avec hache d'armes ayant appartenu à Charles-Quint; il porte la date de 1554. 1581. Yatagan avec poignée et gaîne en argent ciselé ayant

| Numéros des planches. | La collection n'est complète que dans le grand format de 0 m. 26×0m. 35 environ; les numéros précédés d'une* existent aussi pour stéréoscope; ceux suivis d'une* peuvent s'obtenir également en format carte-album. |

MADRID. **Musée de la Real Armeria.**

appartenu à Mustaphá, Bey d'Oran, surnommé Bigotillos.
1561. *Hache d'armes*, XV-XVIe siècles.
1702. *L'épée du Grand Capitaine;* longueur de la lame 0m. 83. Elle sert aujourd'hui d'estoc royal pour le serment de fidélité au prince des Asturies.
1764. *Marteau d'armes de l'empereur Charles-Quint.*
1591. *Alfange ou cimeterre indien à poignée d'ivoire.*
1698. *Epée de Bernard del Carpio;* longueur 0m. 95.
1563. *Kryte ou poignard malais.*
1587. *Hache d'armes, style byzantin.*

B 90

Trophée N° 4 formé des pièces suivantes:
1719. *Epée du comte de Coruña;* lame de Tolède; longueur 0m. 89; XVe siècle.
1843 et 1816. *Pièces détachés faisant partie de la barde d'un cheval.*
1696. *Epée de Tolède de Ferdinand V le Catholique;* longueur 0m. 80; elle fut offerte au Musée par la duchesse de Medinasidonia en 1598.
1716. *Epée de Philippe Ier le Beau;* lame de Jean Martinez Menchaca de Lisbonne; longueur 0m. 85.
2045 et 2049. *Pistolets à roues de deux canons;* XVI-XVIIe siècles.
1359 et 1315. *Garde-aisselles.*
1328. *Garde de lance du prince de Parme.*
1759. *Epée du fameux capitaine Bernal Diaz del Castillo;* longueur de la lame 0m. 89.
1763. *Un éperon en filigranes d'argent.*
2077. *Poignard à quatre tranchants avec sa gaine;* celle-ci sert en même temps de boîte à poudre; XVIe siècle.
1814. *Epée dont la lame est entièrement rongée et la garde couverte d'une forte pétrification;* elle a été trouvée dans le Tage et donnée à Philippe II.

Numéros des planches.	La collection n'est complète que dans le grand format de 0 m. 26×0 m. 35 environ; les numéros précédés d'une * existent aussi pour stéréoscope; ceux suivis d'une * peuvent s'obtenir également en format carte album.

MADRID.   **Musée de la Real Armeria.**

B 91*	*Trophée N° 5 formé des pièces suivantes:* 1913. *Épée à lame de Tolède du Comte-Duc d'Olivares;* longueur de la lame 0m. 95. 1880. *Épée flamboyante espagnole de Philippe IV;* longueur de la lame 0m. 96. 1917. *Épée du fameux Suero de Quiñones, le héros de la joûte d'honneur.* La garde de cette épée est de mauvais goût et bien plus moderne que la lame qui est à six pans et mesure 0m. 93. 1864. *Dague festonnée sur ses bords jusqu'à la moitié de sa longueur.* 631. *Bouclier de l'armure planche 35.*—Sujet: Jupiter dirigeant ses foudres sur des Arabes. (Voir le même, planche 134.) 1874. *Dague donnée par le roi de France Louis XV à Louis Ier roi d'Espagne;* longueur 0m. 44. 1916. *Épée à pointe arrondie;* on y lit d'un côté: *Garcilaso de la Vega, 1462;* et de l'autre côté EL QUE MATÓ EL MORO EN CAMPO (ce qui traduit littéralement veut dire: *celui qui tua le maure en plaine);* la garde est bien postérieure à la lame dont la longueur est de 0m. 89. 1920. *Épée à lame de Tolède, sur laquelle on lit:* Soy del marqués de Povar (j'appartiens au marquis de Povar); longueur 0m. 89; XVIIe siècle.
B 92	*Trophée N° 6 formé des pièces suivantes:* 1765. *Espadon ou grande épée à deux mains de Ferdinand V le Catholique;* le fourreau en soie rouge est brodé aux armes de Castille, d'Aragon et de Sicile; la lame est de Saragosse; sa longueur 1m. 09. 1662. *Épée dans son fourreau;* celui-ci est garni de nombreuses pierres précieuses; la lame mesure 0m. 075 en largeur et 0m. 86 de longueur; elle pèse 1 k. 552 et le fourreau 1 k. 236. 1713. *Épée à deux mains de Charles-Quint faite à Saragosse;* longueur de la lame 0m. 98. 1706 et 1701. *Masses d'Armes du Connétable de Bourbon;* elles sont du temps de Charles-Quint.

| Numéros des planches. | La collection n'est complète que dans le grand format de 0. m. 26×0. m. 35 environ; les numéros précédés d'une * existent aussi pour stéréoscope; ceux suivis d'une * peuvent s'obtenir également en format carte-album. |

MADRID. **Musée de la Real Armeria.**

| | 1700 et 1707. *Magnifiques étriers de forme turque ayant appartenu à Charles-Quint.* |

| B 93 | *Trophée N° 7 formé des pièces suivantes:*
1773. *Épée particulière de Philippe II;* lame allemande; longueur 0m. 95; poids 1 k. 495.
1659. *Épée de Pélage à quatre pans;* longueur de la lame 0m. 88, poids 1 k. 408.
1807. *Épée de Fernand Cortés à quatre faces;* longueur 1m.
1856 et 1857. *Magnifique paire de gantelets.*
1727. *La Colada, épée fameuse du Cid;* lame de Tolède à six pans; longueur 0m. 86; sa plus grande largeur est de 0m. 047.
1645. *Épée de Don Diego Hurtado de Mendoza;* longueur 0m. 84. |

| B 94* | *Trophée N° 8, formé des objets suivants:*
1769. *Épée du fameux Pizarre;* lame étroite; longueur 0m. 89.
1726. *Fronteau de cheval.*
1721. *Épée très-remarquable des beaux jours de la renaissance,* lame de Tolède; longueur 0m. 90; poids 1 k. 296.
1718 et 1771. *Gardes-aisselles;* la première fait partie du gorgerin planche 53.
2048 et 2044. *Pistolets à roues;* XVI-XVIIe siècles.
929. *Tétière de cheval;* elle fait partie de l'armure du comte de Niebla, planche 37.
1770 et 1761. *Beaux étriers avec figures.*
1768. *Éperon unique de grand mérite.* |

| B 173 | *Trophée N° 9, composé des pièces suivantes:*
525. *Tétière de cheval, mauresque.*
558. *Magnifique tétière et armure de cou de cheval,* d'un mérite extraordinaire, ayant la forme d'un dragon; XVIe siècle.
565. *Belle tétière de cheval aux armes impériales en couleur.* |

| Numéros des planches. | La collection n'est complète que dans le grand format de 0 m. 26×0 m. 35 environ; les numéros précédés d'une * existent aussi pour stéréoscope; ceux suivis d'une * peuvent s'obtenir également en format carte-album. |

MADRID. **Musée de la Real Armeria.**

B 174 — Trophée N° 10 *formé avec les objets suivants:*
1602. *Élégant sabre avec fourreau d'un chef d'estradiots vénitiens, donné à Philippe III par les princes de Savoie.*
2243 et 2235. *Couteaux mauresques aux armes d'Espagne du temps de Philippe IV.*
1577 et 1578. *Sabres persans.*
1604. *Goumia ou poignard.*
1562. *Grande manople ou gantelet d'abordage, ou trident mauresque;* XIV-XVes *siècles.*
1580. *Couteau poignard des Kabyles.*
1579. *Sabre de provenance inconnue.*
1600. *Misrac, ou cimeterre d'Ali Pacha, amiral turc à Lépante.*
1572. *Miséricorde, ou dague du fameux Diego Garcia de Paredes.* (Voir son armure, planche 147.)
1566. *Poignard de Charles-Quint.*

B 175* — Trophée N° 11 *formé des pièces suivantes:*
1697. *Épée sans garde du prince de Condé;* longueur 0m 89.
1644. *Épée à deux mains de Jacques Ier le Conquérant,* longueur 1 mètre.
1777. *Épée de Philippe II;* elle porte la date de 1567, longueur 1 mètre.
1794. *Grand estoc à quatre pans de Don Juan d'Autriche;* longueur de la lame 1m. 16.
1692. *Magnifique lame de Tolède non montée;* elle porte la date de 1564.
2067 et 2076. *Une paire de pistolets à roues;* XVIIe siècle.
1823. *Pièce détachée d'une barde de cheval.*
1708. *Épée allemande à un tranchant;* elle appartenait à Frédéric Henri, prince d'Auvergne, comte de Nassau; elle fut prise au duc de Weimar à la bataille de Norlingue en 1634.
1845. *Épée de Valence de Jean de Urbina;* longueur de la lame 1m. 04.

| Numéros des planches. | La collection n'est complète que dans le grand format de 0 m. 26×0 m. 35 environ; les numéros précédés d'une * existent aussi pour stéréoscope; ceux suivis d'une * peuvent s'obtenir également en format carte-album. |

MADRID. **Musée de la Real Armeria.**

B 176* — Trophée N° 12 formé des pièces suivantes:
1762. Épée de Don Juan d'Autriche, faite à Saragosse; longueur 0m. 84.
1924, 1806 et 1833. Pièces diverses faisant partie d'une barde de cheval.
1649. Épée du comte de Benavente faite à Saragosse, longueur 0m. 91, poids 1 k. 380.
1598. Épée de Boabdil dernier roi de Grenade.
1729 et 1767. Masses d'armes; XV-XVIe siècle.
1654. Braquemart à quatre pans de Ferdinand III le Saint.
1599. Cimeterre provenant de la succession de Don Juan d'Autriche.

B 177* — Trophée N° 13 formé des pièces suivantes:
1873. Épée garnie de plaques à jour et de brise-pointes; longueur de la lame 0m. 98.
1912. Épée de Philippe III; lame de Tolède, datée de 1604; longueur 0m. 96.
1872. Épée de Charles II, l'ensorcelé; lame de Tolède, longueur 0m. 98.
2034 et 2031. Une paire de pistolets à roues; ils portent la date de 1580.
523. Têtière de cheval.
1850. Épée allemande; longueur de la lame 0m. 92.
1911. Épée du duc de Montemar; longueur 0m. 93.

B 178 — Trophée N° 14 formé des pièces suivantes:
1776. Espadon ou grande épée à deux mains de Charles-Quint, rapportée de Saint-Just après sa mort; lame de Tolède, longueur 1m. 15.
1878. Épée du comte de Lemos; lame de Tolède, longueur 1m. 22.
1862. Épée de Valence de Fernand d'Alarcon; longueur 1m. 12.
1976 et 1968. Beaux pistolets du XVIe siècle.
567. Têtière de cheval de l'armure de Christophe Colomb. (Elle se trouve également dans la planche 88.)
1775. Espadon de Diego Garcia de Paredes; lame de Valence, longueur 1 mètre.

| Numéros des planches. | La collection n'est complète que dans le grand format de 0 m. 26×0 m. 55 environ; les numéros précédés d'une * existent aussi pour stéréoscope; ceux suivis d'une * peuvent s'obtenir également en format carte-album. |

MADRID. **Musée de la Real Armeria.**

1848. *Epée flamboyante de Don Juan d'Autriche, fils de Philippe IV;* longueur 0m. 96.

1852. *Epée de Pedro Mendez de Aviles;* large lame de Tolède mesurant 0m. 93 de longueur.

1926. *Espadon de Sancho Dávila;* lame de Valence, longueur, 1 mètre.

B 179

Trophée N° 15 formé des pièces suivantes:

629. *Fer doré et ouvragé pour bander l'arbalète N° 640 du duc d'Albe.*

1529. *Anneau en fer, garni intérieurement de pointes,* que les Maures appliquaient au cou des captifs pour leur donner la mort.

598. *Arbalète flamande à jalets;* XVIe siècle.

854 et 639. *Appareils ou tours à deux manivelles pour bander l'arbalète.*

1538. *Carquois mauresque.*

628. *Arbalète avec incrustations en ivoire.*

640. *Magnifique arbalète du duc d'Albe.*

1522. *Eperon arabe.*

B 180

Trophée N° 16 formé des pièces suivantes:

1987 et 1992. *Magnifiques arquebuses espagnoles à roues,* de la fin du XVIe siècle; *les canons en sont rayés intérieurement en spirale.*

1955. *Pétrinal à roues, espagnol;* XVIe siècle.

1961. *Arquebuse espagnole à canon octogone avec incrustations en nacre et en ivoire;* XVIe siècle.

1988 et 1981. *Pistolets à roues avec de riches incrustations,* XVIe siècle.

1957. *Magnifique arquebuse à mèche et à roues, avec incrustations d'ivoire;* XVIe siècle.

1972, 1977 et 1946. *Clefs ou manivelles pour remonter la roue des arquebuses.* La dernière sert en même temps de boîte à poudre.

| Numéros des planches. | La collection n'est complète que dans le grand format de 0 m. 26×0 m. 35 environ; les numéros précédés d'une * existent aussi pour stéréoscope; ceux suivis d'une * peuvent s'obtenir également en format carte-album. |

MADRID. **Musée de la Real Armeria.**

B 273	*Trophée N° 17 formé des pièces suivantes:*
	1562. *Grande manople ou gantelet d'abordage mauresque,* XIV-XVe siècle.
	1711. *Pertuisane de Pierre Ier de Castille, se repliant et servant de canne,* longueur ouverte 2m. 30.
	1588. *Bracelet d'Ali Bajá, amiral turc à Lépante,* en acier damasquiné avec inscriptions arabes.
	1619. *Epée remise à Jean II, roi de Castille, par le Pape Eugène IV en 1446;* poignée en argent doré.
	1554. *Carquois avec flèches,* ayant appartenu au grand Cacique Guarimacoa, des bords de l'Orénoque, lors de la conquête d'Amérique.
	2535. *Hallebarde gravée au poinçon, de la fin du XVe siècle;* elle fut trouvée en 1852 en creusant un puits.
	1585. *Arme étrange et rare;* par sa forme et sa complication elle semble provenir des arabes et sans doute destinée à monter à l'abordage, XVe siècle.
	1502 et 1544. *Carquois mauresques.*
	1556 et 1605. *Haches malaises en bois.*
	1620. *Epée à deux mains de Diego Garcia de Paredes,* longueur 1m. 57.
	1529. *Anneau en fer garni intérieurement de pointes,* que les Maures appliquaient au cou des captifs pour leur donner la mort.
	1606. *Etrier fermé, en bois.*
	1644. *Epée à deux mains de Jacques Ier le Conquérant;* longueur 1 mètre.

Objets ayant appartenu à Charles-Quint.

B 14	*Drapeau aux armes de l'empereur Charles-Quint;* c'est le même qu'il portait à la journée de Tunis.
B 15*	*Tente ou chaise portative en cuir dont l'empereur Charles-Quint se servait dans ses campagnes.*
B 16	*Litière de campagne dans laquelle Charles-Quint se faisait porter, quand il était attaqué de la goutte.*
B 157*	*Magnifique bureau en fer gravé à l'eau-forte ayant appartenu à l'empereur.*

| Numéros des planches. | La collection n'est complète que dans le grand format de 0 m. 26×0 m. 35 environ; les numéros précédés d'une * existent aussi pour stéréoscope; ceux suivis d'une * peuvent s'obtenir également en format carte-album. |

MADRID. **Musée de la Real Armeria.**

OBJETS DIVERS.

B 24	*Drapeau provenant de la bataille de Lépante, avec une peinture représentant Saint Martin partageant son manteau avec le Christ, sous la figure d'un pauvre.*
B 75*	*Etendard mortuaire qui servit dans les funérailles du roi Philippe II.*
B 95	*Drapeau pris aux Anglais qui assiégeaient Carthagène d'Amérique en 1741.*
B 96	*Etendard des ex-gardes du corps.*
B 87	*Effigie de Saint Ferdinand, roi d'Espagne.*—On la porte processionnellement tous les ans, le 29 mai, à la chapelle du palais; elle y reste durant une neuvaine.

B 333	*Couronnes votives en or avec pierreries,* du temps des Visigoths, trouvée à Guarrazar en 1858, en même temps que celles qui existent au Musée de Cluny à Paris; cette planche réunit les objets suivants:
	2638. *Couronne votive et croix en or avec pierreries,* offerte par le roi Svinthila, vingt-troisième roi visigoth qui régna de 621 à 631; la couronne et la croix réunies pèsent 1350 grammes.
	2639. *Couronne votive en or, entourée de saphirs,* offerte par l'abbé Théodose; elle pèse 88 grammes.
	2640. *Croix en feuille d'or, avec des saphirs,* offerte par l'évêque Lucetius; elle pèse 34 grammes.
	2641. *Partie supérieure d'une autre couronne votive* qui semble avoir été aussi grande que celle de Svinthila; elle pèse 165 grammes.
	2642. *Fragment d'une autre couronne votive en or avec des saphirs et autres pierres précieuses;* son poids est de 235 grammes.

Oeuvres diverses de Mr. Zuloaga,

CÉLÈBRE ARMURIER CONTEMPORAIN, AU MUSÉE DE LA REAL ARMERIA.

B 334	*Un bouclier ciselé et repoussé.*
B 335	*Un autre bouclier,* de même travail.
B 336	*Un bouclier inachevé.*
B 337	*Trophée formé avec diverses armes.*

| Numéros des planches. | La collection n'est complète que dans le grand format de 0 m. 26×0 m. 35 environ; les numéros précédés d'une * existent aussi pour stéréoscope; ceux suivis d'une * peuvent s'obtenir également en format carte-album. |

MADRID. **Musée de la Real Armeria.**

B 338	*Couverture d'un album en fer repoussé et ciselé*, vue extérieure.
B 339	*La même, vue à l'intérieur.*
B 340	*Magnifique écritoire en fer repoussé et ciselé.*
B 341	*La même, avec le meuble dans lequel elle se trouve placée.*

REALES CABALLERIZAS OU ECURIES DU PALAIS.

B 256*	*Chaise à porteur de Philippe V*, vue extérieure.
B 256 bis*	*La même*, vue à l'intérieur.
B 257*	*Chaise à porteur de Ferdinand VI.*
B 258*	*Chaise à porteur de Charles III.*
B 259*	*Chaise à porteur de Charles IV.*
B 260*	*Voiture de la reine Jeanne la Folle*, partie antérieure.
B 260 bis*	*La même*, partie postérieure.
B 261*	*Voiture des massiers des Cortès.*
B 262*	*Voiture de la Présidence des Cortès.*
B 263*	*Voiture de gala qui servit aux noces d'Isabelle II*, construite en 1845 par Beckmann, à Paris.
B 264*	*Voiture de gala d'Isabelle II*, construite à Madrid en 1849 par M. Audy.
B 265*	*Voiture à panneaux dorés du roi Charles IV.*
B 266*	*Voiture dite des chiffres;* elle servit au mariage de Ferdinand VII avec la reine Marie-Louise.
B 267*	*Voiture dite des bronzes;* elle servit au mariage de Ferdinand VII avec la reine Marie Christine.
B 268*	*Voiture de gala, couleur amarante, du roi Charles IV.*
B 269*	*Voiture de gala, dite de la couronne ducale*, donnée par Napoléon Ier à Charles IV.
B 270*	*Voiture en écaille du roi Charles IV.*
B 271*	*Voiture en acajou du roi Ferdinand VII.*
B 272*	*Voiture dite de la Couronne;* elle servit aux noces de la reine Christine.
717	Voiture de la Couronne, avec son attelage de gala.

| Numéros des planches. | La collection n'est complète que dans le grand format de 0 m. 26×0 m. 35 environ; les numéros précédés d'une * existent aussi pour stéréoscope; ceux suivis d'une * peuvent s'obtenir également en format carte-album. |

MADRID.

COLLECTION FAMEUSE DES TAPISSERIES DU PALAIS DE MADRID.

12 *tapisseries en* 13 *planches:* **La Conquête de Tunis par Charles-Quint**, *d'après les cartons de* **J. Vermeyen**, *en* 1535; *dont dix sont conservés à Vienne; elles portent le monogramme de Pennemackœrst et la marque de Bruxelles.*

B 416	*Carte de la campagne.*
B 417	*Revue de l'armée.*
B 418	*Fragment en grand de la tapisserie N° 417.*
B 419	*Débarquement à la Goleta.*
B 420	*Attaque de la Goleta.*
B 421	*Combat sous la Goleta.*
B 422	*Sortie des assiégés dans la Goleta.*
B 423	*Prise de la Goleta.*
B 424	*Bataille des puits de Tunis;* l'original n'existe plus.
B 425	*Prise de Tunis.*
B 426	*Sac de Tunis.*
B 427	*L'armée vient camper à Rada;* l'original n'existe plus.
B 428	*De retour à la Goleta, l'armée se rembarque.*

8 *tapisseries en* 9 *planches:* **Scènes de l'Apocalypse**, *d'après les cartons attribués à* **Albert Durer**; *elles portent le monogramme de W. Pennemackœrst et la marque de Bruxelles; de la fin du* XVe *siècle.*

B 429	*Saint Jean reçoit l'ordre d'écrire ce qu'il a vu dans les sept églises d'Asie.—Les sept chandeliers ou les sept églises; les sept étoiles ou les sept anges.—Le trône de Dieu; les vingt-quatre vieillards couronnés et les quatre bêtes qui sont autour.—L'agneau ouvre le livre des sept sceaux* (Chap. I, IV, V.)
B 430	*Les trois cavaliers de l'arc, de l'épée et de la balance, du cheval blanc, du cheval rouge et du cheval noir; la mort sur un cheval pâle, le soleil noir; la lune rouge; les étoiles tombent sur la terre; les grands de la terre fuient et se cachent devant la colère de l'Agneau; quatre anges contiennent les quatre vents; un autre ange porte le signe du Dieu vivant; on marque au front quarante quatre mille serfs de Dieu dans les tribus d'Israël* (Chap. VI et VII).

| Numéros des planches. | La collection n'est complète que dans le grand format de 0 m. 26×0 m. 35 environ; les numéros précédés d'une * existent aussi pour stéréoscope; ceux suivis d'une * peuvent s'obtenir également en format carte-album. |

MADRID. **Tapisseries du palais de Madrid.**

B 431 — *Foule qui, la palme à la main, adore l'Agneau; les anges, les vieillards autour du trône et ceux qui sont vêtus de blanc; à l'ouverture du septième sceau, sept anges sont autour de Dieu et en reçoivent sept trompettes; un autre ange jette l'encensoir; la grêle et le feu tombent sur la terre; la mer se change en sang; l'étoile Absinthe tombe dans les eaux et elles deviennent amères; la troisième partie du soleil, de la lune et des étoiles devient obscure; malédiction de l'aigle. — Une étoile ouvre avec la clef le puits de l'abîme; il en sort des scorpions qui tourmentent cinq mois les hommes et des sauterelles à tête d'hommes, avec des corps de chevaux de bataille. — Les quatre anges de l'Euphrate et l'armée, montée sur des lions, tuent le tiers des hommes. — L'ange dont les pieds sont des colonnes de feu; Jean reçoit l'ordre d'avaler le livre (Chap. VII, VIII, IX et X).*

B 432 — *Fragment en grand de la tapisserie N° 431.*

B 433 — *Jean reçoit l'ordre de mesurer le temple de Dieu; prédication des deux témoins de Dieu; ils sont écrasés par la Bête qui monte de l'abîme; Dieu les ressuscite; tremblement de terre; les vingt quatre vieillards adorent Dieu; l'arche de Dieu apparait; éclairs, cris, tremblement de terre et grêle. — Une femme vêtue de Soleil donne naissance à un fils; la lune est à ses pieds. La Bête rouge aux sept têtes et aux dix couronnes apparait; sa queue entraîne le tiers des étoiles; elle guette le fils de la femme (Chap. XI et XIII).*

B 434 — *Combat des bons et des mauvais anges; le dragon poursuit la femme et vomit contre elle une rivière; la femme reçoit des ailes. La bête à sept têtes, de dix cornes portant dix couronnes, sort de la mer et blasphème. — Bête à deux cornes qui ranime sa vigueur; adoration de la bête. L'agneau sur le mont Sion; adoration des cent quarante quatre mille, qui portent au front leur nom et celui de leur père; adoration des quatre bêtes et des vieillards (Chap. XII, XIII et XIV).*

B 435 — *Ange qui porte l'Evangile; autre ange qui annonce la chûte de Babylone; patience des Saints; troisième ange qui demande la faux; l'ange prend la faux et fait vendange dans le lac de la colère de Dieu; il sort du sang jusqu'aux freins des chevaux. Les sept anges aux sept plaies, reçoivent d'une*

| Numéros des planches. | La collection n'est complète que dans le grand format de 0 m. 26×0 m. 35 environ; les numéros précédés d'une * existent aussi pour stéréoscope: ceux suivis d'une * peuvent s'obtenir également en format carte-album. |

MADRID. **Tapisseries du palais de Madrid.**

	des quatre bêtes sept coupes où est la colère de Dieu. Les sept anges versent sur la terre leur sept coupes et produisent sept plaies (Chap. XIV, XV et XVI).
B 436	*Trois des sept anges versent leurs coupes sur le soleil, sur le siège de la bête et dans l'air. La grande cité est partagée en trois. Un ange descend du ciel vers Jean; damnation de la grande prostituée assise sur les eaux.—La grande prostituée assise sur la bête rouge aux sept têtes. Les eaux sur lesquelles est assise la grande prostituée sont des peuples, des gens et des langues. Un autre ange d'un grand pouvoir descend et illumine la terre; la prostituée est brûlée; un ange jette à la mer la pierre d'un moulin; les marchands pleurent sur Babylone; les vingt quatre vieillards et les quatre bêtes se prosternent devant Dieu.—Les noces de l'Agneau.—Le Verbe de Dieu suivi de son cortège apparait dans le Ciel sur un cheval blanc (Chap. XVI, XVII, XVIII et XIX).*
B 437	*Ange qui appelle tous les oiseaux de proie. La bête et les rois s'allient pour combattre le Verbe. Un ange enchaîne la bête et l'enferme dans l'abîme; grand trône blanc, les morts sont assis autour; on ouvre les livres du Jugement; l'étang de feu. Nouveau ciel; nouvelle terre; nouvelle Jérusalem.— Jean transporté sur une montagne; description de l'épouse et de l'agneau. Jean veut adorer l'ange; celui-ci lui montre Dieu (Chap. XIX, XX, XXI et XXII).*
	9 *tapisseries:* **Les Actes des Apôtres,** *d'après les cartons de Raphaël, dont sept sont conservés à Hampton Court en Angleterre; elles ont été exécutées à Bruxelles, sous la direction de Bernard van Orley de Bruxelles et de Jean van Coxcie de Malines:*
B 438	*La pêche miraculeuse.*
B 439	*Apparition de Jésus à ses disciples.*
B 440	*Le paralytique.*
B 441	*Mort d'Ananias.*
B 442	*Le martyre de Saint Etienne.*
B 443	*L'aveugle Elymas.*

— 42 —

| Numéros des planches. | La collection n'est complète que dans le grand format de 0 m. 26×0 m. 35 environ; les numéros précédés d'une * existent aussi pour stéréoscope; ceux suivis d'une ' peuvent s'obtenir également en format carte album. |

MADRID. **Tapisseries du palais de Madrid.**

B 444	*Saint Paul à Lystra.*
B 445	*Saint Paul devant l'aréopage.—La Prédication.*
B 446	*La conversion de Saint Paul.*

	5 tapisseries: **Histoire de Saint Paul,** *du milieu du XVIe siècle.*
B 447	*Saint Paul en Philippos convertit Lydia.*
B 448	*Saint Paul arrêté dans le temple.*
B 449	*Saint Paul devant Agrippa et Bérénice.*
B 450	*Saint Paul fait naufrage à Malte; il est piqué par une vipère et guérit le père de Publius.*
B 451	*Saint Paul est condamné et exécuté à Rome.*

	4 tapisseries: **Histoire de Saint Jean Baptiste,** *d'après des cartons attribués à Van Eyck.*
B 530	*Naissance de Saint Jean.—Zacharie recouvre la parole.*
B 531	*Saint Jean part pour se livrer à la pénitence.*
B 463	*Saint Jean prêche dans le désert.*
B 464	*Baptême de Jésus.*

	3 tapisseries: Allégories dites **Les Sphères,** XVe siècle.
B 465	*Hercule, environné des dieux de l'Olympe, porte le ciel.*
B 466	*Atlas soutient le monde; il est entouré de plusieurs divinités.*
B 467	*Allégorie représentant les rois Ferdinand et Isabelle étendant leur gloire sur le globe.*

B 468	*Entrevue de Coriolan et de Véturie sa mère, acompagnée de sa femme Volumnie, XVe siecle.*

	7 tapisseries: **Les sept péchés capitaux,** *d'après des cartons du XVIe siècle.*
B 469	*La Colère.*
B 470	*L'Avarice.*
B 471	*La Gourmandise.*
B 472	*L'Orgueil.*
B 473	*La Paresse.*
B 474	*L'Envie.*
B 475	*La Luxure.*

Numéros des planches.	La collection n'est complète que dans le grand format de 0 m. 26✕0 m. 35 environ; les numéros précédés d'une * existent aussi pour stéréoscope; ceux suivis d'une * peuvent s'obtenir également en format carte-album.

MADRID. **Tapisseries du palais de Madrid.**

4 tapisseries: **Collection dite de Noé, ou le Déluge.**

B 476	*Dieu commande à Noé de construire l'arche.*
B 477	*Noé construit l'arche.*
B 478	*Noé sort de l'arche.*
B 479	*Noé sort de l'arche.*

5 tapisseries: **Collection dite Les Poésies.**

B 480	*La chûte d'Icare.*
B 481	*Persée délivrant Andromède.*
B 482	*L'enlèvement de Ganymède.*
B 483	*Marsyas écorché vif par Apollon.*
B 484	*Polyxène immolée sur le tombeau d'Achille.*

3 tapisseries: **Histoire de Bethsabée et de David,** *d'après les cartons de Van Eyck.*

B 485	*David aperçoit Bethsabée.*
B 486	*Bethsabée accède à l'amour de David.*
B 487	*Nathan reproche à David sa faute.*

5 tapisseries: **La Passion de N. S.,** *d'après les cartons de Van der Weiden.*

B 488	*Jésus au jardin des oliviers.*
B 489	*Jésus tombe sous le poids de la croix.*
B 490	*Le Christ en croix.*
B 491	*Le Christ de la miséricorde.*
B 492	*La descente de croix.*

*12 autres tapisseries de l'***Ecriture et de la Passion de N. S.**

B 659	*Saint Jérôme dans le désert, XVe siècle.*
B 660	*La naissance de Jésus, XVe siècle.*
B 661	*L'adoration des Mages, fin du XVIe siècle.*
B 662	*La Cène de N. S., XVe siècle.*
B 663	*Jésus portant la croix et Sainte Véronique, fin du XVe siècle.*
B 664	*Le Christ en croix, entouré des saintes femmes, XVIe siècle.*
B 665	*La descente de croix, XVIe siècle.*

| Numéros des planches. | La collection n'est complète que dans le grand format de 0 m. 26×0 m. 35 environ; les numéros précédés d'une * existent aussi pour stéréoscope; ceux suivis d'une * peuvent s'obtenir également en format carte-album. |

MADRID. **Tapisseries du palais de Madrid.**

B 666	Autre descente de croix, XVIe siècle.
B 667	Jésus apparait aux saintes femmes, fin du XVIe siècle.
B 668	La confusion des langues, XVIe siècle.
B 669	Le père Eternel, XVIe siècle.

| B 670 | Marie parfume les pieds de Jésus, XVIe siècle. |

6 *tapisseries*: **Romulus, ou la fondation de Rome.**

B 493	Romulus et Rémus, découverts par Faustulus au moment où ils étaient allaités par une louve, sont remis à Acca Larentia.
B 494	Rapt de Rémus; Amulius, roi d'Albe, est tué par Rémus et Romulus, et ce dernier monte sur le trône.
B 495	Romulus et Rémus tracent le périmètre de Rome; mort de Rémus.
B 496	Romulus donne des lois au peuple, nomme douze licteurs, élit un Sénat et ouvre un asile.
B 497	Après l'enlèvement des Sabines, on présente Hersilia à Romulus.
B 498	Sur la fin de sa vie, Romulus règle les mœurs de son peuple et institue les fêtes de Neptune.

| B 538 | La messe de Saint Grégoire. |

| B 539 | Les funérailles de Turnus, roi des Rutules, tué par Enée. |

6 *tapisseries*: **Tobie, Hercule et Matrones illustres**, fin du XVIe siècle.

B 686	Hercule fait dévorer Diomède par ses cavales.
B 687	Hercule s'empare de Cerbère.
B 688	Départ de Tobie accompagné de l'ange Raphaël.
B 689	Sara ayant épousé Tobie, fait ses adieux à sa mère Raguel.
B 690	Retour de Tobie auprès de son père.
B 691	Minerve, sur l'ordre de Junon, intervient entre Achille et Agamemnon.

| Numéros des planches. | La collection n'est complète que dans le grand format de 0 m. 26×0 m. 35 environ; les numéros précédés d'une * existent aussi pour stéréoscope; ceux suivis d'une * peuvent s'obtenir également en format carte-album. |

MADRID. **Tapisseries du palais de Madrid.**

B 692	*Persée délivrant Andromède*, dessus de porte; fin du XVIIIe siècle.

B 509	*Les Bergers*, d'après Teniers.
B 510	*Minerve*, allégorie d'après Amiconi.

9 tapisseries en 10 planches: **Les Vices et les Vertus**, *d'après les cartons d'Albert Durer.*

B 511	L'Infamie.—*La vile Infamie, conduite sur son honteux char, fait voir le châtiment réservé au crime.*
B 512	*Fragment en grand de la tapisserie N° 511, représentant le portrait de l'auteur.*
B 513	Le Vice.—*L'austère Vertu, modérée par la Sagesse, corrige le Vice, et le Destin terrassé, voit une des roues de son char mise en pièces.*
B 514	La Noblesse.—*Dieu récompense par la noblesse éternelle celui dont le principal soin est de rendre un culte pieux à l'Etre Suprême.*
B 515	La Justice.—*Même sujet que le précédent numéro.*
B 516	La Prudence.—*Le chœur des Muses construit de superbes carrosses, pendant que la Prudence enchanteresse observe les dieux, l'abîme et l'homme.*
B 517	La Renommée.—*La Renommée rappelle quelques hommes à la vie, même en brisant les tombeaux, et proclame, avec sa trompette, la gloire des uns et l'ignominie des autres.*
B 518	La Foi.—*La Vertu accueille avec bienveillance et orne de ses faveurs ceux auxquels Astrée a daigné accorder ses dons.*
B 519	La Fortune.—*La Fortune se joue à répandre d'une main des roses et de l'autre des pierres; elle gouverne tout à son seul caprice.*
B 520	L'Honneur.—*L'honneur accueille dans son palais et couronne ceux que lui présente la Vertu sincère, tandis qu'il repousse ceux qui sont possédés par l'Ambition.*

— 46 —

| Numéros des planches. | La collection n'est complète que dans le grand format de 0 m. 26×0 m. 35 environ; les numéros précédés d'une ° existent aussi pour stéréoscope; ceux suivis d'une * peuvent s'obtenir également en format carte album. |

MADRID. **Tapisseries du palais de Madrid.**

3 tapisseries: **Le chemin des honneurs**, *d'après les cartons d'Albert Durer.*

B 521 — Les Saintes Ecritures de Dieu invitent aux vrais honneurs; la Vertu seule les accorde à ses dignes fils.

B 522 — Tous les hommes aspirent naturellement aux honneurs; la suprême Vertu les accorde aux hommes illustres.

B 523 — La Grâce publie les honneurs divins; elle accorde d'immortelles couronnes, en même temps que de grandes louanges.

6 tapisseries: **Histoire de la Vierge**, *d'après les cartons de Van Eyck.*

B 524 — L'adoration des Mages.
B 525 — La présentation de l'enfant Jésus.
B 526 — La Vierge en prière.
B 527 — Jésus dans le giron de sa Mère.
B 528 — Le couronnement de la Vierge.
B 529 — Sujets de l'ancien et du nouveau Testament.

4 tapisseries: **Les tentations de Saint Antoine**, *d'après les cartons de Bosch, fin du XVe siècle.*

B 532 — Départ de Saint Antoine pour la retraite.
B 533 — Saint Antoine au mont Colzin.
B 534 — Tribulations de Saint Antoine tenté par le démon.
B 535 — Triptyque représentant le Paradis, le Purgatoire et l'Enfer.

10 tapisseries: **Les Amours de Pomone et de Vertumne.**

B 499 — Vertumne se transforme en moissonneur.
B 500 — Vertumne prend la canne du pêcheur.
B 501 — Vertumne se change en agriculteur.
B 502 — Vertumne paraît en faucheur.
B 503 — Vertumne prend la serpe du greffeur.
B 504 — Vertumne préside à la récolte des vergers.
B 505 — Vertumne se présente avec le glaive du soldat.
B 506 — Vertumne prend finalement la figure d'une vieille trompeuse.
B 507 — Vertumne, sous la figure d'une vieille trompeuse, embrasse Pomone.
B 508 — Vertumne reprend sa forme naturelle.

| Numéros des planches. | La collection n'est complète que dans le grand format de 0 m. 26×0 m. 35 environ; les numéros précédés d'une * existent aussi pour stéréoscope; ceux suivis d'une * peuvent s'obtenir également en format carte album. |

MADRID. **Tapisseries du palais de Madrid.**

4 tapisseries en 2 planches: **Lit renaissance,** *fin du XVIe siècle.*

B 536 — *Tête et un des côtés du lit.*
B 537 — *Ciel du lit et un des côtés.*

---

7 frises ou bordures en 2 planches: **Les rendez-vous galants, ou les Galanteries.**

B 671 — *Quatre frises ou bordures, réunies en une planche.*
B 672 — *Trois autres frises ou bordures.*

---

3 tapisseries: **Les Vendanges ou Les enfants,** *XVIe siècle.*

B 673 — *L'enfant qui tombe.*
B 674 — *La chèvre.*
B 675 — *L'enfant qui pisse.*

---

10 tapisseries: **Les Singes,** *style renaissance.*

B 676 — *Fleurs, fruits, oiseaux, singes et autres animaux.*
B 677 — *Même sujet.*
B 678 — *Id. id.*
B 679 — *Id. id.*
B 680 — *Id. id.*
B 681 — *Id. id.*
B 682 — *Id. id.*
B 683 — *Id. Id.*
B 684 — *Id. id.*
B 685 — *Id. id.*

---

7 tapisseries: **Batailles de l'Archiduc Albert,** *gouverneur des Pays-Bas en 1598.*

B 540 — *Expédition de Calais.*
B 541 — *Prise d'assaut de la place de Calais.*
B 542 — *Ardres, boulevard du territoire de Calais, est surprise par un assaut de nuit.*
B 543 — *Après la prise d'Ardres et de sa citadelle, la garnison se retire en France.*

— 48 —

Numéros des planches. | La collection n'est complète que dans le grand format de 0 m. 26×0 m. 35 environ; les numéros précédés d'une * existent aussi pour stéréoscope; ceux suivis d'une * peuvent s'obtenir également en format carte-album.

MADRID. **Tapisseries du palais de Madrid.**

B 544	*Après avoir pris de vive force les remparts et les tranchées de Hulst, cette place est assiégée étroitement.*
B 545	*L'inaccessible camp de Hulst est pris, malgré l'obstacle de la marée.*
B 546	*Hulst s'étant rendue, quoique son accès aux secours du dehors ne fût point fermé, il sort de cette place plus de deux mille soldats valides.*

10 tapisseries: **Histoire de Cyrus.**

B 693	*Cyrus enfant est confié à un berger et nourri par la femme de ce dernier.*
B 694	*Cyrus est reconnu par Astyage.*
B 695	*Cyrus fait Astyage prisonnier et réunit la Médie à la Perse.*
B 696	*Cyrus fait Crésus prisonnier et s'empare de Sardes.*
B 697	*Cyrus fait retirer Crésus et ses compagnons du bûcher.*
B 698	*Cyrus interdit l'usage des armes aux Lydiens.*
B 699	*Entrevue de Cyrus et de la reine Artémise.*
B 700	*Cyrus rend la liberté aux Hébreux.*
B 701	*Cyrus envoie un message à la reine Thomyris.*
B 702	*La reine Thomyris fait plonger la tête de Cyrus dans un cratère plein de sang humain.*

11 tapisseries: **Histoire d'Alexandre**, *du milieu du XVIe siècle.*

B 452	*Alexandre, avant la campagne d'Asie, distribue ses richesses à ses amis.*
B 453	*Alexandre passe le Granique.*
B 454	*Alexandre et son médecin Philippe.*
B 455	*Bataille d'Issus.*
B 456	*Bataille d'Issus.*
B 457	*Alexandre fait panser la blessure qu'il a reçue de Darius.*
B 458	*Soumision du roi de Chypre et de Phénicie.*
B 459	*La famille de Darius aux pieds d'Alexandre.*
B 460	*Alexandre au siège de Tyr.*
B 461	*Marche triomphale d'Alexandre à travers la Carmonie.*
B 462	*Alexandre fait relever le tombeau de Cyrus; mort de Polimachus.*

Numéros des planches.	La collection n'est complète que dans le grand format de 0 m. 26×0 m. 35 environ; les numéros précédés d'une * existent aussi pour stéréoscope; ceux suivis d'une * peuvent s'obtenir également en format carte-album.

MADRID. — Tapisseries du palais de Madrid.

12 *tapisseries*: **Histoire de Scipion l'Africain**; *il y en a deux collections différentes.*

Première collection: bordures de grotesques.

- B 703 — *Scipion l'africain sauve son père à la bataille du Tésin.*
- B 704 — *Scipion rend à Allutius sa fiancée.*
- B 705 — *Scipion décerne une couronne d'or à Lœlius.*
- B 706 — *Entrevue de Scipion et d'Annibal.*
- B 707 — *Carthage envoie des ambassadeurs au devant de Scipion après la bataille de Zama.*
- B 708 — *Triomphe de Scipion.*

Deuxième collection: bordure, une grecque.

- B 709 — *Scipion force le camp d'Asdrubal.*
- B 710 — *Scipion rend à Allutius sa fiancée.*
- B 711 — *Triomphe de Scipion.*
- B 712 — *Triomphe de Scipion.*
- B 713 — *Triomphe de Scipion.*
- B 714 — *Banquet après le triomphe.*

8 *tapisseries*: **Histoire de Décius.**

- B 715 — *Les consuls Décius et Manlius partent pour combattre les Latins.*
- B 716 — *Décius annonce aux centurions son projet de se dévouer pour les légions.*
- B 717 — *L'aruspice interroge les entrailles des victimes sur la vision de Décius.*
- B 718 — *Le pontife Valerius dicte à Décius l'invocation qu'il devra prononcer en se dévouant pour les légions.*
- B 719 — *Décius envoie ses licteurs annoncer à Manlius qu'il s'est dévoué pour les légions.*
- B 720 — *Bataille de Veseris.—Mort de Décius.*
- B 721 — *Funérailles de Décius.*
- B 722 — *Allégorie.—Décius, par son dévouement, soutient et relève sa patrie.*

| Numéros des planches. | La collection n'est complète que dans le grand format de 0 m. 26×0 m. 35 environ: les numéros précédés d'une * existent aussi pour stéréoscope; ceux suivis d'une * peuvent s'obtenir également en format carte-album. |

MADRID. **Tapisseries du palais de Madrid.**

4 tapisseries de **Beauvais** *(du palais du Pardo).*

B 725   La prophétesse Cassandre prédisant la ruine de Troie, carton par P. Deshayes.
B 726   Les rois de la Grèce venant arracher Ulysse des bras de Pénélope, pour l'emmener à la guerre de Troie, id. id.
B 727   Le devin Calchas vient annoncer à Agamemnon que les dieux ont exigé le sacrifice de sa fille Iphigénie, id. id.
B 728   Le sacrifice d'Iphigénie, id. id.

7 tapisseries de la fabrique de Madrid:
B 729   Courte-pointe et traversin du lit de S. M.
B 730   Rideau du lit de S. M.
B 731   Rideau du lit de S. M.
B 732   Autre rideau du même lit.
B 733   Bordures des rideaux du même lit.
B 734   Tapis persan du cabinet de toilette de S. M.
B 735   Le prince Balthasar Charles, d'après Velazquez, par Mr G. Stuyck.

328   Statue équestre de Philippe IV, sur la place d'Orient.
*328bis   La dite statue, vue de profil.
329   Théâtre royal de l'Opéra.
350*   Le Sénat.

Tableaux du Musée du Ministère de la Marine.

A 661   Portrait d'Isabelle la Catholique.
A 661bis   Autre portrait de la même reine.
A 763   Portrait de Ferdinand le Catholique.
A 762   Portrait de Christophe Colomb.
A 786*   Le général Mendez Nuñez blessé à bord de la frégate la Numancia, tableau de D. A. Muñoz y Degrain.
A 774*   La frégate espagnole Berenguela inaugurant le canal de Suez.
B 814   Célèbre carte marine de Juan de la Cosa, relative à la découverte des Indes orientales.

| Numéros des planches. | La collection n'est complète que dans le grand format de 0 m. 26×0 m. 35 environ; les numéros précédés d'une * existent aussi pour stéréoscope; ceux suivis d'une * peuvent s'obtenir également en format carte-album. |

MADRID.

*330	Fontaine du Campo del Moro, dans le bas du palais.
330bis	La dite fontaine, sous un autre point de vue.
331*	La Cuesta de la Vega.
*1018	Eglise de la Virgen del Puerto.
546	Ancienne église de Sainte Marie, actuellement démolie.

Ayuntamiento ou hôtel de Ville.

545	Vue de l'Ayuntamiento ou hôtel de ville.
A 554	*Episode du 2 Mai 1808 à Madrid, tableau de M. Castellano.*
A 871	*L'ensevelissement des victimes, le lendemain des exécutions du 2 Mai 1808 à Madrid, tableau de V. Palmaroli.*
A 1421	*Les héros de l'Indépendance espagnole, tableau de J. Nin y Tudó.*

543	La tour de los Lujanes; elle servit de prison à François Ier, roi de France.

332*	La place Mayor, ancienne place des auto-da-fé.
1019	Statue équestre de Philippe III, sur la place Mayor.

Ministère de Ultramar, ou des Colonies.

A 1795	*Statue en marbre de Christophe Colomb, œuvre de J. Samartin.*
A 1795 bis et ter.	*La même statue, sous d'autres points de vue.*

Eglise de Saint Thomas à Madrid.

1716	Façade de l'église.
1717	Vue générale de l'église.
1718	Vue de l'église prise de la place de Santa Cruz.
1719	Vue de l'abside.
1720	Vue intérieure.
1721	Vue intérieure latérale.

Numéros des planches.	La collection n'est complète que dans le grand format de 0 m. 26×0 m. 35 environ; les numéros précédés d'une * existent aussi pour stéréoscope; ceux suivis d'une ' peuvent s'obtenir également en format carte-album.

MADRID.

768	La Bourse.
*769	Vue générale de la Bourse.
1020	Statue de Mendizabal, sur la place du Progrès.
1014*	Théâtre espagnol du Principe.

Palais du duc de Fernan Nuñez.

1701	Salle de danse.
1702	Salle à manger.
1703	Salon jaune.
1704	Galerie des statues.
1705	Salle de musique et billard.
1706	Salon des portraits, ou de Goya.
1706bis	Autre vue du même salon.
1707	Salon et alcôve.
1708	Galerie Othello.
1709	Bureau.
1710	Galerie.
1711	Escalier.
1712	Salle des tapisseries.
1713	Salon rouge.
A 315	*Saint Sébastien, œuvre du peintre Francia.*
A 779	*La bataille de Tétouan, tableau peint par V. Palmaroli.*
A 917	*Toréador mourant dans l'arène, sculpture exécutée par R. Novas.*

333	Hôpital de la Latina, dans la rue de Tolède.
43	Escalier de la Latina.
*1021	Eglise de San Isidro el Real.
*1022	Eglise de San Cayetano.
**347	Eglise de Saint André.
1023	Eglise de San Francisco el Grande.
770	Le marché de la rue de Tolède.
334	La porte de Tolède.
**335*	Le pont de Tolède.

| Numéros des planches. | La collection n'est complète que dans le grand format de 0 m. 26×0 m. 36 environ; les numéros précédés d'une * existent aussi pour stéréoscope; ceux suivis d'une * peuvent s'obtenir également en format carte-album. |

MADRID.

Musée archéologique de Madrid.

B 184	*Christ byzantin en ivoire*, vu de face; il provient de l'église de Saint Isidore à Léon.
B 184bis	*Le même Christ*, vu par derrière.
B 384	*Sangliers ou porcs en granit*, provenant d'Avila.
B 552	*Coffre en bois sculpté*, renaissance italienne.
B 553	*Autre coffre en bois sculpté*, de même style.
B 554	*Lampe arabe de la mosquée de l'Alhambra de Grenade*.
B 555	*Astrolabe arabe du XIe siècle*, ayant appartenu au dernier roi de Tolède, vu d'un côté.
B 555bis	*Le dit Astrolabe*, vu d'un autre côté.
B 556	*Autèl de la déesse Dourga*, de la mythologie indienne.
B 557	*La Vierge et l'enfant Jésus*, belle tapisserie flamande.
B 821	*Belle balance romaine*, en fer ciselé.

544	Ermitage de San Isidro.
352	Vue panoramique de Madrid, en un morceau.
45	Vue panoramique de Madrid, en 2 morceaux.
351	Vue panoramique de Madrid, en 3 morceaux.
590	Autre vue panoramique de Madrid, en 4 morceaux.

2.º DE LA PUERTA DEL SOL, PAR LE PRADO, À LA PORTE

d'Alcalá et à la place des Taureaux.

40	La puerta del Sol avec le Ministère.
41*	Vue générale de la puerta del Sol.
42	La puerta del Sol, vue prise vers la rue d'Alcalá.
1024	Le ministère de Hacienda ou des Finances, rue d'Alcalá.

| Numéros des planches | La collection n'est complète que dans le grand format de 0 m. 26×0 m. 35 environ; les numéros précédés d'une * existent aussi pour stéréoscope: ceux suivis d'une * peuvent s'obtenir également en format carte-album. |

MADRID.

ACADÉMIE ROYALE DE SAINT FERDINAND, RUE D'ALCALÁ.

Tableaux de l'Académie.

A 484*	B. Murillo.	—Sainte Élisabeth, Reine de Hongrie, guérissant les teigneux.
A 485*	Id.	L'Ascension de Notre Seigneur.
A 486	Id.	Saint Jacques distribuant la soupe aux pauvres.
A 487	Id.	Saint François en extase.
A 488*	Id.	La vision du Patricien romain.
A 489*	Id.	Le Patricien racontant sa vision au Pape et lui demandant l'autorisation de la réaliser.
A 525	Id.	La Vierge et l'enfant Jésus.
A 490	Zurbaran.	—Un moine mercenaire.
A 491	Id.	Un autre moine mercenaire.
A 492	Id.	Id. id.
A 493	Id.	Id. id.
A 494	Id.	Id. id.
A 495	Id.	Id. id.
A 496	Alonso Cano.	—Le Christ attaché à la colonne.
A 1339	Id.	Le Christ en croix.
A 497	J. Leonardo.	—Le serpent d'airain.
A 498	Claude Coello.	—Jésus-Christ accordant le Jubilé à Saint François.
A 499	Pereda.	—Le songe sur la vanité des choses humaines.
A 500	F. Rizi.	—Saint Benoît.
A 501	F. Goya.	—La procession du Vendredi Saint, ou les disciplinaires.
A 502	Id.	Le tribunal de l'Inquisition.
A 503	Id.	La Course de taureaux.
A 504	Id.	L'Enterrement de la sardine, scène de Carnaval
A 505	Id.	La maison de fous.
A 506	Id.	La maja vêtue.
A 507	Id.	La maja nue.
A 508	Id.	Portrait de la Tirana, célèbre actrice.

| Numéros des planches. | La collection n'est complète que dans le grand format de 0 m. 26×0 m. 35 environ; les numéros précédés d'une * existent aussi pour stéréoscope; ceux suivis d'une * peuvent s'obtenir également en format carte-album. |

MADRID.   **Tableaux de l'Académie.**

A 509	F. Goya.	—Portrait de Godoy, prince de la Paix.
A 510	Id.	Portrait du poëte Moratin.
A 511	Id.	Portrait de l'architecte Villanueva.
A 512	Id.	Portrait à cheval de Ferdinand VII.
A 513	Id.	Portrait de Goya, peint par lui-même.
A 514	Ribera.	—La Madeleine.
A 515	Id.	Saint Antoine de Padoue et l'enfant Jésus.
A 516	Id.	Saint Jérôme.
A 517	Juanes.	—Sainte famille.
A 518	Morales.	—Ecce Homo.
A 519	Id.	Le Christ défunt dans les bras de sa Mère.
A 520	Cabezalero.	—Un personnage présenté par Saint François au Sauveur.
A 521	Greco.	—L'enterrement du comte Orgaz.
A 522	P. P. Rubens.	—La chaste Suzanne.
A 523	Id.	Saint Augustin, le Sauveur et la Vierge.
A 524	Snayers.	—Le mineur.
A 483	Raph. Mengs.	—La Marquise de los Llanos, en costume de maja.
A 526	Vanloo.	—Vénus et Mercure.

39*	Eglise des chevaliers de Calatrava, rue d'Alcalá.
1025*	Le ministère de la Guerre.
1051*	Théâtre de la Zarzuela ou Opéra-comique.

Palais des Cortès.

938*	Vue du palais des Cortès.
B 354*	Lion en bronze ciselé, placé à la gauche du péristyle.
B 355	Lion en bronze ciselé, placé à droite du péristyle.
B 356	Les deux lions en bronze, réunis en une planche.
592*	Vue intérieure de la Salle des séances.—La Tribune.
592bis*	Plafond de la Salle des séances.
A 575	La Reine Marie de Molina présentant son fils aux Cortès de Valladolid, tableau de A. Gisbert.
A 645*	Les Comuneros de Castille sur l'échafaud, tableau du même peintre.

| Numéros des planches. | La collection n'est complète que dans le grand format de 0 m. 26×0 m. 35 environ; les numéros précédés d'une * existent aussi pour stéréoscope; ceux suivis d'une * peuvent s'obtenir également en format carte-album. |

MADRID.   **Palais des Cortès.**

A 784	*Serment des Cortés de Cadiz en 1810, tableau de J. Casado.*
A 1327	*Portrait de Jovellanos, par Goya.*

939*	Statue de Cervantès, devant le palais des Cortès.
**36*	Eglise de San Gerónimo.
37*	L'église de San Gerónimo, avec le Musée.

Musée du Prado à Madrid.

38*	Vue générale du Musée.
940*	Façade septentrionale.
1026	Façade méridionale avec la statue de Murillo.
1028*	Statue de Murillo.
1027	Vue intérieure de la galerie principale de peintures.
1714	Vue de la Salle d'Isabelle II.
765	Vue de la Salle des Ecoles flamandes.

Tableaux du Musée du Prado.

ECOLES ITALIENNES.

ALBANO.

A 107	1. *La toilette de Vénus.*
A 108	2. *Le jugement de Pâris.*

IL BEATO FRA G. ANGELICO DA FIESOLE.

A 281	14. *L'Annonciation.*
A 282	» *La Predella*, ou zône inférieure du tableau précédent, reproduite isolément en 5 morceaux, grandeur de l'original.

IL BARBALUNGA.

A 112	16. *Sainte Agathe.*

BAROCCIO.

A 289	17. *La naissance de Jésus.*

| Numéros des planches. | La collection n'est complète que dans le grand format de 0 m. 26×0 m. 35 environ; les numéros précédés d'une * existent aussi pour stéréoscope; ceux suivis d'une * peuvent s'obtenir également en format carte album. |

MADRID. **Tableaux du Musée.—Écoles italiennes.**

F. BASSANO.

A 291 | 36. *Portrait de l'auteur.*

L. BASSANO.

A 290 | 49. *Sujet mystique.* Le Père Éternel et son Fils dans toute leur Gloire; la Vierge priant pour le genre humain; divers Saints en adoration; d'autres représentés dans huit médaillons figurés autour du tableau.

G. BELLINO.

A 109 | 60. *La Vierge et l'enfant Jésus entre deux Saintes.*

IL BRONZINO.

A 114 | 67. *Portrait d'un jeune violoniste.*

MICHEL ANGELO BUONAROTI.

A 275 | 69. *La Flagellation du Christ.*

B. CARDUCCI.

A 125 | 79. *La descente de croix.*
A 203 | 80. *Saint Sébastien.*
A 126 | 81. *La Cène.*

G. B. CASTIGLIONE.

A 264 | 107. *Jésus chassant les marchands du temple.*

V. CATENA.

A 110 | 108. *Jésus remettant les clefs à Saint Pierre.*

EL CORREGGIO.

A 105* | 132 *Noli me tangere.—Jésus et la Madeleine.*
A 251 | 133. *La descente de croix.*
A 252 | 134. *Le martyre de Saint Placide et de divers autres Saints.*
A 104 | 135. *La Vierge, l'enfant Jésus et Saint Jean.*

| Numéros des planches. | La collection n'est complète que dans le grand format de 0 m. 26×0 m. 35 environ; les numéros précédés d'une * existent aussi pour stéréoscope; ceux suivis d'une * peuvent s'obtenir également en format carte album. |

MADRID.   Tableaux du Musée.—Ecoles italiennes.

D. CRESPI.

A 106 | 115. *Le Christ défunt soutenu par la Vierge.*

F. FURINI.

A 259 | 161. *Loth et ses filles.*

O. GENTILESCHI.

A 265 | 165. *Moïse sauvé des eaux du Nil.*

GERINO DA PISTOJA.

A 253 | 168. *La Vierge et Saint Joseph adorant l'enfant Jésus.*

IL GIORGIONE.

A 111* | 236. *Sujet mystique.—Sainte Brigitte offrant des fleurs à l'enfant Jésus.*

EL GRECO.

A 272 | 238. *Portrait d'homme.*
A 271 | 239. *Jésus-Christ défunt dans les bras du Père Eternel.*
A 273 | 241. *Portrait de D. Rodrigo Vazquez, Président de Castille.*

IL GUERCINO.

A 258 | 253. *L'amour désintéressé.* — Cupidon répandant le contenu d'une bourse.

IL GUIDO.

A 131 | 258. *Cléopâtre se donnant la mort.*
A 130 | 259. *La Vierge à la Chaise.*
A 129 | 260 *Saint Sébastien.*
A 132 | 265 *Sainte Marie Madeleine.*
A 133 | 267. *Portrait de jeune fille.*

L. LOTTO.

A 278 | 288. *Un mariage.*

| Numéros des planches. | La collection n'est complète que dans le grand format de 0 m. 26×0 m. 35 environ; les numéros précédés d'une * existent aussi pour stéréoscope; ceux suivis d'une * peuvent s'obtenir également en format carte-album. |

MADRID.   **Tableaux du Musée.—Ecoles italiennes.**

B. Luini.

A 279 | 291. *Salomé, fille d'Hérodiade.*

A. Mantegna.

A 277 | 295. *La mort de la Vierge.*

Il cavaliere Massimo.

A 127 | 310. *Sacrifice à Bacchus.*

G. Migliara.

A 266 | 312. *Perspective intérieure du cloître de Saint Paul près de Pavie, où François Ier demeura prisonnier après la bataille de ce nom.*

Palma il Vecchio.

A 280 | 322. *L'adoration des Bergers.*

G. P. Panini.

A 287 | 328. *Paysage avec des ruines d'un temple corinthien.*
A 288 | 329. *Paysage avec des ruines d'architecture.*
A 285 | 330. *Jésus disputant avec les Docteurs.*
A 286 | 331. *Jésus chassant les marchands du temple.*

Il Parmigianino.

A 116* | 333. *Portrait de femme avec trois enfants*, appelée anciennement la Comtesse de San Segundo.
A 115 | 336. *Sainte Famille.*

M. Parrasio.

A 254 | 337. *Jésus-Christ défunt adoré par Saint Pie V.*

J. da Pontormo.

A 262 | 340. *Sainte Famille.*

| Numéros des planches. | La collection n'est complète que dans le grand format de 0 m. 26×0 m. 35 environ: les numéros précédés d'une * existent aussi pour stéréoscope: ceux suivis d'une * peuvent s'obtenir également en format carte-album. |

MADRID. **Tableaux du Musée.—Écoles italiennes.**

L. DA PORDENONE.

| A 256 | 341. *Sujet mystique.*—La Vierge et l'enfant Jésus entre Saint Antoine de Padoue et Saint Roch. |
| A 176 | 342. *Portrait de femme.* |

A. SACCHI.

| A 292 | 358. *Portrait de Fr. Albani, maître de l'auteur.* |

RAFAEL SANZIO DE URBINO.

A 103	364. *Sainte Famille à l'agneau.*
A 240	365. *La Vierge au poisson.*
A 242	» *Fragment de la Vierge au poisson, représentant l'Ange et l'Enfant reproduits séparément.*
A 100*	366. *El Pasmo de Sicilia, ou Le Christ portant la croix.*
A 241	» *Fragment du Pasmo de Sicilia, représentant la Tête du Christ, reproduite séparément.*
A 99	367. *Portrait d'un Cardinal.*
A 172*	368. *La Visitation.*
A 98	369. *Sainte Famille de la Perle.*
A 96*	370. *La Vierge à la Rose.*
A 97*	371. *Sainte Famille du Lézard.*
A 101	372. *Portrait d'Andrea Navagero.*
A 102	373. *Portrait d'Augustin Beazzano.*

ANDREA DEL SARTO.

A 122*	383. *Portrait de sa femme Lucrezia di Baccio del Fede.*
A 261*	384. *La Vierge, l'enfant Jésus et Saint Jean avec deux anges.*
A 124*	385. *Sujet mystique.*—La Vierge, l'enfant Jésus, un ange et Saint Joseph.
A 123	386. *La Vierge tenant l'enfant Jésus sur ses genoux et Saint Joseph.*
A 121*	387. *Le Sacrifice d'Abraham.*
A 260	388 *La Vierge et l'enfant Jésus.*

G. B. S DA SASSOFERRATO.

| A 257 | 392. *La Vierge en contemplation.* |

| Numéros des planches. | La collection n'est complète que dans le grand format de 0 m. 26×0 m. 35 environ; les numéros précédés d'une * existent aussi pour stéréoscope; ceux suivis d'une * peuvent s'obtenir également en format carte-album. |

MADRID. **Tableaux du Musée.—Ecoles italiennes.**

SEBASTIANO DEL PIOMBO.

A 276 | 395. *Jésus portant la croix.*

G. B. TIEPOLO.

A 267 | 409. *Le char de Vénus,* ébauche pour un plafond.

IL. TINTORETTO.

A 177 | 411. *Portrait du général vénitien Sébastien Veniero.*
A 293 | 412. *Portrait d'homme.*
A 163 | 428. *Le Paradis,* ébauche du fameux tableau del *Paradiso* du palais ducal à Venise.
A 165 | 428. *Le tableau précédent, reproduit plus grand,* en 2 exemplaires.
A 162 | 432. *Portrait d'une jeune vénitienne.*
A 295 | 442. *Portrait d'une jeune vénitienne,* peut être celui de Marietta Tintoretta.
A 294 | 444. *Portrait d'une jeune vénitienne.*

TIZIANO

A 142 | 450. *La Bacchanale.*
A 141 | 451. *Offrande à la déesse des amours.*
A 143* | 453. *Portrait en pied de l'empereur Charles Quint.*
A 144* | 454. *Portrait en pied du roi Philippe II.*
A 149 | 455. *Vénus et Adonis.*
A 249 | 456. *Le péché originel.*
A 145* | 457. *Portrait à cheval de l'empereur Charles Quint, à la fameuse bataille de Mühlberg.*
A 146 | 458. *Danaé recevant la pluie d'or.*
A 148* | 459. *Vénus se récréant avec la musique et caressant un petit chien.*
A 147 | 460. *Vénus se récréant avec l'amour et la musique.*
A 134* | 461. *Salomé portant la tête de Saint Jean.*
A 139 | 462. *La Gloire.*
A 248 | 464. *L'enterrement du Seigneur.*
A 137 | 468. *La Vierge des Douleurs.*
A 140 | 470. *Allégorie.*—Philippe II offrant au ciel son fils l'infant D. Fernand.

Numéros des planches.	La collection n'est complète que dans le grand format de 0 m. 26×0 m. 35 environ; les numéros précédés d'une * existent aussi pour stéréoscope; ceux suivis d'une * peuvent s'obtenir également en format carte album.

MADRID. Tableaux du Musée.—Ecoles italiennes.

TIZIANO.

A 138*	475. La Vierge des Douleurs tenant les mains croisées.
A 250	477. Portrait du Titien peint par lui-même.
A 135	482. Diane et Actéon.
A 136	483. Diane découvrant la faiblesse de Calisto.
A 247	488. Jésus-Christ, tombant sous le poids de la croix, est aidé par Siméon.

G. VASARI.

| A 263 | 523. La Charité. |

P. C. VERONESE.

A 119*	526. Vénus et Adonis.
A 799	527. Jésus enfant disputant avec les docteurs.
A 120	529. Suzanne et les deux vieillards.
A 118	533. Moïse sauvé des eaux du Nil.
A 255	534. Jésus aux nôces de Cana.

L. DE VINCI (copie de).

| A 113 | 550. Portrait de Mona Lisa, ou la Joconde. |

D. R. DA VOLTERRA.

| A 274 | 559. Le Calvaire. |

ECOLE D'OMBRIE, XVe siècle.

| A 283 | 573. L'enlèvement des Sabines. |
| A 284 | 574. La continence de Scipion. |

ECOLE VÉNITIENNE.

| A 237 | 583. Portrait de l'Electeur Jean Frédéric, duc de Saxe, vaincu par Charles Quint, à la fameuse bataille de Mühlberg. |

Ecoles Espagnoles.

J. ANTOLINEZ.

| A 88 | 629. La Magdeleine en extase. |

Numéros des planches.	La collection n'est complète que dans le grand format de 0 m. 26×0 m. 35 environ; les numéros précédés d'une * existent aussi pour stéréoscope; ceux suivis d'une * peuvent s'obtenir également en format carte-album.

MADRID. **Tableaux du Musée.—Ecoles espagnoles.**

ALONSO CANO.

A 198	667. Saint Jean Evangéliste écrivant l'Apocalypse.
A 76*	670. La Vierge adorant son divin Fils.
A 75	672. Jésus-Christ défunt.
A 77	674. Deux rois visigoths.

J. CARREÑO DE MIRANDA.

| A 209* | 687. Portrait du roi Charles II presque enfant. |
| A 238 | 692ª. Portrait de Marie Louise de Bourbon, première femme de Charles II (copie d'après Carreño). |

MATEO CEREZO.

| A 207 | 699. L'Assomption de la Vierge. |

CLAUDIO COELLO.

A 201	701. Sujet mystique.—La Vierge présentant son Fils à l'adoration de divers Saints.
A 210	703. Portrait du roi Charles II.
A 92	704. Portrait de Marie Anne d'Autriche, seconde femme de Philippe IV (style de C. Coello).

FRANCISCO COLLANTES.

| A 202 | 705. Vision d'Ezéchiel sur la résurrection de la chair. |

FRANCISCO GOYA Y LUCIENTES.

A 230	731. Portrait à cheval du roi Charles IV de Bourbon.
A 229	732. Portrait à cheval de la reine Marie Louise de Parme, femme de Charles IV.
A 231	736. La famille de Charles IV.
A 529	2161. Portrait du peintre F. Bayeu, beau-frère de l'auteur.
A 530	2162. Portrait de doña Josefa Bayeu, femme de l'auteur.
A 998	2164. Portrait de Ferdinand VII jeune.
A 531	2165. Jésus crucifié.
A 999	2166. L'exorcisé.
A 1705	» Sainte Famille.
A 1466	I. La merienda ou dîner sur l'herbe, carton pour tapisserie.

| Numéros des planches. | La collection n'est complète que dans le grand format de 0 m. 26×0 m. 35 environ; les numéros précédés d'une * existent aussi pour stéréoscope; ceux suivis d'une * peuvent s'obtenir également en format carte-album. |

MADRID. **Tableaux du Musée.—Ecoles espagnoles.**

FRANCISCO GOYA Y LUCIENTES.

A 1467	II. *Bal champêtre*, carton pour tapisserie.
A 1468	III. *Querelle dans une auberge*, id. id.
A 1469	IV. *Promenade en Andalousie*, id. id.
A 1470	V. *Le buveur*, id. id.
A 1471	VI. *L'ombrelle*, id. id.
A 1472	VII. *Le cerf-volant*, id. id.
A 1473	VIII. *Les joueurs de cartes*, id. id.
A 1474	IX. *Enfants gonflant une vessie*, id. id.
A 1475	X. *Enfants cueillant des fruits*, id. id.
A 1476	XI. *Aveugle jouant de la guitare*, id. id.
A 1477	XII. *La foire de Madrid*, id. id.
A 1478	XIII. *Le marchand de vaisselle*, id. id.
A 1479	XIV et XV. *Dame et son cavalier.—Marchande d'azeroles.*
A 1480	XVI. *Enfants jouant aux soldats*, id. id.
A 1481	XVIII. *Le jeu de paume*, id. id.
A 1482	XIX. *La balançoire*, id. id.
A 1483	XX. *Les laveuses*, id. id.
A 1484	XXI. *La novillada, ou course de jeunes taureaux*, id. id.
A 1485	XXIV. *Les gardes du tabac*, id. id.
A 1486	XXV et XXVI. *Enfant suspendu à une branche.—Autre enfant avec un oiseau*, id. id.
A 1487	XXVII. *Les bûcherons*, id. id.
A 1488	XXIX. *Le rendez-vous*, id. id.
A 1489	XXXI. *Les bouquetières*, id. id.
A 1490	XXXII. *Les batteurs de blé*, id. id.
A 1491	XXXIII. *Les vendanges*, id. id.
A 1492	XXXIV. *Le maçon blessé*, id. id.
A 1493	XXXV. *Les pauvres à la fontaine.—Le chasseur*, id. id.
A 1494	XXXVI. *La neige*, id. id.
A 1495	XXXVII. *La nôce*, id. id.
A 1496	XXXVIII. *Femmes à la cruche*, id. id.
A 1497	XLI. *Les échasses*, id. id.
A 1498	XLII. *El pelele, ou le mannequin*, id. id.
A 1499	XLIII. *Enfants grimpant sur un arbre*, id. id.
A 1500	XLIV. *Le jeu de la cuillère*, id. id.

Numéros des planches.	La collection n'est complète que dans le grand format de 0 m. 26×0 m. 35 environ; les numéros précédés d'une * existent aussi pour stéréoscope; ceux suivis d'une * peuvent s'obtenir également en format carte-album.

MADRID. **Tableaux du Musée.—Ecoles espagnoles.**

JUAN DE JUANES.

A 81	749. *Saint Etienne dans la synagogue.*
A 82	750. *Saint Etienne accusé de blasphème dans le Concile.*
A 83	751. *Saint Etienne conduit au martyre.*
A 84	752. *Le martyre de Saint Etienne.*
A 85	753. *L'enterrement de Saint Etienne.*
A 222	754. *Portrait de D. Luis de Castelvi.*
A 78	755. *La Cène.*
A 220	757. *Le martyre de Sainte Agnès.*
A 221	759. *Ecce-Homo.*
A 86	760. *Le Sauveur du monde.*
A 79	761. *Melchisédech, roi de Salem.*
A 80	762. *Le Grand-prêtre Aaron.*

J. LEONARDO.

A 225	767. *Le marquis Ambrosio Spinola, recevant les clefs de la place de Bréda.*

V. LOPEZ Y PORTAÑA.

A 95	772. *Portrait du peintre Goya.*
A 179	773. *L'adoration de la Sainte Forme, copie de l'original de* Cl. Coello *à l'Escurial*, dont la reproduction porte le N° A 1539.

B. G. DE LLORENTE.

A 208	774. *La divine Bergère.*

ESTEBAN MARCH.

A 211	779. *Portrait du peintre Jean Baptiste del Mazo.*

J. B. M. DEL MAZO.

A 68	788. *Vue de la Ville de Saragosse;* figures peintes par Velazquez.

LUIS DE MORALES.

A 178	849. *La présentation de l'enfant Jésus dans le temple.*
A 180	850. *La Vierge caressant son divin fils.*

| Numéros des planches. | La collection n'est complète que dans le grand format de 0. m. 26×0. m. 35 environ; les numéros précédés d'une * existent aussi pour stéréoscope; ceux suivis d'une * peuvent s'obtenir également en format carte-album. |

MADRID.   **Tableaux du Musée.—Ecoles espagnoles.**

SEBASTIAN MUÑOZ.

A 212 | 853. *Portrait de l'auteur.*

B. E. MURILLO.

A 3* | 854. *Sainte Famille à l'oiseau.*
A 2* | 855. *Rébecca et Eliézer.*
A 5 | 856. *L'annonciation de la Vierge.*
A 7* | 859. *L'adoration des Bergers.*
A 183 | 860. *Allégorie.—Saint Augustin, évêque d'Hippone.*
A 19 | 861. *La Porciúncula.—Jésus accordant à Saint François le jubilé de la chapelle d'Assisi.*
A 10 | 863. *Saint Jacques apôtre.*
A 12* | 864. *Le divin berger.*
A 11* | 865. *Saint Jean Baptiste enfant.*
A 4* | 866. *Jésus et Saint Jean enfants.—Les enfants à la coquille.*
A 17* | 867. *L'Annonciation.*
A 13* | 868. *Sujet mystique.—Apparition de la Vierge à Saint Bernard.*
A 14* | 869. *Saint Ildephonse recevant la chasuble des mains de la Vierge.*
A 18* | 870. *La Vierge au Rosaire.*
A 8 | 871. *La conversion de Saint Paul.*
A 20* | 872. *L'éducation de la Vierge par Sainte Anne.*
A 184* | 874. *Le Christ crucifié.*
A 25 | 876. *Saint Ferdinand, roi d'Espagne.*
A 15* | 878. *La Conception.*
A 22* | 879. *La Conception, demi-corps.*
A 16* | 880. *La Conception.*
A 6 | 881. *Le martyre de l'apôtre Saint André.*
A 181 | 886. *L'enfant Jésus endormi sur la croix.*
A 9* | 890. *Saint François de Paule.*
A 26 | 893. *Paysanne de Galice tenant une monnaie.*
A 23 | 895. *Ecce-Homo.*
A 24 | 896. *La Vierge des Douleurs.*
A 182 | 897. *Portrait du Père Cavanillas.*
A 21 | 901. *La Magdeleine.*

Numéros des planches	La collection n'est complète que dans le grand format de 0 m. 26×0 m. 35 environ; les numéros précédés d'une* existent aussi pour stéréoscope; ceux suivis d'une* peuvent s'obtenir également en format carte-album.

MADRID.   **Tableaux du Musée.—Écoles espagnoles.**

J. F. NAVARRETE.

A 200 | 905. *Le baptême du Christ.*

A. PALOMINO Y VELASCO.

A 204 | 920. *La Conception.*

J. PANTOJA DE LA CRUZ.

A 213 | 923. *Portrait de l'impératrice Marie,* sœur de Philippe II et femme de l'empereur Maximilien II.
A 214 | 924. *Portrait d'Isabelle de Valois, ou de la Paix,* troisième femme de Philippe II.
A 215 | 926. *Portrait de Marguerite d'Autriche,* femme de Philippe III.
A 89* | 927. *Portrait de l'empereur Charles Quint.*
A 90* | 931. *Portrait de Philippe II, avancé en âge.*

J. DE PAREJA.

A 67 | 935. *La vocation de Saint Mathieu.*

A. PEREDA.

A 205 | 939. *Saint Jérôme méditant sur le Jugement dernier.*

BLAS DEL PRADO.

A 87 | 944. *La Vierge avec l'enfant Jésus et divers Saints.*

F. DE RIBALTA.

A 223 | 946. *Jésus-Christ défunt, soutenu par deux anges.*
A 224 | 947. *Saint François d'Assise, malade, est consolé par un ange.*

J. DE RIBERA.

A 72 | 963. *Saint Barthélémy apôtre.*
A 69* | 982. *L'échelle de Jacob.*
A 70 | 983. *Jacob recevant la bénédiction d'Isaac.*
A 194 | 984. *La Conception.*
A 197 | 985. *Saint Paul, premier ermite.*
A 73 | 988. *Combat de femmes.*

| Numéros des planches. | La collection n'est complète que dans le grand format de 0 m. 26×0 m. 35 environ; les numéros précédés d'une * existent aussi pour stéréoscope; ceux suivis d'une * peuvent s'obtenir également en format carte-album. |

MADRID.   **Tableaux du Musée.—Ecoles espagnoles.**

J. DE RIBERA.

A 74*	989. *Le martyre de Saint Barthélémy.*
A 71	990. *La Sainte Trinité.*
A 195*	992. *Saint Augustin en prière.*
A 196	996. *Saint Jérôme en pénitence.*

J. A. RIBERA Y FERNANDEZ.

| A 169 | 1014. *Cincinnatus recevant les députés qui viennent lui offrir la dictature.* |
| A 168 | 1015. *Le roi Wamba est contraint à choisir entre la couronne ou la mort.* |

FR. RIZI.

A 232	1016. *Auto-da-fé général célébré sur la place Mayor de Madrid le 30 Juin 1680, sous la présidence du roi Charles II et de sa femme Marie Louise de Bourbon.*
A 233	1016. *Le dit tableau, de double grandeur,* en 2 morceaux.
A 234	» *Fragment du dit tableau, représentant la tribune royale, de grandeur naturelle.*

EDUARDO ROSALES.

| A 621* | 2177ª. *Le testament d'Isabelle la Catholique.* |

ALONSO SANCHEZ COELLO.

A 93*	1032. *Portrait du prince Charles,* fils de Philippe II.
A 94*	1033. *Portrait de l'infante Isabelle Clara Eugénie,* fille de Philippe II.
A 410	1037. *Portrait d'une princesse de la maison d'Autriche, jeune.*
A 418	1042. *Portrait de D. Juan d'Autriche,* fils naturel de Charles-Quint, vainqueur à Lépante (copie).

ALONSO MIGUEL DE TOBAR.

| A 1 | 1044. *Portrait de B. E. Murillo.* |

| Numéros des planches. | La collection n'est complète que dans le grand format de 0 m. 26×0 m. 35 environ; les numéros précédés d'une * existent aussi pour stéréoscope; ceux suivis d'une * peuvent s'obtenir également en format carte-album. |

MADRID. **Tableaux du Musée.—Écoles espagnoles.**

LE CAPITAINE JUAN DE TOLEDO.

A 226 | 1045. *Combat naval entre turcs et espagnols.*

DIEGO VELAZQUEZ DE SILVA.

A 56 | 1054. *L'adoration des Rois.*
A 171 | 1055. *Notre Seigneur crucifié.*
A 27 | 1056. *Le Couronnement de la Vierge.*
A 29 | 1057. *Saint Antoine Abbé visitant Saint Paul, premier ermite.*
A 60 | 1058. *Les Buveurs.*
A 64 | 1059. *La forge de Vulcain.*
A 59* | 1060. *Les Lances,* ou la reddition de Bréda.
A 63* | 1061. *Les Fileuses,* ou la fabrique de tapisseries de Sainte Isabelle à Madrid.
A 30* | 1062. *Las Meninas.*
A 185 | 1063. *Mercure et Argos.*
A 41 | 1064. *Portrait à cheval du roi Philippe III.*
A 42 | 1065. *Portrait à cheval de la reine Marguerite d'Autriche, femme de Philippe III.*
A 51 | 1066. *Portrait à cheval du roi Philippe IV.*
A 52* | 1067. *Portrait à cheval de la reine Isabelle de Bourbon, première femme de Philippe IV.*
A 57* | 1068. *Portrait à cheval du prince Balthazar Charles.*
A 28* | 1069. *Portrait à cheval du comte-duc d'Olivares.*
A 65 | 1070. *Portrait de Philippe IV jeune.*
A 192 | 1071. *Portrait de Philippe IV jeune.*
A 193 | 1072. *Portrait de l'infante d'Espagne Marie,* reine de Hongrie, sœur de Philippe IV.
A 39* | 1073. *Portrait de l'infant D. Carlos,* second fils du roi Philippe III.
A 45* | 1074. *Portrait du roi Philippe IV,* en costume de chasse.
A 43 | 1075. *Portrait de l'infant Ferdinand d'Autriche,* frère de Philippe IV.
A 44 | 1076. *Portrait du prince D. Balthazar Charles,* à l'âge de six ans.
A 49 | 1077. *Portrait du roi Philippe IV,* âgé d'environ cinquante ans.
A 40 | 1078. *Portrait de Marie Anne d'Autriche,* seconde femme de Philippe IV.

| Numéros des planches. | La collection n'est complète que dans le grand format de 0. m. 26×0. m. 35 environ; les numéros précédés d'une * existent aussi pour stéréoscope; ceux suivis d'une * peuvent s'obtenir également en format carte-album. |

MADRID. Tableaux du Musée.—Écoles espagnoles.

Diego Velazquez de Silva.

A	50	1079. *Portrait de Marie Anne d'Autriche;* répétition du numéro précédent.
A	190	1080. *Portrait du roi Philippe IV avancé en âge.*
A	53	1081. *Philippe IV en prière.*
A	54	1082. *Marie Anne d'Autriche,* seconde femme de Philippe IV, en prière.
A	46*	1084. *Portrait de l'infante Marie Thérese d'Autriche,* fille de Philippe IV, qui fût plus tard reine de France.
A	216	1085. *Portrait du célèbre poëte de Cordoue D. Luis de Góngora y Argote.*
A	170	1086. *Portrait de doña Juana Pacheco,* femme de l'auteur.
A	189	1087. *Portrait d'une jeune fille.*
A	188	1088. *Portrait d'une jeune fille,* sœur de la précédente.
A	48*	1090. *Portrait de D. Antonio Alonso Pimentel,* neuvième comte de Benavente.
A	47*	1091. *Portrait d'un sculpteur.*
A	32*	1092. *Portrait d'un bouffon du roi Philippe IV,* nommé Pablillos de Valladolid.
A	62	1093. *Portrait de Pernia,* bouffon du roi Philippe IV.
A	61	1094. *Portrait d'un bouffon du roi Philippe IV, que l'on nommait D. Juan d'Autriche.*
A	35*	1095. *Portrait d'un nain du roi Philippe IV,* nommé El Primo.
A	38*	1096. *Portrait du nain de Philippe IV,* D. Sebastian de Morra.
A	55	1097. *Portrait du nain de Philippe IV,* D. Antonio el inglés.
A	36*	1098. *L'enfant de Vallecas.*
A	37*	1099. *L'idiot de Coria.*
A	34*	1100. *Esope.*
A	33*	1101. *Ménippe.*
A	31	1102. *Le dieu Mars.*
A	191	1104. *Portrait d'homme.*
A	186	1106. *Vue prise au jardin de la Villa Médici à Rome.*
A	187	1107. *Autre vue prise au jardin de la Villa Médici à Rome.*
A	66	1117. *Portrait de Philippe IV avancé en âge* (École de Velazquez).
A	58	1118. *Portrait du prince Balthazar Charles enfant* (Id. id.).

| Numéros des planches. | La collection n'est complète que dans le grand format de 0 m. 26×0 m. 35 environ; les numéros précédés d'une * existent aussi pour stéréoscope; ceux suivis d'une * peuvent s'obtenir également en format carte-album. |

MADRID. Tableaux du Musée.—Ecoles espagnoles.

P. N. de Villavicencio.

| A 199 | 1119. *Enfants jouant aux dés.* |

F. de Zurbarán.

A 217	1120. *Vision de Saint Pierre Nolasque.*
A 218	1121. *Apparition de Saint Pierre apôtre, à Saint Pierre Nolasque.*
A 219	1133. *L'enfant Jésus endormi sur la croix.*
A 528	» *Saint François défunt.*

P. Berruguete, XVe siècle.

| A 534 | 2148. *Représentation arbitraire d'un Auto-da-fé présidé par Saint Dominique de Guzman.* |

Ecole de Castille, XVe siècle.

| A 533 | 2184. *Les Rois Catholiques en prières devant la Vierge et son divins Fils, avec les portraits du prince Don Juan, l'infante D.ª Juana, l'inquisiteur général Fr. Thomas de Torquemada, etc.* |

Fernando Gallegos, XVe siècle.

| A 1145 | 2160. *La Décapitation de Saint Jean Baptiste.* |

Ecoles allemandes.

Denis van Alsloot.

A 422	1151. *Une mascarade patinant.*
A 423	1152. *Procession des corporations de Bruxelles, à l'occasion des célèbres fêtes du Ommeganck en 1615.*
A 425	1152. *Le dit tableau plus grand,* en 2 planches.
A 424	1153. *Procession de tous les ordres religieux de Bruxelles, à l'occasion des fêtes du Ommeganck en 1615.*
A 426	1153. *Le dit tableau plus grand,* en 2 planches.

Numéros des planches.	La collection n'est complète que dans le grand format de 0 m. 26×0. m. 35 environ; les numéros précédés d'une * existent aussi pour stéréoscope; ceux suivis d'une * peuvent s'obtenir également en format carte-album.

MADRID.   **Tableaux du Musée.—Ecoles allemandes.**

JACOB VAN ARTHOIS.

A 421 | 1154. *Paysage; départ de Louis XIV pour une expédition;* figures peintes par Van der Meulen.

HENRI MET DE BLES.

A 457 | 1171. *L'adoration des Rois, la reine de Sabá devant Salomon et Hérode sur son trône recevant des présents.*— Triptyque.

BOSCH.

A 458 | 1175. *L'adoration des Rois;* triptyque avec portes.

CRISPINUS VAN DEN BROECK.

A 394 | 1216. *Sainte Famille.*

PIETER BRUEGHEL LE VIEUX.

A 381 | 1221. *Le triomphe de la mort,* allégorie.

J. BRUEGHEL DE VELOURS, père et fils.

A 361 | 1228. *La Vue.*—Vénus et Cupidon dans une somptueuse galerie.
A 360 | 1229. *L'Ouïe.*—Une nymphe et un génie se récréant avec la musique dans le somptueux palais de l'Art.
A 358 | 1231. *Le Goût.*—Une nymphe à table, est servie par un satyre.
A 359 | 1232. *Le Tact.*—Vénus et Cupidon dans une salle garnie d'armures.
A 357 | 1237. *La Vue et l'Odorat.*
A 362 | 1240. *Le paradis terrestre.*
A 363 | 1241. *L'arche de Noé.*
A 364 | 1245. *Paysage avec Saint Eustache;* figures peintes par Rubens.
A 1673 | 1254. *Feston formé avec des fruits et des fleurs;* génies peints par Rubens; les fruits, par F. Snyders.
A 365 | 1275. *Bal champêtre,* figures peintes par Van Hellemont.
A 366 | 1277. *Nôce champêtre.*
A 367 | 1278. *Banquet de nôce.*

PIETER CHRISTOPHSEN.

A 456 | 1291. *La Visitation et la Nativité,* centre d'un rétable.
A 456bis | 1291. *L'annonciation et l'adoration des Mages,* portes du rétable.

| Numéros des planches. | La collection n'est complète que dans le grand format de 0 m. 26✕0 m. 35 environ; les numéros précédés d'une * existent aussi pour stéréoscope; ceux suivis d'une * peuvent s'obtenir également en format carte-album. |

MADRID. **Tableaux du Musée.—Écoles allemandes.**

Michael de Coxcyen.

A 403	1299. *Sainte Cécile touchant du clavecin.*
A 402	1300. *La mort de la Vierge.*

Joost van Craesbeck.

A 396	1303. *Contrat matrimonial.*

Lucas Cranach le vieux.

A 435	1304. *Grande chasse aux cerfs et sangliers de Charles Quint, à Moritzburg en 1544.*
A 434	1305. *Grande chasse aux cerfs de l'empereur Charles Quint, à Moritzburg en 1544.*

Joost Cornelis Drooch Sloot.

A 162	1313. *Des patineurs.*

Albrecht Dürer.

A 438	1314. *Adam tenant la pomme à la main.*
A 439	1315. *Eve recevant du serpent le fruit défendu.*
A 155	1316. *Portrait de l'auteur, à l'âge de 26 ans.*
A 451	1317. *Portrait d'homme, âgé d'environ cinquante ans.*

A. van Dyck.

A 206	1318. *Saint Jérôme faisant pénitence.*
A 348	1321. *Portrait de l'infant cardinal Ferdinand d'Autriche.*
A 151	1322. *Portrait de la comtesse d'Oxford.*
A 349	1323. *Portrait de Henri de Nassau*, prince d'Orange.
A 347	1324. *Portrait d'Amélie de Solms*, princesse d'Orange.
A 351	1325. *Portrait à cheval du roi Charles Ier d'Angleterre.*
A 352	1328. *Portrait d'un musicien.*
A 150*	1330. *Portraits de Van Dyck et du comte de Bristol.*
A 152	1331. *Portrait de Henri Liberti*, organiste d'Anvers.
A 346	1333. *La Vierge des Douleurs.*
A 350	1338. *Portrait de Polixène Spinola*, première marquise de Leganés.

Numéros des planches.	La collection n'est complète que dans le grand format de 0 m. 26×0 m. 35 environ; les numéros précédés d'une* existent aussi pour stéréoscope; ceux suivis d'une* peuvent s'obtenir également en format carte-album.

MADRID. **Tableaux du Musée.—Ecoles allemandes.**

J. VAN EYCK.

A 157 | 1352. *Un moine en prières.*
A 158 | 1353. *La Vierge lisant dans sa chambre.*
A 159 | 2188. *Le triomphe de l'Eglise sur la Synagogue.*

FRANS FLORIS, LE VIEUX.

A 393 | 1355. *Le Déluge universel.*

JAN GHERING.

A 390 | 1379. *Vue intérieure de l'église des Pères Jésuites à Anvers.*

JAN GOSSAERT, OU JEAN DE MABUSE.

A 117 | 1385. *La Vierge Marie recevant les caresses de l'enfant Jésus.*
A 117bis | 1385. *Reproduction de l'inscription qui se trouve au dos du précédent tableau.*
A 454 | 1386. *La Vierge et l'enfant Jésus.*

JEAN GUAS.

A 540 | » *Projet de l'église de Saint Jean des Rois à Tolède, dessin à la plume sur parchemin.*

JAN VAN HEMESSEN.

A 399 | 1396. *Le chirurgien de village.*

HANS HOLBEIN.

A 453 | 1398. *Portrait d'un homme âgé.*

PEETER HUYS.

A 459 | 1402. *Fantaisie grotesque sur les tourments de l'enfer.*

JACOB JORDAENS.

A 353 | 1405. *Le mariage de Sainte Catherine d'Alexandrie.*
A 355 | 1406. *Jésus et Saint Jean enfants, près d'une fontaine.*
A 128 | 1407. *Méléagre et Atalante.*

| Numéros des planches. | La collection n'est complète que dans le grand format de 0 m. 26×0. m. 35 environ; les numéros précédés d'une * existent aussi pour stéréoscope; ceux suivis d'une * peuvent s'obtenir également en format carte-album. |

MADRID. **Tableaux du Musée.—Écoles allemandes.**

JACOB JORDAENS.

A 354	1408. *Holocauste à Pomone.*
A 174	1410. *Scène de famille dans un jardin.*
A 356	1411. *Les trois musiciens ambulants.*

SALOMON KONINCK.

| A 460 | 1415. *Portraits de personnes inconnues.* |

MARINUS.

A 433	1421. *Saint Jérôme méditant sur la mort et le Jugement dernier.*
A 432	1422. *Le changeur et sa femme.*
A 397	1423. *La Vierge allaitant l'enfant Jésus.*

HANS MEMLING.

| A 455 | 1424. *Triptyque.—L'adoration des Rois Mages*, centre du triptyque conservé sous le nom d'oratoire de Charles Quint. |
| A 455 bis et ter. | 1424. *La naissance de Jésus et la présentation au temple* volets de gauche et de droite du Triptyque précédent. |

QUINTEN METSYS.

| A 398 | 1442. *Le Sauveur, la Vierge et Saint Jean Baptiste.* |

ANTONIO MORO.

A 91	1483. *Portrait de Pejeron*, bouffon des comtes de Benavente.
A 175	1484. *Portrait de la reine Marie d'Angleterre*, seconde femme de Philippe II.
A 412	1485. *Portrait de la reine Catherine*, femme de Jean III de Portugal, sœur de Charles Quint.
A 416	1486. *Portrait de l'impératrice Marie d'Autriche*, fille de Charles Quint, femme de Maximilien II.
A 417	1487. *Portrait de l'empereur Maximilien II jeune.*
A 415	1488. *Portrait de la princesse Jeanne d'Autriche*, fille de Charles Quint, veuve du prince Jean du Brésil et mère du roi D. Sébastien.

| Numéros des planches. | La collection n'est complète que dans le grand format de 0 m. 26×0m. 35 environ; les numéros précédés d'une* existent aussi pour stéréoscope; ceux suivis d'une* peuvent s'obtenir également en format carte-album. |

MADRID.   **Tableaux du Musée.—Ecoles allemandes.**

ANTONIO MORO.

A 411	1489. *Portrait d'une femme jeune, inconnue.*
A 413	1491. *Portrait de femme jeune, inconnue.*
A 414	1492. *Portrait de femme jeune, inconnue.*
A 409	1494. *Portrait de Philippe II, jeune.*

PEETER NEEFS.

| A 392 | 1499. *Vue intérieure d'une vaste église gothique en Flandre.* |
| A 391 | 1505. *Vue intérieure d'une église à cinq nefs d'Anvers.* |

JOACHIM PATINIR.

| A 430 | 1519. *Repos de la Sainte Famille dans sa fuite en Egypte.* |
| A 431 | 1523. *Les tentations de Saint Antoine abbé.* |

CORNELIS POELENBURG.

| A 461 | 1531. *Diane se baignant avec ses nymphes.* |

FRANZ POURBUS.

A 405	1533. *Portrait de femme inconnue.*
A 407	1534. *Portrait de Marie de Médicis,* femme de Henri IV, roi de France.
A 406	1535. *Portrait de la reine Anne,* femme de Louis XIII de France, infante d'Espagne.
A 408	1536. *Portrait de Ferdinand II, empereur d'Allemagne,* à l'âge de 42 ans.

ERASMUS QUELLYN.

| A 345 | 1538. *Europe enlevée par Jupiter transformé en taureau.* |

REMBRANDT VAN RYN.

| A 156 | 1544. *La reine Artémise recevant la coupe qui contient les cendres de son mari Mausolée.* |

THEODOR ROMBOUTS.

| A 420 | 1547. *Le charlatan arracheur de dents.* |
| A 419 | 1548. *Les joueurs de cartes.* |

Numéros des planches. | La collection n'est complète que dans le grand format de 0 m. 26×0 m. 35 environ; les numéros précédés d'une * existent aussi pour stéréoscope; ceux suivis d'une * peuvent s'obtenir également en format carte-album.

MADRID. **Tableaux du Musée.—Ecoles allemandes.**

P. P. RUBENS.

A 173	1558. *Le serpent d'airain.*
A 331	1560. *Sainte Famille.*
A 324	1561. *Sainte Famille dans un jardin.*
A 335	1563. *Le Christ mort dans les bras de sa Sainte Mère.*
A 332	1564. *La Cène du Christ au château d'Emmaüs.*
A 334	1565. *Saint Georges terrassant le dragon.*
A 333	1566. *Acte religieux de Rodolphe Ier, comte de Habsbourg, fondateur de l'empire d'Autriche.*
A 1674	1567. *Saint Pierre apôtre.*
A 1675	1568. *Saint Jean évangéliste.*
A 1676	1569. *Saint Jacques le majeur.*
A 1677	1570. *Saint André.*
A 1678	1571. *Saint Philippe.*
A 1679	1573. *Saint Barthélémy.*
A 1680	1574. *Saint Mathieu.*
A 1681	1575. *Saint Mathias.*
A 1682	1576. *Saint Simon.*
A 1683	1577. *Saint Judas Thadée.*
A 1684	1578. *Saint Paul.*
A 329	1579. *Lapithes et Centaures.*
A 328	1580. *L'enlèvement de Proserpine.*
A 327	1581. *Le banquet de Thérée.*
A 325	1582. *Achille découvert par Ulysse.*
A 154*	1584. *Persée délivrant Andromède.*
A 1685	1585. *Cérès et Pomone.*
A 318	1586. *Nymphes de Diane surprises par des satyres.*
A 320	1587. *Nymphes et satyres.*
A 1686	1588. *Orphée et Eurydice.*
A 322	1589. *Junon formant la Voie Lactée.*
A 317	1590. *Le jugement de Pâris.*
A 316	1591. *Les trois Grâces.*
A 319	1592. *Diane et Calixto.*
A 1687	1593. *La déesse Cérès et le dieu Pan.*
A 326	1594. *Mercure et Argos.*
A 1688	1595. *La Fortune.*
A 1689	1596. *La déesse Flora.*

Numéros des planches.	La collection n'est complète que dans le grand format de 0 26×0 35 environ; les numéros précédés d'une * existent aussi pour stéréoscope; ceux suivis d'une * peuvent s'obtenir également en format carte-album.

MADRID. **Tableaux du Musée.—Écoles allemandes.**

P. P. RUBENS.

A 1690	1598. *Le dieu Mercure.*
A 1691	1599. *Saturne dévorant un de ses fils.*
A 340	1600. *Ganymède enlevé par Jupiter transformé en aigle.*
A 1692	1603. *Archimède en méditation.*
A 341	1604. *Portrait de l'archiduc Albert*, souverain des Pays-Bas.
A 342	1605. *Portrait de l'infante Isabelle Clara Eugénie*, femme de l'archiduc Albert.
A 153	1606. *Portrait de la régente de France Marie de Médicis.*
A 338	1607. *Portrait à cheval du roi Philippe II.*
A 337	1608. *Portrait à cheval de l'infant D. Ferdinand d'Autriche, à la bataille de Nordlingen, en 1634.*
A 339	1609. *Portrait de Thomas Morus*, grand chancelier d'Angleterre, décapité par Henri VIII.
A 336	1610. *Portrait d'une princesse de la maison royale de France.*
A 323	1611. *Le jardin d'Amour.*
A 343	1612. *Danse de paysans;* la ronde.
A 1693	1613. *Adam et Ève*, copié du Titien.
A 321	1614. *L'enlèvement d'Europe.*
A 1694	1616. *Les docteurs de l'Église, avec Sainte Claire et Sainte Thomas*, ébauche.
A 1695	1617. *La prestation de la dîme*, ébauche.
A 1696	1618. *Le triomphe de la Vérité sur l'Erreur*, ébauche.
A 1697	1619. *Le triomphe de la Foi catholique*, ébauche.
A 1698	1620. *La loi du Christ triomphant du Paganisme*, ébauche.
A 1699	1621. *Le triomphe de la Charité*, ébauche.
A 1700	1622. *Le triomphe de la Sainte Eucharistie*, ébauche.
A 1701	1623. *Les quatre évangélistes*, ébauche.
A 330	1624. *Allégorie de l'Église militante*, copie.
A 1702	1650. *Le baptême du Christ* (école de Rubens).

FRANS SNYDERS.

A 387	1676. *Chasse aux sangliers.*
A 389	1686. *Sanglier forcé par divers chiens.*
A 388	1689. *Sanglier forcé par des chiens.*
A 386	1696. *Chasse aux cerfs.*

Numéros des planches. | La collection n'est complète que dans le grand format de 0 m. 26×0 m. 35 environ; les numéros précédés d'une * existent aussi pour stéréoscope; ceux suivis d'une * peuvent s'obtenir également en format carte-album.

MADRID. — **Tableaux du Musée.—Ecoles allemandes.**

DAVID TENIERS.

A 370	1718. *Fête de paysans.*
A 372	1719. *Fête champêtre.*
A 371	1720. *Danse de paysans.*
A 378	1723. *Le tir à l'arbalète.*
A 369	1730. *Le roi boit.*
A 374	1733. *La gracieuse récureuse.*
A 380	1735. *Une opération chirurgicale.*
	Les 6 tableaux suivants, réunis en une seule planche, sous le numéro 1703:
A 1703	1738. *Le singe peintre.*
	1739. *Le singe sculpteur.*
	1740. *Les singes buveurs et joueurs.*
	1741. *Ecole de singes.*
	1742. *Singes fumeurs et buveurs.*
	1743. *Banquet de singes.*
A 368	1747. *Galerie de tableaux de l'archiduc Léopold Guillaume a Bruxelles.*
A 373	1748. *Causerie pastorale.*
A 379	1752. *Paysage avec des bohémiens.*
A 375	1754. *Les tentations de Saint Antoine Abbé.*
A 377	1755. *Même sujet.*
A 376	1756. *Même sujet.*

ADRIÆN VAN UTRECHT.

A 1704 | 1784. *Feston de fruits et feuillages.*

CORNELIS DE VOS, LE VIEUX.

A 344 | 1794. *Vénus sortant de l'écume de la mer.*

PAUL DE VOS.

A 383	1802. *Chasse aux cerfs.*
A 382	1803. *Cerf poursuivi par une meute.*
A 385	1805. *Taureau forçé par des chiens.*
A 384	1808. *Le chien lâchant sa proie pour l'ombre.*

| Numéros des planches. | La collection n'est complète que dans le grand format de 0 m. 26×0 m. 35 environ; les numéros précédés d'une * existent aussi pour stéréoscope; ceux suivis d'une * peuvent s'obtenir également en format carte album. |

MADRID.   **Tableaux du Musée.—Ecoles allemandes.**

ROGER VANDER WEIDEN.

A 161	1817. *La mise en croix de N. S.*
A 160*	1818. *La Descente de croix,* copie faite par Michel Coxcyen d'après l'original de l'Escurial reproduit sous le numéro A 1536 de notre collection.
A 535	2190 et 2192. *Le châtiment du péché originel.—Le Jugement dernier.* Portes de droite et de gauche du triptyque N° 2189.
A 536	2191 et 2193. *Le denier de César,* peintures en grisaille qui se trouvaient à l'extérieur des deux portes précédentes et qui en ont été détachées par la scie passée dans l'épaisseur du bois.

PH. WOUWERMANS.

A 466	1830. *Départ pour la chasse.*
A 465	1831. *La chasse aux lièvres.*
A 463	1833. *Halte de chasseurs dans un parc, près d'une fontaine.*
A 464	1835. *Halte de chasseurs près d'une auberge.*

ECOLE FLAMANDE DU XVe siècle.

A 400	1854. *Le mariage de la Vierge.*
A 401	1854. *Saint Jacques et la Foi,* peinture en grisaille qui se trouve derrière le tableau précédent.
A 429	1855. *Le mariage de Sainte Catherine d'Alexandrie.*
A 537	2194. *La Vierge et l'enfant Jésus.*

ECOLE ALLEMANDE DU XVe siècle.

A 428	1861. *La Vierge Marie donnant le sein à son divin Fils.*

ECOLE FLAMANDE DU XVIe siècle.

A 404	1865. *La Vierge et l'enfant Jésus.*
A 427	1866. *La Vierge, l'enfant Jésus et Saint Jean.*
A 452	1876. *Lucrèce se donnant la mort.*
A 538	2201. *La Vierge et l'enfant Jésus recevant l'hommage du fondateur de la chapelle principale de l'église de Saint François d'Avila.*
A 665	» *Les rois Mages.*

| Numéros des planches. | La collection n'est complète que dans le grand format de 0 m. 25×0 m. 35 environ; les numéros précédés d'une * existent aussi pour stéréoscope: ceux suivis d'une * peuvent s'obtenir également en format carte album. |

MADRID. **Tableaux du Musée.—Ecoles françaises.**

Ecole allemande du XVIe siècle.

| A 436 | 1886. *Les trois Grâces*, allégorie. |
| A 437 | 1887. *Les trois âges de la vie humaine*, allégorie. |

Ecole française.

Ant. Fr. Callet.

| A 482 | 1975. *Portrait du roi de France Louis XVI.* |

Claude Gelée, ou Claude de Lorraine.

A 478	1985. *Paysage avec des ruines de l'ancienne Rome.*—L'enterrement de Sainte Sabine; figures peintes par Ph. Lauri.
A 475	1986. *Paysage.*—La fille de Pharaon reçoit Moïse sauvé des eaux du Nil; figures peintes par G. Courtois.
A 477	1987. *Paysage avec effet de soleil levant.*—Sainte Apolline s'embarque pour la Terre Sainte; figures peintes par G. Courtois.
A 476	1988. *Paysage avec effet de soleil couchant.*—Le jeune Tobie avec l'archange Raphaël; figures peintes par G. Courtois
A 479	1993. *Paysage avec effet d'aurore;* figures peintes par Ph. Lauri.

Louis Michel Vanloo.

| A 527 | 2018. *La famille de Philippe V.* |

Le Nain.

| A 395 | 2026. *La bénédiction épiscopale.* |

Nicolas Poussin.

A 470	2041. *David, vainqueur de Goliath, est couronné par la Victoire.*
A 469	2043. *Le Parnasse.*
A 467	2051. *La chasse de Méléagre.*

| Numéros des planches. | La collection n'est complète que dans le grand format de 0 m. 26×0 m. 35 environ; les numéros précédés d'une * existent aussi pour stéréoscope; ceux suivis d'une * peuvent s'obtenir également en format carte-album. |

MADRID. **Tableaux du Musée.—Ecoles françaises.**

HYACINTHE RIGAUT.

A 481 | 2072. *Portrait du roi Louis XIV,* en costume de campagne.

CLAUDE JOSEPH VERNET.

A 480 | 2080. *Marine.*

ANTOINE WATTEAU.

A 473 | 2083. *Les fiançailles et un bal champêtre.*
A 474 | 2084. *Vue prise dans les jardins de Saint Cloud.*

AUTEUR INCONNU DE L'ÉCOLE FRANÇAISE.

A 468 | 2086. *Bacchanale;* peinture exécutée sur un couvercle de clavecin.

MUSÉE DU PRADO.

Peintres contemporains.

F. AMÉRIGO.

A 1414 | T. 405. *Un vendredi au Colysée de Rome.*

ALF. ANDRADE, peintre portugais.

A 827 | T. 388. *Castel Fusano,* paysage des environs de Rome.

VALERIO BECQUER.

A 953 | T. 376. *Paysans des environs d'Avila à la fontaine.*
A 954 | T. 183. *Danse de paysans de la province d'Avila.*

J. BENLLIURE.

A 1415 | T. 404. *Halte de troupes espagnoles.*

F. BUSHELL.

A 550 | T. 87. *Le Postiguet à Alicante,* paysage.

E. CANO.

A* 943 | T. 23. *Christophe Colomb au couvent de la Rábida.*
A 944 | T. 53. *Enterrement du connétable Don Alvaro de Luna.*

| Numéros des planches. | La collection n'est complète que dans le grand format de 0 m. 26×0 m. 35 environ: les numéros précédés d'une * existent aussi pour stéréoscope: ceux suivis d'une * peuvent s'obtenir également en format carte-album. |

MADRID. Tableaux du Musée.—Peintres contemporains.

J. Casado del Alisal.

A 959 | T. 346. *Le Grand Capitaine Gonzalve de Cordoue rencontrant le cadavre du duc de Nemours, sur le champ de bataille de Cérignole.*
A 960 | T. 346. *Les derniers instants de Ferdinand IV, assigné au tribunal de Dieu par ses victimes.*

M. Castellano.

A 830 | T. 386. *La mort du comte de Villamediana.*
A 945 | T. 24. *Cour de la place de taureaux avant le combat.*

F. Domingo y Marques.

A 948 | T. 201. *Un duel.*

M. Dominguez y Sanchez.

A 833* | *La mort de Sénèque.*

A. M. Esquivel.

A 556 | T. 241. *Une réunion d'hommes de lettres*, portraits contemporains.

B. Ferrandiz.

A 951 | T. 220. *Le charlatan.*

M. Ferran.

A 564 | T. 95. *Philippe III de France bénissant ses enfants avant de mourir.*

A. Ferrant y Fischermans.

A 1744 | *L'enterrement de Saint Sébastien.*

J. Garcia Martinez.

A 570 | T. 29. *Les amants de Teruel.*

F. Gimenez Fernandez.

A 650 | T. 94. *Nature morte.*

| Numéros des planches. | La collection n'est complète que dans le grand format de 0 m. 26×0 m. 35 environ; les numéros précédés d'une * existent aussi pour stéréoscope; ceux suivis d'une * peuvent s'obtenir également en format carte album. |

MADRID. Tableaux du Musée.—Peintres contemporains.

J. GIMENEZ FERNANDEZ.

A 1419 | T. 426. *Las huertas de Luche,* paysage des environs de Madrid.

P. GONZALVO PEREZ.

A 576 | T. 104. *Chapelle et tombeaux du connétable Don Alvaro de Luna et de sa femme dans la cathédrale de Tolède.*
A 850 | T. 393. *Maison de l'infante à Saragosse.*—Le départ pour le combat.
A 961 | T. 217. *Vue intérieure de la Lonja, ou Bourse de Valence.*

C. HAES.

A 579 | T. 100. *Le Paular,* paysage du Lozoya.
A 950 | T. 66. *Paysage des environs de Torremolinos, sur les côtes de la Méditerranée.*

J. M. HERRER.

A 955 | T. 98. *Charles-Quint recevant à Saint-Yust la visite de Saint François.*

M. JADRAQUE SANCHEZ.

A 1459 | T. 424. *Une lecture intéressante.*

F. JOVER.

A 591 | T. 168. *La mort de Philippe II.*
A 856 | T. 389. *La Conquête d'Oran.*

M. A. LUPI, peintre portugais.

A 858 | T. 387. *La famille.*

L. DE MADRAZO.

A 808 | T. 1230. *L'enterrement de Sainte Cécile.*

V. MANZANO.

A 957* | T. 43. *Les derniers moments de Cervantès.*

| Numéros des planches. | La collection n'est complète que dans le grand format de 0 m. 26×0 m. 35 environ; les numéros précédés d'une * existent aussi pour stéréoscope; ceux suivis d'une * peuvent s'obtenir également en format carte-album. |

MADRID. Tableaux du Musée.—Peintres contemporains.

S. Martinez Cubells.

A 1755 | L'éducation du prince Don Juan.

G. Maureta.

A 601 | T. 88. Les adieux.
A 947 | T. 144. Le Tasse se retire au couvent de Saint Onophre sur le Janicule.

Enrique Mélida.

A 1422 | Le trouble-fête.

B. Mercadé.

A 603 | T. 93. Les derniers instants de F. Charles Climaque.

R. Monleon.

A 1394 | T. 403. Un naufrage sur la côte des Asturies.

A. Muñoz y Degrain.

A 867* | T. 390. La prière.

R. Navarrete.

A 962 | T. 235. Les Capucins chantant les vêpres dans leur couvent de la Piazza Barberina à Rome.
A 1162 | T. 392. Le doge Foscari destitué.

F. Ortego.

A 604* | T. 150. La mort de Christophe Colomb.

T. Padró y Pedret.

A 605* | T. 89. Une station de chemin de fer avant le départ d'un train.

F. J. Parcerisá.

A 610 | T. 72. Vue extérieure de la cathédrale de Burgos.

| Numéros des planches. | La collection n'est complète que dans le grand format de 0 m. 26×0 m. 35 environ; les numéros précédés d'une * existent aussi pour stéréoscope; ceux suivis d'une * peuvent s'obtenir également en format carte-album. |

MADRID.   **Tableaux du Musée.—Peintres contemporains.**

J. L. Pellicer.

A 878 | T. 383. *La Ronde de nuit.*

Casto Plasencia.

A 1763 | *Origine de la République romaine.*

Fr. Pradilla.

A 1783 | *Jeanne la folle*, (prix d'honneur à l'Exposition de 1878).

D. Puebla.

A 614 | T. 105. *Premier débarquement de Christophe Colomb en Amérique.*
A 886 | T. 394. *Les filles du Cid.*

R. Romea.

A 619 | T. 86. *Paysage des environs de Villalba.*

Sainz y Saiz.

A 1457 | T. 409. *Le repos dans l'atelier du peintre.—A quoi pensera-t-il?*

E. Sala y Francés.

A 899 | T. 395. *L'arrestation du prince de Viana.*

F. Sans.

A 625 | *Episode de la bataille de Trafalgar.*
A 1797 | 451. *Portrait de S. M. le roi Alphonse XII.*

Ed. Soler y Llopis.

A 1286 | T. 415. *Saint Etienne Pape, après son martyre dans les Catacombes.*

1. Suarez Llanos.

A 636 | T. 106. *Sœur Marcelle de Saint Felix voyant passer l'enterrement de Lope de Vega, son père.*

Numéros des planches. | La collection n'est complète que dans le grand format de 0 m. 26×0 m. 55 environ; les numéros précédés d'une * existent aussi pour stéréoscope; ceux suivis d'une * peuvent s'obtenir également en format carte-album.

MADRID.   **Tableaux du Musée.—Peintres contemporains.**

R. TUSQUETS.

A 964 | T. 205. *Un mendiant.*

D. VALDIVIESO.

A 639 | T. 250. *La première Communion.*
A 906* | T. 397. *Philippe II assistant à un auto-da-fé.*

A. VERA.

A 643 | T. 109. *L'enterrement de Saint Laurent dans les catacombes de Rome.*

ZAMACOIS.

A 952 | T. 161. *Les moines quêteurs.*

MUSÉE DE SCULPTURES DU PRADO.

Première salle.

A 1601 | 226. *Aigle provenant d'un monument élevé à la gloire de l'empereur Claude.*
A 1602 | 345. *Alexandre le Grand, buste en marbre de Carrare.*
A 1603 | 509. *L'impératrice Isabelle Augusta, femme de Charles Quint, statue en bronze.*
A 1604 | *Buste de Philippe II, en albâtre.*
A 1605 | 518. *Groupe en bronze, représentant l'empereur Charles Quint triomphant de la Fureur par la Vertu, signé Leo P. Pomp. F. Aret. en 1564.*
A 1605bis | 518. *Le dit groupe représentant l'empereur dépouillé de son armure; ce qui permet d'admirer le fini merveilleux de cette œuvre.*
A 1605ter | 518. *Le même groupe représentant l'empereur dépouillé de son armure et vu par derrière; ce qui permet, comme dans l'autre planche, de juger du travail consciencieux de l'artiste.*

| Numéros des planches. | La collection n'est complète que dans le grand format de 0 m. 26×0 m. 35 environ; les numéros précédés d'une * existent aussi pour stéréoscope; ceux suivis d'une * peuvent s'obtenir également en format carte-album. |

MADRID. **Musée de Sculptures du Prado.**

A 1606	989. *Buste de l'empereur Charles Quint, en marbre de Carrare, œuvre de Pomp. Léoni*; ce buste provient du palais du Buen Retiro.
A 1607	981. *Statue en bronze du roi Philippe II; cette œuvre porte l'inscription et la signature suivantes: PHILIPPUS ANGLIA REX CAROLI V. F. LEO. P. POMPE. F. ARET. F. ANNO 1564*; cette statue provient du Casino.
A 1608	172. *Buste en bronze de l'empereur Charles Quint; il porte l'inscription suivante: IMP. CÆS. CAROLUS V AVG. LEO. P. POMPE F. ARET. F.*
A 1609	983. *Statue de la reine Marie d'Autriche, bronze signé LEO P. POMPE. F. ARET. F. ANNO 1564.*
A 1610	239. *Fragment d'une Vénus, marbre grec.*
A 1611	530. *Mercure, marbre grec.*
A 1611bis	530. *La dite statue, sous un autre point de vue.*
A 1612	477. *La princesse Marguerite, sœur de Charles Quint, buste en marbre de Carrare.*
A 1613	433. *La reine Eléonore d'Autriche, sœur de Charles Quint, d'abord reine de Portugal, puis reine de France par son mariage avec François Ier; buste en marbre de Carrare.*

A 1614	Cette planche réunit les œuvres suivantes:
	77. *Tête en marbre de Carrare.*
	247. *Tête de Valérie Messaline, marbre de Carrare.*
	79. *Jupiter, statue en marbre grec.*
	73. *Buste en marbre de Carrare.*
	371. *Tête d'Homère, en marbre de Carrare.*

A 1615	Cette planche réunit les œuvres suivantes:
	477. *Buste en marbre de Carrare de la princesse Marguerite, sœur de Charles Quint.*
	248. *Tête de César Auguste, en marbre de Carrare.*
	464. *Statue en marbre de Carrare de l'empereur Charles Quint.*

| Numéros des planches. | La collection n'est complète que dans le grand format de 0 m. 26×0 m. 33 environ; les numéros précédés d'une * existent aussi pour stéréoscope; ceux suivis d'une * peuvent s'obtenir également en format carte album. |

MADRID. **Musée de Sculptures du Prado.**

| | 69. Tête de grandeur naturelle, en marbre de Carrare. |
| | 433. La reine Eléonore d'Autriche, sœur de Charles Quint, buste en marbre de Carrare. |

A 1616	Cette planche réunit les sculptures suivantes:
	386. L'empereur Caracalla, buste en marbre de Carrare.
	268. Julia Mamœa, mère d'Alexandre Sévère, tête en marbre de Carrare.
	300. Antonin Diadumenianus, tête en marbre de Carrare.
	443. L'impératrice Isabelle, femme de Charles Quint, statue en marbre de Carrare.
	36. Buste de Severina, marbre de Carrare.
	68. Buste d'enfant, en marbre de Carrare.
	273. Bias le sage, tête en marbre ancien de Carrare.

A 1617	Cette planche réunit les œuvres suivantes:
	54. Aristote, buste en marbre de Carrare.
	53. Jupiter, buste en marbre de Carrare.
	52. L'empereur Auguste, statue en bronze doré et albâtre oriental.
	51. Lucius Verus, jeune, buste en marbre de Carrare.
	50. Hercule, tête en marbre de Carrare.

A 1618	Cette planche réunit les sculptures suivantes:
	45. Tête en marbre grec.
	44. Lucius Verus, buste en marbre de Carrare.
	43. L'empereur Tibère, statue en bronze doré et albâtre oriental.
	42. Buste de l'empereur Vitellius, en marbre de Carrare.
	41. Tête en marbre de Carrare.

A 1619	Cette planche réunit les sculptures suivantes:
	264. Faustina, femme de Marc Aurèle, buste en marbre de Carrare.
	35. Lucius Verus, buste en marbre de Carrare.

| Numéros des planches. | La collection n'est complète que dans le grand format de 0 m. 26×0 m. 35 environ; les numéros précédés d'une * existent aussi pour stéréoscope; ceux suivis d'une * peuvent s'obtenir également en format carte-album. |

MADRID. **Musée de Sculptures du Prado.**

	778. *Cérès, statue en marbre grec.*
	62. *Tête en marbre de Carrare.*
	32. *Buste de Julie, fille de Titus, marbre de Carrare.*

| A 1706 | 778. *Cérès, statue en marbre grec.* |

A 1620	*Cette planche réunit les œuvres suivantes:*
	304. *Néron enfant, buste en marbre de Carrare.*
	27. *Buste en marbre de Carrare.*
	25. *La déesse Isis, statue en marbre grec.*
	986. *Statue mutilée en marbre de Carrare.*
	26. *Buste en marbre.*

A 1621	*Cette planche réunit les œuvres suivantes:*
	398. *Une matrone romaine, buste en marbre de Carrare.*
	18. *Faustina, femme d'Antonin le pieux, buste sans base.*
	17. *Léda, statue en marbre de Carrare.*
	16. *Buste de l'empereur Titus, marbre de Carrare.*
	19. *Buste de l'empereur Auguste, marbre de Carrare.*

| A 1622 | » *Le dieu Pan faisant danser des enfants, bas-relief en ivoire.* |

Salle ovale.

A 1624	524. *Faune emportant un chevreau, statue grecque en marbre.*
A 1625	324. *Mnémosyne, mère des Muses, statue grecque en marbre.*
A 1626	61. *Jeune orateur de l'école de Platon, statue grecque en marbre.*
A 1627	266. *La Paix, statue grecque en marbre.*
A 1628	34. *Bacchus, statue grecque en marbre.*
A 1707	996. *Mercure endormant Argos aux doux sons de sa flûte, statue en marbre.*

| Numéros des planches. | La collection n'est complète que dans le grand format de 0 m. 26×0 m. 35 environ; les numéros précédés d'une * existent aussi pour stéréoscope; ceux suivis d'une * peuvent s'obtenir également en format carte-album. |

MADRID.   **Musée de Sculptures du Prado.**

A 1629	394. *Vénus, statue en marbre de Carrare.*
A 1708	275. *Un faune, statue en marbre de Carrare.*
A 1630	528. *Castor et Pollux, groupe en marbre de Carrare.*
A 1709	293. *Vénus, statue grecque en marbre.*
A 1631	522. *Groupe en marbre de Carrare, œuvre de Alvarez, représentant un jeune guerrier protégeant son père; épisode du Siège de Saragosse.*
A 1632	302. *L'enlèvement de Ganymède, marbre grec.*
A 1633	387. *Méléagre, statue en marbre de Carrare.*
A 1710	535. *Adonis, statue en marbre de Carrare.*
A 1711	520. *Morphée, statue grecque en marbre.*

Deuxième salle.

A 1634	506. *Vénus et Cupidon, groupe en marbre de Carrare, œuvre de D. José Ginés.*
A 1635	» *Minerve, statue étrusque en marbre.*

A 1636	*Cette planche réunit les œuvres suivantes:* 308. *Jeune guerrier grec, buste en marbre de Carrare.* 366. *Troyenne soutenant un vase ou candélabre, marbre de Carrare.* 480. *Statue de la Muse Thalie, marbre de Carrare.* 481. *Tête en marbre de Carrare.* 309. *Cicéron, tête en marbre de Carrare.*

A 1712	480. *Statue de la Muse Thalie, marbre de Carrare.*

A 1637	*Cette planche réunit les œuvres suivantes:* 258. *Jules César, tête en marbre de Carrare.* 470. *César Auguste, tête en marbre de Carrare.* 469. *Périclès, buste, marbre grec.* 472. *La muse Calliope, statue en marbre de Carrare.*

Numéros des planches.	La collection n'est complète que dans le grand format de 0 m. 26×0 m. 55 environ; les numéros précédés d'une * existent aussi pour stéréoscope; ceux suivis d'une * peuvent s'obtenir également en format carte-album.

MADRID. **Musée de Sculptures du Prado.**

    471. *Tête en marbre de Carrare.*
    393. *Un philosophe ancien, buste en marbre de Carrare.*

A 1713   472. *La muse Calliope, statue en marbre de Carrare.*

A 1638   *Cette planche réunit les morceaux suivants:*
    466. *Hercule, tête en marbre de Carrare.*
    987. *Statuette sans bras, en marbre de Carrare.*
    465. *Tête de grandeur colossale de Minerve, en marbre de Carrare.*
    70. *Statue de Flora, en marbre de Carrare.*
    475. *Buste en marbre de Carrare.*
    748. *Bacchus, statuette en marbre de Carrare.*
    462. *Euripide, buste en marbre de Carrare.*

A 1714   455. *Deux têtes de femmes unies par la partie postérieure, en marbre de Carrare.*

A 1639   *Cette planche réunit les sculptures suivantes:*
    459. *Thalès et Bias; deux têtes unies par la partie postérieure, en marbre de Carrare.*
    458. *Un Faune, buste en marbre de Carrare.*
    457. *Statue de grandeur demi-colossale d'un empereur romain, en marbre de Carrare.*
    456. *Buste d'Amazone en marbre de Carrare.*
    455. *Deux têtes de femmes, unies par la partie postérieure, en marbre de Carrare.*

A 1640   *Cette planche réunit les objets suivants:*
    452. *Un philosophe ancien, tête en marbre de Carrare.*
    451. *Vitellius, tête colossale, en marbre de Carrare.*
    450. *Statue d'un empereur romain, en marbre de Carrare.*
    449. *Buste en marbre de Carrare.*
    448. *Buste d'Hippocrate, en marbre de Carrare.*

| Numéros des planches. | La collection n'est complète que dans le grand format de 0 m. 26×0 m. 35 environ: les numéros précédés d'une * existent aussi pour stéréoscope; ceux suivis d'une * peuvent s'obtenir également en format carte-album. |

MADRID.   **Musée de Sculptures du Prado.**

A 1641 | Cette planche comprend les sculptures suivantes:
445. Bacchus, tête de grandeur demi-colossale.
444. Tête en marbre de Carrare.
494. Corps d'une Vénus en marbre grec.
442. Néron, buste en marbre de Carrare, vêtements en marbre italien de couleur.
441. Zénon, philosophe grec, tête en marbre de Carrare.

A 1642 | Cette planche réunit les sculptures suivantes:
438. Hercule, tête demi-colossale, marbre de Carrare.
437. Valerius Publicola, tête en marbre de Carrare.
473. Tête de bouc, marbre grec.
436. La Muse Uranie, statue en marbre de Carrare.
474. Tête de Vénus en marbre de Carrare.
413. Tête en marbre de Carrare.
434. Platon, tête en marbre de Carrare.

A 1715 | 436. La Muse Uranie, statue en marbre de Carrare.

A 1643 | Cette planche réunit les sculptures suivantes:
496. L'empereur Commode, buste en marbre de Carrare.
410. Phérécydès, maître de Pythagore, tête en marbre de Carrare.
429. Restes d'une statue de la Muse Terpsichore, en marbre de Carrare.
428. Marc Aurèle, tête en marbre de Carrare.
406. Démosthène, tête en marbre de Carrare.

A 1716 | 429. La Muse Terpsichore, restes d'une statue en marbre de Carrare.

A 1644 | 427. Bas-relief en marbre de Carrare représentant l'empereur Charles-Quint, œuvre de Pomp. Léoni.

| Numéros des planches. | La collection n'est complète que dans le grand format de 0 m. 26×0 m. 35 environ; les numéros précédés d'une * existent aussi pour stéréoscope; ceux suivis d'une * peuvent s'obtenir également en format carte-album. |

MADRID. **Musée de Sculptures du Prado.**

A 1645 — 420. Bas-relief en marbre de Carrare, représentant l'impératrice Isabelle, femme de Charles Quint, œuvre de Pomp. Léoni.

340 — Vue intérieure de la deuxième Salle du Musée de Sculptures.

ŒUVRES MODERNES.

A 1445 — La Foi, l'Espérance et la Charité, groupe en marbre, œuvre de D. F. Moratilla.
A 1440 — Le Christ mort, statue couchée en marbre, œuvre de D. Ag. Valmitjana.
A 1440bis — Le buste seul de la dite statue.
A 1731 — Le Dante, statue de D. G.º Suñol (Salle des dessins).
A 1731bis — La dite statue, de profil.

GEMMES ET JOYAUX DU MUSÉE DU PRADO.

I. Pierres dures.

B 736 — 1. Coupe ovale, avec anses et pied formés par des dragons chimériques. Lapis oriental; montures d'or émaillé et mat, avec reliefs et sculptures; XVIe siècle, règne de Henri III, hauteur avec les anses 0m 230.

B 737 — Cette planche contient les objets suivants:
25. Coupe lobulée avec anses en mascarons, pied et base; montures d'or ciselé; XVIe siècle, règne de Henri III, hauteur 0m 202.
31. Vase, en forme de coupe, avec couvercle et pied formé

| Numéros des planches. | La collection n'est complète que dans le grand format de 0 m. 26×0 m. 3? environ; les numéros précédés d'une * existent aussi pour stéréoscope; ceux suivis d'une * peuvent s'obtenir également en format carte-album. |

MADRID. **Gemmes et Joyaux du Musée.—Pierres dures.**

    par une figure. Agate orientale; montures d'or émaillé; XVIe siècle, règne de Henri II, hauteur 0^m 293 jusqu'au couronnement.

1. Coupe ovale, avec pieds de dauphins en or, entourés de lauriers. Jaspe sanguin ou héliotrope. Montures d'or ciselé, guilloché et piqué; XVIe siècle, règne de Henri II, hauteur 0^m 224.

B 738   *Cette planche réunit les objets suivants:*

19. Vase à parfums, avec pied et couvercle. Agate. Montures d'argent doré et émaillé; XVIe siècle, règne de Charles IX, hauteur 0^m 15 jusqu'au sommet.
7. Tasse ovale, à nervures ondulées, avec pied et base: Prase. Montures d'or émaillé; XVIIe siècle, règne de Henri IV, hauteur 0^m 136.
22. Vase ovoïde à parfums, entouré de médaillons en camées, avec pied et sommet. Agate orientale. Montures d'argent doré et or avec émaux; XVIe siècle, règne de Charles IX, hauteur 0^m 22 jusqu'au sommet.

B 739   *Planche réunissant les objets suivants:*

59. Urne, garnie au centre de camées, avec couvercle et pied. Agate orientale et calcédoine mousseuse. Montures d'argent et or avec émaux; XVIe siècle, règne de Charles IX, hauteur jusqu'au sommet 0^m 254.
8. Coupe avec pied orné de festons. Agate calcédoine à teintes variées. Montures d'or et émaux; XVIIe siècle, règne de Henri IV, hauteur 0^m 21.
20. Urne avec son couvercle. Agate orientale. Montures d'argent et or avec émaux et camées; XVIe siècle, règne de Charles IX, hauteur 0^m 26.

B 740   *Cette planche reproduit les objets suivants:*

12. Coffret, en fer, à base octogonale et couvercle à pans, tout couvert d'arabesques avec camées, pierres en-

| Numéros des planches. | La collection n'est complète que dans le grand format de 0 m. 26×0 m. 35 environ; les numéros précédés d'une * existent aussi pour stéréoscope; ceux suivis d'une * peuvent s'obtenir également en format carte-album. |

MADRID. **Gemmes et Joyaux du Musée.—Pierres dures.**

	châssées et gravées. Montures d'or et émaux; XVIe siècle, règne de François Ier, hauteur 0^m 128.
	10. Coffret, en bois divers, à base rectangulaire et couvercle à pans, tout couvert de camées et pierres gravées, enchâssées sur velours noir; XVIe siècle, règne de François Ier, hauteur 0^m 125.
B 741	Cette planche contient les objets suivants:
	15. Vase, en forme de coupe, entouré de médaillons avec couvercle et pied. Montures d'or, émaux et figures; seconde moitié du XVIIe siècle, règne de Louis XIV, hauteur jusqu'au sommet 0^m 370.
	17. Vase, en forme de coupe, avec anse, couvercle et pied. Agate calcédoine. Montures d'or avec émaux; XVIIe siècle, règne de Henri IV, hauteur jusqu'au sommet 0^m 302.
	14. Vase, en forme de coupe, entouré de médaillons avec couvercle et pied. Agate calcédoine. Montures d'or, émaux et figures; seconde moitié du XVIIe siècle, règne de Louis XIV, hauteur avec le couvercle jusqu'au sommet 0^m 360.
B 742	Cette planche contient les objets suivants:
	17. Même vase que celui qui figure sous ce numéro dans la planche précédente.
	14. Même vase que celui qui figure sous ce numéro dans la planche précédente.
B 743	Cette planche reproduit les objets suivants:
	41. Vase, en forme de coupe, avec couvercle cassé et pied à balustre. Agate orientale. Montures d'or émaillé; XVIe siècle, règne de Henri III, hauteur avec couvercle 0^m 158.
	24. Vase en forme de coupe. Agate. Montures d'argent et or avec émaux et camées; XVIe siècle, règne de François Ier, hauteur avec couvercle 0^m 272.

| Numéros des planches. | La collection n'est complète que dans le grand format de 0 m. 26×0 m. 35 environ; les numéros précédés d'une * existent aussi pour stéréoscope; ceux suivis d'une * peuvent s'obtenir également en format carte-album. |

MADRID. **Gemmes et Joyaux du Musée.—Pierres dures.**

B 744   *Planche qui reproduit les objets suivants:*
  41. *Même vase que celui décrit sous ce numéro dans la planche 743.*
  47. *Urne, avec une large bande de médaillons en camées, avec couvercle et pied. Agate orientale. Montures d'argent doré, piqué et ciselé avec appliques en or et émaux; XVIe siècle, règne de Charles IX, hauteur en l'état actuel* 0m 210.
  24. *Même vase que celui décrit sous ce numéro dans la planche 743.*

B 745   *Cette planche reproduit les objets suivants:*
  6. *Coupe, Agate. Montures d'or émaux et spinelles; XVIe siècle, règne de Henri II, hauteur* 0m 252 *avec sommet.*
  47. *Même vase que celui reproduit sous ce numéro dans la planche 744.*

B 746   *Cette planche réunit les objets suivants:*
  21. *Vase en forme de barque, avec anse en forme de dragon, bec et pied. Jaspe oriental foncé. Montures d'or et émaux; XVIe siècle, règne de Henri II, hauteur totale* 0m 153.
  55. *Vase ovale, en forme de coupe, avec anses en mascaron, couvercle et pied. Agate. Montures d'or et émaux; XVIe siècle, règne de Charles IX, hauteur totale* 0m 093.
  6. *Coupe. Agate. Montures d'or, émaux et spinelles; XVIe siècle, règne de Henri II, hauteur totale* 0m 252.
  36. *Vase, en forme de barque, avec anse en figure de femme chimérique à la poupe, bec en mascaron et pied. Agate. Montures d'or et émaux; XVIe siècle, règne de Henri II, hauteur* 0m 20.

B 747   *Cette planche réunit les objets suivants:*
  36. *Même vase que celui reproduit sous ce numéro dans la planche 746.*

| Numéros des planches. | La collection n'est complète que dans le grand format de 0 m. 26×0 m. 35 environ; les numéros précédés d'une * existent aussi pour stéréoscope; ceux suivis d'une * peuvent s'obtenir également en format carte-album. |

MADRID. **Gemmes et Joyaux du Musée.—Pierres dures.**

> 55. Même vase que celui reproduit sous ce numéro dans la planche 746.
> 21. Même vase que celui reproduit sous ce numéro dans la planche 746.

B 747bis » Même planche que la précédente.

B 748 Cette planche réunit les objets suivants:
> 79. Coupe unie, avec pied à balustre. Monture d'or, simple; XVIᵉ siècle, règne de François Iᵉʳ, hauteur 0ᵐ 114.
> 38. Coupe ovale, avec anses en mascarons, couvercle et pied. Sanguine. Montures d'or et émaux; commencement du XVIIᵉ siècle, règne de Henri IV, hauteur actuelle 0ᵐ 303.
> 29. Vase long et étroit avec pied et base. Prase avec pyrite de fer. Montures d'or et émail; XVIIᵉ siècle, règne de Henri IV, hauteur 0ᵐ 10.

B 749 Cette planche réunit les objets suivants:
> 34. Vase en forme de coquille, avec tête d'oiseau, pied et base. Sanguine. Montures d'or et émail; XVIᵉ siècle; règne de Charles IX, hauteur 0ᵐ 143.
> 67. Vase, en forme de coupe, avec couvercle orné de figures, et pied à balustre en pierre blanche vernie; le corps et le pied en jaspe. Montures d'or et émail; XVIᵉ siècle, règne de Charles IX, hauteur totale 0ᵐ 295.
> 77. Vase, en forme de barque, avec une chimère en forme de dragon à la poupe, bec et pied. Agate sardoine. Montures d'or avec émaux et pierreries; un amour est à cheval sur la chimère; XVIᵉ siècle, règne de Henri II, hauteur totale 0ᵐ 170.

B 750 Cette planche reproduit les objets suivants:
> 67. Même vase que celui reproduit sous ce numéro dans la planche 749.

| Numéros des planches. | La collection n'est complète que dans le grand format de 0 m. 26×0m. 35 environ; les numéros précédés d'une* existent aussi pour stéréoscope; ceux suivis d'une* peuvent s'obtenir également en format carte-album. |

MADRID. **Gemmes et Joyaux du Musée.—Pierres dures.**

	77. Même vase que celui reproduit sous ce numero dans la planche 749.
B 751	Cette planche reproduit les objets suivants. 39. *Tasse ovale, avec anses rapportées.* Agate, jaspe. *Montures d'argent doré; XVIe siècle, règne de Henri III, hauteur avec les anses* 0m 089. 37. *Grande tasse, en forme de barque, mascaron d'aigle à la poupe, pied et base.* Nero antico et jaspe sanguin. *Montures d'argent, or et pierreries; XVIe siècle, règne de Charles IX, hauteur totale* 0m 325. 45. *Tasse ovale, avec anses en or ciselé et soucoupe.* Agate cornaline. *Montures d'argent doré et filigranes, XVIe siècle; règne de Henri III, hauteur avec anses* 0m 070.
B 752	Cette planche reproduit les objets suivants: 56. *Coupe simple.* Jaspe sanguin transparent. *Montures d'argent doré et or émaillé; XVIe siècle, règne de Henri III, hauteur* 0m 111. 40. *Tasse, sans anses, avec couvercle et pied ornés de camées.* Jaspe oriental et agate. *Montures d'argent doré et or émaillé; XVIIe siècle, règne de Henri IV, hauteur avec le bouton du couvercle* 0m 130. 42. *Petit vase, en forme de coupe sphérique, avec couvercle sans bouton, et pied.* Agate cornaline et albâtre. *Montures d'or avec émail blanc et noir; XVIIe siècle, règne de Henri IV, hauteur actuelle* 0m 125.
B 753	Cette planche reproduit les objets suivants: 44. *Tasse lobulée, avec anses et couvercle.* Jaspe transparent bleuâtre. *Montures d'or et émail; XVIe siècle, règne de Charles IX, hauteur totale* 0m 132. 79. *Coupe ovale, avec pied ovoïde.* Jaspe sanguin transparent et serpentine commune. *Montures d'or et émail; XVIe siècle, règne de Charles IX, hauteur* 0m 120.

| Numéros des planches. | La collection n'est complète que dans le grand format de 0 m. 26×0 m. 35 environ; les numéros précédés d'une * existent aussi pour stéréoscope; ceux suivis d'une * peuvent s'obtenir également en format carte-album. |

MADRID. **Gemmes et Joyaux du Musée.—Pierres dures.**

58. *Terrine à anses réservées dans la masse, et pied.* Jaspe sanguin transparent. *Montures d'or et émail; XVIIe siècle, règne de Henri IV, hauteur 0m 06.*
48. *Vase lobulé, en forme de coupe, avec couvercle et pied cannelé.* Agate; *XVIIe siècle, règne de Henri IV, hauteur 0m 110.*

B 754 — *Cette planche reproduit les objets suivants:*
69. *Salière montée sur une sirène d'or.* Onyx oriental. *Montures d'or émaillé et pierreries; XVIe siècle, règne de François Ier, hauteur 0m 172.*
76. *Vase ovale, dont le corps, le couvercle et le pied sont bordés de camées.* Jaspe fleuri agatisé. *Montures d'argent avec émaux; XVIe siècle, règne de Henri II, hauteur avec couvercle, 0m 165.*
46. *Tasse cannelée, avec pied en balustre et base.* Lapis. *Montures d'or et émail; XVIe siècle, règne de François II, hauteur 0m 12.*

B 755 — *Cette planche reproduit les objets suivants:*
69. *Même salière que celle reproduite sous ce numéro, dans la planche 754.*
76. *Même vase que celui reproduit sous ce numéro dans la planche 754.*

B 756 — *Cette planche reproduit les objets suivants:*
52. *Jarre, avec couvercle fixé à son ouverture surmonté d'une tête.* Agate sardoine. *Montures d'or; XVIe siècle, règne de Henri III, hauteur totale 0m 227.*
53. *Grand vase, en forme de coquille à godrons, surmonté d'une sculpture représentant Neptune monté sur un dauphin et un colimaçon, pied orné avec profusion.* Jaspe fleuri. *Montures d'or, émail et pierres précieuses; règne de Louis XIII, hauteur totale 0m 271.*
65. *Coupe avec pied en balustre.* Sanguine. *Montures d'or*

Numéros des planches.

La collection n'est complète que dans le grand format de 0 m. 26×0 m. 35 environ; les numéros précédés d'une * existent aussi pour stéréoscope; ceux suivis d'une * peuvent s'obtenir également en format carte-album.

MADRID. **Gemmes et Joyaux du Musée.—Pierres dures.**

et argent avec pierreries; XVIe siècle, règne de Henri III, hauteur 0m 110.

B 757 | Cette planche reproduit les objets suivants:
54. *Vase, en forme de coupe presque sphérique, surmonté d'une tête de turc.* Agate calcédoine. *Montures d'or et émail; XVIe siècle, règne de Henri II, hauteur totale* 0m 182.
63. *Vase en forme de coupe, avec pied à balustre et couvercle sans bouton.* Topaze occidentale. *Montures d'or et émaux; XVIIe siècle, hauteur en l'état* 0m 188.
66. *Tasse moresque.* Agate. *Montures d'or et pierreries formant des enlacements; XVIe siècle, règne de Henri II, hauteur* 0m 060.
60. *Flacon à essence de roses, avec arabesques, garni de filigranes et de pierreries; XVIe siècle, règne de François Ier, hauteur* 0m 175.
64. *Tasse sans anses.* Sanguine. *Ornements gravés avec des pierres enchâssées formant des fleurons; XVIe siècle, règne de Henri II, hauteur* 0m 07.
38. *Tasse moresque, avec des fleurons et des grenats enchâssés; XVIe siècle, règne de François Ier, hauteur* 0m 08.
79. *Coupe ovale avec pied ovoïde.* Jaspe sanguin transparent et serpentine commune. *Montures d'or et émail; XVIe siècle, règne de Charles IX, hauteur* 0m 12.

B 758 | Cette planche reproduit les objets suivants:
70. *Vase en forme de coupe, avec anse de chimère et bec d'aigle, et pied à balustre.* Agate sardoine. *Montures d'or avec émaux et pierreries; XVIe siècle, règne de François II, hauteur avec l'anse* 0m 253.
19. *Vase à parfums, avec pied et couvercle.* Agate. *Montures d'argent doré avec émaux et camées; XVIIe siècle, règne de Henri IV, style italien.*

Numéros des planches. | La collection n'est complète que dans le grand format de 0 m. 26✕0 m. 35 environ; les numéros précédés d'une* existent aussi pour stéréoscope; ceux suivis d'une* peuvent s'obtenir également en format carte-album.

MADRID. **Gemmes et Joyaux du Musée.—Pierres dures.**

80. *Vase, en forme de coupe, avec anse de chimère et bec d'aigle, et pied à balustre.* Agate sardoine. *Montures d'or et argent, avec enchâssures de pierres précieuses et émaux; XVIe siècle, règne de François II, hauteur avec l'anse* 0m 275.

B 759 | *Cette planche réunit les objets suivants:*
70. *Même vase que celui reproduit sous ce numéro dans la planche* 758.
80. *Même vase que celui reproduit sous ce numéro dans la planche* 758.

B 760 | *Cette planche reproduit le vase suivant:*
19. *Même vase que celui reproduit sous ce numéro dans la planche* 758.

B 761 | *Cette planche réunit les objets suivants:*
78. *Tasse avec couvercle et pied lobulés et godronnés.* Jaspe transparent agatisé. *Montures d'or et émail; XVIe siècle, règne de Charles IX, hauteur totale* 0m 172.
75. *Grande coupe lobulée à godrons, avec couvercle et pied.* Jaspe sanguin. *Montures d'or émaillé et pierreries; XVIe siècle, règne de Henri III, hauteur totale* 0m 197.
74. *Petite urne, avec anses en mascarons, couvercle et pied.* Agate. *Montures d'or et argent avec émaux et pierreries; XVIe siècle, règne de Charles IX, hauteur avec couvercle* 0m 112; *elle fût donnée par Madame la Dauphine.*
82. *Vase ondulé à godrons, avec pied et base.* Agate jaunâtre, avec veines de cornaline orientale. *Montures d'or émaillé; XVIe siècle, commencement du règne de Henri IV, hauteur* 0m 137.

| Numéros des planches. | La collection n'est complète que dans le grand format de 0 m. 26×0 m. 35 environ; les numéros précédés d'une * existent aussi pour stéréoscope; ceux suivis d'une * peuvent s'obtenir également en format carte-album. |

MADRID. **Gemmes et Joyaux du Musée.—Pierres dures.**

B 762 | *Cette planche réunit les objets suivants:*
34. *Vase en forme de coquille, avec tête d'oiseau, pied et base.* Sanguine. *Montures d'or et émail; XVIe siècle, règne de Charles IX, hauteur 0^m 143.*
85. *Aiguière avec anse en console et mascaron.* Jaspe sanguin transparent. *Montures en bronze doré au feu, avec appliques en or émaillé et perles; XVIe siècle, règnes de Charles IX ou Henri III (Aiguière semblable au N.° 86 de la planche 765); hauteur avec l'anse 0^m 18.—Voir son plateau, planche 763.*
46. *Tasse cannelée avec pied à balustre et base.* Lapis. *Montures d'or et émail; XVIe siècle, règne de François II, hauteur 0^m 120.*

B 763 | *Cette planche reproduit le plateau suivant:*
85. *Plateau de l'aiguière N.° 85 de la planche 762, avec ornements appliqués, divisé en compartiments réguliers.* Jaspe sanguin transparent. *Montures en bronze doré au feu, avec appliques d'or émaillé et perles; XVIe siècle, règnes de Charles IX ou Henri III, diam. maximum 0^m 43.*

B 764 | *Cette planche réunit les objets suivants:*
16. *Tasse, avec pied sculpté, représentant une nymphe.* Platine. *Montures d'or et émail; XVIe siècle, règne de François Ier.*
43. *Salière avec pied et base surbaissée.* Jaspe fleuri violacé. *Montures d'or émaillé, XVIIe siècle, règne de Henri IV, hauteur 0^m 106.*

B 765 | *Cette planche reproduit les objets suivants:*
86. *Aiguière avec anse en console et mascaron.* Jaspe sanguin transparent. *Montures en bronze doré au feu, avec appliques d'or émaillé et perles; XVIe siècle,*

| Numéros des planches. | La collection n'est complète que dans le grand format de 0 m. 26×0 m. 35 environ; les numéros précédés d'une* existent aussi pour stéréoscope; ceux suivis d'une* peuvent s'obtenir également en format carte-album. |

MADRID. **Gemmes et Joyaux du Musée.—Pierrer dures.**

  règne de Charles IX ou Henri III. (Aiguière semblable à celle qui porte le N.° 85 de la planche 762), hauteur avec l'anse 0^m 172.— Voir son plateau planche 766.
16. *Même tasse que celle reproduite sous ce numéro dans la planche 764.*
43. *Même salière que celle reproduite sous ce numéro dans la planche 764.*

B 766   *Cette planche reproduit le plateau suivant.*
86. *Plateau de l'aiguière N.° 86 de la planche 765, divisé en compartiments réguliers avec ornements appliqués. Jaspe sanguin transparent. Montures en bronze doré au feu, avec appliques d'or émaillé et perles; XVIe siècle, règnes de Charles IX ou Henri III, diam. maximum 0^m 425.*

B 767   *Cette planche réunit les objets suivants:*
73. *Petite urne avec couronnement et pied. Montures d'or formant des ramages; XVIe siècle, règne de Charles IX, hauteur totale 0 m 125.*
137. *Vase, en forme d'urne, avec anses formées par des serpents, couvercle et pied. Cristal de roche connu sous le nom de topaze enfumée. Montures d'or avec émaux et pierreries; XVIe siècle, règne de Henri II, hauteur totale 0^m 275.*
68. *Urne ouvragée, à facettes concaves et anses réservées dans la matière, en consoles d'or appliquées, avec couvercle et pied. Jaspe sanguin. Montures d'or, émaux et pierres précieuses; XVIe siècle, règne de Charles IX ou Henri III, hauteur totale 0^m 162.*

B 788   *Cette planche réunit les deux objets suivants:*
18. *Vase, en forme de sabot, portant à l'intérieur comme l'empreinte d'un pied, avec anse et support taillé dans la matière, avec pied et base. Jade couleur vert poi-*

| Numéros des planches. | La collection n'est complète que dans le grand format de 0 26×0 35 environ; les numéros précédés d'une * existent aussi pour stéréoscope; ceux suivis d'une * peuvent s'obtenir également en format carte-album. |

MADRID. **Gemmes et Joyaux du Musée.—Pierres dures.**

reau. *Montures en argent doré et ciselé; pied formé par quatre dauphins appuyés sur des consoles et orné de festons.*
35. *Vase en forme de casque avec anse, pied et base. Agate jaune avec veines de cornaline orientale. Montures en or avec émail noir, blanc et bleu.*

B 789 — *Cette planche reproduit les deux vases qui suivent:*
11. *Vase de forme irrégulière, avec anse taillée en relief dans la matière, formant des branches garnies de feuilles. Jade oriental ou néphrite. Pied à trois branches en argent doré et ciselé, orné de feuilles et boutons, de festons et mascarons; base festonnée et ciselée.*
3. *Vase de forme ovale avec pied, base et couvercle à bouton, en forme de feuillage. Jade oriental ou néphrite. Montures en argent doré, ciselé et godronné; pied formé de quatre consoles avec feuillages.*

B 790 — *Cette planche reproduit l'objet suivant:*
26. *Cassolette, avec mascaron en relief, trépied et couvercle percé à jour et surmonté d'un bouton en argent représentant des flammes. Jade oriental, remarquable par ses dimensions. Montures en argent doré. Pied à trois consoles avec griffes et festons.*

B 791 — *Cette planche réunit les objets suivants:*
11. *Deux tasses de forme irrégulière avec festons percés à jour, formant des branches enlacées et des feuilles. Jade oriental ou néphrite; elles accompagnent la tasse reproduite sous le numéro 11 de la planche 789.*
51. *Vase avec anse, bec et couvercle surmonté d'un bouton en forme d'oiseau. Jade oriental ou néphrite, avec ornements en relief et gravés dans la matière.*

| Numéros des planches. | La collection n'est complète que dans le grand format de 0. m. 26✕0. m. 35 environ; les numéros précédés d'une * existent aussi pour stéréoscope; ceux suivis d'une * peuvent s'obtenir également en format carte-album. |

MADRID. **Gemmes et Joyaux du Musée.—Pierres dures.**

B 792 — 655. *Petit temple à huit colonnes en jaspe, d'ordre corinthien, avec voussure, moulures dorées et enchâssures de lapis. Dans la partie supérieure, un médaillon émaillé soutenu par deux anges en bas-relief et bronze doré représentant l'enfant Jésus adoré par des anges; plus bas un oiseau en relief perché sur une branche, avec feuilles et fruits en pierres dures; diverses autres mosaïques et incrustations.*

B 792bis — 544. *Petit temple formé de huit colonnes en jaspe d'ordre corinthien, avec voussure et moulures dorées, orné de pierres fines. Dans la partie supérieure, un cadre festonné avec des enchâssures de pierres et deux chérubins en bronze doré, entourant un médaillon en émail représentant l'adoration des Rois, surmonté d'une voussure soutenue par deux colonnes en bronze doré, avec diverses pierres fines enchâssées. Dans la partie inférieure, des branches, fruits et fleurs en relief et mosaïques de pierres fines.*

II. Cristal de roche.

B 768 — *Cette planche réunit les deux objets suivants:*
109. *Vase cylindrique avec anse, mascaron au bec, couvercle et pied. Cristal de roche taillé et gravé, formant des zônes de fleurons. Montures d'argent doré; XVIe siècle, règne de François Ier, hauteur totale 0^m 260.*
87. *Grande tasse ovale, en forme de barque, avec une bordure d'amours, base et pied. Cristal de roche gravé. Montures d'or émaillé; XVIe siècle, règne de Henri II, hauteur 0^m 206.*

B 769 — *Cette planche réunit les deux objets suivants:*
96. *Vase, en forme d'oiseau, avec tête et queue de serpent. Cristal de roche taillé et gravé. Montures d'or et*

Numéros des planches.	La collection n'est complète que dans le grand format de 0 m. 26×0 m. 35 environ; les numéros précédés d'une * existent aussi pour stéréoscope; ceux suivis d'une * peuvent s'obtenir également en format carte-album.

MADRID. **Gemmes et Joyaux du Musée.—Cristal de roche.**

	émail; XVIᵉ siècle, règne de Henri III, hauteur 0ᵐ 220.
	134. *Grande coupe ovoïde, à pied en balustre.* Cristal de roche taillé et gravé, *formant de grands mascarons avec ramages.* Montures d'argent émaillé et peint; XVIIᵉ siècle, règne de Henri IV, hauteur 0ᵐ 280.
	88. *Jarre à anse angulaire, bec, couvercle et pied.* Cristal de roche gravé. Montures d'or et émail; XVIᵉ siècle, règne de Henri II, hauteur totale 0ᵐ 185.
B 770	*Cette planche réunit les deux objets suivants:*
	89. *Vase ovoïde, en forme de barque, avec mascarons en poupe et proue.* Cristal de roche taillé et gravé. Montures d'or et émail; XVIᵉ siècle, commencement du règne de Henri IV, hauteur 0ᵐ 174.
	122. *Vase à parfums, avec anses de mascarons, couvercle à godrons et pied;* Cristal de roche taillé et gravé de *ramages et génies.* Montures d'or; XVIᵉ siècle, règne de Henri IV, hauteur en l'état 0ᵐ 215.
B 771	*Cette planche réunit les deux objets suivants:*
	105. *Coupe, en forme d'oiseau, avec couvercle et pied imitant un coq.* Cristal de roche taillé et gravé. Montures d'argent doré et or avec émaux; XVIᵉ siècle, règne de Henri III, hauteur 0ᵐ 255.
	92. *Vase, en forme d'oiseau, avec couvercle et pied.* Cristal de roche taillé et gravé. Montures d'or et émail; XVIᵉ siècle, règne de Henri III, hauteur avec les ailes 0ᵐ 210.
B 772	*Cette planche réunit les objets suivants:*
	93. *Jarre, en forme de verre à pied, avec anse en volute imitant un poisson.* Cristal de roche taillé et profusément gravé, *avec enchâssures d'argent doré;* XVIᵉ siècle, règne de Henri II, hauteur avec anse 0ᵐ 265.

| Numéros des planches. | La collection n'est complète que dans le grand format de 0 m. 26×0. m. 35 environ; les numéros précédés d'une * existent aussi pour stéréoscope; ceux suivis d'une * peuvent s'obtenir également en format carte-album. |

MADRID. **Gemmes et Joyaux du Musée.—Cristal de roche.**

132. *Coupe, en forme de calice, avec pied bordé de fleurons émaillés.* Cristal de roche taillé et gravé. *Montures d'argent doré avec appliques d'or et pierreries; XVIIe siècle, règne de Louis XIII, hauteur* 0^m 360.

B 773   *Cette planche reproduit les deux objets suivants:*
    94. *Grande tasse ovale et ondulée, avec anses et pied.* Cristal de roche taillé et gravé. *Montures d'or avec émail; XVIe siècle, règne de Henri III, hauteur* 0^m 135.
    103. *Vase, en forme de sucrier, avec anses de chimères, couvercle cassé et pied.* Cristal de roche taillé et gravé, *figurant des chasses; XVIe siècle, règne de Henri II, hauteur en l'état* 0^m 205.

B 774   *Cette planche réunit les deux objets suivants:*
    104. *Vase, en forme de lampe, à plusieurs mèches, avec couvercle, pied et soucoupe.* Cristal de roche taillé et gravé. *Montures d'or et émail; XVIIe siècle, règne de Henri IV, hauteur jusqu'au sommet* 0^m 152.
    95. *Jarre, en forme de coupe, avec anse et pied. L'anse est surmontée d'une tête de femme avec des ailes; celles-ci sont cassées.* Cristal de roche taillé et gravé. *Montures d'argent doré; XVIe siècle, règne de Charles IX, hauteur avec anse* 0^m 290.

B 775   *Cette planche réunit les deux objets suivants:*
    97. *Plateau ovale, divisé en compartiments réguliers à ramages.* Cristal de roche gravé. *Montures d'argent doré; XVIe siècle, règne de Charles IX ou Henri III, diam. du grand axe* 0^m 245.
    128. *Plateau octogone, avec des gravures au centre représentant des ramages et des corbeilles.* Cristal de roche taillé et gravé. *Montures de laiton; XVIIe siècle, règne de Henri IV, longueur maxima* 0^m 255.

| Numéros des planches. | La collection n'est complete que dans le grand format de 0. m. 26×0. m. 35 environ; les numéros précédés d'une * existent aussi pour stéréoscope; ceux suivis d'une * peuvent s'obtenir également en format carte-album. |

MADRID. **Gemmes et Joyaux du Musée.—Cristal de roche.**

B 776 | Cette planche réunit les deux objets suivants:
107. *Flacon avec couvercle et pied.* Cristal de roche avec gravure de scènes de bocage et festons. *Montures d'or avec émaux; XVIe siècle, règne de Henri III, hauteur totale* 0^m 107.
106. *Amphore avec anses de chimères et pied.* Cristal de roche taillé et gravé avec ramages et oiseaux. *Montures d'or avec émaux; XVIe siècle, règne de Henri II, hauteur avec anses* 0^m 40.

B 777 | Cette planche réunit les objets suivants:
123. *Amphore, avec anses en console et pied.* Cristal de roche taillé et gravé à ramages. *Montures d'or, émaux et pierreries; XVIe siècle, règne de Henri II, hauteur avec anses,* 0^m 270.
110. *Vase, en forme de coupe, ovale et ondulé avec pied en balustre.* Cristal de roche taillé et gravé, *formant des médaillons avec les figures des saisons. Montures d'or et émaux; XVIe siècle, règne de Henri III, hauteur* 0^m 255.
117. *Flacon à anses et anneau.* Cristal de roche taillé et profusément gravé. *Montures d'or et émail; XVIe siècle, règne de Henri II, hauteur* 0^m 290.

B 778 | Cette planche réunit les objets suivants:
131. *Vase ondulé, en forme de tasse, avec anses et pied.* Cristal de roche taillé et gravé. *Montures d'or et émaux; XVIe siècle, règne de Henri III, hauteur* 0^m 127.
111. *Coupe, soutenue par un dauphin, sur un pied en cristal de roche taillé et gravé; montures d'argent doré et lapis; XVIIe siècle, règne de Henri IV, hauteur jusqu'au sommet* 0^m 472.

| Numéros des planches. | La collection n'est complète que dans le grand format de 0 m. 26×0 m. 35 environ; les numéros précédés d'une * existent aussi pour stéréoscope; ceux suivis d'une * peuvent s'obtenir également en format carte album. |

MADRID. **Gemmes et Joyaux du Musée.—Cristal de roche.**

B 779
Cette planche réunit les objets suivants:
118. *Jarre avec triple anse, couvercle et pied, semblable à celle reproduite sous le numéro 112 de cette même planche.* Cristal de roche taillé et gravé, avec des scènes de l'histoire sainte. Montures d'or et émaux avec pierreries; XVIIe siècle, règne de Henri IV, hauteur 0^m 230.
113. *Amphore avec anses de chimères et pied.* Cristal de roche taillé et gravé, *figurant un élégant ramage avec fruits.* Montures d'or et émail; XVIe siècle, règne de Henri II, hauteur totale 0^m 340.
112. *Jarre, avec triple anse, couvercle et pied.* Cristal de roche taillé et gravé. Montures d'or et émaux; XVIe siècle, règne de Henri IV, hauteur avec l'anse centrale 0^m 220.

B 780
114. *Aiguière avec pied et anse de chimères sculptées.* Cristal de roche taillé. Montures d'argent doré avec appliques d'or, émail et pierreries; XVIIe siècle, règne de Henri II, hauteur avec l'anse 0^m 409.

B 781
Cette planche réunit les objets suivants:
116. *Vase, avec ornements, et anse formée par des génies et des serpents, couvercle et pied.* Cristal de roche taillé. Montures d'argent, or et pierreries; XVIIe siècle, règne de Henri IV, hauteur avec l'anse 0^m 140.
119. *Vase, avec anse de serpent, orné de génies, couvercle et pied.* Cristal de roche taillé. Montures d'or, émail et pierreries; XVIIe siècle, règne de Henri IV, hauteur avec l'anse 0^m 180.

B 782
Cette planche réunit les objets suivants:
116. *Même vase que celui reproduit sous ce numéro dans la planche 781.*

| Numéros des planches. | La collection n'est complète que dans le grand format de 0 m. 26×0. m. 35 environ; les numéros précédés d'une * existent aussi pour stéréoscope; ceux suivis d'une * peuvent s'obtenir également en format carte-album. |

MADRID. **Gemmes et Joyaux du Musée.—Cristal de roche.**

  114. *Même aiguière que celle reproduite sous ce numéro dans la planche* 780.

  119. *Même vase que celui reproduit sous ce numéro dans la planche* 781.

B 783   127. *Plateau circulaire avec un aigle gravé au centre.* Cristal de roche. *Montures d'argent doré; XVIIe siècle, règne de Louis XIII, diam.* 0^m 27.

B 784   129. *Drageoir, en forme d'oiseau chimérique, avec ailes à pointes, et pied.* Cristal de roche taillé et gravé. *Montures d'or et émaux; XVIe siècle, règne de Henri II, hauteur* 0^m 237.

B 785   133. *Plateau ovale, bordé de fleurons avec pied.* Cristal de roche gravé, *représentant au centre des scènes de dieux marins et à la circonférence des sujets de bocage. Montures d'or avec émail, camées et perles; fin du XVIe siècle, règne de Henri IV, diam. maximum,* 0^m 39.

B 786   135. *Aiguière, en forme de navire, avec un dragon en poupe, des chimères de femmes ailées sur les côtés et une tête d'oiseau fantastique à la proue.* Cristal de roche taillé et gravé à grands ramages. *Montures d'or avec émaux; XVIe siècle, règne de Henri III, hauteur totale* 0^m 245.

B 787   136. *Drageoir, en forme de navire sur roues, avec têtes de dragon en poupe et des chimères de femmes ailées sur les côtés.* Cristal de roche taillé et gravé *à grands ramages. Montures d'argent et or avec émaux; XVIe siècle, règne de Henri III, hauteur totale* 0^m 218.

| Numéros des planches. | La collection n'est complète que dans le grand format de 0 m. 26×0 m. 35 environ; les numéros précédés d'une * existent aussi pour stéréoscope; ceux suivis d'une * peuvent s'obtenir également en format carte-album. |

MADRID. **Objets divers du Musée du Prado.**

B 547	Belle majolique, vue à l'extérieur.
B 548	La dite majolique, vue intérieurement.
B 549	Beau vase de Sèvres.

341*	Palais d'architecture arabe au Prado.
*341bis	Le même, sous un autre point de vue.
941*	Fontaine de l'Alcachofa ou artichaut, au Prado.
46	Vue de la gare du Midi.

Musée anthropologique du docteur Velasco.

778*	Vue du dit Musée.
779	Statue de Servet, placée devant le portique du Musée.
780	Statue du divin Vallés, devant le portique du dit Musée.
781	Vue intérieure du Musée Velasco, côté gauche.
782*	Vue intérieure du dit Musée, côté droit.

Église de Notre-Dame d'Atocha.

342	Vue extérieure de l'église d'Atocha.
1911	Vue intérieure de la dite église.
1912	Autre vue intérieure de l'église, prise du chœur.
B 207	*Tombeau du maréchal Prim*, travail en fer repoussé avec niellures d'or et argent, éxécuté par Mr. P. Zuloaga.

1029*	L'Observatoire astronomique.
1052	El Estanque, ou pièce d'eau du Retiro, en 2 morceaux.
*1030	Vue générale de Madrid prise du Retiro, en 4 morceaux.

| Numéros des planches. | La collection n'est complète que dans le grand format de 0 m. 26×0 m. 35 environ; les numéros précédés d'une * existent aussi pour stéréoscope; ceux suivis d'une * peuvent s'obtenir également en format carte album. |

MADRID.

Musée d'artillerie à Madrid.

1543	Vue de la première Salle.
1544	Vue de l'ancienne Salle des Reinos du palais de Philippe IV, au Buen Retiro.
1545	Salle d'armes.
1546	Autre salle d'armes.
B 382	*Tente de campagne de l'empereur Charles Quint.*
B 383	*Trophée formé avec les épées de Diego Hurtado de Mendoza, du maure Aleatar, de Sancho Dávila et celle de Suero de Quiñones.*

Musée des Ingénieurs, ou du Génie militaire.

1547*	Salle de Balanzat.
1548	Salle de Garcia San Pedro.

Salon du Prado.

336	Le Salon du Prado, avec la fontaine des Quatre Saisons.
339	La fontaine de Neptune, au Prado.
942	Colonne du deux Mai, au Prado.
337	La fontaine de Cibèle, au Prado, vue de face.
337bis	La même, vue de profil.
338*	Vue de la fontaine de Cibèle et de la rue d'Alcalá.

44*	Fontaine de la promenade de Recoletos.
943	Théâtre et cirque du Prince Alphonse.
1053*	Hôtel de Mr. le marquis de Campo.
944	Hôtel des Monnaies.
593*	Hôtel de Mr. le marquis de Salamanca.
1032	Promenade de la Castellana.
1031	Palais de Mr. Indo, sous 6 points de vue différents.
1443	Porte méridionale du palais Indo.
1444	Porte septentrionale du palais Indo.
1054*	Nouvelles constructions de la Castellana.

| Numéros des planches. | La collection n'est complète que dans le grand format de 0 m. 26×0 m. 35 environ; les numéros précédés d'une * existent aussi pour stéréoscope; ceux suivis d'une * peuvent s'obtenir également en format carte-album. |

MADRID.

Palais de Mr. le Marquis de Portugalete.

598*	Vue du palais de Mr. le Marquis de Portugalete.
A 775*	La Visite; tableau de J. Casado.
A 776*	La Sieste; tableau du même peintre.
A 810	Don Quichotte au palais des Ducs; tableau de Gisbert.
A 751	Don Juan d'Autriche est présenté à son père Charles Quint retiré à Yust; tableau de E. Rosales.
A 968	Les Saltimbanques; tableau de F. Domingo.
A 870	Le marquis de Bedmar devant le Sénat de Venise; tableau de R. Navarrete.
A 1316	La bonne aventure; tableau de V. Palmaroli.
A 918	Narcisse à la fontaine, statue de E. Martin y Riesco.

343	La porte d'Alcalá.
343bis	Vue générale de la porte d'Alcalá.
344*	Vue de la rue d'Alcalá.
344bis	Autre vue de la rue d'Alcalá.

PLACE DES TAUREAUX.

747	Vue générale extérieure.
748*	Vue générale extérieure, du côté de la façade.
749	Façade principale.
750	Vue intérieure, côté droit.
751	Vue intérieure, côté gauche.
752*	Vue générale intérieure.
753	Vue du corral, ou écuries.

EPISODES DE LA COURSE DE TAUREAUX.

1784	El tanteo, ou essai des jeunes taureaux.
1785	El encierro, ou conduite des taureaux à la place.
1786	Salida de la cuadrilla, ou défilé des toréadors.
1787	Picador en suerte, ou le cavalier attaquant le taureau.

| Numéros des planches. | La collection n'est complète que dans le grand format de 0 m. 26×0 m. 35 environ; les numéros précédés d'une * existent aussi pour stéréoscope; ceux suivis d'une * peuvent s'obtenir également en format carte-album. |

MADRID. **Episodes de la course de taureaux.**

1788	Caida del picador, ou la chûte du picador.
1789	Las banderillas.
1790	Salto al trascuerno, ou le saut par dessus les cornes du taureau.
1791	Salto de la garrocha, ou le saut de la perche.
1792	El capeo à la Verónica, ou le maniement de la cape à la Véronique.
1793	El capeo à la Navarra, ou le maniement de la cape à la mode de Navarre.
1794	Pase de muleta, ou le matador esssayant son drapeau.
1795	Espada recibiendo, ou l'épée recevant le choc du taureau.
1796	Los perros, ou le taureau assujétti par les chiens.

3.º RÉGION SEPTENTRIONALE DE MADRID.

| *345* | Las Salesas, ou palais de Justice. |

Mont de piété, ou Caisse d'épargne de Madrid.

771	Vue du Mont de piété, ou caisse d'épargne.
772	Autre vue du même édifice.
773	Vue intérieure de l'édifice.
773bis	Même vue intérieure, sous un autre point de vue.
774	Plafond de la grande Salle.
775	Bustes des fondateurs du Mont de piété.
776	Portail de l'ancien édifice du Mont de piété.

777	Porte du couvent de las Descalzas Reales.
346	L'hospice de la rue Fuencarral.
1033*	Arc ou porte de l'ancien parc d'artillerie.
*1034	Place de l'ancien parc d'artillerie.
1035	Statues de Daoiz et Velarde, les héros du 2 Mai 1808.
*349	Le Noviciat, dans la rue Ancha de San Bernardo.
591	Salle des Grades à l'Université.

| Numéros des planches. | La collection n'est complète que dans le grand format de 0 m. 26×0 m. 35 environ; les numéros précédés d'une * existent aussi pour stéréoscope; ceux suivis d'une * peuvent s'obtenir également en format carte-album. |

MADRID.

348	Eglise du Buen Suceso.
766	Vue générale de l'église du Buen Suceso.
767	Portail de la dite église.
1036	Caserne de la montagne del Principe Pio.
1037	Vue du quartier, ou barrio de Pozas.
791	Hôpital de la Princesse.
1038	Eglise de San Antonio de la Florida.
1039	Pont du chemin de fer du Nord, sur le Manzanarès.
1040*	Vue du Manzanarès.
1041	Statue allégorique du canal de Lozoya.

1715	Tombeau du poëte Quintana, au cimetière de la Patriarcal.
1913	Tombeau de la famille Ugarte, au cimetière de la Sacramental de San Isidro.

789	Arc de triomphe élevé dans la rue d'Alcalá, pour célébrer l'avénement du roi Don Alphonse.
789bis	Le même arc, sous un autre point de vue.
790	Arc de triomphe élevé dans la rue Mayor.
790bis	Le même arc sous un autre point de vue.

IIIE. RÉGION.

ENVIRONS DE MADRID.

| Numéros des planches. | La collection n'est complète que dans le grand format de 0 m. 26×0 m. 35 environ; les numéros précédés d'une * existent aussi pour stéréoscope; ceux suivis d'une * peuvent s'obtenir également en format carte-album. |

CARABANCHEL, près Madrid.

Palais de Vista Alegre, à Mr. le Marquis de Salamanca.

| 785 | Vue du palais de Vista Alegre. |
| 786 | Salon arabe du dit palais. |

Tableaux, sculptures, meubles et porcelaines du dit palais.

A 1367	*Banquet fantastique*; tableau par Bosch.
A 574*	*Débarquement des Puritains dans l'Amérique du Nord*; tableau de Gisbert.
A 1356	*Vénus et l'Amour*, marbre par Tenerani.
A 1357	*Psyché abandonnée sur le rocher*, marbre par Tenerani.
A 1358	*Bacchus et l'Amour*, marbre par Carrarini.
A 1359	*L'esclave*, marbre par S. Tadolini.
A 1360	*Joseph et Putiphar*, marbre par A. Tadolini.
A 1361	*Adam et Eve*, groupe en marbre par le même.
A 1361bis	*Le même groupe d'Adam et Eve*, sans piédestal.
A 1362	*Mars et Vénus*, marbre par Canova.
A 1363	*Petite fille au miroir*, marbre par Lazarini.
A 1364	*Brutus*, marbre par Vilches.
A 1365	*Ariane*, marbre.
A 1366	*La Magdeleine*, statue en bois, par Nanquié.

| Numéros des planches. | La collection n'est complète que dans le grand format de 0 m. 26×0 m. 35 environ; les numéros précédés d'une * existent aussi pour stéréoscope; ceux suivis d'une * peuvent s'obtenir également en format carte-album. |

CARABANCHEL. — **Palais de Vista Alegre.**

B 566	*Coffre en bois sculpté*, renaissance italienne, XVIe siècle.
B 567	*Autre coffre en bois*, même style.
B 568	*Autre coffre en bois*, fin du XVIe siècle.
B 569	*Autre coffre en bois*, XVIIe siècle.
B 570	*Bureau*, style italien, XVIIe siècle, avec peintures sur verre.
B 571	*Tête de lit en bois et bronzes*, XVIIe siècle.
B 572	*Table en ébène*, fin du XVIIe siècle.
B 573	*Chaises garnies en cuir de Cordoue*, XVIIe siècle.
B 574	*Trois vases*, en porcelaine de Sèvres.
B 575	*Pendule et candélabres*, en porcelaine de Saxe.
B 576	*L'Hyménée et autres groupes*, en porcelaine de Saxe.
B 577	*Diane chasseresse et deux vases*, groupe en porcelaine de Saxe.
B 578	*Apollon sur son char et deux vases*, groupe en porcelaine de Saxe.
B 579	*Vénus sortant de l'écume de la mer et deux vases*, groupe en porcelaine de Saxe.
B 580	*Miroir ou psyché*, en porcelaine de Saxe.

LA ALAMEDA, près Madrid.

Palais de S. E. Mr. le Duc. D'Osuna.

1458	Façade du palais.
1459	Jardins de l'Alameda.
1460	La Ria ou étang.
1461	Le fortin.

Tableaux de la Alameda d'Osuna.

A 973	M. Hiraldez Acosta. — *Vénus apparaissant à Anchise.*
A 587	Id. *Daphnis et Chloé.*
A 974	École de Raph. Mengs. — *Le Christ défunt.*
A 975	Asensio Julia (el Pescadorêt). — *Un homme au désespoir.*
A 976	F. Goya. — *La fête de San Isidro à Madrid.*
A 977	Id. *Le jeu de la cuillère* (del cucharon).
A 978	Id. *Chapelle de San Isidro le jour de la fête du Saint.*
A 979	Id. *La transformation des sorciers.*
A 980	Id. *Scène de sorciers.*

— 119 —

| Numéros des planches. | La collection n'est complète que dans le grand format de 0 m. 26×0 m. 3 environ; les numéros précédés d'une * existent aussi pour stéréoscope; ceux suivis d'une * peuvent s'obtenir également en format carte-album. |

LA ALAMEDA de Osuna, près Madrid.

A 981	F. Goya.—*La jardinière.*
A 982	Id. *Le dîner sur l'herbe.*
A 983	Id. *Scène fantastique de sorciers.*
A 984	Id. *Réunion de sorciers.*
A 985	Id. *La lampe monstrueuse.*
A 986	Id. *La statue du commandeur.*
A 987	Id. *Le retour du marché.*
A 988	Id. *Les batteurs de blé dans l'aire.*
A 989	Id. *Le maçon blessé.*
A 990	Id. *Enfants à la fontaine.*
A 991	Id. *La balançoire.*
A 992	Id. *Le mât de cocagne.*
A 993	Id. *Inconvénients d'une cavalcade.*
A 994	Id. *Troupeau de taureaux venant de la Muñoza.*
A 995	Id. *La procession au village.*
A 996	Id. *Charriage de matériaux pour une construction.*
A 997	Id. *Scène de bandits.*
A 1158	Id. *Portrait du duc d'Osuna* (Au palais d'Osuna à Madrid).

TOLÈDE.

1	Vue de Tolède en entrant en ville.
1bis	Vue panoramique de Tolède, à l'entrée de la ville.
30	Le château de San Servando.
292	Le pont d'Alcantara.
292bis	Vue générale du pont d'Alcantara.
2	Les moulins aux bords du Tage.
*3	Les moulins arabes et l'aqueduc de Juanelo.
4*	La vallée du Tage.
26	Montée des eaux de la ville.
*6	Le couvent de Santa Fé.
19	La porte del Sol.
31	Vue intérieure de la chapelle du Christ de la Luz.
597	Rue qui descend de la chapelle du Christ de la Luz.
A 884	*Porte arabe de la Sangre*, peinture.
*1767	Place de Zocodover.
7*	L'hôpital de Santa Cruz.

| Numéros des planches. | La collection n'est complète que dans le grand format de 0 m. 26×0 m. 35 environ; les numéros précédés d'une * existent aussi pour stéréoscope; ceux suivis d'une * peuvent s'obtenir également en format carte-album. |

TOLÈDE.

7bis	Portail de l'hôpital de Santa Cruz.
580*	Détail d'architecture du dit portail.

Alcazar.

5	Façade nord de l'Alcazar.
*8	Porte principale.
27	Façades du nord et du couchant.
28	Façades du nord et du levant.
29	Façades du levant et du midi.
*9	La cour, côté de l'escalier.
10	La cour, côté de la porte principale.
1768	Vue générale de la cour.
1769	L'escalier principal.
1770	Porte de la galerie.
1771	Porte intérieure.
A 1605	*Groupe en bronze représentant l'empereur Charles-Quint triomphant de la Fureur par la Vertu, œuvre de Leo P. Pompeio, fils de l'Arétin.*
A 1736	*Alphonse le Sage, plafond de la chapelle de l'Alcazar, peint par D. R. Laplaza.*
A 1737	*Isabelle la Catholique, du même plafond et du même auteur.*
A 1738	*Charles-Quint, id. id.*
A 1739	*Philippe II, id. id.*

1772	Vue de Tolède, prise depuis l'Alcazar.
11	Tour arabe de Saint Tomé.
A 597	*Une rue de Tolède au XVIIe siècle,* peinture.
12	Puits arabe du couvent de Saint Pierre.
291	Vue intérieure de Sainte Marie la Blanche.
291 bis	Autre vue intérieure de la dite église.
581	Détail d'architecture de la dite église.
*1773	Vue intérieure de l'église du Transito.
1774	Vue intérieure latérale de l'église du Transito.
1775	Autre vue intérieure latérale de l'église du Transito.
*1006	Palais de Samuel Lévi, trésorier de Pierre le Cruel.

| Numéros des planches. | La collection n'est complète que dans le grand format de 0 m. 26✕0 m. 35 environ; les numéros précédés d'une * existent aussi pour stéréoscope; ceux suivis d'une * peuvent s'obtenir également en format carte-album. |

TOLÈDE.

1006bis	Porte du palais de Samuel Lévi.
595	Palais de Pierre le Cruel, actuellement couvent de Sainte Isabelle.
595bis	Porte du dit palais.
293	Le pont Saint Martin.
293bis	Vue générale du pont Saint Martin.
16	Le pont Saint Martin et l'église de Saint Jean des Rois.
1776	Porte de Bisagra.
17	Porte arabe mûrée de Bisagra.
17bis	Autre vue de la même porte.
18	Tour arabe de Santiago.
1777	Porte du Collège des infantes.
1778	Porte de maison particulière.
1779	Posada ou auberge de la Hermandad.
1780	Porte de Ayalá.
**596*	Maison particulière.
1781	Porte de maison particulière.
1782	Porte de la maison du banquier Mr Alegre.
1783	Porte du couvent de Saint Antoine.

Saint Jean des Rois.

13	Croix renaissance, qui se trouve au dessus de la porte du Musée.
561	Abside de l'église.
15	Façade de l'église.
560	Portail de l'église.
*562	Vue intérieure de l'église.
563	Vue intérieure latérale de l'église.
564*	La chaire de l'église.
B 243*	*Statue du prophète Elie*, par Alonso Cano, bois.

Cloître de Saint Jean des Rois.

| *566* | Le cloître vu de face. |
| *14* | Côté gauche, en entrant. |

| Numéros des planches. | La collection n'est complète que dans le grand format de 0 m. 26×0 m. 35 environ; les numéros précédés d'une * existent aussi pour stéréoscope; ceux suivis d'une * peuvent s'obtenir également en format carte-album. |

TOLÈDE. **Cloître de Saint Jean des Rois.**

567	Vue prise à l'autre extrémité.
**568	Partie centrale.
569*	Porte conduisant du cloître à l'église.
570	Angle du cloître à l'entrée.
571	Angle du cloître à l'autre extrémité.
572*	Vue du fond du cloître.
582	Statue du cloître, détail.
583	Autre statue du cloître, détail.
584	Id. id.
585	Id. id.
586	Id. id.
587	Id. id.
588	Id. id.
A 1336	*Jardin du cloître*, peinture.
B 244	Musée.—Buste de *l'architecte Juanelo*, marbre.
A 744	Id. *Vue de Tolède*, peinte par le Greco, avec le portrait de l'auteur.

Cathédrale de Tolède.

20	Côté gauche de la porte des lions.
21	Côté droit de la dite porte.
**22*	La porte des lions.
579*	Porte en bronze des lions, détail.
579bis	Porte en bronze des lions, vue d'ensemble.
*23	La chapelle mozarabe, vue extérieure.
*32	Portail de la cathédrale.
575	Façade principale de la cathédrale.
24	Vue générale de la cathédrale.
1007	Vue intérieure de la cathédrale.
1008	Autre vue intérieure de la cathédrale.
1009	Autre vue intérieure de la cathédrale.
1010*	Id. id.
1011*	Id. id.
*1012	Id. id.
*1013	Id. id.
A 576	*Chapelle de Don Alvaro de Luna*, peinture.

| Numéros des planches. | La collection n'est complète que dans le grand format de 0 m. 26×0 m. 35 environ; les numéros précédés d'une * existent aussi pour stéréoscope; ceux suivis d'une * peuvent s'obtenir également en format carte-album. |

TOLÈDE. **Cathédrale de Tolède.**

574	Vue du cloître de la cathédrale.
*573	Porte de la Purification.
577	Détail de la dite porte, côté gauche.
578	Détail de la même porte, côté droit.
*576	Statues du cloître.
576bis	Les dites statues, sous un autre point de vue.
934	Porte du Pardon ou de Sainte Catherine.
B 245*	du Trésor.—*Statue de Saint François,* œuvre d'Alonso Cano.
B 246	Id. *L'enlèvement des Sabines,* plateau en argent, œuvre de Benvenuto Cellini.
B 247	Id. *Belle Croix portative,* style renaissance.

558	L'hôtel de ville ou ayuntamiento.
565	Vue aux bords du Tage.
*25	Vue générale panoramique de Tolède, prise de la Virgen del Val, en 6 morceaux.
33	La même vue, en 2 morceaux.
33bis	La même vue, en un morceau.
559	Vue générale de la fabrique d'armes.
*594	Entrée de la fabrique d'armes.
594bis	Vue de la fabrique d'armes.

ARANJUEZ (Résidence royal d').

122*	Couvent de Saint Antoine.
**123	Fontaines de la place Saint Antoine.
124	Fontaines du parterre.
*125	Le palais.
126	Le palais et le pont suspendu sur le Tage.
*127	La cascade et le pont suspendu.
*128	Le pavillon chinois.
129	Fontaine d'Hercule dans les jardins de l'île.
*130	Fontaine de Cérès.
131	Fontaine de Narcisse.
132	Fontaine d'Apollon.
*133	Fontaine du Cygne.

| Numéros des planches. | La collection n'est complète que dans le grand format de 0 m. 26×0 m. 35 environ; les numéros précédés d'une * existent aussi pour stéréoscope: ceux suivis d'une * peuvent s'obtenir également en format carte-album. |

PARDO et RIOFRIO (Résidences royales du).

*103	Palais du Pardo.
*104	Autre vue du palais du Pardo.
*105	Jardins de la Quinta au Pardo.
*106	Palais de Riofrio, près la Granja.

SAN ILDEFONSO ou LA GRANJA (Résidence royal de).

1076	Entrée de la Granja.
1077*	Vue générale du palais.
109	Fontaine de la Renommée (la Fama).
115	Vue du palais, prise de la fontaine de la Renommée (patio de la herradura).
1078*	Façade principale du palais, vue en perspective.
1079	La cascade.
114	Vue du palais, prise de la cascade.
1080	Fontaine des trois Grâces.
1081	Vue du palais et de la cascade dite de la Selva.
108	Le bassin de Neptune (carrera de caballos).
1082*	Groupe de Neptune.
113	Fontaine d'Andromède.
**117*	El mar ou réservoir des eaux.
116*	Place des Huit-Fontaines.
118	Fontaine de la Corbeille.
111	Fontaine de la Tasse.
110	Fontaine de Latone (las Ranas).
119	Fontaine des bains de Diane, avec les jets d'eau.
119bis	La même fontaine, sans les jets d'eau.
112*	Fontaine d'Éole.
120	Fontaine des Dragons.
107	Vue générale de la Granja.
1083	La boca del asno, paysage vu en amont.
1084	La boca del asno, paysage vu en aval.

Vases divers en marbre des jardins de la Granja.

1085	Vase avec des allégories de chasse.
1086	Vase avec des allégories de chasse et de pêche.
1087	Vase avec deux amours tuant un oiseau.

Numéros des planches.	La collection n'est complète que dans le grand format de 0 m. 26×0 m. 35 environ; les numéros précédés d'une * existent aussi pour stéréoscope; ceux suivis d'une * peuvent s'obtenir également en format carte-album.

SAN ILDEFONSO ou LA GRANJA (Résidence royal de).

1088	Vase aux armes des Bourbons.
1089	Vase avec une nymphe.
1090	Vase avec un amour jouant avec des guirlandes de fleurs.
1091	Beau vase, dont la Danse sert de motif.
1092	Groupe de trois vases.
1093	Groupe de trois autres vases, avec figure.

SÉGOVIE.

121	Vue générale de Ségovie, en venant de la Granja.
287	L'aqueduc romain en perspective.
*287bis	Autre vue de l'aqueduc romain en perspective.
1300	Partie centrale détaillée de l'aqueduc.
382	L'aqueduc romain vu de face, en entrant en ville.
1301	Vue générale de l'aqueduc, en 3 morceaux.
383	L'aqueduc romain vu de la Piedad.
1302	Porte de Saint André.
*1303	La casa de los picos, maison des pointes.
1304	La cathédrale, vue prise de la place.
1304bis	Autre vue de la cathédrale, prise de la place.
384	La Cathédrale, prise de la Cuesta de los Hoyos.
*1305	Vieilles maisons de la place.
1306	Cour de la maison du marquis del Arco.
*1307	Eglise de Santa Cruz.
290	Portail de l'église de Santa Cruz.
*1308	Vue des murailles de Ségovie.
798	Vue de l'Alcazar, avant l'incendie de cet édifice.
288bis	Façade de l'Alcazar, avant l'incendie.
288	Façade de l'Alcazar, tel qu'il est actuellement.
*1309 et 1309bis	L'Alcazar, vu depuis les grottes.
289	L'Alcazar, depuis la Cuesta de los Hoyos.
1310	L'Alcazar et la cathédrale, vus de la Fuencisla.
1311	Vue générale de Ségovie prise de las Nieves, en 2 morceaux.
*1312	Porte de Saint Jacques.
*1313	Arc de la Fuencisla.
*1314	Façade de Saint Jean.
1315	Eglise de Saint Jean, côté du levant.

| Numéros des planches. | La collection n'est complète que dans le grand format de 0 m. 26×0 m. 35 environ: les numéros précédés d'une * existent aussi pour stéréoscope; ceux suivis d'une * peuvent s'obtenir également en format carte-album. |

SÉGOVIE.

1316	Eglise de Saint Martin.
1317	Portail de Saint Martin.
1318	Vue générale de Saint Etienne.
*1319	Atrium de Saint Etienne.
*1320	Vue générale de l'église de Vera Cruz.
1321	Portail de Vera Cruz.
*1322	Eglise de Saint Nicolas.
1323	Vue de la fabrique de monnaies et du Parral.
*1324	Façade du Parral.
1325	Cloître du Parral.
1326	Sépultures de la famille des marquis de Villena, dans l'église du Parral.
*1327	Façade du couvent des Bernardins de la Sierra, près de Collado Hermoso.
1328	Portail du dit couvent.
1329	Intérieur en ruines du même.
1330	Autre intérieur en ruines.
*1331	Eglise de San Lorenzo.

1332	Vue générale du château de Turégano.
1333	Le château de Turégano.
1334	Vue générale du château de Coca.
1335	Le château de Coca, côté de l'entrée.

ALCALÁ DE HENARES (province de Madrid).

*135	Vue d'Alcalá.
136*	Palais de l'archevêché.
137	Première cour du dit Palais.
*138	Deuxième cour du même Palais.
935	Porte sous l'escalier de l'archevêché.
*936	L'escalier vu de la cour.
*937	Galerie supérieure de la seconde cour.
388	Vue de l'Université.

Numéros des planches. | La collection n'est complète que dans le grand format de 0 m. 26×0 m. 35, environ; les numéros précédés d'une * existent aussi pour stéréoscope; ceux suivis d'une * peuvent s'obtenir également en format carte album.

GUADALAJARA.

139	Façade du palais del Infantado.
1450	Portail du dit palais.
1451	Vue générale de la cour du dit palais.
1452	Partie détaillée de la cour.
1453	Galerie haute de la cour.
1454*	Vue générale de Guadalajara.
1455	Vue aux bords de la rivière.

COGOLLUDO près d'ESPINOSA.

1456	Façade principale du palais, converti en auberge.
1457	Portail du dit palais.

IVᴱ· RÉGION.

ANDALOUSIE.

DE MADRID Á CORDOUE, SÉVILLE, CADIZ ET GRENADE.

Numéros des planches.	La collection n'est complète que dans le grand format de 0 m. 26×0 m. 35 environ; les numéros précédés d'une * existent aussi pour stéréoscope: ceux suivis d'une * peuvent s'obtenir également en format carte album.

Défilés de la SIERRA MORENA.

415	Viaduc de Despeñaperros.
416	Viaduc et mur de Despeñaperros.
417*	Pont sur le Guarrizar.
418	Vue générale de Despeñaperros.

LINARES.

| 783 | Vue générale de Linares. |
| 784 | Vue générale du district des mines de Linares, en 3 morceaux. |

JAEN.

| 322* | Vue générale de Jaen. |

CORDOUE.

*420	La tour de Malmuerta.
308	Porte de Don Gerónimo Paez.
309*	Portail de Saint Paul.

| Numéros des planches. | La collection n'est complète que dans le grand format de 0 m. 26×0. m. 35 environ; les numéros précédés d'une * existent aussi pour stéréoscope; ceux suivis d'une * peuvent s'obtenir également en format carte-album. |

CORDOUE.

310*	Vue extérieure de la mosquée du côté du levant.
*314	Tour de la cathédrale.
306	Porte du Pardon.
313	Marteau de la porte du Pardon.
1434*	Porte des chanoines, entrée de la mosquée.
307	Vue intérieure de la cathédrale ou mosquée, partie restaurée, en hauteur.
307bis	Vue intérieure de la cathédrale ou mosquée, partie restaurée, en travers.
307ter	Vue intérieure de la mosquée, partie non restaurée.
1435*	Le Mihrab, ou sanctuaire des Arabes dans la mosquée.
304	Chapelle de la mosquée dite de Saint Ferdinand.
305	Porte de la Inclusa.
419*	Place du Triomphe et vue extérieure de la mosquée.
303*	Colonne du Triomphe.
1436*	Porte d'entrée de la ville et vue de la mosquée depuis le pont.
311	Le pont romain, en 2 morceaux.
312*	Vue générale de Cordoue, en 2 morceaux.
315	Vue générale de Cordoue, en un morceau.

SÉVILLE.

1.º PALAIS ET JARDINS DE SAN TELMO Á SÉVILLE.

1336*	Porte principale de San Telmo.
*1337	Façade septentrionale du Palais.
*1338	Façade en perspective du Palais, du côté de la rivière.
1339	Vue générale du Palais du côté de la rivière.
1340*	Entrée des Jardins du côté de la rivière.
1341*	Les Palmiers du côté de la rivière.
*1342	Cour principale de San Telmo.
1343	Vue intérieure du Salon des Colonnes.
1344*	Vue intérieure du Cabinet de S. A. R.
1344bis	Autre vue intérieure du dit Cabinet.
*1345	La Pelouse.
1346	Le Cocotier et la Façade orientale du Palais.

| Numéros des planches. | La collection n'est complète que dans le grand format de 0 m. 26×0 m. 35 environ; les numéros précédés d'une * existent aussi pour stéréoscope; ceux suivis d'une * peuvent s'obtenir également en format carte-album. |

SÉVILLE.   **Palais et jardins de San Telmo.**

1347	Le zapote, arbre de vingt ans.
1348*	La Yucca, arbre d'une espèce rare.
*1349	La ria ou étang.
1350	L'Ile et la ria.
*1351	La Volière.
*1352	Les Serres.
1353	Le Gymnase.
1354	L'allée des lierres.
1355	Tombeaux des Victimes de Don Juan Tenorio.
1355bis*	Les dits tombeaux, vus de la grotte.
1356*	Les Tombeaux romains.
B 305*	*Objets divers trouvés dans les dits Tombeaux romains.*

Galerie du duc de Montpensier, au palais de San Telmo à Séville.

A 1001	Murillo.—*La Vierge à la ceinture* (Virgen de la faja).
A 1002	Id. *Saint Joseph tenant l'enfant Jésus dans ses bras.*
A 1003	École de Murillo.—*Saint Antoine de Padoue et l'enfant Jésus.*
A 1004	F. Zurbaran.—*La Vierge de la Merci avec divers Saints.*
A 1005	Id. *L'Annonciation.*
A 1006	Id. *L'Adoration des bergers.*
A 1007	Id. *L'Adoration des rois mages.*
A 1008	Id. *La Circoncision.*
A 1009	Id. *Un moine.*
A 1010	D. Velazquez.—*Portrait de Philippe IV à cheval*, ébauche du tableau n° 51 du Musée de Madrid.
A 1011	Id. *Portrait du comte duc d'Olivares*, ébauche du tableau n° 28 du Musée de Madrid.
A 1012	Id. *Portrait d'un jeune homme.*
A 1013	F. Goya.—*Portrait du roi Charles IV.*
A 1014	Id. *Portrait de la reine Marie-Louise.*
A 1015	Id. *Portrait de Ferdinand VII*, quand il était prince des Asturies.
A 1016	Id. *Portrait de la Reine veuve des Deux Siciles, à l'âge de 12 ans.*
A 1017	Id. *Portrait d'Asensi.*

| Numéros des planches. | La collection n'est complète que dans le grand format de 0 m. 26×0 m. 35 environ; les numéros précédés d'une * existent aussi pour stéréoscope; ceux suivis d'une * peuvent s'obtenir également en format carte-album. |

SÉVILLE. **Galerie de San Telmo.**

A 1018	F. Goya.—Dame avec mantille blanche.
A 1019	Id. Manolas au balcon.
A 1020	Id. Groupe de têtes.
A 1021	J. Ribera.—Caton d'Utique se déchirant la blessure.
A 1022	Morales.—La Vierge tenant dans ses bras le corps du Seigneur.
A 1023	Bocanegra.—La Madeleine se dépouillant de ses parures.
A 1024	El Greco.—La mort de Laocoon et de ses fils au siège de Troie.
A 1025	Id. Portrait de l'auteur.
A 1026	Annibal Caracci.—Jésus-Christ défunt.
A 1027	Séb. del Piombo.—Sainte-Famille.
A 1028	D. Fierros.—La muñeira, danse de Galice.
A 1029	J. Becquer.—Portrait d'Alphonse le Sage.
A 1030	Id. Portrait de Pierre Ier de Castille.
A 1031	Id. Portrait d'Isabelle la Catholique.
A 1032	Id. Portrait de Ferdinand le Catholique.
A 1033	Id. Mort de Torrejiano.
A 1034	Id. La marchande de marrons, types de Bohémiens.
A 1035	E. Baron.—Un Peintre peignant les portraits de la famille de Gaston Phœbus.
A 1036	Alfred Dehodencq.—Une confrérie passant en procession dans la rue de Gênes à Séville.
A 1037	Paul Delaroche.—Baptême de Clovis, ébauche d'un tableau en projet pour le Musée de Versailles.
A 1038	Fr. Mar. Granet.—Le dépensier d'un couvent.
A 1039	Eugène Isabey.—L'antiquaire.
A 1040	Angélique Kauffman.—Portrait de Louis-Philippe-Joseph, duc d'Orléans.
A 1041	Francis Winterhalter.—Portrait de l'infante Louise Fernande, Duchesse de Montpensier.
A 1042	Jalabert.—Portrait de Louis-Philippe Albert, comte de Paris.
A 1043	Id. Portrait de l'infante Isabelle, comtesse de Paris.
A 1044	F. de Madrazo.—Portrait de Fernan Caballero.
A 1045	Gallait.—Portrait de la princesse Charlotte de Belgique, veuve de Maximilien, empereur du Mexique.
A 1046	Alfred Johannot.—Le duc de Guise, François de Lorraine.

| Numéros des planches. | La collection n'est complète que dans le grand format de 0. m. 26✕0. m. 35 environ; les numéros précédés d'une * existent aussi pour stéréoscope; ceux suivis d'une * peuvent s'obtenir également en format carte-album. |

SÉVILLE.   **Galerie de San Telmo.**

	présentant à Charles IX les blessés de la bataille de Dreux.
A 1047	*Tony Johannot.—La leçon de botanique,* scène tirée d'André, roman de G. Sand.
A 1048	*Henry Lehmann.—Les Océanides pleurant le sort de Prométhée.*
A 1049	*Id.* *Les Sirènes appelant Ulysse.*
A 1050	*Adolphe Leleux.—Aragonais jouant de la guitare à la porte d'une posada.*
A 1051	*Dom. Papety.—Scène de l'ancienne Memphis.*
A 1052	*P. Rousseau.—La Taupe et les Lapins,* fable de Florian.
A 1053	*Ary Scheffer.—Allégorie.—Jésus-Christ couronnant d'épines la reine Marie-Amélie.*
A 1054	*Id.* *Saint Augustin et sainte Monique aux bords de la mer.*

B 306	*Portrait du Connétable de Bourbon,* peint sur émail par Léonard dit LE LIMOUSIN, célèbre émailleur du XVIe siècle.
B 307	*Belle armure fleurdelisée.*
B 308	*Vase du Japon avec figures.*
B 308bis	*Le même,* vu d'un autre côté.
B 309	*Autre vase du Japon avec figures.*
B 310	*Vase du Japon.*

1357	La Tour de l'Or et le Port de Séville, vue prise de San Telmo.
1358*	La Tour de l'Or.
1359	Les Murailles romaines près de la porte de la Macarena.

2.º HOPITAL DE LA SANGRE Á SÉVILLE.

1360	Vue générale de l'Hôpital.
1361	Façade principale de l'Hôpital.
*1362	Portail de l'Église de l'Hôpital.
1363	Bas-relief de l'Hôpital de la Sangre, œuvre de Torregiano.

Numéros des planches. | La collection n'est complète que dans le grand format de 0 m. 26×0m. 35 environ; les numéros précédés d'une* existent aussi pour stéréoscope; ceux suivis d'une* peuvent s'obtenir également en format carte-album.

SÉVILLE.

Tableaux de l'hôpital de la sangre.

A 1055	F. Zurbaran.—La Vierge et l'enfant Jésus.
A 1056	Id. Sainte Eulalie.
A 1057	Id. Sainte Catherine.
A 1058	Id. Sainte Engrâce.
A 1059	Id. Sainte Barbe.
A 1060	Id. Sainte Mathilde.
A 1061	Id. Sainte Agnès.
A 1062	Id. Sainte Marine.
A 1063	Id. Sainte Dorothée.
A 1064	B. Murillo.—L'enfant Jésus, peint sur la porte du tabernacle.
A 1065	F. Herrera le vieux —L'Apostolat.
A 1066	Juan de las Roelas.—La mort de saint Herménégilde.

3.º MUSÉE PROVINCIAL DE SÉVILLE.

1364	Le Musée provincial, avec la statue de Murillo.
1365*	Statue de Murillo.

Tableaux du Musée provincial de Séville.

B. Murillo.

A 792	La Naissance de Jésus, ou l'adoration des Bergers.
A 793*	La Conception de la Vierge entourée de chérubins.
A 794	Saint Félix de Cantalicio avec l'enfant Jésus et la Vierge.
A 795	La Vierge, l'enfant Jésus et Saint Augustin.
A 796	La Vierge et l'enfant Jésus ou la Vierge de la Serviette.
A 1067	Saint Antoine de Padoue à genoux et l'enfant Jésus sur un livre.
A 1068	La Conception de la Vierge entourée d'anges, figure de grandeur colossale.
A 1069	La Conception de la Vierge avec le Père Eternel et des anges.

| Numéros des planches. | La collection n'est complète que dans le grand format de 0 m. 26×0 m. 35 environ; les numéros précédés d'une * existent aussi pour stéréoscope; ceux suivis d'une * peuvent s'obtenir également en format carte album. |

SÉVILLE.   **Tableaux du Musée provincial.**

B. MURILLO.

A 1070	La Conception de la Vierge.
A 1071	Saint Jean Baptiste debout avec l'agneau à ses pieds.
A 1072	Saint Joseph tenant l'enfant Jésus dans ses bras.
A 1073	La Vierge et l'enfant Jésus.
A 1074	Saint Félix de Cantalicio tenant l'enfant Jésus.
A 1075	Saint Antoine tenant l'enfant Jésus dans ses bras.
A 1076	Saint Léandre et Saint Bonaventure.
A 1077	Sainte Juste et Sainte Rufine soutenant la Giralda.
A 1078	Jésus en croix embrassant Saint François.
A 1079	Saint Thomas de Villanueva faisant l'aumône.
A 1080	La Piété et Jésus mort; un ange lui tenant les mains.
A 1081	L'Annonciation de la Vierge.
A 1082	Saint Pierre Nolasque à genoux devant la Vierge de la Merci.
A 1083	La Vierge et l'enfant Jésus.
A 1084	Saint Augustin accompagné de la Très-Sainte-Trinité.

F. ZURBARAN.

A 1085	Le Père Éternel, de grandeur colossale.
A 1086	Le miracle du Saint Vœu.—Saint Hugo au réfectoire avec divers chartreux.
A 1087	Jésus couronnant saint Joseph.
A 1088	La Vierge des Grottes (de las Cuevas) entourée de Chartreux.
A 1089	Un Saint évêque.
A 1090	Saint Thomas d'Aquin. Ce chef-d'œuvre occupait la place d'honneur au Musée du Louvre, à Paris, jusqu'au moment où il fut restitué à l'Espagne.
A 1091	Un archevêque de l'ordre des Mercenaires.
A 1092	Saint Louis Bertrand.
A 1093	Saint François d'Assise.
A 1094	Le béat Punzon.
A 1095	Le Christ en croix.
A 1096	Jésus-Christ crucifié.
A 1097	L'enfant Jésus tressant une couronne d'épines.
A 1098	Saint Bruno parlant au Pape.

| Numéros des planches. | La collection n'est complète que dans le grand format de 0 m. 25×0. m. environ; les numéros précédés d'une * existent aussi pour stéréoscope; ce suivis d'une * peuvent s'obtenir également en format carte album. |

SÉVILLE. **Tableaux du Musée provincial.**

Francisco Pacheco.

A 1099	La Conception de la Vierge entourée de chérubins.
A 1100	Saint Pierre Nolasque avec un maure et des captifs.
A 1101	Saint Pierre Nolasque dans une des circonstances de sa v — Le batelier qui tient une rame à la main passe pour être le po trait de l'auteur du Don Quichotte, *l'immortel Miguel Cerva tes de Saavedra.*
A 1101bis	Fragment du tableau antérieur représentant spécialement batelier qui passe pour être le portrait de Cervantes.
A 1102	Portrait d'un homme et d'une femme.
A 1103	Autres portraits d'un homme et d'une femme.

Pablo de Cespedes.

| A 1104 | La Cène. |

Juan de las Roelas.

| A 1105 | Le martyre de Saint André. |
| A 1106 | La Conception de la Vierge. |

J. Valdes Leal.

A 1107	La Conception de la Vierge avec un grand nombre d'anges.
A 1108	Le baptême de Saint Jérôme.
A 1110	Le mariage de Sainte Catherine.
A 1111	Un vénérable de l'ordre de Saint Jérôme.
A 1112	Un Saint disant la messe.

J. del Castillo.

| A 1113 | L'Assomption de la Vierge en présence des apôtres. |

Séb. Gomez (le mulâtre de Murillo).

| A 1114 | La Conception de la Vierge entourée de chérubins. |

Numéros des planches.	La collection n'est complète que dans le grand format de 0 m. 26×0 m. 35 environ; les numéros précédés d'une * existent aussi pour stéréoscope; ceux suivis d'une * peuvent s'obtenir également en format carte-album.

SÉVILLE. Tableaux du Musée provincial.

MATIAS ARTEAGA Y ALFARO.

A 1115 | *Le grand prêtre Melchisedech offrant le pain et le vin en action de grâces.*

A 1116 | *Archimelech offrant à David les pains de proposition.*

ESTEBAN MARQUEZ.

A 1117 | *Saint Joseph et l'enfant Jésus.*

GERMAN.

A 1118 | *Le couronnement de la Vierge.*

VALLES.

A 1109 | *Trois tableaux représentant Saint Ignace, Saint Cristophe et Saint François.*

MARTIN DE VOS (peintre flamand).

A 1119 | *Le Jugement dernier.*

MARTIN RICO (artiste moderne).

A 1132 | *Les laveuses de la Varenne.*

ALEJO VERA (artiste moderne).

A 1133 | *Sainte Cécile et Saint Valérien.*

Sculptures et autres objets du Musée provincial de Séville.

de P. TORRIJIANO, sculpteur italien du XVIe siècle.

B 296 | *La Vierge et l'enfant Jésus*, statue en terre cuite de grandeur naturelle.

B 297 | *Saint Jérôme*, statue de grandeur naturelle en terre cuite.

de SOLIS, sculpteur espagnol, disciple de Montañez.

B 298 | *La Justice*, statuette demi nature en bois.

Numéros des planches.	La collection n'est complète que dans le grand format de 0 m. 26×0 m. 35 environ; les numéros précédés d'une * existent aussi pour stéréoscope; ceux suivis d'une * peuvent s'obtenir également en format carte-album.

SÉVILLE. **Musée provincial.**

de J. M. Montañez, sculpteur espagnol du XVIIe siècle.

B 299	*Saint Dominique de Guzman faisant acte de pénitence*, statue en bois de grandeur naturelle.
B 300	*Saint Bruno*, statue en bois de grandeur naturelle.
B 301	*La Vierge des Grottes* (de las Cuevas), tenant l'enfant Jésus, statue en bois plus petite que nature.
	Nota.—Voir du même sculpteur les œuvres désignées plus loin sous les numéros 330 et 331 de la cathédrale de Séville.

B 302	*Bas-relief en pierre*, du temps des Visigoths représentant deux guerriers.
B 303	*Autre bas-relief de la même origine*, représentant deux enfants entraînant un animal.
B 304	*Célèbre grille en fer d'origine romaine*, d'un enchevêtrement énigmatique et d'une seule pièce.

4.º HOSPICE DE LA CHARITÉ Á SÉVILLE.

258*	Façade de l'hospice, avec les faïences peintes par Murillo.

Tableaux de l'Hôpital de la Charité à Séville.

A 797*	B. Murillo.—*Moïse frappant le rocher.*
A 824*	Id. *La multiplication des pains ou le Sermon de la montagne.*
A 826*	Id. *Saint Jean de Dieu est aidé par un ange à transporter un malade.*
A 662	Valdés Leal.—*La fin des gloires de ce monde*, ou l'archevêque dans son tombeau.

1433*	Vue de Séville, prise depuis Triana.
421	Pont sur le Guadalquivir.
385	Grande vue panoramique de Séville, en 7 morceaux.

| Numéros des planches. | La collection n'est complète que dans le grand format de 0 m. 26×0 m. 33 environ; les numéros précédés d'une * existent aussi pour stéréoscope; ceux suivis d'une * peuvent s'obtenir également en format carte-album. |

SÉVILLE.

1824	Vue générale de Triana, en 2 morceaux.
1817	Promenade de la Alameda de Hercules.
1818	L'église de Tous les Saints.
1820	L'église de Sainte Catherine.
1819	L'église de Saint Marc.
1823	L'église de Saint Marc, vue prise du palais de las Dueñas.

5.º PALAIS DE LAS DUEÑAS,

A S. E. MR. LE DUC D'ALBE.

1812	Vue de la cour du palais.
1812bis	Autre vue de la dite cour.
1813	Autre vue de la cour.
1814	Porte de la cour du palais.
1815	Entrée de la chapelle.

6.º MAISON DE PILATE,

A S. E. MR. LE DUC DE MEDINACELI.

1408	Entrée de la maison de Pilate.
1409*	Cour de la maison de Pilate.—Statue de Pallas.
1410*	Id. Coin de la statue de Pallas.
B 359	*Bouclier de Pallas.*
1411	Cour de la maison de Pilate.—Coin de la statue de Cérès.
255	Id. Galerie du Nord.
256	Id. Coin et statue de Pallas Pacifera.
1412*	Vue générale de la Cour, prise de la porte du prétoire.
B 358	*Casque de Pallas Pacifera.*
B 358bis	*Casque de Pallas Pacifera,* sous un autre point de vue.
1413	Faïences de la Salle de la fontaine de Pilate.
1414	Autres faïences de la dite salle.
1415	Faïences de la Cour.
1416	Autres faïences de la dite Cour.
1417	Autres faïences de la Cour.

Numéros des planches.	La collection n'est complète que dans le grand format de 0 m. 26×0 m. 35 environ; les numéros précédés d'une * existent aussi pour stéréoscope; ceux suivis d'une * peuvent s'obtenir également en format carte-album.
SÉVILLE.	**Maison de Pilate.**
1418*	Fenêtre de l'antichambre de la Chapelle.
1419*	Intrados de l'antichambre de la Chapelle et porte de la Salle de la fontaine de Pilate.
1420	Verrou de la porte du prétoire.
1421*	Fenêtre de la Salle du prétoire au jardin.
1422*	Grille d'une fenêtre dans le jardin du prétoire.
1423	Fragment du plafond de la Salle du prétoire.
1424*	Vue prise à l'intérieur de la Chapelle.
1425	Faïences de la Chapelle.
1426*	Escalier en faïences de la maison de Pilate.
A 1154	*Le dit escalier,* peinture.
1427*	Portes des bureaux, à l'étage supérieur.
1428*	Sortie sur les terrasses, à l'étage supérieur.
B 357*	*Buste en marbre d'Alexandre-le-Grand,* provenant des ruines d'Italica.

7.º CATHÉDRALE DE SÉVILLE OU GIRALDA.

260	La cathédrale ou Giralda, côté du levant.
268*	Vue générale de la cathédrale, prise de l'Alcazar.
1821	Vue générale de la cathédrale.
269	Tour de la cathédrale ou Giralda.
267*	Porte du Pardon ou de la cour des Orangers.
267bis	Vue générale de la Porte du Pardon.
259*	La Giralda, vue de la cour des Orangers.
263*	La porte du Lézard ou del Lagarto.—Cet animal a été envoyé à Alphonse le Sage par le sultan d'Égypte.
1366	Partie inférieure de la Tour ou Giralda, côté du nord.
1367	Partie supérieure de la Tour ou Giralda, côté du nord.
1445	El Giraldillo ou Statue tournante, au sommet de la tour.
1368	Partie inférieure de la Tour ou Giralda, côté du levant.
1377	Partie inférieure de la Tour ou Giralda, vue depuis les murailles de l'Alcazar.
*1369	Vue générale de Séville du haut de la Giralda, côté nord.
*1370	Autre vue générale de Séville, du haut de la Giralda, côté est.
1371	Autre vue générale de Séville, du haut de la Giralda, côté sud.
1372	Autre vue générale de Séville, du haut de la Giralda, côté ouest, première partie.

Numéros des planches.	La collection n'est complète que dans le grand format de 0 m. 26×0 m. 35 environ; les numéros précédés d'une* existent aussi pour stéréoscope; ceux suivis d'une* peuvent s'obtenir également en format carte-album.

SÉVILLE, **Cathédrale de Séville ou Giralda.**

*1373	Autre vue générale de Séville, du haut de la Giralda, côté ouest, deuxième partie.
262*	Porte de la Giralda ou de los Palos.
266*	Porte du Baptistère.
264*	Porte de Saint Michel.
261*	Porte dite de las Campanillas.
1374	Vue intérieure de la cathédrale, prise du Saint Christophe ou de la porte de l'horloge.
1375	Vue intérieure de la cathédrale, prise de la tribune de la porte principale.
1376	Vue intérieure de la sacristie principale.

Tableaux de la Cathédrale de Séville.

A 825*	B. Murillo.—	Apparition de l'enfant Jésus à Saint Antoine de Padoue, reproduit après la restauration du tableau (chapelle du baptistère).
A 825ter	Id.	Le même tableau, reproduisant la mutilation dont il a été l'objet.
A 1355*	Id.	Le baptême de N. Seigneur (chapelle du baptistère).
A 1120*	Id.	L'Ange gardien (dans la chapelle qui porte son nom).
A 1121	Id.	Sainte Dorothée (dans la sacristie des calices).
A 1122	Id.	Saint Isidore (dans la grande sacristie).
A 1123	Id.	Saint Léandre (dans la grande sacristie).
A 1124	Id.	Saint Ferdinand (dans la chapelle royale).
A 1125	Alonso Cano.—	La Vierge et l'enfant Jésus (chapelle de N. D. de Belem).
A 1126	F. Goya.—	Sainte Juste et Sainte Rufine (dans la sacristie des calices).
A 1127	J. Ribera.—	Le reniement de Saint Pierre (derrière le maître autel).
A 1128	Morales.—	Ecce Homo, panneau en trois compartiments dans la sacristie des calices.
A 1129	El Greco.—	Le Père Eternel soutenant son Divin Fils mort (dans la sacristie de la Antigua).
A 1130	Alejo Fernandez.—	La descente de croix, panneau de la chapelle Maracaïbo.

| Numéros des planches. | La collection n'est complète que dans le grand format de 0. m. 26×0. m. 35 environ; les numéros précédés d'une ° existent aussi pour stéréoscope; ceux suivis d'une * peuvent s'obtenir également en format carte-album. |

SÉVILLE. **Cathédrale ou Giralda.**

A 1131 | *Van Eyck.— Tableau, avec des reliques dans le cadre*, représentant la mort de la Vierge (dans la sacristie du maître-autel).

OBJETS DIVERS DE LA CATHÉDRALE DE SÉVILLE.

Chapelle royale.

B 311* | *La couronne de Saint Ferdinand.*
B 312* | *Epée que le roi Saint Ferdinand portait le jour de son entrée à Séville.*
B 313* | *La célèbre Vierge des Batailles*, statuette en ivoire que le roi Saint Ferdinand portait à l'arçon de sa selle.

Grande Sacristie.

B 314* | *Bannière de l'armée de Saint Ferdinand.*
B 315* | *Clefs offertes à Saint Ferdinand lorsqu'il entra à Séville.*
B 316* | *Tasse ayant appartenu à Saint Ferdinand.*
B 317* | *Effigie du roi Saint Ferdinand.*
B 318* | *Les fameuses tablettes ou reliquaires*, connues sous le nom de «Tablas Alfonsinas», vues à l'endroit.
B 319* | *Les mêmes tablettes*, vues à l'envers.
B 320* | *Grand ostensoir* ou Custodia, *en argent*, construit en 1587 par Jean de Arfé; il a 3m25 de haut et il faut 24 hommes pour le porter dans les processions.
B 321* | *Le fameux* Tenebrario, *ou chandelier triangulaire en bronze ciselé à quinze branches;* il a 6m60 de hauteur.
B 322* | *Croix faite avec le premier or venu d'Amérique.*
B 323* | *Crucifix avec des figures en porcelaine.*
B 324* | *Croix en bois sculpté ayant appartenu à Saint Pie V.*
B 325 | *Crucifix d'Alphonse le Sage.*
B 326* | *Croix de l'empereur Constantin.*
B 327 | *Grande croix patriarcale.*
B 328 | *Chasuble de l'archevêque Palafox.*
B 329* | *Tabernacle en argent du maître-autel.*
B 330* | *La Conception de la Vierge*, œuvre du sculpteur Montañez.

| Numéros des planches. | La collection n'est complète que dans le grand format de 0 m. 26×0 m. 35 environ; les numéros précédés d'une * existent aussi pour stéréoscope; ceux suivis d'une ' peuvent s'obtenir également en format carte-album. |

SÉVILLE. **Cathédrale ou Giralda.**

Sacristie des Calices.

B 331* | *Magnifique crucifix en bois*, œuvre de Montañez.
B 332* | *Portes de la Sacristie du maître-autel*, auparavant du Sagrario *ou trésor.*

B 798 | *Lutrin du XVIII*e *siècle.*
B 799 | *Autre lutrin du XVIII*e *siècle.*
B 800 | *Grand lutrin sculpté*, XVIII*e* siècle.
B 801 | *Grand lutrin sculpté et brodé avec siège*, XVIII*e* siècle.

265* | Porte de l'archevêché.
1378 | La place du Triomphe, la cathédrale et la Lonja, vue prise de la porte du Lion.

8.º ALCAZAR DE SÉVILLE.

1379* | Façade du palais de l'Alcazar.
249* | Porte de l'Alcazar.

Cour de las doncellas.

1380* | Façade du trône du tribut.
252* | Trône du tribut.
250* | Façade du salon de Charles-Quint.
251* | Porte du salon de Charles-Quint.
1381 | Chapiteau d'un arceau de la porte du salon de Charles-Quint.
1394 | Façade de la salle de repos des rois maures.
1395* | Porte de la salle de repos des rois maures.
1396 | Chapiteau d'un arceau de la salle des rois maures.
1397 | Mosaïque de la cour.
1398 | Mosaïque de l'épaisseur de la porte de la salle des rois maures.
1399 | Salon et arceaux de l'alcôve des rois maures.
1393 | La cour de las Doncellas, vue de la salle des Ambassadeurs.

| Numéros des planches. | La collection n'est complète que dans le grand format de 0 26×0 35 environ; les numéros précédés d'une * existent aussi pour stéréoscope; ceux suivis d'une * peuvent s'obtenir également en format carte-album. |

SÉVILLE.   **Alcazar.**

Salle des Ambassadeurs.

1382	Façade du salon des Ambassadeurs.
1383	Chapiteau d'un arceau de la porte de la salle des Ambassadeurs.
1384	Porte de la salle des Ambassadeurs, fermée.
1385*	Porte de la salle des Ambassadeurs, entr'ouverte.
1386	Porte de la salle, ouverte et vue en perspective.
1387	Mosaïque de l'épaisseur de la porte de la salle.
1388	Intérieur de la salle, vue en perspective.
1389	Fond de la salle.
1390	Mosaïque de la salle.
1391	Autre mosaïque de la salle.
1392	Autre mosaïque de la salle.

1400*	Cour ou patio de las Muñecas, partie inférieure.
1401*	Partie supérieure de la dite cour.
B 353*	*Oratoire des Rois Catholiques.—Autel en faïence du XVe siècle.*
1402*	Alcôve de Pierre Ier dit le Cruel.
1403*	Arabesques de la porte de la salle de Justice de Pierre Ier.
1404	Arabesques du côté gauche de la salle de Justice de Pierre Ier.
A 1149	*Vue du salon de Marie de Padilla*, peinture.

Jardins de l'Alcazar.

1405	Les bains de Marie de Padilla, favorite de Pierre Ier.
1406	Le parterre de Marie de Padilla.
1407	Le bassin et la galerie de Pierre Ier.
253*	Vue de la galerie de Pierre Ier.
254	Vue générale des jardins.
1822	Autre vue des jardins.

1816	Vue de la Plaza Nueva.

| Numéros des planches. | La collection n'est complète que dans le grand format de 0 m. 26×0 m. 35 environ: les numéros précédés d'une* existent aussi pour stéréoscope; ceux suivis d'une* peuvent s'obtenir également en format carte-album. |

SÉVILLE.

9.º AYUNTAMIENTO OU HOTEL-DE-VILLE.

1429*	Vue générale de la façade de l'Hôtel-de-Ville.
1430*	Partie latérale de gauche de l'Hôtel-de-Ville, détail des deux portes.
257*	Partie latérale de gauche de l'Hôtel-de-Ville, détail du coin.
1431*	Corps principal de l'Hôtel-de-Ville, détails.
1432*	Corps principal de l'Hôtel-de-Ville, détails de la porte.

CADIZ.

**1437*	Le port de Cadiz, vu de la gare, en 2 morceaux.
1438	Le port de Cadiz, vu de la gare, en un morceau.
1439	La place du Peuple.
1440	Vue générale de la cathédrale.
1441*	Portail de la cathédrale.
1442	La cathédrale, prise du couvent des Capucins.
A 889	*La Junte de Cadiz*, tableau de D. R. Rodriguez, à l'Ayuntamiento de Cadiz.

Inclusa de Cádiz.

A 1664	*La Charité et Saint Vincent de Paul*, dessins des fresques peintes par F. Jover.
A 1665	*Groupe de Vierges.—Les Confesseurs*; dessins des fresques peintes par Mrs. Jover et Soler.
A 1666	*Les huit Docteurs les plus célèbres par leurs louanges de la Vierge*, dessin de la fresque du même auteur.
A 1667	*Le Sauveur, l'ancien Testament, l'Apostolat et les Martyrs*, dessins des fresques du même auteur.

Église de Saint Antoine à Cadiz.

A 1668	*Vitraux de la chapelle de l'église de Saint Antoine à Cadiz*, peints par F. Jover.
A 1669	*Autres vitraux de la dite chapelle*, du même auteur.

| Numéros des planches. | La collection n'est complète que dans le grand format de 0 m. 26×0 m. 35 environ; les numéros précédés d'une * existent aussi pour stéréoscope: ceux suivis d'une * peuvent s'obtenir également en format carte-album. |

GIBRALTAR.

422*	Vue des fortifications.
423*	Vue de la ville.
424*	Vue générale de Gibraltar.

MALAGA.

| *425* | Vue de la cathédrale. |
| *353 | Vue panoramique de Malaga, en 4 morceaux. |

GRENADE.

ALHAMBRA.

I.

Vues extérieures de l'ancien palais arabe de l'Alhambra.

1100	Les Tours vermeilles (torres Bermejas).
**1101*	Fontaine de Charles-Quint.
218	La Tour de Justice, entrée de l'enceinte de l'Alhambra.
1102*	Porte intérieure de la tour de Justice.
1103*	Vue des Adarves ou murailles, et de la tour de la Vela.
1474	Tours de la Vela et de la Armeria.
1475	Tour quebrada et entrée de la Vela.
1104*	Vue générale de Grenade prise de la Artilleria.
1467	La Alcazaba ou citadelle arabe, et la place des Algibes ou citernes.
220	La Puerta del Vino, du côté du couchant.
221*	La Puerta del Vino, du côté du levant.

Palais de Charles-Quint.

547	Bas-relief du palais de Charles-Quint.
222	Façade du palais, côté du couchant.
1468	Façade du palais, côté du midi.
1476	Bas-relief du palais, côté du midi.
223	Vue intérieure du palais.

| Numéros des planches. | La collection n'est complète que dans le grand format de 0 m. 26×0 m. 33 environ; les numéros précédés d'une * existent aussi pour stéréoscope; ceux suivis d'une * peuvent s'obtenir également en format carte-album. |

GRENADE.   Alhambra.

1105	Vue générale de l'Alhambra, prise de la Tour de l'Hommage.
*1106	Vue générale panoramique de l'Alhambra, prise de la Tour de l'Hommage, en 3 morceaux.

II.

Vues intérieures du palais arabe de l'Alhambra.

1.º COUR DES ARRAYANES OU MYRTES, OU DE L'ALBERCA.

1107	Vue générale du côté gauche de la cour des Myrtes, ou de l'Alberca, et de la Tour de Comarech.
224*	Vue extérieure de la galerie latérale de gauche.
1108	Vue générale du côté droit de la cour.
225*	Vue extérieure de la galerie latérale de droite.
226	Galerie gauche de la cour.
**236*	Entrée de la salle des Ambassadeurs.
1110*	Alhamie ou divan de la cour des Myrtes.
227	Galerie qui conduit à la salle des Ambassadeurs.
*228	Autre alhamie, ou divan de la cour des Myrtes.
548*	Porte de la cour des Myrtes.
1171	Détail d'une porte de la cour de l'Alberca.
1173	Détail dans une galerie de la cour des Myrtes.
1146	Chapiteau de la cour des Myrtes.
1172	Autre chapiteau de la cour des Myrtes.
1109*	Porte donnant passage de la cour des Myrtes à celle des Lions.

2.º SALLE DES ESCUDOS OU ÉCUSSONS.

1195	Détail de la muraille de la salle des Écussons.
1196	Détail d'ornements de la salle des Écussons.
1194	Détail de la porte centrale de la salle des Écussons.

3.º COUR DES LIONS.

550	La cour des Lions, vue prise de la salle des Écussons.
550bis*	Autre vue de la cour des Lions, prise de la salle des Écussons.

| Numéros des planches. | La collection n'est complète que dans le grand format de 0 m. 26×0 m. 35 environ; les numéros précédés d'une * existent aussi pour stéréoscope; ceux suivis d'une * peuvent s'obtenir également en format carte-album. |

GRENADE. **Alhambra.**

1112*	La cour des Lions, prise de la porte d'entrée.
1113*	Intérieur de la galerie et du pavillon du couchant de la cour.
230*	Entrée de la cour des Lions.
231	Entrée à la galerie gauche de la cour.
229*	Fond de la galerie gauche de la cour.
**549	Galerie gauche de la cour.
556	Galerie droite de la cour.
1120	Angle gauche de la cour.
1121	Vue extérieure de la galerie gauche de la cour.
1157	Cour des Lions, pavillon du nord.
*1116	Pavillon du nord de la cour.
234*	Pavillon du nord, vu de la galerie de droite.
1187	Détail des lambris du pavillon du nord.
1186	Autre détail de lambris de la cour des Lions.
233	Fontaine et cour des Lions, côté du levant.
*232	Fontaine et cour des Lions.
1185*	Fontaine des Lions.
*1114	Pavillon Est de la cour des Lions.
1114bis*	Autre vue du dit pavillon.
235*	Pavillon Est, ou du levant de la cour.
235bis	Autre vue du dit pavillon.
1115*	Pavillon Est et porte de la salle des Deux-Sœurs.
1117	Pavillon Nord pris de la galerie gauche.
1118	Chapiteaux de deux colonnes.
1119	Chapiteaux de deux autres colonnes.
1158	Chapiteau d'une colonne.
1159	Autre chapiteau de colonne.
1160	Chapiteaux de deux colonnes.
1161	Id. id.
1162	Id. id.
1163	Id. id.
1178	Chapiteau d'une colonne.
1179	Id. id.
1180	Id. id.
1181	Chapiteaux de deux colonnes.
1182	Id. id.
1183	Id. id.
1184	Id. id.

| Numéros des planches. | La collection n'est complète que dans le grand format de 0 m. 26✕0 m. 35 environ; les numéros précédés d'une * existent aussi pour stéréoscope; ceux suivis d'une * peuvent s'obtenir également en format carte-album. |

GRENADE.   **Alhambra.**

4.° SALLE DES ABENCERRAGES.

238	Entrée de la salle des Abencerrages.
238bis*	Autre vue de la même entrée.
1131*	Partie intérieure de la porte de la salle des Abencerrages.
1462*	Plafond de la salle des Abencerrages.
1463	Détail de la muraille de la salle.
1464	Autre détail de la muraille de la salle.
1465	Autre détail de la muraille de la salle.
1466*	Arc et chapiteau de l'alcôve de la salle des Abencerrages.

5.° SALLE DE JUSTICE.

**1132	Entrée de la salle de Justice.
1134*	La salle de Justice, vue de la galerie.
551*	Vue intérieure de la salle de Justice.
551bis	Autre vue intérieure de la dite salle.
1133*	Vue intérieure de la salle de Justice, en regardant vers la cour des Lions.
A 849	*La salle de Justice visitée par des arabes,* peinture.
B 392	*Fameux vase arabe de l'Alhambra.*
1169	Détail de la muraille de la salle de Justice.
1170	Chapiteau d'une colonne de la salle de Justice.
B 288	*Auge en pierre trouvée à l'Alcazaba.*

6.° SALLE DES DEUX SŒURS.

1156*	Façade de la salle des Deux-Sœurs dans la cour des Lions.
**1164*	Entrée de la salle des Deux-Sœurs.
1122*	Porte en bois de la salle des Deux-Sœurs.
1123*	Babuchero ou niche à babouches de la dite salle.
1124	Imposte de la porte intérieure de la salle.
1197	Porte récemment découverte dans une alcôve de la dite salle.
1129	Fenêtre au-dessus de l'alcôve de la salle des Deux-Sœurs.
555bis*	Autre fenêtre de la salle des Deux-Sœurs.
555*	La dite fenêtre, vue en détail.

| Numéros des planches | La collection n'est complète que dans le grand format de 0 m. 26×0 m. 35 environ; les numéros précédés d'une * existent aussi pour stéréoscope; ceux suivis d'une * peuvent s'obtenir également en format carte-album. |

GRENADE.   **Alhambra.**

1125	Frise de la salle des Deux-Sœurs.
1126	Détail de la muraille de la dite salle.
1127*	Plafond de la salle des Deux-Sœurs.
1128	Azulejos ou carreaux de faïence de l'alcôve de la dite salle.
1165	Faïences de la même salle.
1166	Faïences de la porte de la salle des Orangers dans la salle des Deux-Sœurs.
1199	Faïences ou azulejos de la salle des Deux-Sœurs.
1198*	Détail intérieur d'une porte de la dite salle.
321*	Cuivre représentant en gravure divers motifs de la salle des Deux-Sœurs.
1482*	Ajimez ou fenêtre de la salle des Deux Sœurs, plâtre.

7.º MIRADOR OU BALCON DE LINDARAJA.

552	Mirador ou balcon de Lindaraja.
552bis*	Autre vue du mirador.
1130	Imposte et frise de l'arc du balcon de Lindaraja.
1168	Carreaux de faïence ou azulejos du balcon de Lindaraja.
1167	Vue du jardin de Lindaraja.

8.º SALLE DE LA BARCA.

(Cette salle sert de vestibule à celle des Ambassadeurs.)

1149	Babuchero ou niche à babouches de la salle de la Barca.
1174	Ornements et carreaux de faïence de la salle de la Barca.
1175	Ornements de la muraille de la dite salle.
1176	Ornements et chapiteau de l'arc du fond de la salle.
1177	Colonne et naissance de l'arc de la salle de la Barca.

9.º SALLE DES AMBASSADEURS.

1150	Babuchero ou niche à babouches de la salle des Ambassadeurs.
557*	Vue intérieure de la salle des Ambassadeurs.
557bis	Autre vue intérieure de la dite salle.

| Numéros des planches. | La collection n'est complète que dans le grand format de 0 m. 26×0 m. 35 environ; les numéros précédés d'une * existent aussi pour stéréoscope; ceux suivis d'une * peuvent s'obtenir également en format carte-album. |

GRENADE. **Alhambra.**

1188	Détails d'ornements de la salle.
1151	Détails de la salle des Ambassadeurs.
1152	Autres détails de la salle.
1153	Détails d'ornements de la salle.
1154	Détails de la salle des Ambassadeurs.
1155	Chapiteau de la salle des Ambassadeurs.
1189	Carreaux en faïence de la dite salle.
1190	Autres carreaux en faïence de la dite salle.
1191	Autres carreaux en faïence de la dite salle.
1192	Autres carreaux en faïence de la dite salle.
1193	Autres carreaux en faïence de la dite salle.
1477	Carreaux en faïence de la dite salle.
1478	Autres carreaux en faïence de la même salle.
1111*	Ajimez, ou fenêtre en arc, soutenue par une colonne, de la salle des Ambassadeurs.
239	Vue du mihrab ou cabinet de toilette de la Reine, prise de la dite salle.
239bis	Autre vue du mihrab ou cabinet de toilette de la Reine.
*246	Vue de l'Albaicin ou quartier arabe de Grenade, prise de la salle des Ambassadeurs, en 2 morceaux.
1148	Vue de la Tour de l'Hommage, prise de la salle des Ambassadeurs.
1469	Les défilés de la rivière Darro.
248	Les défilés du Darro, vue prise du Cubo.

10.º COUR DE LA MOSQUÉE.

*245	Cour de la Mosquée.
553	Porte de la cour de la Mosquée.
553bis	Autre vue de la dite porte.
1481*	Cour de la Mosquée, dessin.

III.

Vues extérieures du palais arabe.

1.º LA MOSQUÉE, PROPRIÉTÉ PARTICULIÈRE.

1135	Porte de la Mosquée.
1136	Vue intérieure de la Mosquée.

| Numéros des planches. | La collection n'est complète que dans le grand format de 0 m. 26×0 m. 35 environ; les numéros précédés d'une * existent aussi pour stéréoscope; ceux suivis d'une * peuvent s'obtenir également en format carte-album. |

GRENADE.   **Alhambra.**

237	Fenêtre de la Mosquée.
244*	Autre fenêtre de la Mosquée.
1137	Inscription arabe de l'ancien Hôtel des Monnaies.
B 554	*Lampe fameuse de la Mosquée, conservée au Musée Archéologique de Madrid.*

2.º EL GÉNÉRALIFE, PROPRIÉTÉ DU PRINCE PALAVICINO.

240*	Vue de la Mosquée et du Généralife.
242	Jardins du Généralife.
243	Vue intérieure du Généralife.
1138*	Galerie du Généralife.
1139	Porte intérieure du Généralife.
1140*	Le Cyprès de la sultane.

3.º VUES GÉNÉRALES DE L'ALHAMBRA ET DE GRENADE.

1473	La Tour de l'Aqueduc.
219	La Tour de los Picos.
219bis*	La Tour de los Picos, vue du chemin intérieur.
1479	La Tour des Dames.
1480*	Tours de l'Infante et de la Captive.
241	Vue de l'Alhambra, prise de la cuesta del Chapiz.
554*	Vue de l'Alhambra, prise du Sacromonte.
*1141	Vue de l'Alhambra, prise du chemin du Sacromonte.
*1142	Vue panoramique de l'Alhambra et de Grenade, prise de la place de Saint Nicolas, en 4 morceaux.
1143	Vue du Généralife et de l'Alhambra, prise de la place Saint Nicolás, en un morceau.
*1144	Vue panoramique de l'Alhambra et de Grenade, prise de la Silla del Moro, en 5 morceaux.
1145	Vue de l'Alhambra et de Grenade, prise de la Silla del Moro, en un morceau.

IV.

Vues à l'intérieur de la ville.

CATHÉDRALE.

| 1147* | Tombeau des rois catholiques dans la Chapelle royale. |
| A 942* | *Vue de la Chapelle royale.* |

| Numéros des planches. | La collection n'est complète que dans le grand format de 0 m. 26×0 m. 35 environ; les numéros précédés d'une * existent aussi pour stéréoscope; ceux suivis d'une * peuvent s'obtenir également en format carte-album. |

GRENADE. **Cathédrale.**

A 1183	*Célébration des offices dans la chapelle royale*, peinture.
B 287	*Statue d'Isabelle la Catholique*, de face (dans la sacristie).
B 287bis	*La dite statue, de profil.*
B 285*	*Sceptre, couronne, épée et missel avec son coffret, des rois catholiques.*
B 286*	*de la bibliothèque: Triptyque ayant appartenu au Grand Capitaine, magnifique émail de Limoges.*
B 379	*au couvent des Chartreux: Saint Bruno, statue en bois.*
1470*	La Place Neuve.
1471	Ermitage de Saint Sébastien.
1472	Inscription qui se trouve au dit ermitage.
247*	Vue de l'Alhambra, prise de la ville.

V^E RÉGION.

LITTORAL DE LA MÉDITERRANÉE.

ALICANTE, ELCHE, MURCIE ET CARTAGÈNE.

SAX (Alicante).

599	Vue générale de Sax.
198	La station de Sax.

ALICANTE.

201	Vue de l'Ayuntamiento ou Hôtel-de-Ville.
202*	Vue générale d'Alicante.
**203	Vue du château d'Alicante.

ELCHE (Alicante).

1055	Entrée d'Elche en venant d'Alicante.
1056	Une rue d'Elche.
1057*	Château du Duc d'Altamira, actuellement prison d'Elche.
1058	Château et moulin d'Elche.
1059*	Maison de la Huerta ou campagne d'Elche.
1060*	Tour de Rapsamblanc, propriété de M. le comte de Luna.

| Numéros des planches. | La collection n'est complète que dans le grand format de 0 m. 26×0 m. 3. environ; les numéros précédés d'une * existent aussi pour stéréoscope: ceu suivis d'une * peuvent s'obtenir également en format carte album. |

ELCHE (Alicante).

1061	Tour et moulin.
1062*	Forêt de palmiers d'Elche.
1063*	Acequia ou canal d'irrigation.
1064*	Palmiers et habitants de la Huerta, faisant la cueillette des dattes.
397*	Groupe de palmiers.
396	Vue générale d'Elche.
1065*	Vue d'Elche.
1066*	L'église de Saint Jean, vue prise du pont.
1067*	Pont sur le torrent d'Elche.
1068*	L'Hôtel-de-ville, ou ayuntamiento d'Elche.
B 284	*Cupidon endormi*, sculpture romaine trouvée à Elche.

ORIHUELA (Murcie).

1043	Porte de l'église de Saint Jacques.
1044	Cour du couvent de Saint Dominique.
1045	Rue de la Corredera.
1046*	Vue de la rivière Segura, prise du levant.
1047	Vue du Segura, prise du couchant.
1048	Vue d'Orihuela.
1049	Vue d'Orihuela, prise de la porte de Murcie.

MONTEAGUDO.

*426	Le château de Monteagudo.
426bis	Vue de Monteagudo.

MURCIE.

945	La place de Taureaux ou de Saint Augustin.
946*	Vue du Pont sur le Segura.
947	Promenade de l'Arenal.
948	L'Ayuntamiento et la Bibliothèque.
949	L'Ayuntamiento ou Hôtel-de-ville.
950	Palais épiscopal.
*951	Vue de la rivière Segura.

Cathédrale de Murcie.

952	Façade principale.
953	Vue générale de la cathédrale.
953bis	Autre vue générale de la cathédrale.

Numéros des planches.	La collection n'est complète que dans le grand format de 0 m. 26×0 m. 35 environ; les numéros précédés d'une * existent aussi pour stéréoscope; ceux suivis d'une * peuvent s'obtenir également en format carte-album.

MURCIE. **Cathédrale.**

954	Détail de la façade.
955	Détail et balcon.
*956	Partie latérale.
*957	Porte latérale.
958	Porte des Apôtres.
959	Vue extérieure de la Chapelle du marquis de los Velez.
960	Fenêtre du clocher.
961	Détails des fenêtres et de la corniche.
*962	La Place Cadenas.
963	Porte Cadenas.

964	Maison du peintre Villasis.
965	Balcon de la rue Traperia.
966	Palais du marquis d'Almodovar.
*967	Église de Saint Dominique.
*968	Palais du marquis de Villafranca de los Velez et couvent de Sainte Claire.
969	Maison de la rue Jaboneria.
970	Palais du baron d'Albalá.
*971	Couvent de Saint Jérôme.
972	El contraste, ou Bureau des poids et mesures.
973	Place Saint Pierre.
974	Palais du marquis de Espinardo.
975	Autel des Sacrifices, d'origine romaine, dédié à la Paix; trouvé à Cartagène, il fut transporté, en 1594, au palais du marquis de Espinardo.
975bis	Le même Autel vu sur une autre face.
976	Maison de las Bombas.
977	Rue de la Acequia ou canal.
978	Vue générale de Murcie, en 5 morceaux.
979	Vue générale de Murcie, en 3 morceaux.
980	Vue générale de Murcie, en un morceau.
*981	Vue de la Huerta ou campagne de Murcie.
982	Autre vue de la Huerta.
983	Id. id.
984	Id. id.
984bis	Id. id.

| Numéros des planches. | La collection n'est complète que dans le grand format de 0 m. 26×0 m. 35 environ; les numéros précédés d'une * existent aussi pour stéréoscope; ceux suivis d'une * peuvent s'obtenir également en format carte-album. |

MURCIE.

Figures processionnelles de l'église de Jésus à Murcie, statues en bois peint, œuvres de Zarzillo.—Il est d'usage, aux processions de la Semaine Sainte, de porter solennellement ces statues qui sont de grandeur naturelle.

B 274	*La Cène.*
B 275	*La prière du Jardin.*
B 276	*Le baiser de Judas.*
B 277	*La flagellation.*
B 278	*La chûte de N.-S.*
B 279	*La Vierge des Douleurs.*
B 280	*Sainte Véronique.*
B 281	*Saint Jean.*
B 282	*Saint Jérôme.*

Sanctuaire de la FUENSANTA, près Murcie.

985	Le Sanctuaire, vue de la Casa del Labrador.
*986	Sanctuaire de la Fuensanta.
987	La Casa del Labrador, vue du Sanctuaire.

CIEZA (Murcie).

988	Vue générale de Cieza.
989	Pont de Cieza.
989bis	Autre vue du même pont.

ARCHENA (Murcie).

515	Pont du chemin de fer.
515bis	Autre vue du même pont.
516	Passage du chemin de fer, appelé de los Almadenes.
990	L'établissement thermal d'Archena.

LORCA (Murcie).

400*	La célèbre Digue, ou Pantano de Lorca.

CARTAGÈNE (Murcie).

991*	La porte del Mar.
992	Vue générale de la ville, en 2 morceaux.
993*	L'Ecole de marine.
994*	Vue de Cartagène, en 2 morceaux.

| Numéros des planches. | La collection n'est complète que dans le grand format de 0 m. 26×0 m. 35 environ; les numéros précédés d'une * existent aussi pour stéréoscope; ceux suivis d'une * peuvent s'obtenir également en format carte album. |

CARTAGÈNE.

995*	Vue de l'Arsenal.
996*	Entrée de l'Arsenal.
*997	Vue générale de l'Arsenal, en 4 morceaux.
998	Le bassin flottant, supportant la frégate cuirassée *Arapiles*.
*999	La frégate cuirassée *Numancia*.
1000*	Vue générale du port de Cartagène.
1001	Vue générale de Cartagène et de l'Arsenal, en 3 morceaux.
1002*	La bocana ou entrée du port.
1003	Fabrication de blocs artificiels pour les travaux du port.
1004	Construction du brise-lames de Curra.
1005	Phare du cap de Palos.

VI^E RÉGION.

VALENCE, CATALOGNE, ARAGON ET NAVARRE.

JÁTIVA.

*891	Vue générale de Játiva.
*892	Fontaine de Játiva.
*893	L'hôpital civil.

VALENCE.

*894	La place des taureaux.
895	Palais du marquis de Dos Aguas.
*896	Portail du dit palais.
897*	Eglise de Sainte Catherine.

Cathédrale de Valence.

**898	Le Miguelete, ou tour de la cathédrale.
*899	Vue générale de la porte del Palau.
*900	Porte del Palau.
901	Porte des Apôtres.
A 1207	*Le tribunal des eaux tenant ses célèbres séances devant la porte des Apôtres*, peinture.
902	Vue générale de la cathédrale.

— 157 —

| Numéros des planches. | La collection n'est complète que dans le grand format de 0 m. 26×0 m. 35 environ; les numéros précédés d'une * existent aussi pour stéréoscope; ceux suivis d'une * peuvent s'obtenir également en format carte-album. |

VALENCE.

*903	Place de la Constitution.
904	Palais de l'archevêché.
*905	Une maison particulière.
906	La Audiencia, ancien palais des Cortès.
A 613	*Vue intérieure de l'ancien salon des Cortès,* peinture.
907	Porte intérieure de la Audiencia.
908	Porte de Mosen S'Orrell.
909	Statue de Saint Christophe.

La Lonja, ou marché de la soie à Valence.

910	Vue extérieure de la Lonja.
911	Vue intérieure de la Lonja.
912	Porte intérieure de la Lonja.
A 961	*Vue intérieure de la Lonja,* peinture.
A 1654	*Le marché de la soie à Valence,* peinture.

*913	Eglise de los Santos Juanes.
914*	Vue du Tros Alt.
*915	Porte de Cuarte.
*916	Porte de Serranos.
916bis	Autre vue de la porte de Serranos.
*917	Eglise du Carmen, ou de Santa Cruz.
*918	El Temple.
*919	Vue générale panoramique de Valence, en 6 morceaux.
*920	Le pont royal.
*921	Palais du comte de Cerbellon.
*922	Place de Saint Dominique.
*923	Promenade de la Glorieta.
*924	Place de la Douane.
925	Collège du Patriarche.
926	Cour du dite collège.
926bis	Autre vue de la dite cour.
927	Eglise de Saint André.
928	Vue générale panoramique de Valence, en 3 morceaux.
929*	Vue générale de Valence, en un morceau.
930	Autre vue générale de Valence, en un morceau.
931*	Chapelle de l'Ave Maria sur la route du Grao.
932*	Barraques sur la route du Grao.

| Numéros des planches. | La collection n'est complète que dans le grand format de 0 m. 26×0 m. 35 environ: les numéros précédés d'une * existent aussi pour stéréoscope: ceux suivis d'une * peuvent s'obtenir également en format carte-album. |

VALENCE.

| 933 | Vue générale du Grao, en 3 morceaux. |
| 414 | Le Port du Grao, en 2 morceaux. |

Tableaux du Musée provincial de Valence.

A 764	Ribalta.—Saint Bruno.
A 765	Espinosa.—La Vierge de la Merci.
A 766	Juanes.—L'Assomption de la Vierge.
A 767	Id. Le Sauveur.
A 768	Id. Ecce-Homo.
A 769	Orrente.—Saint Jérôme.
A 770	Auteur inconnu.—Peinture d'un retable du XIIe siècle.
A 771	Id. L'Ascension de N.-S., peinture du XIIe siècle.
A 772	Id. Le Christ apparait à ses disciples.

SAGONTE ou MURVIEDRO.

*1069	Vue générale de Sagonte.
*1070	Vue générale du Théâtre romain.
*1071	Intérieur du Théâtre romain.
1072	Porte principale du Théâtre romain.
1073	Vue générale des ruines du Théâtre romain.
*1074	Vue de Sagonte, prise du château.
*1075	Le château, vue prise d'une de ses cours.

TERUEL.

412*	L'aqueduc romain.
413*	Momies des célèbres amants de Teruel.
427	Moulage de la tête de l'antipape Gil Sanchez Muñoz, successeur de Luna.

TORTOSA.

1094	Cour de l'Institut de Tortosa.
1095	Vue générale de Tortosa, en 3 morceaux.
1096	Pont du chemin de fer sur l'Èbre.
538	Phare de la Baña, à l'embouchure de l'Èbre.
539	Phare du Fangar, id. id.

| Numéros des planches. | La collection n'est complète que dans le grand format de 0 m. 26×0 m. 35 environ; les numéros précédés d'une * existent aussi pour stéréoscope; ceux suivis d'une * peuvent s'obtenir également en format carte album. |

TORTOSA.

| 540 | Phare de Buda, à l'embouchure de l'Èbre. |
| 540bis | Autre vue du phare de Buda, en 2 morceaux. |

TARRAGONE.

1218	Palais de Pilate, qui sert actuellement de prison.
*1219	Porte cyclopéenne appelée la *Portella*.
*1220	La croix de Saint Antoine.
*1221	Porte de Saint Antoine, avec la muraille romaine.
1222	Porte de la chapelle de Saint Paul.

Cathédrale de Tarragone.

1223	Vue générale de la façade principale.
*1224	Partie centrale du portail.
1225	Partie inférieure du portail.
1226	Porte latérale de gauche.
1227	Porte byzantine de droite.
1228	Statues du portail.
1229	Détails du côté gauche du portail.
*1230	Détails du centre du portail.
1231	Porte latérale de droite.
*1232	Cloître de la cathédrale.
1233	Fenêtre arabe du cloître.
*1234	Tour et abside de la cathédrale.
1235	Vue générale de la cathédrale.

*1236	Muraille des époques cyclopéennes et romaines.
*1237	Tour romaine.
*1238	Vue d'un ancien couvent.
*1239	La Tour des Scipions.
*410	L'aqueduc romain de las Ferreras.
411	Arc de triomphe romain de Bará.
*409	Vue du port de Tarragone, prise de la ville.
408*	Vue générale de Tarragone.
*1240	Vue générale panoramique de Tarragone, en 3 morceaux.
541	Les carrières de Tarragone.
541bis	Les carrières de Tarragone, en 2 morceaux.
542	L'ancien port de Tarragone, d'après une gravure de l'époque.

| Numéros des planches. | La collection n'est complète que dans le grand format de 0 m. 26×0 m. 35 environ; les numéros précédés d'une * existent aussi pour stéréoscope; ceux suivis d'une * peuvent s'obtenir également en format carte-album. |

TARRAGONE.

Musée provincial de Tarragone.

B 290	*Un petit nègre*, statuette romaine en bronze.
B 291	*Bacchus jeune*, statue grecque en marbre.
B 292	*Vases divers romains*, en cuivre.
B 293	*Vases divers romains*, en terre.
B 294	*Vases divers en terre et fontaine en marbre.*
B 295	*Fontaine en marbre et bustes romains.*

Monastère de POBLET, près Tarragone.

1205	Vue générale du monastère.
1206	Eglise du monastère.
*1207	Porte royale du couvent.
1208	Cloître et palais du roi Martin.
*1209	Chapelle de Saint Georges.
*1210	Pavillon du cloître.
*1211	Vue intérieure du cloître.
*1212	Autre vue intérieure du cloître.
*1213	Autre vue intérieure du cloître.

Monastère de SANTAS CREUS, près Tarragone.

1214	Vue générale de l'église du monastère.
1215	Porte du cloître.
**1216	Vue intérieure du cloître, vue de face.
1217	Partie latérale du cloître.

Monastère de MONTSERRAT, près Barcelone.

*1200	Le monastère, du côté du midi.
1201	Vue générale du monastère, du côté du levant.
*1202	La roche du Diable.
*1202bis	Autre vue de la roche du Diable.
1203*	Porte de l'église de Montserrat.
1204	Ruines de l'ancien monastère.

BARCELONE.

*1241	La place Nationale, ou place Royale.
*1242	Le théâtre principal.
*1243	Rambla ou promenade de Sainte Monique.

| Numéros des planches. | La collection n'est complète que dans le grand format de 0 m. 26×0 m. 35 environ; les numéros précédés d'une * existent aussi pour stéréoscope; ceux suivis d'une * peuvent s'obtenir également en format carte-album. |

BARCELONE.

1244	Rambla de Sainte Monique, et la banque de Barcelone.
1245*	Rambla du Centre.
1246	Le fort de Monjuich.
*1247	La muraille de la mer.
*1248	Place du duc de Medinaceli.
1249	Place du Commerce ou du Palais.
*1250	Fontaine de la place du Commerce.
*1251	La Lonja ou Bourse.
1252	Façade de Santa Maria del Mar.
1253	Détail du portail de Santa Maria del Mar.
1254	Détail de la porte latérale gauche de Santa Maria del Mar.
1255	Détail de Santa Maria del Mar.—Porte de l'Immaculée Conception.
1256	Escalier d'une maison particulière de la rue de Moncada.
1257	Le même escalier, détail.
*1258	El Ayuntamiento ou Hôtel-de-Ville.
1259	Ancienne façade de l'Ayuntamiento.
*1260	Palais de la Députation provinciale.
1261*	Détail extérieur de la Audiencia.
**1262	Entrée de la cour de la Audiencia.
*1263	Escalier de la Audiencia.
1264	Cour de la Audiencia.
*1265	Détail de la cour de la Audiencia.
*1266	Partie supérieure de la cour de la Audiencia.
1267*	Chapelle de Saint Georges à l'Audiencia.
1268	Un Arabe demandant l'aumône.

Cathédrale de Barcelone.

*1269	Porte de la Piété.
1270	Porte extérieure de Sainte Lucie.
1271	Porte de Sainte Eulalie.
1272	Porte latérale de droite.
*1273	Cloître et porte principale intérieure.
*1274	Cloître et porte.
1275	Fontaine du cloître.
*1276	Les archives.
*1277	Porte du cloître.

| Numéros des planches. | La collection n'est complète que dans le grand format de 0 m. 26×0 m. 35 environ; les numéros précédés d'une * existent aussi pour stéréoscope; ceux suivis d'une * peuvent s'obtenir également en format carte-album. |

BARCELONE. **Cathédrale.**

1278	Chapelle du cloître.
1279	Vue du cloître.
*1280	Autre vue du cloître.
*1281	Porte intérieure de Sainte Lucie, et tombeau du bouffon Mossen Borrá.
1282	Grille du cloître.
1283	Autre grille du cloître.
1284	Autre grille du cloître.
*1285	Chapelle du cloître.
1286	Fontaine du cloître.
1287	Autre fontaine du cloître.
1288	Porte du cloître.

*1289	Couvent de Sainte Claire, ancien palais des rois d'Aragon.
*1290	Maison de la Canongía ou du Canonicat.
*1291	Casa-gremio, ou maison de la corporation des cordonniers.
*1292	Tours de la Place neuve.
*1293	Eglise del Pino.
1294	Maison particulière du XVIIIe siècle.
1295	Couvent de Monte Sion.
*1296	Cour intérieure du couvent de Monte Sion.
*1297	Cour extérieure du couvent de Monte Sion.
*1298	Eglise de Sainte Anne.
*1299	Cloître de l'église de Sainte Anne.
1491	Couvent de Saint Paul.—Porte de l'église.
1492	Cloître de Saint Paul.
1493	Autre vue du cloître de Saint Paul.
*1494	Autre vue du cloître de Saint Paul.
*1495	L'Université.
1496	Cloître de l'Université, partie supérieure.
1497	Cloître de l'Université, partie inférieure.
*1498	Vue panoramique du port de Barcelone, prise de la place du Commerce, en 2 morceaux.
1499	Vue panoramique de Barcelone, prise de Monjuich, en 4 morceaux.
389	Vue panoramique de Barcelone, prise de Monjuich, en 3 morceaux.

| Numéros des planches. | La collection n'est complète que dans le grand format de 0 m. 26×0 m. 35 environ; les numéros précédés d'une * existent aussi pour stéréoscope; ceux suivis d'une * peuvent s'obtenir également en format carte-album. |

BARCELONE.

390*	Vue panoramique de Barcelone, prise de Monjuich, en un morceau.
1500	Vue panoramique de Barcelone, prise de Gracia, en 2 morceaux.
391*	Station du chemin de fer de Saragosse.
428	Le Pont du Diable, à Martorell.

GERONA.

398*	Vue de Gerona.

LÉRIDA.

399*	Vue de Lérida.

SARAGOSSE.

1666	Statue de Pignatelli.
1667	Façade de l'église de Santa Engracia.
1668	Promenade de Santa Engracia.
1669	La Députation provinciale.
1670	Palais de la Audiencia et promenade du Coso.
1671	Portail du palais de la Audiencia.
407*	La tour Neuve, ou tour penchée.
*407bis	Autre vue de la tour penchée.
407ter	Autre vue de la dite tour.
A 851	*La tour penchée*, peinture.
1672	Place et église de Saint Nicolas.
1673	La Lonja ou bourse.
1674	La Lonja vue de face.
1674bis	Autre vue de la Lonja.
1689	Vue intérieure de la Lonja.
1676	Eglise de la Magdeleine.

1677*	Corniche de la maison du comte d'Argillo.
1678	Cour de la dite maison.
1679*	Autre vue de la même cour.

| Numéros des planches. | La collection n'est complète que dans le grand format de 0 m. 26✕0 m. 35 environ; les numéros précédés d'une * existent aussi pour stéréoscope; ceux suivis d'une * peuvent s'obtenir également en format carte-album. |

SARAGOSSE.

| *1680* | Cour de la maison de Pardo. |
| 1681* | Détail de la dite cour. |

Maison de Zaporta ou de l'infante.

1682	Portail de la dite maison.
1683*	Vue de la cour.
1684	Détail de la cour.
1685	Autre vue de la dite cour.
*1686	Autre vue de la cour.
1687	Détail de la cour.
1688	Autre détail de la cour.
A 850	*Cour de la maison de l'Infante,* peinture.

Eglise de La Seo.

1675	Tour de l'église.
1690*	Abside de l'église.
1691*	Détail de l'Abside.
1761*	Vue intérieure de l'église.
1762*	Chapelle de Zaporta.
1765*	Grille, en cuivre repoussé, de la chapelle de Zaporta.
1763	Voûte centrale de l'église.
1759	Vue derrière le chœur.
A 1749	*Vue intérieure de l'église de La Seo,* peinture.
1760*	Détail du chœur.
1764*	Chapelle de Saint Jean.
1766*	Tombeau de l'archevêque D. Lope de Luna, fondateur de l'église.
B 723*	*Custodia, ou ostensoir en argent,* fait en 1537; poids 200 kilos.

Église de la Vierge du Pilar.

157	Vue de l'église, prise du pont.
*1692	Vue de l'église, prise de la place.
1693	Vue générale prise de la tour Neuve.
1694	Vue générale intérieure de l'église.
1757*	Autre vue générale intérieure de l'église.
1695*	Peintures de la coupole.

| Numéros des planches. | La collection n'est complète que dans le grand format de 0 m. 26×0 m. 35 environ; les numéros précédés d'une * existent aussi pour stéréoscope; ceux suivis d'une * peuvent s'obtenir également en format carte-album. |

SARAGOSSE.　　　　**Église de la Vierge du Pilar.**

1697	Vue du maître-autel.
1696	Vue générale du chœur.
1750*	Les orgues du chœur.
1751*	Les stalles du chœur.
1751bis	Autre vue des stalles du chœur.
1752	Autre vue des stalles.
1752bis	Autre vue des stalles.
1698	Chapelle de Notre-Dame du Pilar.
1753*	Derrière de l'autel du Pilar.

1754	Vue générale de Saragosse, prise d'Altabas, en 3 morceaux.
1754bis*	La même vue générale, en 2 morceaux.
1754ter*	La même vue, en un morceau.
1755	Le pont sur l'Èbre, vue prise de San Lazaro.
1756	Le dit pont, vue prise du Pilar.
156	Vue générale de Saragosse, prise du Cabezo-Cortado.
1699	Tour de Saint Gil.
1700*	Portail de l'église de Saint Michel.
1722	Tour de Saint Michel.
1723	Rue du marché.
1724	Eglise de Saint Paul.—Porte du Christ.
1725	Tour de l'église Saint Paul.
1726	Tour de la rue de Antonio Perez.
1727*	La tour du Trouvère.
1728	Muraille de l'ancienne ville, conservant les traces des boulets lancés lors du fameux siège de 1808.
1729*	Maison de la place de San Carlos.

Ancienne mosquée de l'Aljaferia de Saragosse.

1743*	Entrée de l'ancienne mosquée.
1730*	Intérieur de la mosquée.
1744*	Autre vue intérieure.
1745*	Autre vue intérieure.
1746	Autre vue intérieure.
1747*	Fenêtre de l'escalier principal.
1748	Caserne de l'Aljaferia.

| Numéros des planches. | La collection n'est complète que dans le grand format de 0 26×0 35 environ; les numéros précédés d'une * existent aussi pour stéréoscope; ceux suivis d'une * peuvent s'obtenir également en format carte-album. |

SARAGOSSE.

Musée provincial de Saragosse.

1731*	Fragment de la mosquée de l'Aljaferia, XIIe siècle.
1732*	Autres fragments de la dite mosquée.
1733*	Fragment détaillé de la mosquée.
1734*	Chapiteaux arabes provenant du château de la Aljaferia.
1735*	Autres chapiteaux arabes, de la même provenance.
1736*	Autres chapiteaux arabes, de la même provenance.
1737*	Corniches, style ogival du XVe siècle, provenant de l'ancienne douane.
1738*	Autres corniches, de même style et provenance.
1739*	Autres corniches, de même style et provenance.
1740*	Autres corniches, de même style et provenance.
1741	Galerie du Musée provincial.
1742*	Cour du Musée provincial.

1749	Porte de N. D. du Carmen.
**1753	Vue générale de Saragosse, prise du Portillo, en 2 morceaux.
A 1717	*Rideau du théâtre principal*, peinture.
B 724	*Tapisserie de l'Université des lettres, représentant Sainte Isabelle et son mari.*

ALHAMA d'ARAGON, (station du chemin de fer de Saragosse à Madrid).

1651	Tunnel et pont du chemin de fer.
1652	Les Thermes, vues du pont du chemin de fer.
1653	Vue générale des Thermes de Matheu.
1654	Le lac, vue prise du palais.
1655	Les îles du lac.
1656	Le lac et le palais.
1657	Sépulture de la famille Matheu.
1658	La cascade.
1659	Les bains vieux et ceux de San Roque.
1660	Les bains de San Fermin.
1661	Les bains du Roi.
1662	L'église et le pont sur la rivière Jalon.

| Numéros des planches. | La collection n'est complète que dans le grand format de 0 m. 26×0 m. 35 environ; les numéros précédés d'une * existent aussi pour stéréoscope; ceux suivis d'une * peuvent s'obtenir également en format carte-album. |

ALHAMA D'ARAGON.

1663	Vue générale du village.
1664	La route royale, vue prise de la casa de la montaña.
1665	Vue générale panoramique, en 2 morceaux.

MONASTÈRE DE PIEDRA, près d'Alhama d'Aragon.

1626	Vue générale du Monastère.
1627	Façade de l'entrée du Monastère.
1628	Tour de l'Hommage.
1629	Abside et tour de l'église.
1630*	Fenêtre de la salle du Chapitre.
1631	Cascade de la Queue de cheval.
1632*	Cascade Iris.
1632 bis	Autre vue de la dite cascade.
1633	Cascade basse des Frênes.
1634	Cascade haute des Frênes.
1635	Lac du Verger.
1636	Cascade ou Bain de Diane.
1637	Le torrent des Merles.
1638	Grotte de l'Artiste.
1639	Cascade Capricieuse.
1640	Cascade Trinité.
1641	Cascade Sombria.
1642	La Olmeda.
1643	Le Parc.
1644	Cascade de las Requijadas.
1645	Cascade del Vado ou du Gué.
1646	Vue générale des pêcheries et du rocher du Diable.
1647	Pêcherie des truites.
1648	Pêcherie des saumons.
1649	Intérieur de la grande grotte.
1650	Grotte des Morts.

RICLA.

| **155 | Vue de Ricla. |

CALATAYUD.

| 148 | Vue générale de Calatayud. |
| *149 | L'église de Sainte Marie. |

| Numéros des planches. | La collection n'est complète que dans le grand format de 0 m. 26×0 m. 35 environ; les numéros précédés d'une * existent aussi pour stéréoscope: ceux suivis d'une * peuvent s'obtenir également en format carte-album. |

BUBIERCA.

146 | Vue de Bubierca.

SIGUENZA.

*141 | Vue générale de Siguenza.

PAMPELUNE.

401*	Entrée de la cathédrale par le cloître.
402	Cloître de la cathédrale.
403	Partie extérieure du dit cloître.
404	Six beaux chapiteaux byzantins, seuls restes de l'ancienne cathédrale qui s'est écroulée au XVᵉ siècle.
405	Quatre autres chapiteaux, de la même provenance.
B 188*	*Beau Christ en bois, éxécuté par Michel Ancheta* (de la cathédrale).
B 189	*Coffret en ivoire ayant appartenu à la reine Blanche de Navarre* (de la cathédrale).

VIIᴱ· RÉGION.

LA RIOJA, BISCAYE, LES ASTURIES ET CASTILLE.

ALFARO.

*159 | Vue d'Alfaro.

CALAHORRA.

*160 | Vue de Calahorra.
*161 | Cathédrale de Calahorra.

| Numéros des planches. | La collection n'est complète que dans le grand format de 0 m. 26×0 m. 35, environ; les numéros précédés d'une * existent aussi pour stéréoscope; ceux suivis d'une * peuvent s'obtenir également en format carte album. |

LOGROÑO.

166	La rue du Marché, à Logroño.
*167	Maison du duc de la Victoire, général Espartero.
*168	Vue générale de Logroño.
163	Vue intérieure de la station du chemin de fer.
*164	Vue extérieure de la station.

PUEBLA DE LA BARCA.

*169	Vue générale.

CENIZERO.

*170	Vue de Cenizero.

BRIONES.

*171	Vue de Briones.

HARO.

*172	Vue de Haro.

ORDUÑA.

*180	Eglise de la Antigua de Orduña.

MIRAVALLES.

181	Viaduc de Miravalles.

BILBAO.

*182	Vue de Bolueta.
**183	Viaduc de la Peña.
**184	Vue de l'Ile.
*185	Vue intérieure de la station de Bilbao.
*186	Vue extérieure de la station.
*187	Le pont et la promenade de l'Arenal.
188	Albia.
*189	Autre vue d'Albia.

| Numéros des planches. | La collection n'est complète que dans le grand format de 0 m. 26×0 m. 35 environ; les numéros précédés d'une * existent aussi pour stéréoscope; ceux suivis d'une * peuvent s'obtenir également en format carte-album. |

BILBAO.

392	Vue de Sendeja.
393	Vue d'Achuri.
394	Le pont d'Isabelle II.
395	Le pont suspendu.
*191	Le pont de Luchana.
*192	Vue de Portugalete.
1446	Etablissement des bains de mer de Las Arenas.

SANTANDER.

*270	Portail de la Colegiata de Santillana, près Santander.
271	Cloître du dit monastère.
*272	Galerie du levant du dit cloître.
**273	Galerie du midi du dit cloître.
274*	Vue générale de Santander.
275*	Autre vue générale de Santander.
***276	Vue générale panoramique de Santander, en 3 morceaux.

LEON.

326	Abside de Saint Isidore.

Objets divers de l'église de Saint Isidore.

B 185*	*Un calice et une croix en filigrane d'or.*
B 186	*Une croix gothique en or.*
B 187	*Un coffret ou reliquaire en ivoire.*
B 197	*Reliquaires contenant la main de Saint Martin, la mâchoire de Saint Jean Baptiste, un doigt de Saint Isidore et des cheveux de la Vierge.*

OVIEDO.

281	Vue générale d'Oviedo.
282	Porte principale de la cathédrale.
283	Intérieur du cloître de la cathédrale.
284	Chapiteau représentant la mort du roi don Fabilo à Cangas de Onis.

| Numéros des planches. | La collection n'est complète que dans le grand format de 0 m. 26×0 m. 35 environ; les numéros précédés d'une * existent aussi pour stéréoscope: ceux suivis d'une * peuvent s'obtenir également en format carte album. |

OVIEDO.

Objets divers de la Chambre sainte d'Oviedo.

B 182*	*La croix de Pélage,* vue de face.
B 182bis	*La même,* vue par derrière.
B 183*	*La croix des anges,* vue de face.
B 183bis	*La même,* vue de l'autre côté.

TORO.

*438	La tour de l'Horloge.
*439	El Ayuntamiento ou Hôtel-de-Ville.
*440	La cathédrale, vue de la Glorieta.
*441	Porte principale de la cathédrale.
**442	Porte de l'ancien couvent de Saint Dominique.
*500	Tranchées du chemin de fer près de Toro.
500bis	Autres tranchées près de Toro.

ZAMORA.

501	Le pont de Castronuño, en 2 morceaux.
*437	Station du chemin de fer.
*437bis	Autre vue de la Station.
*430	Façade de la cathédrale.
*429	La cathédrale, vue par derrière.
387	La cathédrale.—Porte de l'évêque.
387bis 387ter	La même Porte, sous deux autres points de vue.
*431	La maison du Cid.
*432	Porte principale de l'église de la Madeleine.
*434	L'église de la Madeleine.
433	La Casa de los Momos.
*436	Murailles et fausse porte de la ville, avec la maison de Doña Urraca.
386	Vue de Zamora, en un morceau.
*435	Vue générale de Zamora, en 2 morceaux.
489	Pont en pierre sur le Duero, en 2 morceaux.

| Numéros des planches. | La collection n'est complète que dans le grand format de 0 m. 26×0 m. 35 environ; les numéros précédés d'une * existent aussi pour stéréoscope; ceux suivis d'une * peuvent s'obtenir également en format carte-album. |

SALAMANQUE.

*362	La Plaza Mayor.
1831	L'Hôtel-de Ville ou Ayuntamiento.
1893	Portail de l'église de Saint Martin.
*1885	Porte de l'église de Saint Martin.
1884	Porte de l'église de Saint Just.
1881	Porte de Sainte Marie de las Dueñas.

Église et monastère de Saint Dominique.

*369	Vue générale.
369bis	Vue de la façade.
1874	Détail de la façade, en hauteur.
1875	Autre détail de la façade, en travers.
1876	Voûte du chœur.
*1877	Vue intérieure de l'église.
A 1798	*Fresque du chœur*, peinte par Palomino.
1878	Vue intérieure de la sacristie.
1879	Porte du salon.
*1880	Galerie du cloître.
*370	Vue générale du cloître.
*370bis	Fragment détaillé du cloître.

Musée provincial de Saint Dominique.

B 822	*Modèle d'un autel ou petit temple*, destiné à la cathédrale, œuvre de D. Manuel Rodriguez, architecte du XVIIe siècle.
B 823	*Statue en argent, représentant Saint Michel terrassant le démon*, œuvre de J. de Arfé.
B 827	*Fauteuil de Fr. Antonio de Sotomayor.*
B 828	*La Vierge de la Vega*, statue.

*1839	La tour del Clavero.

1836	Façade de la Casa de Salina.
*1882	Cour de la dite maison.
1883	Détail de la dite cour.
*1887	Porte de l'église de San Benito.

| Numéros des planches. | La collection n'est complète que dans le grand format de 0 m. 26×0 m. 35 environ; les numéros précédés d'une * existent aussi pour stéréoscope; ceux suivis d'une * peuvent s'obtenir également en format carte-album. |

SALAMANQUE.

Maison des Coquilles, ou de las Conchas.

*367	Façade principale.
1861	Porte de la maison.
1862	Grillage d'un balcon.
1863	Balcon et autre fenêtre grillée.
1864	Grillage d'une fenêtre.
*1865	Vue générale de la cour.
1866	Détail de la cour.

Séminaire de Salamanque.

1837	Vue générale.
*1867	Vue prise du collège des Irlandais.
1868	Salle du Chapitre.
B 824	*Le Christ flagellé*, statue en bois, œuvre de Louis Carmona.
A 1799	*Abraham offrant à Melchisedech le pain et le vin*, tableau de P. P. Rubens.
A 1800	*La reine de Saba visitant Salomon*, tableau du même peintre.

Université de Salamanque.

1828	Statue de Fr. Luis de Léon.
*1829	Petites écoles (escuelas menores).—Vue générale de la façade.
1854	Id. Id. Détail de la façade.
*1830	Id. Id. Porte des archives.
364	Id. Id. Entrée de la cour.
1832	Id. Id. Porte intérieure.
*365	Id. Id. Vue de la cour.
365bis	Id. Id. Autre vue de la cour.
*1827	Vue générale de l'Université.
363	Vue de la façade.
363bis	Détail de la façade.
1855	Détail de la partie inférieure de la façade.
1856	Détail de la partie supérieure de la façade.
*1840	L'escalier.
*1857	Galerie intérieure de l'Université.

| Numéros des planches. | La collection n'est complète que dans le grand format de 0 m. 26×0 m. 35 environ; les numéros précédés d'une* existent aussi pour stéréoscope; ceux suivis d'une* peuvent s'obtenir également en format carte-album. |

SALAMANQUE.   **Université.**

*1858	Porte de la Bibliothèque.
*1859	Vue de la Bibliothèque.
*1860	Retable de la chapelle.
*366	Derrière des petites écoles.

*377	Le vieux collège, actuellement siège de la Députation provinciale.

Cathédrale de Salamanque.

*1833	Vue de la cathédrale prise du Séminaire.
*1834	Vue prise du côté du levant.
*1841	Tour de la cathédrale.
*373	Porte des Rameaux.
*373bis	Autre vue de la dite porte.
*1842	Façade principale.
1843	Porte de Saint Clément.
374	Vue générale de la porte dite de la Naissance du Christ.
374bis	Autre vue de la dite porte.
1844	Porte latérale de droite appelée porte de l'évêque.
*375	Porte de la petite cour.
*376	Tour du Coq.
376bis	Autre vue de la tour du Coq.
1894	Chapelle mudéjar, dans le cloître.
1895	Chapelle de Sainte Barbe, dans le cloître.
*1845	Cathédrale vieille.—Nef principale.
*1846	Id. Nef du transept.
1847	Id. Vue des tombeaux.
*1848	Id. Entrée de la chapelle de l'évêque de Séville D. Diego de Anaya.
1849	Id. Vue intérieure de la coupole de la tour du Coq.
*1850	Vue intérieure de la nef principale.
1851	Vue du transept.
1852	Vue intérieure de la sacristie.

| Numéros des planches. | La collection n'est complète que dans le grand format de 0 m. 26×0. m. 35 environ; les numéros précédés d'une * existent aussi pour stéréoscope; ceux suivis d'une * peuvent s'obtenir également en format carte-album. |

SALAMANQUE.

B 825	*La Vierge soutenant le cadavre de son Divin Fils*, groupe sculpté en bois par L. Carmona.
B 826	*Le Christ des Batailles; crucifix en bois avec lequel on haranguait les troupes du Cid; ce dernier portait l'autre crucifix plus petit, sous son armure.*
B 829	*Un fauteuil et une table de la salle du Chapitre.*
A 1801	*La décollation de Saint Jean Baptiste*, peinture de Jac. Gerónimo Espinosa.

*1853	Vue extérieure de la cathédrale, côté du levant.
*372	Vue extérieure de la cathédrale, côté du midi.

*1889	Porte de la rivière par laquelle Annibal pénétra dans la ville.
*1890	Vue de l'ancienne muraille de la ville.
478	Pont romain sur le Tormes.
*478bis	Vue générale du pont sur le Tormes.
378	Vue générale de Salamanque, en 2 morceaux.
*381	Vue générale, en un morceau.
1891	Cloître des ruines de la Escuela de la Vega.
1892	Vue de Salamanque, prise de la Escuela de la Vega.
*368	La paroisse de Sancti Spiritus.
*368bis	Portail de la dite paroisse.
*1835	Maison de las Muertes, ou des Crimes.
371	Maison de Monterey.
371bis	Autre vue de la dite maison.
1886	Tour de la maison de Monterey.

*1888	Promenade de San Francisco.
*1838	Eglise du troisième ordre de San Francisco.

1869	Façade du collège des Irlandais.
*1870	Portail du dit collège.
*1871	Vue générale de la cour du dit collège.

Numéros des planches. | La collection n'est complète que dans le grand format de 0 m. 26×0 m. 35 environ; les numéros précédés d'une* existent aussi pour stéréoscope; ceux suivis d'une* peuvent s'obtenir également en format carte-album.

SALAMANQUE.

*1872 | Détail de la cour du collège des Irlandais.
1873 | Portail de la chapelle du collège.

---

*1896 | Vue générale du collège de Calatrava.
*1897 | Escalier du dit collège.
*1898 | Cour de la Gobernacion, ou gouvernement de la province.
1899 | Maison de doña Maria la Brava.

A 798 | *J. Ribera.*—*La Conception de la Vierge*, tableau de l'église des Augustins.

VIIIe. RÉGION,

ESTRÉMADURE.

CIUDAD REAL.

300* | La porte de Tolède à Ciudad-Real.
301 | Porte de l'Église.
302 | Vue générale de Ciudad-Real, en 2 morceaux.
517 | Pont du chemin de fer sur le Guadiana.

MÉRIDA.

354 | L'Aqueduc romain de Mérida.
*355 | Ruines du Théâtre romain.
*356 | L'ancienne Naumachie romaine.
*357 | L'Arc de Trajan.
*358 | La colonne de la Concorde.
*359 | Le Temple de Mars.

| Numéros des planches | La collection n'est complète que dans le grand format de 0. m. 26×0. m. 35 environ; les numéros précédés d'une * existent aussi pour stéréoscope; ceux suivis d'une * peuvent s'obtenir également en format carte-album. |

MÉRIDA.

*360	Fragments d'architecture romaine à l'entrée d'une citerne.
360bis	Autres fragments d'architecture romaine.
*361	Le pont romain, en 2 morceaux.
B 193	*La chasse de Méléagre*, petit groupe en bronze trouvé dans les ruines romaines de Mérida.

BADAJOZ.

298	Vue générale de Badajoz.
299	Vue générale de Badajoz, en 2 morceaux.

CACERES.

*886	El Ayuntamiento ou Hôtel-de-Ville.
*887	Vue générale de Caceres.
*449	Pont du Cardinal.
*325	Pont d'Almaraz.

ALCANTARA (province de Caceres).

294	Le fameux pont romain d'Alcantara.
295	Le pont romain d'Alcantara, en 2 morceaux.
296	Arc de triomphe du pont d'Alcantara.
*297	Temple romain du pont d'Alcantara, avec la pierre des sacrifices.
1485	Portail occidental de l'église parroissiale de Sainte Marie de Almocobar.
1486	Portail méridional de la dite église.

Couvent de San Benito à Alcantara.

1487	Façade septentrionale du couvent.
1447	Autre façade du dit couvent.
1448	Façade orientale du couvent et de l'église de San Benito.
1449	Façade méridionale de la dite église.
1488	Façade occidentale de l'église.
1489	Façade méridionale du couvent de San Benito.
1490	Sarcophage de D. Frey Antonio de Xerez, commandeur de Piedra Buena, dans sa chapelle de l'église de San Benito.

| Numéros des planches. | La collection n'est complète que dans le grand format de 0. m. 26×0. m. 35 environ; les numéros précédés d'une * existent aussi pour stéréoscope; ceux suivis d'une * peuvent s'obtenir également en format carte-album. |

TRUJILLO.

*888	Vue générale de Trujillo.
889	Tour de Jules César, du côté écroulé.
*890	La dite tour, vue de l'autre côté.

Monastère de SAINT-YUST.

| 323 | Le monastère de Saint Yust, où mourût Charles Quint. |
| *324* | Vue générale du monastère. |

VUES ET MONUMENTS DU PORTUGAL.

Numéros des planches. | La collection n'est complète que dans le grand format de 0 m. 26×0 m. 55 environ; les numéros précédés d'une * existent aussi pour stéréoscope; ceux suivis d'une * peuvent s'obtenir également en format carte album.

LISBONNE.

*800	Église de la Estrella.
800bis	Autre vue de la dite église.
*801	Église de Saint Jérôme à Belem.
*872	Porte principale de Saint Jérôme.
*873	Porte latérale de Saint Jérôme.
*802	Cour du cloitre de Saint Jerôme.
*803	Galerie du cloitre, côté du midi.
*804	Galérie du cloitre, côté du levant.
805	La Casa Pia, en construction, à Belem.
805bis	Autre vue de la Casa Pia.
*806	Tour de Belem.
**808	Vue panoramique de la place du Commerce.
*809	Vue panoramique de Lisbonne, prise du fort Saint Georges.
*810	Vue panoramique d'Alcantara et de Belem.
*811	Vue panoramique de Belem, prise du palais d'Ajuda.
*812	Vue panoramique du port de Lisbonne, prise du palais d'Ajuda.
*862	Autre vue panoramique du port de Lisbonne.
813	Vue panoramique de Lisbonne, en 2 morceaux.
814	Vue panoramique de Lisbonne, en 4 morceaux.

| Numéros des planches. | La collection n'est complète que dans le grand format de 0 m. 26×0 m. 35 environ; les numéros précédés d'une * existent aussi pour stéréoscope; ceux suivis d'une * peuvent s'obtenir également en format carte-album. |

LISBONNE.

| *815 | Vue panoramique de Lisbonne, en 7 morceaux. |
| **816 | Vue panoramique vers l'Hôtel central. |

Académie Royale de Lisbonne.

TABLEAUX D'AUTEURS INCONNUS DE L'ANCIENNE ÉCOLE PORTUGAISE.

A 678	*Saint Jean Baptiste*, bois.
A 679	*Le Christ apparait à sa très Sainte Mère*, bois.
A 680	*La figure du Seigneur soutenue par deux anges*, bois.
A 681	*L'Assomption de la Vierge*, bois.
A 682	*L'Ascension de Notre Seigneur*, bois.
A 683	*La Vierge, l'enfant Jésus et deux anges*, bois.
A 684	*Les Fiançailles de la Vierge*, bois.
A 685	*L'Annonciation*, bois.
A 686	*La Visitation de la Vierge*, bois.
A 687	*Sainte Famille*, bois.
A 688	*L'Adoration des Rois*, bois.
A 689	*La Présentation de Jésus dans le temple*, bois.
A 690	*La Fuite en Egypte*, bois.
A 691	*La mort de la Vierge*, bois.
A 692	*Même sujet que le précédent*, bois.
A 693	*La Visitation de la Vierge*, bois.
A 694	*L'Adoration des Rois*, bois.
A 695	*La Présentation de l'enfant Jésus dans le temple*, bois.
A 696	*L'enfant Jésus au milieu des Docteurs*, bois.
A 697	*La prédication de Saint Jean*, bois.
A 698	*La Cène*, bois.
A 699	*Un Pontife disant la messe*, bois.
A 700	*La Très-Sainte Trinité*, bois.
A 701	*Le Père Eternel*, bois.
A 702	*La Pentecôte*, bois.
A 703	*La Vierge, l'enfant Jésus et deux anges*, bois.
A 704	*La Vierge, l'enfant Jésus et divers anges, faisant de la musique et chantant*, bois.
A 705	*Sainte Marguerite et Sainte Magdeleine*, bois.

Numéros des planches. La collection n'est complète que dans le grand format de 0 m. 26×0m. 35 environ; les numéros précédés d'une* existent aussi pour stéréoscope; ceux suivis d'une* peuvent s'obtenir également en format carte-album.

LISBONNE. **Académie royale.**

Marcos Paeo Perez (peintre portugais du commencement du XVIe siècle.)

A 706 | *La profession d'un chevalier*, bois.
A 707 | *Perez Correa demandant à la Vierge de suspendre le jour pour achever la déroute des Maures*, bois.
A 708 | *Correa combattant les Maures*, bois.

Josefa Ayalla, vulg. J. d'Obidos (peintre portugais du XVIIe siècle.

A 709 | *Le mariage mystique de Sainte Catherine*, cuivre. (Offert par S. M. le roi en 1865.)

F. Vieira de Mattos, vulg. V. Lusitano.

A 710 | *Saint Augustin.*

Amaro de Valle (peintre portugais du XVIIe siècle).

A 736 | *Cinq dessins à la plume, réunis en une planche, représentant:*
  31. *La Vierge, Sainte Madeleine, Saint Jean Évangéliste et une autre Sainte pleurant sur le corps du Christ.*
  32. *La naissance du Christ.*
  33. *Saint Luc faisant le portrait de la Vierge.*
  34. *La Visitation.*
  35. *La Circoncision du Seigneur.*
A 737 | *Cinq autres dessins à la plume, du même auteur, représentant:*
  50. *Le baptême du Seigneur.*
  51. *Un prêtre administrant une mourante.*
  52. *Saint Jean Baptiste faisant sortir les âmes des Limbes.*
  53. *Un prêtre secourant des pestiférés.*
  54. *La Sainte Trinité couronnant la Vierge.*

P. Alexandrino (peintre portugais de la fin du XVIIIe siècle).

A 735 | *Un personnage vêtu d'une armure présente à la Vierge le projet d'une église*, esquisse d'un plafond à l'encre de Chine.

Dom.º Ant.º de Sequeira (peintre portugais du XIXe siècle).

A 711 | *Allégorie à la Constitution de 1820*, ébauche.
A 738 | *Étude aux deux crayons pour son tableau de l'Adoration des Mages.*

Numéros des planches.	La collection n'est complète que dans le grand format de 0 m. 26×0 m. 35 environ; les numéros précédés d'une * existent aussi pour stéréoscope; ceux suivis d'une * peuvent s'obtenir également en format carte-album.

LISBONNE.   **Académie royale.**

École espagnole.

L. de Morales.

A 716 | 183. *La Vierge et l'enfant Jésus,* bois.

Écoles italiennes.

Raphaël.

A 717 | *Le prophète Elie ressuscitant trois personnes,* bois.
A 718 | *La Patience.*

Louis Mazzolino.

A 719 | 207. *Sainte Famille,* bois.

Cesar da Sesto.

A 720 | 162. *Sainte Famille,* bois.

Sebastien Conca.

A 721 | 69. *La Conception de la Vierge.*

École florentine.

Bacio Bandinelli.

A 722 | 188. *Saint Jérôme;* bois.

École des Caracci.

A 723 | 103. *Sainte Cécile et deux anges.*

École vénitienne.

A 724 | 199. *Portraits de deux enfants.*

Auteur inconnu.

A 725 | 170. *Le Christ en croix, la Vierge, Sainte Marie Magdeleine et Saint Jean.*

| Numéros des planches. | La collection n'est complète que dans le grand format de 0 m. 26×0 m. 35 environ; les numéros précédés d'une * existent aussi pour stéréoscope; ceux suivis d'une * peuvent s'obtenir également en format carte album. |

LISBONNE. **Académie royale.**

BARTH. SCHIDONE.

A 739 | 100. *Sainte Famille,* esquisse à la sépia.

JULES CAMPI.

A 740 | 117. *Episode d'un massacre,* dessin à la sépia.

CHARLES CAGLIARI.

A 741 | 121. *La Trinité dans la Gloire,* dessin à la sépia.

GIOV. BENED. CASTIGLIONE.

A 742 | 140. *Des animaux,* esquisse à l'encre de Chine.

ALEXI CIARINI.

A 743 | 272. *Une étude a la plume.*

Écoles du nord.

H. HOLBEIN.

A 726 | 148. *La Vierge, l'enfant Jésus et un ange,* bois.

ÉCOLE DE RUBENS.

A 727 | 135. *Hérodiade présentant au banquet la tête de Saint Jean Baptiste,* cuivre.

A. MORO.

A 728 | 192. *Portrait d'une princesse.*

PETER NEEFS.

A 729 | 145. *Intérieur d'une cathédrale,* cuivre.

AUTEUR INCONNU.

A 730 | 184. *La Vierge,* bois.
A 731 | 185. *La Descente de Croix,* bois.

| Numéros des planches. | La collection n'est complète que dans le grand format de 0 m. 26×0. m. 35 environ; les numéros précédés d'une * existent aussi pour stéréoscope; ceux suivis d'une * peuvent s'obtenir également en format carte-album. |

LISBONNE. **Académie royale.**

Écoles françaises.

Nicolas Poussin.

A 732 | 140. *La Peste.*

Cornelius de Lyon.

A 733 | 146. *Portrait de Vasco de Gama,* bois.

Œuvres d'art appartenant à l'Académie royale des Beaux-Arts de Lisbonne.

B 221 | *Calice en vermeil.*—Au centre le nœud sphérique couvert de filigrane et de pierres précieuses; sur une large base, également de filigrane, la croix de l'ordre d'Avis.—*Donné par Dona Dulce, femme de D. Sancho Ier au monastère d'Alcobaça;* fin du XIIe siècle.

B 222 | *Paix ou Osculatorium en argent.*—Il représente un portique élégant; au fond, sur le rosier mystique, un croissant dans lequel on voit la Vierge à genoux tenant dans ses bras l'enfant Jésus et lui offrant une poire.—*Style Manuelin;* fin du XVe siècle. Cette pièce a appartenu à un des anciens couvents de l'Alentejo.

B 223 | *Calice en vermeil.*—Le pied, avec sa base couverte de bas-reliefs est divisé en espaces égaux, avec six images de saints séparés par des ornements. Le nœud, formé par six niches de pilastres gothiques, représente des cadres, avec les bustes des Docteurs de l'Église; XVIe siècle.—Ce calice a appartenu à un des anciens couvents de l'Alentejo.

B 224 | *Croix latine portative en vermeil,* couverte de fleurs et d'ornements ciselés à jour, ayant appartenu à l'ancien couvent d'Alcobaça; son éxécution fut commandée par D. Juan d'Oruelas, abbé d'Alcobaça, sous le règne de Jean Ier; XVIe siècle.

B 225 | *Paix ou Osculatorium en vermeil.*—Il représente un portique avec la descente de croix, d'une éxécution en haut-relief admirable; sur la face postérieure se trouve gravé le millésime 1534; XVIe siècle. Cette pièce appartenait à l'un des couvents du district d'Evora.

| Numéros des planches. | La collection n'est complète que dans le grand format de 0 m. 26×0 m. 25 environ; les numéros précédés d'une * existent aussi pour stéréoscope; ceux suivis d'une * peuvent s'obtenir également en format carte-album. |

LISBONNE. **Académie royale.**

B 226 — *Croix latine processionnelle en vermeil,* figurant à la base un édifice avec des fenêtres à jour et des tours de style gothique.— Les deux faces sont ciselées et pareilles; XVIe siècle. Elle a appartenu à l'ancien couvent de Saint Dominique d'Elvas.

B 227 — *Croix d'autel en vermeil.*—La base, soutenue par quatre têtes de taureaux, représente des scènes de l'Histoire sainte ciselées avec une perfection admirable; sur les bras, couverts d'ornements, l'image du Christ fixée par trois clous; elle a appartenu à l'ancien couvent de l'ordre de Saint Jérôme de Belem, XVIe siècle.

B 228 — *Partie postérieure de la croix antérieure.*

B 229 — *Croix latine en cuivre portative,* fleurie aux extrémités et les deux faces couvertes d'ornements au burin avec traces de dorure, appartenant à S. E. Mr. le marquis de Souza-Holstein.—*Style hispano-arabe,* IXe siècle.

B 230 — *Ostensoir en vermeil,* éxécuté en 1450 par ordre de Jean d'Oruelas, abbé d'Alcobaça, sous le règne de Jean Ier, pour ce couvent.

B 231 — *Ostensoir-calice* ayant appartenu à l'ancien couvent de Sainte-Iria de Villa de Thomar.

B 232 — *Coffret en vermeil à deux compartiments, avec serrures,* ayant appartenu au couvent de Sainte Marie de Belem. Il est soutenu aux quatres coins par des figures de lions couchés. La partie supérieure représente le Saint Sépulcre surmonté d'une croix ou calvaire avec deux figures en adoration; aux pieds du Sépulcre des soldats endormis. Les faces principales du coffret sont ornées de beaux reliefs représentant des scènes de la Passion de Jésus-Christ.

B 232bis — *Le même coffret,* vu de l'autre côté.

B 233 — *Oratoire portatif* ayant appartenu à l'ancien couvent des Carmes de Vidigueira, à qui il fut donné par Étienne de Gama, fils du célèbre Vasco de Gama, qui découvrit les Indes, où cet oratoire fut éxécuté; travail indien du XVIe siècle.

B 234 — *Plateau en vermeil du XVIe siècle.*

Objets appartenant à S. M. le roi Don Luis.

(AU PALAIS D'AJUDA.)

B 208 — *Gorgerin de l'armure du roi de France François Ier,* de face et de dos.

B 209 — *Croix latine en or, destinée à être posée sur une hampe.*—La

LISBONNE. **Palais d'Ajuda.**

	face principale est enchâssée de 17 rubis et saphirs et de 56 perles fines. Faite en 1212.
B 210	*Deux pièces représentant*: *Un fruitier en vermeil, rond,* avec des palmiers, des éléphants, des chasses et des motifs africains; au centre les armes du Portugal avec la couronne ouverte, XVe siècle. *Coupe en vermeil,* au fond de laquelle est représentée en bas-relief la flotte de Vasco de Gama s'approchant de Mélinde, où la Renommée, sonnant du cor, vient à sa rencontre dans un char trainé par deux éléphants, XVIIe siècle.
B 211	*Ostensoir en or fin,* somptueux chef-d'œuvre historique de l'art portugais, éxécuté par Gil Vicente, en 1506, pour le monastère de Belem, par ordre du roi D. Manuel Ier, avec l'or payé par les premiers tributaires des Indes, à la suite du vasselage qui leur fut imposé par Vasco de Gama. *La boîte circulaire, destinée à l'hostie, est entourée des douze apôtres à genoux en adoration, et couronnée d'un dais de séraphins.* Style Manuelin, XVIe siècle.
B 212	*Calice et Patène en vermeil.*—Sous la légende, six niches contenant chacune deux apôtres en haut-relief; dans les intervalles six campanules, *tintinnabula*; des ornementations remarquables et des pierres précieuses. Le pied et la base représentent en haut-relief des images de saints; et dans des petits cadres, les scènes de la Passion de Jésus-Christ, XVIe siècle.—Ce calice appartient à la chapelle royale du palais d'Ajuda.
B 213	*Fruitier en vermeil, de forme ronde,* représentant en haut-relief le triomphe d'Alexandre; au centre l'écusson avec les armes de la famille Alcoforado, XVIe siècle.
B 214	*Plateau en vermeil, rond,* représentant en haut-relief des scènes guerrières et religieuses, XVIIe siècle.
B 215	*Plateau en vermeil, rond,* orné de fleurs, d'épis, de limaçons et d'animaux fabuleux. Au centre, en huit médaillons et en haut-relief, des cavaliers et des piétons se battent à l'épée et à la lance, XVIIe siècle.
B 216	*Aiguière en vermeil et plateau en argent avec ornements au burin.*—Au centre du plateau, un médaillon avec un buste en haut-relief étreignant avec la main droite la poignée d'une épée enfoncée dans la poitrine, XVIIe siècle.

| Numéros des planches. | La collection n'est complète que dans le grand format de 0 m. 26×0 m. 35 environ; les numéros précédés d'une * existent aussi pour stéréoscope; ceux suivis d'une * peuvent s'obtenir également en format carte-album. |

LISBONNE.

Palais d'Ajuda.

B 217	*Magnifique plateau en vermeil* du XVIIe siècle.
B 218	*Beau plateau en vermeil* du XVIIe siècle.
B 219	*Trophée formé de quinze objets d'art divers,* de la collection de S. M. le roi D. Louis Ier.

à S. M. le roi Don Ferdinand.

B 220	*Christ en ivoire,* œuvre de Franciscus Terillus, en 1596 (en quatre poses différentes).

à S. E. Mr. le Marquis de Souza-Holstein.

A 712	*L'Adoration des Rois,* dessin de Domingo Antonio de Sequeira.
A 713	*La Descente de Croix,* id. id.
A 714	*L'Ascension,* id. id.
A 715	*Le Jugement dernier,* id. id.
B 235	*Verre globulaire,* de l'époque romaine, vu sur trois côtés différents; il a été trouvé dans une mine près d'Odmira, jadis exploitée par les Romains.

des remises du palais de Belem.

B 236	*Voiture de gala,* du roi D. Jean V de Portugal, magnifique chef-d'œuvre de sculpture en bois, du XVIIIe siècle.
B 237	*Autre voiture,* de la même époque que la précédente.

CINTRA.

*817	Château royal de Cintra.

LA PENHA.

*818	Château de la Penha, pris du Pavillon de Sainte-Catherine.
*819	Autre vue du château.
819bis	Le même, vue prise de la Croix-Haute.
*820	Façade principale du château.
821	Balcon et porte principale du château.
*822	Cour principale du château.
823	Porte de la seconde cour.
*824	Chalet de Madame, dans le parc de la Penha.
824bis	Autre vue du dit chalet.

Numéros des planches. | La collection n'est complète que dans le grand format de 0 m. 20×0 m. 35 environ: les numéros précédés d'une * existent aussi pour stéréoscope: ceux suivis d'une * peuvent s'obtenir également en format carte-album.

MONSERRAT.

825	Vue générale du château de Monserrat.
*826	Entrée principale du château.
*827	Vue du château, prise de la Chapelle.

MAFRA.

*828	Monastère de Mafra.

ALCOBAÇA.

*829	Façade du monastère.
*830	Cour du cloître.

BATALHA.

*831	Vue générale du monastère, du côté de la route.
*832	Façade principale du monastère.
*833	Détail de la porte principale.
834	Porte principale.
*835	Intérieur de la cour du cloître royal.
*836	Intérieur du cloître royal.
*837	Façade de la sacristie.
838	Détail extérieur de la chapelle royale.
*839	Façade de la porte Travessa.
840	Fenêtre et porte Travessa.
*841	Porte Travessa.
*842	Le Monastère, du côté de la place.
*843	Façade extérieure de la chapelle imparfaite.
*844	Pilastre de la chapelle imparfaite.
*845	Intérieur de la chapelle imparfaite.
*846	Autre intérieur de la chapelle imparfaite.
*847	Vue de Batalha.
847bis	Vue panoramique de Batalha.

THOMAR.

*848	Vue générale de l'église.
*849	Porte principale de l'église.
*850	Fenêtre du Chapitre.
851	Vue du château et couvent de Thomar.

| Numéros des planches. | La collection n'est complète que dans le grand format de 0 m. 26×0 m. 35 environ; les numéros précédés d'une * existent aussi pour stéréoscope; ceux suivis d'une * peuvent s'obtenir également en format carte-album. |

THOMAR.

| 852 | Vue de Thomar. |
| *853 | Vue de Thomar, en 2 morceaux. |

COIMBRA.

*854	Façade de l'église de Santa Cruz.
*855	Couvent de Santa Clara et de San Francisco.
*856	Façade de la Sé-Vieille.
*857	Façade principale de la Sé-Vieille.
*858	Université de Coimbra.
859	Vue panoramique de l'Université.
*860	Vue de Coimbra, prise du pont du chemin de fer.
861	Vue panoramique de Coimbra.

PORTO.

*863	Porte de la Sé.
*864	Vue du cloître et de la tour de la Sé.
*865	Église et tour des Clerigos.
*866	Vue panoramiqne de Porto.
**867	Autre vue panoramique de Porto.
868	Vue panoramique de Porto, en 2 morceaux.

BRAGA.

| *869 | Église du Bon Jésus. |

GUIMARAENS.

| *870 | Vue de Notre-Dame des Oliviers. |
| *871 | Porte principale de Notre-Dame des Oliviers. |

SETUBAL.

*874	Porte du couvent de Jésus.
*875	Porte de Saint Julien.
*876	Vue panoramique de Setubal.

EVORA.

| *877 | Façade de l'ancienne Chartreuse, près d'Évora. |
| *878 | Façade de la cathédrale. |

— 190 —

| Numéros des planches. | La collection n'est complète que dans le grand format de 0 m. 26×0 m. 35 environ; les numéros précédés d'une * existent aussi pour stéréoscope; ceux suivis d'une * peuvent s'obtenir également en format carte-album. |

EVORA.

*879	Une porte de l'église de Saint Jean Évangéliste.
*880	Le Temple de Diane.
*881	Façade de l'ancien couvent de la Grâce.
*882	Façade de l'ancienne Université, maintenant *Casa Pia*.
*883	Église de Chamblas.
**884	Façade de l'ancien palais du roi D. Emmanuel.
*885	Tour de l'Aqueduc.

de la Bibliothèque d'Evora.

B 238	*Magnifique triptyque de Limoges, ayant appartenu au roi de France François Ier, et aujourd'hui à la Bibliothèque d'Évora.*—Ce grand émail, l'un des plus beaux spécimens de l'art français à l'époque de la renaissance, est d'une grande valeur historique pour la France. Trouvé dans les bagages de François Ier à la bataille de Pavie, il fut apporté d'Espagne à la fin du siècle dernier à l'évêque de Beja, plus tard archevêque d'Évora, Don Manoel do Cenaculo, fondateur de la Bibliothèque de cette ville.
B 239	*Partie centrale du triptyque.*
B 240	*Pièce latérale ou volet de gauche.*
B 241	*Volet de droite.*
B 242	*Bas-relief en ardoise,* semblant représenter un combat des Juifs contre les Philistins.

SUPPLÉMENT À LA SÉRIE A.

Numéros des planches. | La collection n'est complète que dans le grand format de 0 m. 26×0 m. 35 environ; les numéros précédés d'une * existent aussi pour stéréoscope; ceux suivis d'une * peuvent s'obtenir également en format carte-album.

1.º ŒUVRES DE PEINTURE ET DE SCULPTURE,

DE GALERIES DIVERSES.

ANDREA MANTEGNA.

A 1292 | *Judith avec la tête d'Holopherne*, dessin.

RAPHAËL.

A 243 | *Une étude de la chaste Suzanne*, dessin; à Mr. de Madrazo.
A 244 | *Sainte Famille*, dessin; au même.
A 245 | *La Vierge et l'enfant Jésus*, dessin; au même.

TIEPOLO.

A 1185 | *Apparition des anges à un saint ermite.*

ECOLE ITALIENNE.

A 746 | *Sainte Famille.*

F. GOYA.

A 541* | *Les majas au balcon*; à l'infant D. Sebastian.
A 1000 | *Une session de la Compagnie des Philippines, présidée par Ferdinand VII.*
A 1176 | *Portrait d'un artiste.*
A 1177 | *Portrait d'un personnage.*
A 1189 | *Portrait de femme.*
A 1239 | *La maja*, d'après la fresque de la Quinta de Goya.

| Numéros des planches. | La collection n'est complète que dans le grand format de 0 m. 26×0 m. 35 environ; les numéros précédés d'une * existent aussi pour stéréoscope; ceux suivis d'une * peuvent s'obtenir également en format carte-album. |

MURILLO.

A 1152 | *La Piété et Jésus mort; un ange lui tenant les bras.*
A 1204 | *La Conception de la Vierge.*

RINCON, peintre espagnol du XVe siècle.

A 1146 | *Ecce-Homo,* sur bois.

F, RIZI.

A 1155 | *Saint Jacques combattant les Maures;* à l'église de Saint Jacques à Madrid.

ALONSO SANCHEZ COELLO.

A 532 | T 212. *Portrait de l'Archiduchesse d'Autriche Isabelle-Clara-Eugénie, fille de Philippe II;* au Ministère de Fomento.
A 1294 | *Portrait de femme;* à Mr. Gato de Lema.

J. VALDES LEAL.

A 1153 | *Le divin berger.*

D.º VELAZQUEZ DE SILVA.

A 1293 | *Portrait de la reine Marie Anne d'Autriche, seconde femme de Philippe IV;* à Mr. Gato de Lema.

BOSCH.

A 750 | *L'adoration des Mages.*
A 814 | *Oratoire avec deux portes.*

A. DÜRER.

A 1290 | *La mélancolie,* d'après une gravure originale.
A 1291 | *Un prêtre,* id. id. id.

LUCAS DE LEYDEN.

A 1340 | *La Vierge et l'enfant Jésus.*

P. P. RUBENS.

A 1735 | *Le martyre de Saint André.*

| Numéros des planches. | La collection n'est complète que dans le grand format de 0 m. 26×0 m. 35 environ; les numéros précédés d'une * existent aussi pour stéréoscope; ceux suivis d'une * peuvent s'obtenir également en format carte-album. |

Wael.

A 1289 | *Mars et Vénus.*

Ecole flamande du XVIIe siècle.

A 539 | T. 808. *Portrait de Jacques Ier d'Angleterre;* au Ministère de Fomento.
A 1338 | *Portrait de Boabdil,* dernier roi de Grenade; à Mr. le marquis de San Cárlos.
A 752 | *Buste du poëte Quintana,* sculpture.
A 1623 | *Groupe d'enfants,* bas-relief en plâtre.

2.º ŒUVRES DE PEINTURE ET DE SCULPTURE

d'artistes modernes.

J. Agrasót.

A 1255 | *Les tondeurs de mulets.*
A 1266 | *Le prestidigitateur en l'an* 1800.

J. Alcazar Tejedor.

A 1346 | *L'art et la coquetterie.*
A 1347 | *Bouchée de cardinal.*

J. Alcoverro, sculpteur.

A 931 | *Le mendiant Lazare à la porte du riche avaricieux,* sculpture.
A 1328 | *Hernan Cortès,* statue.
A 1721 | *Un crucifix,* bois.
A 1721bis | *Le même,* demi-corps.
A 1775 | *Le Christ et la Madeleine,* groupe en plâtre.

Aleu y Teixidó, sculpteur.

A 913* | *Saint Georges, patron de Catalogne,* statue équestre en plâtre (premier prix. Exp. 1871).

Cosme Algarra.

A 542 | *Un paysage.*

| Numéros des planches. | La collection n'est complète que dans le grand format de 0 m. 26×0 m. 35 environ; les numéros précédés d'une * existent aussi pour stéréoscope; ceux suivis d'une * peuvent s'obtenir également en format carte-album. |

J. S. Almeida, sculpteur portugais.

A 914 | *Jeune grec rendant grâces à Jupiter pour son triomphe dans les courses olympiques*, statue en plâtre (3e prix Exp. 1871).

Arsenio Alonso, architecte.

A 1408 | *Projet d'arc de triomphe*, en mémoire de la Paix.
A 1409 | *Le dit arc*, vu en perspective.

F. Amérigo.

A 1414 | *Un vendredi au Colysée de Rome*, 3e prix Exp. de 1876; au Musée du Prado.
A 1791 | *Scène de famille*.

Ant. Amorós.

A 1649 | *Soldats jouant aux cartes*.

Alfred. Andrade, peintre portugais.

A 827 | *Castel Fusano*, paysage des environs de Rome (2e prix Exp. 1871); au Musée du Prado.

T. J. Annunciacion, peintre portugais.

A 925 | *Les égarés du troupeau* (2e prix Exp. 1871).

J. Araujo.

A 819* | *La partie de quiñote, dans une auberge d'Aragon*.
A 1368 | *La chanteuse des rues à Madrid*.
A 1369 | *Les laveuses*.
A 1646 | *La place Mayor à Madrid, durant les fêtes de Noël*.

C. Araujo Sanchez.

A 543 | *Une soirée d'été* (2e prix Exp. 1862).

A. Arredondo.

A 1390 | *Le miroir*.

E. Atalaya.

A 1348 | *Répétition musicale dans le chœur d'une église*.

| Numéros des planches. | La collection n'est complète que dans le grand format de 0 m. 26✕0 m. 35 environ: les numéros précédés d'une * existent aussi pour stéréoscope; ceux suivis d'une * peuvent s'obtenir également en format carte-album. |

EDUARDO BALACA.

| A 1803 | *Portrait de S. M. la Reine Mercédès* (à l'Ayuntamiento de Madrid). |

RICARDO BALACA.

A 941	*Un rêve d'amour.*
A 946	*Le gant,* type espagnol au commencement du siècle.
A 1147	*Pierre le Cruel* poussant son cheval dans le Guadalquivir à la poursuite de l'audacieux notaire qui osa, monté dans une barque, lui notifier une éxécution judiciaire au nom du Pape Innocent VI. —Premier prix à Séville en 1872.
A 1163	*Le bouquet.*
A 1205	*Colomb prend congé du prieur de la Rábida pour aller à la découverte de l'Amérique.*
A 1270	*Colomb, au retour de son premier voyage en Amérique, est reçu par les Rois Catholiques.*
A 1278	*La partie de dames.*
A 1327	*Le rendez-vous;* à Mr. le Marquis de Heredia.
A 1371	*Manœuvre d'artillerie pendant la guerre carliste.*
A 1372	*Charge de carlistes,* épisode de la guerre civile.
A 1590	*Train de l'administration militaire espagnole.*
A 1591	*Poste avancé de cavalerie espagnole.*
A 1592	*Episode de la guerre du Maroc.*
A 1726	*La nuit de Noël,* dessin.

E. BARON, peintre français.

| A 647 | *Pauvre jouant de la guitare.* |
| A 1035 | *Un peintre peignant les portraits de la famille de Gaston Phœbus;* à Mr. le duc de Montpensier. |

FR. BARZAGHI, sculpteur italien.

| A 915 | *Phryné devant ses juges,* statue en marbre, 2e prix Exp. de 1871. |

J. BECQUER.

A 1029	*Portrait d'Alphonse le Sage;* à Mgr. le duc de Montpensier.
A 1030	*Portrait de Pierre Ier de Castille,* id.
A 1031	*Portrait d'Isabelle la Catholique,* id.
A 1032	*Portrait de Ferdinand le Catholique,* id.

| Numéros des planches. | La collection n'est complète que dans le grand format de 0 m. 26×0 m. 35 environ: les numéros précédés d'une * existent aussi pour stéréoscope; ceux suivis d'une * peuvent s'obtenir également en format carte-album. |

J. BECQUER.

A 1033 | *Mort de Torregiano;* à Mgr. le duc de Montpensier.
A 1034 | *Marchande de marrons,* types de gitanos, id.

VALERIO BECQUER.

A 805 | *Le tailleur de village,* dessin au crayon.
A 806 | *La bénédiction du repas,* id.
A 807 | *Danse dans une auberge,* id.
A 953 | *Paysans des environs d'Avila à la fontaine;* au Musée du Prado.
A 954 | *Danse de paysans de la province d'Avila;* au Musée du Prado.

J. BELLVER, sculpteur.

A 545 | *Mathathias,* grand-prêtre de Jérusalem, immole le premier Juif qui vient adorer les idoles sur l'ordre d'Antioche. (1er prix, Exposition de 1862.)

RICARDO BELLVER, sculpteur.

A 1663 | *Bas-relief représentant la mort de Sainte Agathe.*
A 1776 | *L'ange déchu,* statue en plâtre, 1er prix, Exp. de 1878.
A 1776bis | *La même statue,* plus de face.

M. BELMONTE Y VACAS.

A 544 | *Vue de la Sierra du Guadarrama,* 3e prix, Exp. de 1862.

R. BENJUMEA.

A 546 | *Le baptême de l'infante Isabelle;* au palais de Madrid.
A 547 | *Le baptême du prince des Asturies,* id.
A 648 | *La présentation du prince des Asturies,* id.
A 549 | *Le Conseil des ministres, présidé par la Reine Isabelle II, décide la guerre du Maroc,* id.

J. BENLLIURE.

A 1415 | *Halte de troupes espagnoles,* 3e prix, Exp. de 1876; au Musée du Prado.
A 1350 | *Les moulins à vent.*
A 1787 | *Combat de Bocairente.*

Numéros des planches. | La collection n'est complète que dans le grand format de 0 m. 26×0 m. 55 environ; les numéros précédés d'une * existent aussi pour stéréoscope; ceux suivis d'une * peuvent s'obtenir également en format carte-album.

F. BERDUGO.

A 926 | Evêque capucin administrant les sacrements à un enfant.

V. BORRÁS Y MOMPO.

A 828* | La dernière prière du condamné au XVIe siècle.
A 829 | Le galant de village, coutume de Valence.
A 1282 | Josué avant la procession de la fête-Dieu à Valence.
A 1283 | Le cheval savant.

BUSATO, BONARDI Y VALLS, peintres de décors.

A 1658 | Maquette du décor du 2.e acte du drame El desengaño en un sueño.
A 1659 | Maquette du décor du final du même drame.

F. BUSHELL.

A 550 | Le Postiguet à Alicante, paysage, 3e prix, Exp. de 1862; au Musée du Prado.
A 552 | Un paysage.

M. CABRAL BEJARANO.

A 1134* | Procession de la confrérie de Montserrat dans Séville le Vendredi Saint.
A 1135 | Le médecin de son honneur (2e prix au concours de Séville en 1872).
A 1373 | La foire de Santi Ponce, près de Séville.
A 1374 | Marchand d'eau à la promenade de l'Alameda à Séville.
A 1772 | Danse d'une petite fille.

E. CANO.

A 943 | Christophe Colomb au couvent de la Rábida; au Musée du Prado.
A 944 | Enterrement du connétable D. Alvaro de Luna; au Musée du Prado.

J. CASADO DEL ALISAL.

A 553 | La capitulation de Bailen en 1808; au palais de Madrid.
A 775* | La visite; à Mr. le marquis de Portugalete.
A 776* | La sieste; id. id.

Numéros des planches. | La collection n'est complète que dans le grand format de 0 m. 26×0 m. 35 environ; les numéros précédés d'une * existent aussi pour stéréoscope; ceux suivis d'une * peuvent s'obtenir également en format carte-album.

J. Casado del Alisal.

A 784	*Serment des Cortès de Cadiz en* 1810; au palais des Cortès.
A 818	*La cigale ayant chanté tout l'été...* (allégorie).
A 920	*Vue intérieure de la cathédrale de Palencia.*
A 959	*Le Grand Capitaine Gonzalve de Cordoue rencontrant le cadavre du duc de Nemours sur le champ de bataille de Cérignole;* au Musée du Prado.
A 960	*Les derniers instants de Ferdinand IV assigné au tribunal de Dieu par ses victimes;* au Musée du Prado.
A 966*	*Le roi Amédée Ier prêtant serment à la Constitution;* au palais de Madrid.
A 1188	*Portrait du général Espartero,* prince de Vergara.
A 1213	*Un service anniversaire.*
A 1214	*Goya peignant la maja.*

Casanova.

A 664	*Le roi Alphonse VIII haranguant ses troupes, avant de livrer la bataille de las Navas.*

M. Castellano.

A 554	*Épisode du 2 mai 1808 à Madrid* (3e prix, Exp. de 1862); à l'Ayuntamiento de Madrid.
A 830	*La mort du comte de Villamediana* (2e prix, Exp. de 1871); au Musée du Prado.
A 945	*Cour de la place de Taureaux avant le combat;* au Musée du Prado.

J. Chaves.

A 1149	*Vue du salon de Marie de Padilla,* favorite de Pierre le Cruel.

V. Codina, sculpteur.

A 935	*Agar et Ismaël dans le désert,* sculpture.

A. Comeleran.

A 1586	*Saint Thomas invité par Saint Louis, roi de France;* au réfectoire de Saint Thomas à Avila.

— 199 —

Numéros des planches. | La collection n'est complète que dans le grand format de 0 m. 26×0 m. 3 environ; les numéros précédés d'une * existent aussi pour stéréoscope; ceux suivis d'une * peuvent s'obtenir également en format carte-album.

CONTRERAS.

A 1349 | *L'indiscret.*

ALFR. DEHODENCQ, peintre français.

A 1036 | *Une confrérie passant en procession dans la rue de Gênes à Séville;* à Mgr. le duc de Montpensier.

PAUL DELAROCHE, peintre français.

A 1037 | *Baptême de Clovis,* ébauche d'un tableau pour le Musée de Versailles; à Mgr. le duc de Montpensier.

E. DETAILLE, peintre français.

A 1312 | *Une avant-garde de cuirassiers,* aquarelle; à Mr. J. de Fontagud Gargollo.
A 1313 | *Guerrier du moyen-âge,* aquarelle; au même.

F. DIAZ CARREÑO.

A 1216 | *Majos et majas,* scène andalouse.

JOAQUIN DIEZ.

A 971 | *Essai d'un becerro, ou jeune taureau, des célèbres troupeaux de Miura, à Tablada, près de Séville.*—Le taureau est renversé par un cavalier armé d'une pique sans pointe.
A 972 | *Tanteo, ou essai à la pique, d'un jeune taureau ou becerro de Miura, à Tablada, près de Séville.*
A 1265 | *Apartado ou choix de taureaux du duc de Veragua à la Muñoza.*
A 1376 | *Taureaux de la Muñoza,* propriété du duc de Veragua.
A 1377 | *Vue de Tétouan au Maroc.*
A 1741 | *Tête de taureau des célèbres troupeaux de Miura à Séville.*

F. DOMINGO Y MARQUÉS.

A 831 | *Dernier jour de Sagonte.*
A 832 | *Sainte Claire* (1er prix, Exp. de 1871).
A 948 | *Un duel;* au Musée du Prado.
A 968 | *Les saltimbanques;* au marquis de Portugalete.
A 1193 | *Sommeil et vigilance.*
A 1345 | *Portrait de Velazquez,* dessin au crayon.

| Numéros des planches. | La collection n'est complète que dans le grand format de 0 m. 26×0 m. 55 environ; les numéros précédés d'une * existent aussi pour stéréoscope; ceux suivis d'une * peuvent s'obtenir également en format carte-album. |

M. Dominguez y Sanchez.

| A 833* | *La mort de Sénèque* (1er prix, Exp. de 1871); au Musée du Prado. |
| A 1571 | *La renaissance de l'art italien*, plafond du palais du duc de Santoña. |

R. Elorriaga.

| A 834* | *Jean de Lanuza, au moment de partir pour l'échafaud, proteste contre la qualification de traître, à lui infligée par Philippe II, dans l'arrêt adressé à l'armée espagnole.* |

J. Espina y Cápo.

| A 1416 | *Alberche, environs de Saint Martin de Valdeiglesias*, paysage. |

A. M. Esquivel.

| A 556 | *Une réunion d'hommes de lettres*, portraits contemporains; au Musée du Prado. |
| A 1136 | *L'infant Ferdinand refusant la couronne de Castille qui lui est offerte à la mort du roi Henri.* |

C. M. Esquivel.

| A 555 | *Visite de Saint François de Borja à l'empereur Charles Quint.* |

V. Esquivel.

A 919	*La toilette du toréador avant la course.*
A 1160	*Un atelier de peintre.*
A 1240	*La lecture.*
A 1325	*Le repos du modèle.*
A 1343	*La foire de Séville.*
A 1380	*Intérieur de salon;* à Mr. Ig. Bauer.
A 1598	*Scène de famille;* au même.

J. Esteban, sculpteur.

| A 557 | *Guzman le Bon*, sculpture. |

| Numéros des planches. | La collection n'est complète que dans le grand format de 0 m. 26×0 m. 55 environ; les numéros précédés d'une * existent aussi pour stéréoscope; ceux suivis d'une * peuvent s'obtenir également en format carte album. |

E. Esteban.

A 809	*Bohémienne disant la bonne aventure.*
A 1217	*La charra, ou paysanne de Salamanque.*
A 1323	*Le peintre Goya dans son atelier;* à S. M. le roi Alphonse XII.
A 1334	*Un requiebro, ou galanterie.*
A 1378	*Au sortir de l'église.*
A 1379	*Scène champêtre à San Antonio de la Florida.*
A 1449	*La lecture.*
A 1450	*Une manola.*
A 1728	*Le récit de la bataille.*
A 1757	*La première entrevue.*
A 1796	*L'alcalde de Zalamea.*

M. Fernandez Barreras.

A 1154	*L'escalier de la maison de Pilate à Séville.*

B. Ferrandiz.

A 558	*Les Prémices,* 2e prix, Exp. de 1862.
A 559	*Une querelle.*
A 561	*L'Écrivain public.*
A 562	*Une Visite à la nourrice.*
A 835	*Le Serment.*
A 836	*Le Jour de bonheur.*
A 951	*Le Charlatan;* au Musée du Prado.
A 1164	*Danse andalouse,* scène de cabaret à Malaga.
A 1186	*La vente des esclaves.*
A 1207	*Le tribunal des eaux à Valence.*
A 1208	*Les pièces de conviction.*
A 1209	*La cruz de Mayo, ou le mois de Marie.*
A 1654	*La Lonja, ou marché de la soie à Valence.*
A 1742	*Ca-ba-llos, ca-ba-llos,* scène de la place des taureaux pendant la course.
A 1743	*Avant la course de taureaux.*

M. Ferran.

A 563*	*La Mendiante.*
A 564	*Philippe III de France bénissant ses enfants avant de mourir,* 3e prix, Exp. de 1862; au Musée du Prado.

| Numéros des planches. | La collection n'est complète que dans le grand format de 0 m. 26×0 m. 35 environ; les numéros précédés d'une * existent aussi pour stéréoscope; ceux suivis d'une * peuvent s'obtenir également en format carte-album. |

A. Ferrant y Fischermans.

A 837	*Le Premier Siège de Saragosse.*
A 1174	*La visite inattendue.*
A 1198	*El matador,* scène des courses de taureaux à Séville.
A 1199	*El picador,* scène des courses de taureaux à Madrid.
A 1257	*Veuillez passer, Excellence!*
A 1258	*Toréador jouant de la guitare,* aquarelle.
A 1259	*L'amateur de musique,* aquarelle.
A 1744	*L'enterrement de Saint Sébastien,* 1er prix, Exp. de 1878; au Musée du Prado.

D. Fierros.

A 565	*La Sortie de la messe dans un village de Galice,* 2e prix, Exposition de 1862; au Ministère de Fomento.
A 566	*Une Danse de charros,* coutume de Salamanque.
A 567	*Une Loge au théâtre royal.*
A 1028	*La Muñeira,* danse de Galice; à Mgr. le duc de Montpensier.
A 1320	*Un mendiant de Luarca en Asturies.*
A 1321	*Laboureur de Binefar en Aragon, avec sa petite-fille.*
A 1322	*Glaneuses de Binefar en Aragon.*

J. Figueras, sculpteur.

A 568	*Une Indienne embrassant le Christianisme,* sculpture, 2e prix, Exposition de 1862.
A 569	*L'épouse,* sculpture.

A. M. de Fonseca, peintre portugais.

A 927	*Énée fuyant l'incendie de Troie.*

Mariano Fortuny.

A 1178	*Un jardin de Grenade.*
A 1179	*Place de l'Ayuntamiento à Grenade.*
A 1180	*Un remouleur à Tanger.*
A 1181	*Chef Kabyle dans la mosquée de Tanger,* aquarelle.
A 1187	*Une procession interrompue.*
A 1271	*Portrait,* dessin au crayon.
A 1272	*Soldats marocains,* dessin à la plume.
A 1273	*Un maréchal ferrant marocain.*

| Numéros des planches. | La collection n'est complète que dans le grand format de 0 m. 26×0. m. 35 environ; les numéros précédés d'une * existent aussi pour stéréoscope; ceux suivis d'une * peuvent s'obtenir également en format carte-album. |

M.º FORTUNY.

A 1274	*Un tribunal arabe,* aquarelle.
A 1275*	*La Vicaria.*
A 1301	*Vue de Rome.*
A 1302	*La bacchante.*
A 1303	*Danse des bacchantes.*
A 1304	*Le joueur de guitare;* éventail à Mr. J. de Fontagud Gargollo.
A 1305	*Marocain jouant avec un vautour,* aquarelle; au même.
A 1306	*Le papillon,* aquarelle; au même.
A 1307	*Campement marocain,* aquarelle; à S. M. le roi Alphonse XII.
A 1308	*Habitation de gitanos à Grenade;* à S. M. le roi Alphonse XII.
A 1309	*Le choix du modèle.*
A 1310	*Le jardin des poëtes.*
A 1729	*Portrait d'enfant;* à Mr. B. Soriano Murillo.

PLÁCIDO FRANCES.

A 838	*Une maja.*
A 839*	*Un bivouac de pauvres,* 3e prix, Exp. de 1871.
A 1165	*Pauvres recevant la soupe à la porte d'une caserne.*
A 1196	*Une forge à Grenade.*
A 1197	*Une rue de Grenade.*
A 1210	*Le retour de la promenade.*
A 1324	*Le marchand de fleurs à Tolède.*
A 1341	*Soldats du XVIe siècle attablés,* aquarelle.
A 1342	*Soldat du XVIe siècle,* aquarelle.
A 1567	*Un bal champêtre.*
A 1568	*Récréation littéraire.*
A 1569	*Les amours de Vénus et de Mercure,* plafond du palais du duc de Santoña.
A 1572	*L'enlèvement de Psyché par Cupidon.*
A 1573	*Daphné poursuivie par Apollon.*
A 1722	*Les brodeuses de mantes.*
A 1740	*Une sérénade en Aragon.*
A 1790	*Quatre figures décoratives.*

L. FRANCO Y SOLINES.

| A 840 | *Un baptême.* |
| A 841 | *Le courrier clandestin,* 3e prix, Exp. de 1871. |

Numéros des planches. | La collection n'est complète que dans le grand format de 0 m. 26×0 m. 35 environ; les numéros précédés d'une* existent aussi pour stéréoscope; ceux suivis d'une* peuvent s'obtenir également en format carte-album.

L. Franco y Solines.

A 1281 | *Le changement d'escorte*, 2e prix, Exp. de 1876.
A 1411 | *La leçon de piano.*
A 1412 | *Une noce à Valence*, fin du siècle dernier.
A 1719 | *Le prince de Galles passant revue aux troupes espagnoles.*
A 1786 | *Arrivée de l'autorité au théâtre du crime.*
A 1788 | *L'oiseau mort.*

M. Fuxá y Leal, sculpteur.

A 1432 | *La mort du Juste*, statue en plâtre, 3e prix, Exp. de 1876.

Gallait, peintre belge.

A 1045 | *Portrait de la princesse Charlotte de Belgique, veuve de Maximilien, empereur du Brésil*; à Mgr. le duc de Montpensier.

J. Gamot y Lluria, sculpteur.

A 1433 | *Les remords de Caïn*, statue en plâtre.

M. Garay y Arevalo.

A 842 | *Gil Blas chez l'Archevêque de Tolède.*
A 843 | *Les Amants surpris*, époque de Charles IX en France.

C. Garcia y Alonso, sculpteur.

A 1777 | *Un Skating-Ring*, haut relief en plâtre.

M. Garcia Hispaleto.

A 573 | *Enterrement du berger Chrysostôme*, épisode tiré du Don Quichotte, 3e prix, Exp de 1862; au Ministère de Fomento.
A 816 | *Profiter de l'occasion.*
A 817 | *L'Indiscrétion.*
A 844 | *Les Toréadors sortant de l'auberge de Borja à Torrelaguna.*
A 1150 | *Une visite à la Caba, ou quartier des bohémiens de Triana à Séville.*
A 1175 | *Une auberge à Murcie.*
A 1388 | *La fête de Rosita.*
A 1745 | *Atelier de modistes.*

Numéros des planches. | La collection n'est complète que dans le grand format de 0 m. 26×0 m. 55 environ; les numéros précédés d'une * existent aussi pour stéréoscope: ceux suivis d'une * peuvent s'obtenir également en format carte-album.

J. GARCIA MARTINEZ.

A 570	*Les Amants de Teruel;* au Musée du Prado.
A 571	*La mort de Macias;* au Ministère de Fomento.
A 572	*Manifestation de Henri IV de Castille aux habitants de Ségovie.*
A 1417	*Charles II assisté par Froilan Diaz dans son prétendu ensorcellement.*
A 1418	*La vie du grand Tacaño.*

ANTONIO GARCIA MENCIA.

A 928	*Danse sur la place publique de Nieva, village des environs de Ségovie.*

E. L. GARRIDO.

A 1252	*L'enlèvement des Sabines.*
A 1253	*La fontaine de la Santé,* à la Casa de Campo à Madrid.

SEB. GESSA ARIAS.

A 1447	*Pendant le déjeuner,* nature morte, 3e prix, Exp. de 1876.

F. GIMENEZ FERNANDEZ.

A 650	*Nature morte,* 3e prix, Exp. de 1862; au Musée du Prado.
A 1201	*Canards surpris par un aigle.*
A 1237	*Renard guettant une poule.*
A 1238	*Troupeau de taureaux.*
A 1420	*Poule présentant une sauterelle à ses poussins.*
A 1421	*Renard se voyant disputer sa proie par un aigle.*
A 1448	*Renard s'apprêtant à dévorer une poule qu'il tient dans ses griffes.*
A 1773	*Inquiétudes d'une mère,* scène d'animaux.

J. GIMENEZ FERNANDEZ.

A 658	*Une Poule avec ses poussins.*
A 845	*Paysage des environs de Madrid,* 3e prix, Exp. de 1871.
A 846	*Environs de la* pradera *de San Isidro.*
A 1202	*Paysage des environs de Madrid.*
A 1203	*Paysage des environs de Madrid.*
A 1419	*Las huertas de Luche,* paysage des environs de Madrid; au Musée du Prado.

— 206 —

| Numéros des planches. | La collection n'est complète que dans le grand format de 0 m. 26×0 m. 35 environ; les numéros précédés d'une* existent aussi pour stéréoscope; ceux suivis d'une* peuvent s'obtenir également en format carte-album. |

A. Gisbert.

A 574*	*Débarquement des Puritains dans l'Amérique du Nord;* à Mr. le marquis de Salamanca.
A 575	*La reine Marie de Molina présentant son fils aux Cortès de Valladolid;* au palais des Cortès.
A 645*	*Les Comuneros de Castille sur l'échafaud;* au palais des Cortès.
A 820	*Faust et Marguerite.*
A 785	*Françoise de Rimini.*
A 810	*Don Quichotte au palais des Ducs;* à Mr. le marquis de Portugalete.
A 761	*Portrait de Mme la duchesse de la Torre.*
A 847	*Portrait de Mr. le duc de la Torre.*
A 848	*Portrait de Mme la duchesse de Prim.*
A 1215*	*Le roi Amédée, à son arrivée à Madrid, rend visite au cadavre du maréchal Prim;* au palais de Madrid.
A 1267	*Départ de Colomb à la découverte de l'Amérique.*

Gleyre, peintre suisse.

| A 1314 | *Bacchanale;* à S. M. le roi François d'Assise. |

Antonio Gomar.

A 1583	*Paysage;* décoration de la Cantine américaine à Madrid.
A 1584	*Paysage,* id. id.
A 1585	*Deux Paysages,* id. id.

Francisco Gonzalez.

| A 1655 | *L'accouchée, ou le retour du baptême.* |

P. Gonzalez Ramirez.

| A 1393 | *La mort de Cléopâtre.* |

P. Gonzalvo Perez.

A 576	*Chapelle et tombeaux du connétable Don Alvaro de Luna et de sa femme,* dans la cathédrale de Tolède, 1er prix, Exposicion de 1862; au Musée du Prado.
A 577	*Vue du cloître de Saint Jean des Rois à Tolède.*
A 849	*Salon de justice de l'Alhambra de Grenade visité par des Arabes.*

| Numéros des planches. | La collection n'est complète que dans le grand format de 0 26×0 55 environ; les numéros précédés d'une * existent aussi pour stéréoscope; ceux suivis d'une * peuvent s'obtenir également en format carte-album. |

P. Gonzalvo Perez.

A 850	*Maison de l'infante à Saragosse.—Le départ pour le combat;* au Musée du Prado.
A 851	*La Tour neuve de Saragosse.*
A 932	*La Famille modèle.*
A 942	*La chapelle royale de Grenade avec les tombeaux des Rois Catholiques.*
A 961	*Vue intérieure de la Lonja ou Bourse de Valence;* au Musée du Prado.
A 1746	*Intérieur de la chapelle de Saint Bernard à Avila,* où prêtèrent serment les Comuneros.
A 1747	*Intérieur de la Sacristie mineure de la cathédrale d'Avila.*
A 1748	*Vue intérieure de la basilique de Saint Marc à Venise.*
A 1749	*Vue intérieure de l'église de La Seo à Saragosse.*

J. Gragera, sculpteur.

A 756	*Buste de Mr. Echegaray,* marbre.
A 1434	*Buste en marbre de Mr. le marquis de Barzanallana.*
A 1435	*Buste en marbre de Mr. Laureano Figuerola.*
A 1436	*Buste en marbre du jeune Gabriel Rodriguez Villalonga.*

A. Graner.

A 1750	*Bords du Manzanarés,* paysage.

Fr. Mar. Granet.

A 1038	*Le dépensier d'un couvent.*

J. Gutierrez de la Vega.

A 578	*La Conception de la Vierge,* tableau inachevé par suite de la mort de l'auteur; au palais de Madrid.

C. Haes.

A 579	*Le Paular, paysage du Lozoya,* 1er prix, Exp. de 1862; au Musée du Prado.
A 580	*Paysage de la Granja.*
A 581	*Un moulin,* paysage.
A 649	*Paysage.*
A 950	*Paysage des environs de Torremolinos sur les côtes de la Mediterranée;* au Musée du Prado.

| Numéros des planches. | La collection n'est complète que dans le grand format de 0 m. 26×0 m. 35 environ; les numéros précédés d'une * existent aussi pour stéréoscope: ceux suivis d'une * peuvent s'obtenir également en format carte album. |

G. Hernandez.

A 582	Voyage de la Vierge et de Saint Jean à Éphèse, après la mort du Sauveur; au Ministère de Fomento.
A 583	La Vierge du Désert.
A 584	Sapho.
A 815	Roméo et Juliette.
A 921	Ophélie.
A 967	Hamlet.
A 1375	Ophélie semant des fleurs.
A 1200	Méphistophélès chez Marguerite.

V. Hernandez.

| A 585 | Psyché abandonnée sur le rocher. |

J. M. Herrer.

| A 586 | Le Chocolat au couvent des dames de Calatrava. |
| A 955 | Charles-Quint recevant à Saint Just la visite de Saint François; au Musée du Prado. |

E. Herrera y Velasco.

| A 778* | Vue du port de Marbella. |

Z. Herrero y Perez.

| A 1392 | Scène de la vie d'artiste. |

M. Hiraldez Acosta.

A 922	L'Héroïne de Saragosse.
A 587	Daphnis et Chloé; à Mr. le duc d'Osuna.
A 588	Pharaon rendant à Abraham sa femme Sarah.
A 973	Vénus apparaissant à Anchise; à Mr. le duc d'Osuna.

Eug. Isabey, peintre français.

| A 1039 | L'antiquaire; à Mgr. le duc de Montpensier. |

V. Izquierdo.

| A 788 | Christophe Colomb devant les Dominicains. |

| Numéros des planches. | La collection n'est complète que dans le grand format de 0. m. 26✕0. m. 33 environ; les numéros précédés d'une * existent aussi pour stéréoscope; ceux suivis d'une * peuvent s'obtenir également en format carte-album. |

M. Jadraque Sanchez.

A 589	*La mort d'Aaron.*
A 852	*Cisneros est présenté à Isabelle la Catholique par le cardinal Mendoza,* 3e prix, Exp. de 1871.
A 1459	*Une lecture intéressante,* 3e prix, Exp. de 1876; au Musée du Prado.
A 1751	*Charles-Quint à Yust,* 2e prix, Exp. de 1878.

Jalabert, peintre français.

| A 1042 | *Portrait de Louis Philippe Albert, comte de Paris;* à Mgr. le duc de Montpensier. |
| A 1043 | *Portrait de l'infante Isabelle, comtesse de Paris;* au même. |

J. Jimenez y Aranda.

A 853	*Un accident durant la course de taureaux à Séville,* 3e prix, Exposition de 1871.
A 854	*Laveuses s'injuriant de la belle manière.*
A 855	*Les saintes huiles.*
A 1401	*A la porte d'un barbier.*
A 1405	*Un café à Rome,* au commencement du siècle.
A 1406	*Lecture de la Gazette à la porte d'un barbier.*
A 1407	*La chanteuse.*
A 1465	*La Sérénade.*

Alfred Johannot, peintre français.

| A 1046 | *Le duc de Guise, François de Lorraine, présentant à Charles IX les blessés de la bataille de Dreux;* à Mgr. le duc de Montpensier. |

Tony Johannot, peintre français.

| A 1047 | *La leçon de botanique;* à Mgr. le duc de Montpensier. |

F. Jover.

A 590*	*Christophe Colomb est ramené chargé de fers en Espagne.*
A 591	*La mort de Philippe II;* au Musée du Prado.
A 856	*La Conquête d'Oran,* 2e prix, Exp. de 1871; au Musée du Prado.
A 857	*Le traité de Cambrai,* appelé la Paix des Dames.

| Numéros des planches. | La collection n'est complète que dans le grand format de 0 m. 26×0 m. 35 environ; les numéros précédés d'une * existent aussi pour stéréoscope; ceux suivis d'une * peuvent s'obtenir également en format carte-album. |

F. Jover.

A 956	*La cour pontificale durant la lecture de l'acte de béatification d'un capucin.*
A 1664	*La Charité.—Saint Vincent de Paul*; dessins des fresques de la Inclusa de Cadiz.
A 1665	*Groupe de Vierges.—Les Confesseurs*; fresques de la Inclusa de Cadiz, en collaboration avec Mr. Soler.
A 1666	*Les huit Docteurs les plus célèbres par leurs louanges de la Vierge*, fresque principale de la Inclusa de Cadiz.
A 1667	*Le Sauveur, l'ancien Testament, l'Apostolat et les Martyrs*, fresques de la Inclusa de Cadiz.
A 1668	*Vitraux de la chapelle de l'église de Saint Antoine à Cadiz.*
A 1669	*Autres vitraux de la dite chapelle.*
A 1670	*Emotion causée par la bouteille.*
A 1671	*Les joueurs.*
A 1720	*Qui gagnera?* 2ᵉ prix, Exp. de 1878.

L. Jimenez.

| A 1268 | *Galanterie andalouse*, coutume du commencement du siècle. |

Angélique Kauffman, peintre français.

| A 1040 | *Portrait de Louis Philippe-Joseph, duc d'Orléans;* à Mgr. le duc de Montpensier. |

J. Laguna.

| A 934 | *La cour des Lions à l'Alhambra de Grenade.* |

F. Lameyer.

| A 1212 | *Un fakir dans une mosquée de Tanger.* |
| A 1256 | *Femmes juives de Tanger.* |

R. Laplaza.

A 1192	*Deux amies intimes.*
A 1650	*Scène dans une cour de village.*
A 1736	*Alphonse le Sage*, plafond de l'Alcazar de Tolède.
A 1737	*Isabelle la Catholique*, id.
A 1738	*Charles-Quint*, id.
A 1739	*Philippe II*, id.

| Numéros des planches. | La collection n'est complète que dans le grand format de 0 m. 26×0 m. 35 environ; les numéros précédés d'une * existent aussi pour stéréoscope; ceux suivis d'une * peuvent s'obtenir également en format carte-album. |

Henri Lehmann, peintre français.

| A 1048 | Les Océanides pleurant le sort de Prométhée; à Mgr. le duc de Montpensier. |
| A 1049 | Les Sirènes appelant Ulysse; au même. |

Adolphe Leleux, peintre français.

| A 1050 | Aragonais jouant de la guitare à la porte d'une posada. |

A. Lhardy.

| A 1391 | Moulin aux environs de Bagnères de Luchon, paysage. |
| A 1752 | Les Pyrénées, paysage, 3e prix, Exp. de 1878. |

Ang. Lizcano.

A 1140	Le marchand de lait en plein vent à Madrid.
A 1285	Le Vice et la Vertu.
A 1318	Toréador blessé durant la course.
A 1461	Les polichinelles, 3e prix, Exp. de 1876.
A 1653	Fête champêtre.
A 1753	Toréador blessé par le taureau, 3e prix, Exp. de 1876.

Enrique Lopez.

| A 1317 | Un bravo. |

Luis Lopez.

| A 787* | Portrait du poète Quintana; à la Bibliothèque nationale de Madrid. |

V. Lopez.

| A 592 | Sainte Famille, dessin à la sépia. |

J. Lozano.

A 593*	Marianne Pineda faisant ses adieux aux sœurs de Sainte Marie Égyptienne au moment de se rendre en chapelle, 3e prix, Exp. de 1862; au ministère de Fomento.
A 748	Lycie et Candaule.
A 749	Florinda la Cava.

M. A. Lupi, peintre portugais.

| A 858 | La famille, 2e prix, Exp. de 1871; au Musée du Prado. |

| Numéros des planches. | La collection n'est complète que dans le grand format de 0 m. 26×0 m. 35 environ; les numéros précédés d'une * existent aussi pour stéréoscope; ceux suivis d'une * peuvent s'obtenir également en format carte-album. |

P. Macnab, peintre anglais.

A 958	Un confessionnal dans la cathédrale de Grenade.
A 969	Bohémiens de Grenade.
A 970	Vue du Généralife à Grenade.

J. de Madrazo.

| A 594 | Sainte Famille. |

F. de Madrazo.

A 166	Godefroy de Bouillon; au palais de Madrid.
A 167	Les trois Maries, id. id.
A 755	Portrait de la duchesse d'Albe.
A 1044*	Portrait de Fernan Caballero; à Mgr. le duc de Montpensier.
A 1284	Portrait de Mr. G. Sensi.

L. de Madrazo.

A 595	Sainte Élisabeth guérissant les teigneux, dessin au charbon.
A 753	La Charité.
A 808	1230. L'enterrement de Sainte Cécile; au Musée du Prado.

Raimundo de Madrazo.

| A 1269 | La sortie de vêpres. |

Ricardo de Madrazo.

| A 1718 | Un récit dans un cimetière marocain. |

V. Manzano.

A 596	Rodrigo Vazquez, président du Conseil de Castille, visitant la prison où il tenait renfermée la famille d'Antonio Perez, 2e prix, Exp. de 1862.
A 597	Une rue de Tolède au XVIIe siècle.
A 957*	43. Les derniers moments de Cervantès; au Musée du Prado.

R. Marti y Alsina.

| A 598 | Un paysage. |
| A 599 | Un autre paysage. |

J. Marti y Monsó.

A 600 | 90. *Le troisième Concile de Tolède;* au Ministère de Fomento.

E. Martin y Riesco, sculpteur.

A 918 | *Narcisse à la fontaine,* statue en plâtre, 2e prix, Exp. de 1871; à Mr. le marquis de Portugalete.

S. Martinez Cubells.

A 1755 | *L'éducation du prince D. Juan,* 1er prix, Exp. de 1878; au Musée du Prado.

J. Martinez de la Vega.

A 859 | *Loisirs du cloître.*

S. Martinez del Rincon.

A 1754 | *Exorcisme,* 3e prix, Exp. de 1878.

F. Masó.

A 1657 | *Christophe Colomb devant les Dominicains.*

Franc. Masriera.

A 1756 | *L'esclave,* 2e prix, Exp. de 1878; à S. M. le roi Alphonse XII.

José Masriera.

A 1758 | *Etang de Rubio-Llevaneras,* 3e prix, Exp. de 1878.
A 1774 | *Camprodon,* paysage.

Virgilio Mattoni.

A 1383 | *La leçon de science héraldique.*
A 1384 | *Actrice essayant son rôle.*
A 1385 | *Dame terminant sa toilette.*

G. Maureta.

A 601 | 88. *Les adieux;* au Musée du Prado.
A 947 | 144. *Le Tasse se retire au couvent de Saint Onophre, sur le Janicule;* au Musée du Prado.

Numéros des planches. | La collection n'est complète que dans le grand format de 0 m. 26×0 m. 35 environ; les numéros précédés d'une * existent aussi pour stéréoscope; ceux suivis d'une * peuvent s'obtenir également en format carte-album.

G. Maureta.

A 1332 | *La jeune mère.*
A 1333 | *La lettre.*

N. Megía.

A 1730 | *Portrait de D. Luis de Góngora y Argote,* dessin au crayon d'après Velazquez.

A. Mélida.

A 1793 | *Un éventail.*

Enrique Mélida.

A 1194 | *L'antichambre d'un ministre.*
A 1195 | *Une ronde de l'Inquisition.*
A 1211 | *Le portique de l'église Saint Joseph à Madrid.*
A 1248 | *Promenade dans les jardins du roi.*
A 1249 | *La leçon de tauromachie.*
A 1315 | *Les amateurs de musique au couvent.*
A 1422 | *Le trouble-fête,* 2º prix, Exp. de 1876; au Musée du Prado.
A 1423 | *Intérieur de l'église de Saint Pierre à Avila.*
A 1462 | *La rêverie.*
A 1463 | *L'antichambre.*
A 1464 | *La lettre.*

F. Mendiguchia.

A 602 | *Retour du soldat à la maison paternelle.*

B. Mercadé.

A 603 | 93. *Les derniers instants de F. Charles Climaque;* au Musée du Prado.
A 860 | *Sainte Thérèse de Jésus.*
A 861 | *Moine dégustant une prise de tabac.*
A 862 | *Le chœur de Sainte Marie Novella à Florence.*

A. Moltó y Such, sculpteur.

A 916 | *Le peuple libre,* sculpture, 3º prix, Exp. de 1871.
A 1444 | *Hernan Cortès plantant la croix sur l'autel mexicain,* groupe en plâtre.

| Numéros des planches. | La collection n'est complète que dans le grand format de 0 m. 26×0 m. 35 environ; les numéros précédés d'une * existent aussi pour stéréoscope; ceux suivis d'une * peuvent s'obtenir également en format carte album. |

A. Moltó y Such, sculpteur.

A 1778	*L'étude*, statue en plâtre, 3ᵉ prix, Exp. de 1878.
A 1778bis	*La même statue*, de profil.

R. Monleon.

A 783*	*L'escadre espagnole en rade de Cadiz, initiant la Révolution du mois de Septembre* 1868.
A 863	*Vue du Pas-de-Calais près de Douvres.*
A 864	*Une bourrasque dans la mer du Nord*, 3ᵉ prix, Exp. de 1871.
A 938	*L'Escaut aux environs d'Anvers.*
A 1144	*Vue de la barre d'Ostende*, marine.
A 1261	*Répression de l'insurrection cantonale de l'arsenal de la Carraca.*
A 1394	*Un naufrage sur la côte des Asturies;* au Musée du Prado.
A 1395	*La darse de Bruxelles.*
A 1396	*Arrivée de volontaires à la Havane.*
A 1732	*La rade de Flessingue*, embouchure de l'Escaut.
A 1733	*Ancien quai de l'Escaut à Anvers.*

T. Moragas.

A 865	*Un cellier*, étude d'après nature.
A 1184	*Un tribunal arabe.*

F. Moratilla, sculpteur.

A 1445	*La Foi, l'Espérance et la Charité*, groupe en marbre, 3ᵉ prix, Exp de 1876; au Musée du Prado.

J. Moreno y Carbonero.

A 1451	*El jaleo*, danse andalouse.
A 1452	*Maison de campagne à l'ancienne mode*, 3ᵉ prix, Exp. de 1876.
A 1759	*Une aventure de Don Quichotte*, 2ᵉ prix, Exp. de 1878.

J. Morera y Galicia.

A 1254	*Paysage.*
A 1329	*Barques de pêcheurs à Capri en Italie.*
A 1330	*Cabane de pêcheurs à Capri.*
A 1331	*Rochers de Capri en Italie.*

| Numéros des planches. | La collection n'est complète que dans le grand format de 0 m. 26×0 m. 35 environ; les numéros précédés d'une * existent aussi pour stéréoscope; ceux suivis d'une * peuvent s'obtenir également en format carte-album. |

A. Muñoz y Degrain.

A 786*	Le général Mendez Nuñez blessé à bord de la frégate la Numancia; au Musée de Marine à Madrid.
A 867	La prière, 2ᵉ prix, Exp. de 1871; au Musée du Prado.
A 868	Le château féodal.
A 869	La surprise.
A 1161	Gitanos ou bohémiens de Grenade.
A 1453	Le paillase sifflé.
A 1454	L'examen.
A 1455	Le Viatique.
A 1589	Lieu, près de Sagonte, où Alphonse XII a été acclamé roi.
A 1760	Les voleurs d'enfants.
A 1761	Isabelle la Catholique cède ses joyaux pour l'entreprise de Christophe Colomb.

Muraton, peintre français.

| A 651 | Un Moine en prières. |

R. Navarrete.

A 870	Le marquis de Bedmar devant le Sénat de Venise, 2ᵉ prix, Exposition de 1871; à Mr. le marquis de Portugalete.
A 962	Les Capucins chantant les vêpres dans leur couvent de la Piazza Barberina, à Rome; au Musée du Prado.
A 1143	L'église de la Paix, à Rome.
A 1162	Le doge Foscari destitué; au Musée du Prado.

Navarro y Cañizares.

| A 655 | La défense de Saragosse. |

C. Nicoly, sculpteur.

| A 1779 | L'Innocence, statue en marbre, 2ᵉ prix, Exp. de 1878. |
| A 1779bis | La même statue, de face. |

J. Nin y Tudó.

| A 866 | Le peintre Goya contemplant les victimes de l'Indépendance espagnole le 3 mai 1808; à l'Ayuntamiento de Madrid. |
| A 871 | Les Adieux. |

Numéros des planches. | La collection n'est complète que dans le grand format de 0 m. 26×0 m. 55 environ; les numéros précédés d'une * existent aussi pour stéréoscope; ceux suivis d'une * peuvent s'obtenir également en format carte-album.

J. NIN Y TUDÓ.

A 1424 | *Les héros de l'Indépendance espagnole*, 2e prix, Exp. de 1876; à l'Ayuntamiento de Madrid.
A 1556 | *Les espagnols peints par eux mêmes.*
A 1762 | *L'enterrement d'Ophélie*, 2e prix, Exp. de 1878.
A 1794 | *S. M. la Reine Doña Maria de las Mercedes d'Orléans et Bourbon, dans le cercueil.*

R. NOVAS, sculpteur.

A 917 | *Toréador mourant dans l'arène;* sculpture, 2e prix, Exposition de 1871; à Mr. le duc de Fernan Nuñez.

A. NUÑES, sculpteur portugais.

A 936 | *Cornélie rapportant à Rome les cendres de Pompée son mari,* sculpture, 3e prix, Exp. de 1871.

E. OCON.

A 872 | *Vue de Malaga un jour de calme*, 3e prix, Exp. de 1871.
A 873 | *Le Port de Malaga un jour de tempête.*
A 1173 | *Barques de pêcheurs au Puerto de Santa Maria.*

M. DE OJEDA.

A 1792 | *Un baptême dans un village.*

M. OMS, sculpteur.

A 1437 | *Le premier pas*, groupe en plâtre, 2e prix, Exp. de 1876.
A 1437bis | *Le même groupe*, de profil.
A 1438 | *Type catalan*, terre cuite.

F. ORTEGO.

A 604* | *La Mort de Christophe Colomb;* au Musée du Prado.

R. PADRÓ Y PEDRET.

A 774* | *La frégate espagnole Berenguela, inaugurant le Canal de Suez;* au Musée de Marine.

| Numéros des planches. | La collection n'est complète que dans le grand format de 0 m. 26×0 m. 35 environ; les numéros précédés d'une* existent aussi pour stéréoscope; ceux suivis d'une* peuvent s'obtenir également en format carte-album. |

T. PADRÓ Y PEDRET.

| A 605* | Une station de chemin de fer avant le départ d'un train; au Musée du Prado. |

F. PAJÉS Y SERRATOSA, sculpteur.

| A 1460 | Job, étendu sur le fumier, abandonné par tous les hommes, 3e prix, Exp. de 1876. |
| A 1780 | Buste de Pie IX, en marbre, 3e prix, Exp. de 1878. |

J. PALLARÉS.

| A 1661 | Deux grisettes ou chulas de Madrid. |

V. PALMAROLI.

A 606	Les cinq Patrons du prince Alphonse; au palais de Madrid.
A 607	La Pascuccia, paysanne des environs de Naples.
A 608	La Chapelle Sixtine à Rome; au palais de Madrid.
A 779	La bataille de Tetuan; à Mr. le duc de Fernan Nuñez.
A 874	L'ensevelissement des victimes le lendemain des exécutions du 2 mai 1808, à Madrid, 1er prix, Exp. de 1871; à l'Ayuntamiento de Madrid.
A 811*	La momie de Charles-Quint, conservée à l'Escurial.
A 875	Intérieur d'un salon du Palais-Royal.
A 780	Portrait de Mme. J. de B.
A 781	Portrait de Mme. E. L.
A 923	Une Transtévérine, type romain.
A 1191	Entrevue de Ferdinand le Catholique et de sa fille Jeanne la folle à Törtoles.
A 1241	Maja jouant de la guitare.
A 1245	Portrait de Mr. J. E. de Hartzenbusch.
A 1279	Une réunion.
A 1316	La bonne aventure; à Mr. le marquis de Portugalete.
A 1593	Coquetterie.
A 1594	Un café sous le Directoire.
A 1595	La leçon de pêche.
A 1596	Bouchée de cardinal.
A 1597	Portrait de dame.

DOM. PAPETY, peintre français.

| A 1051 | Scène de l'ancienne Memphis; à Mgr. le duc de Montpensier. |

Numéros des planches.	La collection n'est complète que dans le grand format de 0 m. 26×0 m. 35 environ; les numéros précédés d'une * existent aussi pour stéréoscope: ceux suivis d'une * peuvent s'obtenir également en format carte-album.

F. J. Parcerisá.

A 609	*La chapelle principale de la cathédrale de Barcelone,* vue prise du chœur.
A 610	*Vue extérieure de la cathédrale de Burgos;* au Musée du Prado.
A 876	*Vue intérieure de la cathédrale de Tarragone,* à la chute du jour.

J. Peyró Urrea.

A 877	*La leçon de solfège chez le curé d'un village de la province de Valence,* 3ᵉ prix, Exp. de 1871.
A 1280	*Une forge au XVIIᵉ siècle.*
A 1410	*Expédition à Cantavieja; passage de l'artillerie par le barranco Monlló,* 3ᵉ prix, Exp. de 1876.
A 1766	*Aux armes!* 2ᵉ prix, Exp. de 1878.

J. L. Pellicer.

A 878	*La Ronde de nuit,* 3ᵉ prix, Exp. de 1871; au Musée du Prado.
A 879	*Un Prêtre,* souvenir d'un soir d'hiver à Rome.
A 1159	*Le charlatan.*
A 1587	*Arrivée du consul d'Espagne à Dizful, Perse.*
A 1725	*Ambulance de la Croix rouge à Plewna,* dessin à la plume.

Alf. Perea.

A 1336	*Jardin du cloître de Saint Jean des Rois à Tolède,* aquarelle.
A 1648	*Scène de famille,* aquarelle.

A. Perez Rubio.

A 548	*Ménines et pages jouant à la cachette.*
A 611	*La Minorité de Charles II.*
A 880	*Le Mot d'ordre.*
A 881	*Moratin et Goya étudiant les coutumes du peuple de Madrid.*
A 882	*Le prince de Galles fêté par Philippe IV au Buen Retiro.*
A 1764	*Fuyant devant l'invasion!* épisode de la guerre de l'Indépendance.
A 1765	*La mauvaise rencontre.*

C. Pizarro.

A 883	*Visite d'une novice à divers couvents de Tolède la veille de ses vœux.*

| Numéros des planches. | La collection n'est complète que dans le grand format de 0 m. 26×0 m. 35 environ: les numéros précédés d'une * existent aussi pour stéréoscope; ceux suivis d'une * peuvent s'obtenir également en format carte-album. |

C. Pizarro.

A 884 | *Porte arabe de La Sangre à Tolède.*
A 1767 | *La Solana,* souvenirs de Tolède.

Frco Plá.

A 1734 | *Allégorie de la musique instrumentale et vocale,* plafond de Mr. Zozaya.

J. Planella.

A 885 | *Le jour de la Saint Baldomero.*

Casto Plasencia.

A 1251 | *L'enlèvement des Sabines.*
A 1763 | *Origine de la République romaine,* 1er prix, Exp. de 1878; au Musée du Prado.

V. Poleró.

A 613 | *L'ancien salon des Cortès à Valence.*

Fr. Pradilla.

A 1250 | *L'enlèvement des Sabines.*
A 1783 | *Jeanne la folle,* prix d'honneur, Exp. Univ. de 1878; au Musée du Prado.

Prudhon, peintre français.

A 656 | *Dessin d'Académie.*
A 657 | *Id. id.*

D. Puebla.

A 614 | *Premier débarquement de Christophe Colomb en Amérique,* 1er prix, Exp. de 1862; au Musée du Prado.
A 757 | *Un Menuet;* à Mr. le marquis de Heredia.
A 782 | *Un Conseil de famille.*
A 821 | *Un bal de majos,* vu à travers la fenêtre.
A 886 | *Les Filles du Cid;* au Musée du Prado.
A 937 | *Un drame intime.*
A 1319 | *Las castañeras picadas, ou les marchandes de marrons s'injuriant.*
A 1768 | *L'essai du costume.*

Numéros des planches. | La collection n'est complète que dans le grand format de 0 m. 26×0 m. 35 environ; les numéros précédés d'une * existent aussi pour stéréoscope; ceux suivis d'une * peuvent s'obtenir également en format carte album.

M. Ramirez y Ibañez.

A 1647 | *Le jardin d'amour.*

M. Ramos.

A 1652 | *Paysage.*

F. Reigon.

A 929 | *Un passe-temps de Philippe IV.*

Made. Ma. Ga. S. Reis, peintre portugais.

A 887 | *Le château de Penha à Cintra;* à S. M. le roi de Portugal.

J Reynés y Gurgui, sculpteur.

A 1139 | *L'étude de la Vérité,* groupe en plâtre, 2ᵉ prix, Exp. de 1876.

Martin Rico.

A 1132 | *Les laveuses de la Varenne;* au Musée de Séville.

S. Rincon.

A 615 | *Le Serment de Santa Gadea.*

M. de la Roca.

A 616 | *Un troupeau de chèvres.*
A 617 | *Un parc de moutons,* 2ᵉ prix, Exp. de 1862.
A 888 | *Le palefrenier.*
A 963 | *Cervantès imaginant son œuvre du Quichotte.*

R. Rodriguez.

A 618 | *Pardon, ô mon Dieu!*
A 889 | *La Junte de Cadiz en février* 1810; à l'Ayuntamiento de Cadiz.
A 890 | *Othello et Desdémone,* 2ᵉ prix, Exp. de 1871.
A 891 | *Les Archives d'une paroisse.*
A 892 | *Le Diable sur ses vieux jours.*
A 930 | *L'enfant abandonné.*
A 1370 | *Le Christ en croix.*

— 222 —

| Numéros des planches. | La collection n'est complète que dans le grand format de 0 m. 26×0 m. 35 environ; les numéros précédés d'une * existent aussi pour stéréoscope; ceux suivis d'une * peuvent s'obtenir également en format carte-album. |

G. Rodriguez Olavide.

A 893 | *Un baptême.*

R. Romea.

A 619 | *Paysage des environs de Villalba,* 3e prix, Exp. de 1871; au Musée du Prado.

E. Rosales.

A 620 | *Une petite fille.*
A 621* | *Isabelle la Catholique dictant son testament.* Médaille d'or à l'Exposition universelle de 1867; au Musée du Prado.
A 677 | *Blanche de Navarre est remise au Captal de Buch pour être conduite à Orthez en France.*
A 751 | *Don Juan d'Autriche est présenté à son père Charles-Quint, retiré à Saint-Yust;* à Mr. le marquis de Portugalete.
A 894* | *La mort de Lucrèce,* 1er prix, Exp. de 1871.
A 1137 | *Hamlet.*
A 1138 | *Un atelier de peintre.*
A 1139 | *Les premiers pas de l'enfant.*
A 1157 | *Le marché de Murcie.*
A 1206 | *Paysan de Murcie.*
A 1219 | *Dessin:* étude du tableau d'Isabelle la Catholique.
A 1220 | *Dessin:* autre étude du même tableau.
A 1221 | *Dessin:* étude du tableau de Blanche de Navarre.
A 1222 | *Dessin:* étude d'une figure pour le tableau de la mort de Lucrèce.
A 1223 | *Dessin:* étude d'une autre figure pour le même tableau.
A 1224 | *Dessin:* étude pour le même tableau.
A 1225 | *Dessin:* autre étude pour le même.
A 1226 | *Dessin:* académie, d'après nature.
A 1227 | *Dessin:* autre académie, d'après nature.
A 1228 | *Dessin:* id. id.
A 1229 | *Dessin:* id id.
A 1230 | *Dessin:* étude d'après nature.
A 1233 | *Dessin: L'évangéliste Saint Mathieu.*
A 1276 | *L'évangéliste Saint Mathieu,* ébauche.
A 1234 | *Dessin: L'évangéliste Saint Jean.*
A 1242 | *Etude d'animaux,* peinture.
A 1243 | *La route de Panticosa,* ébauche.

Numéros des planches. | La collection n'est complète que dans le grand format de 0 m. 26×0 m. 35 environ: les numéros précédés d'une ' existent aussi pour stéréoscope; ceux suivis d'une * peuvent s'obtenir également en format carte-album.

E. ROSALES.

A 1244	*Paysanne des environs de Rome*, ébauche.
A 1246	*Portrait de femme.*
A 1247	*Esquisse d'un plafond*, crayon.
A 1231	*Etude pour le dit plafond*, dessin.
A 1232	*Autre étude pour le même*, dessin.
A 1277	*Un marchand d'oranges à Murcie.*
A 1662	*Dame avec un panier de fleurs.*

J ROUGERON, peintre français.

A 745	*L'Écrivain public.*
A 758	*Bohémienne disant la bonne aventure.*
A 759*	*La querelle.*
A 777	*La lecture.*
A 789*	*Danse de bohémiennes.*
A 800*	*Une bohémienne ou gitana.*
A 801	*Une bohémienne.*
A 802*	*La taverne.*
A 803*	*La conversation près de la fontaine.*
A 812*	*Le bohémien tondeur de mulets.*
A 813*	*Muletier jouant de la guitare.*
A 1141	*Bohémiens ou gitanos jouant aux cartes.*

P. ROUSSEAU, peintre français.

A 1052	*La taupe et les lapins*, fable de Florian; à Mgr. le duc de Montpensier.

N. RUIZ DE VALDIVIA.

A 895	*Le Bouquet ou la Matinée de la Saint Jean*, coutume aragonaise.
A 896	*Le Maître d'école.*
A 897	*L'entrée de l'école.*
A 898	*Procession de la Vierge des Angoisses au village de Villanueva de la Sagra.*
A 939	*Un dîner champêtre*, coutume de Valence.
A 940	*Paysans de la Huerta de Valence.*
A 965	*Danse de paysans aragonais.*
A 1425	*Jeunes taureaux et une vache de la Casa de Campo.*

Numéros des planches.	La collection n'est complète que dans le grand format de 0 m. 26×0 m. 35 environ: les numéros précédés d'une* existent aussi pour stéréoscope; ceux suivis d'une* peuvent s'obtenir également en format carte-album.

N. Ruiz de Valdivia.

A 1426	Course de taureaux au Molar.
A 1427	Course de vaches dans un village d'Aragon.—Le jeu du panier.
A 1428	Conduite des taureaux pour la course d'un village d'Aragon.—La surprise; à S. M. le Roi.
A 1769	Campement de la division du général Espina, 3e prix, Exposition de 1878.

Sainz y Saiz.

A 1457	Le repos dans l'atelier du peintre. A quoi pensera-t-il? 3e prix Exp. de 1876; au Musée du Prado.

E. Sala y Francés.

A 899	L'arrestation du prince de Viana, 1er prix, Exp. de 1871; au Musée du Prado.
A 1142	Les joueurs.
A 1218	La chula, femme des faubourgs de Madrid.
A 1260	Uue maja.
A 1300	Un chulo.
A 1335	Guillem de Vinatea faisant révoquer par Alphonse IV d'Aragon, une ordonnance contre les fueros ou libertés, 1er prix, Exp. de 1878.
A 1386	L'esprit romanesque.
A 1387	Un passe-temps.
A 1429	Un arabe.
A 1430	Un nègre.
A 1575	La promenade.
A 1576	Un soldat.
A 1577	Le dessert, décoration de la Cantine américaine.
A 1578	Le Silène moderne, id. id.
A 1579	Le vin de manzanilla, id. id.
A 1580	Le champagne, id. id.
A 1581	Le Xérès, id. id.
A 1582	Le café, id. id.
A 1660	Un éventail.
A 1723	La grisette ou chula de Madrid.
A 1724	Le marchand de balais.
A 1789	Qu'il est malheureux!
A 1351	Si je savais écrire!

Numéros des planches. La collection n'est complète que dans le grand format de 0 m. 26×0 m. 35 environ; les numéros précédés d'une* existent aussi pour stéréoscope; ceux suivis d'une* peuvent s'obtenir également en format carte-album.

Gonz°. Salvá.

A 1148 | *La boutique du fripier.*

J. Samartin, sculpteur.

A 1795 | *Christophe Colomb,* statue en marbre; au Ministère de Ultramar.
A 1795bis | *La même statue,* de profil.

J. Samsó, sculpteur.

A 1784 | *La Vierge Mère,* groupe en plâtre, 1er prix, Exp. de 1878.

P. Sanchez Blanco.

A 622 | *Un paysage des Pays-Bas.*
A 623 | *Un moulin à Dordrecht en Hollande.*

Sanchez del Vierzo.

A 624 | *La Vierge du Carmen.*

M. Sanmartí y Aguiló, sculpteur.

A 1781 | *La pêche,* statue en plâtre, 2e prix, Exp. de 1878.

F. Sans.

A 625 | *Episode de la bataille de Trafalgar;* au Musée du Prado.
A 626 | *La bataille de Tétouan,* épisode de la guerre d'Afrique.
A 627 | *La bataille de los Castillejos,* id. id.
A 628 | *Hernan Cortès brûlant ses vaisseaux.*
A 822 | *Place du marché aux choux à Girone.*
A 900 | *La visite de l'ami.*
A 901 | *La Fortune, le Hasard et la Folie distribuant leurs dons de par le monde.*
A 1235 | *Plafond du théâtre d'Apollon à Madrid.*
A 1236 | *Plafond du foyer du dit théâtre.*
A 1295 | *Projet de plafond pour le palais du duc de Santoña.*
A 1296 | *Allégorie à l'Espagne,* plafond du dit palais.
A 1297 | *Allégorie aux îles Philippines,* id. id.
A 1298 | *Allégorie à l'île de Cuba,* id. id.
A 1299 | *Allégorie à Porto-Rico,* id. id.
A 1311 | *Allégories du plafond du théâtre d'Apollon,* éventail à Mr. J. de Fontagud y Gargollo.

| Numéros des planches. | La collection n'est complète que dans le grand format de 0 26×0 35 environ; les numéros précédés d'une * existent aussi pour stéréoscope; ceux suivis d'une * peuvent s'obtenir également en format carte-album. |

F. Sans.

A 1557	*Le Printemps*, peinture décorative du palais du duc de Santoña.
A 1558	*L'Été*, id. id.
A 1559	*L'Automne*, id. id.
A 1560	*L'Hiver*, id. id.
A 1561	*La Peinture*, id. id.
A 1562	*La Sculpture*, id. id.
A 1563	*L'Architecture*, id. id.
A 1564	*La Musique*, id. id.
A 1565	*La Comédie*, id. id.
A 1566	*La Tragédie*, id. id.
A 1797	*Portrait de S. M. le roi Alphonse XII*; au Musée du Prado.

R. Santacruz y Bustamante.

A 1770	*Domestiques pleurant leur maîtresse*, 3ᵉ prix, Exp. de 1878.

Ary Scheffer, peintre français.

A 1053	*Allégorie. Jésus couronnant d'épines la reine Marie Amélie*; à Mgr. le duc de Montpensier.
A 1054	*Saint Augustin et Sainte Monique aux bords de la mer*; au même.

N. Serret.

A 1344	*Barbier marocain.*
A 1354	*La condamnation de Lanuza.*
A 1413	*Arrestation de la dernière reine de Majorque*, 2ᵉ prix, Exposition de 1876.
A 1656	*Avant de monter à cheval.*

J. Sigüenza.

A 629*	*L'entrée du maréchal O'Donnell à Madrid, à son retour de l'expédition du Maroc.*
A 630	*Démonstrations d'enthousiasme du peuple de Madrid à la nouvelle de la prise de Tétouan.*
A 631	*Défilé des trophées pris aux Marocains, et rentrée des troupes d'Afrique.*
A 790*	*Le maréchal Serrano, régent d'Espagne, prête serment devant les Cortès.*

| Numéros des planches. | La collection n'est complète que dans le grand format de 0 m. 26×0 m. 33 environ; les numéros précédés d'une * existent aussi pour stéréoscope; ceux suivis d'une * peuvent s'obtenir également en format carte-album. |

J. Sigüenza.

A 1588 | *Entrée triomphale de S. M. le roi Alphonse XII à Madrid*, après la répression de l'insurrection carliste.

Ed°. Soler y Llopis.

A 1286 | *Saint Etienne Pape après son martyre dans les Catacombes*, 3e prix, Exp. de 1876; au Musée du Prado.

B. Soriano et Murillo.

A 634 | *Portrait du duc de San Lorenzo en uniforme de chef des Hallebardiers.*
A 635 | *Le dernier soupir du maure.*
A 754 | *Une napolitaine.*
A 1785 | *Miquelets de Guipúzcoa.—Une embuscade.*

I. Suarez Llanos.

A 636 | *Sœur Marcelle de Saint Félix voyant passer l'enterrement de Lope de Vega, son père;* au Musée du Prado.

Geron°. Suñol, sculpteur.

A 1731 | *Le Dante,* statue; au Musée du Prado.
A 1731bis | *La dite statue,* de profil.

L. Talavera.

A 902 | *Une galanterie.*
A 903 | *Vestibule de l'église d'un village d'Andalousie.—Les fidèles venant acheter des scapulaires le jour de la fête du patron du village.*

A. Tantardini, sculpteur.

A 1782 | *La première douleur,* statue en marbre.

J. Tapiró.

A 1182 | *La marchande de fleurs,* aquarelle.
A 1183 | *Célébration des offices dans la chapelle royale de Grenade.*

L. A. Tomasini, peintre portugais.

A 904 | *Vue de l'entrée de Lisbonne.*

| Numéros des planches. | La collection n'est complète que dans le grand format de 0 m. 26×0 m. 35 environ; les numéros précédés d'une * existent aussi pour stéréoscope; ceux suivis d'une * peuvent s'obtenir également en format carte-album. |

R. TUSQUETS.

A 905 | *Les travaux dans la campagne de Rome*, 2e prix, Exp. de 1871.
A 964 | *Un mendiant;* au Musée du Prado.

M. DE UNCETA.

A 1672 | *Distribution de la soupe aux pauvres, à la porte d'un couvent.*
A 1717 | *Rideau du théâtre principal de Saragosse.*

Mod°. URGELL.

A 1431 | *L'appel à la prière*, 2e prix, Exp. de 1876.

USEL DE GUINBARDA.

A 1151 | *La marchande de beignets à Séville.*
A 1389 | *Un concert dans les jardins de l'Alcazar à Séville.*

E. VALDEPERAS.

A 637 | *Prise de Loja par Ferdinand le Catholique.*
A 933 | *Allégorie à la paix.*

D. VALDIVIESO.

A 638 | *Les Filles du Cid.*
A 639 | *La première Communion;* au Musée du Prado.
A 906* | *Philippe II assistant à un auto-da-fé;* au Musée du Prado.

J. VALLEJO.

A 1352 | *Plafond du nouveau théâtre de la Comédie à Madrid.*
A 1353 | *Rideau du dit théâtre.*
A 1381 | *Rideau du théâtre des Variétés à Madrid.*
A 1570 | *L'Aurore accompagnée du Jour et de la Nuit*, plafond d'un salon du duc de Santoña.

L. VALLES.

A 949 | *Le cadavre de Béatrix de Cenci exposé à l'entrée du Pont Saint Ange;* au Musée du Prado; ce tableau a été détruit par un récent incendie.
A 1397 | *La leçon de mythologie.*
A 1398 | *Le marchand d'antiquités.*

| Numéros des planches. | La collection n'est complète que dans le grand format de 0 m. 26×0. m. environ; les numéros précédés d'une * existent aussi pour stéréoscope; ceu suivis d'une * peuvent s'obtenir également en format carte-album. |

L. VALLES.

A 1399	*Dames romaines suivant la procession des pauvres de la Trinité des Pélerins.*
A 1400	*Paysanne napolitaine.*
A 1401	*Antonio Perez à la torture.*
A 1402	*Les assassins d'Escobedo.*
A 1403	*Paolina Borghese dans l'atelier de Canova.*

AGAP. VALMITJANA, sculpteur.

A 640	*Saint Sébastien*, sculpture.
A 653	*Deux ébauches*, sculpture.
A 660	*Statue de la Photographie.*
A 1440	*Le Christ mort*, statue en marbre, 2ᵉ prix, Exp. de 1876; au Musée du Prado.
A1440bis	*Le buste seul de la dite statue.*

V. VALMITJANA, sculpteur.

A 641	*Sainte Isabelle*, sculpture.
A 642	*La Tragédie*, id.
A 1441	*Retour de Colomb en Espagne*, statue en marbre.
A 1442	*Le réveil d'une petite fille*, statue en marbre.

J. VAYREDA.

| A 907 | *La soirée du Vendredi Saint à Olot.* |

ANTº. M. DE VEGA, sculpteur.

| A 1446 | *Manola du commencement du siècle*, statuette en terre cuite. |

P. DE VECA.

| A 1651 | *Une cour à Tolède.* |

A. VERA.

| A 643 | *L'enterrement de Saint Laurent dans les catacombes de Rome* au Musée du Prado. |
| A 908 | *Dame pompéïenne à sa toilette*, 1ᵉʳ prix, Exp. de 1871. |

Numéros	La collection n'est complète que dans le grand format de 0 m. 26×0 m. 33
des	environ; les numéros précédés d'une * existent aussi pour stéréoscope; ceux
planches.	suivis d'une * peuvent s'obtenir également en format carte-album.

A. Vera.

A 909	Communion des anciens Chrétiens dans les catacombes de Rome.
A 823	Dame de l'ancienne Rome donnant à manger à des oiseaux.
A 910	Une boutique de bijoutier à Pompéï.
A 911	Cabinet de toilette pompéïen.
A 912	Une Mère de l'ancienne Rome apprenant à filer à sa fille.
A 1133	Sainte Cécile et Saint Valérien; au Musée de Séville.
A 1326	La Vestale.

J. A. Vera y Calvo.

| A 644 | Marianne Pineda marchant à l'échafaud et refusant le pardon qu'on lui offre à condition de dénoncer ses complices. |
| A 924 | Le Temps découvre la Vérité, 3e prix, Exp. de 1871. |

J. Vidal, sculpteur.

| A 1443 | Abel mort, statue en plâtre, 3e prix, Exp. de 1876. |

Vilches, sculpteur.

| A 1364 | Brutus, statue en marbre; à Mr. le marquis de Salamanca. |

Villegas.

A 1456	Marocains examinant des armes.
A 1599	El Jaleo, danse andalouse.
A 1600	Boutique de marchand de babouches au Maroc.

Rico. de Villodas.

| A 1458 | La mort de César, 2e prix, Exp. de 1876. |
| A 1771 | Message du roi Charles Ier au cardinal Cisneros, 2e prix, Exposition de 1878. |

F. Winterhalter, peintre français.

| A 1041 | Portrait de l'infante Louise Fernande, duchesse de Montpensier; à Mr. le duc de Montpensier. |

Numéros des planches. | La collection n'est complète que dans le grand format de 0 m. 26×0 m. 35 environ; les numéros précédés d'une * existent aussi pour stéréoscope; ceux suivis d'une * peuvent s'obtenir également en format carte album.

WORMS.

A 791 | *Une course de taureaux ou novillos, dans un village.*

MAN. YUS.

A 1574 | *Une jota*, souvenirs d'Aragon.
A 1727 | *Chemin de la fontaine*, souvenir d'Aragon.

ZAMACOIS.

A 804* | *La maja*, dernière œuvre de l'auteur.
A 952 | *Les moines quêteurs*; au Musée du Prado.

A 1156 | *Un portrait de Velazquez*, crayon.

SUPPLÉMENT A LA SÉRIE B.

Numéros des planches.	La collection n'est complète que dans le grand format de 0 m. 26✕0m. 35 environ; les numéros précédés d'une* existent aussi pour stéréoscope; ceux suivis d'une* peuvent s'obtenir également en format carte-album.

ŒUVRES DIVERSES,

Armes et autres objets.

B 140*	*Magnifique épée de Boabdil, dernier roi de Grenade.*
B 201	*Poignée de la dite épée*, grandeur nature.
B 202	*Fourreau de la dite épée*, première partie.
B 202bis	*Fourreau de la dite épée*, deuxième partie.
B 203	*Poignard avec sa gaine ayant appartenu à Boabdil.*
B 797	*Tunique et deux épées de Boabdil.*
	NOTA. Tous ces objets appartienent à S. E. Mr. le marquis de Villaseca.

B 204	*Épée dite de Luchana*, offerte au général Espartero.

B 141	*Bouclier représentant un combat de guerriers.*
B 142	*Bouclier représentant Saint Georges terrassant le dragon.*
B 807	*Autre bouclier en fer repoussé et niellé;* à Mr. le marquis de Heredia.
B 842	*Autre bouclier représentant Hercule terrassant le lion de Némée.*
B 350	*Bouclier en fer repoussé et niellé.*
B 351	*Coffret en fer*, style renaissance.
B 352	*Une dague à poignée ciselée.*

Numéros des planches.	La collection n'est complète que dans le grand format de 0 m. 26×0 m. 3? environ; les numéros précédés d'une * existent aussi pour stéréoscope; ceux suivis d'une * peuvent s'obtenir également en format carte-album.
B 385	*Trophée de diverses armes exécutées par la fabrique d'armes blanches de Tolède.*
B 386	*Bouclier exécuté par la même fabrique.*
B 794	*Plateau en fer repoussé et niellé,* œuvre de Mrs. Alvarez et Cⁱᵉ, de Tolède, style renaissance.
B 795	*Plateau ciselé offert à Mr. E. Castelar par les officiers de l'artillerie espagnole,* œuvre des mêmes artistes.
B 841	*Belle armure et casque,* style renaissance.
B 841bis	*Brassards, gorgerin, cuirasse et manoples de l'armure précédente,* beau style de la renaissance.
B 181	*Restes d'une selle,* style de la renaissance.

Œuvres diverses de Mrs. Zuloaga.

B 199	*Une pendule en fer repoussé et niellé,* style renaissance.
B 342	*Un vase en fer damasquiné.*
B 343	*Autre vase de même travail.*
B 344	*Modèle en cire pour un plateau.*
B 345	*Modèle en cire pour un autre plateau.*
B 808	*Vase en fer repoussé avec niellures d'or et d'argent,* offert par Mgr. le duc de Montpensier à Mr. le duc de Sesto.
B 808bis	*Le même vase, sous un autre point de vue.*
B 830	*Ornements d'un album en fer niellé avec incrustations.*
B 830bis	*Ornements d'un autre album en fer niellé avec incrustations.*
B 840	*Couvercle de boite en cuir brodé, avec percées à jour,* vu de haut.
B 840bis	*Le même couvercle,* vu de côté.

Œuvres en métaux et matières diverses.

B 192	*Plateau en cuivre avec dessins arabes.*
B 248	*Autre plateau représentant la Charité romaine.*
B 191	*Plateau en cristal de roche.*

Numéros des planches.	La collection n'est complète que dans le grand format de 0. m. 26×0. m. 35 environ; les numéros précédés d'une * existent aussi pour stéréoscope; ceux suivis d'une * peuvent s'obtenir également en format carte-album.
B 843	*Moïse en présence de Pharaon*, plateau en argent repoussé.
B 249	*Coffret byzantin.*
B 835	*Coffre en fer à tiroirs, avec ornements repoussés, gravés et incrustés*, vu sur diverses faces.
B 835bis	*Le dit coffre*, vu sur d'autres faces.
B 190	*Coffret gothique avec ses deux faces latérales.*
B 250	*Une descente de croix*, en argent repoussé.
B 251	*Un esclave nègre*, statuette en bronze.
B 252	*Minerve*, statuette romaine.
B 253	*Un gladiateur*, statuette en bronze, de face.
B 253bis	*La même statuette*, vue de profil.
B 283	*Bas-relief représentant Hercule.*
B 289	*Un ostensoir en argent, XVIIe siècle.*
B 817	*Calice, style renaissance, XVIe siècle.*
B 198	*Crucifix en argent.*
B 820	*Croix en argent doré, XVIe siècle*, partie antérieure.
B 820bis	*La même croix*, partie postérieure.
B 559	*Crucifix en cuivre, style ogival, XVe siècle.*
B 815	*Crosse du XVIe siècle;* à S. Em. le Cardinal Moreno.
B 816	*Vase japonais en bronze;* à S. E. Mr. A. de Ayalá.
B 816bis	*Autre vase japonais en bronze;* au même.
B 836	*Guéridon avec bronzes dorés et mosaïques.*
B 836bis	*Plateau en mosaïques du dit guéridon.*
B 205	*Vase florentin en marbre.*
B 206	*Autre vase florentin de même matière.*
B 194	*Bas-relief romain en marbre;* à S. E. Mr. le duc de Médinacéli.
B 563	*Grille en fer forgé, style renaissance; XVIe siècle.*
B 564	*Base et pilastres d'un tombeau, style renaissance, XVIe siècle*, pierre.
B 195	*Tombeau romain, face antérieure;* au Musée provincial de Madrid.
B 195bis	*Face postérieure du dit tombeau.*
B 558	*Antiquités diverses en pierre, trouvées dans l'île de Cuba.*

Faïences, porcelaines, verres et émaux.

B 381	*Belle faïence de la Moncloa représentant Hercule délivrant Hésione, fille de Laomédon.*
B 550	*Deux vases en faïence de Rouen.*

Numéros des planches.	La collection n'est complète que dans le grand format de 0 m. 26✕0 m. 35 environ; les numéros précédés d'une * existent aussi pour stéréoscope; ceux suivis d'une * peuvent s'obtenir également en format carte-album.
B 818	*Vase en faïence de Talavera.*
B 255	*Porcelaine de l'ancienne fabrique du Buen Retiro.*
B 255bis	*La même,* vue d'un autre côté.
B 802	*Miroir et trois verres gravés,* art espagnol du temps de Philippe V, appartenant à Mr. Rico y Sinovas.
B 803	*Trois autres verres gravés,* art espagnol de la même époque; au même propriétaire.
B 804	*Trois autres verres gravés du même art,* même époque et même propriétaire.
B 346	*La descente de croix,* émail de Limoges, signé Pierre Raimond.
B 347	*Le Saint Sépulcre,* émail de Limoges, de Pierre Raimond.
B 348	*Bénitier émaillé,* fait à Limoges par Léonard dit le Limousin.
B 551	*Beaux émaux dont le dessin représente des enfants qui font les vendanges et est attribué à Léonard de Vinci.*
B 254	*Copie en plâtre d'un vase arabe.*

Ivoires.

B 560	*Le livre de la Passion,* diptyque en ivoire, XIVe siècle.
B 805	*Boite en ivoire vue sur trois faces différentes,* style persan arabe.
B 806	*Autre boite en ivoire, vue sur trois faces différentes,* de même style.
B 844	*Temple avec une statuette de la Vierge et l'enfant Jésus,* en ivoire.

Bois sculpté.

B 831	*Groupe d'anges,* sculpture ancienne en bois.
B 832	*Siège, ou trône en bois,* sculpté aux armes de Castille et Léon.
B 809	*Une console,* style Louis XVI.
B 819	*Armoire,* style renaissance.
B 819bis	*Le même meuble,* vu de côté.
B 833	*Bahut en bois,* avec ornements de style ogival.
B 834	*Autre bahut en bois sculpté,* style renaissance.
B 565	*Deux tiroirs d'un meuble,* style renaissance.
B 837	*Quatre beaux panneaux en bois sculpté,* style renaissance.
B 838	*L'enlèvement d'Hellène,* panneau en bois sculpté.

Numéros des planches.	La collection n'est complète que dans le grand format de 0 m. 26×0 m. 35 environ; les numéros précédés d'une * existent aussi pour stéréoscope; ceux suivis d'une * peuvent s'obtenir également en format carte-album.
B 839	*Quatre panneaux en bois sculpté, ou tiroirs d'un meuble,* style renaissance.
B 561	*Porte,* style renaissance, vue à l'extérieur.
B 561bis	*La même porte,* vue à l'intérieur.
B 562	*Autre porte,* style renaissance.

B 349 | *Broderies d'une chasuble du XVe siècle.*

SUPPLÉMENT À LA SÉRIE C.

| Numéros des planches. | La collection n'est complète que dans le grand format de 0 m. 26×0 m. 35 environ; les numéros précédés d'une * existent aussi pour stéréoscope; ceux suivis d'une * peuvent s'obtenir également en format carte album. |

1.° TYPES DE RACES, COSTUMES ET COUTUMES D'ESPAGNE.

Études d'après nature.

Prov. d'ALICANTE.

1914	Paysan et paysanne.
1915	Id. id.
1916	Id. id.
1917	Id. id.
1918	Les mêmes, réunis en groupe.

Prov. d'AVILA (Vieille Castille).

| 1919 | Groupe de paysans d'Avila. |

Prov. de BIZCAYE.

| 1920 | Deux paysans de Bizcaye. |

Prov. de CACERES (Estrémadure).

| 1921 | Paysan et paysanne du village de Montehermoso. |
| 1922 | Groupe de paysans et paysannes du même village. |

Prov. de CASTELLON DE LA PLANA.

| 1923 | Paysan et paysanne. |
| 1924 | Groupe de paysans et paysannes. |

| Numéros des planches. | La collection n'est complète que dans le grand format de 0 m. 26×0 m. 35 environ; les numéros précédés d'une * existent aussi pour stéréoscope; ceux suivis d'une * peuvent s'obtenir également en format carte-album. |

Prov. de CIUDAD-REAL.

1925	Paysan et paysanne.
1926	Groupe de paysans et paysannes.

Prov. de CORDOUE.

600*	Les muletiers, ou arrieros.
601*	El aguador, ou porteur d'eau.
602*	El requiebro, scène andalouse.
603*	La jardinière.
604*	Les vaches laitières.
605*	Bohémienne jouant de la guitare.
606*	El panadero ou boulanger.
607*	Femme allant à la fontaine.
608*	La Charrette de mules.
609*	Les moissonneuses.
609bis*	Autre groupe de moissonneuses.
610*	Les piconeros, ou charbonniers.
611*	Jeune fille à la guitare.
612*	El santero ou marchand de reliques.
613*	Femmes à la fontaine.
614*	Le vacher.
615*	Le repas du pauvre.
616*	Femme balayant.
617*	Paysan avec son âne.
618*	Deux jeunes filles.
619*	Berger assis auprès d'un cactus.
620*	A la porte d'une église.
621*	La laitière.
622*	La femme au puits.
623*	Le mulet à l'abreuvoir.
624*	Femme soignant des lapins.
625*	Les laveuses.
626*	El aceitero, ou marchand d'huile.
627*	Jeunes filles au lavoir.
628*	En suivant une femme, scène de la rue.
629*	La grand'mère filant.
665*	Le retour du lavoir.
666*	Paysan monté sur un âne.

| Numéros des planches. | La collection n'est complète que dans le grand format de 0 m. 26×0. m. 35 environ; les numéros précédés d'une * existent aussi pour stéréoscope; ceux suivis d'une * peuvent s'obtenir également en format carte-album. |

Scènes de l'ermitage de la sierra de Cordoue.

630*	L'hermitage de Cordoue.
631*	Distribution de la soupe aux pauvres par les ermites de la Sierra.
632*	Les ermites en prières.
633*	L'absolution chez les ermites de la Sierra.
634*	L'ermite creusant sa tombe.
635*	Un ermite en prières.
636*	Un ermite en adoration.

Prov. de GRENADE.

637*	Deux bohémiens, ou gitanos.
638*	Bohémiennes, ou gitanas.
639*	Tribu de bohémiens.
640*	Bohémien et bohémienne.
641*	Bohémiens, ou gitanos devant leur habitation.
642*	Le quartier des gitanos à Grenade.
643*	Famille de bohémiens.
644*	Les tondeurs de mulets.
645*	Tribu de bohémiens au bivouac.

Prov. de GUADALAJARA.

1927	Paysan et paysanne.
1928	Paysan et paysanne.
1929	Femme de la Alcarria.
1930	Groupe d'hommes et femmes.

Prov. de LÉON.

1931	Montañeses, ou montagnards, homme et femme.
1932	Autres montañeses, homme et femme.
1933	Id. id., id. id
1934	Id. id., id. id.
1935	Rivereños, ou habitants des vallées, homme et femme.
1936	Id. id., id. id.
1937	Id. id., id. id.
1938	Id. id., id. id.
1939	Maragatos, homme et femme.
1940	Id., id. id.
1941	Groupe d'hommes et femmes de la province.

| Numéros des planches. | La collection n'est complète que dans le grand format de 0 m. 26×0 m. 35 environ; les numéros précédés d'une * existent aussi pour stéréoscope; ceux suivis d'une * peuvent s'obtenir également en format carte-album. |

Prov. de LÉRIDA.

| 1942 | Paysan et paysanne. |
| 1943 | Groupe d'hommes et femmes de la province. |

Prov. de MADRID.

1944	Montagnards de la province, homme et femme.
1945	Femmes de la montagne.
1946	Paysans du village de Siete Iglesias.
1947	Alcalde du dit village.
673*	Dame avec mantille.
674*	Autre dame avec mantille.
675	Dame espagnole.
717	Voiture de la Couronne, avec son attelage de gala.
718	Berline de voyage, avec son attelage de mules.

Prov. de MURCIE.

701*	Jeune paysan de Murcie.
702*	Paysanne de Murcie vendant des fleurs.
703*	Habitant de la campagne de Murcie.
704*	Deux paysannes de la Huerta.
705*	Deux paysans de la Huerta, ou campagne de Murcie.
706*	Paysanne et paysan de Murcie.
707*	Paysanne de Murcie jouant de la guitare.
708*	Villageoises auprès d'une ruche à miel.
709*	Groupe de paysans auprès d'un puits.
710*	Groupe d'un paysan et d'une paysanne de la province.
711*	Habitant de la Huerta.
712	Habitant de la Huerta avec un enfant.
713*	Laboureurs traversant le pont d'une acequia, ou canal d'irrigation.
714*	Paysans chargeant des gerbes de blé.
715*	La charrette de tinajas, ou grandes jarres en terre cuite.
715bis	La dite charrette, sous un autre point de vue.
719	Paysan et paysanne de Murcie.

Prov. de PAMPELUNE (Navarre).

1948	Deux paysans.
1949	Autres deux paysans.
1950	Groupe de divers paysan de Navarre et Bizcaye.

| Numéros des planches. | La collection n'est complète que dans le grand format de 0 m. 26×0 m. 85 environ; les numéros précédés d'une * existent aussi pour stéréoscope; ceux suivis d'une * peuvent s'obtenir également en format carte album. |

Prov. de SALAMANQUE.

1974 | Charro, ou paysan de Salamanque.

Prov. de SÉGOVIE.

1951 | Deux paysans.
1952 | Habitants de la province, homme et femme.
1953 | Autres id. id.
1954 | Id. Id.
1955 | Id. id.
1956 | Id. id.
1957 | Id. id.
1958 | Id. id.
1959 | Id. id.
1960 | Id. id.
1961 | Groupe de paysans et paysannes de la province.

Prov. de SÉVILLE.

672* | La Cigarrera.

Prov. de TARRAGONE.

716* | Le menuisier.

Prov. de TOLÈDE.

646* | Femmes de Tolède aux bords du Tage.
647* | Paysannes de Tolède.
648* | La charrette de bœufs des charbonniers.
649* | Charretier excitant son attelage de bœufs.
650* | La halte des bouviers.
651* | Les bœufs dételés.
652* | Intérieur de cour ou patio.
653* | Paysan de Tolède.
654* | Paysanne de Tolède.
655* | Paysan et paysanne.
656* | Villageoises avant la messe, un jour de fête.
657* | Les amoureux au village.
658* | Charrette de bœufs à l'entrée du pont Saint Martin.
659* | Groupe à l'entrée du pont Saint-Martin.
660* | Groupe de deux paysans.

| Numéros des planches. | La collection n'est complète que dans le grand format de 0 m. 26×0 m. 36 environ; les numéros précédés d'une * existent aussi pour stéréoscope; ceux suivis d'une * peuvent s'obtenir également en format carte-album. |

Prov. de TOLÈDE.

661*	Scène aux bords du Tage.
662*	Les mulets.
663*	Jeune garçon sur une ânesse.
664*	Les deux gamins.
667*	Groupe de villageoises.
668*	La noria, ou manège servant à élever l'eau.
669*	Mendiants à la porte d'un couvent.
670*	Le berger au repos.
671*	Paysans retournant au village.
1962	Habitants de Quero, homme et femme.
1963	Id. id.
1964	Id. id.
1965	Id. id.
1966	Groupe de paysans et paysannes de Quero.
1967	Groupe de paysans et paysannes de Lagartera.

Prov. de VALENCE.

676*	El aguador, ou porteur d'eau.
677*	La tartana, ou char à bancs.
678*	La mauvaise nouvelle.
679*	Groupe de cigarreras.
680*	Habitants de la huerta.
681*	El horchatero, ou glacier ambulant.
682*	Le charbonnier.
683*	Le fabricant de balais.
684*	Le marchand de balais.
685*	Paysan et cigarrera.
686*	Paysan de la huerta.
687*	Gamin de la huerta.
688*	Pêcheur aux bords de la mer.
689*	Barque de pêcheurs tirée sur le sable.
690*	La barque des pêcheurs.
691*	Habitant de la huerta.
1968	Habitants de Valence, homme et femme.

Prov. de ZAMORA.

1969	Habitants du village de Bermigo de Sayago, homme et femme.

| Numéros des planches. | La collection n'est complète que dans le grand format de 0 m. 26×0 m. 35 environ; les numéros précédés d'une * existent aussi pour stéréoscope; ceux suivis d'une * peuvent s'obtenir également en format carte-album. |

Prov. de ZAMORA.

1970	Groupe de paysans et paysannes du village de Bermigo de Sayago.
1971	Groupe de paysans et paysannes du village de los Carbajales.

1972	Groupe de Bohémiens, ou gitanos.
1973	Costume de l'ancien étudiant espagnol.

Scènes militaires espagnoles.

692*	Escouade de tambours.
693*	Escouade de trompettes.
694*	Escouade de sapeurs, tambours et trompettes.
695	Sapeur et tambour-maître.
696*	Commandant et lieutenant d'infanterie.
697	Une compagnie de sapeurs du génie, faisant des travaux de retranchement.
698	Sapeurs du génie et un tambour.
699	Sapeurs du génie et un trompette.
700	Sapeurs du génie et un sergent.
1975	Ecole d'état major.—Groupe d'élèves.
1976	Ecole d'artillerie.—Batterie de côtes.
1977	Id. Batterie de siège.
1978	Id. Batterie de campagne.
1979	Id. Batterie de mortiers.
1980	Id. Ecole de tir.
1981	Id. Groupe d'élèves.
1982	Ecole d'infanterie.—Bataillon en manœuvre.
1983	Id. Bataillon formé en carré.
1984	Ecole d'administration militaire.—Bataillon de l'école.
1985	Ecole de la garde civile.—Bataillon en manœuvre.
1985bis	Id. Id. id.

| Numéros des planches. | La collection n'est complète que dans le grand format de 0 m. 26✕0 m. 35 environ; les numéros précédés d'une * existent aussi pour stéréoscope; ceux suivis d'une * peuvent s'obtenir également en format carte-album. |

2.º TRAVAUX D'ART DE L'ESPAGNE.

Chemins de fer, routes, ports, phares et canaux.

1.º TRAVAUX DE CHEMINS DE FER.

Ch. de fer du NORD DE L'ESPAGNE.

*193	Tunnel de la Roche percée, à Pancorbo.
*194	Viaduc de Pangoa.
*1039	Pont du chemin de fer sur le Manzanarès, à Madrid.

de MEDINA à ZAMORA.

501	Pont de Castronuño, en 2 morceaux.
*500 et 500 bis	Tranchées de Toro.
**437 et 437bis	Station de Zamora.

de MADRID à SARAGOSSE.

134	Pont de San Fernando.
140	Tunnel de Saz.
142	Viaduc de Somaen.
143	Pont de la Bibliothèque.
144	Tunnels de la Bibliothèque.
145	Tunnels d'Alhama.
146	Tunnel de Bubierca.
147	Tunnel d'Ateca.
*150	Pont sur le Jalon.
*151	Tunnels d'Embid.
**152	Pont d'Embid.
*153	Tunnel de Villanueva.
*154	Tunnel et pont sur le Jalon.

d'ALFARO et MIRANDA à BILBAO.

*158	Station de Castejon.
*162	Anadon.
*164	Vue extérieure de la station de Logroño.

| Numéros des planches. | La collection n'est complète que dans le grand format de 0 m. 26×0 m. 35 environ; les numéros précédés d'une * existent aussi pour stéréoscope; ceux suivis d'une * peuvent s'obtenir également en format carte-album. |

d'ALFARO et MIRANDA à BILBAO.

163	Vue intérieure de la station de Logroño.
*171	Courbe de Briones.
174	Tunnels de la Techa.
**173	Tunnel de las Conchas.
*175	Viaduc de Miranda.
*177	Station de Miranda.
*178	Viaduc de Cujuli.
*181	Viaduc de Miravalles.
**183	Viaduc de la Peña.
*185	Vue intérieure de la station de Bilbao.
*186	Vue extérieure de la dite station.

de SARAGOSSE à PAMPELUNE et BARCELONE.

502	Station de Tudela.
504	Pont sur l'Èbre á Castejon, en 3 morceaux.
503	Station de Tafalla.
506	Pont droit d'Osquia.
507	Pont courbe d'Osquia.
505bis	Station de Pampelune.
505	Station de Pampelune, en 2 morceaux.
509	Station d'Alsasua, en 2 morceaux.
508	Pont de Zuera.
508bis	Le même, en 2 morceaux.
510	Pont de Sariñena.
399	Pont de Lérida.
399bis	Le dit Pont, sous un autre point de vue.
513	Viaduc de Buxadell, en 3 morceaux.
428	Station de la ligne de Saragosse, à Barcelone.

de BARCELONE à TARRAGONE.

511	Pont du Llobregat.

de TARRAGONE à REUS.

512	Pont de la Rochela.
514	Pont de la Riba.

de VALENCE à TARRAGONE.

1096	Pont sur l'Èbre, à Tortosa.

| Numéros des planches. | La collection n'est complète que dans le grand format de 0 m. 26×0 m. 35 environ; les numéros précédés d'une * existent aussi pour stéréoscope; ceux suivis d'une * peuvent s'obtenir également en format carte-album. |

de MADRID à ALICANTE.

*195	Pont sur le Jarama, à Aranjuez.
*197	Pont sur le Tage, à Aranjuez.
196	Le dit Pont, en 2 morceaux.
200	Pont et Tunnel d'Elda.
199	Pont de Monovar.
198	Station de Sax.

d'ALBACETE à MURCIE.

515	Pont d'Archena.
515bis	Le même Pont, sous un autre point de vue.
516	Passage de los Almadenes.
989 et 989bis	Pont de Cieza.

de MADRID à CORDOUE.

*418	Vue générale des défilés de Despeñaperros.
*415	Viaduc de Despeñaperros.
*416	Viaduc et mur de Despeñaperros.
417	Pont sur le Guarrizar.
764	Pont núm. 39 de Vilches, démoli par un déraillement.

de CIUDAD-REAL à BADAJOZ.

| *517 | Pont sur le Guadiana. |

de CORDOUE à SÉVILLE.

| *518 | Pont sur le Guadalquivir. |

de SÉVILLE à CADIZ.

| *519* | Pont de San Pedro. |
| *520* | Pont sur le Guadalete. |

de CORDOUE à MALAGA.

*521	Pont sur le Guadalquivir.
522	Pont sur le Genil.
**523	Viaduc de Gaytan.
*524	Viaduc courbe et tunnel de Gaytan.
*525	Coupures de Gaytan.

| Numéros des planches. | La collection n'est complète que dans le grand format de 0 m. 26×0. m. environ; les numéros précédés d'une * existent aussi pour stéréoscope; ceux suivis d'une * peuvent s'obtenir également en format carte album. |

2.º TRAVAUX DE ROUTES.

Prov. d'ALICANTE.

| 444 | Pont de Benisayó. |

Prov. de BADAJOZ.

*298	Pont de las Palmas.
299	Le même pont, en 2 morceaux.
*445	Pont de Cayà.
361	Pont de Mérida, en 2 morceaux.

Prov. de BARCELONE.

| 391 | Le pont du Diable. |
| 446 | Pont de Navarcles. |

Prov. de BISCAYE.

394	Pont d'Isabelle II à Bilbao.
395	Pont suspendu de Bilbao.
*187	Le pont et l'Arenal à Bilbao.
*191	Pont de Luchana.
*182	Pont neuf de Bolueta.
392	Vue de Sendeja.
393	Vue d'Achuri.
*192	Portugalete.

Prov. de BURGOS.

| 447 | Pont de la Horadada, ou roche percée. |

Prov. de CACERES.

*449 et 449bis	Pont du Cardinal.
*325	Pont d'Almaraz.
*294	Pont d'Alcantara.
295	Le dit pont, en 2 morceaux.
296	Arc de triomphe du pont d'Alcantara.
*297	Temple romain à l'entrée du pont d'Alcantara.

| Numéros des planches. | La collection n'est complète que dans le grand format de 0. m. 26×0. m. 35 environ; les numéros précédés d'une * existent aussi pour stéréoscope; ceux suivis d'une * peuvent s'obtenir également en format carte-album. |

Prov. de CACERES.

- 448 | Table en pierre, avec les inscriptions relatives à la restauration du pont.
- 448bis | Deux autres tables, avec des inscriptions.

Prov. de CADIZ.

- *450 | Pont suspendu sur le Guadalete.

Prov. de CASTELLON.

- 451 | Pont de Onda.
- 452 | Pont de la Bota.
- 453 | Tracé de la route.
- 454 | Viaduc de Valletorta.

Prov. de CORDOUE.

- *455 | Pont sur la rivière de San-Juan.
- 311 | Le pont romain, en 2 morceaux.

Prov. de GERONA.

- 456 | Pont de Oña.
- 398 | Pont d'Isabelle II.
- 457 | Pont de Sert.
- 458 | Pont de San Juan de las Abadesas.
- 459 | Pont de Molins del Rey.

Prov. de GRENADE.

- 460 | Pont de Tablate.
- 461 | Pont de Guadalfeo.
- 462 | Pont d'Izbor.

Prov. de GUADALAJARA.

- 463 | Vue de la route, à travers les roches qui bordent le Tage.

Prov. de HUESCA.

- 464 | Pont suspendu de las Cellas.
- 465 | Pont du Grado.

| Numéros des planches. | La collection n'est complète que dans le grand format de 0 m. 26×0. m. 35 environ; les numéros précédés d'une * existent aussi pour stéréoscope; ceux suivis d'une * peuvent s'obtenir également en format carte-album. |

Prov. de JAEN.

*466 | Pont sur le Guadalimar.
*467 | Pont suspendu de Mengibar.

Prov. de LOGROÑO.

468 | Pont de Tómalo.
469 | Pont de Nágera.

Prov. de LUGO.

*470 | Viaduc de Cruzul.

Prov. de MADRID.

**335 | Pont de Tolède, à Madrid.
471 | Pont suspendu d'Arganda.

Prov. d'ORENSE.

*472 | Pont principal sur le Miño.
*473 | Pont de Bibey.

Prov. d'OVIEDO.

**474 | Pont de Llera.
*475 | Tranchée de la Florida.
*476 | Pont de Porto.
*477 | Tranchée du Pinedo.

Prov. de SALAMANQUE.

**478 et 478bis | Pont romain sur le Tormes.
*479 | Pont de Bejar.

Prov. de SANTANDER.

*480 | Pont de Vargas.
*482 | Pont de Solares.
*483 | Pont de San Salvador.
*484 | Pont de la Maza.
*481 | Pont de la Venta del Rio.
*485 | Tranchée en trompe dans le rocher, à Carancejo.

| Numéros des planches. | La collection n'est complète que dans le grand format de 0 m. 26×0 m. 35 environ; les numéros précédés d'une* existent aussi pour stéréoscope; ceux suivis d'une* peuvent s'obtenir également en format carte-album. |

Prov. de SARAGOSSE.

1755	Le pont sur l'Èbre à Saragose.
1756	Autre vue du même pont.

Prov. de SÉGOVIE.

*486	Viaduc sur la rivière Castilla.

Prov. de SÉVILLE.

*421	Pont d'Isabelle II à Séville.

Prov. de TARRAGONE.

411	Arc romain de Bará.

Prov. de TOLÈDE.

*292	Pont d'Alcantara à Tolède.
*293	Pont de Saint Martin à Tolède.

Prov. de VALENCE.

494	Tracé de la route.
495	Autre tracé de la route.
496	Autre tracé de la route.
497	Zig-zag des Cabrillas.
498	Carrières du Puig.
499	Pont du Cabriel.
920	Le pont royal à Valence.

Prov. de VALLADOLID.

*487	Pont de Prado.

Prov. de ZAMORA.

*488	Pont de Ricobayo.
489	Pont en pierre sur le Duero, en 2 morceaux.
492	Pont du Tera, en 2 morceaux.
490	Pont du Cierva.
491	Les carrières de Villa de Valderojo.
493	Pont de la Estrella, en 3 morceaux.

| Numéros des planches. | La collection n'est complète que dans le grand format de 0 m. 26×0 m. 3 environ; les numéros précédés d'une * existent aussi pour stéréoscope; ceu suivis d'une * peuvent s'obtenir également en format carte-album. |

3.° PHARES, PORTS ET CANAUX.

Prov. d'ALICANTE.

526	Phare de l'île de Tabarca.

Prov. de BADAJOZ.

354	L'aqueduc de Mérida.

Prov. de BARCELONE.

527	Phare du Llobregat.
1498	Port de Barcelone, en 2 morceaux.

Prov. de CADIZ.

*528	Phare de Chipiona.
528bis	Le même Phare, en 2 morceaux.
*529	Phare de Trafalgar.
1438	Port de Cadiz.

Prov. de CASTELLON.

530	Phare d'Oropesa.

Prov. de la CORUÑA.

531	Phare de la Tour d'Hercule.

Prov. de MALAGA.

532	Phare de Torróx.
533	Phare de Calaburras.
353	Port de Malaga, en 4 morceaux.
534	Phare de Malaga.

Prov. de MURCIE.

1000	Port de Carthagène.
1003	Fabrique de blocs artificiels.
1004	Construction du brise-lames de Curra.
1005	Phare du cap de Palos.
400	Le Réservoir ou Pantano de Lorca.

Numéros des planches. | La collection n'est complète que dans le grand format de 0 m. 26×0 m. 35 environ: les numéros précédés d'une * existent aussi pour stéréoscope: ceux suivis d'une * peuvent s'obtenir également en format carte-album.

Prov. de SANTANDER.

*535 | Phare du Muro.
**536 | Phare del Cabo mayor.
537 | Phare del Caballo.

Prov. de SÉGOVIE.

382 | Vue de l'aqueduc romain.
1300 | Fragment détaillé de l'aqueduc.
383 | Vue de l'aqueduc, sous un autre point de vue.
287 | L'aqueduc, en perspective.

Prov. de TARRAGONE.

538 | Phare de la Baña.
539 | Phare del Fangar.
*540 | Phare de Buda.
540bis | Le dit Phare, en 2 morceaux.
408 | Vue du Port de Tarragone.
541 | Les Carrières de Tarragone.
542 | L'ancien Port de Tarragone.
409 | Port de Tarragone.
410 | Aqueduc romain de las Ferreras.

Prov. de TERUEL.

412 | L'aqueduc romain.

Prov. de VALENCE.

414 | Port du Grao, en 2 morceaux.
933 | Vue du Grao, en 3 morceaux.

Canal de l'HÉNARES.

204 | La prise d'eau, en hauteur.
205 | La prise d'eau, en travers.
206 | La pris d'eau, en aval.
207 | Autre point de vue de la prise d'eau.
208 | Tranchée.
209 | Autre tranchée.
210 | Autre tranchée.
211 | Tranchée.

| Numéros des planches. | La collection n'est complète que dans le grand format de 0 26×0 35 environ; les numéros précédés d'une * existent aussi pour stéréoscope; ceux suivis d'une * peuvent s'obtenir également en format carte-album. |

Canal de l'HÉNARES.

212	Tranchée et pont.
213	Aqueduc.
214	Vue générale.
215	Autre vue générale.
216	Autre vue générale.
217	Tranchée et Tunnel.

Canal du LOZOYA, ou d'Isabelle II, pour l'alimentation de la ville de Madrid.

720	Barrage, ou digue, du ponton de la Oliva.
721	Autre vue de la même digue.
722	Vue intérieure du barrage.
792	Vue intérieure de la nouvelle digue del Villar, en amont.
793	Vue extérieure de la nouvelle digue, en aval.
794	Vue latérale de la nouvelle digue.
723	Les présides, ou caserne des galériens.
724	Le canal, dans la pente de Patones.
725	Pont aqueduc de las Cuevas.
726	Pont aqueduc del Espartal.
727	Pont siphon del Morenillo.
728	Pont aqueduc de la fontaine del Palo.
729	Siphon del Guadalix.
730	Pont aqueduc de la Retuerta.
731	Pont aqueduc de la Sima, vue d'ensemble.
732	Pont aqueduc de la Sima, détail.
733	Pont aqueduc de Valcaliente.
734	Pont aqueduc de Cabeza-Cana.
735	Pont aqueduc de Mojapan.
736	Pont aqueduc del Cerrillo.
761	Pont aqueduc de la Parrilla.
737	Siphon del Bodonal.
738	Autre vue du même siphon.
762	Pont aqueduc de Colmenarejo.
739	Pont aqueduc de Valdealeas.
740	Canal de décharge, ou Almenara de Canto-Blanco.
763	Pont aqueduc de Valle Grande.
741	Pont aqueduc del Sotillo.
742	Pont aqueduc de los Pinos.

| Numéros des planches. | La collection n'est complète que dans le grand format de 0 m. 26×0 m. 35 environ; les numéros précédés d'une * existent aussi pour stéréoscope; ceux suivis d'une * peuvent s'obtenir également en format carte-album. |

Canal du LOZOYA.

743	Canal de décharge, ou Almenara del Obispo.
744	La même vue, en hauteur.
745	Pont aqueduc de Amaniel.
746	Fontaine du Lozoya au réservoir des eaux.
1041	Statue allégorique du Lozoya.
1042	Le nouveau grand réservoir de Madrid, en construction.
1042bis	Le dit réservoir, en 4 morceaux.
795	Vue générale du grand réservoir.
796	Partie de droite du grand réservoir.
797	Détail de galeries du grand réservoir.

3.° VUES D'ESPAGNE ET DU PORTUGAL,

pour le stéréoscope seulement.

SAINT SÉBASTIEN.

S 669	Muraille du vieux port.

BURGOS.

S 704	Prison de las Huelgas.

AVILA.

S 841	Vue des murailles.

MADRID.

S 231	Cimetière de San Isidro.
S 420	Pont de Ségovie à Madrid.
S 427	Pont de la casa de campo.
S 430	Le Manzanarès.
S 825	Arc de la Armeria.
S 828	Place des quatre fontaines.
S 933	Vue de la Carrera de San Gerónimo.
S 942	Eglise de Saint Joseph.
S 911	Canal de décharge du Lozoya.

TOLÈDE.

S	16	Les bains de la Cava.
S	48	Vue du Tage.
S	948	L'hôpital du faubourg.
S	951	Tombeau du cardinal Tavera.

ARANJUEZ.

S	817	Porte du jardin del labrador.
S	821	Vue du palais.
S	834	Entrée du jardin du Prince.
S	835	Façade du palais.
S	964	L'allée de la Reine.
S	992	Cabane rustique.

LA GRANJA ou SAN ILDEFONSO.

S	706	Fontaine de Narcisse.
S	782	Fontaine des eaux minérales.

CORDOUE.

S	53	Galerie de la cour des orangers.
S	60	Vue générale de la mosquée.
S	65	Tour de Saint Nicolas.

SÉVILLE.

S	471	Jardin des infants à San Telmo.
S	472	Autre vue du dit jardin.
S	474	Autre vue du même jardin.
S	593	Le lac de San Telmo.
S	602	Les jardins de San Telmo.
S	606	Autre vue des dits jardins.
S	653	Sépultures des infants à San Telmo.

GRENADE.

S	818	Vue de la Colegiata.
S	820	Partie inférieure de la cathédrale.
S	827	Partie supérieure de la cathédrale.
S	831	Vue générale de la cathédrale.
S	70	Vue du Sacromonte.
S	833	Autre vue du Sacromonte.

VALENCE.

S 643 | Salon de la Audiencia.

Monastère de MONSERRAT, près Barcelone.

S 483 | Route du monastère.

PEDRALVES, près Barcelone.

S 823 | Porte du monastère.

SARAGOSSE.

S 861 | Le maître autel de l'église de la Seo.
S 540 | Vue de l'Ebre.

BILBAO.

S 230 | Le vieux moulin.
S 236 | Le vieux pont.
S 772 | Promenade de l'Arenal et le théâtre.
S 905 | Groupe d'habitants de la Biscaye.
S 906 | Promenade de los Caños.

OVIEDO.

S 242 | Cathédrale d'Oviedo.
S 245 | Tour ancienne de la cathédrale.
S 249 | Vue extérieure de la Sainte Chapelle, cathédrale.
S 747 | Vue du Carvallon.

SALAMANQUE.

T 175 | Tombeau de l'évêque de Séville D. Diego de Anaya.

Marines.

ALICANTE.

S 528 | Réunion sur la plage.
S 542 | Simulacre de combat naval.
S 543 | Id. id.
S 449 | Le vapeur Vasco-Nuñez et la frégate Esperanza.
S 514 | Le vapeur Vasco-Nuñez de Balboa.
S 521 | La golette à hélice Edetana.
S 524 | La frégate Triunfo.

S 526 | La frégate Blanca.
S 842 | Officiers du vapeur Colon.
S 898 | Officiers de la frégate Princesse des Asturies.
S 642 | Officiers de la corvette Colon.
S 899 | Branle-bas de combat à bord de la corvette Colon.
S 899bis| Id. id.

Courses de taureaux.

S 845 | Le taureau est entrainé par les mules.
S 846 | Le picador devant le taureau.

PALENCIA.

T 216 | Vue intérieure de la nef latérale de Saint Paul.
T 289 | Le Sanctuaire ou *ermita* de Otero.

SALAMANQUE.

T 175 | Tombeau de l'évêque Anaya, dans une chapelle du clitre de la Cathédrale vieille.

Vues du Portugal, pour le stéréoscope seulement.

BELEM.

S 202 | Fontaine d'Hercule, des jardins du palais.

MONSERRAT.

S 121 | Vue du Château.
S 123 | Galerie du Château.

CINTRA.

S 129 | Châteaux moresques.
S 132 | Statue colossale de Vasco de Gama.

EVORA.

S 201 | Les ruines anciennes du jardin public.

SETUBAL.

S 203 | Le rocher de Palmella.

SUPPLÉMENTS À L'ITINÉRAIRE GÉNERAL.

Numéros des planches. | La collection n'est complète que dans le grand format de 0. m. 26×0. m. 35 environ; les numéros précédés d'une * existent aussi pour stéréoscope; ceux suivis d'une * peuvent s'obtenir également en format carte-album.

I^{RE} RÉGION.

AVILA.

2114 | Maison de la tour, ou casa del Torreon.

IIE RÉGION.

MADRID.

2115 | Cloître du couvent démoli de Saint Thomas.

IIIE RÉGION.

GUADALAJARA.

2116 | Palais de l'Infantado.—Salle des Lignages.
2117 | Id. La même salle, côté de l'Oratoire.
2118 | Id. Galerie des Jardins.
2119 | Id. Revêtement en faïences ou *azulejos* de Talavera.

IVE RÉGION.

ANDALOUSIE.

JEREZ DE LA FRONTERA.

*2011 | Place *del Arenal* ou d'Alphonse XII.

| Numéros des planches. | La collection n'est complète que dans le grand format de 0. m. 26×0. m. 35 environ; les numéros précédés d'une * existent aussi pour stéréoscope; ceux suivis d'une * peuvent s'obtenir également en format carte-album. |

JEREZ DE LA FRONTERA.

*2012	Tour de l'église de Saint Michel.
*2013	Vue intérieure de l'église de Saint Michel.
2014	Vue de Jerez prise de Saint Michel, en deux morceaux.
*2015	La même vue, en un morceau.
2016	Tour arabe de l'Alcazar.
*2017	Façade de l'ancien Chapitre ou Bibliothèque provinciale.
*2018	La collégiale.
*2019	Escalier en jaspe de l'Hôpital.
*2020	Casa de Riquelme.
2021	Vue de Jerez prise du Réservoir des eaux, en deux morceaux.
*2022	La même vue, en un morceau.
*2023	Casino de Jerez.
*2024	*Patio* style arabe, de la maison de Agreda.
2025	Détail de la dite cour.
2025 bis	Autre détail du dit *patio*.
*2026	Vue générale des caves de Mrs Gonzalez Byass et Cie.
*2027	Galerie latérale des dites caves.
*2028	Grands tonneaux ou foudres, des dites caves.
*2029	Autre galerie latérale des mêmes caves.
*2030	Vue générale des caves de M. Domecq.
2031	Vue intérieure d'une cave de M. Misa.
2032	Vue générale des caves de M. Misa.
2033	Vue des vignobles de Jerez, et entrée des caves de M. Misa.

Cartuja ou Chartreuse de Jerez.

*2034	Porte de la Chartreuse.
*2035	Porte de l'église.
2036	Grille, en fer forgé, de l'église.
2037	Porte du réfectoire des Chartreux.
*2038	Cloître de la Chartreuse.

SAN LUCAR DE BARRAMEDA.

2039	Vue générale du château de Santiago.
*2040	Tour du château de Santiago.

| Numéros des planches. | La collection n'est complète que dans le grand format de 0. m. 26×0. m. 35 environ; les numéros précédés d'une * existent aussi pour stéréoscope; ceux suivis d'une * peuvent s'obtenir également en format carte-album. |

SAN LUCAR DE BARRAMEDA.

*2041 | Vue générale prise de la tour du château de Santiago, en cinq morceaux.
*2042 | La même vue, en un morceau.
2043 | Vue générale prise du Pinar.

CHIPIONA.

*2044 | Vue générale du village.
*528 | Phare de Chipiona.
528 bis | Le dit phare, en deux morceaux.

PUERTO DE SANTA MARIA.

520 | Pont du chemin de fer sur le Guadalete.
*450 | Pont suspendu sur le Guadalete.
*2045 | Vue du Guadalete, ou du port, prise de la gare.
2046 | Portail de l'église paroissiale.
*2047 | Vue générale prise du Collège de *San Luis*.
519 | Pont de San Pedro.

PUERTO REAL.

*2048 | Vue générale.

TROCADERO.

*2049 | Vue des Salines et de la gare.
*2050 | Vue du bassin flottant Lopez, en deux morceaux.
*2051 | La même vue, en un morceau.
*2052 | Le bassin Lopez, avec un bateau en réparation.
2053 | Vue de Cadiz prise du bassin Lopez.

ILE DE SAN FERNANDO.

*2054 | Vue générale de San Fernando et de Chiclana, en deux morceaux.
2055 | La même vue, en un morceau.
*2056 | Vue générale de l'Observatoire astronomique.
*2056 bis | Autre vue de l'Observatoire.

| Numéros des planches. | La collection n'est complète que dans le grand format de 0. m. 26×0. m. 35 environ; les numéros précédés d'une * existent aussi pour stéréoscope; ceux suivis d'une * peuvent s'obtenir également en format carte-album. |

CADIZ.

*2057	Vue générale du côté de terre.
*2058	Vue générale de la gare et des quais.
**1437*	Vue des quais et du port, prise de la gare, en deux morceaux.
1438	La même vue, en un morceau.
1439	Place d'Isabelle II.

Cathédrale.

1440	Vue générale.
2059	Vue de la façade.
1441*	Portail.
B 855	La Vierge des Angoisses, sculptée par Louise Roldan.
B 856	Croix faite avec la poignée de l'épée d'Alphonse le Sage.
B 857	Saint Bruno, œuvre du sculpteur Montañez.
B 858	Croix processionnelle.
B 859	Ostensoire ornée de pierres précieuses.
B 860	Custodia en argent doré, style ogival, qui fait partie de la dite ostensoire.
B 861	Custodia appartenant à l'Ayuntamiento, avec son piédestal, XVIIe siècle.
B 862	La dite custodia, sans son piédestal, œuvre d'Antonio Suarez, XVIIe siècle.

Couvent des Capuchinos:

1442	La Cathédrale, vue prise du dit couvent.
*2060	Autre vue de la Cathédrale prise du couvent.
*A 1809	Retable avec le tableau de Murillo représentant le mariage mystique de Sainte Catherine.
A 1810	Murillo.—Le mariage mystique de Sainte Catherine, partie centrale du retable.
A 1811	Id. Le Père Eternel, partie supérieure du retable.
A 1812	Meneses.—Deux anges placés à droite et à gauche du retable, dessinés par Murillo et peints par Meneses.
A 1813	Id. Saint Joseph et l'enfant Jésus.—Saint François, peintures placées à la partie inférieure du retable.
A 1814	Murillo.—La Conception de la Vierge.
A 1815	Id. Saint François en extase.

| Numéros des planches. | La collection n'est complète que dans le grand format de 0. m. 26×0. m 35 environ; les numéros précédés d'une * existent aussi pour stéréoscope; ceux suivis d'une * peuvent s'obtenir également en format carte-album. |

CADIZ. **Tableaux du Musée provincial:**

A 1816	Murillo.—Ecce Homo.
A 1817	L. Giordano.—Saint Michel.
A 1818	Id. L'ange gardien.
A 1819	signé N. P.—Le Jugement dernier.
A 1820	F. Zurbaran.—Saint Hugo, évêque de Lincoln.
A 1821	Id. Un saint cardinal de l'ordre des chartreux.
A 1822	Id. La Porciuncula.
A 1823	Id. Un Saint chartreux.
A 1824	Id. Un religieux, martyr de l'ordre.
A 1825	Id. Un ange avec un encensoir.
A 1826	Id. Autre ange avec un encensoir.
A 1827	Id. Le cardinal Nicolaus.
A 1828	Id. Saint Antelmo, évêque de l'ordre.
A 1829	Id. Saint Bruno en prière.
A 1830	Id. Saint Hugo, évêque de Grenade.
A 1831	Fernando Gallego.—Triptyque. Le Portement de croix.—Le Christ mort et la Résurrection.
A 1832	J. B. Tiépolo.—Femme avec un tambour de basque.
A 1833	F. Goya.—Un majo.
A 1834	Id. Une maja.
A 1835	Ecole de Cologne.—La Vierge donnant le sein à son divin Fils.
A 1836	Alej. Ferrant y Fischermans.—La chute de Murillo.
A 1837	Manuel Cabral Bejarano.—Même sujet.
A 1838	Manuel Garcia Barcia.—Consécration de la cathédrale de Cadiz par l'évêque D. Domingo de Silos Moreno, en 1838.
*2061	Vue de la Salle des sculptures au Musée.
*2062	Vue de la place de Mina.
*2063	Vue générale de la place de San Antonio.
*2064	Vue de l'église de San Antonio.
A 1668	Vitraux de la dite église, peints par F. Jover.
A 1669	Autres vitraux de la même église et du même auteur.
*2065	Vue de la calle ancha.
*2066	Vue de la Alameda de Apodaca et de l'église del Carmen.
*2067	La Alameda de Apodaca, vue prise de l'église del Carmen.

| Numéros des planches. | La collection n'est complète que dans le grand format de 0 m. 26×0. m. 35 environ; les numéros précédés d'une * existent aussi pour stéréoscope; ceux suivis d'une * peuvent s'obtenir également en format carte-album. |

CADIZ.

| *2068 | Vue intérieure de l'église de San Felipe Neri, où les Cortès de 1812 tenaient leurs séances. |
| A 889 | La Junte de Cadiz, tableau peint par R. Rodriguez, à l'Ayuntamiento. |

Inclusa.

A 1664	La Charité et Saint Vincent de Paul, dessins des fresques peintes par F. Jover.
A 1665	Groupe de Vierges.—Les Confesseurs, dessins des fresques peintes par Mrs Jover et Soler.
A 1666	Les huit Docteurs les plus célèbres par leurs louanges de la Vierge, dessin à la fresque du même auteur.
A 1667	Le Sauveur, l'ancien Testament, l'Apostolat et les Martyrs. dessins des fresques du même auteur.
*2069	La place de abastos ou marché, et la tour de Tavira.
*2070	Vue de Cadiz, du côté de la terre ferme.
*2071	La même vue, en deux morceaux.
2072	Vue de la Cathédrale, prise de la tour de Tavira.
2073	Vue générale de Cadiz, prise de la tour de Tavira, en 5 morceaux.
*2074	Vue prise de la tour de Tavira, ou de la vigie.
*2075	Vue prise de la tour de Tavira, en face du Puerto de Santa Maria.
*2076	Vue de la ville et du fort de Saint Sébastien, prise de la tour de Tavira.
2077	Phare du fort Saint Sébastien.
*2078	Vue générale de Cadiz, prise du phare de Saint Sébastien.
*2079	La même vue en 2 morceaux.
2080	La même vue en 3 morceaux.
*2081	Vue générale prise de la batterie de San Carlos.

CHICLANA.

| *2082 | Vue générale prise de la ermita de Santa Ana. |

TRAFALGAR.

| *529 | Vue du phare de Trafalgar. |

| Numéros des planches. | La collection n'est complète que dans le grand format de 0. m. 26×0. m. 55 environ; les numéros précédés d'une * existent aussi pour stéréoscope; ceux suivis d'une * peuvent s'obtenir également en format carte-album. |

VEJER DE LA FRONTERA.

*2083	Vue prise de la Barca.
2084	Vue de Vejer, en 3 morceaux.
*2085	La même vue, en un morceau.
2086	Costume des femmes de Vejer.

TARIFA.

*2087	Vue de la célèbre tour de Guzman et du château.
2088	Vue de Tarifa, en 2 morceaux.
*2089	La même vue, en un morceau.
*2090	Vue de Tarifa, avec la Sierra Bullones, sur la côte d'Afrique.

ALGÉCIRAS.

*2091	Vue générale.
2092	Vue de la baie et du rocher de Gibraltar, en 2 morceaux.
*2093	La même vue, en un morceau.
**2094	Vue de Gibraltar, prise d'Algéciras.

GIBRALTAR.

*424	Vue prise du *Campamento*.
*124bis	Vue prise du *Campamento*, aux bords de la mer.
*2095	Vue prise de la *Linea*.
422	Vue des fortifications.
423	Vue de la ville.

SAN ROQUE.

| *2096 | Vue prise de la place des taureaux. |
| *2097 | Vue prise de la route de Gaucin et Ronda. |

RONDA.

*2098	Porte arabe.
*2099	Vue de Ronda, côté sud.
*2100	Vue de Ronda, côté sud-est.
*2101	Vue de Ronda, côté est, avec le pont arabe du *Tajo*.
*2102	Vue de Ronda avec les murailles romaines et arabes.
*2103	Pont arabe du *Tajo*.

| Numéros des planches. | La collection n'est complète que dans le grand format de 0. m. 26×0. m. 35 environ; les numéros précédés d'une * existent aussi pour stéréoscope; ceux suivis d'une * peuvent s'obtenir également en format carte-álbum. |

RONDA.

*2104	Vue du *Tajo* de Ronda.
*2105	Pont neuf du *Tajo* de Ronda, côté du levant.
2106	*El Tajo*, vue prise du pont neuf.
2107	Pont neuf du *Tajo*, côté du couchant.
*2108	Pont du *Tajo*, avec les trois cascades.
*2108 bis	Le même pont, avec les moulins.
*2109	Les moulins du *Tajo*.
*2110	Vue de Ronda, côté nord.
*2111	La grotte *del gato*, à une lieue de Ronda.
**2112	Restes de l'amphithéâtre romain de *Ronda la vieja*.
2113	Autre point de vue du dit amphithéâtre.

VIIE RÉGION.

BAÑOS.

1908	Portail de la chapelle de Saint Jean Baptiste.
1909	Vue extérieure de la dite chapelle.
*1910	Vue intérieure de la chapelle.

PALENCIA. **Cathédrale.**

*1986	Vue générale, côté du midi.
*1987	Porte de l'évêché.
1988	Porte de *los novios* ou des fiancés.
*1989	Vue générale, côté du nord.
*1990	Vue intérieure de la nef principale.
*1991	Vue générale du *trascoro*, œuvre de Gil de Siloé.
A 920	*La même vue*, d'après un tableau de M. J. Casado.
A 1805	*Tableau du* trascoro *représentant la Vierge et Saint Jean*, œuvre de Juan de Holanda.
1992	Chaire en bois sculpté du *trascoro*, style Renaissance, œuvre de Higinio Balmaseda.
*1993	Grille de la chapelle principale, en fer repoussé.
*1994	Grille du Chœur, en fer repoussé, œuvre de Francisco Villalpando.
*1995	Chapelle de San Pedro, du xive siècle, décorée au xvie par Gaspar Fuentes, archidiacre de Carrion.

| Numéros des planches. | La collection n'est complète que dans le grand format de 0. m. 26×0. m. 35 environ; les numéros précédés d'une * existent aussi pour stéréoscope; ceux suivis d'une * peuvent s'obtenir également en format carte-album. |

PALENCIA.   Cathédrale.

1996	Grille en fer repoussé, style Renaissance, de l'arcade en biais située en face de la Sacristie.
*1997	Chapelle du Sagrario où se trouve la momie de Doña Urraca.
*1998	Grille arabe du XIIIe siècle, dans la chapelle du Sagrario.
*1999	Porte donnant sur le cloître, sculptée par Alonso Berruguete.
2000	Détail de sculpture de la dite porte.
*2001	Vue du cloître et de la cathédrale.

Tableaux et autres objets de la Cathédrale.

A 1806	*Zurbaran.—Sainte Catherine.*
A 1807	*Titien.—La mise au tombeau.*
A 1808	*Tableau optique représentant le portrait de Charles-Quint (sacristie).*
B 845	*Statue en argent de San Antolin, œuvre de Juan Alvarez, de Salamanque.*
B 846	*Custodia avec le petit temple qui la renferme et qui est l'œuvre de Espetillo, artiste du* XVIIIe *siècle.*
B 847	*Custodia en argent, œuvre de Juan de Benavente.*
B 848	*Custodia en vermeil, style ogival du* XVe *siècle.*
B 849	*Coffret en argent repoussé,* XVIe *siècle.*
B 850	*Deux fronteaux d'autel du* XVIe *siècle brodés à Palencia.*
B 851	*Deux fronteaux d'autel dont l'un, à fond blanc, avec des oiseaux et des fleurs de lys brodés en soies de couleur, a été exécuté à Tolède et l'autre, à fond rouge et brodé en soie, a été fait à Palencia.*
B 852	*Devant de chasuble brodée par Marie Thérèse, cousine de Charles-Quint.*
B 852bis	*Partie postérieure de la dite chasuble.*
B 853	*Devant de chasuble du* XVe *siècle, faite à Tolède et donnée par le doyen Zapata.*
B 853bis	*Partie postérieure de la dite chasuble.*
B 854	*Tapis persan de la Salle Capitulaire.*

Eglise de Saint Paul.

*2002	Vue de la nef principale.

| Numéros des planches. | La collection n'est complète que dans le grand format de 0. m. 26×0. m. 35 environ; les numéros précédés d'une * existent aussi pour stéréoscope; ceux suivis d'une * peuvent s'obtenir également en format carte-album. |

PALENCIA. **Eglise de Saint Paul.**

2003	Grille de la chapelle principale.
*2004	Retable du maître-autel.
2005	Autel de Saint Pie V.
2006	Tombeaux de Don Francisco Rojas, marquis de Poza, et de sa femme, XVIe siècle.
*2007	Tombeaux des comtes de Salinas, œuvre de Alonso Berruguete.
2008	Chapelle de Nuestra Señora de las Angustias.

*2009	Vue de Palencia, prise depuis San Pedro.
2010	Vue de Palencia, prise du sanctuaire du Christ de Otero.